제2판

경찰행정학

최응렬 | 김은기 | 박종승 | 이병도 | 심민규

박영사

제2판 머리말

경찰행정학 초판에서 밝힌 바와 같이 이 책은 경찰공무원 공개경쟁채용시험의 시험범위에 맞춰 집필했다는 점이 장점이다. 경찰학의 기초이론, 한국경찰의 역사와 비교경찰, 경찰행정법, 경찰행정학, 분야별 경찰활동 등 크게 5개 분야의 틀을 초판과 동일하게 유지했다. 제2판에서도 분량의 제한으로 상당 부분 깊이 있게 다루지 못한 부분이 여전히 남아 있다. 제2판은 경찰(행정)학과에 입학하면 단계별로 이수해야 할 내용을 다루었고, 경찰공무원 공개경쟁채용시험의 시험범위를 거의 대부분 다루어서 수험생들에게 유익한 길잡이가 될 수 있도록 하였다.

경찰행정학의 내용은 법령, 훈령과 예규 등을 포함하는 경우가 많은데, 환경의 변화에 따라 자주 개정되고 있다. 제2판에 개정된 내용을 반영하였지만, 국회가 개회할 때마다 경찰 관련 법령이 개정되는 경우가 많아서 독자 여러분께서는 관련 법령을 늘 검색하여 확인해 주시기 바란다.

2025년 6월 4일 0시에 제21대 이재명 대통령이 취임하면서 검·경 수사권 조정 여부에 따라 수사 분야의 내용은 상당 부분 개정이 필요할 것으로 예측된다. 더불어민주당은 검찰개혁 4법을 2025년 안에 추진하겠다는 입장을 밝히고 있어 그 내용을 주의 깊게 살펴볼 필요가 있다.

검찰개혁 4법(검찰청 폐지·공소청 신설·중대범죄수사청 신설·국가수사위원회 신설 법안)은 중대범죄수사청(중수청)과 공소청을 신설해 검사의 수사·기소권을 분리하고, 국가수사위원회가 수사기관들을 통제·조율하자는 내용 등을 골자로 한다.

2025년 6월 11일 더불어민주당 김용민 국회의원, 장경태 국회의원, 민형배 국회의원은 수사권과 기소권을 독점한 검찰청을 폐지하고, 기소권과 공소 유지권은 법무부에 공소청을 신설하여 맡기고, 행정안전부에 중대범죄수사청을 신설하여 수사권을 이관하고, 국무총리 직속으로 국가수사위원회를 신설하여 중대범죄수사청·국가수사본부·고위공직자범죄수사처(공수처)의 업무를 조정·통합 관리하도록 하겠다고 한다. 이 발의안을 2025년 8월에 더불어민주당안으로 입법을 추진하고 있다. 국가수사위원회의 권한 비대화 문제와 중대범죄수사청의 설치 위치(법무부 또는 행정안전부)에 이견이 있지만, 이 법안이 통과되면 수사기관이 검찰, 경찰청 국가수사본부

(국수본), 고위공직자범죄수사처로 나뉘어 있었는데, 검찰이 사라지고 중대범죄수사청, 국가수사본부, 고위공직자범죄수사처가 각각 수사를 하게 된다.

중대범죄수사청은 부패 · 경제 · 공직자 · 선거 · 방위사업 · 대형참사 등 검찰의 직접 수사 대상과 내란 · 외환범죄, 마약범죄를 수사한다. 국가수사본부와 고위공직자범죄수사처는 각각 예전처럼 모든 범죄, 고위공직자 주요 범죄를 수사하게 된다. 검찰의 기소권은 공소청에서 하고, 검찰청 소속 검사들은 중대범죄수사청으로 이동해 직접 수사업무를 하거나 공소청 검사로서 기소업무를 담당하게 된다. 국가수사위원회는 각 수사기관을 조율하면서 수사과정의 인권침해와 불기소처분에 대한 이의 제기의 상급기관으로 기능하게 된다.

이 책을 출간할 수 있도록 많은 지원과 배려를 해주신 박영사 안종만 사장님과 관계자 여러분께 깊이 감사드리며, 교정을 위해 수고해 준 박시영 · 전준하 박사와 동국대학교 일반대학원 경찰행정학과 박사과정 손은아 · 배병준 대학원생에게도 고마운 마음을 전한다.

경찰행정학을 연구하고 공부하는 모든 독자분에게 이 책이 유용한 지침서가 되기를 바라며, 독자 여러분의 따뜻한 질책을 기대한다.

2025년 8월에　공저자 일동

머리말

어떤 분야가 학문으로서 독자성을 확보하기 위해서는 그 분야에 대한 독특한 문제성과 고유한 원리를 발견하고 이를 이론체계로 형성하는 작업, 무엇을 연구하고 개발하여야 할 것인지를 밝히고 인접학문과의 개념적 경계를 명확히 할 필요성, 관련 학과의 양적 증대와 질적 발전, 석·박사과정의 증설과 학회를 통한 학문공동체의 활성화 등이 필요하다. 이런 측면에서 학계에서는 경찰학의 학문적 독자성을 구축하려면 법학이나 행정학 등 인접학문과 명확한 개념적 경계를 짓고, 연구대상과 범위를 정하기 위한 관련 학자 및 실무자들과의 충분한 논의가 필요함을 지속적으로 주장해 왔다. 이러한 주장과 논의의 결실로 「경찰공무원 임용령」이 개정되어 경찰채용시험의 일대 개편이 이루어졌다.

2022년부터 순경 공개경쟁채용시험과 경찰행정 경력경쟁채용시험에서는 토익(TOEIC)의 경우 550점 이상이 되어야 응시할 수 있다. 토익 외에도 토플(TOEFL), 텝스(TEPS), 지텔프(G-TELP), 플렉스(FLEX), 토셀(TOSEL)도 인정되며, 언어능력 세계표준으로 쓰이는 유럽언어공통참조기준(CEFR)에서 '여행에서 기본적인 의사소통이 가능한 수준'으로 제시될 예정이다. 한국사능력검정시험은 순경 공개경쟁채용시험은 3급 이상, 경찰간부후보생 공개경쟁선발시험은 2급 이상을 보유하고 있어야 한다. 과목별 필기시험 출제비율도 달라졌다. 순경 공개경쟁채용시험은 경찰학 40%, 형사법 40%, 헌법 20% 비율로 출제된다. 경찰간부후보생 공개경쟁선발시험(일반)은 형사법·경찰학 각 30%, 헌법·범죄학 각 15%, 선택과목 10% 비율이며, 모든 과목은 객관식으로 출제된다. 문항 수도 순경 공개경쟁채용시험과 경찰행정 경력경쟁채용시험은 형사법·경찰학 각 40문항, 헌법 20문항으로 조정됐고, 경찰간부후보생 공개경쟁선발시험은 과목당 40문항을 유지하지만 문항당 배점(1.5점, 3점 등)에 차등을 두기로 했다. 경찰공무원 공개경쟁채용시험은 그동안 출제범위가 정해지지 않은 채 출제되었고, 재직 중인 경찰공무원에게 필요한 훈령과 예규 등 행정규칙에서도 시험문제가 출제되어 수험생들의 시험 준비에 어려움이 많았다. 이번 개편안은 과목별 출제범위는 물론 행정규칙을 제외한 법률과 법규명령에서만 시험문제를 출제하도록 경찰학교육협의회와 경찰관련 학회에서 지속적으로 주장하여 이루어졌다.

이번 경찰공무원 공개경쟁채용시험의 대대적인 개편은 경찰학의 연구영역을 설정하는 데 도움을 주고, 강의도 이 범위에서 이루어지고, 시험문제도 이 범위에서 출제할 수 있는 틀이 마련되었다. 순경 공개경쟁채용시험의 경우 과목별 시험범위는 헌법(50점)은 기본권 총론과 각론이 80% 내외이며, 헌법총론·한국헌법의 기본질서는 20% 내외로 정해졌다. 형사법(100점)은 형법총론에서 35% 내외, 형법각론이 35% 내외, 형사소송법이 30% 내외로 결정됐으며, 이 중 수사·증거가 각 15% 내외로 구성되었다. 경찰학(100점)은 경찰행정법 35%, 경찰학의 기초이론이 30% 내외, 경찰행정학이 15% 내외, 분야별 경찰활동 역시 15% 내외, 한국경찰의 역사와 비교경찰은 5% 내외의 비중을 차지할 예정이다.

학계에서 경찰행정학을 비롯하여 경찰학 분야의 훌륭한 단행본이 그동안 많이 출간되었다. 기존의 경찰행정학과 달리 이번에 출간된 경찰학은 경찰공무원 공개경쟁채용시험의 시험범위에 맞춰 집필했다는 점이 장점이다. 이 책은 경찰학의 기초이론, 한국경찰의 역사와 비교경찰, 경찰행정법, 경찰행정학, 분야별 경찰활동 등 크게 5개 분야로 이루어져 있고, 각각이 한 권의 저서로 발간해야 할 내용이다. 하지만, 분량을 500페이지 정도로 제한하다 보니 상당 부분 깊이 있게 다루지 못한 부분이 많다. 이는 경찰(행정)학과에 입학하면 단계별로 이수해야 할 내용을 제한된 분량의 단행본으로 출간해야 하는 어려움 때문이다. 그럼에도 불구하고 이 책은 다음과 같은 점에서 대학 교재는 물론 경찰공무원 공개경쟁채용시험을 준비하는 수험생들에게 유익한 길잡이가 되리라고 생각한다.

첫째, 2022년부터 시행되는 경찰공무원 공개경쟁채용시험의 시험범위와 관련된 내용을 대부분 포함하였다.

둘째, 2021년부터 시행되는 경찰관련 법령의 개정 내용을 모두 포함하였다. 1991년 5월 31일 「경찰법」 제정 이후 2020년 12월 22일 법률 제17989호로 「경찰법」이 「국가경찰과 자치경찰의 조직 및 운영에 관한 법률」로 전면 개정되어 2021년 7월 1일부터 자치경찰제가 시행된다. 2020년 12월 8일 「형사소송법」의 전면 개정으로 2021년 1월 1일부터는 67년 만에 검찰 수사지휘권이 폐지되었고, 경찰은 1차 수사 종결을 결정할 수 있는 권한을 갖게 됐다. 경찰사무는 국가경찰사무, 자치경찰사무, 수사경찰사무로 지휘 계통이 분리됐다. 국가경찰사무는 경찰청장, 자치경찰사무는 시·도자치경찰위원회, 수사경찰사무는 국가수사본부장의 지휘·감독을 받게 된 것이다.

이처럼 이 책은 법령의 개정 내용을 모두 담았지만, 국회가 개회할 때마다 경찰관련 법령이 개정되는 경우가 많기 때문에 독자 여러분께서는 관련 법령을 늘 검색하는 습관을 가져 주시기를 당부한다.

이 책을 출간할 수 있도록 많은 지원과 배려를 해주신 박영사 안종만 회장님과 안상준 대표님, 그리고 관계자 여러분께 진심으로 감사드리며, 꼼꼼하게 교정을 위해 수고해 준 동국대학교 대학원 경찰행정학과 박사과정 김승현 군, 석사과정의 박시영 · 박주애 · 배병준 · 전준하 원생에게도 고마운 마음을 전한다.

2021년 7월에 공저자 일동

차례

제1장 경찰학의 기초이론

제2장 한국경찰의 역사와 비교경찰

제3장 경찰행정법

제4장 경찰행정학

제5장 분야별 경찰활동

제1장

경찰학의 기초이론

제 1 절

경찰의 개념과 종류

1. 경찰의 의의

1) 경찰의 개념

경찰의 개념은 시간의 흐름에 따라 지속적으로 변화해 왔으며, 각국의 역사적 맥락, 문화적 특징, 그리고 경제적 · 사회적 환경의 영향을 받아 다양한 형태로 발전해왔다. 예를 들어, 과거에는 경찰권(Police Power)이 국가의 공권력 전체를 의미했으나, 오늘날에는 경찰행정과 관련된 권한만을 뜻하는 개념으로 변화하였다.

프랑스와 독일 등 대륙법계 국가의 경찰은 초기에는 국왕의 통치권을 보호하고 국민을 통제하는 역할을 수행했으나, 점차 공공질서 유지와 행정 경찰의 기능을 강조하는 방향으로 변모하였다. 반면, 영국과 미국 등 영미법계 국가의 경찰은 주민의 자치권을 보호하고 대민 서비스를 제공하는 역할을 중심으로 발전하였다.

경찰 개념의 역사성과 역할에 대해서는 학자들 사이에서 큰 이견 없이 인정되고 있지만, 구체적인 경찰 개념에 대한 의견은 다소 차이를 보인다. 이는 경찰이라는 개념이 각국의 역사적 맥락과 사회 · 문화적 배경에 따라 서로 다른 모습으로 발전해 왔기 때문이다.

우리나라에서 '경찰(警察)'이라는 용어가 공식적으로 제도화된 것은 조선 말기 갑오개혁(1894년) 당시였다. 당시 조선의 대표적인 경찰 기관이었던 좌 · 우 포도청이 '경무청'으로 통합되면서, 현재의 「국가경찰과 자치경찰의 조직 및 운영에 관한 법률」(舊 경찰법)과 「경찰관직무집행법」에 해당하는 '경무청관제직장'과 '행정경찰장정'이 제정되었고, 이때부터 '경찰'이라는 용어가 공식적으로 사용되기 시작했다.

이 용어는 일본의 근대 경찰 제도를 정비한 가와지 토시요시(川路 利良)가 유럽의 치안 행정을 참고하여 '게이사츠(警察)'라는 개념을 정립하면서 일본을 거쳐 우리나라에 도입되었다. 한자를 사용하는 국가들 중에서도 중국과 북한은 '경찰'이라는 용어 대신 각각 '공안(公安)'과 '인민보안(人民保安)'이라는 표현을 사용한 바 있다.

그러나 이는 단순히 '경찰'이라는 명칭의 기원에 대한 설명일 뿐이며, 경찰 활동

자체는 인류 역사 초창기부터 존재해 왔다. 선사 시대의 원시 사회에서도 자경 활동이나 공동 치안 활동의 형태로 경찰 기능이 수행되었으며, 시간이 흐름에 따라 국가의 정치 · 행정 · 군사 기능의 일부로 자리 잡게 되었다. 조선 시대에는 범죄자 단속과 수사 업무를 담당하는 포도청이 설치되어 치안 유지의 핵심 기구로 기능하였다.

우리나라의 경찰과 같이 치안 기능을 담당하는 전문 조직을 대륙법계 국가인 독일에서는 'Polizei', 영미법계 국가에서는 'Police'라 부른다. 그러나 우리나라 경찰은 근대화 과정에서 외국의 치안 조직을 본떠 형성된 제도로, 처음부터 법률적·제도적으로 전문 치안 기구의 기능을 보장받으며 출발하였다. 반면, 서양권 국가에서는 경찰의 개념이 시대와 국가에 따라 다르게 정의되었다. 특히, 우리나라 경찰이 참조한 대륙법계 경찰은 유럽의 봉건제가 몰락하고 절대왕정이 형성되는 과정에서, 국가 행정을 포함한 질서 유지 기능을 수행하는 개념으로 자리 잡았다. 이후 국가 권력이 분화되면서 정치 · 행정 · 사법 기능이 분리되었고, 오늘날과 같이 공공의 안녕과 질서를 유지하는 경찰의 모습으로 변화하였다.

2) 대륙법계 경찰개념

(1) 고대의 경찰

Police라는 단어의 어원에 대하여는 여러 가지의 설명이 공존하지만 일반적으로는 그리스어의 'Polis'라는 단어를 그 기원으로 이해한다. 고대 그리스시대의 polis란 사회구성원들의 생명 · 재산 · 건강을 보전하고 법의 집행을 담보하기 위해 형성된 사법 및 행정체계를 총칭하는 용어였다(Sullivan, 1977). 즉 당시의 Polis는 오늘날의 city(시)처럼 시민집단의 합의로 조직화된 총체적 관리체계를 뜻하는 개념이었다. 그리하여 Polis라는 개념으로부터 '시민의 생존과 복지를 보살피는 일체의 관리활동'을 뜻하는 'Politeia'라는 축소개념이 파생되고 이것이 영어의 Politics(정치), Policy(정책), Police(경찰)로 이어졌다(Fyfe et al., 1997).

이와 같이 Police란 본래 사회구성원의 생존과 행복 및 질서유지를 총괄하는 개념이었기 때문에 '도시를 통치하는 기술(the art of governing the city)'이라고도 불렀다. 실제로 Polis의 책임자들은 공공질서, 안전, 도덕, 식량공급, 복지 등 시민생활과 관련된 일체의 도시업무를 총괄하였으며, 그리스의 철학자들도 이들을 국가의 안전보장에 대한 최종책임자로 이해하였다(Chapman, 1970). 그러나 인류 역사의 발전으로 국가권력의 분산 및 국가작용의 전문화가 이어지면서 Police(Polizei)라는 개념도 진화의 과정을 거치게 되었다(이황우, 2001).

(2) 중세의 경찰

14세기 프랑스에서는 'la police de paris' 및 'policer'라는 용어가 사용되기 시작하면서 Police라는 용어가 치안조직을 뜻하는 개념으로 자리잡게 되었다. 'la po-lice de paris'는 '파리시의 질서를 바로 잡아 시민들을 문명인으로 만드는 조직체'라는 뜻이고, 'policer'는 '질서를 바로 잡는 데 필요한 공권력 및 그에 근거한 질서유지 활동'을 의미하였다. 독일에서는 15세기 무렵 사회공공의 질서와 복리를 위해 봉건영주가 행사하는 특별한 통치권한을 뜻하는 라틴어의 'ius politiae' 이라는 용어가 사용되었다. 1530년에 제정된 독일의 「제국 국가경찰과 자치경찰의 조직 및 운영에 관한 법률(Reichspolizeiordnung)」은 교회행정을 제외한 나머지 국가행정을 'Polizei' 라고 규정하여 경찰의 개념을 '공권력을 통해 속세(俗世)의 사회질서를 유지하는 작용'으로 한정시켰다(이황우 · 조병인 · 최응렬, 2001).

(3) 경찰국가시대의 경찰

17세기에는 국가활동 가운데 사법 · 군사 · 재정 등이 고유영역으로 분리되어 경찰 개념이 사회공공의 안녕과 복지를 직접 다루는 내무행정으로 한정되었으며 이 당시에는 경찰의 개념을 특정 도시에 한정되는 권한으로 받아들였다. 그런데 절대군주의 등장으로 중앙집권적 국가체제가 견고해지면서 내무행정의 범위가 확대되면서 경찰이 국가행정 전반에 관여하는 이른바 '경찰국가(Polizeistaat, Police State)'시대가 시작된다. 경찰국가란 17∼18세기 유럽에서 발달한 관방학이론에 입각한 절대군주국가와 사실상 같은 개념이라고 할 수 있다.[1)]

당시 절대군주들은 강력한 국가권력을 배경으로 중상주의 경제정책을 통해 국부(國富)의 증대를 도모하면서 경찰권을 확대 · 강화함으로써 국가의 통일을 달성하려

1) 관방학(官房學)이란 17~18세기 독일 · 오스트리아에서 발달한 행정지식 · 행정기술 등을 집대성한 학문체계를 말한다. 관방학이 발전할 당시 독일은 많은 영주(領主)의 영방(領邦)으로 분열되어 있었고 30년전쟁의 피해도 커서 관방학자들의 역할이 진정한 국민의 이익보다는 영주의 행정과 산업진흥에 필요한 지식을 제공하는 수준에 머물렀다. 하지만 당시에 체계화된 관방학의 내용은 오늘날의 재정학 · 경제학 · 행정학 · 법학을 비롯하여 기술공예 · 농림학 · 통계학 · 인구론에까지 영향을 미치고 있다.

하였다. 그 결과 당시의 Police 및 Polizei는 경찰권 · 행정권을 모두 포함하는 국가 권력 전반을 뜻하는 것이었다. 국가의 표면상 이념은 국민복지를 구현하는 것이었지만 모든 결정권은 절대 군주의 수중에 있었고 국민의 복지와 관련된 모든 문제가 경찰에 의해 처리되었다. 군주의 경찰권 발동에 대하여 국민은 이의를 제기할 수 없었고, 경찰은 국민생활을 무제한으로 규제하였다(이상인, 1999).

(4) 법치국가시대의 경찰

18세기에는 인간의 이성과 합리성에 대한 믿음을 기반으로 한 계몽주의와 자연법사상이 지성사회에 크게 유행하였다. 이러한 사상적 발달의 영향으로 인해 자유주의적 법치국가 관념이 대두되었으며, 독일에서는 자유주의적이고 개인주의적 성향을 가진 계몽사상가들이 무제한의 권력을 행사하던 군주의 경찰권에 대해서 강력하게 비판을 제기하였다. 이들은 국민의 자유로운 생활에 대한 국가의 침해권한은 소극적 위험방지의 영역에만 국한되어야 한다고 믿었으며, 광의의 경찰개념과 그에 상응하는 군주의 경찰권에 대하여 비판하였다.

이러한 계몽주의에 영향을 받은 독일의 공법학자 퓌터(J. S. Pütter)는 "경찰의 직무는 급박한 위험의 방지이다. 공공복리의 증진은 경찰의 본래 직무가 아니다."라고 주장하는 등 18세기 후반에 이르러 경찰의 임무는 소극적인 위험의 방지이며, 적극적 복리증진 업무는 경찰의 임무가 아니라는 주장이 등장하게 되었다.

이처럼 계몽주의 시대를 거치면서 경찰의 개념은 위험의 방지라는 측면으로 제한되기 시작했으며, 위험방지 사무와 복지증진 사무가 명백하게 분리되었다. 이러한 새로운 개념은 프로이센 일반란트법 제2장 제17절 제10조 상의 규정을 통해서 더욱 명백하게 나타나게 되었다. 즉, "공공의 안녕, 질서유지와 공동체 또는 개별 시민들이 직면하는 위험의 방지를 위해 필요한 공공의 조직은 경찰관청이다."라는 것을 규정함으로써 경찰작용은 "소극적인 위험방지분야에 국한된다."는 것으로 명문화된 것이다. 이는 적극적인 공공복리의 증진을 위한 경찰의 강제권한은 더 이상 인정되지 않는다는 것을 의미하는 것이었다.

1776년 퓌터 (Johann Stephan Pütter)	1776년 독일의 공법학자 퓌터는 독일공법제요에서 "경찰의 임무는 급박한 위험의 방지이다. 공공복리의 증진은 경찰의 본래의 임무가 아니다."라고 천명했다.
1794년 프로이센 일반란트법	공공의 평온, 안녕, 질서를 유지하고 공공 또는 그의 개별적인 구성원에게 발생하는 위해를 제거하는 데 필요한 수배는 경찰의 직무이다.
1795년 죄와 형벌법전	죄와 형벌법전은 행정경찰과 사법경찰의 구별을 처음으로 법제화하였으며, 제18조에서 행정경찰은 공공질서 유지와 범죄예방을 목적으로 하고, 사법경찰은 범죄의 수사 체포를 목적으로 한다고 규정하였다.

특히 프로이센 일반란트법에 담겨져 있는 경찰의 개념을 당대의 위대한 철학자였던 훔볼트, 칸트 등은 강력히 지지하였지만 이 당시의 프랑스혁명 사상에 대한 보수세력의 저항 등으로 인해서 실제적으로는 일반란트법이라는 진보적 법규는 오래 유지되지 못하였으며, 경찰의 업무영역에서 복지사무가 여전히 남아있었기 때문에 프로이센 일반란트법의 규정은 실질적인 역할은 기대하기 어려웠다.

이처럼 사문화되어가던 경찰개념의 전환점을 형성한 것이 1882년 6월 14일의 프로이센 상급행정법원의 크로이츠베르크 판결이었다.

크로이츠베르크 판결을 계기로 경찰은 적극적인 복지행정에 개입할 수 있는 권한을 상실하게 되는데 이러한 경찰개념의 변화가 입법에 의해서가 아니라 법원의 판결을 통해서 이루어진 것은 경찰권력에 대한 법원의 통제가 이루어졌다는 것을 의미하며 이는 법치국가적 원리가 작동되었음을 시사하는 것이다. 즉, 이 판결을 통해서 경찰의 권한은 소극적인 위험방지 분야에 국한되게 되었으며, 비로소 1794년의 프로이센 일반란트법의 규정에 맞는 경찰권을 행사하게 되었다.

(5) 현대의 경찰

국민의 자유를 중시하는 법치국가론의 등장으로 경찰국가론은 사라지는 듯 보였으나, 20세기 초 전체주의 및 독재정권의 등장으로 다시 경찰권이 강화되고 남용되는 역사가 반복되었다. 특히, 제2차 세계대전 이전 제국주의 일본과 독일의 나치정권, 이탈리아 무솔리니의 파쇼정권 및 스탈린 치하의 소련은 경찰권 확대를 통해 국가를 통치하고자 시도하였다. 그러나 제2차 세계대전의 결과 연합군이 승리하면서 국민생활에 대한 경찰의 개입이 제한되었고 경찰은 법집행자로서 공공의 안녕과 질서를 유지하고 국민에게 봉사하는 존재로 거듭나게 되었다. 그 결과 오늘날의 경찰은 '공공질서를 유지하고 위해를 방지하며 범죄로부터 국민의 생명과 신체 및 재산을 보호하고, 국민에게 봉사와 도움을 제공하는 공공서비스 또는 공공재'로서 역할을 수행하고 있다.

|표 1-1| 대륙법계 국가에서의 시대별 경찰개념 변천과정

시 대	경찰개념
고대국가	라틴어 politeia에서 유래, 도시국가에 관한 일체의 정치
중세국가	교회행정을 제외한 국가목적을 위한 모든 국가작용
경찰국가	외교, 군사, 재정, 사법을 제외한 일체의 내무행정 전반, 적극적인 공공복리를 위한 경찰권 발동(내무행정 전반)
법치국가	적극적 복지경찰 분야를 제외한 소극적 위험방지 분야에 한정(내무행정 중 치안행정)
현대국가	소극적인 위험방지 분야와 적극적인 서비스

3) 영미법계 경찰개념

(1) 고대 경찰

로마제국이 점령한 이후 고대 영국은 로마의 다른 식민지와 마찬가지로 로마 시민권자와 군인(civil and military officers)에 의해 지배를 받았으며 치안을 유지하는 것은 주로 로마군과 군인의 몫이었다. 이 당시 주된 치안 업무로는 질서유지(maintaining order)와 범죄자 체포(apprehending wrongdoers), 소송 제기(bringing wrongdoers before the judges) 등이 있었다.

영어권 국가에서 'Police'라는 단어는 1386년 제프리 초서(Geoffrey Chaucer)의 저서 "캔터베리 이야기"에서 처음으로 등장하였으며, 1432년 부르고뉴 공작 필립 3세가 발한 명령이 Police라는 단어가 사용된 최초의 공식문서라 할 수 있다.

5세기 이후 로마제국의 철수 후 영국은 앵글로·색슨족의 침입을 받아 앵글로·색슨 왕국이 성립된다. 이 시기 대표적인 치안제도로는 전통적인 상호보증제도(Frankpledge System)에서 유래한 십호제(Tithing 또는 Tything)가 있는데 이 제도는 10

가구가 한 단위가 되어 치안을 유지하는 제도이다. 십호제는 다시 백호제(Hundred)로 구성되고, 백호제가 모여 샤이어(Shire)를 이루었다. 이 시기 행정구역인 샤이어(shire)의 대표자는 선출에 의해 직무를 수행하였는데 이들은 'reeve' 혹은 'shire－reeve'이라고 불렸으며, 이 호칭이 훗날 보안관(sheriff)이라는 명칭의 기원이 된다.

앵글로·색슨 시대 경찰의 가장 중요한 특징은 일반 지역에서는 지역민이 치안에 대해 공동책임(collective responsibility)을 진다는 것이며, 이들은 공동체로서 구성원들이 함께 질서를 유지하고 범죄자를 추방하는 자율성을 보인 것이다.

이후 11세기 경 노르망디 공 윌리엄 1세가 잉글랜드 지방을 점령하면서 영국에 노르만 왕조가 세워진다. 이 시기에도 십호제－백호제－샤이어 제도(Tithing－Hundred－Shire systems)는 유지되었는데, 다만 왕권이 강화됨에 따라 샤이어에 관리를 파견하면서 치안책임자를 국왕이 임명하는 방식으로 전환되었다.

(2) 중세 경찰

중세시대 초기 형태 도시의 발달은 도시민들뿐 아니라 군(county) 등 다양한 단위의 거주민들의 삶에도 변화를 가져왔으며, 새로운 경찰 활동을 요구하였다. 당대 새로운 경찰활동에 대한 요구가 불러온 중요한 변화 중 하나는 에드워드 1세의 통치시기인 1285년 윈체스터법(the Statute of Winchester)의 제정이라 할 수 있다. 윈체스터법은 법집행에 있어서 지방에서의 지역사회 공동책임을 강조하던 과거의 법들을 다시 한 번 강조하면서 범죄자를 체포하는 활동과 오늘날 범죄예방 활동이라 할 수 있는 야간감시활동(night watch)을 담당하도록 규정하였다. 또한 이미 1253년의 법률(a royal writ of 1253)에서 과거의 전통이었던 범인을 추적하고 체포하던 규환제도(hue and cry)를 강조하였으며, 자신의 지역과 생명을 지키기 위해서 15~60세 사이의 성인남자들의 무장을 재차 강조했다.

이들은 검사(inspection)임무(사찰, 범죄예방 등)를 수행했는데, 그들의 장(長)을 치안관(constable)이라고 불렀다. 이 시기에 십호제의 지역적 단위가 가장 기본적인 지방행정 단위인 교구(parish)로 변경되었으며, 십호제의 보통치안관(petty constable)은 '교구치안관(parish constable)'으로 변경되었다. 다만 이 교구경찰은 중앙정부에서 임명된 공무원으로서의 신분을 보유하지는 못했으며, 공무를 수행하는 일반시민으로서의 지위를 갖는 것에 불과했다.

중세에 있어서 범죄와 무질서의 통제는 주로 지방의 치안판사가 담당하였다. 치안판사가 발부한 영장과 명령에 의해서 치안관은 기소를 하였으며, 이에 대한 판결은 치안판사가 담당하였다. 이때 치안판사와 치안관은 무보수를 원칙으로 하였다. 따라서 치안판사는 재판을 종종 자신의 집에서 하였고, 치안관은 맡은 임무가 끝나면 자신의 일상 업무를 하였다.

(3) 근대 경찰

영국에서 목축지가 증가하면서 농경지가 감소하는 인클로저 현상(Enclosure Movement)이 벌어지면서 수많은 소작농들이 직업을 찾아 도시로 삶의 터전을 옮기는 사회현상이 나타났다. 도시인구의 증가는 노동시장에서 공급량의 폭증을 가져왔으며 이는 곧 노동시장에서의 시장가격인 임금의 하락을 초래하였다. 결국 이러한 값싼 노동력을 바탕으로 하는 2차 산업이 급속도로 성장하게 되었으며 이는 곧 산업혁명으로 이어졌다. 그러나 한편으로는 급격한 도시화로 인한 심각한 치안공백과 범죄문제를 야기하였다. 1748년 런던 웨스트민스터구의 치안판사로 임명된 헨리 필딩(Henry Fielding)은 오늘날 영국 최초의 전문경찰조직이자 최초의 형사기동대라는 평가를 받는 '보우가 주자(Bow Streets Runners)'를 설립하였다. 보우가 주자는 1829년 「수도경찰법」(The Metropolitan Police Act of 1829)이 제정되면서 수도경찰에 흡수통합될 때까지 60여 년간 런던의 대표 경찰조직으로 활약하였다.

근대경찰의 아버지로 불리는 로버트 필 경(Sir Robert Peel)은 1829년 "앵글로·색슨의 전통인 공동체 치안원칙으로 돌아가자"라는 슬로건으로 「수도경찰법」(The Metropolitan Police Act of 1829)을 제정하여 최초의 근대경찰조직인 '수도경찰청'을 창설하였다. 이 당시 런던 수도경찰청은 국민을 위하여 봉사하고 범죄를 예방하는 것을 주된 임무로 삼았다.

(4) 미국의 경찰

미국은 영국의 영향을 받아서 식민지시기에 최초의 법집행기관 중 하나인 치안관제도(constable)를 설립하였으며, 최초의 경찰기관은 대부분 미국 북동부지역에서 창설되었다. 1636년 보스턴에서는 야간감시인(night watch)제도가 등장했으며, 뉴욕에서는 1655년에 예비범죄자에게 경고하는 임무를 포함하는 야간감시인 형태의 딱딱이 감시인(rattle watch)이 등장하였다. 1700년에는 필라델피아에서 야간감시인(night watch)이 등장하였다.

영미권 국가의 경찰개념은 주권자인 시민으로부터 자치권한을 위임받은 조직체로서의 경찰이 시민을 위해 수행하는 기능을 중심으로 형성된 것이다. 경찰활동은 무엇인가라는 문제로 경찰개념이 논의되었으며, 경찰은 시민을 위하여 법을 집행하고 서비스하는 기능이 중심을 이루어야 하며, 국가를 보호하는 기능은 주된 기능이 아니라고 보고 따라서 경찰과 시민은 대립적인 관계가 아니며 상호협력적인 관계라는 관점에서 경찰개념이 발전되어 왔다. 예를 들어, 보안관은 주민이 선출하였는데 이때 보안관은 주민을 보호하고 서비스를 하는 업무를 수행하였을 뿐, 대륙법계 경찰처럼 국왕의 명령을 강제로 수행하는 기능을 한 것이 아니라는 것이다.

(5) 대륙법계 경찰과 영미법계 경찰의 비교

앞에서 살펴본 것처럼 경찰개념 발전의 특징을 살펴보면, 대륙법계의 경찰개념과 영미법계의 경찰개념이 다르다는 것을 알 수 있다. 대륙법계 국가에서는 경찰이 국가적 권위를 대표하는 것으로 생각하고 중앙집권적·관료적 국가경찰제도를 유지하는 경향이 있었다. 영미법계 국가에서는 경찰을 민주경찰로 규정하며, 질서 유지는 국민자치의 이념에 따라 국민 스스로 수행해야 할 임무로 본다. 이에 따라 지방분권적 자치경찰제를 원칙으로 한다.

또한 경찰의 목적 또는 사명에 있어서, 대륙법계 국가들은 경찰을 단순히 질서유지를 위한 권력작용에 한정하지 않고, 국민의 복리 증진을 위한 질서 유지 역시 경찰의 권한에 포함시키는 경향이 있다. 이에 따라 많은 국가에서 경찰권을 제도화할 때 복리목적의 권력작용도 포함시켰으며, 사법경찰사무는 사법작용의 일환으로 간주하여 행정경찰과는 분리하여 운영하고 있다.

반면, 영미법계 국가에서는 경찰의 사명을 엄격히 '일반 질서의 유지'에 국한시킨다. 즉, 경찰은 국민의 생명·신체·재산의 보호, 범죄의 예방 및 수사, 범인의 체포 등 사법경찰사무만을 수행하며, 산업·경제·문화·위생 등 복리 목적을 위한 명령강제작용은 포함하지 않는다. 이러한 복리 관련 기능은 원칙적으로 경찰이 아닌 다른 행정기관의 소관으로 구분된다.

또한 대륙법계의 경찰개념은 국왕의 절대적 권력으로부터 유래된 경찰권을 전제로 한다. 따라서 국왕의 권력유지와 국가발전을 위한 경찰의 제반 활동은 시민의 기본권과 자유를 위축시킬 수밖에 없었다. 결국 대륙법계에서 경찰은 자유와 권리에 대한 기본권을 국가로부터 보호하고자 하는 시민과 대립하는 구도를 형성하는 것으로 이해되었다. 이후 계몽주의, 자연법주의, 법치주의 사상의 등장을 계기로 시민권은 신장되고 경찰권은 축소되었다. 즉, 시민권과 경찰권은 반비례의 관계이자 대립적인 관계로 설정된 것이다.

반면 영미법계에서는 주민을 보호하는 조직으로 경찰이 존재하였으며, 주민의 선거로 선출된 경찰은 주민의 자치권을 보호하고 서비스하는 기능을 담당하였다. 즉, 국가의 권력유지를 위한 업무가 아니라 주민생활을 보호하는 역할을 담당하였기 때문에 경찰과 시민의 관계는 상호 협력하는 관계였다.

|표 1-2| 영미법계 경찰과 대륙법계 경찰의 비교

영미법계 경찰과 대륙법계 경찰의 비교		
내용 / 구분	영미법계	대륙법계
경찰권의 기초	자치권	통치권
시민에 대한 관점	보호와 서비스	통제와 지시
시민과의 관계	시민과 협력관계	시민과 대립관계
형성배경	기능 또는 역할	발동범위와 성질

이처럼 대륙법계 국가의 경찰개념이 국왕의 명령을 집행하는 '경찰권'이라고 하는 통치권적 개념을 전제로 그 발동범위와 성질을 기준으로 형성된 반면, 영·미법계 국가의 경찰개념은 시민을 보호하고 서비스하는 기능과 역할을 중심으로 형성되었다고 정리할 수 있다.

2. 경찰의 종류

1) 실질적 의미의 경찰과 형식적 의미의 경찰

크로이츠베르크 판결 이후, 경찰의 임무가 '위험 방지'라는 기능적 측면(실질적 경찰 개념)으로 제한되었지만, 실제 경찰 기관은 위험 방지 외에 범죄 수사 등 다른 임무도 계속 수행했다. 이러한 괴리 속에서 학계에서는 경찰을 이해하기 위한 두 가지 관점이 명확히 구분되기 시작했다. 20세기 초부터 이러한 개념적 구분이 학술 문헌과 법학 교육에서 명시적으로 논의되기 시작했으며, 특히 1931년 프로이센 경찰행정법은 실질적 개념과 형식적 개념을 모두 반영하는 조항을 포함하기도 했다. 제2차

세계 대전 이후 독일에서 경찰의 권한을 축소시키는 탈경찰화(Entpolizeilichung) 과정을 통해 일반 행정 기관과 경찰 기관의 임무가 분리되면서 이러한 개념적 구분은 더욱 중요해졌다.

독일의 연방경찰법은 "형식적 경찰 개념(formeller Polizeibegriff)"과 "실질적 경찰 개념(materieller Polizeibegriff)"을 명시적으로 정의하지는 않지만, 연방경찰을 특정 임무를 가진 독립적인 연방 당국으로 설립하고 해당 임무 내에서 공공의 안전과 질서 유지를 위해 필요한 권한을 부여하는 데 초점을 맞춤으로써 두 가지 개념을 암묵적으로 반영하고 있음을 알 수 있다. 다만, 이와 같은 법적 개념정의와 달리 학술적 개념에서는 실질적 의미의 경찰과 형식적 의미의 경찰에 대해 국가의 권력적 행정작용과 이를 수행하기 위한 제도로서 구분하고 있으며, 우리나라에서도 이와 같은 경찰개념을 받아들이고 있다.

(1) 실질적 의미의 경찰

국가의 일반통치권에 의거하여 국민에게 명령·강제하는 제반 권력적 행정작용을 통틀어 '실질적 의미의 경찰(실질적 경찰)'이라 부른다. 따라서 실질적 경찰에는 경찰조직이 아닌 다른 국가기관의 권력작용도 함께 포함될 수 있다(김남진·김연태, 2024).

대표적으로 환경·위생·보건·의료·세무 등을 담당하는 특별사법경찰의 권력적 행정작용을 비롯하여 지방정부가 행하는 권력적 행정작용도 경찰로 간주된다. 반대로 경찰조직에 소속된 경찰공무원이 수행하고 있어도 국민에게 명령·강제하는 것이 아니면 경찰의 개념에서 배제된다. 그러므로 현대경찰의 주된 기능인 시민에 대한 봉사와 편의 서비스는 실질적 의미의 경찰개념에 포함되지 않는다.

(2) 형식적 의미의 경찰

국가의 권력작용에 속하는지 여부와는 무관하게 경찰조직이 현실적으로 수행하는 사무 혹은 역할을 통틀어 '형식적 의미의 경찰(형식적 경찰)'이라 부른다. 따라서 권력작용에 속하여도 보통경찰기관이 직접 담당하지 않으면 형식적 의미의 경찰이 아니고, 권력작용과 무관해도 보통경찰기관이 현실적으로 수행하면 형식적 의미의 경찰로 간주된다. 예컨대, 비행청소년 지도 및 선도활동, 범죄예방정보 홍보활동 등은 대표적인 형식적 의미의 경찰이지만 실질적 의미의 경찰에 해당되지 않는 활동이라고 할 수 있다.

(3) 실질적 의미의 경찰과 형식적 의미의 경찰의 관계

<그림 1-1>은 '실질적 경찰'과 '형식적 경찰'의 관계를 나타낸 것이다. 왼쪽의 삼각형은 실질적 경찰을 나타내고 오른쪽의 것은 형식적 경찰을 나타낸다. 이 그림의 형태는 단순하지만 매우 중요한 함의와 시사점을 제공한다. 첫째, 실질적 경찰과 형식적 경찰이 서로 배타적이지 않다는 사실이다. 양쪽이 경찰의 본질에 속하는 부분을 공유하기 때문이다. 둘째, '실질적 경찰'로부터 '형식적 경찰'로 진화했다는 사실이다. 실질적 경찰이 모태(母胎)이고 형식적 경찰은 그것의 변형이라는 뜻이다. 셋째, 실질적 경찰 및 형식적 경찰의 실제 내용은 국가마다 다르다는 사실이다. 양쪽 모두 국가의 권력구조와 정치상황에 따라 달라지는 속성을 지니기 때문이다. 넷째, 시간이 흐를수록 경찰의 비권력작용이 다양해진다는 사실이다. 다원화·다변화·국제화·정보화·세계화가 이어지는 상황에서는 공권력에 의한 권력적 행정작용(실질적 경찰활동)과 봉사정신에 입각한 비권력적 행정작용(형식적 경찰)이 함께 확대될 수밖에 없을 것이다.

|그림 1-1| 실질적 경찰과 형식적 경찰의 관계

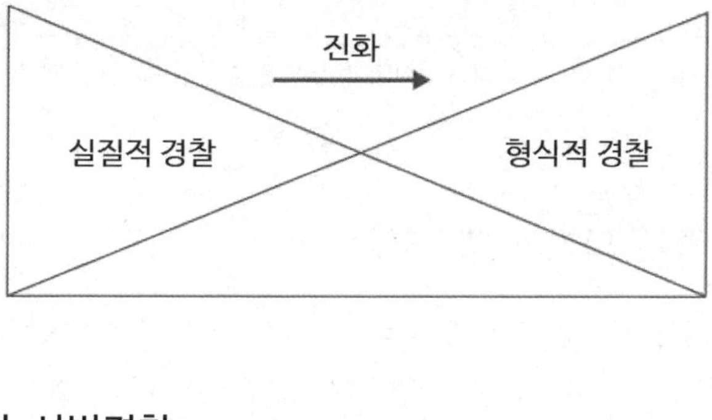

2) 행정경찰과 사법경찰

경찰은 목적에 따라 넓은 의미의 행정경찰과 사법경찰로 구분된다. 사법경찰은 경찰기관이 담당하는 업무 중에서 범죄수사업무에 해당하며, 사건이 발생한 이후에 기능을 하는 사후적 경찰활동이다. 행정경찰은 공공의 안녕과 질서유지를 위하여 위험과 장해를 방지하는 업무에 해당하며, 사건이 발생하기 이전에 기능을 하는 사전적 경찰활동이다. 행정경찰과 사법경찰의 구분은 삼권분립의 전통이 강했던 프랑스의 「죄와 형벌법전」 제18조에서 유래했다.

행정경찰은 수단에 따라 다시 권력을 수단으로 하는 경찰과 비권력적 경찰로 나눌 수 있다. 전자는 사회공공의 안녕과 질서유지를 위해 국민에게 특정한 의무를 부과하거나 일반적으로 금지된 자연적 자유를 허용하거나, 의무부과만으로는 경찰목적을 달성할 수 없는 경우에 직접 개인의 신체·재산에 실력을 행사하여 경찰상 필요한 상태를 실현하거나, 경찰목적을 위해 부과한 의무를 거부하는 경우에 경찰벌을 부과하는 경찰작용을 일컫는다. 비권력적 경찰은 명령이나 강제적 수단에 해당하지 않는 계몽·지도·봉사를 통해 목적을 달성한다.

|표 1-3| 행정경찰과 사법경찰의 구분

구 분	행정경찰	사법경찰
기 준	삼권분립사상	
개 념	공공의 안녕과 질서유지 및 범죄예방 활동	형사사법권의 보조적 작용
비 고	행정법규의 적용 장래의 위해에 대한 사전적 활동	형사법규의 적용 과거 범죄사건에 대한 사후적 활동
담당기관	자치경찰	고위공직자범죄수사처 국가수사청
기 타	프랑스「죄와 형벌법전」제18조에서 유래	

3) 보안경찰과 좁은 의미의 행정경찰

행정경찰(넓은 의미의 행정경찰)은 업무의 독자성 여부를 기준으로 보안경찰과 좁은 의미의 행정경찰로 구분된다. 보안경찰은 공공의 안녕과 질서를 유지하기 위하여 다른 종류의 행정작용에 수반되지 않고 그것 자체가 독립하여 행하여지는 경찰작용이며, 업무의 독자성이 있는 경찰작용을 말한다. 좁은 의미의 행정경찰은 고유의 행정임무를 가진 일반행정기관이 그 임무에 관련하여 그가 관장하는 행정영역에서 위해를 방지하는 작용을 말한다. 위생행정기관이 위생상의 위해를 방지하는 위생경찰, 건축행정기관이 건축으로 인한 위해를 방지하는 건축경찰, 도벌·화재·병충해 따위를 예방하고 산림을 보호하는 산림경찰 등이 좁은 의미의 행정경찰에 해당한다.

|표 1-4| 보안경찰과 좁은 의미의 행정경찰의 구분

구 분	보안경찰	좁은 의미의 행정경찰
기 준	업무의 독자성	
개 념	공공의 안녕과 질서유지를 위하여 다른 행정작용에 부수하여 수행되지 않고 그 자체로서 독립하여 행해지는 경찰작용	타행정작용에 부수하여 그 행정작용과 관련해서 발생하는 위험을 방지하기 위해 행해지는 경찰작용
비 고	풍속경찰, 교통경찰	산림, 위생, 경제경찰 비경찰화와 관련

4) 국가경찰과 자치경찰

경찰이 행사하는 권한과 책임의 소재에 따라 구분할 경우 국가경찰과 자치경찰로 나누어 확인할 수 있다. 경찰조직을 구성하는 것에 대한 법적 책임과 운영방식 및 관리방법에 대하여 그 권한과 책임의 주체가 국가일 경우 국가경찰로 분류할 수 있다. 반면, 경찰조직을 구성하는 것에 대한 법적 책임과 운영방식 및 관리방법에 대하여 그 권한과 책임의 주체가 지방정부 및 자치단체인 경우는 자치경찰로 분류한다(이하섭, 2010). 국가경찰제도는 중앙의 경찰청장을 중심으로 단일 지휘체계를 구축하기 때문에 상의하달식 의사소통체계를 확립하는 데 유리하고, 자치경찰제도는 지역특성에 적합한 치안서비스를 제공하기 때문에 하의상달의 의사소통체계를 확립하는데 유리한 특성을 지닌다. 우리나라도 2021년 1월 1일 시행된 「국가경찰

|표 1-5| 국가경찰과 자치경찰의 구분

구 분	국가경찰	자치경찰
기 준	권한과 책임의 소재	
개 념	국가가 설립하고 관리하는 경찰	지방자치단체가 설립하고 관리하는 경찰
장 점	조직의 통일적 운영, 경찰활동의 능률성, 타행정부분과의 긴밀한 협조, 조정의 원활, 전국적인 통계자료의 정확성	지방특성에 적합한 경찰행정활동, 민주성 보장으로 주민의 지지획득 용이, 경찰행정에 대한 책임성 강화
단 점	국민을 위한 봉사기능의 저하, 지방의 특수성 간과	광역적 활동에 부적합, 다른 경찰기관과의 협조, 응원체제 곤란

과 자치경찰의 조직 및 운영에 관한 법률」에 따라 국가경찰과 자치경찰이 각각의 사무를 담당하게 되었다.

5) 평시경찰과 비상경찰

국가의 법적 상태와 경찰권을 행사하는 주체에 따라 평시경찰과 비상경찰을 구분하기도 한다. 사회가 평온한 상태에서 보통경찰기관이 행하는 경찰작용을 평시경찰로, 사회교란으로 계엄령이 선포되어 경찰사무를 군대가 관장하는 경우를 비상경찰로 간주한다. 계엄령 상태에서 이루어지는 비상경찰활동은 「계엄법」 제7조(계엄사령관의 관장사항), 제8조(계엄사령관의 지휘감독), 그리고 제9조(계엄사령관의 특별조치권) 등에 규정된 절차와 방법에 따라 행해진다.

|표 1-6| 평시경찰과 비상경찰의 구분

구 분	평시경찰	비상경찰
기 준	위해정도 및 담당기관	
개 념	평온한 상태에서 일반 국가경찰과 자치경찰의 조직 및 운영에 관한 법률규정에 의하여 보통경찰기관이 행하는 경찰작용	전국 또는 어느 한 지방에 비상사태가 발생하여 계엄이 선포될 경우 군대가 병력으로 계엄법에 따라 행하는 경찰작용

6) 질서경찰과 봉사경찰

경찰활동의 수단 및 구체적 내용, 즉 경찰활동의 질과 내용에 따라서 질서경찰과 봉사경찰로 구분한다. 권력적 명령 · 강제를 수단으로 하는 범죄수사 · 진압 · 경범죄처벌 · 범칙금 부과 · 즉시강제 등의 활동을 질서경찰이라 하며, 질서유지와 위해방지를 목적으로 하면서도 비권력적인 수단을 사용하여 행해지는 청소년 선도 · 교통안내 · 방범순찰 · 재난구호 등의 활동을 하는 경찰을 봉사경찰이라고 한다.

|표 1-7| 질서경찰과 봉사경찰의 구분

구 분	질서경찰	봉사경찰
기 준	형식적 의미의 경찰 중에서 경찰활동의 질과 내용을 기준	
개 념	보통경찰조직의 직무범위 중에서 강제력을 수단으로 공공의 안녕과 질서유지를 위한 법집행을 주로 하는 경찰활동	강제력이 아닌 서비스, 계몽, 지도 등을 통하여 경찰직무를 수행하는 경찰활동
주요 활동	범죄수사, 진압, 즉시강제, 교통위반자에 대한 처분	방범지도, 청소년 선도, 교통정보의 제공, 방법순찰, 수난구호

7) 예방경찰과 진압경찰

경찰이 공권력을 발동하는 시점을 기준으로 예방경찰과 진압경찰을 구분하기도 한다. 장래에 위해가 발생할 것에 대비하여 미리 조치를 취하는 것을 예방경찰로, 이미 발생한 위험상황을 해소하기 위한 제반 조치는 진압경찰로 간주한다. 그러나 예방경찰과 진압경찰의 구분이 항상 명확한 것은 아니다. 이미 발생한 위험상황을 '진압'하는 것이라도 범행의 계속 혹은 피해의 확대를 막는다는 점에서는 예방경찰의 성격을 함께 포함하기 때문이다. 이런 이유로 「국가경찰과 자치경찰의 조직 및 운영에 관한 법률」 제3조(경찰의 임무) 및 「경찰관직무집행법」 제2조(직무의 범위)에 규정된 '진압'은 수사와 예방의 의미를 함께 포함하는 개념으로 이해되고 있다.

|표 1-8| 예방경찰과 진압경찰의 구분

구 분	예방경찰	진압경찰
기 준	경찰권 발동의 시점	
개 념	경찰상의 위해발생을 방지하기 위한 작용으로 행정경찰작용보다 좁은 개념	이미 발생된 범죄의 수사를 위한 권력적 작용으로 사법경찰과 일치
비 고	정신착란자에 대한 보호조치, 총포, 화약류의 취급제한	사법경찰

제 2 절

경찰의 임무와 수단

1. 국가경찰과 자치경찰의 조직 및 운영에 관한 법률 상 임무

경찰의 임무는 「정부조직법」상 경찰기관을 전제로 한 개념으로서, 「국가경찰과 자치경찰의 조직 및 운영에 관한 법률」 제3조(경찰의 임무)에 규정된 경찰의 임무는 <표 1-9>와 같다.

|표 1-9| 경찰의 임무

① 국민의 생명 · 신체 및 재산의 보호 ② 범죄의 예방 · 진압 및 수사 ③ 범죄피해자 보호 ④ 경비 · 요인경호 및 대간첩 · 대테러 작전 수행 ⑤ 공공안녕에 대한 위험의 예방과 대응을 위한 정보의 수집 · 작성 및 배포 ⑥ 교통의 단속과 위해의 방지 ⑦ 외국 정부기관 및 국제기구와의 국제협력 ⑧ 그 밖에 공공의 안녕과 질서유지

경찰의 세 가지 기본임무는 <그림 1-2>에서 보는 것과 같이 공공의 안녕과 질서유지, 범죄의 예방 · 진압 및 수사, 치안서비스의 제공이다. 특히, 경찰의 궁극적 임무는 공공의 안녕과 질서에 대한 위험의 방지이며, 공공의 안녕과 질서유지의 가장 중요한 요소는 국민의 생명 · 신체 · 재산을 보호하는 것이다.

만약 「국가경찰과 자치경찰의 조직 및 운영에 관한 법률」 제3조 및 「경찰관 직무집행법」 제2조에 구체적으로 규정되어 있지 않은 임무가 다른 법령에 규정되어 있다면, 경찰은 '공공의 안녕과 질서유지'라는 조항에 근거하여 그 임무를 수행할 수 있다.

경찰의 임무에 대한 최근의 중요한 변화는 경찰단계에서부터 범죄피해자에 대한 관심이 증가했다는 것이다. 2018년 4월 17일 「경찰법」 일부개정을 통해 기존의 경찰임무에 더해 범죄피해자 보호를 명시함으로써 회복적 경찰활동의 이념을 반영한 것으로 보인다.

|그림 1-2| 경찰의 기본임무

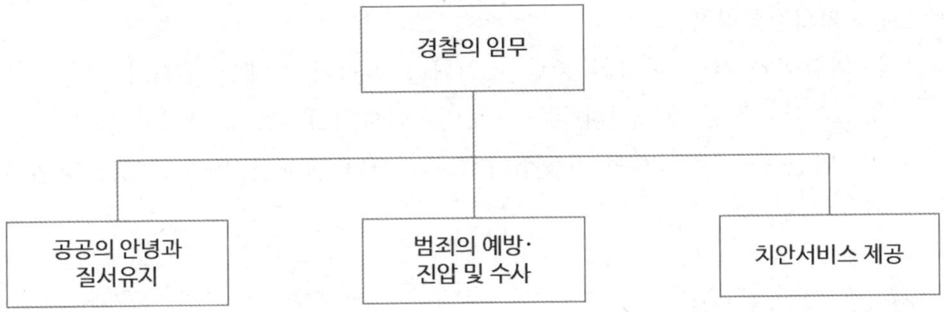

2. 공공의 안녕과 질서 유지

1) 공공의 안녕

「공공의 안녕」이란 법질서의 불가침성, 국가의 존립과 국가기관의 기능성의 불가침성, 개인의 권리 법익의 불가침성을 의미한다. 따라서 공공의 안녕이란 개념은 개인과도 관련되고, 국가 등 집단과도 관련된다.

(1) 법질서의 불가침성

① 공법(公法)규범 위반

형법 등 공법규범을 위반한 경우에는 경찰이 직접 개입한다. 이때, 경찰이 개입하기 위해서는 보호법익에 대한 침해 또는 침해 가능성이 객관적으로 존재해야 하지만, 주관적 구성요건의 실현이나 책임성, 구체적 가벌성은 요구하지 않는다.

② 사법(私法)규범 위반

사법상의 권리가 적절히 보호되지 못하고, 경찰의 개입 없이는 법을 실현시키는 것이 무효화되거나 사실상 어려워질 경우에만 보충성의 원칙에 따라 경찰이 개입할 수 있다.

경찰의 개입은 잠정적인 보호조치에 국한되어야 하고, 최종적인 보호는 법원이 행한다. 그러나 사법상의 권리 침해와 공법규범 위반이 동시에 이루어질 경우, 경찰은 단지 잠정적 보호조치만을 취해서는 안 되고, 직접적으로 개입해야 한다.

(2) 국가의 존립과 국가기관의 기능성의 불가침성

① 보안·외사경찰활동

내란죄·외환죄와 같이 국가의 존립이 위협을 받거나 침해될 우려가 있는 경우, 경찰은 정보수집활동을 행하거나 수사·보안·외사경찰활동을 행하게 된다. 특히 국회, 정부, 법원 등 국가기관의 기능성이 침해되거나 침해될 우려가 있는 경우, 경찰은 이에 개입할 수 있다.

② 형법상 가벌성 유무

개입대상이 형법상 가벌성의 범위 내에 이르지 않았더라도 경찰은 국민의 자유와 권리를 침해하지 않는 범위 내에서 수사·정보·보안·외사경찰활동 등을 행할 수 있다. 그러나 폭력성과 명예훼손행위 없이 표출되는 국가기관에 대한 비판은 언론 및 집회의 자유에 해당되므로 경찰이 개입할 대상이 아니다.

(3) 개인의 권리 법익의 불가침성

경찰은 사유재산적 가치 및 무형의 권리도 보호해야 하지만, 이때 경찰의 보호는 잠정적 보호에 국한되어야 한다.

2) 공공의 질서

(1) 공공질서의 개념

「공공의 질서」란 원만한 공동체 생활을 위한 필수적인 전제조건이 되고, 공공사회에서 개개인의 행동에 대한 불문규범의 총체가 되는 것을 의미한다. 시대에 따라 변화하는 상대적으로 유동적 개념으로 공공질서가 차지하는 비중이 점차 축소되고 있다.

(2) 공공질서와 경찰권 발동

공공의 질서를 유지하기 위한 경찰권 발동 여부는 개별 사안의 경우 일반적으로 경찰행정관청의 재량행위에 속하지만, 재량행위라 할지라도 헌법에서 보호하고 있는 개인의 인권을 보장하는 범위 내에서, 경찰행정관청의 의무에 합당한 재량권 행사일 것을 요구한다.

3) 위험의 방지

(1) 위험의 개념

① 위험

「위험」이란 가까운 장래에 공공의 안녕과 질서에 손해가 발생할 수 있는 가능성이 충분히 존재하는 상태를 의미한다. 이때, 보호법익에 대한 위험이 인간의 행동에 의한 것인지, 또는 단순한 자연력에 의한 것인지는 문제되지 않는다. 또한, 위험은 사실에 기인하여 향후 발생할 사건에 대한 개인의 주관적 추정이지만, 경찰 개입이 정당하기 위해서는 어느 정도 객관화될 필요가 있다.

② 손해

「손해」란 보호법익에 대한 현저한 침해행위를 의미하고 정상적 상태의 객관적 감소이어야 하므로, 단순한 성가심이나 불편함은 경찰개입의 대상이 아니다.

(2) 위험의 분류

① 구체적 위험과 추상적 위험

「구체적 위험」이란 위험이 개개의 경우에 실제로 존재하는 경우를 의미하고, 「추상적 위험」이란 위험이 단순히 가설적이고 상상적인 경우를 의미한다. 경찰개입을 위해서는 구체적 위험이 존재해야 하지만, 범죄예방 및 위험방지 행위를 준비하기 위해서는 추상적 위험만으로도 가능하다.

② 외관적 위험

「외관적 위험」이란 경찰이 상황을 합리적으로 사려 깊게 판단하여 위험이 존재한다고 인식하여 개입하였으나 실제로는 위험이 없던 경우를 의미한다. 이 경우의 경찰개입은 적법하다고 여겨지므로 경찰관에게 민·형사상 책임을 물을 수 없다.

그러나 경찰개입으로 인한 피해가 공공필요에 의한 특별한 희생에 해당하는 경우 국가의 손실보상책임이 발생할 수 있다.

③ 위험혐의

「위험혐의」란 경찰이 의무에 합당한 사려 깊은 상황 판단을 할 때, 위험의 발생 가능성은 예측되지만 위험의 실제 발생 여부가 불확실한 경우를 의미한다. 위험혐의 상황 하에서는 위험의 존재 여부가 명확해질 때까지 위험조사 차원의 예비적 조치만이 가능하다.

④ 오상위험

「오상위험」이란 이성적이고 객관적으로 상황 판단을 할 때, 외관적 위험도 위험혐의도 인정되지 않음에도 불구하고, 경찰이 객관적 근거 없이 위험의 존재를 잘못 인정해서 개입한 경우를 의미한다. 오상위험의 경우에 경찰은 의무에 어긋나는 개입행위를 했으므로 경찰관에게는 민·형사상 책임이, 국가에게는 손해배상책임이 발생할 수 있다.

(3) 보호법익에 대한 위험의 존재 여부

경찰이 개입하기 위해서는 보호법익에 대해서 위험이 반드시 존재할 필요는 없고, 보호법익에 대한 침해가능성이 충분히 존재하는 상태이면 충분하다. 따라서, 횡단보도의 보행자 신호가 녹색인 경우에, 건너는 보행자가 없더라도 운전자는 정지해야 하므로, 운전자가 정지하지 않고 운행한 경우는 「도로교통법」을 위반한 것이 된다.

3. 범죄의 수사

1) 범죄수사의 법적 근거

「국가경찰과 자치경찰의 조직 및 운영에 관한 법률」 제3조와 「경찰관 직무집행법」 제2조는 범죄수사를 경찰의 임무로 규정하고 있고 범죄수사에 관한 일반법인 「형사소송법」 제197조(사법경찰관리)에서는 제1항에서 "경무관, 총경, 경정, 경감, 경위는 사법경찰관으로서 범죄의 혐의가 있다고 사료하는 때에는 범인, 범죄사실과 증거를 수사한다."라고 범죄수사의 주체로서 사법경찰관을 규정하고 있다. 또한 동조 제2항에서 "경사, 경장, 순경은 사법경찰리로서 수사의 보조를 하여야 한다."라고 범죄수사의 보조인으로서 사법경찰리를 규정하고 있다.

2) 범죄수사와 위험방지의 관계

경찰의 범죄수사 임무는 위험방지 임무와 별개의 것이 아니다. 장래의 위험이 현실화되어 "형법 및 형사특별법"에 위반되는 경우 경찰은 범죄수사활동을 하게 되므로, 위험방지와 범죄수사는 일련의 연속적 과정 속에서 순차적으로 진행되며, 강한 상관관계를 맺고 있다.

3) 법정주의 원칙

행정경찰작용의 경우에는 편의주의가 적용되어 그 실행 여부 및 처분 유형을 경찰행정관청이 재량에 따라 결정할 수 있지만, 범죄수사와 같은 사법경찰작용의 경우에는 법정주의가 적용되어, 범죄행위가 발생한 경우에는 친고죄 등을 제외하고는 반드시 범죄수사를 행하여야 한다.

따라서 범죄가 발생했음에도 범죄수사를 행하지 않는 경우, 경찰행정관청 등은 「형법」상 직무유기죄를 구성할 수 있고, 부작위로 인해 피해를 받은 당사자는 「국가배상법」상 손해배상을 청구할 수 있다.

4) 영·미 경찰의 영향

종래 대륙법계 경찰개념의 영향을 받아왔던 우리나라는 일제로부터 해방된 이후 미군정을 거치면서 범죄수사활동을 경찰의 고유한 임무로 취급했던 영미법계 경찰개념의 영향을 받아 범죄수사 임무가 「경찰관 직무집행법」에 경찰직무로 규정되었다.

4. 치안서비스의 제공

1) 치안서비스 활동의 요청

오늘날에는 치안분야에서도 복지행정에 대한 수요가 커지고 있기 때문에 경찰은 소극적 위험방지를 위한 명령·강제나 범죄의 예방·진압 및 수사와 같은 법집행적 임무뿐만 아니라, 적극적으로 치안 서비스를 제공하는 봉사자 역할을 수행하도록 요구된다.

즉, 교통정보 또는 지리정보의 제공, 인명구조와 같은 각종 보호의 제공, 어린이 교통안전 교육, 순찰을 통한 범죄예방활동 등 서비스 활동이 요구된다.

2) 위험방지 범죄수사 차원의 서비스 제공

일반시민들은 법집행적 임무도 서비스 제공 차원에서 수행해 줄 것을 기대하고 있다. 위험방지와 범죄수사는 넓은 의미의 서비스 임무와 별개의 것이 아니므로, 현대경찰은 위험방지 차원의 서비스 또는 범죄수사 차원의 서비스를 제공할 수 있어야 한다.

3) 다양한 경찰활동의 개척

오늘날 복지국가시대에서는 경찰행정 분야에서도 각 개인이 경찰권 발동을 요구할 수 있는 권리인 경찰개입청구권이 인정되기도 하므로, 경찰은 국민의 생존권적 기본권을 적극적으로 보장하기 위한 서비스 강화 등 국민의 권리를 침해하지 않는 범위 내에서 행할 수 있는 다양한 경찰활동을 개척해야 한다.

5. 경찰 수단

1) 권력적 수단

경찰은 위험을 방지하거나 경찰위반상태를 제거하기 위하여 국가의 일반통치권에 근거하여 명령·강제함으로써 경찰에게 주어진 임무를 수행한다. 스위스의 법학자 프리츠 플라이너(Fritz Fleiner)는 1912년 "경찰은 교훈과 훈계가 아니라 강제를 통해서 목적을 달성할 수 있다."고 언급함으로써 권력적 수단의 필요성을 역설하였다. 이처럼 권력적 수단이란 국민에게 명령·강제를 통해서 위해방지 등과 같은 경찰목적을 달성하고자 하는 것을 의미한다.

경찰의 권력적 수단은 크게 시민에게 경찰의무를 부과하기 위한 수단(경찰의무 부과수단)과 부과된 경찰의무의 이행을 확보하기 위한 수단(의무이행 확보수단)으로 구분할 수 있다. 경찰의무를 부과하기 위한 수단에는 경찰하명, 경찰허가, 경찰면제, 경찰상 사실행위로 나눌 수 있고, 의무이행 확보수단에는 경찰강제, 경찰벌, 경찰상 조사 등으로 나눌 수 있다.

2) 비권력적 수단

경찰의 업무수행과정에 있어서 강제적 수단이 큰 의미가 있지만 경찰에게 주어진 사명을 달성하기 위해서는 강제적인 수단만으로는 부족하다. 현대사회에서는 경찰행정에 있어서도 서비스활동이 강조되고 있고, 강제수단은 서비스활동에 있어 그 한계가 명확하다. 이에 따라 비권력적인 경찰수단의 필요성이 강조되고 있는 것이다.

비권력적 수단은 각 개인의 자유로운 생활에 개입하지 않으면서 '차량순찰, 교통관리, 정보제공, 지리안내 등 행정지도와 범죄예방에 기여하는 활동' 등을 의미한다. 이는 특히 구체적인 법률의 수권이 없어도 경찰 스스로 일반조항에 근거하여 광의의 위험방지를 하는 것이다. 그러나 주의할 것은 정보수집 등과 같은 경찰활동은 비록 비권력적인 수단이라고는 하나 대국민 서비스 측면과는 무관하며, 이러한 정보활동에는 일정한 제약을 두고 있다.

3) 범죄수사 수단

경찰수단이 범죄수사와 관련이 있는 경우에는 형사소송법상의 임의수단이나 강제수단에 따라 수사목적을 달성한다. 「형사소송법」 제199조에서는 수사목적달성과 인권보장의 조화를 위해 임의수사를 원칙으로 하며 강제수사를 예외로 하면서 경찰의 수사권을 인정하고 있다.

경찰의 수사권은 자연인 모두에게 적용되며, 법인의 경우 일부 적용이 제한된다. 그리고 「외교관계에 관한 비엔나협약(1961)」에 의한 외교사절이나 한미행정협정(SOFA)에 의한 주한미군의 경우 등에도 그 적용이 일부 제한되며, 대통령과 국회의원의 경우에도 일정한 제한이 따른다.

형사소송법상 강제수단으로는 체포 · 구속 · 압수 · 수색 등이 있고, 각각에 대해서는 요건 · 기간 등이 엄격히 법정되어 있으며, 이를 위반할 경우에는 위법수사의 문제가 발생되고, 경찰관은 형법상의 직권남용죄 등으로 처벌되거나 국가배상법상의 배상책임의 대상이 될 수 있다.

임의수사는 상대방의 동의나 임의의 협력을 얻어서 행해지는 활동, 예를 들어 피의자신문조서 작성과 같은 것으로서 이러한 경우에는 영장 없이도 수사 활동이 가능하다. 그러나 임의수단이든 강제수단이든 경찰관은 사법경찰관리로서 피의자 또는 다른 사람의 인권을 존중하는 데 특히 주의하여야 한다.

제 3 절 경찰의 기본이념

「경찰기본이념」이란 경찰조직이 추구해 나가야 할 기본적인 가치 방향을 의미하며, 경찰활동시 직면하는 의사결정 과정에서 합리적인 가치판단 기준으로 작용한다. 경찰의 기본이념은 시대에 따라 달라질 수 있지만, 우리나라 경찰은 민주주의, 법치주의, 인권존중, 정치적 중립성, 효율성, 고객지향성을 기본이념으로 삼고 있다. 특히, 「국가경찰과 자치경찰의 조직 및 운영에 관한 법률」은 경찰의 이념으로서 민주성과 효율성을 명시하고 있다(제1조).

1. 민주주의

1) 의의

민주주의라 함은 국가의 주권이 국민에게 있고, 모든 국가권력은 주권자인 국민에게서 유래된다는 것을 의미한다. 특히 국민의 참여가 중요한 문제로 대두되면서 민주적 정당성이 있느냐 없느냐 하는 것이 오늘날 민주주의의 원칙과 관련해서 비중 있게 논의되고 있다.

2) 내용

경찰은 국가의 존립과 안녕을 위하여야 하는 책무를 갖고 있다. 또한 경찰권력은 국민으로부터 나오기 때문에 경찰권은 권력자체가 아니라 국민을 위해 행사되어야 한다. 특히 대한민국헌법 제1조 제2항에서 "대한민국의 주권은 국민에게 있고, 모든 권력은 국민으로부터 나온다."고 천명하고 있듯이 경찰권력은 국민으로부터 나온다는 사상이다.

3) 실현방안

첫째, 경찰에 대한 국민의 참여를 통한 통제기제가 확보되어야 한다. 둘째, 가능한 한 경찰활동이 공개되어야 한다. 셋째, 중앙기간과 지방기관 간, 상급기관과 하급기관 간에 권한분배가 적절하게 이루어져서, 내부적인 민주주의를 확립하여야 한다. 넷째, 경찰 공무원의 민주적 의식이 확립되어야 한다.

2. 법치주의

1) 의의

법치주의라 함은 국민의 자유와 권리에 대한 제한이나 국민에게 새로운 의무의 부과는 법률에 근거가 있어야 하고, 집행과 사법도 법률에 의하여야 한다는 원칙을 말한다.

2) 내용

경찰활동에 있어서 국민의 자유와 권리를 제한하고 의무를 과하는 모든 활동은 법률로써만 가능하며(「대한민국헌법」 제37조 2항, 「국가경찰과 자치경찰의 조직 및 운영에 관한 법률」 제5조), 특히 행정처분, 행정강제는 법치주의 원리가 강하게 적용된다. 단, 임의활동은 직무의 범위 내에서 개별적 수권규정 없이도 가능하다. 재량권이 부여된 경우도 남용을 금한다. 재량권이 0으로 수축되는 경우에는 반드시 법률이 정한 권한에 따라 의무를 이행해야 한다.

경찰활동은 사전에 상대방에게 의무를 과함이 없이 행사되는 즉시강제와 같은 경우가 많기 때문에 법치주의의 원리가 강하게 요구된다. 즉, 운전면허의 취소처분과 같은 침해적 행정행위는 법률의 수권이 있어야 하나, 도로교통정보의 제공 등은 임의적 활동으로 국민의 자유와 권리에 제한을 가하거나 의무를 가하지 않기 때문에 법률의 개별적 수권규정이 없이도 가능하다.

3) 실현방안

첫째, 행정처분이나 경찰강제의 경우에는 법치주의가 강하게 요구되므로, 그 요건 및 효과 등이 법률에 구체적으로 규정되어야 한다. 둘째, 경찰행정관청은 재량권이 인정되는 영역에서도 재량권을 남용해서는 안 된다. 셋째, 경찰권의 적극적 행사로 인한 권리침해에 대해서는 '침해배제청구권'이 인정되어야 하고, 경찰권 행사의 부작위 등 소극적 행사로 인한 권리침해에 대해서는 '경찰개입청구권'이 인정되어야 한다.

3. 인권존중주의

1) 의의

인권이란 인간이 태어나면서 인간으로서 가지는 당연한 권리를 말한다. 인권사상을 최초로 문서화한 것은 미국 독립선언에 영향을 미친 '버지니아 권리장전'과 프랑스 혁명으로 만들어진 '인간과 시민의 권리 선언'이다.

2) 내용

헌법상 인권의 불가침규정과 「국가경찰과 자치경찰의 조직 및 운영에 관한 법률」 제5조에서 "경찰은 그 직무를 수행할 때 헌법과 법률에 따라 국민의 자유와 권리 및 모든 개인이 가지는 불가침의 기본적 인권을 보호하고, 국민 전체에 대한 봉사자로서 공정·중립을 지켜야 하며, 부여된 권한을 남용하여서는 아니 된다."고 명문화하고 있다. 또한 권한남용금지와 직무수행에 있어서 필요한 최소한도의 범위에서 행사하여야 하며, 국민의 기본권을 침해하는 범죄에 대하여 경찰은 편의주의에 따라 결정해서는 안 된다. 따라서 반드시 수사할 의무가 있다.

수사의 경우 피의자의 인권을 존중해야 한다. 「형사소송법」이 임의수사를 원칙으로 하고 강제처분 법정주의를 택하는 것도 바로 이러한 이유 때문이다. 국가는 개개인이 가지는 불가침의 기본적 인권을 확인하고 이를 보장할 의무를 지며, 경찰은 그 직무를 수행함에 있어 헌법과 법률에 따라 국민의 자유와 권리를 존중해야 한다. 즉, 국민의 자유와 권리를 제한할 수 있는 경우는 국가안전보장, 질서유지 또는 공공복리를 위하여 필요한 경우에 한하여 법률로써만 가능하며, 그 경우에도 자유와 권리의 본질적인 내용을 침해할 수 없다.

3) 실현방안

첫째, 경찰관은 법률의 규정에 의하여 권한을 행사함에 있어서, 직무수행에 필요한 최소한도의 범위 내에서 행사하여야 한다. 둘째, 범죄수사 시에는 임의수사를 원칙으로 하고, 강제수사는 예외적으로 행하여야 한다.

4. 정치적 중립주의

1) 의의

경찰의 정치적 중립이란 경찰은 특정정당 기타 정치단체의 이익이나 이념을 위해 활동하여서는 안 되며, 오로지 주권자인 전체 국민과 국가의 이익을 위하여 활동하여야 한다는 것을 말한다.

2) 내용

「대한민국헌법」 제7조 제2항에서 공무원의 정치적 중립을 정하고 있으며,「국가경찰과 자치경찰의 조직 및 운영에 관한 법률」 제4조에서도 경찰은 국민에 대한 봉사자로서 공정중립을 강조한다. 즉, 특정정당이나 정치단체의 이익에 영합하여 활동을 해서는 안 되며 정당가입이나 특정정당의 지지나 반대행위를 금한다. 비록 소속 상관이 중립을 해하는 명령이나 지시를 하더라도 이에 따를 의무가 전혀 없음은 당연하다고 하겠다. 이처럼 경찰은 특정 정치단체의 이익이나 이념을 위해 활동하여서는 안 되며, 오로지 주권자인 전체 국민과 국가의 이익을 위하여 활동해야 하는 정치적 중립의 의무를 부담한다.

5. 경영주의

1) 능률성

일반적으로 능률성(efficiency)은 투입(input)과 산출(output)의 비율을 말하며, 질적인 측면을 강조한다. 즉, 공공서비스의 제공에 들어간 시간, 노력, 자원, 정보지식

등을 합산한 값으로 제공된 서비스의 양을 나눈 결과를 퍼센트로 환산한 것이다. 정책분석에서 정책의 효율성을 판단하는 기준에는 비용편익분석(cost-benefit analysis)이 있다. 비용편익분석은 편익을 비용으로 나눈 백분율을 가지고 판단하는 방법이다. 즉, 편익을 비용으로 나눈 비율이 큰 것이 좋은 대안이고 효율성이 있다고 보는 것이다.

경찰활동을 예로 들면, 경찰이 음주운전을 단속하는 데 드는 인력, 시간, 장비, 시민들의 불편 등을 환산하고 음주운전 측정건수나 음주운전 단속건수를 산출로 환산하여 음주운전단속활동의 효율성을 계산하는 것이다. 그러나 투입과 산출에 들어가는 항목은 효율성을 분석하는 사람의 판단에 의하지만 가능한 항목을 빠짐없이 반영하여야 하며 수치화하고 돈으로 환산하여야 한다. 따라서 계산과정에는 주관성이 개입할 수밖에 없다.

2) 효과성

효과성(effectiveness)은 목표달성정도(the degree of goal achievement)를 의미하며, 양적인 측면을 강조한다. 효율성이 산출에 대한 비용이라는 조직 내의 현상으로 볼 수 있는데 비해 효과성은 최종적으로 어떠한 결과를 외부에 산출하는가를 의미한다. 일반적으로 효율성에서 사용되는 산출과 효과에서 의미하는 목표의 달성정도는 목표와 수단의 연쇄관계 내의 위치가 다르다. 효율성에서 사용되는 산출은 목표를 달성하기 위한 하위목표의 성격을 가진다. 즉, 효과성의 개념에서는 비용이 얼마가 드느냐 하는 투입의 문제에 관심을 갖는 것이 아니라 정해진 목표를 얼마나 달성했느냐 하는 점에 중점을 둔다. 따라서 조직 운영에 있어서 효율성과 효과성은 동시에 고려되어야 하는 요소라고 할 수 있다.

경찰의 경우, 범죄예방과 대응활동에 들어가는 비용, 시간, 자원, 정보지식 등은 비교적 측정이 쉽지만 목표달성정도를 평가한다는 것은 어렵다. 즉 범죄예방을 어떻게 측정할 수 있을 것인가에 대한 논란이 많다.

3) 고객만족성

최근 세계 각국이 정부혁신의 주된 목표로 삼고 있는 것은 고객에 대한 관심을 높이고 고객에 대한 대응성(responsiveness)과 서비스의 질을 향상시키는 것이다. 즉,

기업은 이미 첨단상품이나 서비스가 개발이 된 상태에서 이것을 어떻게 고객에게 전달하여 만족시키느냐에 초점이 있는 반면, 행정서비스는 아직도 낙후된 상태에 있기 때문에 서비스의 질을 우선 향상시키는 방향에서 고객만족, 즉 시민의 만족도를 높이는 방안이 논의되고 있다.

고객만족은 두 가지 요건을 충족시켜야 한다. 하나는 제품이나 서비스에 대한 만족이고 다른 하나는 불만의 처리에 대한 만족이다. 이와 같은 요건을 경찰서비스에 적용해보면, 경찰의 단속이나 수사절차가 우선 질적으로 다른 행정서비스, 다른 나라의 경찰서비스보다 우수해야 한다는 것이다. 경찰행정서비스의 우수성은 업무처리과정의 속도, 품질, 경제성, 친절성 등으로 평가할 수 있다.

이러한 고객만족을 이끌어내기 위한 다양한 제도가 시행되고 있다. 즉, 제공된 행정서비스에 대한 주기적인 만족도 조사와 만족도 조사결과의 반영을 위한 서비스제도인 '시민헌장(Citizen's Charter)제도', 한 명의 공무원만 만나면 모든 서비스 절차가 완결되는 '원스탑서비스(One-Stop service)', 서비스를 받기 위해 관공서에 오지 않아도 되는 '온라인서비스(On-line service)제도', 공무원의 불친절을 적발하는 '경고카드(Yellow card)제도' 등이 있다.

제 4 절

경찰학의 의의

1. 경찰학의 개념

서구 국가가 근대국가로 발전하는 과정에서 경찰이 수행한 역할은 치안유지를 넘어서는 광범위한 분야에 걸쳐 있었다. 근대국가의 형성에 가장 큰 역할을 수행한 경찰의 기능과 역할에 대해서 학문적으로 연구하는 것이 경찰학이라고 할 수 있다. 이러한 경찰학이라는 학문분야가 이론적 · 체계적 구조를 가지고 있느냐에 대한 문제는 학문의 정체성과 관련해서 매우 중요한 문제라고 할 수 있다.

행정학의 경우를 살펴보면, 근대에 이르기까지 행정의 구체적인 영역은 설정되지 못했으며, 정치나 법의 하위영역 내지 이들의 지배를 받는 범위로 그 구체적인 한계를 인정받아 왔다. 산업혁명 이후 산업화 · 도시화 및 사회경제구조의 복잡화와 그에 따른 각종 사회문제의 대두로 인하여 이러한 상황에 대응해 나갈 수 있는 보다 적극적인 행정기능이 요청됨에 따라 행정의 역할에 대한 자기인식이 싹텄고, 정부계획의 실천자로서 뿐만 아니라 문제해결자로서 행정이 새롭게 부각되기 시작했다.

공공부분(public sector)에서 행정의 역할에 대한 이러한 자기인식의 증대는 필연적으로 학문의 탄생을 가능하게 하였다. 1887년의 윌슨(Woodrow Wilson)의 논문 "행정연구(The Study of Administration)"는 이러한 점에서 획기적인 것으로 평가되고 있다. 주로 관리적인 측면에서 행정을 평가함으로써 그는 정치의 영역에서 행정의 영역을 분리해낼 수 있었던 것이다.

한국에서 경찰학의 학문적 정체성이 있느냐는 논의와 별개로 유럽에서는 일찍부터 경찰학의 학문성을 인정하고 나아가 유럽경찰연합(CEPOL: European Police College)에서는 2007년 "유럽 경찰학의 전망(Perspectives of Police Science in Europe)"이라는 광범위한 보고서를 작성하였다. 이 보고서에서는 경찰학을 다음과 같이 정의하고 있다. "경찰학은 응용학문으로서 다양한 학문적 방법론 및 이론체계를 활용하여 공공질서유지와 제반 경찰체제 그리고 경찰활동에 관련된 문제를 해결하기 위한 과학적 학문이다."

또한 이황우 교수는 경찰학은 "실정법상의 경찰조직 및 활동에 관한 학문적 연구성과의 총체라고 정의할 수 있으며, 철학적, 사회적, 행정학적, 기타 경험과학적 분야를 포함한다. 따라서 경찰학은 경찰실무와 동떨어진 공리공론이 아니며, 실무를 학문적으로 이론화한 것이다. 즉, 경찰학이란 '경찰'이라고 불리는 국가제도(지방제도 포함) 혹은 공권력의 행사와 관련된 제반 관념이나 현상 혹은 원리들을 체계적으로 규명한 지식의 종체를 일컫는 개념이다. 그러므로 시각적으로 확인되는 경찰의 구조, 활동, 관리뿐만 아니라 경찰관들의 의식세계나 경찰일탈까지도 경찰학의 연구영역에 포함된다."고 하였다.

즉, 영어의 '경찰학(Police Science)'이라는 용어는 경찰학의 과학적 특성을 시사하고, '경찰연구(Police Studies)'라는 용어는 경찰학의 학문적 독립성을 나타내 준다고 할 수 있다.

이처럼 경찰의 개념과 경찰학의 정의는 학자에 따라 다르지만 이를 정리하면, 경찰학은 "공공의 안전과 질서유지, 시민의 생명과 재산보호 그리고 범죄의 예방과 진압에 관한 제반 분야를 연구대상으로 하며, 이에 관련되는 연구방법과 이론체계를 갖춘 학문"이라고 할 수 있다.

오늘날의 경찰학은 행정학과 비슷하게 과학적 특성이 강한 학문이 아니라 기술적 특성이 강조되는 사회과학적 학문인 점에 그 특징이 있다. 즉, 과학적 학문의 특징인 합목적인 법칙이나 논리 정연한 체계를 갖추어 발달한 것이 아니라 응용과학적이고, 목적 지향적이며, 기술적인 측면을 통해서 발전해 왔다. 따라서 경찰학의 연구는 변화하는 사회변화에 적응할 수 있는 실용적인 측면이 강조된다.

2. 경찰학의 연구분야

경찰학의 성립은 근대 경찰의 창설과 밀접한 연관을 갖고 있으며, 근대 경찰의 성립과 창설배경은 각국의 역사와 전통에 따라서 각기 다르게 발전하여 왔음을 알 수 있다. 이때 가장 중요한 개념 중의 하나가 근대경찰은 고대나 중세 경찰과 어떤 차이점을 갖고 있느냐는 것이다. 베일리(David Bayley)는 근대 경찰의 특성을 '공적(public)', '집중화(specialized)', '전문화(professional)'라는 개념으로 설명하고 있다.

'공적'이라는 것은 경찰의 운영주체적 차원에서 경찰력의 후원자가 국가라는 것이며, '집중화'는 경찰력의 차원에서 하나의 기구로 경찰업무가 집중된다는 것을 의미하며, '전문화'라는 것은 특정 기구가 경찰업무만 수행하도록 제도적으로 합리화된다는 것을 의미한다. 한 사회의 권력구조의 양상을 파악하는 것은 그 사회의 치안을 이해하는 데 있어서 대단히 중요한데, 치안제도의 구체적인 존재 양태는 그 사회의 권력구조와 긴밀하게 얽혀 있고, 특히 국가의 발달과 평행하게 전개되어 왔기 때문이다.

따라서 경찰학은 '공적(public)', '단일화(specialized)', '전문화(professional)'된 근대 경찰이 창설된 시점에서 본격적인 연구가 시작되었다고 볼 수 있다. 학문의 세계에 있어서 각 분과학문이 독자적 영역으로 존재하기 위해서는 나름대로의 연구대상, 접근방법, 개념 및 이론체계를 갖추고 있어야 한다.

윌리엄 베일리(William G. Bailey)가 편집한 경찰학 사전(The Encyclopedia of Police Science)은 경찰학(Police Science)의 연구영역으로 경찰행정(Police Administration), 수사기법(Detection Techniques), 심리문제와 사회문제(Psychological and Social Issues), 범죄유형(Types of Crime), 그리고 법률적 문제(Legal Questions) 등을 열거하고 있다.

오늘날 경찰행정학은 개별 경찰활동인 방범, 수사, 경비, 교통, 정보, 보안, 외사 등과 같은 활동을 지원하기 위한 이론적 체계로서의 역할을 담당한 반면에, '새로운 경찰학(New Police Science)'은 경찰행정(Police Administration) 분야에 있어서 최적화된 경찰조직관리와 공평한 경찰인사관리 분야, 수사기법(Detection Techniques)에 있어서 첨단 과학기술을 활용한 기법을 연구하고 있다.

또한 범죄심리와 사회이슈(Criminal Psychological and Social Issues)에서 최신 범죄학 이론을 접목, 연구하고 있으며, 범죄유형(Types of Crime)에서 이상동기범죄와 같은 다양한 범죄유형을 연구하고 있다. 마지막으로 법률적 문제(Legal Issues)에서 적법한 법집행과 인권보호를 위한 각종 분야를 연구하고 있다.

3. 경찰학의 선구자

1) 로버트 필

19세기 초 영국의 내무부장관이었던 로버트 필(Robert Peel)이 「영국 수도경찰의 조직과 운영에 관한 획기적인 개혁방안」(The Metropolitan Police Act of 1829)을 제시한 이후부터, 오늘날의 경찰학은 중립적 학문으로 자리 잡기 시작하였다.

2) 어거스트 볼머

제1차 세계대전(1914~1918) 종료 직후 어거스트 볼머(August Vollmer)의 노력으로 캘리포니아대학, 미시간대학, 인디애나대학 등에 경찰관련 학과가 설치되면서 미국을 중심으로 현대경찰학이 빠르게 발전하기 시작했다.

3) O. W. 윌슨 등

윌슨(O. W. Wilson), 후버(J, Edgar Hoover), 스미스(Bruce Smith), 파커(William H, Parker), 포스딕(Raymond Fosdick) 등에 의해서, 경찰학은 사회공공의 안녕 및 질서 유지에 필요한 논리를 규명하고, 합리적 수단과 과학적 기술 및 그 응용을 탐구하여, 국민생활의 질적 향상에 기여하는 학문으로 뿌리 내리게 되었다.

4. 경찰학의 학문적 성격

경찰학은 핵심적인 연구대상인 치안환경을 중심으로, 철학, 법학, 행정학, 사회학, 역사학, 경제학, 경영학, 심리학, 기타 과학적 분야들에서 원용한 이론 및 논리 등을 수정, 보완하여, 하나의 통일된 논리와 체계를 지닌 독자적 학문으로 정착되고 있다. 이러한 경찰학의 학문적 성격에 대해서 살펴보면 다음과 같다(김상호, 2003: 162-188).

1) 특수학문

학문은 '일반성'을 기준으로 철학과 특수학문으로 나눌 수 있는데, 경찰학은 사회현상 중에서도 사회공공의 안녕 및 질서와 관련된 주제를 다루는 특수학문에 속한다.

2) 경험과학

학문을 '주제'를 기준으로 형식적 주제를 다루는 형식과학과 경험적 주제를 다루는 경험과학으로 나눌 수 있는데, 경찰학은 사회생활 속에서 경험하는 현상을 다루는 경험과학에 속한다.

3) 사회과학

경험과학은 다시 탐구주제에 따라 인문과학, 자연과학, 사회과학으로 나눌 수 있는데, 경찰학은 사람들의 사회적 행위에 관한 진리를 탐구하는 사회과학에 속한다.

4) 실용학문

학문은 연구하는 사람의 '동기나 목적'을 기준으로 순수학문과 실용학문으로 나눌 수 있는데, 경찰학은 사회생활 속의 실질적인 문제들을 해결하는 실용학문에 속한다.

5) 응용학문

학문은 '논리적 순서'에 따라 기초학문과 응용학문으로 나눌 수 있는데, 경찰학은 기초학문을 이용하는 응용학문에 속한다.

제 5 절

경찰학의 기초이론

1. 지역사회경찰활동

1) 개념과 의의

(1) 지역사회경찰활동의 개념

지역사회경찰활동이란 영어권 국가에서 사용하는 'Community-Oriented Policing(COP)'이라는 개념을 우리말로 번역한 것이다. 지역사회경찰활동의 개념을 한마디로 정의하기는 매우 어려우나 그 핵심은 경찰이 발휘할 수 있는 역량과 지역사회의 잠재력을 유기적으로 결합시켜 범죄예방 및 질서유지효과의 극대화를 도모한다는 데 있다. 경찰관들을 지역사회의 구성원으로 참여시키고 지역사회의 주민들을 경찰활동의 중심으로 초대하여 경영학에서 말하는 총체적 품질관리(Total Quality Management, TQM)를 도모한다는 것이다.

그러므로 지역사회경찰활동에서는 경찰의 진취적 자세와 경찰활동에 대한 주민의 참여가 중요한 요소로 간주된다. 미국의 조지 켈링(George Kelling)은 지역사회경찰활동의 확산을 '경찰활동의 조용한 혁명'으로 이해하였다(Kelling, 1998).

미시건주립대학의 교수이면서 국립지역사회경찰활동본부(National Center for Community Policing) 책임자로서 지역사회경찰활동을 신앙처럼 여겼던 트로야노비치(Robert C. Trojanowicz)는 지역사회경찰활동의 기본원리 열 가지와 지역사회경찰활동의 9P를 제시하였다.[2] 그리고 이스턴 켄터키 대학(Eastern Kentucky University)의 코드너(Gary

---

2) Robert Trojanowicz and Bonnie Buqueroux, Community Policing : How to Get Started, 2nd ed.(Cincinnati: Anderson Publishing Co., 1998), pp. 109~114.
Trojanowicz가 제시한 10가지 기본원리는 1. philosophy and Organizational Strategy, 2. Commitment to Community Empowerment, 3. Decentralized and Personalized Policing, 4. Immediate and Long-Term Proactive Problem Solving, 5. Ethics, Legality, Responsibility, and Trust, 6. Expanding the Police Mandate, 7. Helping Those with Special Neeeds, 8. Grass-Roots Creativity and Support, 9. internal Change, 10. Bulilding for the Future 등이다. 그리고 그가 제시한 '9P'란 1. Philosophy, 2. Personalized, 3. Policing, 4. Patrol, 5. Permanent, 6. Place, 7. Proactive, 8. Partnership, 9. Problem Solving을 나타내는 말이다.

Cordner)는 지역사회경찰활동의 구조를 <표 1－10>과 같이 함축하여 설명하였다 (Cordner, 1997).

|표 1-10| 지역사회 경찰활동의 구조

구 분	공 통 요 소
철 학	주민참여, 경찰기능 확대, 인격적 봉사
전 략	근무방식 개선, 예방노력 확대, 구역책임 강화
전 술	민경제휴, 민경협력, 문제해결
관 리	조직개편, 지침정비, 질적 평가

(2) 지역사회경찰활동의 의의

지역사회경찰활동은 새롭게 생겨난 개념이 아니면서 동시에 전통적인 경찰활동과는 분명히 구별되는 새로운 개념이다. 새로운 개념이 아닌 이유는 지역사회를 배제한 경찰활동은 애초부터 생각할 수 없기 때문이다. 자경전통(自警傳統)이 강한 영미법계 국가의 경우는 경찰의 역사와 지역사회경찰활동의 역사가 완전히 일치한다.

한국의 파출소와 일본의 코반(交番, こうばん)은 지역사회경찰활동의 오랜 역사를 대변해주는 것이다(노호래, 1999; 경찰대학, 2000). 그럼에도 불구하고 지역사회경찰활동을 새로운 개념으로 간주하는 이유는 경찰활동의 기본철학, 기본전략, 기본전술, 그리고 경찰의 조직관리가 종전의 그것들과는 판이한 면모를 지니기 때문이다.

전통적 경찰활동에서는 주민들의 사생활을 외면하지만 지역사회경찰활동에서는 가정문제에도 참견하여 필요한 조언과 지원을 제공한다. 사회적 약자들을 보호하는 데 그치지 않고 주민들의 건강 · 오락 · 취미 · 교양 · 정서 · 신앙 · 진학 · 취업 · 애정 · 소송 등 개인적 문제들에 대해서도 관심을 가져야 한다. 그러므로 지역사회경찰활동에서는 경찰관들의 역량과 자질을 필수적 덕목으로 요구하고 경찰관 개개인의 자유와 재량이 필요충분조건으로 주어질 것을 강조한다. 그런데 지역사회경찰활동이 전 세계로 급속히 확산되어 왔음에도 막상 그 개념을 일의적으로 정의하기는 여전히 쉽지 않다.

(3) 개념요소의 복잡성

지역사회경찰활동의 개념을 정의하기가 쉽지 않은 이유는 'community'라는 영어 단어가 내포하는 의미가 매우 복잡한 데에 기인한다. 그럼에도 불구하고 전문가들은 community의 공통요소로 공간적 영역(local area), 사회적 상호작용(social interaction), 공동의 유대(common ties) 등 세 가지를 지적한다. 지리적 변수, 사회적 변수, 심리적 변수들을 동시에 함축하는 개념으로 이해하는 것이다(Thurman et al., 2001).

그러므로 지역사회란 경찰기관의 지리적 관할구역 및 그 속에 존재하는 정치적·경제적·사회적·문화적·종교적·학술적 구심체들을 함축하는 종합개념에 가깝다고 말할 수 있다.

다음으로 'Policing'이라는 단어도 그 의미가 간단하지 않다. 하지만 용어의 정확한 의미를 따지려는 것이 아니라면 Policing은 Police(치안을 유지하다)의 명사형(치안을 유지하는 작용) 정도로 이해하여 '경찰활동'으로 번역해도 무방할 것이다.

2) 지역사회경찰활동 확산의 배경

(1) 전통적 고정관념

전통적으로 경찰은 범법자를 검거하여 사법처리함으로써 국민의 생명과 재산을 보호하고 사회적 질서를 유지하는 법집행자(law enforcer)의 역할을 담당해왔다. 경찰국가시대처럼 경찰권의 개념이 아주 광범위하게 해석되던 시절도 있었지만 적어도 근대경찰은 범죄현장에 출동하여 범죄자를 검거하고 증거를 수집하여 죄에 상응하는 처벌이 뒤따르게 만드는 데 주력하였으며 개인의 사생활에 대한 경찰의 개입이 억제되어 경찰은 시민의 요청이 없으면 존재를 드러내지 않는 것을 올바른 처신으로 여겼다.

그러므로 전통적인 경찰은 범죄사건과 관련이 없으면 원칙적으로 접근하지 않았고 주민들이 부담스럽게 느낄 것을 우려해 순찰을 돌 때도 가급적 차량에서 내리지 않았다. 지역사회에 범죄가 늘어나면 순찰횟수를 늘리고 주민들의 신고를 장려하였지만 경찰에게 있어서 지역주민은 보호와 법집행의 대상일 따름이었다. 게다가 '경찰과 주민이 밀착하면 부패가 뒤따른다'라는 전통적 믿음은 경찰과 지역사회의 관계를 '불가근(不可近), 불가원(不可遠)'의 관계로 굳어지게 만들었다.

(2) 경험에 입각한 반성

1960년대 이후 미국사회의 치안상황이 극도의 혼란(케네디 대통령과 마틴 루터 킹 목사 피살, 흑인폭동, 베트남전쟁 반대시위 등)에 처하면서 그 원인으로 경찰활동의 수동성을 지적하는 입장들이 공감대를 형성하였다. 경찰의 수동성을 지적하는 이들은 '경찰이 범죄의 사후적 진압에만 치중해서는 범죄문제가 호전될 수 없다.'고 굳게 믿었다. 이들은 범죄자에 대한 사후적 대응을 통한 범죄억제를 부정하고 미국사회의 질서를 회복하려면 경찰이 범죄예방에 적극적으로 나서야 한다고 역설하였다.

종전과 같은 자동차순찰 위주의 경찰활동에 의존해 가지고는 범죄예방의 효과를 기대하기가 어렵다고 역설하였다. 즉 경찰이 법집행자 또는 범죄진압자라는 고정관념 대신 문제해결사 내지 사회봉사자라는 관념으로 바꾸고 경찰이 적극성을 보여야 범죄도 줄어들고 사회질서도 회복될 것이라고 주장하였다.

당시의 경찰학자와 경찰행정전문가들은 경찰의 차량순찰에서 문제점의 단서와 해결책을 찾고자 노력하였다. 이들은 범죄가 줄어들지 않는 이유는 '차량순찰을 강화하면 범죄문제는 호전된다.'고 확신하는 경찰실무자들의 잘못된 믿음 때문이라고 믿었다.

전통적 순찰활동에서는 거의 모든 경찰관들이 차량에 탑승한 상태에서 거리를 순회하며 주민들의 신고를 접수하고 상급자의 지시를 이행한다. 경찰관은 차량운전과 무전기작동 때문에 주민들과 접촉할 여유가 없고 시민들은 경찰의 기대 및 경찰을 돕는 방법을 몰라 주민에게 각인된 경찰의 모습은 이방인에 가까울 수밖에 없다. 그러므로 전문가들은 실증연구를 통해 차량순찰의 비효율성을 지적하고 그 대안으로 순찰방법을 획기적으로 개선할 것을 권유하였다.

(3) 도보순찰의 강조

전문가들은 도보순찰의 비중을 높일 것을 역설하였다. 그러나 중요한 것은 주민들이 경찰을 신뢰하게 만드는 것이라고 믿었으므로 주민접촉을 늘려 지역주민들과 긴밀한 유대관계를 유지할 것을 강조하였다. 아울러 바람직한 협력관계를 구축하는 데 필요한 이론들을 체계화시키고 지역주민들이 경찰을 신뢰하게 만들 수 있는 구체적인 전략들을 고안해 냈다. 그 결과 경찰과 지역사회관계(Police Community Relations: PCR) 또는 경찰과 공공관계(Police Public Relations: PPR)에 관한 일련의 이론체계가 확립되었다.

문제지향적 경찰활동(Problem-Oriented Policing), 합동순찰론(Team Policing), 이웃지향적 경찰활동(Neighborhood-Oriented Policing: NOP), 근린도보순찰(Neighborhood Foot Patrol), 지역사회도보순찰(Community Foot Patrol), 민경대표자모임(Police Area Representatives; PAR), 경찰활동 실험구역(Experimental Policing District; EPD), 지역사회경찰활동담당관(Community Policing Officer) 등의 용어들도 새롭게 등장하였다(Palmiotto, 1999).

(4) 정부의 지원

지역사회경찰활동을 뒷받침하는 이론과 전략 및 전술들은 하나같이 경찰의 역량과 지역사회의 잠재력을 결합시켜 질서유지효과를 극대화하는 데 목적이 있었으므로 이들 개념들을 모두 포괄할 수 있는 'Community Policing'이라는 용어가 자연스럽게 등장하였다.

지역사회경찰활동에 대한 열기가 확산되자 미국의 법무부(U.S. Department of Justice)는 '지역사회경찰 서비스 사무소(Office of Community Oriented Policing Services: COPS)'를 설치하고 전국 9,000여 경찰관서의 전담요원들에 대한 교육비를 지원하였다. 뿐만 아니라 미국 전역에 지역사회경찰활동연구소(Regional Community Policing Institute)를 설치하여 미국의 모든 주 및 세계의 거의 모든 나라가 지역사회경찰활동에 관심을 갖도록 만들었다.

3) 지역사회경찰활동의 특징

(1) 전문가 견해

지역사회경찰활동의 특징을 설명하기란 쉬운 일이 아니다. 트로야노비치는 지역사회경찰활동에 대한 열일곱 가지 오해를 해명함으로써 지역사회경찰활동의 특징을 간접적으로 설명해 주었다. 그리고 코드너는 '지역사회경찰활동은 만병통치약이 아니고 그 전부가 새로운 것도 아니며 무법자들을 두둔하려는 것도 아니고 요리책처럼 재료나 방법이 정해져 있는 것도 아니다.'라는 설명으로 지역사회경찰활동의 특성을 함축하였다.

전통적 경찰활동에 대해 에크와 스펠만(Eck & Spelman)은 경찰이 신고를 받고 출동(Incident-Driven Policing)하는 데 그쳐서는 안 된다고 주장하면서, 미국 위스콘신

대학의 골드스타인(Herman Goldstein)이 제창한 '문제지향적 경찰활동(Problem-Oriented Policing)'의 우수성을 역설하였다. 즉 주민들의 요구에 의해 수동적으로 반응하는 전통적 경찰활동 대신 능동적이고도 진취적인 근무자세를 강조한 것인데, 이러한 조치에 수반된 다음의 변화들을 통해 지역사회경찰활동의 특성을 가늠해 볼 수 있다.

(2) 직무범위의 확대

지역사회경찰활동을 채택하면 경찰관들의 직무범위가 거의 무한정으로 넓어진다. 지역사회경찰활동은 본래 '경찰이 문제해결사로 변신할 필요가 있다'는 인식에서 생긴 개념이다. 즉 주민의 신고에 따라 범법자를 검거하고 증거를 수집하는 데 그칠 것이 아니라 지역주민들 삶의 질을 높이는 데 기여해야 한다는 신념이 지역사회경찰활동의 출현을 가져온 것이다. 그러므로 지역사회경찰활동을 확대하면 필연적으로 개별 경찰관들의 직무범위가 확장되어야 한다.

범죄예방에 대한 경찰의 역할도 주민들에게 범죄피해 예방방법을 알려주는 것으로 끝나는 것이 아니며, 지역사회 공공기관 및 민간단체들과의 연계를 통해 비행청소년들을 위한 프로그램을 개발해 적용하고, 굶주린 주민이 있으면 먹을 것을 조달해 생계를 꾸려가게 만들어 준다. 응급신고를 접수하면 신속히 교통편을 제공하고 애완동물이 주인을 걱정하게 만들어도 달려가 해결해 준다. 즉 종전에는 경찰이 할 일이 아니라고 여겼던 일들을 제한 없이 찾아서 하기 때문에 경찰관들의 직무 범위가 무한정으로 넓어지는 결과가 뒤따른다.

(3) 순찰자의 재량 확대

지역사회경찰활동을 채택하면 순찰근무자에게 폭넓은 재량권이 부여된다. 지역사회경찰활동은 '경찰관들이 지역주민과 일체가 되어야 한다'는 신념에서 생긴 이념이다. 즉 공권력에 의존하여 군림하려는 자세를 버리고, 지역사회의 일원이 되어 문제해결사 혹은 사회봉사자로서의 본분을 다하는 데에 그것의 진정한 가치가 있다.

그런데 경찰관들이 수시로 직면하는 문제들을 만족스럽게 해결하려면 기본적으로 일선경찰관 개개인에게 자율적인 결정권과 재량이 주어져야 한다. 신속한 결단과 조치가 기대되는 상황에서도 일일이 상급자의 지시를 따라야 한다면 주민들이 경찰관을 불신해 동반자관계를 유지하기가 어려울 것이다.

이런 이유로 지역사회 경찰활동에서는 계급제도에 입각한 경찰조직의 지휘방식에 많은 수정이 가해진다. 경찰조직의 상층부에 집중되었던 많은 권한들이 일선경찰관들에게 이양되고 경우에 따라서는 지역사회의 시민들에게 권한이 이양되기도 한다. 지역사회경찰활동의 이러한 특성을 '권한의 분산'이라는 개념으로 함축할 수도 있을 것이다.

(4) 전통원리의 퇴색

지역사회경찰활동을 채택하면 전통적인 원리와 원칙이 무색해지는 상황들이 자주 발생한다. 앞에서 반복적으로 언급하였듯이 지역사회경찰활동은 기본적으로 경찰이 국민들의 일상생활을 일일이 파악하여 애로사항을 해결해주는 데 그 핵심이 있다.

그런데 자유민주주의 국가의 헌법은 국민 개개인에게 사생활을 침해받지 아니할 권리를 명시하고 있다. 뿐만 아니라 경찰이 범죄수사를 구실로 국민의 사생활을 침해할 가능성을 감안하여 개인정보의 탐색 또는 통신감청의 요건 등을 엄격하게 제한하고 있다. 사생활침해 및 경찰부패를 막기 위해 '민사관계불간섭원칙'이라는 것도 확립되어 있다.

따라서 지역사회경찰활동을 확대하면 종전에 적용되던 원칙들을 수정할 필요가 생기는데 현실적으로 전통적인 원칙들을 바꾸기는 쉬운 일이 아니다. 적극적인 업무방식이 자칫 경찰국가의 부활로 비쳐지는 경우에는 주민들의 반발이 심해져 도리어 경찰활동이 어려워질 수도 있다.

(5) 전통적 원칙과 실험적 시도의 충돌

지역사회경찰활동은 그 동안 당연시 되던 경찰활동의 기본원칙들과 경찰조직의 관리방식에 대한 도전적 요소들을 다분히 내포하고 있기 때문에 새로운 실험적 시도들이 기존의 경찰행동원칙들과 어우러져 자연스럽게 시너지 효과를 가져올 수도 있겠지만 융합되지 못하고 도리어 방향성을 잃는 결과를 나타낼 가능성도 존재한다.

경찰의 넓어진 직무범위로 인해 기존의 경찰 역할까지 소홀해지는 결과가 생길 수도 있다. 이런 이유로 지역사회경찰활동 이론을 비현실적 이상으로 단정하는 시각도 있다. 그러므로 지역사회경찰활동에서는 뚜렷한 방향성과 목표를 가지고 보수적 접근과 진보적 접근이 실무적으로 융합되는 것이 중요하다.

(6) 교육의 중요성 부각

지역사회경찰활동을 채택하면 경찰관들에 대한 교육의 중요성이 한층 더 강조된다. 경찰의 직무범위가 무한정으로 넓어지고 순찰근무자가 폭넓은 재량권을 행사하는 데는 여러 가지 부담이 뒤따른다. 일선경찰관의 미숙한 판단력 또는 재량권 남용으로 인한 부작용이 언제든지 생길 수 있기 때문이다. 그리고 지역사회경찰활동이 성공을 거두려면 경찰관들을 매사에 능통한 전지전능의 존재로 만들 필요가 있다. 이러한 사정은 경찰관들에 대한 교육의 중요성으로 이어지고 교육의 내용과 질에 따라 지역사회경찰활동의 성패가 결정될 수밖에 없다.

전통적인 경찰활동에서도 교육이 중시되지만 실무교육에 치중되어 있는 경향이 강하다. 경찰관의 선발단계부터 신중을 기해야 하겠지만 선발 후의 교육이 보다 더 중요하다.

4) 기본철학

(1) 구성요소

지역사회경찰활동의 기본철학은 주민참여(citizen input), 기능확대(broad function), 맞춤형 서비스(personalized service) 등 3가지로 요약할 수 있다. 지역사회경찰활동을 강력하게 지지하는 사람들은 대체로 그것을 새로운 철학에 입각한 새로운 유형의 경찰활동으로 이해하려는 경향을 보인다. 지역사회경찰활동을 단순한 특별프로그램이나 특수활동으로 여기기보다는 직업경찰의 활동방식을 규정하는 새로운 패러다임으로 간주한다.

하지만 지역사회경찰활동의 등장이 패러다임의 변화에 속하는지 여부와는 무관하게 지역사회경찰활동은 주민참여(citizen input)의 가치와 필요성에 대한 확고한 확신의 산물이다. 자유민주주의 사회의 시민들은 자신들이 다스려지는 방법에 대하여 의견을 말할 권리를 갖는다. 그리고 경찰기관은 여타 정부기관과 마찬가지로 시민들의 의견에 대하여 답변을 해야 하고 필요하면 책임도 져야 한다. 뿐만 아니라 법집행기관이 주민참여에 대하여 관심을 가지면 주민들의 협조와 지원을 얻기가 한층 수월해진다. 그러므로 지역사회경찰활동에 있어서는 주민참여를 경찰활동의 필수요건으로 간주하고 바람직한 참여방안을 모색한다.

(2) 철학의 실천방법

구체적으로는 경찰관서, 단위부서 혹은 순찰구역별로 주민들이 참여하는 기관자문협의회(Agency Advisory Boards), 부서자문협의회(Unit Advisory Boards), 구역자문협의회(Beat Advisory Boards), 특별자문협의회(Special Advisory Boards) 등을 설치하여 경찰의 정책·방침·중요현안·주요 쟁점 등에 대한 정보·조언·지식·경험·지원 등을 제공받는다. 아울러 전화·서신·개인면담 등을 이용한 실증연구(Community Surveys)를 권장하고 이메일이나 인터넷 홈페이지·방송프로그램·주민회의(Town Meeting) 등을 활용하여 경찰의 방침·중요현안·주요 쟁점 등에 대한 주민들의 의견과 정서 등을 파악한다.

다음으로 지역사회경찰활동은 경찰의 활동이 법집행이나 범죄소탕으로 한정되어서는 안 된다는 믿음에서 출발한다. 경찰의 직무를 주민들과 함께 일하면서 이웃사람들의 안전을 증진시키는 활동으로 이해한다. 그러므로 경찰은 범죄자 검거와 법집행을 통해 범죄를 감소시킬 뿐만 아니라 갈등해결, 범죄피해자 지원, 사고예방, 문제해결, 두려움 제거 등에 앞장을 서야 한다.

(3) 서비스의 개별화

지역사회경찰활동에서는 대중들에게 획일적이지 않은 개별화된 서비스를 제공할 것을 강조한다. 시민을 단순한 객체로 보지 않고 인격을 가진 주체로 대우할 때 시민의 신뢰를 확보할 수 있다. 그리하여 경찰은 항상 친절로 대할 수는 없더라도 가능하면 주민들을 우호적, 개방적, 인격적으로 대함으로써 주민들에게 만족감을 주려고 노력해야 한다. 실제로도 인위적으로 조성된 관료주의의 장벽이 느껴지는 상황에서는 주민들이 경찰관들을 상대하려 하지 않을 것이다. 그리하여 경찰관들에게 개인명함, 개인호출기, 음성사서함 등을 지급하고, 범죄피해자 혹은 민원신청자 등을 위한 편의절차를 마련하며, 봉사를 다짐하는 구호나 선언문 등을 채택하기도 한다.

5) 기본전략

(1) 구성요소

지역사회경찰활동전략(strategy)이란 위에서 살펴본 기본철학을 행동으로 옮길 수 있게 해주는 전략적 개념들의 집합체를 의미한다. 즉 지역사회경찰활동의 기반을 이루는 광의의 사고 및 신념들과 지역사회경찰활동이 현실적으로 가능하게 해주는 특징의 프로그램 및 경찰실무 사이의 연결고리라고 말할 수 있다. 이러한 지역사회경찰활동전략은 경찰관서의 정책, 중요현안 그리고 자원의 배분이 지역사회경찰활동의 기본 철학과 조화를 이루도록 만들어준다. 이러한 지역사회경찰활동전략의 유형은 근무방식 개선(re-oriented operation), 예방노력 확대(preventive focus), 구역책임강화(geographic emphasis) 등 세 가지로 요약할 수 있다.

(2) 근무방식 개선

근무방식을 개선한다 함은 차량순찰의 비중을 줄이고 주민들과 일일이 얼굴을 맞대는 순찰방식을 강화하는 것을 일컫는다. 개선의 주된 목적은 차량순찰 및 신속출동을 맹목적으로 중시하던 기존 순찰방식을 개선함으로써 경찰근무의 효율성과 상호작용성을 높여보자는 데 있다. 그 밖에 신고처리, 범죄수사와 같은 전통적 기능들을 효율적으로 수행함으로써 지역사회경찰활동에 전념할 수 있는 시간과 자원이 절약되는 효과도 기대할 수 있다. 개선방법으로는 도보순찰 강화, 순찰수단의 다양화(자전거순찰, 스쿠터순찰, 기마순찰 등), 혼합순찰(walk and ride), 지정순찰(directed patrol), 신고처리의 차별화(differential response), 선별적 사건처리(case screening) 등이 단골메뉴처럼 등장한다.

(3) 예방노력의 확대

예방노력을 중시하는 이유는 범죄의 발생을 사전에 저지하는 것보다 좋은 범죄대책은 없기 때문이다. 경찰의 신속한 대응, 적극적 수사, 그리고 범법자 검거활동을 국민들도 고맙게 여기는 것은 사실이지만 마음속으로는 경찰이 피해발생 자체를 막아주기를 바란다. 이런 이유로 대다수의 경찰관서가 이미 전담경찰관을 임명하거나 혹은 전담부서를 설치해 범죄예방에 주력하고 있다. 그러나 지역사회경찰활동에서는 범죄예방을 모든 경찰관의 필수 임무로 간주하여 경찰기관의 전 직원에게 범죄예방에 주력할 것을 요구한다. 이러한 요구에 부응하는 방법으로는 사건상황에 따라 대응방법을 달리 하는 맞춤식 예방활동(Situational Crime Prevention), 환경설계를 통한 범죄예방활동(CPTED), 민경합동 예방활동(Community Crime prevention), 청소년범죄 예방활동(Youth－Oriented Prevention), 상점가 예방활동(Business Crime Prevention) 등이 있다.

(4) 구역책임의 강조

구역책임을 강화한다 함은 근무시간 및 담당기능과 상관없이 담당구역(places)에 따라 책임을 따지는 것을 말한다. 자신의 근무시간에 자신의 잘못으로 생긴 결과에 대해서만 책임을 지던 것을 자신의 담당구역에서 발생한 모든 문제에 대하여 책임을 지도록 하는 것이다. 구역책임의 강화가 핵심전략에 포함되는 이유는 경찰과 지역주민 사이에 밀접한 유대관계를 구축할 필요성 때문이다. 경찰과 지역주민이 일심동체가 되어야 지역사회경찰활동의 기본철학인 주민참여, 기능확대, 그리고 봉사의 인격화를 기대할 수 있다는 것이다.

순찰구역 고정(Permanent Beat Assignment), 지도경찰관(Lead Officer), 건물중심의 순찰배치(Beat Team), 구역경찰관(COP of the Block), 지역지휘자(Area Commanders), 간이경찰서(Mini－station, Sub－Station, storefront, etc.), 지역전문가(Area Specialists) 등은 모두가 구역책임의 강화와 관련된 용어들이다.

6) 기본전술

(1) 구성요소

지역사회경찰활동전술이란 전략실행을 위해 고안된 세부행동지침 또는 행동요령을 가리킨다. 앞에 언급한 기본철학과 기본전략들을 구체적 프로그램 혹은 자세한 수칙 등으로 구체화시킨 것이 바로 기본전술이다. 지역사회경찰활동의 기본전술이야말로 지역사회경찰활동의 기본발상을 현실적으로 실현되게 해주는 최종안내서라는 점에서 지역사회경찰활동의 가장 중요한 요소로 간주해도 무방할 것이다. 철학과 전략이 아무리 훌륭해도 전술이 부실하면 결과는 실패로 끝날 것이다. 지역사회경찰활동의 기본전술은 민경제휴(Partnership), 민경협력(collaboration), 문제해결(problem solving) 등 세 가지로 함축할 수 있다.

(2) 민경제휴

민경제휴란 경찰과 주민 사이에 진정한 동반자 관계를 구축하여 함께 문제를 풀어간다는 개념이다. 종전에는 경찰이 전담하던 일들을 주민과 공동으로 수행함으로써 '공공안전의 공동생산(co-producing of public safety)'을 도모한다는 것이다. 제휴관계를 구축하는 데는 법률적 제약과 보안문제가 따르지만 주민의 협력을 받지 않고는 범죄와 무질서를 통제할 수 없다. 주민순찰, 이웃친목회, 시민경찰학교, 자원봉사자, 이웃정화운동 등은 모두가 민경제휴를 위해 채택되는 전술들이다.

(3) 민경협력

민경협력이란 경찰과 여타 공공기관 및 민간단체가 서로 합심하여 보다 많은 자원과 권한이 공공질서 확립에 투입되도록 하는 것을 말한다. 신고사항 가운데 경찰의 독자적 해결이 곤란한 내용(폐쇄된 빌딩, 버려진 자동차, 불량 가로등 등)도 많지만 전통적인 경찰문제(성매매·마약 단속 등)도 협력을 통하면 처리가 쉬운 경우가 많다. 공공단체나 민간단체 가운데는 경찰에 없는 여러 가지 자원, 민사개입권, 단속권한 등을 가진 경우가 많다. 협력대상에는 제한이 있을 수 없으나 교육기관, 의료기관, 금융기관, 보건소, 전기 회사, 부동산업자, 민간경비업체 등과의 협력관계가 특히 강조된다.

(4) 문제해결

문제해결이란 신고를 단순히 처리하는 데 그치지 않고 사건이 발생하게 된 원인을 찾아서 제거하는 것을 말한다. 응급상황은 신속히 처리하고 범죄사건 처리에 많은 시간을 할애하되 가능하면 범죄사건을 유발하는 근본배경을 탐지해 유사한 사건이 재발하지 않도록 하는 것이다. 경찰관서들은 에크와 스펠만이 고안한 SARA 모델(Scanning, Analysis, Response, Assessment)을 적용하여 문제를 발견하고 해결방안을 모색한다.

경우에 따라서는 유력인사(Guardian)의 도움을 받거나 혹은 주민과 경찰이 함께하는 담당구역회의(Beat Meeting)를 개최하여 문제를 찾아내고 해결해나가기도 한다. 범죄다발지역(Hot Spots)을 지정하여 신고가 많은 이유를 찾아내 해결하기도 하고 여러 기관의 대표들로 관계기관대책팀(Multi-Agency Team)을 구성하여 문제해결의 편의를 도모하기도 한다.

7) 조직관리

(1) 구성요소

지역사회경찰활동은 새로운 철학에 입각한 변화된 행동양식을 요구하므로 경찰의 조직관리와 지역사회경찰활동의 기본구조가 직접적으로 관련이 있는 것은 아니다. 현장의 문제와 조직 내부의 문제를 함께 언급하면 지역사회경찰활동의 기본구조에 관한 논의가 방향을 잃게 될 가능성도 있다. 그러나 지역사회경찰활동의 등장이 패러다임의 변화로까지 비춰지고 있으므로 조직관리의 혁신에 관한 논의를 생략할 수는 없을 것이다. 즉 경찰의 조직, 운영, 감독, 책임관계 등을 지역사회경찰활동의 전략전술에 부합하게 바꿔야 한다는 것으로 구체적 방안으로는 조직개편(restructuring), 지침정비(emphasis on values), 질적 평가(priority to quality) 등이 공통적으로 강조된다.

(2) 조직개편

조직개편이란 경찰조직의 구조를 경찰관들이 수행하는 임무 및 임무의 성격과 조화를 이루게 바꾸는 것을 말한다. 즉 관료적 경찰활동에 맞춰져 있는 조직의 여러 측면들을 자율적이고 창의적인 지역사회경찰활동에 적합하도록 고치는 것이다. 무엇보다도 조직의 상층부에 집중된 권한과 책임을 현장책임자, 감독관, 그리고 일선경찰관들에게 이양(decentralization)하는 문제가 핵심사항으로 강조된다. 이들의 독립성과 자유로운 운신이 보장되어야 창의적이고 책임 있는 경찰활동을 기대할 수 있기 때문이다.

두 번째로는 지나치게 세분화된 계급구조를 축소(flattening)하여 의사소통을 촉진시키고 불필요한 낭비와 경직성을 극복할 것이 요구된다. 세 번째로는 전문부서나 전문요원의 비율을 축소(de-specialization)하여 가능한 한 많은 인원이 일반대중을 위한 봉사에 전념할 것을 요구한다. 네 번째로는 함께 근무하는 경찰관들을 하나의 '팀(team)'으로 결속시켜 일반근무, 문제해결, 혹은 양질의 봉사를 공동으로 모색할 것을 요구한다. 다섯 번째로는 내근직책은 되도록 일반 직원에게 맡김(civilization)으로써 정규 경찰관들의 활용도 및 비용효과를 높일 것을 요구한다.

(3) 지침정비

지침정비란 경찰활동과 관련된 처리기준과 방법 등을 가능한 한 자세하게 성문화하는 것을 말한다. 이러한 것들이 자세하게 되어 있어야 직원들의 그릇된 의사결정과 불합리한 조치를 막을 수 있다는 것이다. 첫째로는 각자의 임무(mission)를 자세하게 서술하여 의사결정, 직원지도, 그리고 신임 경찰관 교육에 활용할 것을 권고한다. 두 번째로는 경찰의 모든 자원과 에너지가 임무수행에 집중되도록 전략적인 기획(strategic planning)을 수립할 것을 강조한다.

세 번째로는 서류작성 및 법집행에만 매달리는 부하가 있으면 감독자들이 시정(coaching)해 줄 것을 권고한다. 네 번째로는 젊은 직원들에 대한 관리자, 감독자 혹은 동료들의 멘토링 교육(mentoring)을 강화하여 훌륭한 경찰이 되도록 지도해줄 것을 권고한다. 다섯 번째로는 직원들이 조직의 가치기준을 정확히 숙지하고 그에 대한 확고한 실천의지를 갖도록 지도(empowerment)할 것을 권고한다. 여섯 번째로는 직원들의 과오에 대한 훈육을 그 내용에 따라 차별적으로 행할 것(selective discipline)을 권고한다.

(4) 질적 평가

질적 평가란 경찰활동에 뒤따르는 통계수치에 의존하는 대신 보다 합리적인 수단으로 프로그램이나 조치의 성과를 판단하는 것을 말한다. 범인검거 건수나 범칙금통고건수 혹은 신고를 접수하고 현장에 출동하는 데 걸린 시간보다는 신고사항이 얼마나 확실하게 처리되었는지를 따져서 성공 여부를 판단하는 것이 그것이다.

질적 평가를 위한 방법으로는 수행평가(performance appraisal), 프로그램 평가(program evaluation), 주민만족도 조사, 범죄피해조사(victimization survey), 범죄불안감조사, 심사분석(department assessment) 등이 소개되어 있다. 그리고 이러한 방안들의 효과적 추진을 위해 정보수집체계 활용, 교육 강화, 보상실시 등을 권고한 사례도 있다.

2. 문제지향적 경찰활동

1) 문제지향적 경찰활동의 개념

골드스타인(Goldstein)(1990)은 「문제지향적 경찰활동」(Problem Oriented Policing)을 통하여, 경찰은 사건 지향적(Incident-driven)이기보다는 오히려 문제지향적(Problem-oriented)이어야 한다고 언급했다.

즉, 경찰은 반복해서 같은 사건들을 다루는 것 대신에, 아래 <그림 1-3>에서 보는 것과 같이 반복된 사건들을 야기하는 근본적인 원인을 해결해야 한다고 주장하였다.

이와 같이 효과적으로 문제를 해결하기 위해 경찰관, 특히 일선에서 근무하는 순찰경찰관들은 상당한 수준의 재량권을 행사할 수 있어야 한다(Cox & Fitzgerald, 1996).

|그림 1-3| 문제지향적 경찰활동

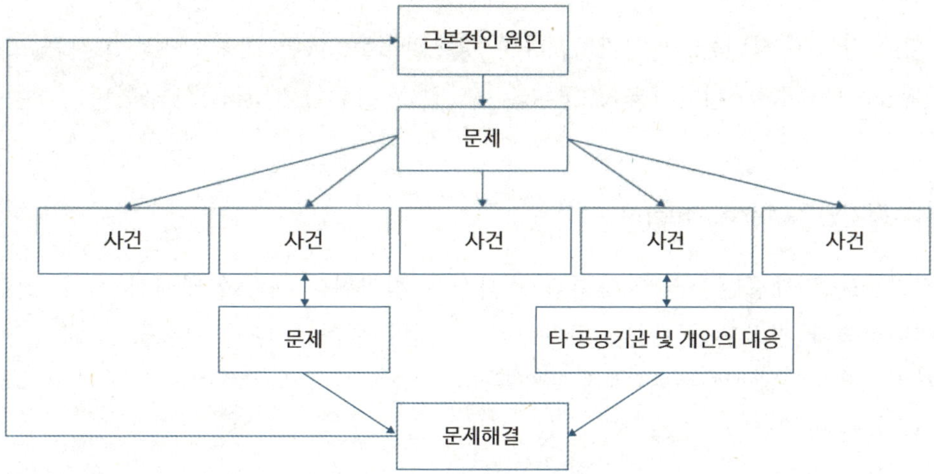

2) SARA 모델

뉴포트 뉴스(Newport News) 경찰서의 전략팀은 일상적 운용의 필수적인 부분인 SARA라는 4단계 문제해결방법을 고안해 냈다(Cox & Fitzgerald, 1996).

(1) 탐색단계(Scanning)

노상강도 · 주거침입절도 · 차량절도 등과 같은 광범위하면서도 법률과 관련된 개념들 대신 경찰관들은 「문제」(problem)라고 여겨지는 개인과 관련되는 사건들을 분류하고 더욱 정확하고 유용한 용어들을 활용하여 이러한 문제들을 조사하도록 요구된다.

(2) 분석단계(Analysis)

탐색단계에서 발견된 「문제」를 해결하려는 경찰관들은 범죄자 기록 및 과거 범죄보고서와 같은 전통적 경찰자료뿐만 아니라, 다양한 공적 · 사적 조직들로부터 정보를 수집 · 분석한다. 문제해결과정 중 가장 중요한 것은 분석 단계이다.

(3) 대응단계(Response)

분석단계에 의해서 얻어진 지식은 해결책들을 개발하고 수행하기 위해 사용된다. 경찰관들은 시민들, 사업가들, 다른 경찰관서들, 다른 공적 · 사적 조직들, 그리고 행동프로그램을 개발하도록 도와줄 수 있는 사람들의 도움을 구한다.

(4) 평가단계(Assessment)

경찰관들은 대응단계의 영향력과 효과성을 평가한다. 즉, 원래의 문제가 실제로 해결되었거나 경감되었는지를 평가한다. 이러한 평가는 다시 환류를 통해 문제의 근본적 원인을 탐색하는 단계에 반영된다.

3. 정보주도 경찰활동(Intelligence-led policing)

1) 의의

정보주도 경찰활동(intelligence-led policing, ILP)은 경찰 및 법집행기관, 넓게는 민간 및 사회공동체 등 다양한 주체 간 정보 유통 · 분석 · 제공을 통해 범죄를 감소시키는 경찰활동을 말한다(한상암 외, 2013). 정보(Information)를 다양한 원천에서 수집하고 경찰이 범죄 행태를 판단·중단·개입하게 하는 제반 활동이 포함된다.

정보주도 경찰활동이라는 용어는 90년대 초 영국 켄트(KENT) 경찰청에서, 개별 사건 대응보다 장기간 범죄패턴을 측정하여 감소시키는 방법으로써 그 성과가 입증되면서, 영국 전역으로 확대되었다(James, 2013).

아래 <그림 1-4>와 같이 범죄환경을 정보로서 분석하여 의사결정자에게 제공함으로써 범죄 환경을 변화시키는 것이 기본 개념이며, 의사결정자를 둘러싼 여러 요소(언론, 타 정보기관, 타 경찰기관, 민간영역 등)와 영향을 주고받는 경찰활동이 바로 정보주도 경찰활동이라 할 수 있다.

|그림 1-4| 3-I 모델

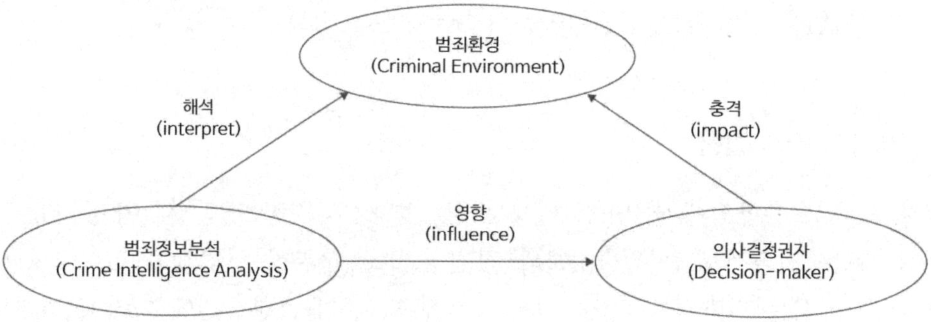

정보주도 경찰활동은 지방경찰 내 각급 행정기관, 민간기구, 시민 간 정보 유통을 핵심으로 하여, 정보유통의 수집·평가·활용·환류 등으로 발전되었다. 단순히 정보 입수를 통한 순찰 배치나 수사정보 획득이라는 개별 사건 차원을 넘어서, 통계분석을 통한 정책 입안과 발생 범죄 추세 분석을 통한 예방은 물론, 상세한 범죄정보 분석(연령, 동기, 재범률, 주된 발생지역, 피해자 분석 등)을 통해, 타 행정기관(주로 지방정부 등)의 정책에 반영하게끔 발달한 것이다(Ratcliffe, 2016).

또 정보의 축적·분석은 경찰의 의사결정(자원 배분 및 투입, 우선순위 결정 등)을 하는 근거가 되고 있다. 정보 주도 경찰활동이 확산되면서, 지방경찰 내부뿐만 아니라 지방경찰 상호 간, 지방경찰과 중앙정부 간, 중앙 정부 내, 지방경찰과 중앙정부 및 민간 연구까지 그 활용 범위가 확장되고 있다.

2) 범죄정보의 유형

범죄정보는 주로 '사건수사 정보'로 인식되나, 학술·이론적으로는 통계와 수사 정보, 심리행동 정보들이 유기적으로 연결된 개념으로 수사는 물론 정책수립, 예방 등에 모두 반영되는 자원이라 할 수 있다(이동환·표창원, 2005).

경찰활동에서 이 같은 역할을 하는 정보는 당연히 범죄에 관련된 정보들이다. 이에 대한 학문적·실무적 구분은 다음과 같다(이동희 외, 2005).

첫째, 통계적 범죄정보이다. 범죄 통계를 말하며, 범죄의 경향성 및 발생과 검거에 대한 추세 등 범죄 분석을 위한 정보이다.

둘째, 범죄사건 정보이다. 개별 범죄사건(특히 조직성 범죄의 경우)에 있어 범죄자들 간의 관계와 행동계획, 자금 흐름 등을 밝혀 수사에 활용하는 범죄정보들을 의미한다.

셋째, 심리행동 정보이다. 범죄인들의 행동, 심리를 데이터베이스로 축적하여 수사상 분석기법을 활용하는 범죄행동분석(프로파일링) 정보가 있다.

3) 범죄정보의 활용

정보를 그 활용방식에 따라 전략정보, 전술정보, 작전정보 등 세 가지 혹은 더 세부적으로는 전술정보를 '전술정보와 작전정보'로 분류하는 견해가 있다(Ratcliffe, 2007). 여기에서는 전략정보, 전술정보, 작전정보 세 가지 분류법에 따라 설명한다.

첫째, 전략정보(Strategic Intelligence)로서의 활용이다. 전략정보는 법집행기관의 장기적 목표에 초점을 맞춘 정보로서, 범죄환경에서 현재와 새로 나타나는 추세, 공공안전과 질서에 대한 위협, 이를 통제할 수 있는 대응 방법 개발 등에 도움이 되는 정보이다.

둘째, 전술정보(Tactical Intelligence)로서의 활용이다. 전략적인 범죄정보가 장기적인 추세와 경찰 활동의 우선순위에 대한 정보라면 전술정보는 구체적인 범죄 사건에 있어 의사결정에 대한 정보라고 할 수 있다. 즉, 특정 관서 또는 부서 혹은 팀에 있어 해당 관할에서 빈발하는 특정 범죄를 막거나 검거하기 위해 특정 시간대에 일정한 인력을 배치하고 순찰 또는 검거활동을 결정한다면 이는 전술적 자원 배분을 위한 활동에 해당한다.

셋째, 작전정보(Operational Intelligence)로서의 활용이다. 전략정보가 경찰 기관 혹은 관서 단위의 우선순위 의사결정의 기반으로서 기능하고, 전술정보가 관서 혹은 부서 단위의 자원 배분 단위 의사결정의 기반으로서 기능한다면 작전정보는 경찰

개인 혹은 팀 단위의 구체적인 범죄사건 대응을 위한 의사결정의 기반이 되는 정보이다.

특정 사건 범인을 검거하기 위해 자금 추적, 조직도, 공범 등의 정보를 취합하고 범인의 행방, 어떤 증거로 혐의를 입증할지 등 불법행위의 특정한 요소와 관련된 가설과 추론, 대응을 위한 의사결정 필요 정보를 수사팀에 제공한다.

이렇듯 정보의 활용 목적과 범위에 대한 구분을 전략, 전술, 작전이라는 세 가지 측면으로 구분하여, 전략정보는 조직 활동의 우선순위 설정, 쉽게 대치하면 정책 수립을 위한 정보, 전술정보는 인력 · 예산 · 장비 등 자원 배분을 위한 정보, 작전정보는 구체적인 범죄 사건을 제압하거나 예방하기 위한 정보로 이해된다.

4) 범죄분석의 융합

위의 분류법은 범죄정보에 대한 인식을 정립하는데 도움을 준다. 그러나 정보처리 기술의 발달로 인해, 범죄정보의 분류와 활용이 융합되는 추세를 보이고 있다.

아래 <그림 1-5>와 <그림 1-6>은 분리모델과 통합모델의 차이점 및 통합모델의 효과성을 보여주고 있다.

|그림 1-5| 상호 독립적 범죄분석과 범죄정보의 단일 분석모델

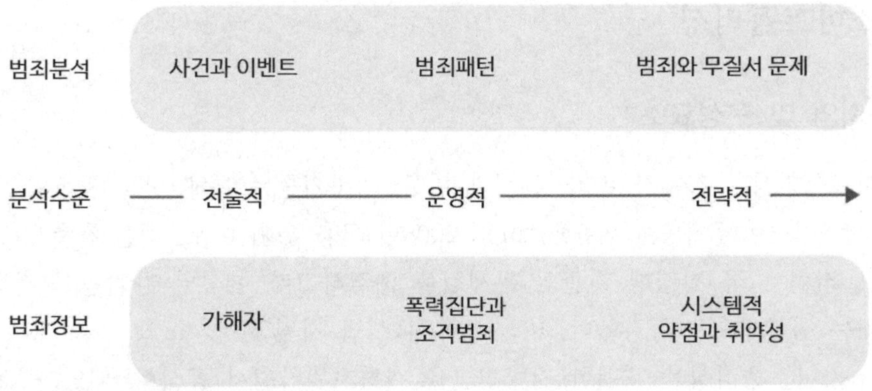

※ 출처: Ratcliffe, 2007: 61.

|그림 1-6| 범죄 및 정보분석의 통합모델

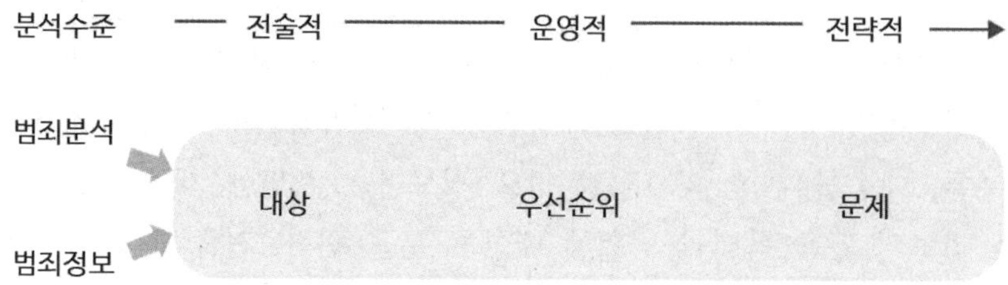

※ 출처: Ratcliffe, 2007: 61.

통합분석모델에 따라 범죄활동과 범죄자들에 대한 정보를 통합하면, 범죄문제 중심의(problem-oriented) 해결책을 제시할 수 있도록 해준다. 또한 범죄자에 대한 정보와 범행에 대한 정보를 통합하여 관리하고 이를 활용하면 범죄문제에 대해 효과적인 대응책을 마련하는 것이 더욱 용이해질 것이다.

작전 차원에서 단기적으로 법집행을 집중할 대상을 확인할 수 있다. 이는 보호대상 혹은 장소가 될 수도 있다. 전술차원에서 자원배분을 결정할 수 있도록 필요한 정보를 제공한다. 마지막으로 전략 단계에서는 장기적 해결과제로서 범죄문제와 시스템적 취약점과 관련된 문제를 파악하는 것이 가능해진다.

4. 스마트폴리싱

1) 의의 및 구성요소

스마트폴리싱은 전략적 관리, 분석과 연구, 과학기술을 통해 경찰 활동의 문제를 해결하는 전략이다(윤병훈 · 이창한, 2013). 2008년 금융 위기 이후, 예산 감축으로 인해 곤란을 겪던 미국 법집행 기관의 문제점을 해결하고자 한정된 자원을 최적화하여 활용하는 접근법으로 등장했다. 미국 법무부 사법 지원국(Bureau of Justice Assistance, BJA)이 스마트폴리싱을 채택한 지방경찰을 재정지원하면서 공식화[3]되었다. 아래는 그 중심 요소이자, 스마트폴리싱의 주제어인 '전략적 관리', '분석과 연구', '과학기술'에 대한 세부내용이다.

3) http://www.strategiesforpolicinginnovation.com/.

첫째 전략적 관리(Strategic Management)는 기존 경찰 전략을 분석하여 문제점을 파악하고 새로운 전략 방향을 제시하는 것을 중시한다. 운영하는 전략을 통합하거나 축소하여 효율성을 향상시키려 하고 시범 지역을 선정해 예산을 투입하면서 새로운 전략 도입 가능성을 분석한다.

둘째 분석과 연구(Analysis & Research)를 진행한다. 문제 해결을 위한 시계열적이거나 공간적 자료 등을 수집하고 문제 해결 방법을 선정한다. 기술통계나 핫스팟 분석, 공간회귀분석 등을 통해 분석 결과를 제시하고 해결 방안을 제시한다. 지표를 설정하거나 위험 지역을 선정하는 등의 방식이다. 우선 지역을 선정할 때는 물리적 개선 사항이나 치안력의 배치 등이 표현할 수 있다.

셋째 과학 기술(Technology)을 통해 문제를 해결한다. 문제지향적 경찰활동(POP)이나 정보주도 경찰활동(ILP)에서 정보를 수집하고, 분석하는 것과 일부 유사하나, 스마트폴리싱은 이 접근법을 채택하되, 그 해결방법으로써 발전된 과학기술을 활용한다는 점에서 차이가 있다.

2) 스마트폴리싱의 특성

(1) 스마트폴리싱의 7단계

스마트폴리싱은 다음과 같은 7단계의 순환을 거친다.

|그림 1-7| 스마트폴리싱의 7단계

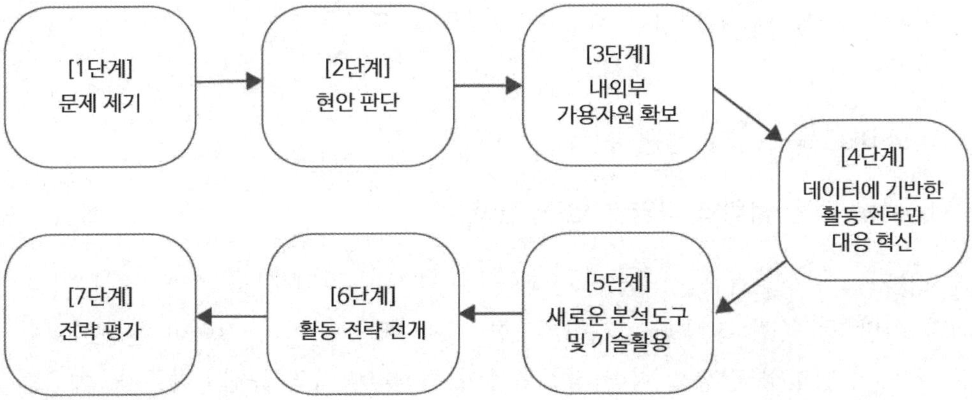

① 문제 제기: 특정 범죄를 야기하는 문제들의 성격과 범위를 데이터를 통해 결정하고 활용하여 제기하고 확인한다.
② 현안 판단: 법 제도와 재정적인 측면에서 지원 여부 등을 파악한다.
③ 가용한 내외부 자원의 확보: 경찰과 다른 법집행 기관, 공공 및 민간조직을 포함하여 자원을 확보하며 그 과정에서 스마트폴리싱이 연결 역할을 한다.
④ 데이터에 바탕한 활동 전략과 개선: 범죄를 유발 요원에 대해 증거를 바탕으로 검토한다. 다른 지역의 사례들과 비교하여 분석하기도 한다.
⑤ 데이터 분석, 분석도구 및 새로운 기술의 활용: DNA, CCTV, GPS 등 다양한 데이터를 새로운 도구와 기술로 분석해서, 범죄 유발요소들을 선정하고 비용대비 효율성이 높은 전략이 가능토록 한다.
⑥ 수집된 정보들을 바탕으로 범죄 예방이나 억제 전략을 전개한다.
⑦ 전략 평가: 전략 실행 과정에서 모니터링과 성능을 측정으로 평가한다.

(2) 주요 특성

스마트폴리싱의 특성은 ㉠ '지역' 단위로 작동되고, ㉡ 경찰의 효율성을 연구하는 과학 및 연구이고, ㉢ 다차원적, 다각적으로 접근하며 ㉣ 효과적인 결과를 지향함으로써 ㉤ 혁신을 위해 노력한다는 것이다(Coldren et al., 2013). 또 5가지 핵심요소는 ㉠ 문서화, 비교, 결과 평가를 통한 성과를 측정, ㉡ 시민, 지역 사회와의 확장과 협업, ㉢ 조직 내외부의 새로운 역할과 프로세스로 연결되는 조직 변화를 관리, ㉣ 범죄다발지역(hot-spot)이나 상습 범죄자 대응의 전략적 목표 지향, ㉤ 경찰 내외부의 정보, 자료, 데이터 활용의 개선으로 제시된다.

3) 스마트폴리싱의 접근 전략

(1) 넓은 적용 범위와 다양한 연구 전략

사용되는 연구전략은 지역별 특징과 적용 대상에 따라 장소 기반, 정보 기반, 범죄자 기반 등 중점 전략을 달리한다. 한 가지 대상에 여러 전략이 활용되기도 한다. 전략의 방향성도 장소 기반 경찰활동이 범죄다발지역 중심이라든가, 예측적 경찰활동 등 목표를 달리한 방식으로 적용된다. 적용기법 역시 지리적 분석, 통계적 분석, 범죄심리학, 행동 분석, 정신 의학 등 다양한 학문적 기반을 활용하고 있다.

이런 특성은 스마트폴리싱의 특성인 다차원적, 다각적 접근 방법에 기인한 것이다. 이에 따라 스마트폴리싱이 배타성을 가진 엄격한 이론 체계라고 하기 곤란하다는 의견도 있다.

(2) 방법적 공통점

스마트폴리싱에 대해 체계를 갖춘 이론모델이라고 보기 어렵다는 지적에도 불구하고 경찰활동의 혁신이라는 측면에서 가치가 있다. 한편 일관된 공통점이 있다면, 문제의 정의와 전략의 구성, 평가에 데이터를 활용하며 그 개선을 추구한다는 점과 협력 파트너인 연구기관과 협업을 필수조건으로 한다는 것이다. 이는 객관성과 과학성을 높이고 다양하게 발전해 온 경찰활동 이론과 개발기술을 실제 활용에 반영하여 성과를 측정하는 이론과 실무의 결합이기 때문이다.

제 6 절 경찰윤리와 부패이론

1. 경찰윤리

경찰윤리(Police Ethics)란 경찰의 목표 및 역할에 관련된 모든 행동에서 따라야 할 당위적인 행위규범으로서, 경찰관이 행해야 할 것을 적극적으로 규정하거나 또는 행하지 말아야 할 것을 규정한 행위규범을 말한다(조철옥, 2005).

1) 직업윤리로서의 경찰윤리

경찰공무원의 직업윤리는 「경찰공무원복무규정」, 「국가경찰과 자치경찰의 조직 및 운영에 관한 법률」, 「경찰공무원법」, 「경찰관직무집행법」, 그리고 「형법」 등에 반영되어 있다.

특히 경찰은 국민을 최우선으로 하는 경찰행정을 실현하기 위해서 2000년 10월 20일에 「경찰서비스헌장 제정 및 운영에 관한 규칙」을 제정하였다. 또한 「부패방지법」 및 「공무원의 청렴유지 등을 위한 행동강령」의 제정에 발맞추어 2003년 5월 19일에는 「경찰청 공무원의 청렴유지 등을 위한 행동강령규칙」이 제정되어 경찰공무원의 직업윤리가 한층 더 강화되었다.

경찰기본법(국가경찰과 자치경찰의 조직 및 운영에 관한 법률, 경찰공무원법, 경찰관직무집행법)에 규정된 작위 혹은 부작위 의무들은 각각 처벌조항을 동반하고 있다는 점에서 「경찰공무원복무규정」상의 그것들보다 경찰공무원에 대한 강제의 정도가 더 강하다고 할 수 있다. 「국가경찰과 자치경찰의 조직 및 운영에 관한 법률」 제5조(권한남용의 금지)의 규정은 처벌조항이 없으므로 상징성을 가질 따름이다. 하지만 「경찰공무원법」 제24조(거짓 보고 등의 금지)와 제25조(지휘권남용 등의 금지)의 규정은 동법의 처벌조항(제37조)에 의하여 경찰공무원에 대한 강제력을 발휘한다. 또한 「경찰관직무집행법」 제1조 제2항(직권남용금지)의 규정도 동법의 처벌조항(제12조)에 의하여 강제력을 갖는다.

「형법」 제7장(공무원의 직무에 관한 죄)에 규정된 죄명들은 공무원이 이러한 범죄를 범할 경우, 벌칙을 함께 규정해 놓은 강제규범이다. 그리고 「형법」 이외의 형사특별법 혹은 절차법이나 그 하위규범에 경찰공무원의 행동규범이 명시된 경우도 많다. 예를 들면, 「경범죄처벌법」 제2조(남용금지)라든지, 「도로교통법」 제166조(직권남용의 금지), 그리고 「형사소송법」 제198조(준수사항), 「안전특별사법경찰관리 집무규칙」 제3조(집무자세) 등이 그러한 예가 된다. 이러한 경찰공무원의 강제적 행동규범의 종류와 내용을 살펴보면 다음과 같다.

|표 1-11| 경찰공무원의 강제적 행동규범

구 분	행동규범
경찰공무원 복무규정 제3조 기본강령 (벌칙조항 없음)	1. 경찰사명 경찰공무원은 국가와 민족을 위하여 충성과 봉사를 다하며, 국민의 생명·신체 및 재산을 보호하고, 공공의 안녕과 질서를 유지함을 그 사명으로 한다. 2. 경찰정신 경찰공무원은 국민의 수임자로서 일상의 직무수행에 있어서 국민의 자유와 권리를 존중하는 호국·봉사·정의의 정신을 그 바탕으로 삼는다. 3. 규율 경찰공무원은 법령을 준수하고 직무상의 명령에 복종하며, 상사에 대한 존경과 부하에 대한 존중으로써 규율을 지켜야 한다. 4. 단결 경찰공무원은 주어진 사명을 다하기 위하여 긍지를 가지고 한마음 한뜻으로 굳게 뭉쳐 임무수행에 모든 역량을 기울여야 한다. 5. 책임 경찰공무원은 창의와 노력으로써 소임을 완수하여야 하며, 직무수행의 결과에 대하여 책임을 진다. 6. 성실·청렴 경찰공무원은 성실하고 청렴한 생활태도로써 국민의 모범이 되어야 한다.
국가경찰과 자치경찰의 조직 및 운영에 관한 법률 제5조 권한남용의 금지 (벌칙조항 없음)	경찰은 그 직무를 수행할 때 헌법과 법률에 따라 국민의 자유와 권리 및 모든 개인이 가지는 불가침의 기본적 인권을 보호하고, 국민 전체에 대한 봉사자로서 공정·중립을 지켜야 하며, 부여된 권한을 남용하여서는 아니 된다.
경찰공무원법 (벌칙조항 있음)	제24조(거짓 보고 등의 금지) ① 경찰공무원은 직무에 관하여 거짓으로 보고나 통보를 하여서는 아니 된다. ② 경찰공무원은 직무를 게을리하거나 유기(遺棄)해서는 아니 된다. 제25조(지휘권 남용 등의 금지) 전시·사변, 그 밖에 이에 준하는 비상사태이거나 작전수행 중인 경우 또는 많은 인명 손상이나 국가재산 손실의 우려가 있는

	위급한 사태가 발생한 경우, 경찰공무원을 지휘·감독하는 사람은 정당한 사유 없이 그 직무 수행을 거부 또는 유기하거나 경찰공무원을 지정된 근무지에서 진출·퇴각 또는 이탈하게 하여서는 아니 된다. 제37조(벌칙) ① 경찰공무원으로서 전시·사변, 그 밖에 이에 준하는 비상사태이거나 작전 수행 중인 경우에 제24조 제2항 또는 제25조, 「국가공무원법」 제58조 제1항을 위반한 사람은 3년 이상의 징역이나 금고에 처하며, 제24조 제1항, 「국가공무원법」 제57조를 위반한 사람은 7년 이하의 징역이나 금고에 처한다. ② 제1항의 경우 외에 집단 살상의 위급 사태가 발생한 경우에 제24조 또는 제25조, 「국가공무원법」 제57조 및 제58조 제1항을 위반한 사람은 7년 이하의 징역이나 금고에 처한다.
경찰관직무집행법 제1조 제2항 (벌칙조항 있음)	• 이 법에 규정된 경찰관의 직권은 그 직무 수행에 필요한 최소한도에서 행사되어야 하며 남용되어서는 아니 된다. • 이 법에 규정된 경찰관의 의무를 위반하거나 직권을 남용하여 다른 사람에게 해를 끼친 사람은 1년 이하의 징역이나 금고에 처한다.
형법 각칙 제7장 공무원의 직무에 관한 죄	제122조 직무유기, 제123조 직권남용, 제124조 불법체포, 불법감금, 제125조 폭행, 가혹행위, 제126조 피의사실공표, 제127조 공무상 비밀의 누설, 제128조 선거방해, 제129조 수뢰, 사전수뢰, 제130조 제삼자뇌물제공, 제131조 수뢰후부정처사, 사후수뢰, 제132조 알선수뢰, 제133조 뇌물공여등, 제134조 몰수, 추징, 제135조 공무원의 직무상 범죄에 대한 형의 가중
부패방지 및 국민권익위원회의 설치와 운영에 관한 법률 (벌칙조항 있음)	제7조(공직자의 청렴의무) 공직자는 법령을 준수하고 친절하고 공정하게 집무하여야 하며 일체의 부패행위와 품위를 손상하는 행위를 하여서는 아니 된다. 제8조(공직자 행동강령) 1. 직무관련자로부터의 향응·금품 등을 받는 행위의 금지·제한에 관한 사항 2. 직위를 이용한 인사관여·이권개입·알선·청탁행위의 금지·제한에 관한 사항 3. 공정한 인사 등 건전한 공직풍토 조성을 위하여 공직자가 지켜야 할 사항 4. 그 밖에 부패의 방지와 공직자의 직무의 청렴성 및 품위유지 등을 위하여 필요한 사항 제8장 벌칙

2) 우리나라 경찰의 윤리규정

현대적 의미의 경찰은 기본적으로 법집행(law enforcement), 질서유지(order maintenance), 대민봉사(civil service)라는 3가지 차원의 임무를 수행한다고 할 수 있다. 이러한 3가지 임무를 수행하면서 경찰은 일반사회에 대한 영향력을 점차 확대해 가고 있다. 또한 시민들은 자신들의 삶의 질을 향상시키기 위해서는 경찰의 역할증대가 더욱 필요하다는 인식을 가지고 있다.

이러한 인식은 경찰관에 대한 높은 수준의 도덕성과 투철한 직업정신을 요구하는 흐름을 강화시키고 있으며, 경찰관의 사소한 부정에도 시민들의 분노를 야기하는 원인이 되기도 한다. 이러한 이유로 경찰의 윤리규범은 다른 공무원에게 요구되는 기준보다 훨씬 더 엄격한 직업윤리로 결집되어 나타나게 된다. 경찰의 윤리규정은 크게 자율적 행동규범과 강제적 행동규범으로 나누어진다.

한국경찰 최초의 윤리규정은 조병옥 박사의 지시문이다. 1945년 10월 21일 미군정청에 경무국(The Police Bureau)이 창설되었고 조병옥 박사는 동일자로 경무국장에 취임하였다. 이때 초대 경무국장인 조병옥 박사는 경찰이 나아가야 할 방향으로 전국 경찰에 지시문을 하달하였다.

초대 경무국장 조병옥 박사의 지시문

경찰직원들에게 고함

- 국민의 신뢰를 받아야 할 경찰관
- 냉정하여야 할 경찰관
- 공평하여야 할 경찰관
- 검소하여야 할 경찰관
- 일상에 수양하여야 할 경찰관
- 내외정세에 사명을 알아야 할 경찰관

(1) 자율적 행동규범으로써의 경찰윤리

우리 경찰에게 있어서 자율적 행동규범은 주로 윤리강령의 이름으로 제시되었다. 경찰조직은 시민들이 바라는 경찰윤리표준에 맞는 행동규범을 정하여 조직구성원들로 하여금 이에 따르게 하고 있다. 이러한 경찰조직의 추상적 행동규범을 문서화한 것이 경찰윤리강령이다. 통상 경찰윤리강령은 공동체의 바람 속에서 활동하는 경찰공무원들이 경찰업무를 수행함에 있어서 지켜야 할 도덕적 정신적 지표를 말한다.

(2) 경찰윤리강령의 제정계기

공동체의 유지를 위한 필수불가결한 기능을 행사하는 경찰은 시민생활에 지대한 영향을 미치고 있기 때문에 시민사회는 경찰조직에 많은 기대를 가지고 경찰행정에 압력을 행사한다. 그래서 경찰이 이러한 시민의 기대를 충족하지 못할 때 시민의 냉엄한 비난과 질책은 경찰조직의 기반까지 흔들 수 있다. 그래서 경찰조직은 시민의 기대에 보다 더 접근하기 위해 자율적인 윤리강령의 필요성을 인식하게 되고 그 결과 경찰윤리강령이 만들어지게 된 것이다. 1957년에는 국제경찰장협회의 경찰윤리강령이 발표되어 경찰활동에 있어서 높은 전문직업적 규범 준수를 장려하기도 하였다.

(3) 한국의 경찰윤리강령 변화과정

① 봉사와 질서

1945년 10월 21일 국립경찰의 탄생 시 경찰의 이념적 지표가 된 경찰정신은 영미법계의 영향을 받은 봉사와 질서였다. 즉, 해방 후 혼란기에 경찰업무를 제대로 수행하기 위해서는 경찰이념의 확립이 무엇보다 중요했는데 당시 경찰은 영미법계의 영향을 받아 봉사와 질서를 경찰의 이념적 지표이자 행동강령으로 삼았다.

② 1966년 「경찰윤리헌장」

4·19혁명과 5·16군사정변이라는 사회적 정치적 대변혁을 거치면서 사회적 환경요인이 급변하자 사회 역기능적인 현상의 속출로 경찰의 임무도 확대되었으며 사회적 대변혁으로 경찰관의 자질에 대한 요구가 높아져 경찰 내부적 자정과 정신적인 쇄신을 위하여 1966년에는 경찰윤리헌장이 제정되었다. 즉, 1966년 7월 12일 경찰윤리규범의 효시인 경찰윤리헌장이 제정되었다.

우리는 국민의 생명과 재산을 보호하고 공공의 안녕과 질서를 유지하는 경찰관으로서

- 우리는 헌법과 법률을 수호하고 명령에 복종하며, 각자 맡은 바 책임과 임무를 충실히 완수한다.
- 우리는 냉철한 이성과 투철한 사명감을 가지고 모든 위해와 불법과 물의에 과감하게 대결하며, 항상 청렴 검소한 생활로써 명리를 멀리하고 오직 양심에 따라 행동한다.
- 우리는 국민의 신뢰를 명심하여 편견이나 감정에 사로잡히지 않고 공명정대하게 업무를 처리한다.
- 우리는 이 모든 목표와 사명을 달성하기 위하여 끊임없이 인격과 지식의 연마에 노력할 것이며, 민주 경찰의 발전에 헌신한다.

③ 1980년 「새경찰신조」

1980년 경찰의 실천윤리강령으로 새경찰신조가 제정되었다.

1. 우리는 새시대의 사명을 완수한다.
1. 우리는 깨끗하고 친절하게 봉사한다.
1. 우리는 공정과 소신으로 일한다.
1. 우리는 스스로의 능력을 계발한다.

④ 제5공화국「선진조국 창조를 위한 경찰자세」

제5공화국 때에 선진조국 창조를 위한 우리 경찰의 자세로서 주인정신, 명예심, 도덕심, 협동정신, 사명감, 준법정신, 애국심, 반공정신, 통일의지 등 9대 덕목을 선정하여 경찰의 실천규범으로 삼기도 하였다.

⑤ 1990년「경찰 새정신운동」

1990년에 대통령의 공직자 새정신운동 추진 지시에 의거하여 경찰도 정직, 절제, 봉사를 경찰 새정신운동의 이념으로 삼아서 실천하였다.

⑥ 1991년「경찰헌장」

우리는 조국광복과 함께 태어나 나라와 겨레를 위하여 충성을 다하며 오늘의 사회를 지켜온 대한민국 경찰이다. 우리는 개인의 자유와 권리를 보호하며 사회의 안녕과 질서를 유지하여 모든 국민이 편안하고 행복한 삶을 누릴 수 있도록 해야 할 영예로운 책임을 지고 있다. 이에 우리는 맡은 바 임무를 충실히 수행할 것을 굳게 다짐하며 우리가 나아갈 길을 밝혀 스스로 마음에 새기고자 한다.

- 우리는 모든 사람의 인격을 존중하고 누구에게나 따뜻하게 봉사하는 친질한 경찰이다(친절한 경찰).
- 우리는 정의의 이름으로 진실을 추구하며 어떠한 불의나 불법과 타협하지 않는 의로운 경찰이다(의로운 경찰).
- 우리는 국민의 신뢰를 바탕으로 오직 양심에 따라 법을 집행하는 공정한 경찰이다(공정한 경찰).
- 우리는 건전한 상식 위에 전문지식을 갈고 닦아 맡은 일을 성실하게 수행하는 근면한 경찰이다(근면한 경찰).
- 우리는 화합과 단결 속에 항상 규율을 지키며 검소하게 생활하는 깨끗한 경찰이다(깨끗한 경찰).

⑦ 1998년「경찰서비스헌장」

경찰청은 경찰행정을 국민중심으로 전환하여 모든 국민에게 친절하고 신속 공정한 서비스의 제공을 약속하는 경찰서비스헌장을 제정하여 1998년 9월 30일 발표하였다. 경찰서비스헌장은 국민의 정부출범과 더불어 보다 친근하고 국민 곁에 더욱 가까이 다가서는 새로운 경찰상 확립을 위하여 경찰관들이 직무수행과정에서 반드시 지켜야 할 사항과 필요한 자세 등을 담고 있다.

또한 기존의 경찰헌장이나 경찰윤리헌장이 선언적이고 추상적인 내용으로 구체적인 기준제시가 미흡했던 것과는 달리 경찰이 국민에게 제공하는 서비스기준과 내용, 제공방법 및 절차가 구체적으로 포함되어 있다.

- 우리는 국민의 생명과 재산을 보호하고 법과 질서를 수호하는 국민의 경찰로서 모든 국민이 안전하고 평온한 삶을 누릴 수 있도록 다음과 같이 실천하겠습니다.
- 범죄와 사고를 철저히 예방하고 법을 어긴 행위는 단호하고 엄정하게 처리하겠습니다(범죄와 사고의 철지한 예방).
- 국민이 필요로 하면 어디든지 바로 달려가 도와드리겠습니다.
- 모든 민원은 친절하고 신속, 공정하게 치리하겠습니다(민원의 신속하고 공정한 처리).
- 국민의 안전과 편의를 제일 먼저 생각하며 성실히 직무수행하겠습니다.
- 인권을 존중하고 권한을 남용하는 일이 없도록 하겠습니다(인권존중과 권한남용의 방지).
- 잘못된 업무처리는 즉시 확인하여 바로잡겠습니다.

⑧ 1999년 「새 천년 우리의 다짐」

1999년 12월에 작성된 「새 천년 우리의 다짐」은 '자율 · 창의 · 책임'을 개혁 강령으로 강조하고 '제2의 창경, 신지식 경찰, 국민의 경찰'을 개혁표어로 제시함으로써 경찰관들의 행동을 지도하는 형태로 이루어져 있다. '국민의 정부' 출범과 더불어 제정된 「신지식경찰관 선발 및 운영규칙」도 창의적 업무수행, 능동적 직무수행, 지식의 공유, 업무의 효과성 제고 등을 경찰관의 바람직한 자세로 열거하고 있다.

이러한 경찰의 제반 윤리규정은 법적인 효력이 없기 때문에 국민에게 불친절하여 정신적 손해를 가했을 때 손해배상의 근거가 되지 못한다는 단점을 갖고 있다.

2. 경찰부패

1) 경찰부패이론

(1) 전체사회가설

공직사회 역시 전체사회의 일부분을 차지하고 있다. 따라서 전체사회의 풍조와 정서는 공직사회에 직접적인 영향을 미치게 된다. 전체사회가 정의로우면 공직사회도 정의로운 방향으로 가고, 사회에 비도덕적인 부패현상이 만연되어 있으면, 공직사회도 마찬가지로 부패하게 된다. 결과적으로 전체사회의 부정부패 문화는 경찰관의 부패를 촉진하는 요인으로 작용한다.

① 작은 호의

전체사회가설(the society-at-large hypothesis)은 우선 사회전체가 경찰관의 부패를 묵인하거나 조장할 때 경찰관은 자연스럽게 부패행위를 하게 된다는 주장을 내세운다. 경찰부패는 다양한 계층의 시민들이 개인이나 조직의 부당한 이득을 위해 경찰관에게 작은 호의를 베푸는 것에서 시작하여 점점 부패의 규모가 커지는 부패관행으로 발전한다고 보는 것이 전체사회가설이다. 즉, 처음에는 불법적인 행위를 하지 않더라도 커피 한 잔을 주는 것과 같은 작은 호의에 길들여져 나중에는 저절로 명백한 부정부패 행위로 발전하게 된다는 것이다.

이처럼 전체사회가설에서는 부정부패는 비교적 해악이 없고 좋은 의도를 가진 관행으로부터 시작하여 시간이 지남에 따라 명백한 부패유형으로 발전하게 되는데 이는 전체사회가 그 원인을 제공한 결과이다.

② 미끄러지기 쉬운 경사로

전체사회가설과 유사한 논리는 미끄러지기 쉬운 경사로 논증될 수 있다. 실제로 부패는 아주 사소한 행위로부터 시작해서 점차적으로 큰 부패로 이어지며, 작은 호의의 수용은 미끄러운 경사로 위에 행위자를 올려놓는 것과 같아 점점 깊이 빠져들게 함으로써 나중에는 그 속에서 빠져나오지 못하고 부패하게 된다는 것이다.

(2) 구조적 또는 소속된 것이 원인이라는 가설

니더호퍼는 구조적 또는 소속된 것이 원인이라는 가설을 가지고 경찰 부정부패의 원인을 설명하였다. 그는 경찰부패의 원인을 기존의 부패한 경찰문화에서 찾고, 젊은 경찰관들은 선배 경찰관들의 부패행위를 학습한다고 하였다. 따라서 젊은 신임 경찰관들은 선배 경찰관들에 의해 조직의 부패문화에 사회화 즉, 학습되어 부패의 길에 들어서게 되며, 이러한 부패의 관행은 경찰관들 사이에 침묵의 규범 등에 의해 보호되고 조장된다.

한편, 이러한 경찰의 구조적 부정부패는 상대적 박탈감이나 사회적 부패문화와 밀접한 관련이 있다. 경찰공무원들은 다른 공무원들과 마찬가지로 일반 기업체의 사원들에 비해 보수 등 근무여건이 낮아 상대적 박탈감을 느낄 경우, 또는 사회의 부패문화가 만연되어 있을 경우에 경찰조직의 구조적 부패문화가 자연스럽게 형성될 수 있다. 그러나 구조적 원인가설은 인간의 개별적인 윤리관의 차이를 무시하고, 모든 사람이 부패의 규범에 따라 행동하게 된다는 주장을 하고 있다는 점에서 비판을 받고 있다.

(3) 썩은 사과가설

사과 상자 속의 사과 가운데 처음부터 상태가 안 좋은 사과가 썩듯이, 경찰로서의 자질이 없는 사람이 경찰이 됨으로써 부패의 원인이 된다. 나아가 부패한 개인으로 인한 영향은 조직에 영향을 미쳐 주변 사람과 소속된 조직까지 부패하게 만든다는 것이 썩은 사과 가설이다.

따라서 썩은 사과가설은 경찰의 부정부패라는 것은 경찰관으로 채용되기 전의 부정직하고 부도덕한 사람이 경찰관이 되고 나서도 부패경찰이 된다는 측면을 강조하고 있다. 즉, 부패의 원인이 조직구조에 있는 것이 아니라 개인 자체에 있다는 것이다. 이러한 관점에서 본다면, 자질 없는 경찰관들을 걸러내는 것은 모집 · 채용과정에서 매우 중요한 의미를 갖는다.

그러나 썩은 사과가설은 왜 특정 조직 또는 특정 부서에 부정부패가 많이 발생하는지를 설명하지 못하고 있다. 이는 개인에 대한 사회환경이나 조직구조적인 영향을 무시하고, 조직의 상사가 조직의 부정부패 문제를 특정 개인에 대한 처벌로 끝냄으로써 책임을 회피하려고 할 경우에 악용될 소지가 크다.

(4) 윤리적 냉소주의

경찰은 경찰조직 내적으로 냉소적인 태도를 가지고 있다. 특히 경찰고위직의 이중성이 주된 원인이라 할 수 있다. 즉, 경찰조직관리의 측면에서 공정성을 위장한 연고주의와 파벌주의, 정치권에는 아부하면서도 부하들에 대해서는 권위주의적인 태도, 자신들의 보신을 위해 부하들에 대한 책임전가, 부하들에게 많은 것을 요구하지만 부하들을 위해서는 하는 것이 거의 없는 행태 등과 같은 이중성은 부하들의 냉소를 자아낸다.

그리고 경찰은 사회에 대해서도 냉소적인 태도를 보이기도 한다. 이는 부와 권력을 가진 자는 물론이고 일반시민들의 이중성이 주된 원인이라고 할 수 있다. 이 가운데서 특히 부와 권력을 가진 자들은 경찰에게 높은 윤리의식을 요구하지만, 그들 자신들은 비도덕적인 행동을 일삼으면서 경찰에게 갖은 압력이나 청탁으로 자신의 잘못을 눈감아 달라는 위선적인 태도를 보여주고 있어 경찰의 냉소를 불러일으킨다. 또한 경찰에 대한 외부통제 기능을 하는 정치권력이나 대중매체, 또는 시민단체의 부패는 경찰의 냉소주의를 부채질하고 부패의 전염효과를 가져온다.

2) 경찰 감찰

(1) 감찰의 개념

「경찰감찰규칙」은 경찰공무원 등의 공직기강 확립과 경찰 행정의 적정성 확보를 위한 감찰에 필요한 사항을 규정함을 목적으로 한다. 「감찰」이란 복무기강 확립과 경찰행정의 적정성을 확보하기 위해, 경찰기관 또는 경찰공무원 등의 제반업무와 활동 등을 조사·점검·확인하고 그 결과를 처리하는 감찰관의 직무 활동을 말한다.

(2) 감찰관

① 감찰관의 결격사유

다음의 어느 하나에 해당하는 사람은 감찰관이 될 수 없다(경찰감찰규칙 제5조).

㉠ 직무와 관련한 금품 및 향응 수수, 공금횡령·유용, 「성폭력범죄의 처벌 등에 관한 특례법」에 따른 성폭력범죄로 징계처분을 받은 사람
㉡ 제1호 이외의 사유로 징계처분을 받아 말소기간이 경과하지 아니한 사람
㉢ 질병 등으로 감찰관으로서의 업무수행이 어려운 사람
㉣ 기타 감찰관으로서 적합하지 아니하다고 판단되는 사람

② 감찰관의 권한

감찰관은 직무상 조사를 위한 출석, 질문에 대한 답변 및 진술서 제출, 증거품 등 자료 제출, 현지조사의 협조 등을 요구할 수 있다. 경찰공무원 등은 감찰관으로부터 그 요구를 받은 때에는 정당한 사유가 없는 한 응하여야 한다(동규칙 제17조).

③ 감찰관의 신분보장

경찰기관의 장은 감찰관이 결격사유에 해당되는 것으로 밝혀졌을 경우와 ㉠ 징계사유가 있는 경우, ㉡ 형사사건에 계류된 경우, ㉢ 질병 등으로 감찰업무를 수행할 수 없거나 직무수행 능력이 현저히 부족하다고 판단되는 경우를 제외하고는 3년 이내에 본인의 의사에 반하여 전보하여서는 아니 된다. 경찰기관장은 1년 이상 성실히 근무한 감찰관에 대해서는 희망부서를 고려하여 전보하도록 규정되어 있다.

(3) 감찰활동

① 감찰활동의 관할

감찰관은 소속 경찰기관의 관할구역 안에서 활동하는 것을 원칙으로 한다. 다만, 상급 경찰기관의 장의 지시가 있는 경우에는 관할구역 밖에서도 활동할 수 있다.

② 특별감찰

경찰기관의 장은 의무위반행위가 자주 발생하거나 그 발생 가능성이 높다고 인정되는 시기, 업무분야 및 경찰관서 등에 대하여는 일정기간 동안 전반적인 조직관리 및 업무추진 실태 등을 집중 점검할 수 있다.

③ 교류감찰

경찰기관의 장은 상급 경찰기관의 장의 지시에 따라 소속 감찰관으로 하여금 일정기간 동안 다른 경찰기관 소속 직원의 복무실태, 업무추진 실태 등을 점검하게 할 수 있다.

(4) 감찰조사

① 민원사건의 처리

감찰관은 소속공무원의 의무위반사실에 대한 민원을 접수한 경우 접수일로부터 2개월 내에 신속히 처리하여야 한다. 다만, 부득이한 사유로 민원을 기한 내에 처리할 수 없을 때에는 소속 경찰기관의 감찰부서장에게 보고하여 그 처리 기간을 연장할 수 있다.

② 기관통보사건의 처리

감찰관은 다른 경찰기관 또는 검찰, 감사원 등 다른 행정기관으로부터 통보받은 소속공무원의 의무위반행위에 대해서는 통보받은 날로부터 1개월 이내에 신속히 처리하여야 한다.

③ 심야조사의 금지

감찰관은 심야(00시부터 06시까지)에 조사를 하여서는 아니 된다. 다만 조사대상자 또는 그 변호인의 심야조사 요청이 있는 경우에는 예외적으로 심야조사를 할 수 있다.

④ 조사 참여

감찰관은 조사대상자가 다른 감찰관 또는 여성 경찰공무원의 참여를 요구하는 때에는 1명의 감찰관 또는 여성 경찰공무원을 참여시켜야 한다.

참고문헌

국내 단행본

경찰대학. (2000), 「지역사회경찰활동론」, 경찰대학.

김남진 · 김연태. (2024), 「행정법 Ⅱ」, 법문사.

이황우. (2001), 「경찰행정학」(제2판), 법문사.

이황우 · 조병인 · 최응렬. (2001), 「경찰학개론」(개정판), 한국형사정책연구원.

이상안. (1999), 「신경찰행정학」, 대명출판사.

이동환 · 표창원. (2005), 「경찰의 범죄정보 수집 및 분석체계화 방안」, 한국형사정책연구원.

이동희 · 이윤 · 장윤희. (2005), 「범죄수사학」, 경찰대학.

조철옥. (2012), 「경찰윤리학」(개정판), 대영문화사.

국내 논문

노호래. (1999), "한국의 지역사회 경찰활동에 관한 연구", 「박사학위논문」, 동국대학교 대학원.

윤병훈 · 이창한. (2013), "치안환경 변화 따른 경찰활동의 모색: SMART Policing의 활용 사례 및 적용방안", 「경찰학논총」 8(2): 415 – 438.

이하섭. (2010), "통일 이후 남 · 북한 경찰의 통합방안에 관한 연구", 「박사학위논문」, 한성대학교 대학원.

한상암 · 박한호 · 이명우. (2013), "범죄예방을 위한 정보 주도형 경찰활동(ILP)에 대한 연구", 「시큐리티연구」, 36: 229 – 253.

해외

Chapman, Brian (1970), *Police State*, London: Pall Mall Press.

Coldren Jr, J. R., Huntoon, A., & Medaris, M. (2013), "Introducing smart policing: Foundations, principles, and practice", *Police Quarterly*, 16(3): 275-286.

Cordner, G. W. (1997), "Community Policing: Elements and Effects", *Critical Issues in Policing: Contemporary Readings*, 5(3): 401-418.

Fleiner, Fritz. (1912), "Institutionen des deutschen Verwaltungsrechts", *Archiv des öf fentlichen Rechts*, 29(3): 494-500.

Fyfe James J., Greene Jack R., Walsh William F., Wilson O. W., Clinton McLaren Roy. (1997), *Police Administration*, 5th ed., New York: McGraw-Hill Companies, Inc.

Kelling, George. (1988), *Police and Community: The Quiet Revolution*, Washington, D.C.: US Department of Justice.

Palmiotto, M. (1999), *Community policing: A policing strategy for the 21st century*, Gaithersburg, Md. : Aspen Publication.

Ratcliffe, J. H. (2007), *Integrated intelligence and crime analysis: Enhanced in for-mation management for law enforcement leaders,* Washington DC.: Police Foundation.

Ratcliffe, J. H. (2016), *Intelligence-led policing*, New York: Routledge.

Sullivan, John L. (1977), *Introduction to Police Science,* 3rd ed., New York: McGraw-Hill Book Co.

Thurman, Q., Zhao, J., & Giacomazzi, A. L. (2001), *Community policing in a community era: An introduction and exploration.* Los Angeles, CA: Roxbury Publishing Company.

Wilson, W. (1887), "The study of administration", *Political Science Quarterly*, 2(2): 197-222.

제2장

한국경찰의 역사와 비교경찰

제 1 절 한국경찰의 역사[1)]

1. 조선 말 경찰제도

1) 갑오개혁

일본은 동양평화의 위협이 되는 조선의 내란 방지와 조선에 대한 내정간섭을 통해 경제적 이권탈취와 조선 침략의 기반을 확보하기 위해 개혁을 강요하였다. 조선 또한 누적된 사회모순과 농민의 요구를 해결하고 일본 군대의 철수를 우선 문제로 요구하면서 자주적으로 개혁을 추진하려고 하였다. 갑오개혁은 갑신정변 이래 변법개화파가 추진해 오던 노선을 확대·발전시킨 것으로, 전통적인 통치질서를 근대서양과 일본에 맞추어 바꾼 것이다. 이로써 제도상으로는 서양식 근대국가에 한층 가까운 모습을 갖추게 되었으나, 실제로는 국가와 국민의 주체성을 강화할 수 있는 국방과 의회제도에 대한 배려가 거의 없고, 일본의 조종을 받고 있는 내각에 실권을 몰아주어 일본이 간섭할 수 있는 공간을 넓혀주는 결과를 가져왔다. 특히 왕권의 약화는 주권이 침해되고 있던 당시의 역사적 조건에서 볼 때 매우 부정적인 의미를 갖는 것이었고, 화폐제도의 경우는 노골적으로 일본경제의 침투를 위한 개악이었다. 농민들의 고통을 덜어줄 수 있는 조세제도나 토지제도에 대한 배려가 없는 것도 이 개혁의 한계를 보여준다(한영우, 2017).

2) 갑오개혁 시기 경찰제

(1) 새로운 경찰제의 도입

갑오개혁의 과정 중에 경찰은 정치적으로 가장 중요한 도구이기 때문에, 각 아문관제와 동시에 제정되어 종래의 좌·우포도청을 없애고 좌·우 순청과 한성5부의 경찰업무를 통합하여 「경무청」을 출발시켰다. 경찰은 변혁기일수록 더욱 중요해지

1) 경찰청 역사편찬위원회. (2006), 「한국경찰사」를 바탕으로 재구성하였음.

기 때문에 당초 군국기무처의 회의원에도 우포도대장이 참여하였고, 경무청이 출발한 후에는 경무사는 군국기무처 회의원이 되게 하였다. 그러나 경무청은 수도의 경찰기관일 뿐 아직 지방의 경찰기구는 바꾸지 못하였다.

그리고 종래 형조에 속하던 수도의 감옥업무를 경무청에 예속시키고 또 갑오개혁 전부터 각 개항장에 배치됐던 「경찰관」도 「경무관」으로 개칭하여 경무청에 소속시켰다.

두 번째 개혁이 진행되었던 을미년에는 지방 제도를 종래의 8도제에서 23부제로 세분하여 비로소 경무관 이하의 경찰관을 배치하였으나, 군에는 신식 경찰관을 두지는 못하였다. 갑오년부터 시작된 한성5부의 경무서(갑오년에는 지서로 칭하다가 을미년에 서로 개칭)는 오늘날 경찰서의 효시이며, 을미년에는 궁내경찰서도 만들었다. 그리고 내부(내무아문을 개칭)에 을미년 8월에 이르러 비로소 기존 지방국에 경찰·감옥사무를 관장시켜 경찰내국을 두었다.

경찰법규로는 경무청관제 제정과 함께 「행정경찰장정」을 만들어 행정경찰의 목적을 명시하여 과잉단속의 엄금, 총순[2]·순검[3]의 복무요령·위경죄[4] 즉결장정·순검채용규정 등을 규정하였다. 그 후 징계령·관등·봉급, 복제 등을 정하고 「지방경찰규칙」, 「상여령」 등을 제정하여 법제를 정비해 나갔으며 또 도적처단례와 부·경무청·부령 위반에 관한 벌칙제한령 등도 제정하여 행정벌제도를 명시하여 현재의 경찰범, 즉 경범벌칙제한의 선구를 보여주기도 했다.

(2) 수도 경찰의 변화(경무청과 경무지서)

새로 도입된 경무청은 사실 좌·우포도청과 좌·우순청의 후신이다. 이것은 신관제가 일제히 시행되는 7월 20일 발족한 것인데 중앙정부로서 종전의 의정부·육조가 의정부·8아문으로 변용되고 군국기무처·도찰원·중추원·의금부·회계감사원·경무청이 이에 부속되어 경무청의 출현은 실로 비중이 크며 우선적으로 출현한 기관이었다.

경무청 조직의 특징은 종래 좌·우 양청으로 나누어졌던 포도청이 하나로 통합되는 대신에 그 아래에 있는 한성5부에 각각 「경찰지서」(이후 "지"자가 없어짐)를 두었다는 점이다. 또한 기존에서는 군 소속(서반)에서 문관체제로 들어간 것인데, 그렇

2) 구한말에 경무청에 속한 판임관으로 경무관 다음 서열에 해당한다.
3) 신식경찰제도로 도입된 경찰관직 중 하나에 해당한다.
4) 구류나 과료에 해당하는 가벼운 범죄.

다고 오늘날과 같이 행정관청(한성부)의 내국으로 들어가지 않고, 분리된 독립관청으로 출발하였다는 특징이 있다. 이러한 점에서 과거에 존재했던 포도청의 연장이라 할 것이다.

이 외에 형을 집행하는 사무가 경무청으로 넘어와 이 제도는 1907년 경시청으로 개혁될 무렵까지 13년을 단속하여 경찰이 형을 집행하는 사무를 관장하는 특수한 시기를 이룬다. 그리고 과거 한성부(형조·의금부와 삼법사로 칭함)에서 관장한 일체의 소송사건을 맡게 되었다. 이와 같이 형행사무와 소송사무는 특수한 예이지만 종래 각 관청에서 다루던 행정경찰 사무를 일원화하여 한 손에 장악하고 사법경찰사무에 순찰을 도맡은 경무청은 제도상 강력한 기관으로 등장하여 경찰근대화의 제도적 개혁의 시초라 볼 수 있다.

(3) 감옥서(부 · 지방 감옥)

감옥은 갑오개혁 전에는 조선 초기부터 「전옥서」라 하여 형조 소관으로 형조·한성부·사헌부의 피의자를 수감하였고 공판이 있을 때면 피의자를 압송하고 역문이 끝나면 다시 받아 수감하였다. 엄격히 말하면 이는 미결감[5]이고 기결은 가두는 법이 없었다. 기결은 종래 사·류·도·재·태로 대별되었는데 후일 사형·징역형·태형으로 바뀌고 국사범[6]에는 유형이 상존하게 되었다.

그런데 1894년 의안으로 전옥을 경무청으로 이속시켰다. 그리하여 「감옥규칙」이 반포되었는데 이 신감옥 제도를 요약하면 다음과 같다.

감옥은 내무대신 관할로 경무사가 관리하되 미결감과 기결감으로 나누고 재판관과 검사는 감옥을 순시한다. 감옥에는 감수장이 있어서 새롭게 수감되는 사람에 대해서는 재판소 또는 경무서에서 보낸 문서에 의하여만 신병을 인수한다고 되어 있다. 특이한 사항은 3세 미만의 아이가 있는 여자 수형자는 같이 데리고 들어갈 수 있는 규정이 있었다.

---

5) 미결수를 가두어 두는 감방.
6) 국가나 국가 권력을 침해함으로써 성립하는 불법 행위.

2. 일제강점기 경찰제도

1) 국권 피탈기

국권의 피탈 과정을 간단하게 살펴보면, 1904년 러일전쟁 후 서울을 무력으로 침략한 일본군의 강압으로 한·일 의정서가 체결되었다. 제1차 한·일 협약으로 일본인 고문에 의해 정치, 경제, 외교가 장악되는 고문정치가 시작되었다. 다음 해인 1905년 11월 불법적, 강제적 조약인 제2차 한일협약(을사늑약)이 체결되면서 통감정치가 시작되었고, 외교권이 박탈되었다.

일본은 헤이그 특사사건을 구실로 고종을 퇴위시키고 순종을 즉위시켰으며, 1907년 7월 정미 7조약(한일신협약)이 체결되었다. 이 조약에 의해 국가의 법령제정, 주요 행정처분, 고등 관리 임명에 대한 사전 승인을 통감으로부터 받고 통감이 추천한 일본인을 임명하도록 하였다. 이에 따라 고문 제도가 폐지되고 각 부의 차관자리에 일본인 관리가 다수 임명되어 이른바 차관정치가 시작되었고 통감의 내정간섭이 강화되었다.

1909년에는 기유각서를 체결함으로써 사법권이 박탈되었고, 1910년 6월 경찰권이 박탈, 같은 해 8월 29일 한일강제병합으로 주권이 박탈되면서 총독정치가 시작되었다.

(1) 통감부의 구조

을미년(1905년) 보호조약이 늑결되자 일제는 주한일본공사관을 철수하고 소위 통감부를 서울에 설치하여 종래의 각 개항지의 일본영사관을 없애고 이사청을 개설하기로 하였다. 이토 히로부미가 초대총감이 되어 총감부와 7개소의 이사청(후 14개소로 증설)은 다음 해 1906년 2월 1일로서 사무를 시작하였다.

소위 보호조약은 일종의 외교청부[7]로서 한국 정부는 이에 대하여 「외부」를 없앨 수밖에 없었으며(의정부에 외사국을 둠) 통감이라는 자리는 일본 황제 바로 밑에 예속되지만 한국 외교에 관해서는 일본 외무대신과 총리를 경유하고 기타 사무는 바로 총리를 경유하여 일황의 재가를 받기로 되어 있다.

그리고 통감은 공사역과 마찬가지로 한국에서 일본 정부를 대표하되 각국의 주

---

7) 청부 (請負): 어떤 일을 책임지고 완성하기로 하고 맡음.

일외교 대표를 경유하여 일본 정부에 통하는 방법을 제외하고 한국에 있는 각국 영사관 및 외국인에 관한 사무를 통할하였다. 또한 한국 정부의 외국인에 관한 시정사무를 감독하도록 규정하였으며, 종래 일본이 한국과의 조약으로 얻은 이권을 유지하고 또한 일본인 관헌[8]이 담당하던 감독사무를 맡게 되었다.

그리고 통감은 한국에 주재하는 일본수비군사령관에게 출병 요구권을 가지고 있었다. 그리고 직원으로 총무장관 · 농상공무총장 · 경무총장 · 비서관 · 서기관 · 경시 · 기사 · 통역관 · 속 · 경부 · 기수 · 통역생을 두었다.

(2) 무단경찰제도의 창시(헌병경찰제)

합병을 계획한 일본 제국주의는 마지막으로 경찰권을 탈취하자 강제합병에 이르기까지의 임시조직으로 「통감부 경찰관서 관제」를 제정하였다. 러일전쟁 개전 이래 사실상 한국의 경찰권을 장악하고 반일 운동 내지 의병 활동을 봉쇄하여 오던 일본 육군의 헌병조직을 경찰관서로 인정하여 보통경찰을 도읍지나 철도 연변에 배치하고 인구가 적고 산간이나 후미진 곳에는 헌병대를 배치하여 무단정치의 본질을 이루는 헌병경찰제를 수립하였다.

헌병경찰제의 조직은 중앙에는 통감 아래에 독립관청으로 경찰총감부를 두고 각 도에는 행정관청(관찰사)과 분리하여 경무부를 두었으며 도내 각 군에 경찰서 및 경찰서의 직무를 행하는 헌병분대를 두었다.

2) 헌병경찰 시대

경찰권을 박탈하자 일제는 두 달 후의 1910년 8월 예정대로 한 조각의 조약으로 한국을 강제 병합하였다. 그리하여 조선총독부를 만들어 통감부를 없앴다. 이리하여 그나마 이름으로만 존재하던 한국 정부는 대한제국이라는 국가와 함께 사라지고 말았다. 일제는 한국의 국호를 개정하여 "조선"이라 부르기로 하였다.

(1) 조선총독부의 구조

일제는 1910년 9월 29일에는 총독부 관제를 공포하여 1910년 10월 1일부터 총독

---

8) 관청에서 일하는 사람.

제를 실시했다. 동령에 의하면 총독부에 총독을 두되 총독은 육군 대장으로 보하고 위탁의 범위 내에서 육·해군 통솔 및 한국 방위를 담당하게 했으며 제반의 정무를 통솔하게 하였다. 총독은 직권 또는 특별한 위임에 의하여 조선총독부령을 발하고 1년 이하의 징역 또는 금고·구류, 2백 원 이하의 벌금 또는 과료의 벌칙을 부과할 수 있었다. 총독부에 정무총감을 두고 총독을 보임하고 부의 사무를 총괄적으로 관리하며 각 부국의 사무를 감독하게 하였다. 조선총독부의 통치 성격을 보면 무관인 총독 밑에 문관인 정무총감을 두어 군정체제를 유지하고 있었음을 볼 수 있다.

(2) 헌병경찰의 배치변경

1914년에 들어와 2월 27일 헌병경찰의 관서를 일제히 개편하고 1915년 8월 27일에 일제개편을 단행하였다. 8월 27일 자의 2개의 부령과 2개의 고시는 전국 232부군에 100개 경찰서, 3개 분서(창덕궁의 1서, 1분서 제외), 108개 순사파출소, 512개 순사주재소의 경찰조직과 74개 헌병분대(경찰서 해당), 98개 헌병분견소(경찰서 또는 분서에 해당), 314개 헌병파견소, 501개 헌병출장소의 헌병조직으로 경찰계의 계 723개와 헌병계의 990개로 도합 1,713개 기관을 전국에 배치하였다.

(3) 경찰관계 제법규

일제는 한국을 강제병합한 이후, 「범죄즉결례」 등을 제정하여 경찰 관계 법규를 정비했는데 이는 모두 한국인에게는 남용되는 악법이었다. 그 중 「조선형사령」은 법률에 해당하는 것으로 실체법과 소송절차까지 곁들여 있고 이에 따라 검사의 공소를 유지하기 위하여 사법경찰관의 집무 규정도 마련되었다.

① 범죄즉결례

1910년 8월 29일 한일강제병합이 이루어지자 일제는 한국인에 대한 치안 질서유지를 위해 당장에 적용할 법규가 없어 우선 편법으로 조선총독부 경무총장 및 각 도 장관에게 각각 발하는 명령에 3개월 이하의 징역 또는 금고·구류·백 원 이하의 벌금 또는 과료의 범칙을 부과할 수 있는 강력한 권한을 주었다.

범죄즉결례

[시행 1911. 1. 1.] [조선총독부제령 제10호, 1910. 12. 15., 제정]

제1조 경찰서장 또는 그 직무를 취급하는 자는 그 관할구역 안의 다음 각호의 범죄를 즉결할 수 있다.
1. 구류 · 태형 또는 과료형에 해당하는 죄
2. 3월 이하의 징역 또는 100원 이하의 벌금이나 과료형에 처하여야 하는 도박죄 및 구류 또는 과료형에 처하여야 하는 형법 제208조의 죄
3. 구재판소의 재판권에 속하는 사건으로 3월 이하의 징역형에 처하여야 하는 형법대전 제5편 제9장 제17절 및 제20절의 죄
4. 구재판소의 재판권에 속하는 사건으로 3월 이하의 징역 · 금고 · 금옥이나 구류 · 태형 또는 100원 이하의 벌금이나 과료형에 처하여야 하는 행정법규 위반의 죄

제2조 ① 즉결은 재판의 정식을 이용하는 피고인의 진술을 듣고 증빙을 취조하여 즉시 언도하여야 한다.
② 피고인을 호출할 필요가 없는 때 또는 호출하더라도 출두할 수 없는 때에는 즉시 언도서 등본을 본인 또는 그 주소로 송달할 수 있다.

제3조 즉결의 언도를 받은 자가 이에 복종할 수 없을 때에는 관할 구재판소에 정식재판을 청구할 수 있다.

제4조 즉결의 언도서에는 피고인의 성명 · 연령 · 신분 · 직업 · 주소 · 범죄의 사실 · 적용한 법조 · 언도한 형 · 정식재판을 청구할 수 있는 기간과 언도를 한 관리의 관직 · 성명 및 연월일을 기재하여야 한다.

제5조 ① 정식재판을 청구하는 자는 즉결의 언도를 한 관서에 신청서를 제출하여야 하고, 그 기간은 제2조 제1항의 경우에는 언도일부터 3일, 동조 제2항의 경우에는 언도서 등본의 송달이 있은 날부터 5일로 한다.
② 전항의 기간 내에 정식재판을 청구하지 아니한 때에는 즉결의 언도는 확정된 것으로 한다.

제6조 전조의 신청을 받은 관서는 신속히 관계서류를 관할구재판소 검사에게 송치하여야 한다.

제7조 징역 · 금고 또는 금옥의 언도를 받은 피고인에 대하여 경찰서장 또는 그 직무를 취급하는 자는 구류장을 발행할 수 있다.

제8조 ① 구류의 언도를 한 경우에 필요한 때에는 제5조에 정한 기간 내에 피고인을 유치할 수 있다. 다만, 언도한 형기에 상당하는 일수를 초과할 수 없다.
② 태형의 언도를 받은 피고인에 대하여는 태 5를 1일로 절산하여 전항의 규정을 준용한다.

제9조 벌금 또는 과료의 언도를 한 경우에는 그 금액을 가납하게 하여야 하고 만약 납부할 수 없을 때에는 1원을 1일로 절산하여 피고인을 유치하며 1원 미만이라 하더라도 1일로 계산한다.

제10조 유치된 자가 정식재판을 청구하여 호출장의 송달이 있는 때에는 즉시 유치에서 석방하여야 한다.

제11조 제8조 · 제9조에 의한 유치 일수는 구류의 형기에 산입하고, 태형의 언도를 받은 자에 대하여

는 1일을 태 5로 절산하여 태수에 산입하며, 벌금 또는 과료의 언도를 받은 자에 대하여는 1일을 1원으로 절산하여 그 금액에 산입한다.
부칙 〈조선총독부제령 제10호, 1910. 12. 15.〉
이 영은 1911년 1월 1일부터 시행한다.

※ 출처: 국가법령정보센터(https://www.law.go.kr).

그 후 1910년 12월에 「범죄즉결례」를 제령으로 공포하여 경찰서장 또는 그 직무를 취급하는 자(헌병대장, 동 분견소장)에게 각기 관할구역 내에서 경징한 범죄(구류 · 태형 · 과료 · 3월 이하의 징역형 · 백 원 이하의 벌금형 등)를 즉결할 수 있는 권한을 규정하였다.

즉결권은 실질적으로 개개의 순사 · 헌병에 의하여 임의로 그 권한이 행사되었으며 한국인에게 정식판결을 받을 수 있는 권리를 박탈하는 인권침해의 규정이었다. 또한 즉결은 피고인의 진술만 듣고 증빙을 갖추어 판결의 결과를 공포할 수 있었으며, 피고인의 궐석재판도 가능하도록 했다. 피고인이 정식재판을 청구할 시 언도[9] 일로부터 3일밖에는 유예를 주지 않아 사실상 정식재판의 혜택을 누릴 수 없게 하는 등 한국인으로서 유형 · 무형으로 피해가 가장 컸던 규정이었다. 참고로 「조선휘보(1916년 9월호 사법건)」에 의하면 1911년부터 1914년까지 즉결 처분자 통계는 총인원 15만 881명이었는데 그 중 정식재판을 요구한 자는 137명에 불과했다. 동령은 1912년 3월에 일부 개정되어 태형을 삭제하였으나 실제로는 심문 과정에서 무제한의 매질로 육체적인 고통을 준 가공스러운 무단통치의 실질적 도구였던 것이다.

② 경찰범처벌규칙

1912년에 이르러 현재 경범죄 처벌법에 해당하는 「경찰범처벌규칙」이 제정 · 시행되었다.

동규정은 전문 2조로 위반자에 대한 처벌은 구류 또는 과료에 처하도록 하고 처벌 대상규정은 항목에 이르러 한국인의 일상생활의 자유와 행동을 극도로 제한 내지 억제한 것이다. 이는 당시 일제가 한국인에 대해서 필요시에는 언제든지 벌할 수 있도록 광범위한 처벌 대상을 만들어 침략정책의 성과를 최대한으로 달성하기 위한 의도가 내포되어 있음을 엿볼 수 있다.

즉, 한국인 여러 명이 떼를 지어 관공서에 청원이나 진정을 금한 것(제28호), 불온연설을 금하고 불온문서 도서 등을 반포 방음을 금한 것(동 제20호), 관공서의 소환에

9) 공판정에서 재판장이 판결을 알리는 일.

불응할 경우 벌한 것(동 제30호), 경찰관서의 지시 · 명령을 위반할 경우 벌한 것(동 제32호), 부정한 목적으로 사람을 은닉한 경우 벌한 것(동 제 33호) 등은 그 일례이다.

경찰범처벌규칙

[시행 1912. 4. 1.] [조선총독부법령 제40호, 1912. 3. 25., 제정]

제1조 다음 각호의 1에 해당하는 자는 구류 또는 과료에 처한다.

1. 이유 없이 사람의 주거 또는 간수하지 아니하는 저택, 건조물 및 선박 안에 잠복한 자
2. 일정한 주거 또는 생업 없이 사방을 배회하는 자
3. 밀음매를 하거나 그 매합 또는 은닉한 자
4. 이유 없이 면회를 강청 또는 강담(强談), 협박의 행위를 한 자
5. 합력 · 기부를 강청하여 강제로 물품의 구매를 요구하거나 기예의 공연 또는 노동력을 공급하여 보수를 요구한 자
6. 수리(收利)를 목적으로 강제로 물품, 입장권 등을 배부한 자
7. 구걸을 하거나 하게 한 자
8. 단체가입을 강청한 자
9. 함부로 시장 기타 유사한 장소에 당업자의 출품 또는 입장을 강청하거나 물품매매의 위탁을 강청한 자
10. 입찰을 방해한 자, 공동입찰을 강청한 자, 낙찰인에게 그 사업, 이익의 분배 또는 금품을 강청하거나 낙찰인으로부터 이유 없이 이를 받은 자
11. 입찰자와 통모하여 경쟁 입찰의 취지에 반하는 행위를 한 자
12. 재물을 매매하거나 노동력을 수급함에 있어 부당한 대상을 청구하거나 상당한 대상을 지불하지 아니하고 부정한 이득을 꾀한 자
13. 타인의 사업 또는 사사(私事)에 관하여 신문지 · 잡지 기타 출판물에 게재하지 아니할 것을 약속하거나 신문지 · 잡지 기타 출판물에 허위의 사실을 게재하거나 게재할 것을 약속하고 금품을 받아 기타 부정한 이득을 꾀한 자
14. 신청하지 아니한 신문지 · 잡지 기타 출판물을 배부하고 그 대료를 청구하거나 강제로 구독신청을 요구한 자
15. 신청하지 아니한 광고를 하고 그 대료를 청구하거나 강제로 광고의 신청을 요구한 자
16. 과대 또는 허위의 광고를 하여 부정한 이득을 꾀한 자
17. 타인의 업무 또는 기타 행위에 대하여 악희 또는 방해를 한 자
18. 이유 없이 타인의 금담거래 등에 관섭하거나 함부로 소송 · 쟁의를 권유 · 교사하여 기타 분요를 야기하는 행위를 한 자
19. 함부로 대중을 모아 관공서에 청원 또는 진정을 한 자
20. 불온한 연설을 하거나 불온한 문서 · 도서 · 시가의 게시 · 반포 · 낭독 또는 방음(放吟)을 한 자
21. 사람을 광혹하게 하는 유언 · 부설 또는 허위의 보도를 한 자
22. 무분별하게 길흉화복을 말하거나 기도 · 주문 등을 하거나 부적류를 수여하여 사람을 미혹시키는 행위를 한 자
23. 병자에 금염, 기도, 주문 또는 정신요법 등을 행하거나 부적, 신수(神水)등을 주어 의료를 방해한 자
24. 함부로 최면술을 행한 자

25. 고의로 허위 통역을 한 자
26. 자기 또는 타인의 업무에 관하여 관허가 있다고 사칭한 자
27. 관공직, 위기(位記), 훈작(勳爵), 학위, 칭호를 속이거나 법령이 정한 복식 · 휘장을 참용하거나 이와 유사한 것을 사용한 자
28. 관공서에 대하여 부실한 신술을 하거나 그 의무가 있는 자가 이유 없이 진술에 응하지 아니하거나 부실한 대서를 한 자
29. 본적, 주소, 성명, 연령, 신분, 직업 등을 사칭하여 투숙 또는 승선한 자
30. 이유 없이 관공서의 소환에 응하지 아니한 자
31. 관공서의 방시 또는 관공서의 지휘에 의하여 방시한 금지 조항을 범하거나 그의 설치에 관계된 방표를 오독 또는 철거한 자
32. 경찰관서에서 특별히 지시 또는 명령한 사항에 위반한 자
33. 부정한 목적으로 사람을 은닉한 자
34. 도제, 직공, 비복 기타 노역자 또는 피고용자에 대하여 이유 없이 자유를 방해하거나 가혹한 취급을 한 자
35. 함부로 타인의 신변에 막아서거나 추수한 자
36. 제사, 장의, 축의 또는 그 행렬에 대하여 악희 또는 방해를 한 자
37. 밤 1시 후, 일출 전에 가무음곡 기타 훤조(喧噪)의 행위를 하여 타인의 안면을 방해한 자
38. 극장, 기석(寄席) 기타 공중이 회동하는 장소에서 회중을 방해한 자
39. 공중이 자유롭게 교통할 수 있는 장소에서 훤조, 횡와(横臥) 또는 만취하여 배회한 자
40. 공중이 자유롭게 교통할 수 있는 장소에 차마 · 주벌 기타 물건을 두거나 교통에 방해가 되는 행위를 한 자
41. 공중이 자유롭게 교통할 수 있는 장소에서 위험의 우려가 있을 때 점등 기타 예방 장치를 소홀히 한 자
42. 관서의 독촉을 받고도 붕괴의 우려가 있는 건조물의 수선 또는 전도의 우려가 있는 물건의 적환 등을 게을리 한 자
43. 잡답한 장소에서 제지에 응하지 아니하고 혼잡을 더하는 행위를 한 자
44. 출입을 금지한 장소에 함부로 출입한 자
45. 수 · 화재 기타 사변이 있을 때 제지에 응하지 아니하고 그 현장에 출입하거나 그 장소에서 퇴거하지 아니하거나 관리가 원조를 구함에도 불구하고 고의로 이에 응하지 아니한 자
46. 가로에서 야간등화 없이 차량 또는 우마를 사용한 자
47. 허가를 받지 아니하고 노방 또는 하안에 노점 등을 연 자
48. 제지에 응하지 아니하고 노방에 음식물 기타 상품을 진열한 자
49. 전선에 근접하여 연을 날리거나 기타 전선에 장해가 되는 행위를 하거나 하게 한 자
50. 석전 기타 위험한 놀이를 하거나 하게한 자 또는 가로에서 공기총, 취시(吹矢)류를 가지고 놀거나 놀게 한 자
51. 무분별하게 개 기타 짐승류를 교사하거나 놀라 도망가게 한 자
52. 맹수, 광견 또는 사람을 교상하는 버릇이 있는 짐승 · 가축 등의 계쇄를 소홀히 한 자
53. 투견 또는 투계를 하게 한 자
54. 공중에게 보이는 장소에서 우마 기타 동물을 학대한 자
55. 위험의 우려가 있는 정신병자의 감호에 소홀하여 옥외에서 배회하게 한 자
56. 공중에게 보이는 장소에서 단석, 나정, 또는 둔부(臀部) · 고부(股部)를 노출하거나 기타 추태

를 부린 자
57. 노상방뇨를 하거나 하게 한 자
58. 타인의 신체·물건 또는 이에 해가 되는 장소에 물건을 포요하거나 방사한 자
59. 지상에 금수의 사체 또는 오예물을 기척(棄擲)하거나 제거를 소홀히 한 자
60. 사람이 음용하는 정수를 오예하거나 사용을 방해하거나 수로에 장애를 한 자
61. 하천·구거 또는 하수로의 소통을 방해하는 행위를 한 자
62. 구거·하수로를 훼손하거나 관서의 독촉을 받고도 수선 또는 준설을 소홀히 한 자
63. 관서의 독촉을 받고도 도로의 소제 또는 살수를 하지 아니하거나 제지에 응하지 아니하고 결빙기에 도로에 살수를 한 자
64. 관서의 독촉을 받고도 굴뚝의 개조·수선 또는 소제를 소홀히 한 자
65. 함부로 타인의 표등 또는 사사(社寺)·도로·공원 기타 공중용 상등을 소등한 자
66. 신사, 불당, 예배당, 묘소, 비표, 형상 기타 이와 유사한 것을 오독한 물
67. 함부로 타인의 가옥 기타 공작물을 오독하거나 첩지·벽보 등을 붙이거나 타인의 표찰, 초비(招碑), 매대가찰 기타 방표류를 오독 또는 철거한 자
68. 함부로 타인의 전야·원유에서 과일을 따거나 화훼를 꺾은 자
69. 타인이 소유 또는 점유한 토지를 침범하여 공작물을 설치하고 처마·기둥을 내어 목축을 하거나 경작 기타 현상에 변경을 초래하는 행위를 한 자
70. 전주, 교량, 게시장 기타 건조물에 함부로 우마를 매어둔 자
71. 교량 또는 제방을 손상할 우려가 있는 장소에 주벌을 매어둔 자
72. 함부로 타인이 매어둔 우마 기타 짐승류 또는 주벌을 풀어준 자
73. 함부로 타인의 전포를 통행하거나 우마·차량을 침입하게 한 자
74. 자기가 점유한 장소 안에 노유·불구 또는 질병으로 구조를 요하는 자 또는 사람의 사시, 사태가 있음을 알고도 신속하게 경찰관리 또는 그 직무를 행하는 자에게 신고하지 아니한 자 전항의 사시·사태에 대하여 경찰관리 또는 그 직무를 행하는 자의 지휘 없이 그 현장을 변경한 자
75. 사람의 사시 또는 사태를 은닉하거나 다른 물건으로 혼동하도록 의장한 자
76. 허가를 받지 아니하고 사람의 사시 또는 사태를 해부하거나 보존한 자
77. 일정의 음식물에 다른 물질을 혼합하여 부정한 이득을 꾀한 자
78. 병폐한 금수의 육류 또는 설익은 과일, 부패한 음식물 기타 건강에 해로운 물건을 식·음료로서 영리용으로 이용한 자
79. 매기한 소·말·양·돼지·개 등의 사체를 발굴한 자
80. 포자, 세척, 박피 등을 요하지 아니하고 그대로 식용하는 것에 덮개를 하지 아니하고 점두에 진열하거나 행상을 한 자
81. 자기 또는 타인의 신체에 자문을 한 자
82. 가옥 기타 건조물 또는 인화하기 쉬운 물건의 근방 또는 산야에서 함부로 불을 피운 자
83. 석탄 기타 자연 발화의 우려가 있는 물건의 취급을 소홀히 한 자
84. 함부로 총포를 발사하거나 화약 기타 격발하는 물건을 가지고 논 자
85. 허가를 받지 아니하고 연화를 제조 또는 판매한 자
86. 허가를 받지 아니하고 극장 기타 흥행장을 개설한 자
87. 도선, 교량 기타의 장소에서 정액 이상의 통행료를 청구하거나 정액의 통행료를 지불하지 아니하고 통행하거나 이유 없이 통행을 방해 또는 통선의 요구에 응하지 아니한 자

제2조 이 영에 규정한 위반행위를 교사 또는 방조한 자는 전조에 비추어 이를 벌한다. 다만, 정상에 의하여 그 형을 면제할 수 있다.

부칙 〈조선총독부법령 제40호, 1912. 3. 25.〉
이 영은 1912년 4월 1일부터 시행한다

③ 조선태형령

태형은 한국에 있어 예전부터 경죄에 과해진 일종의 형죄였다. 일제는 일본 본토에서는 태형이 봉건적 법제라 하여 이미 1882년에 폐지한 바 있는데 한일강제병합 후 한국인을 위협하는 데는 육체적 고통이 큰 태형을 충분히 이용하고자 1912년 3월 「조선태형령」을 제령으로 공포했다.

동령의 내용은 요약하면 태형은 징역·구류 및 벌금 또는 과료형에 대신하는 형으로 여성 및 노인과 어린이는 적용대상에서 제외되었으며, 한국인에 한해서만 적용하였고, 동 태형의 집행 절차와 구체적인 방법을 명시하는 시행규칙도 제정하였다.

원래 태형은 집행자의 심술에 따라서는 사형과 같은 결과를 가져오는 것이 전통적인 폐단인데 일제가 탄압의 수단으로 종횡무진으로 행사한 태형에 수많은 동포들이 형판에 묶여 망국의 의미를 통감했던 것이다. 특히 태형은 경찰범·즉결범과 불가분의 관계가 있어 한국인의 행동 전반에 악마처럼 도사리고 있었다.

조선태형령

[시행 1912. 4. 1.] [조선총독부제령 제13호, 1912. 3. 18., 제정]

제1조 3월 이하의 징역 또는 구류에 처하여야 하는 자는 정상(情狀)에 의하여 태형에 처할 수 있다.

제2조 100원 이하의 벌금 또는 과료에 처하여야 하는 자가 다음 각 호의 1에 해당하는 경우에는 그 정상에 의하여 태형에 처할 수 있다.
1. 조선 안에 일정한 주소가 있지 아니한 경우
2. 무자산이 인정된 경우

제3조 100원 이하의 벌금 또는 과료를 언도 받은 자가 그 언도확정 후 5일 내에 이를 완납하지 아니한 경우에는 검사 또는 즉결관서의 장은 그 정상에 의하여 태형으로 대체할 수 있다. 다만, 태형 집행 중 아직 집행하지 아니한 태수에 상당하는 벌금 또는 과료를 납부한 경우에는 태형을 면한다.

제4조 이 영에 의하여 태형에 처하거나 벌금 또는 과료를 태형으로 대체하는 경우에는 1일 또는 1원을 1태로 절산하며 그 1원에 미치니 아니한 경우에도 1태로 계산한다. 다만, 태는 5 아래로 할 수 없다.

제5조 태형은 16세 이상 60세 이하의 남자가 아니면 부과할 수 없다.

제6조 태형은 태로 볼기를 때려 집행한다.

제7조 ① 태형은 30태 이하는 1회에 집행하며, 30이 증가할 때마다 1회를 추가한다.
② 태형의 집행은 1일 1회를 초과할 수 없다.

제8조 태형의 언도를 받은 피고인이 조선 안에 일정한 주소가 없거나 도망의 우려가 있는 경우에는 검사 또는 즉결관서의 장은 이를 감옥 또는 즉결관서에 유치할 수 있다.

제9조 태형의 언도가 확정된 자는 그 집행이 종료할 때까지 이를 감옥 또는 즉결관서에 유치하며, 제3조의 규정에 의하여 환형 처분을 받은 자 또한 같다.

제10조 ① 검사 또는 즉결관서의 장은 수형자의 심신 또는 신체의 장애로 인하여 태형을 집행하기에 적당하지 아니하다고 인정하는 경우에는 3월 이내 집행을 유예할 수 있으며, 유예 3월을 초과해도 태형 집행에 적당하지 아니하다고 인정하는 경우에는 그 집행을 면제한다.
② 전항의 규정에 의하여 집행을 유예 받은 자에 대하여는 전조의 규정에 의하지 아니할 수 있다.

제11조 태형은 감옥 또는 즉결관서에서 비밀로 집행한다.

제12조 태형의 시효는 각 본형에 대하여 정하는 예에 의한다.

제13조 이 영은 조선인에 한하여 적용한다.

부칙 부칙 〈조선총독부제령 제13호, 1912. 3. 18.〉
이 영은 1912년 4월 1일부터 시행한다

④ 조선형사령

한일강제병합 후 한국인도 형사에 관해서는 일제의 형사법 적용을 받았으나 「조선에 시행할 법령에 관한 건」에 근거를 두고 한국인에게만 적용되는 「조선형사령에 관한 건」이 1912년 3월에 제정되었다. 동령은 당시 총독부의 제령으로 되어 있었지만, 실질은 법률로서 한국 사법경찰사무의 근본법이었다.

동령에 의하면 사법경찰관을 조선총독부의 경무총장·경무부장·경시·경부 및 헌병 장교·준사관·하사의 4종이었고 경무총장은 범죄 수사에 있어 지방법원 검사와 동일한 직권을 가지게 했고 기타의 사법경찰관은 검사의 보좌로서 그 지휘를 받아 범죄를 수사할 수 있도록 했다. 1912년 7월에는 「사법경찰사무 및 영장집행에 관한 건」을 제정하여 순사와 헌병상등병도 사법경찰관의 직무를 행할 수 있도록 했다.

조선형사령이 공포된 지 6년이 지나면서 일제는 한국 내에서 경찰제도가 정비되고 민심이 점차 안정되어 각종 강력범죄가 소멸되었다는 명목으로 한국인에게만 적용되었던 동령을 법규의 통일을 기하기 위해 1917년 12월 일부 개정했으나 실제 운용에는 큰 차이가 없었다.

3) 보통경찰시대

(1) "대한독립만세"와 일제 헌병경찰제의 패퇴

일제의 위협적인 무단통치의 기둥역할을 하던 헌병경찰은 1910년 6월 한국 정부의 경찰권 박탈과 대체하여 세워져 10년을 끄는 동안 외면상 일반 일제의 한국 지배가 성공되어가는 것으로 보였는데 1919년 3월 1일 서울에서부터 시작된 온 겨레의 무저항운동인 "대한독립만세"의 우렁찬 메아리에 무참히 패퇴하여 표면적으로 그 자태를 감추게 되었다.

일제가 밖으로는 대한민국임시정부를 수립하게 했던 3·1 운동을 감추고 무사한 척 애썼으나 그 고민이 얼마나 컸던지 총독(장욕천)을 경질하고 신총독(재등)이 부임하자 종래의 무단통치를 형식상 "문화통치"라는 것으로 변경하여 회유책으로 나서기 시작하였다. 1919년 8월 20일 관제의 대개편을 단행하여 종래 현역 육·해군 대장만으로 임명하였던 총독의 자격을 폐지하고 육·해군을 통솔하여 조선을 방비한다는 것을 출병 요구권으로 바꾸었다. 또한 헌병 조례를 고쳐 치안 유지의 경찰 사무를 삭제하여 헌병이 맡았던 경찰 사무는 본연의 경찰로 이관하였다. 그리고 회유책 중에 하나로 초등학교 교사까지 착용했던 군대식 제복과 패검을 폐지하고 1920년에는 한국인에게만 가했던 태형을 폐지하였으며, 불평의 배출구로서 신문발행을 비로소 허락하는 등의 조치가 있었다.

(2) 보통경찰제의 채택

일제의 문화정치의 가장 상징적인 것은 법제상 "헌병경찰제"를 폐지하고 "보통경찰제"를 채택한 점이다. 그리고 일제의 회유책의 일환으로 종래 한국인에게만 적용되었던 「순사보」계급을 없애고 일률적으로 「순사」로 승급시켜 순사보의 명칭은 사라졌다. 이에 따라 「경부보」계급이 신설되었다.

① 총독부 경무국

종전의 경무총감부는 소위 총독부의 외청으로 따로 명령을 발할 수 있었는데 이번에는 내국으로 경무국을 두었으며, 과법에 경무총장이 내린 명령은 총독부령으로 간주하게 되었다. 그리고 경무국은 경무과·고등경찰과·보안과 및 위생과를 두었다.

② 경찰관강습소

총독부 외청으로 경찰관 강습소가 종전의 경찰관 연습소를 대신하여 세워졌다. 그러나 이곳은 대개 일본인 경찰관의 재교육이나 신규 채용자의 훈련에 사용되었으며 한국인 경찰관은 각도에서 담당하였다.

③ 도지사·제3국

각도의 경찰조직은 종전에는 헌병 대장이 겸하는 경무부장이 도의 외청 격으로 있어서 따로 부령을 낼 수 있었는데, 이번에는 도의 내국으로 제3국으로 개편되었으며 제3국의 분과는 경무국과 같은 4과제이나 그 관장사무는 경무과와 보안과가 경무국 같은 과의 관장과 다르다.

④ 경찰의 직무를 행하는 헌병 관서의 인수

무단통치 철폐원칙에 따라 "경찰서의 사무를 취급하는" 헌병분대와 분견소를 폐지하고 그 대신 1914년 8월 27일 자 부령 제127호「경찰부 및 경찰서의 명칭·위치 및 관할 구역표」를「경찰서의 명칭·위치 및 관할 구역표」로 개정하여 경기도의 고양경찰서 외 174개 경찰서로 바꾸었다.

4) 말기의 전시경찰제

1937년 7월 7일 일제는 제국주의 대륙정책으로 중일전쟁을 개시하였다. 이로써 한국은 다시 일본군이 통과하는 길의 역할과 함께 병점 기지로서의 중요성을 더해 일제 경찰은 그 단속을 전면적으로 강화하지 않을 수 없었다. 전쟁은 당초 소규모로 끝날 것을 기대했으나 장제스 정부의 타협없는 항일전으로 장기화되었다.

일제 경찰은 이에 대처하여 1937년에 한국인의 반일에 대한 사찰을 강화하고 또한 외국 간첩 단속을 위하여 수도를 포함한 경기도와 소·만국경의 함경북도에「외사경찰과」를 두었다. 그리고 소련을 가상의 적으로 공습에 대비하여 방공요원을 전국에 배치했는데 그 병력은 경부보 이하 55명이었다.

또한 1937년부터 국경 경찰이 더욱 강화되기 시작하는데 그것은 국경수비대가 전란으로 이동하면서 1939년까지 34회에 걸쳐 국경지대 경찰관서에 경시 1명, 경부 21명, 경부보 42명, 순사 1,030명을 증파하게 되었다. 다음 해인 1938년에는 11월에 총독부경무국 경무과에 「경제경찰계」를 신설하고 지방에는 경기도에는 「경제경찰과」, 기타 도에는 보안과 아래에 「경제경찰계」를 신설하였다. 이는 국방경제체제를 수립하기 위하여 종래의 자유 경제 체제의 필요성에 의한 것이었다.

1939년에 들어서는 방공의 중요성이 증대함에 따라 총독부 경찰국에 「방호과」를 설치하여 종래사무와 경무과에서 소관했던 소방 및 수방사무를 합쳐서 맡도록 하였다(이로써 경무국은 4과에서 5과로 늘었다.). 이와 대응해서 민간방호는 7월 3일에 부령 제104호로 「경방단규칙」을 제정하여 종래의 방호단과 소방조 및 수방단을 이에 통합하여 경찰서장의 지휘·감독을 받도록 했는데 이로써 전국에 결성된 경방단은 2,427개에 이르고 단원 수는 200,000여 명에 이르렀다.

1939년에 다시 국경 경찰을 제4차로 강화하였는데 이에는 경부 2명, 경부보 6명, 및 순사 145명이 증강되었고, 장비로는 강변 일대의 경찰서와 순사주재소에 망루·참호·엄호 등과 도로 등이 설치되고 기계총·수류탄·살탄개 및 탐조등 등이 지급되었다. 이에 앞서 이미 1935년 11월에는 육군 정찰기 2대가 양도되고, 1938년에는 신예 항공기 1대를 구입했다. 1940년에 들어서는 2월 3일 훈령 제5호로서 경무국 경무과에 소속되었던 경제경찰계를 「경제경찰과」로 승격시켜 이로써 경무국의 분과는 5과에서 6과제가 되었다.

3. 임시정부의 경찰조직

1) 초기의 경찰조직

정식정부가 아닌 해외에서 새운 임시정부의 경찰이란 영사 고권이 결여되기 때문에 법적인 효력을 가지지 못하는 것은 당연한 일이다. 더욱이 재판권이 망명지(엄격히 소재지)에 있기 때문에 사법경찰권이란 도저히 있을 수 없다. 그렇기 때문에 우리 임시정부의 경찰이란 사회단체의 감찰 기관의 성격을 벗어나지 못함은 더 말할 나위가 없다.

이러한 공연의 상황 가운데 우리 임시정부는 대한민국 원년(1919년) 11월「대한민국임시정부」를 제정하여 내무부에 경무국을 두고 경무국장하에 경호부장과 경호원을 두었다. 그리고 12월에는 연통제(지방 제도에 해당 엄격히 국내 각 지방의 연락제도)로 도에는 경무사(국 같은 것)를 두고 도와 각부·군에는 경감을 두어 경찰·위생 사무에 종사하게 하고 그 아래에 경호원을 두게 하였다.

(1) 내무총장

대한민국 원년(1919년) 9월의 통합 헌법에 의하면「임시 대통령은 국가를 대표하고 정무를 총괄하여 법률을 공포함」이라 되어 있고「대한민국임시관제」에 의하면 국무총리는「대통령 총괄하에서 국무원수반으로 행정사무의 통일을 지키고 유지함」이라 하여 한말의 의정부 의정 대신과 같은 규정이며 각 부 총장 급 노동국 총판의 명령이나 처분이 틀렸다고 인정됐을 때 이를 중지시킬 수 있다는 것이 타정부 조직의 상례이다.

경찰의 최고관청으로서의 내무총장에 대한 규정은「내무총장은 헌정주비, 의원선거, 지방자치경찰, 위생, 농상공무와 종교 자선에 관한 일체 사무를 통할함」이라 하여 경찰 위생에 관한 최고관청임을 규정하고 있다.

(2) 경무국 - 분국

① 경찰국

경찰의 최고관청인 내무총장의 보좌기구로서 내무부에 비서국, 지방국 및 농상공국(이것은 미개설)과 함께 경무국이 있는데 경무국의 소관 사무는 (1) 행정경찰 (2) 고등경찰 (3) 단서출판급 저작권 (4) 일체 위생에 관한 사항을 관장하는 것으로 규정하고 있는데 사법 경찰 사항이 없는 것은 적시 사법권이 임정 소재지로 말하면 프랑스 영사관 소관이고 더 넓게는 중국 정부나 기타 교포소재지에 있기 때문임이 자명한 것이다. 그리고 한국인은 국제법적으로 일본 국적이기 때문에 일본영사재판권에 속해 있는 것이다.

② 연통제(지방제)의 경찰 배치

임시정부는 본토가 비록 적에게 빼앗겼다 하더라도 지방 제도가 있어야 하고 임시정부의 연락과 선전 등에 종사할 기관과 또한 정부재정의 필요성에서 더욱 이것이 필요한 것이었다. 그리하여 1919년 7월 10일 상해 임시정부에서는 연통제를 국무령 제1호로 발포하였으며 이는 통합정부가 세워진 후 12월 1일에 교령 제2호로 개정되었다.

연통제는 전국 13도를 그대로 도로 정하고 도에는 지방장으로 독판(督辦)을 두어 보좌기구로는 비서실 · 내무사 · 재무사 · 교통사 및 경무사를 두도록 하였으며, 사장은 도참사로서 보하고 그 밑에 상서 · 경감 · 기수 및 통역을 두었다. 부 · 군에는 부장과 군감을 장으로 하여 참사 · 장서 · 경감을 두었다. 그러니까 독판과 부장 · 군감은 경찰관청이고 경감과 그 하급직으로 경호원이 경찰 위생 사무를 보좌 · 집행하는 것이다. 도의 경무사를 포함한 각사의 사무분업규정은 내무총장이 이를 정하도록 되어 있다.

연통제의 실질적 목적은 점령된 본국의 국민들에게 독립의식을 잊지 않게 하고 또한 독립운동자금을 염출하고 최종목적으로는 일대의 반항운동을 일으킬 수 있을까 하는 데 있다. 연통제와 함께 하급적 각부에 교통국, 각 면에 교통소를 두기로 하고 우선 국경 강변 일대에 이를 설치하였으며, 신의주 대변의 안동에서는 교통지부를 두어 국내와의 교통 · 통신 기관으로 삼았다. 그리고 내무부 특파원을 각지에 파견하여 특수연락사항을 전달하게 하고 각 지방 조사원을 두어서 지방 사정을 조사 · 파악하게 하였다. 연통제는 약 반년 동안에 경상남북도와 강원도를 제외한 10도에 조직되었는데 군감까지 임명된 곳은 함북 · 함남 · 평북 · 평남 · 황해 · 경기 · 충북의 7도였다.

2) 말기의 경찰조직

1926년 4월 「주 · 부주석제헌법」이 통과 · 시행되자, 5월 25일 정부조직이 개정되었다(이것은 다음 해 4월 11일에 추인안을 임시의정원에 제출하였다.). 이에 의하면 행정부의 최고기관으로 「국무위원회」가 있고 그 아래 각 부의 장관과 국무위원회 주석으로 구성되는 「행정관제회의」가 있으며, 행정 각 부에는 내무 · 외무 · 국무 · 법무 · 재무 · 문화 및 선전의 7부가 있고, 그 외에 위원회를 들 수 있다. 그리고 각 부에는 부장이 있고, 그 밑에 차장 · 비서 · 과장 및 과원의 직원을 두었으며 사무 분장을 위하여 「과」(국에 해당)와 특종위원회를 두었다. 경찰은 내무부에 속하며 내무부에 경찰과가 내국으로 경찰 사무를 보조하였다.

행정 각부의 장의 명칭은 초기에는 총장으로 불리던 것인데 국무령이 조각했을 때는 내무장이나 법무장이라고 했다가 주석제 헌법 때부터 「부장」으로 개칭하였었다. 그러다가 주·부주석제 헌법이 채용되면서 국무위원을 각부 부장이나 참모총장·검사원장보다 상급으로 하고 국무위원은 하급직을 겸할 수 있게 하였다. 그리하여 각 부의 부장은 원칙상 국무위원보다 하급이었다. 내무부장이 경찰의 최고관청임은 변동이 없었다. 내무부장은 헌정 주비·의원선거·지방시설·교통·농상공무·종교·진휼·규제 및 인민단체에 관한 일체 사무와 함께 경찰 위생에 관한 사무를 통할하도록 되어 있다.

4. 미군정 시대의 경찰제도

1) 2차대전 종전과 국내치안

연합국의 승리와 더불어 해방은 되었으나 점령군인 미군이 진주할 때까지 경찰권을 담당할 기구가 없어 치안은 공백 상태를 벗어나지 못했다. 미군이 정식으로 한국에 진주하게 된 것은 1945년 9월 9일이었다. 때문에 치안에 대한 공백 상태는 8월 15일부터 9월 9일까지 24일간이었다. 이 기간 동안의 국내치안은 주로 동·리 단위로 임의조직된 청년단체나 야경원 또는 치안대 등이 담당했으나 그것은 체계적이지 못하고, 질서있는 기구가 아니었으므로 무질서와 혼란 상태는 어쩔 수 없는 일이었다.

이와 같은 국내치안은 전국적인 조직이 없어 지역적이고 극히 부분적인 것이었고 주로 방범에 치중하였을 뿐이다. 이러한 상태는 미군이 진주하는 9월 9일까지 계속되었고 곧이어 군정이 시행되고 군정 경찰이 경찰권을 행사하게 될 때까지 이어져 나갔었다. 한편 해방이 되자 그 동안 한국에 군림하여 흡혈적인 역할을 자행하던 일본경찰은 하루아침에 방황하기 시작했다. 또한 어찌 되었던 일본경찰에 투신하여 그들의 수족으로서 활동했던 한국인 경찰관도 마찬가지였다.

해방된 직후 일경은 혼란과 무질서 그리고 혼돈상태 속에서 패전군을 무장경찰관으로 개편하여 각 경찰서에 수백 명씩 배치시켰다. 패전군인을 그처럼 대량으로 무장 경찰화시킨 이유는 두 가지로 구분된다. 그 하나는 미군 진주가 확정되면 보복이 두려워 피신하려는 속셈이었고, 그 둘째는 한국인들이 저지를지도 모르는 일본인에 대한 보복을 사전에 방지하기 위한 방책이었다. 즉 자국인에 대한 생명과 재산을 보호하는 데 있었다. 그러나 일경들은 그러한 미명 하에 온갖 간책을 꾀하여 우선 치안을 교란하고 형무소의 파괴를 시도하며, 각급 군부대와 군수공장에 산적된 군수품의 산매[10]자행 등으로 경제 혼란을 일삼았고 무기를 가진 것을 기회로 약육강식의 괴현상을 전국 도처에서 일으켰다.

8월 15일 해방과 더불어 일본경찰은 그날 밤 행정 기구 중 경찰기구의 파괴를 기획했었다. 그것은 일본의 한국에 대한 모든 식민지 정책의 시행 중추가 경찰이었고, 또한 정치적 탄압에 반대하는 일반 민중에 대한 억압의 증거가 바로 경찰에 있기 때문에 무엇보다도 먼저 일본경찰이 가지고 있던 중요 비밀문서의 처리가 급했기 때문이다. 따라서 그들은 중요 극비문서를 전부 소각시키는 한편, 그들의 지배와 우월감은 더욱더 고조되어 갔던 것이다.

이러한 상황은 일경과 한국인 경찰관 사이에 극심한 반일을 낳게 했으며 상호 간에 일촉즉발의 위기가 조성되기도 했었다. 그래도 한국인 경찰관들은 다시 찾은 조국의 치안을 위해 질서회복에 진력하려 했었으나 일반 민중의 생각이 그렇게 이해적인 것만은 아니었다. 한국인 경찰관을 무조건 「왜경의 앞잡이, 반역자」로 몰아 적대시하였으며 공분의 적으로 삼아 학정 하의 감정이 사감으로 변하여 구타·폭행·살해·방화 등을 자행하였기 때문에 한국인 경찰관들은 진퇴치욕에 빠져 버리고 말았었다. 때문에 그들은 우왕좌왕 혹은 산간으로 혹은 타향으로 피신하는가 하면 공포의 도가니 속에서 구명에 급급했었다. 항간에서는 「전직경찰관들은 친일·민족반역자라는 오명을 씌워 사문회에 회부하여 재판을 받게 된다.」는 풍문도 나돌았다. 그러나 그와 같은 상태에서도 일본경찰로부터의 사무인계·직장사수 등은 바로 우리의 할 일이라고 외치며 치안도 우리 손으로 해야 한다는 적극적인 투사도 없지 않아 있었다.

이러한 혼란스러운 분위기 속에서도 8월 17일에는 건국준비위원회가 조직되어 해방 직후의 혼돈을 수습하고 치안을 확보하기 위하여 경비대를 결성했었다. 이 경비대는 그 조직을 학생대와 청년단 및 경찰대로 한다고 했고, 조속한 시일 안에 정규 군대로 편성한다고 방송까지 했었으나 경찰관들은 별로 이에 호응치 않았었다. 다만 한국인 경찰 간부들은 정식정부가 수립될 때까지 경찰은 중립을 엄수하고 부과된 치안확보의 사명에 전력을 경주할 것을 결정한 바도 있었다. 그리하여 비록 나라 없는 경찰이지만 경찰은 자발적으로 치안 유지에 나서기 시작했었으며 일본경찰들이 잔존하고 있는 곳에서는 그들의 악질적 행위의 방지(무기은닉, 공금을 비롯

10) 산: 매 (散賣): 소매(小賣).

한 공유물의 횡령 등)와 경찰권의 회복에 노력하기 시작했다. 그러는 가운데 8월 18일까지에는 거의 한국인 경찰관의 손에 일경의 경찰권이 넘어오게 되었으며 일본인 경찰들을 전부 추방하였었다.

그러나 8월 18일 일경들은 상부의 명령이라는 이유로 또다시 일시적이나마 경찰 직무를 집행하기에 이르렀다. 그러자 그들은 패전국이라는 처지를 망각했음인지 전 일인 경찰에 한 계급 혹은 두 계급씩을 승진시켜 경부와 경부보가 범람했고 압수품을 횡령·매각하여 처분하는 등 실로 발악적인 행동을 마음대로 일삼았었다. 한편 전술한 것처럼 패전군인을 무장경찰관으로 개편시켜 1개 경찰서에 3－4백 명씩 배치하여 최후의 횡포를 이 땅에서 저지르고 있었다.

9월 9일 미군의 진주가 있자 남조선미군사령관 하지 중장과 일인 총독 아부신행(아베) 간에 항복조인식이 거행됨으로써 일경은 최종적으로 들어가게 되어 한국인 경찰관이 비로소 경찰 행위를 담당하게 되었던 것이다.

2) 미군정하의 경찰제도

(1) 군정 경찰권의 확립

군정시대의 과도기적인 치안을 위해 군정 경찰이 탄생되었다. 1945년 9월 7일 태평양 미육군 총사령부는 포고 제1호를 발포하여 직장을 이탈하였던 한국인 경찰관들도 항간의 잡음을 일축하고 대부분이 복귀하여 치안확보에 다시금 중요 역할을 담당하였던 것이다. 포고 제1호가 공포되자 모든 국가기능은 잠정적으로 다시 그 본래의 기능을 회복하게 되었다. 또한 9월 14일에는 군정장관 아놀드 소장이 성명서를 발표하여 기존 경찰기구의 행정적 이용과 경찰체제의 성격 및 그 기능을 명시했던 것이다.

① 경찰관 모집과 축출 및 부작용

전기 성명서 제2항에 따라 모든 사설 치안단체는 전국 해체되었고 사회질서확립의 임무는 오로지 한국인 경찰관의 손으로 넘어왔다. 그러나 극심한 병력의 부족을 느껴 자격 여하에 상관없이 대량의 신규 경찰의 채용이 있었다. 그러나 그 결과 경찰관으로서는 마땅치 않은 전과범이나 결격사유에 해당하는 사람들이 잠입하여 은신하게 되었다. 이러한 부작용은 곧 경찰의 약화와 더불어 민중으로부터 비난의 대상이 되었었다. 또한 단기의 훈련은 신규채용된 경찰관들에게 오히려 직권의 한계와 임무를 오인시키게 하여 직권남용의 결과를 초래했다. 따라서 경찰관의 자질은 급속도로 저하되었다. 또한 특채된 경찰 간부들은 민주주의를 이해하지 못하고 법령을 제대로 이해하지 못했다. 또한 사욕을 탐내 민중의 지탄을 받기도 했었다. 이러한 사실들은 경찰관의 위신과 체통을 크게 손상시켰다.

이와 같은 부작용으로 말미암아 비난의 소리가 높아지자 군정 당국은 불량경찰관의 도태를 단행하기에 이르렀다. 1945년 10월 1일을 전후하여 제1차로 민주주의 훈련이나 경찰관으로서의 교양이 부족하고 부정·불량한 경관들을 대열에서 제외시켜 버렸다. 그러는 한편 경찰관은 민중에게 군림하는 것이 아니고 친절히 봉사하는 것이며 사회의 공복이 돼야 한다는 민주 경찰로서의 교양을 주입시켜 나갔다.

② 치안확보를 위한 긴급조치

아놀드 군정장관의 성명에 따라 치안회복을 위한 일경 기구의 활용과 경찰권의 귀일, 경찰관의 무기 휴대, 체포 등 여러 기능이 경찰관에게 부여됐었으나 무엇보다도 중요한 것은 산지에 산재한 것이나 개인이 지니고 있는 무기·탄약의 회수와 폐기가 문제였다.

1945년 9월 26일 군정청 법령 제4호 일반 인민의 무장 해제와 전가의 보도[11] 혹은 역사적 유물인 무기 등 조항에 따라 일반인의 무장 해제와 검과 절복도 등을 회수하였다. 또한 9월 29일에는 법령 제5호로써 전기 법령 제3호를 개정하여 무기 또는 탄약·폭발물의 불법 소지를 금지하는 동시에 소지자들은 일정한 기한 내에 경찰관서에 보관시켰으므로 이와 같은 해결책은 다소나마 해방 후의 무질서한 혼란 상태를 누그러뜨리게 했다.

(2) 국립 경찰의 창설

해방 직후의 공백 상태에서 한국인 경찰관이 미군의 진주와 더불어 한동안 일본 경찰의 기존 기구를 활용하여 치안을 담당하였음은 일시적 방편에 지나지 않았다. 민주 경찰의 창립은 중요한 과정이었으며 조속한 시일 내에 그 실현을 갈구해오다 1945년 10월 21일 군정청에 경무국(Bureau of Police, The Police Bureau)을 창설하게 되었다. 이것이 곧 국립경찰의 발족이었다.

---

11) 집안 대대로 내려오는 보물과 같은 칼.

경무국의 부서는 관방 총무과 · 공안과 · 수사과 · 통신과로 되어 있고 지방에서는 각 도지사의 휘하에 경찰부장을 두며, 그 밑에 경무과 · 보안과 · 형사과 · 경제과 · 정보과 · 소방과(경기도에 한함) · 위생과 등 6과 내지는 7과를 설치하였다. 이날이 바로 국립경찰의 창립기념일로서 지금껏 기념되고 있는 터이다. 여기에서 말하는 국립경찰이란 진정한 의미에서의 우리나라의 국립경찰이 아니라 미군정 당국에서 흔히 쓰는 용어에 불과했었다. 다시 말해서 우리 국가가 유치 · 운영하는 경찰이 아니고 군정권에 근거를 두고 군정 당국이 유치 · 운영하는 군정 경찰이었던 것이다.

국립경찰이라는 용어를 쓰게 된 동기는 미국에 있어서의 주경찰 · 시경찰 등 지방자치단체가 유치 · 운영하는 경찰에 반해 연방경찰이 있던 국립경찰은 전국적인 의미를 내포하고 있기 때문이다.

국립경찰이란 이름으로 정식 발족된 우리나라 최초의 경찰은 비록 그것이 군정치령에 근거를 둔 군정 경찰의 성격을 다분히 띠고는 있었으나 운영 자체는 우리의 손으로 이룩되었다. 1945년 12월 27일 경무국 고문 W. H. 매클린 헌병대령이 서명한 「조선국립경찰의 조직에 관한 건」은 당시 군정 하의 국립경찰의 조직 편성을 일목요연하게 확인할 수가 있다.

이와 같은 조선국립경찰의 조직은 그 특징이 경찰행정권을 도지사의 권한으로부터 분리시켜 독립을 시켜 버린 것이다. 그리고 도지사나 시장은 다만 횡적인 연락에서 그치고 전국의 경찰지휘와 감독은 경무국장이 직접 담당하였으며 예산이나 인사 등 가장 중요한 사항마저도 지방 장관에게는 하등의 권한이 없게끔 조직된 것이었다. 다만 지방 장관은 경찰이 직무를 수행하기 위해 필요로 하는 사항에 한해 지원을 하여 주게끔 되어 있을 뿐이었다. 이러한 조직의 문제는 그 후 일반 행정관서와 경찰 간에 잡음을 낳았고 권한의 귀속 문제 같은 것으로 논란이 심했다.

한편 1945년 12월 10일에는 일본경찰의 기구에서 전적으로 벗어나는 「경찰관명 · 분장개정」을 하여 경찰 분차장과 경찰감찰관을 두기로 했으며 이와 거의 동시에 중앙의 경무국 조직 및 사무 분장과 각과 소관에 대한 직무를 규제한 「경무국 조직급 참모장교 직장에 관한 건」을 실시하였다. 이로 말미암아 경제경찰과 · 경비과 · 도서과 · 위생과 · 보안과 등을 폐지하고 소방과 · 인사과 · 범죄조사과 · 통신과 · 용도과 및 경리과를 신설하였다. 그러나 이와 같은 기구도 오래 가지 못하고 1946년에 가서는 자주 개폐하게 되었다.

3) 국립경찰의 발전

해방이 된 후 군정 경찰의 활동과 곧이어 창설된 국립경찰은 하나의 민주 경찰로서의 전환을 기원하면서 숱한 변천을 하여왔다. 그 변천은 제도상의 변천을 비롯한 경찰행정 전반에 걸친 변천이었다.

일본의 군국주의 경찰이 갑자기 민주주의 체제 아래의 민주 경찰에로의 전환은 여러 가지 면에서 쉬운 일은 아니었다. 때문에 많은 법령의 개폐로 전제도의 신제도화에 노력했었다. 그러나 그러한 가운데에서도 군정 경찰은 몇 가지 고유한 특징을 지니고 있었다. 때문에 많은 변천 과정을 거쳐 왔지만 다음의 몇 가지 기본원칙에서 벗어나지는 않았었다.

첫째, 군정 경찰은 한국인민을 해방하기 위한 경찰이었다는 점이다. 군정법령 제19호 제1조에 「미국군대는 조선 민중의 친우 및 보호자로 차지에 상륙하였다. 조선으로부터 일본군을 완전 차 영구히 축출하고 일본의 모든 군국주의, 국민주의적 관념을 일소하기로 공언한 목적을 위하여 온 것이다.」라고 명시된 것처럼 군정 경찰의 대목적은 바로 여기에 있었고 이것은 또한 중요한 특징의 하나였다. 이러한 목적과 임무 수행을 위해 군정 경찰은 법령 제10호에 의해 재한국 일본인의 등록을 명했고 일본 정부 육·해군 및 일본인의 재산을 봉쇄·단속하는 한편(법령 제2호 제4호 제33호) 많은 법령을 일시에 폐지했으며 그 밖의 일제 하의 모든 잔재를 없애는데 주력하였다.

둘째, 군정 경찰이 군사성을 띠고 있었음은 더 말할 나위도 없다. 바꿔 말하면 군정 경찰은 미점령군의 안전과 그 병력의 유치 및 군사행동의 성공에 협조하는 데에 그 임무가 있었다. 때문에 일반 인민의 무장 해제를 명하고 무기 탄약 및 폭탄물의 불법 소지를 단속하였으며(법령 제3호·제5호) 군정 위반에 대한 범죄(법령 제72호)를 따로 제정하여 특별한 엄벌을 규정 이를 단속한 것 등은 군정 경찰이 군사성을 띠고 있는 단적 표현인 것이었다.

셋째, 군정 경찰은 영구성을 가진 것이 아니며 임시적인 경찰이었다. 그것은 군정의 경찰행정이 일시적인 군사점령권에 근거하기 때문이다. 그러므로 군정 경찰은 그 조직 당시부터 그 해체를 전제로 한 경찰이었으며 장차의 독립된 한국에 인계할 것을 예정한 경찰이었다(1945년 9월 7일 태평양 미육군총사령부 포고 제1호). 때문에 군정 경찰은 일제의 식민지 경찰로부터 독립 국가의 독립경찰에로의 가교적 또는 과도적 경찰인 것이었다. 그러므로 이 시기에는 경찰의 제도·기구·조직·운영에 허다한 준비가 있었으며 그것은 곧 국립경찰을 탄생시키기 위한 모태 시대이었던 것이다.

넷째, 군정 경찰은 민주주의에 입각한 경찰임을 또한 특색으로 하고 있었다. 민중들은 오랫동안 일본인의 간악한 행위에 시달려 왔으므로 민주주의의 정치와 사회생활을 맞이함에 있어서 어리둥절했었다. 때문에 우선 경찰은 민중과 호흡을 같이하여 가며 봉사와 질서유지로써 민주주의에 앞장을 서야 했었다. 이러한 이유에서도 군정 경찰은 민주주의를 발양시키는 역할과 임무에 공복 정신으로 민중을 대해야 했다.

해방 이후 군정 경찰의 민주적 개혁은 이루 헤아릴 수 없으나 그 중요한 몇 가지만을 들면 ① 민중에 대한 협박과 위협의 도구이었던 대검 대신 불량배를 방어하고 선량한 시민을 보호하기 위한 경찰봉을 들게 했으며 ② 위압적이었던 휘장과 계급표시의 견장을 떼고 소형무궁화의 계급장을 옷깃에 달았으며 ③ 상상도 못 했던 여자 경찰을 신설하여 노약자나 부녀자 등의 특별한 보호에 임했고 ④ 경찰 명부 · 청에 공보실을 설치하여 경찰과 민중과의 이해 접촉을 조장 · 원활히 하는 한편 민중에 대한 처우를 개선 · 향상시켰고 ⑤ 경무총감부와 감찰서 등을 신설하여 감독과 감사의 기능을 확대함으로써 일반 경찰관사의 집무 처리 상황을 당시 감찰하였고 ⑥ 경제경찰을 폐지하고 위생경찰 · 소방경찰 · 검열경찰 · 풍속경찰 등의 사무를 대폭적으로 시 · 도에 이관하여 경찰 본래의 사무에 국한케 하였으며 ⑦ 경찰기관의 사법권 즉, 즉결권을 폐지하여 이를 사법당국에 이양하고 ⑧ 일경의 악폐였던 고문을 폐지한 것 등 이 모든 것은 외형적으로 나타난 가장 두드러진 민주 경찰로서의 개혁이었다.

다섯째, 군정 경찰은 대륙법계의 경찰에서 벗어나 민주주의적이고 현대가 요구하고 있는 영 · 미 법계 경찰로 전환했다는 것이다.

여섯째, 군정 경찰은 전투경찰로서의 특수한 성격을 지니고 있었다. 해방 직후 정권을 탈취하기 위해 좌익분자들은 수단을 가리지 않고 협박 · 공갈 · 살인 · 방화 등을 자행했다. 또 그들은 독특한 세포 조직으로 무지한 자들을 선동하여 폭동을 야기시켰으며 질서를 문란하게 했었다. 이에 경찰은 무력으로 이러한 도배들을 제압하지 않을 수 없었다. 따라서 군정 경찰은 자연 전투 경찰로서의 임무를 띠지 않으면 안 되었었다. 이리하여 군사훈련과 특수장비를 갖춰야만 했었다.

군정이 실시되면서 군정 경찰이 창립되었고 그 군정 경찰은 민주화라는 이념 하에서 나날이 변천 · 발전해 나갔으나 이때까지 열거한 원칙에서는 벗어나지 않은 채 발전을 기도하였다.

이러한 몇 가지 원칙상의 특징이 있었으나 그 가운데서도 가장 두드러진 것은 일경들이 공공연히 자행했던 고문을 폐지시킨 것은 인권 옹호상 매우 소중한 것이었다. 이 고문 폐지에 대한 문서상의 증거인 「경찰에 의한 구타에 관한 건」을 다음에 소개한다. 이 문서는 1948년 6월 4일부 당시의 경무부장이었던 조병옥 및 부장고문관 H. E. 에릭슨의 양자 명의로 예하 각 경무총감·각 관구청장 및 각 관구 공안장교에게 발송된 것이다.

4) 경찰업무의 일원화

군정 경찰은 그 발족 당시부터 민주 경찰로 전환하기 위한 제반 사항의 개선을 이룩해 왔었다. 일제의 압제적 경찰의 상징이었던 대검이 경찰봉으로 바뀌었고 위압적이었던 제복·제모는 미국경찰의 제복 양식으로 변경되었다. 이와 같이 외형적인 쇄신은 1945년 11월 8일에 있었으니 해방된 지 2개월여 만에 이룩되었던 것이다. 국화인 무궁화를 휘장으로 채택한 것이라든지 봉사와 질서란 흉장을 패용한 것 등은 실로 경찰의 면모를 새롭게 하는 동시에 일반 민중으로 하여금 새나라의 경찰이 무엇을 하는 것인가를 널리 알리게 된 외형상의 변화가 되었던 것이다.

그러한 외형상의 변화뿐만 아니라 업무도 내용적으로 상당한 변화를 가져왔다. 일경 시대에 경찰이 갖고 있던 많은 업무를 경찰 외의 타분야로 이관시키면서 경찰은 민주 경찰 본연의 업무만을 위급하게 되었던 것이다.

경찰의 임무가 국민의 생명과 재산의 보호에 있음은 말할 것도 없고 또 범죄의 예방과 질서의 유지에 임하고 있음은 민주국가의 경찰로서 당연한 일이다. 그러나 이와 같은 사명과 목표를 광범위하게 확대해석하면 국가의 전·행정 분야에 경찰력이 침투되고 경찰의 만능화가 되어 오히려 경찰국가로서의 형태가 이룩되는 우려가 있게 되는 것은 당연한 결과이다. 따라서 민주 경찰에서는 이와 같은 폐단을 사전에 방지하기 위하여 경찰의 소관 업무를 축소시켜 협의적인 봉사와 질서에 국한시키는 것이 무엇보다도 중요한 사안인 것이다.

이와 같은 관점에서 우리나라의 초기 경찰도 경찰이 갖고 있던 다음과 같은 많은 업무를 타기관에 이관시켰다.

(1) 위생업무의 이관

(2) 일제탄압법의 폐지와 사법권의 확립

(3) 경제경찰의 폐지 및 이관
(4) 검열 경찰과 출판 경찰의 이관
(5) 소방부 및 보방 위원회의 창립과 사무이관
(6) 기타 허가권의 이관 및 폐지
(7) 형사소송법의 개정
(8) 중앙경찰위원회의 설치
(9) 지문업무의 흡수
(10) 공보업무의 개시
(11) 감찰조직의 강화

5. 현대의 경찰[12)]

1) 치안국의 시대

1948년 8월 15일 대한민국 신생 정부인 제1공화국은 9월 13일 미군정으로부터 행정권을 완전히 인수하였다. 인수의 주체인 대한민국 정부의 조직은 7월 17일 대한민국 법률 제1호인 정부조직법을 근거로 하였다. 1946년 경찰은 국방사령부 등과 같이 경무부로 승격, 개편되었다. 하지만 1946년 이후 경무국에서 경무부로 승격했던 경찰이 1948년 정부조직법 상에서 내무부 산하에 있는 하나의 국으로 전락하게 된다. 이는 식민지 시대의 강력한 경찰 권력의 침해에 대한 국민적 반감과 함께 청산되지 않은 일본 관료 출신들이 정부조직법 제정에 참여하면서 일본 정부의 과거 행정조직을 모방하였기 때문이다. 경찰이 내무부로 속하면서 각 시·도의 경찰국도 이제는 시장 또는 도지사의 보조 기관이 되었다. 대한민국 정부 수립 후 경찰은 정부조직법에 의하여 내무부 소속 하에 치안국으로 설치되었는데, 그 근거는 대통령령 13호 내무부 직제이다. 정부 수립 후 최초의 치안국 기구는 일제 하의 경찰기구를 바탕으로 미군정 하의 경찰조직제도를 가미하여 만들어졌다. 일제 경찰의 경비과, 도서과, 위생과가 폐지되고, 미군정 당시 폐지되었던 경제경찰이 복원되었으며, 미군정 하의 치안국은 승계, 여경과·감식과는 승격되었다. 개편된 치안국은 1974년까지 유지됐다.

12) 김창윤. (2016), "해방 이후 범죄대응을 위한 경찰조직 변천에 관한 연구", 「한국범죄심리연구」, 12(4): 71−92. 바탕으로 재구성.

2) 치안본부 시대

1974년에는 광복절 기념행사 때 육영수 여사 저격 사건을 계기로 치안국이 치안본부로 격상돼 육군 중장이 치안본부장에 올랐다. 치안본부가 출범하던 시기인 1974년은 '긴급조치의 해'라고 불려도 좋을 만큼 정치 · 경제 · 사회 · 문화 등 모든 부문에서 정부는 국민 생활 전반을 통제했고, 긴급조치 1호와 4호가 해제된 1974년 8월 23일까지 우리 국민은 기본권이 심각하게 제한되는 새로운 경험을 하게 되었다.

대통령 부인 육영수 여사 서거 이후 긴급조치 1호와 4호가 해제되자 그동안 침묵하였던 개헌논의가 활발히 전개되고 사회 각계각층에서 반체제 운동이 나타나면서 정부와 국민의 갈등은 심화되어 갔다. 이 시기의 경찰은 정부의 안보치안 요구와 국민의 민주화 요구라는 양면적인 역할을 필요로 하였으며, 경찰의 기능 중에서 특히 정보 · 대공 · 경호 · 경비 등의 분야를 강조하였다. 치안국에서 치안본부로 격상되면서 치안본부장이 차관급으로 승격되고 내부적으로도 많은 조직변화가 있었으나, 조직 및 정원에 관한 근거법규가 통일되지 못하여 효율적인 조직관리가 힘들었다.

이 당시 치안본부는 조직 면에서 경찰의 중앙조직은 정부조직법에, 지방조직은 「지방자치법」과 「서울특별시 행정에 관한 특별조치법」, 그리고 일선 조직은 「지방자치법」에 그 근거가 각각 분산되어 있었고, 정원에 있어서도 내무부 직제를 비롯한 6개의 대통령령에 분산 규정되어 있어 정원관리상 복잡할 뿐 아니라 사무적으로 비능률적이었다. 또한 당시의 치안본부로의 출범은 기구개편 방향의 초점이 기존 조직을 세분화하고 제도를 보완하는 형식적인 개편에 머물렀고, 오래전부터 논의되어 오던 경찰 중립화 및 수사권 독립 차원의 개편이 되지 못한 데 그 한계가 있었다.

3) 경찰청 시대

1991년 7월 경찰조직은 또 한 번의 변화를 겪는다. 내무부 산하 치안본부에서 내무부 소속이지만 독립된 외청인 '경찰청'으로 거듭났다. 경찰청장은 차관급으로 치안본부장과 직급은 같지만 독립된 경찰조직의 수장이라는 점에서 위상은 더 높아졌다. 1991년 8월 경찰청이 정식 발족되며 김원환(金元煥) 치안총감이 초대 경찰청장에 임명됐다.

경찰 수장의 위상이 올라간 것은 아이러니하게도 경찰이 그 역할과 가치를 국민으로부터 인정받았다기보다는 오히려 그 반대 이유 때문이다. 1987년 1월 박종철 고문치사사건을 계기로 경찰 중립화를 요구하는 목소리가 커졌다. 당시 국민과 시민단체 그리고 경찰대 졸업생들도 경찰의 정치적 중립을 강력하게 요구했다. 그 결과 현재와 같이 독립된 외청으로 경찰청이 발족했고, 정치적 중립성을 띤 경찰위원회가 경찰행정에 관한 사항을 심의·의결하게 됐다.

경찰청 시대는 최초로 정치적 중립과 민주화를 위해서 경찰위원회제도를 도입했으며, 경찰청장과 지방청장을 관청화시켰다. 또한 경찰청장 임기제를 도입하여 경찰청장의 정치적 중립의무를 강화하였다. 경찰 수뇌부의 부정적인 사례가 있었지만 대부분의 경찰관은 군인, 검찰 등 유사직종보다 기본급이 군인보다 7~10%, 공안직보다는 3~5% 낮은 수준에서도 묵묵히 맡은 바 소임을 다했다.

4) 자치경찰의 실현

최근 우리나라에서는 진정한 지방자치를 위해 경찰권한의 분권화와 함께 지역특성에 적합한 치안서비스의 제공이 필요하다는 점에서 자치경찰제 전면 시행의 필요성이 꾸준히 제기되고 있으며, 더욱이 수사권 조정 시행과 함께 자치경찰제의 도입을 통해 비대해진 경찰권을 효율적으로 분산하여야 한다는 의견이 제기되고 있다.

한편, 지방행정과 치안행정의 연계성을 확보하여 지역주민의 치안수요에 적합한 다양한 치안서비스를 제공하고 지역실정에 맞는 주민밀착형 경찰서비스가 실현되어야 할 뿐만 아니라 현행 조직체계의 변화와 추가 소요비용 최소화를 통해 국민부담을 경감할 필요가 있다.

이러한 이유로 기존의 「경찰법」을 「국가경찰과 자치경찰의 조직 및 운영에 관한 법률」로 2020년 12월 22일 전부 개정하여 경찰사무를 국가경찰사무와 자치경찰사무로 나누고, 각 사무별 지휘·감독권자를 분산하며, 시·도자치경찰위원회가 자치경찰사무를 지휘·감독하도록 하는 등 자치경찰제 도입의 법적 근거를 마련함으로써, 경찰권 비대화의 우려를 해소하면서 지방행정과 치안행정의 연계성을 확보하여 주민 수요에 적합한 다양한 양질의 치안서비스를 제공하는 한편 국가전체의 치안역량을 효율적으로 강화할 수 있도록 하였다.

제2절

미국경찰

1. 일반현황[13)]

|표 2-1| 국가개요

국가명	미합중국(U. S. A.)	
수도	워싱턴(Washington, D.C)	
인구	약 3억 4,727만명	(2025)
인구구성	백인(61.6%), 흑인(12.4%), 아시아계(6.0%), 원주민(1.3%), 다인종(10.2%), 기타(8.4%) * Hispanic : 전체 인구의 18.7%	(2025)
종교	개신교(33%), 가톨릭(22%), 몰몬(1%), 유태교(2%), 이슬람(1%), 무교/기타(41%)	(2025)
면적	983만㎢(한반도의 약 45배)	
정부형태	연방공화국(대통령 중심제)	
의회구성	상 · 하 양원제 – 상원: 100석(임기 6년) – 하원: 435석(임기 2년)	
주요정당	– 공화당(Republican Party) – 민주당(Democratic Party)	
국내총생산(GDP)	29조 1,678억불	(2025)
1인당 GDP	8만 6,601불	(2025)
경제성장률(GDP기준)	2.8%	(2025)
교역	– 상품수출: 2조 832억불 – 상품수입: 3조 2,962억불	(2025)
수교일자	– 1882.5.22(조 · 미 우호통상항해조약 체결) – 1949.1. 1(미국, 대한민국 정부 공식 승인)	

13) 외교부 국가/지역 정보를 바탕으로 작성(http://www.mofa.go.kr/www/nation/m_3458/list.do).

교민현황	약 262만명	(2023)
인적교류	방한: 약 160만명 방미: 약 101만명	(2023)

※ 출처: 외교부 국가/지역 정보(http://www.mofa.go.kr)를 바탕으로 작성.

미합중국(美合衆國, United States of America)은 북아메리카 대륙에 위치하고 있으며 위로는 캐나다, 밑으로는 멕시코를 접하고 있는 나라이다. 50개의 주와 1개의 특별구로 이루어진 연방공화국 형태를 가지고 있으며, 대통령 중심제로 운영되고 있다. 국토 면적은 983만 ㎢로 한반도의 약 45배에 해당하는 면적을 가지고 있다. 1607년 영국이 제임스 강(James River) 연안에 식민지를 조성한 이래 영국의 식민통치 하에 있었으며, 1775년 영국과 미 식민지간 전쟁인 '독립혁명'이 발발하였다. 이후 1776년 7월 4일 토마스 제퍼슨(Thomas Jefferson)이 기초한 "독립선언(Declaration of Independence)"을 채택, 공표하였으며, 1783년 파리조약을 통해 독립이 승인되었다.

2025년 기준 미국의 인구수는 약 3억 4,727만명으로 집계되었다. 미국은 다양한 민족이나 인종의 이민이 이루어지고 있는 나라이며, 이들이 전체 주민의 대다수를 차지하고 있다고 해도 과언이 아닐 정도로 세계에서 손꼽히는 '다민족 사회'이자 '다문화 국가'이다. 실제 그 비율을 살펴보면 백인이 61.6%, 흑인 12.4%, 아시아계 6.0%, 원주민 1.3%, 다인종 10.2%, 기타 8.4% 순으로 인구가 구성되어 있다. 종교는 개신교 33%, 가톨릭 22%, 유태교 2%, 몰몬 1%, 이슬람 1% 순으로 비율을 차지하고 있다.

미국의 경제규모는 약 29조 1,678달러(2025년 기준)로, 세계 최대 경제대국이다. 미국의 경우 2025년 1인당 평균 소득이 8만 6,601달러로 OECD 가입국보다 높은 경제규모를 가지고 있다. 또한, 2025년 미국의 경제성장률은 2.8%를 기록했다.

미국은 연방제도를 채택하고 있는데 이는 권력 분배를 위해 헌법에 의해 연방 또는 중앙정부와 하위 정부들이 실질적인 통치권을 부여받아 운영된다. 따라서 연방정부와 주 정부는 독자적인 권력을 통해 운영되고, 이러한 근거는 헌법을 통해 구체적으로 또는 묵시적으로 인정하고 있다. 연방정부는 조약 체결, 전쟁 수행, 통상 증진, 영토 확보 등 고유한 권한을 보유하고, 주 정부는 주내 통상 규제, 선거 관리, 지자체 설립, 헌법수정 비준 등 연방정부가 침해할 수 없는 독자적 권력을 보유한다. 이러한 연방제도의 특징이 이후에 소개될 미국경찰의 특징에도 적용된다.

우리나라와 미국의 관계는 1882년 양국 간 수교 조약인 「조·미 우호통상항해조약」을 체결함으로써 시작되었다. 하지만 1905년 일본이 대한제국을 보호국으로 두고 식민 지배하게 되면서 미국과의 관계가 단절되었다가 1945년 광복과 1948년 대한민국 정부수립 등을 기점으로 양국관계가 복원되었다. 이후 1960년대 미국의 경제적 지원과 한국의 근대화를 위한 시기를 거쳐 1970년대에는 한국의 경제적 도약과 한·미 연합방위체제를 공고화하는 시기였다. 이어 1980년대 우리나라의 국력신장과 이에 따른 미국의 안보역할이 증대된 시기, 1990년대에는 우리나라의 민주주의 정착과 함께 한·미 관계가 성숙한 동맹으로 발전된 시기로 파악된다. 오늘의 한·미 관계는 21세기 한·미 포괄적 전략동맹의 심화와 발전의 시기로 특히, 우리 정부는 한·미동맹을 21세기 포괄적 전략동맹으로 심화·발전시켜 나가기 위한 적극적 노력을 경주해 오고 있다.

UNODC(United Nations Office on Drugs and Crime, 유엔마약범죄사무소)의 자료에 따르면 2023년 미국의 살인범죄 발생률은 100,000명당 5.76명으로 나타났고, 2022년 미국의 폭력범죄 발생률은 100,000명당 280.59명, 2022년 미국의 성범죄 발생률은 100,000명당 41.82명으로 나타났다.[14] 2022년 기준 미국의 총 경찰관 수는 720,652명인 것으로 파악되었고, 경찰관 1인당 담당 국민의 수는 약 470여명 수준인 것으로 확인되었다.[15]

미국의 범죄발생 추세(한국 형사정책 연구원, 2019)는 지표범죄(Crime index offence)에 포함된 7가지 유형의 주요범죄[16]를 기초로 파악된다. 2005년 이후 최근 10년간 미국의 범죄발생률 추세는 <표 2-2>와 같다. 미국의 범죄 발생률은 2005년 인구 10만 명당 3,901건으로 이후 범죄율이 지속적으로 감소하고 있다. 2005년 인구 10만 명당 범죄 발생건수를 기준으로 2018년에는 65.8%로 나타나 34.2%가 감소한 것을 확인할 수 있다(박준휘 외, 2019).

미국에서 1990년대 이후 범죄가 지속적으로 감소하는 현상을 설명하는 원인은 다양하게 제시되고 있다. 대표적으로 구금형 처벌 강화, 경찰 인력 증가와 치안 활동 강화, 범죄예방 기법의 발전, 실업률 감소와 경제 상황의 호전, 낙태의 합법화, 주류소비의 감소, 남성청년인구의 감소와 노령인구의 증가, 사회통제체계의 진화로 볼 수 있다(박준휘 외, 2019).

---

14) https://dataunodc.un.org/. 미국의 범죄발생률에서 성범죄는 강간에만 한정된 자료를 인용하였다.
15) https://www.statista.com/statistics/191694/.
16) 지표범죄 중 전국적 통계자료가 없는 방화를 제외한, 살인, 강간, 강도, 상해, 불법침입, 차량절도, 절도죄를 뜻한다. 교통관련 범죄는 포함되지 않는다.

|표 2-2| 미국의 범죄발생건수 및 발생률(2005~2018)

연 도	발생건수	발생률	인구 10만 명당 발생건수 증감률
2005	11,565,499	3,901	100
2006	11,454,724	3,826	98.1
2007	11,305,182	3,748	96.1
2008	11,168,613	3,673	94.2
2009	10,662,956	3,473	89.0
2010	10,363,873	3,350	85.9
2011	10,258,748	3,292	84.4
2012	10,219,049	3,256	83.5
2013	9,820,190	3,103	79.5
2014	9,362,032	2,936	75.3
2015	9,223,425	2,874	73.7
2016	9,178,692	2,838	72.8
2017	8,930,905	2,747	70.4
2018	8,402,881	2,568	65.8

※ 출처: 박준휘 외, 2019.

2. 미국경찰의 역사

미국의 개관에서 설명한 대로 미국은 권력의 분배를 위해 헌법에 의해 권한을 위임받은 연방정부와 주정부가 실질적인 통치권을 행사하고 있다. 이러한 특징으로 말미암아 미국의 경찰제도 역시 건국 초기에 영국의 영향을 많이 받아 사회질서 및 안녕을 유지하고 범죄 수사를 통한 범죄자 체포에 중점을 두었다. 동시에 연방제도를 채택하고 있는 헌법의 명시적 또는 묵시적으로 경찰권을 미국의 각 주에 유보하는 권한으로 인정하고 있다.

미국은 기본적으로 영국의 지방자치경찰제도를 차용하였기 때문에 경찰제도가 영국전통을 이어받아 극도로 지방분권화된 경찰조직으로 운영되었다. 식민지 시대에는 보안관(sheriff), 치안관(constable) 등이 치안을 담당했는데 이들은 주로 시(city)와 읍(town)의 치안을 담당했다. 당시에는 치안인력이 부족했고, 치안을 담당한 사람들의 부패문제로 인해 경찰 활동의 질적 낙후가 문제시되었다(신현기, 2006).

1830년대 미국의 도시화, 산업화 등으로 인플레이션 문제, 실업 문제 등을 경험하고 아울러 이민자 증가로 인한 이민자 충돌의 문제도 생겨났다. 이러한 사회적 문제들은 치안의 필요성을 대두시켰고 미국의 많은 대도시에 현대적인 경찰이 등장하기 시작하는 배경이 되었다. 1845년 뉴욕시를 시작으로, 시카고, 뉴올리언스와 신시내티, 볼티모어 등의 지역에서 기존의 경찰조직을 개혁하여 새로운 경찰조직을 설립했다. 초기에는 무장 없이 근무하는 방식으로 경찰 활동이 이루어졌지만, 이후 점차 무장한 경찰 활동으로 변화해 갔다(윤호연, 2013).

20세기에 들어서면서 미국경찰은 1931년 워커샌 위원회(Wickershan Commission)의 책임자였던 어거스트 볼머(August Vollmer)를 중심으로 직업경찰제도가 확립하는 발전이 이루어져 경찰관의 전문화가 추진되기 시작했다. 또한 워커샌 위원회(Wickershan Commassion)를 통해 미국은 신임 경찰관을 선발하기 위한 엄격한 기준을 선정하고, 선발한 신임경찰관들에 대한 정규 교육과 훈련 프로그램을 실시하였고, 통신장비를 통해 신속하고, 효율적인 협조업무를 가능하게 하고자 하였다. 또한 엄격한 상하명령체계의 경찰조직을 구축하여 조직적인 경찰 활동을 실현하기 위해 노력하였다(신현기, 2006a).

1960년대에는 미국 사회에서 사회적 이슈들이 발생하였다. 베트남 전쟁에 대한 수많은 반전시위와 마틴 루터 킹(Martin Luther King) 목사를 중심으로 하는 인종차별에 대한 흑인들의 인권운동이 미국 사회를 혼란에 빠지게 했다. 이러한 사회적 혼란 속에서 특히 흑인 인권운동의 진압 과정에서 미국경찰은 가혹행위 등으로 인해 흑인들의 불신을 사게 되었다. 1967년 사회 혼란을 안정시키기 위해 존슨(Johnson) 대통령은 '법집행과 사법행정에 대한 대통령 직속의 특별위원회'를 구성하였다. 이 위원회를 통해 앞서 인종차별 인권운동에서 발생한 경찰과 흑인 사이의 갈등을 개선하고자 하였고, 시민들이 경찰 활동에 참여할 수 있는 기회를 만들어냈으며, 보다 전문화된 경찰관을 채용하기 위해 교육 수준이 높은 인적 자원을 끌어들일 수 있도록 급여인상, 근무조건 개선 등 유인책을 고안하며 경찰의 전문화를 위해 노력하였다(김형만 외, 2007).

1970년대에 들어서면서 범죄투사적 역할을 맡아 오던 경찰 활동이 지역사회 중심의 경찰 활동으로 변화하게 되는 움직임이 시작되었다. 기존의 경찰 활동에 대한 한계점이 제기되기 시작했는데, 경찰 인력을 증가시키고 범죄에 신속하게 대응했음에도 불구하고 확실한 범죄율 감소 효과를 확인하기 어려웠기 때문이다. 따라서 기존의 전반적인 경찰 활동에 대한 재검토가 이루어지면서 지역사회 중심 경찰 활동(community-oriented policing), 문제 지향적 경찰 활동(problem-oriented policing) 등의 경찰 활동의 혁신을 요구하는 노력이 개진되어 오늘에 이르고 있다(이성용 외, 2015). 이를 통해 미국경찰은 범죄예방을 위해 지역주민들과 협력하는 치안정책을 채택하여 실행하면서 지역사회를 기반으로 한 경찰 활동이 늘어났으며, 이러한 정책은 지역주민들의 경찰관에 대한 인식을 법집행관이 아닌 대민봉사관으로 전환시키는데 기여했다(윤호연, 2013).

3. 미국경찰의 조직과 구조

미국의 경찰제도는 영국의 경찰제도를 바탕으로 구성된 것이지만 실제 오늘날의 미국경찰 조직은 연방 단위, 주 단위, 지방 단위 등 다양한 행정구역 단위에서 각 지역의 특성을 반영하여 경찰조직과 그 구성을 다르게 하고 있다. Police라는 명칭을 포함한 조직이 각 행정구역 단위에 따라 널리 분포되어 있을 뿐만 아니라, 굳이 Police라는 명칭이 포함되지 않더라도 실질적인 경찰 활동을 실시하고 있는 법집행기관이 여러 유형으로 설치되어 있는 것이 특징이다. 연방 단위, 주 단위, 지방 단위 외에도 특별구역에서도 경찰이 운영되고 있는데, 이러한 종류로 공립학교경찰, 철도경찰, 대학 경찰 등 행정구역 단위 밖에서 업무하고 있는 경찰도 존재한다. 따라서 미국의 경찰조직을 단지 몇몇의 특성으로 일괄적으로 이해하는 것은 사실상 어렵기 때문에 각 행정구역 단위에 설치되어 있는 경찰조직과 특별구역에서 경찰 등을 통해 미국경찰 조직의 모습을 일정 부분 가늠할 수 있다.

|표 2-3| 미국경찰 기관의 구성

정부기관 (Goverment Agencies)	연방 (Federal)	연방법집행기관(Federal Law Enforcement Agencies)
		군법집행기관(Military Law Enforcement Agencies)
	주 (State)	주경찰(State Police)
		수사국(Bureaus of Investigation)
	지방 (Local)	자치경찰(Municipal Police)
		카운티경찰(County Police)
		카운티셰리(County Sheriffs)
	특별구역경찰 (Special District Police)	공립학교경찰(Public Schools Police)
		철도경찰(Transit Police)
		대학경찰(College and University Police)

※ 출처: 최종술, 2019에서 재인용.

미국경찰은 대단히 복잡하다는 특징을 가지고 있다. 첫째, 미국의 경찰조직은 고도로 지방분권화 되어 운영된다는 점이다. 원래 지방자치제에 토대를 두고 발전되어 나오면서 경찰 역시 자치경찰을 중심으로 발달되어 오늘에 이르고 있다. 이러한 경찰문화 속에서 경찰관들끼리도 상호 독립적인 모습을 보여주고 있다. 둘째, 미국의 경찰조직을 종적으로 보면 연방수사기관, 주 경찰, 지방(시, 군) 경찰로 구분되는 듯하지만 실질적으로는 매우 다른 특징을 보여 준다. 즉 한국의 경찰과 같이 경찰청을 정점으로 파출소까지 일사분란하게 명령하달에 의해 운영되는 조직이 아니라 독립적으로 운영된다는 점이다. 따라서 각 지방경찰서들이 경찰의 인사권도 자체적으로 가지고 있으며 심지어는 수사에서도 지방 경찰이 자체적으로 권한을 유지하고 있다(최진욱 · 양현호, 2015: 36).

1) 연방기관 혹은 연방수사기관

(1) 개설

연방경찰은 각 부처에 소속된 법집행기관을 말하며, 법무부에 연방범죄수사국(FBI)과 마약단속국(DEA), 형사국(CD), 재무부에 국세청과 알콜·담배·무기국(ATF) 등 여러 기관이 있다. 그 밖에도 재무부, 내무부, 교통부 등에도 경찰의 역할을 담당하는 조직들이 산재해 있다.

2001년 발생한 9·11테러사건을 계기로 연방 경찰기관에 산재해 있던 대테러기능을 통합하여 효과적으로 대응하기 위해 2003년 3월에 발족된 국토안보부(DHS: Department of Homeland Security)가 있다.

이 가운데서도 최근 미국 연방경찰의 가장 큰 변화는 국토안보부의 창설이라고 할 수 있는데, 2001년 9·11테러사건을 계기로 국가위기 상황 발생 및 대테러 등 전방위 국난 대처를 위해 국토안보법을 2002년 11월 25일에 제정하였고, 이 법에 의거하여 국토안보부가 창설된 것이다. 국토안보부는 22개 부서를 흡수하여 통합 운영되며, 17만 명의 직원이 근무한다. 국토안보부는 구체적으로 정보수집과 경고, 국경 및 수송 안전, 국내의 테러방지활동, 주요시설 및 자원 보호, 테러로 인한 대참사 억제, 위급상황에 대한 대비 및 대응의 업무를 수행한다.

(2) 종류

① 법무부(Department of Justice)

- 연방범죄수사국(Federal Bureau of Investigation: FBI)
- 연방검찰청(United States Attorney's Office)
- 연방보안관실(United States Marshals Service)
- 형사국(Criminal Division)
- 마약단속국(Drug Enforcement Administration: DEA)
- 법무교육국(Office of Justice Programs': OJP's)
- 국제형사경찰기구 중앙사무국(United States National Central Bureau of INTERPOL)
- 지역치안사무국(Office of Community Oriented Policing Services: COPS)

|그림 2-1| 미 법무부의 조직도

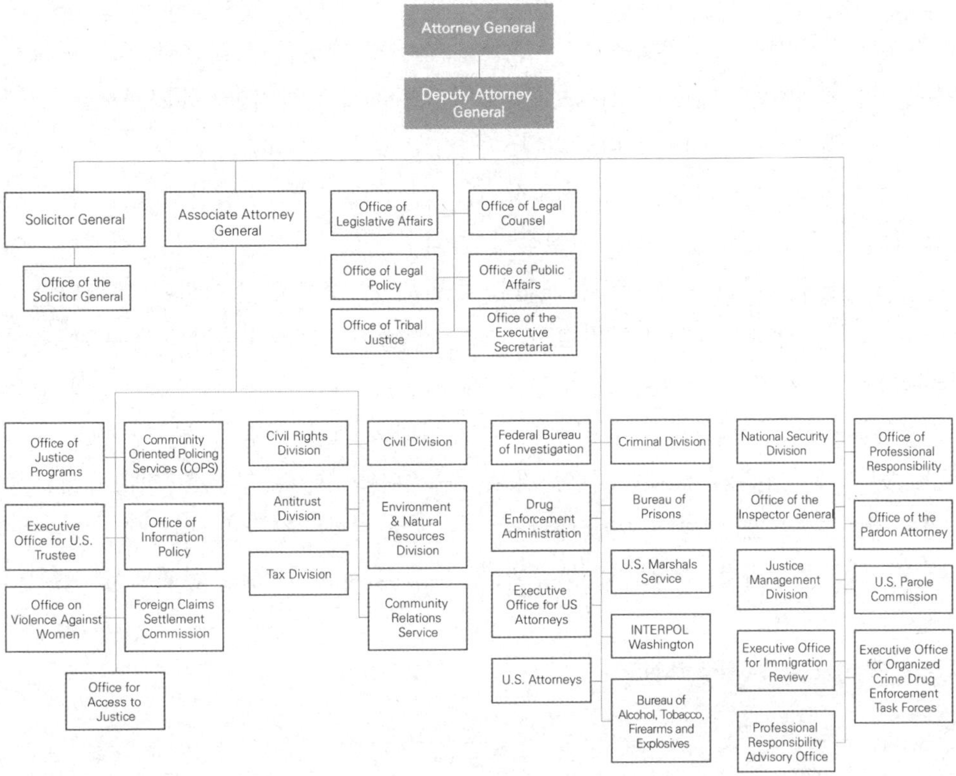

※ 출처: 미 법무부 홈페이지(http://www.usdoj.gov/dojorg.htm).

법무부의 여러 기관 중 연방범죄수사국(Federal Bureau of Investigation: FBI)에 대해 간략히 소개하자면, 1908년 법무부 검찰국으로 발족하여 1935년 연방수사국으로 개칭 후 제2차 세계대전 당시 방첩 분야에서 크게 활약하며 종합 국가안보 기관으로 성장하였다.

정보 기반으로 움직이며, 잠재 위협에 집중하는 국가안보 기관으로, 정보기관과 법집행기관의 역할을 병행하고 있다. 미국의 여러 연방 법집행기관 중 하나로, 자국 및 세계에서 포착되는 국가안보의 중대한 위협에 대응하기 위해 활동한다. 국가안보의 유지와 타수사기관의 수사 공백 방지를 위해 존재하며 단순 광역 수사기구를 초월한다는 특징이 있다.

FBI는 국가안보사건에는 막강한 권한을 부여하지만, 일반사건에는 개입할 수 없다. 테러·간첩 등 국가안보 사범에 대해서는 사실상 제한 없이 수사권을 행사하나, 국내 범죄와 관련해서는 연방법 위반 사범 조사에만 한정된다. 특히 죄종별로 구분된 연방 각 부처 소속의 수사기관에 개입이 불가능하다는 것이 특징이다. 따라서 주경찰의 요청이 있지 않는 한 주경찰 사건에도 개입하지 않는다. 국가안보사범을 수사할 경우에는 대내 방첩정보를 자체적으로 수집하지만, 해외정보는 미국의 정보기관으로 알려진 CIA가 담당한다.

CIA는 미국의 안전과 관련된 중요정보를 외국으로부터 수집하고 분석하는 것을 주요 업무로 하고 있고, FBI는 실질적인 범죄수사기관이라는 점이 가장 큰 차이점이다. FBI는 우리나라 경찰청과는 달리 경찰을 총 지휘하는 기관이 아니다.

FBI는 대형 과학수사연구소가 있어, 지방 경찰이 기술이나 장비 부족으로 하기 어려운 범죄증거에 대한 분석을 무료로 제공하고 있다. 또한 지방경찰관의 교육과 훈련을 받을 수 있는 기회를 제공한다. FBI 이외의 다른 연방기관들과 서로 수사업무가 중복되는 경우가 존재하지만, 서로 공동수사와 단속 작전을 진행하게 된다.

업무 범위는 크게 연방법 위반사건 수사, 공안 정보수집, 연방법 또는 대통령 명령에 근거한 특수임무 수행으로 분류된다. 특히 수사는 다음의 범위에서 진행된다.

|그림 2-2| 연방범죄수사국 조직도

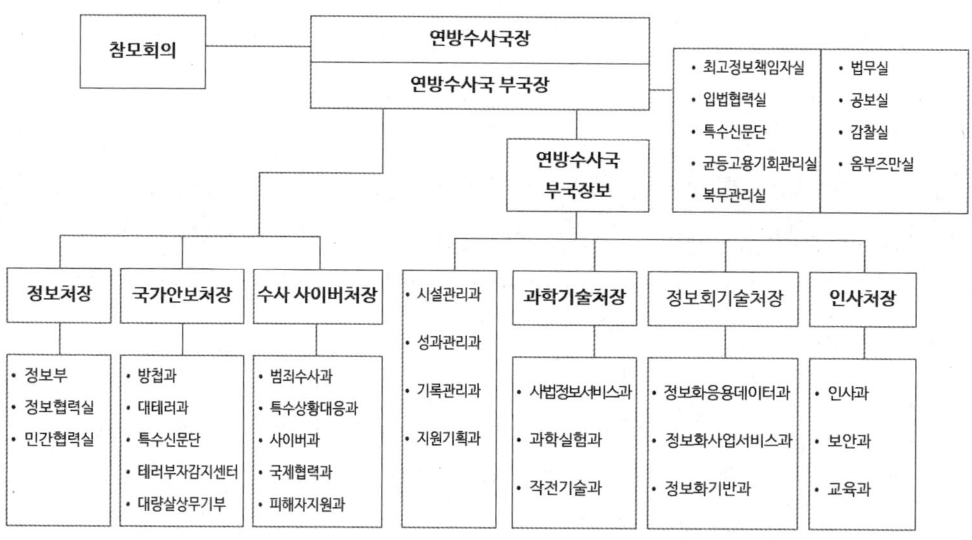

① 테러
② 방첩
③ 사이버범죄 및 고도기술범죄
④ 공공비리
⑤ 국민권익보호
⑥ 국제 · 국내조직범죄
⑦ 지능범죄 · 경제범죄
⑧ 주요폭력범죄

② 재무부(Department of Treasury)

- 알콜 · 담배 · 무기국(Bureau of Alcohol, Tobacco, Firearms: ATF)
- 국세청(Internal Revenue Service: IRS)

③ 내무부(Department of Interior)

- 개간국(Bureau of Reclamation)
- 동물보호국(U.S.Fish and Wildlife Services)
- 국립공원국(공원경찰; U.S. National Park Police)
- 토지관리국(Bureau of Land Management)
- 인디언보호국(Bureau of Indian Affairs)

④ 교통부(Department of Transportation)

- 연방항공국(Federal Aviation Administration: FAA)
- 연방도로국(Federal Highway Administration: FHA)
- 교통안전국(National Highway Traffic Safety Administration: NHTSA)

⑤ 국토안보부(Department of Homeland Security: DHS)

국토안보부는 2001년 9 · 11테러사건을 계기로 그동안 연방경찰기관에 중복적으로 산재해 있던 대테러기능을 통합하여 효과적으로 대응하기 위해 2003년 3월 정식으로 발족된 연방 행정부의 제1부로서 그 1차적 임무는 미국을 대상으로 하는 국내외의 테러공격을 예방하고 국민을 보호하는 것이다. 이 같은 임무 수행을 위해 국토안보부는 기존의 22개 연방기관을 흡수 통합하여 유사시 효율적으로 대처하도록 운영하고 있다.

국토안보부는 국경교통안전국, 긴급구호국, 과학기술국, 정보분석 및 기간시설보호국, 총무국 등 총 5개의 국(Division)으로 구성되어 있다.

9·11테러 이후 미국의 대테러정책은 점점 강화되고 있으며, 이에 따라 국토안보부의 위상은 더 높아지고 있다. 더 나아가 미국 상·하원은 2004년 12월 미국의 15개 정보기관을 지휘·감독하는 국가정보국장(Director of National Intelligence: DNI) 신설을 골자로 하는 정보개혁법안을 통과시켰다. 이 법안은 9·11테러진상조사위원회의 권고에 따라 9·11테러 당시 취약점이 노출된 미국의 정보수집분석 활동을 보완하기 위한 개혁 방안을 담고 있다(최응렬, 2005).

|표 2-4| 국토안보부 조직 구성

조직	업무
국경교통안전국(BTS) (Border and Transportation Security directorate)	주요한 국경의 검문과 교통업무 담당
긴급구호국(EPR) (Emergency Preparedness and Response directorate)	국내의 재해에 대한 구호훈련을 감독하고 정부의 재해대응을 협력하는 업무 담당
과학기술국(S & T) (Science and Technology directorate)	국가 안전을 위한 모든 과학적·기술적 발전의 이용을 모색
정보분석 및 기간시설보호국(IAIP) (Information Analysis and Infrastructure Protection directorate)	타기관으로부터 온 국토안전 위협관련 정보 분석 및 국가의 기간시설의 위험평가
총무국(Management directorate)	예산 및 총무업무, 인사문제 담당

※ 출처: 미 국토안보부 홈페이지(https://www.dhs.gov).

|그림 2-3| 미 국토안보부의 조직도

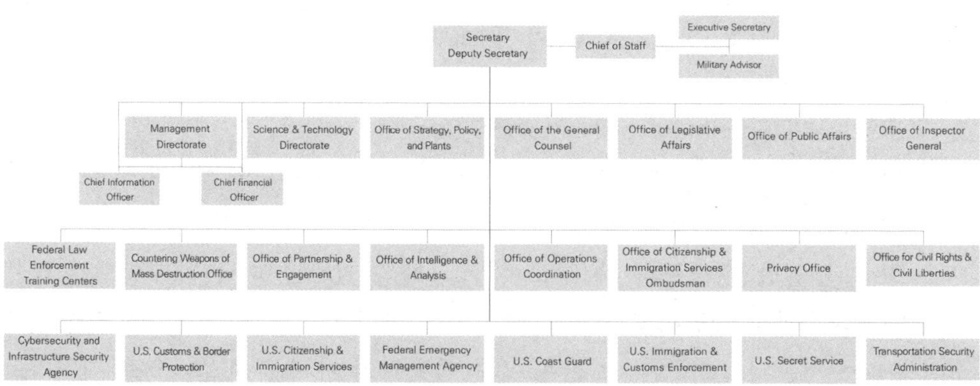

2) 주경찰

주경찰은 주민의 생명·신체·재산 보호와 치안 유지, 범죄 수사, 교통경찰과 같은 폭넓은 일반적 경찰권을 행사하며 주 전역에 일선 기관을 가지고 있는 주경찰국 형태, 고속도로 순찰을 주임무로 하는 순찰대 형태, 일반 경찰권과 여러 법집행기관의 임무를 종합·조정하는 형태의 주경찰청으로 분류할 수 있다.

이러한 주 단위 경찰 기관들은 각 주마다 명칭과 조직, 임무를 달리하고 있다. 어떠한 주의 경우 주경찰의 형식으로 조직을 설치하기도 하고, 또 다른 주는 공공안전부(Department of Public Safety)의 형태로 편성하기도 한다. 또한 고속도로 순찰대를 두고 있는 경우도 있고, 2개 이상의 기관들이 있는 곳도 존재한다(이성용 외, 2005).

(1) 주경찰국(State Police)

주경찰국은 일반적으로 주민의 생명, 신체, 재산의 보호와 치안 유지, 범죄 수사, 교통경찰과 같이 폭넓은 일반적 경찰권을 갖고 주 전역에 걸쳐 법집행을 한다.

(2) 고속도로순찰대(Highway Patrol)

고속도로순찰대는 주 전역에 있는 고속도로에서 주로 과속 등 교통단속을 펼치지만, 때로는 단순한 교통법규위반 이외의 범죄행위에 대해서도 수사 및 체포를 한다.

(3) 공공안전부(Department of Public Safety)

공공안전부는 제복경찰관, 사복수사관, 및 일반직으로 구성되어 있는데 일반적으로 제한된 경찰권을 갖는 고속도로순찰대를 설치한 주에 공공안전부를 설치한 경우가 많다. 대표적인 경우가 텍사스주 공공안전부라 하겠다.

(4) 기타

기타 자동차국, 마약단속국, 주류국, 수렵감시관, 노동감독관, 소방국, 경마국 등의 주경찰기관이 있다.

3) 지방경찰

|표 2-5| 미국 지방경찰의 종류

단 위	명 칭	임 무	형 태	선출방식	임기·기타
County	The County Sheriff	카운티의 주 경찰기관, 질서유지에서 법정명령 수행까지 종합치안기능	1명의 보안관이 필요에 따라 수명의 보조자(deputies)를 임명하여 운영	보안관은 주민 직선, 보조자들은 보안관이 임명	임기 2·4년
	The County Police	종합적 경찰기능 수행	경찰청장이 지휘하는 조직체	경찰청장은 군수나 지방검사가 임명	주로 city와 county 정부가 병합된 지역에 설치
	Coroner, Medical Examiner	사인조사, 규명, 사체처리	Coroner 또는 Medical Examiner가 필요직원 고용, 운영	주민 선출	coroner는 자격필요가 없으나, M.E.는 법과학 자격 필요
Township	Township Police	제한된 행정경찰기능	소수의 경찰관, 지역거주	township정부에서 임명	자체경찰운영하는 township이 많지 않음
	Constable	치안유지, 법원업무보조, 세금징수, 영장집행, 죄인호송	Constable이 보조자를 수명 임명, 운영	주민선출	동부, 남부, 서부의 20개 주의 Township에서 운영
Municipality	City Police, Town Police	종합 치안업무	2~3인 경찰서에서 3만명 이상 조직체까지 다양	주로 시장이나 읍장이 임명, 곳에 따라 시의회의 동의 얻음	가장 종류가 많고 복잡 다양한 형태
Special-District	공원경찰 의회경찰 대학경찰 학교경찰 등 공공기관	구역내 경비, 방범, 응급대처 등 기본 경찰업무	수명에서 천여명 조직체까지 다양	구역의 책임자 또는 관리위원회에서 임명	구역내에서 법적 관할권과 사법권 보유

※ 출처: 이경은, 1998.

미국에서 대부분의 치안 업무는 지방 경찰에 의해 처리된다. 미국에서 전체 경찰 예산 중 65%가량은 지방 경찰에 의해 사용되고, 전체 경찰 중에서 지방 경찰이 차지하는 비율이 80%가 되는 것으로 보아도 지방 경찰에 의해 주도되는 것을 알 수 있다. 일반적으로 범죄예방 순찰과 신고 출동 및 사건 수사 등 시민과 직접 접촉하는 경찰 활동을 기준으로 볼 때 미국에서 가장 중심적인 경찰 주력은 지방 경찰이다. <표 2-5>와 같이 미국의 지방 경찰은 다양한 형태로 구분되는 것을 볼 수 있다. 미국의 주경찰은 지방 경찰 조직에 관여할 수 없고, 해당 지역의 경찰장의 요청이 있는 경우에만 개입할 수 있다(신현기a, 2006).

지방 경찰은 경찰서장이나 카운티 보안관은 최고의 지방 경찰 책임자에 해당한다. 책임자 밑으로 부서장이나 부보안관이 존재하고, 우리나라 경찰과 마찬가지로 군대식의 계급제도 도입하여 계급에 따른 명령체계를 형성하고 있다. 대령(colonel), 소령(major), 대위(captain), 소위(lieutenant), 상사(sergeant), 병장(corporal), 순경(officer dor deputy) 등과 같이 군대식 계급을 사용하고 있다.

(1) 군경찰(County Sheriff)

1개의 주는 여러 행정구역으로 나누어지는데 그것이 바로 군(County)이 존재한다. 보편적으로 군(County) 안에 여러 시(City)가 존재한다. 하지만 시카고(Chicago)의 경우는 시가 하나의 군이 되기도 한다. 군(County)은 주로 보안관(sheriff) 형식으로 경찰기관을 둔다. 군(County) 경찰의 최고책임자인 보안관은 해당 County 지역주민의 선거를 통해 선출된다. 이는 보안관이 지역주민에 의해서 직접평가를 받고 그에 대해 책임을 진다는 것을 의미한다. 또한 보안관은 선거로 선출되기 때문에 어느 정도 정부로부터 독립된 지위를 갖는다(이성용 외, 2015).

(2) 시경찰(City Police)

시경찰(City police)은 치안 유지에 아주 중요한 역할을 담당하고 있다. 실제로 크고 작은 도시들에서 순찰 활동을 전개하면서 치안 유지의 일선에서 근무하고 있다. 범죄예방 순찰, 교통단속, 범죄 수사 등 폭넓은 활동을 전개한다. 경찰책임자(서장)는 보통 시장에 의해 임명되고, 시장에 대해서만 책임을 지고 있다. 따라서 군 경찰(County sheriff)보다는 상대적으로 독립적이지 못하다. 시장은 시민의 선거로 선출되고, 시장은 서장을 임명하기 때문에 서장의 운명은 시장의 정치 생명과 함께 한다(이성용 외, 2015).

4. 미국경찰의 특성

1) 미국경찰의 계급

미국에서 통상적으로 사용하는 경찰관 계급은 경찰청장(Chief of Police), 차장(Deupty Chief), 경감(Caption), 경위(Lieutenant), 경사(Sergent), 경장(Corporal), 순경(Patrol officer) 정도로 구분된다. 경찰청장은 시정부가 임명하거나 선출하는 경찰기관의 최고책임자이며 차장은 경찰기관의 서열 2위의 행정관리관 혹은 주요부서의 장이된다. 이를 다른 이름으로 보좌관(Assistant Chief) 또는 Major라고도 부른다. 경사는 일정경찰계급의 책임자로 형사대와 같은 작은 단위에서는 최하위의 경찰 인력 운용자로 활동하고도 있다. 순경은 최하위의 계급으로 일선 업무를 수행하고 있다(신현기, 2006a).

익히 알려진 대로 미국은 자치경찰제가 발달하여 지역마다 다양한 계급 간의 특색을 보여주고 있다. 캘리포니아주의 제복경찰관은 9등급의 경찰계급을 가지고 있다. 다시 말하면 주경찰청장 또는 순찰대장, 차장, 담당관 또는 보좌관, 부장, 과장, 경감, 경위, 경사, 순경 등이다. 뉴욕주의 경우는 10등급으로 경찰계급을 이루고 있다. 경찰청장, 차장, 경정, 경감, 경위, 경사, 형사, 경장, 순경 등 10등급으로 구성되어 있는 것을 볼 수 있다. 펜실페니아 주 경찰은 8등급의 경찰계급을 사용하는데 청장/경무관, 총경, 경정, 경감, 경위, 경사, 경장, 순경 등이다. 이에 반해 미국의 소도시의 폴스처치 시의 경우는 경찰서장을 중심으로 이루어져 있는데 서장은 경정급이다. 미국경찰의 계급은 경찰서별로 조금 상이하다는 것을 볼 수 있다. 다수의 주는 군인계급장을 사용하고 있기도 하다. 즉 대령, 중령, 소령, 대위, 중위, 상사, 중사, 하사관 등 육군식의 계급명칭을 그대로 활용하고 있기도 하다(신현기, 2014).

2) 미국경찰의 채용시험 절차[17)]

미국은 수많은 법집행기관이 다양한 형태로 분화되어 있고 일반보통경찰기관 역시 자치경찰제를 기본으로 하여 각 지역 및 정치 · 행정체제에 따라 다양한 특성을 갖고 있다. 따라서 경찰채용시험제도 역시 연방과 주, 도시, 기타 지방별로 그 절차와 방법이 완전히 일치하는 것은 아니다. 하지만 여느 채용과정과 마찬가지로 크게는 "모집 · 지원 → 평가 → 선발"의 과정을 거친다. 특히 응시자의 자질과 능력 등

---

17) 보다 자세한 사항은 오규철. (2014), "미국경찰채용의 필기시험과 시사점에 관한 연구", 「한국경찰학회보」, 16(1): 101-138을 참고 바람.

을 측정하기 위한 '평가'단계에서는 다양한 방식이 활용되고 있다.

따라서 미국경찰의 채용시험제도는 기관별 · 지방별로 상이하나 대체로 지적능력을 평가하기 위한 필기시험, 건강 및 체력에 관한 의료 · 체력검사, 성격 및 적성에 관한 심리 · 성격 · 거짓말탐지기 검사, 지원자의 자격 및 배경에 관한 서류전형 · 심리검사, 그리고 인성과 자질을 종합적으로 평가하기 위한 면접시험 제도로 요약할 수 있고, 이를 우리나라 경찰채용시험 제도와 비교하여 보면 <표 2-6>과 같이 나타낼 수 있다.

|표 2-6| 한국과 미국경찰의 채용시험 절차 비교

평가요소	미국경찰	한국경찰
지적능력	필기시험	필기시험
건강 및 체력	의료검사 체력측정	신체검사 체력측정
성격 · 적성	성격검사 심리검사 거짓말탐지기 검사	적성검사 직무적격성검사
자격 · 배경	서류전형 신원조사	서류전형 신원조사
인성 · 자질	면접시험 (필기 및 구술)	면접시험

제 3 절 영국경찰

1. 일반현황[18]

|표 2-7| 국가 개요

국가명		영국(The United Kingdom of Great Britain and Northern Ireland)	
일반사항	수도	런던(London)	
	인구	6,702만명	(2021)
	종교	기독교(46.2%), 이슬람교(6.5%), 힌두교(1.7%), 무교(37.3%)	(2021)
	면적	약 243,610㎢(한반도의 1.1배)	
정치현황	정부형태	의원내각제	
	의회구성	하원(805명), 상원(650명)	(2024)
경제현황 (추정치)	국내총생산(GDP)	2조 3,400억불	(2023)
	1인당 GDP	4만 9,098불	(2023)
	경제성장률(GDP기준)	0.1%	(2023)
	교역	– 수출: 5,210억불 – 수입: 7,914억불	(2023)
우리나라와의 관계	수교일자	– 1883. 11. 26 한 · 영 우호통상조약체결 – 1949. 01. 18 한 · 영 재수교	
	교민현황	39,097명 시민권자 및 영주권자: 22,952명 체류자(유학생 포함): 16,145명	(2023)

18) 외교부 국가/지역 정보를 바탕으로 작성(http://www.mofa.go.kr/www/nation/m_3458/list.do).

영국(英國, The United Kingdom of Great Britain and Northern Ireland)은 유럽 서북쪽에 위치한 나라로 그레이트브리튼섬(잉글랜드, 스코틀랜드, 웨일스)과 아일랜드섬 북쪽의 북아일랜드로 이루어진다. 영국의 면적은 약 243,610㎢으로 한반도와 크기가 비슷하다(1.1배).

2021년 기준 영국의 인구수는 6,702만 명이다. 영국 국민의 46.2%는 기독교를 믿고 있고, 이외에 이슬람교(6.5%), 힌두교(1.7%), 무교(37.3%) 등으로 구성되어 있다.

우리나라와 영국의 관계를 살펴보면, 영국은 서방국가 중에 미국에 이어 우리나라와 두 번째로 수교한 나라이다. 1883년 한·영 우호통상 항해조약(Treaty of Friendship, Commerce and Navigation)을 조인하면서 수교가 시작되었고, 1884년 4월 서울에 영국 총영사관이 설치되었으며, 1910년 한일강제병합 후에도 총영사관은 계속 유지되었다. 한국의 독립이후 1949년 1월 한·영 간에 국교가 재수립되었으며, 영국은 대한민국을 한반도에서의 유일한 합법 정부로 승인하였다. 또한 한국전 당시 미국 다음으로 최다 파병국으로 1950년 9월 영국군이 유엔군의 일원으로 참전하였다. 한국전쟁 중 영국군은 글로스터연대의 격전(1951.4.22~24) 등 큰 전공을 남겼으며, 다수의 사상자를 내기도 하였다(전사자 1,074명, 부상자 2,674명, 포로 979명).

UNODC(United Nations Office on Drugs and Crime, 유엔마약범죄사무소)의 자료에 따르면 2021년 영국의 살인범죄 발생률은 100,000명당 1.15명으로 나타났고, 2022년 영국의 폭력범죄 발생률은 100,000명당 950.72명, 2022년 영국의 성범죄 발생률은 100,000명당 324.79명이었다.[19] 2024년 기준 영국의 총 경찰관 수는 약 16만명인 것으로 파악되었고, 경찰관 1인당 담당 국민의 수는 약 약 420여명 수준인 것으로 확인되었다.[20]

영국에 있어서 범죄 발생률은 잉글랜드·웨일즈 범죄통계(Crime in England and Wales) 교통 관련 범죄를 제외한 지표 범죄(notifiable offence)를 기초로 파악된다. 경찰 집계 통계(police recorded crime)로 살펴본 2005년 이후 영국의 범죄 발생률 추세는 다음과 같다.

19) https://dataunodc.un.org/.
20) https://assets.publishing.service.gov.uk.

|표 2-8| 영국의 범죄발생건수 및 발생률(2005-2018)

연 도	발생건수	발생률	인구 10만 명당 발생건수 증감률
2005	5,555,172	9195.3	100
2006	5,427,558	8922.9	97.0
2007	4,952,277	8076.2	87.8
2008	4,702,697	7606.6	82.7
2009	4,338,295	6968.0	75.8
2010	4,150,916	6614.0	71.9
2011	4,379,984	6921.0	75.3
2012	4,063,571	6378.7	69.4
2013	4,028,463	6284.7	68.3
2014	4,167,619	6451.7	70.2
2015	4,509,970	6926.7	75.3
2016	4,979,034	7584.4	82.5
2017	5,519,401	8357.6	90.9
2018	5,950,499	8956.8	97.4

※ 출처: 박준휘 외, 2019.

영국의 범죄 발생률은 2005년 인구 10만 명당 10,471건 이후 역시 지속적인 감소추세를 보인다. 2005년 인구 10만 명당 발생 건수를 100으로 기준 잡아 2013년까지 9년 동안의 증감률을 보면 약 30% 수준으로 크게 감소하였고, 2014년부터는 조금씩 증가추세를 보인다. 범죄 발생률의 전반적 감소추세는 영국 범죄방지 정책의 성과로서, 다양한 범죄통제 기구의 국가적 통합관리체계 구축(national referral mechanism), 지역사회 차원의 주민 참여적 안전프로그램(community safety partner-ships), 중범죄 및 조직범죄 대처전략의 개선(new serious and organised crime strategy) 등이 범죄감소의 원인으로 파악된다.[21]

21) www.gov.uk/government/policies/reducing-and-preventing-crime-2.

2. 영국경찰의 역사

1829년 근대경찰을 탄생시킨 영국은 자치경찰체제를 오늘날까지 그 전통을 이어오고 있다. 1829년 탄생하여 2000년 6월까지 런던의 주요시설과 특수치안 유지를 목적으로 내무성 소속의 국가경찰로 운영되어 오던 런던수도경찰청은 2000년 「런던광역시설치법」에 따라 국가경찰조직인 런던수도경찰을 자치 경찰로 전환함으로써 광역단위 자치경찰제를 확립하였다(최종술, 2019). 물론 내무부 산하에 국가경찰조직인 런던대도시경찰청, 과학수사연구소, 경찰대학, 경찰정보센터 등의 기관이 운영되고 있기 때문에 국가경찰기관이 아예 없는 것은 아니다(최병일, 2010).

|표 2-9| 영국경찰 제도의 변화 과정

구분			
시기	근대경찰 창설(1829년) →	중앙정부 권한 강화 (1980년) →	경찰개혁 (2010년 이후 현재)
특징	근대 경찰의 창설 이후 자치경찰제 확립 (런던 국가경찰/ 그 외 자치경찰)	범죄 증가에 따른 효율성 강조로 내무부장관 권한 강화	내무부장관 권한 축소/ 주민 직선의 지역치안위원장이 지역치안 담당
체제	지방분권적 자치경찰	중앙정부의 관여가 확대된 자치경찰	지방분권적 자치경찰

※ 출처: 안성훈, 2018.

<표 2−9>는 근대 이후의 영국경찰 제도 변천 과정을 간략히 보여주고 있다. 1829년 세계 최초로 현대적 의미의 경찰기구인 '런던수도경찰청'이 창설되면서 이 수도경찰청을 모방하여 각 지역의 여건에 맞게 경찰기구를 설치하여 운용해 왔다. 1964년 경찰법에 따라 수도경찰청, 런던시티경찰청 등 41개 지방 경찰체제가 구축되었고, 2000년 내무성 직속의 국가경찰로 운영되어 오던 수도경찰청을 자치 경찰로 전환하여 광역단위로 지방경찰청을 설치하여 운영해오고 있다.

1964년 경찰법에 의해 전국의 지방경찰청에 대한 관리가 3원 체제에 의해 이루어졌는데, 이 3원 체제는 내무부 장관, 경찰위원회, 지방경찰청장으로 이루어지고 이들이 권한과 책임을 분담하는 형식이었다. <그림 2−4>에서 보는 바와 같이,

내무부 장관과 지방경찰위원회, 지방경찰청장의 3원 체제를 통해 자치경찰이 운영되었다. 또한 1980년대 이후, 내무부의 권한은 더욱 강화되었고 1994년에는 「경찰 및 치안법원에 관한 법」이 제정되면서 경찰위원회에 대한 내무부 장관의 권한이 강화되면서 중앙집권화가 심화되었다.

|그림 2-4| 영국경찰의 삼원체제(Tripartite system)

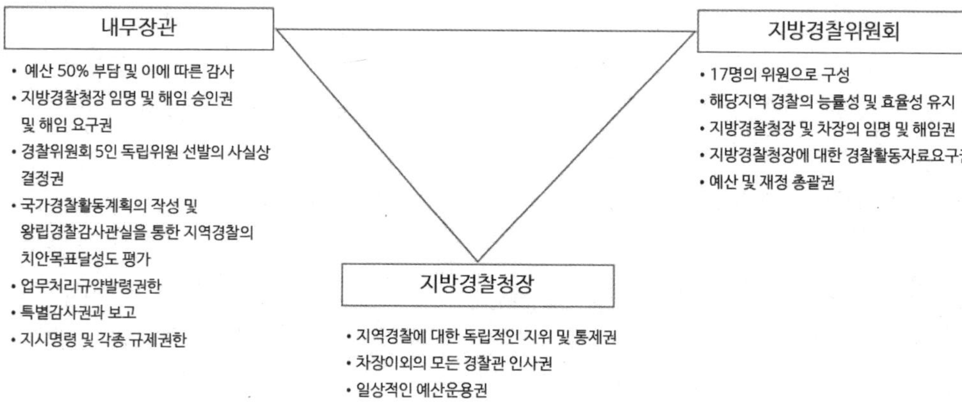

※ 출처: 김학경 · 이성기, 2012.

아울러 2000년대에 들어서는 범죄의 광역화, 전문화, 조직화 등으로 국가적인 대응의 필요성이 대두되었다. 따라서 국가적인 치안 활동을 효율적으로 이루어내기 위해 경찰위원회 및 지방경찰청장에 대한 내무부 장관의 권한 강화를 통한 중앙집권화를 심화시키는 「경찰개혁법(Police Reform Act 2002)」이 2002년에 제정되었다. 이에 따라 내무부 장관은 경찰 활동 계획의 수립, 경찰 활동 실무 · 절차 규정 및 업무 처리규약의 발령, 또한 왕립경찰감사관실을 통해 지역 경찰에 대한 개선 등을 요구할 수 있는 권한을 가지게 되었다(김학경 · 이성기, 2012).

|표 2-10| 영국경찰의 변화

법 률	내 용
1964년 경찰법	내무부장관 · 경찰위원회 · 지방경찰청장의 3원체제 설정
1994년 경찰 및 치안법원에 관한 법	경찰위원회에 대한 내무부 장관의 권한강화를 통한 중앙집권화
2002년 경찰개혁법	경찰위원회 및 지방경찰청장에 대한 내무부 장관의 권한강화를 통한 중앙집권화 심화

2011년 경찰개혁 및 사회책임법	i) 지역치안위원장 및 지역치안평의회 제도의 신설로 지역 주민에 대한 책임성 강화 및 자치경찰 전통으로의 회귀 ii) 국가적인 조직범죄에 대한 통합적 대응을 조율할 국립범죄청을 설립 iii) 지역범죄의 경우는 지역주민에 의하여 선출된 지역치안위원장을 통하여 지역경찰이 전담하고, 국가적 또는 국제적인 조직범죄의 경우는 내무부의 책임 하에 국립범죄청이 담당

※ 출처: 신현기, 2018.

하지만 영국은 고대로부터 주민에 의한 자치 치안의 전통을 가지고 있기 때문에 현대의 중앙정부의 관여가 확대된 자치 경찰제도는 지역주민의 비판을 받게 되었다. 즉 치안정책에 지역의 특성 및 지역주민의 의견이 제대로 반영되지 못했고, 아울러 2010년 5월 출범한 보수당과 자유민주당 연합정권은 경찰이 국민이 아닌 정부에 책임을 진다고 비판하며 개혁의 필요성을 강하게 제기하였다. 연합정권은 경찰의 지역주민에 대한 책임을 강화하는 근본적인 개혁의 실시를 선언하면서, 경찰개혁의 출발점으로서 2010년 7월 '21세기 경찰 활동: 경찰과 지역주민의 연결(Policing in the 21st Century: Reconnecting police and the people)'이라는 백서를 발간하였다(안성훈, 2018). 이 백서에서 당시 영국의 경찰이 안고 있는 문제점을 4가지로 제시하고 있는데 ① 국민이 아닌 중앙정부에 책임을 지고 있는 영국경찰, ② 전문가적인 권한을 상실한 영국경찰, ③ 가시성과 가용성이 저하된 영국경찰, ④ 예산절감에 직면한 영국경찰이 그것이다(김학경 · 이성기, 2012).

이러한 영국경찰이 직면한 문제를 해결하고 개혁하기 위해 2011년에 「경찰개혁 및 사회책임법(Police Reform and Social Responsibility Act 2011)」이 제정되었다. 이 법에 의해 기존의 3원 체제가 폐지되고, 4원 체제가 새롭게 도입되었다. 즉 지역치안위원장 및 지역치안평의회 제도를 신설하여 지역주민에 대한 책임성 강화와 자치 경찰의 전통으로 다시 돌아가는 것이 기본 골자이다. 또한 앞선 시대에 경찰 활동이 중앙집권적으로 변하였던 것이 범죄의 광역화, 전문화 등 국가적인 대응이 필요할 경우를 대비하여 국립범죄청을 설립하게 되었다. 지역 범죄의 경우는 지역주민에 의하여 선출된 지역치안위원장을 통하여 지역경찰이 전담하고, 국가적 또는 국제적인 조직범죄의 경우는 내무부의 책임 아래에 국립범죄청이 담당하게 되는 구조이다.

4원 체제에서 지역치안평의회(Police and Crime Panel)는 지역치안위원장에 대한 감시 · 감독의 기능을 통해 견제의 역할을 수행한다. 지역치안평의회와 지역치안원장제도를 통해 지역주민에 대한 책임성을 강화하고 자치경찰 전통으로 회귀하는 구조를 가지게 되었다(최미옥, 2023). 지역치안위원장은 지방경찰청장 및 차장의 임명 및 해임권과 예산 및 재정을 총괄한다. 또한 지역치안위원장은 4년마다 주민의 직접선거를 통해 선출되어 지역치안계획을 수립하는 등의 지역치안을 대표하는 역할을 수행한다. 지방경찰청장은 지방경찰의 독자적 운용을 위해 실제 치안업무를 집행하는 총책임자로서 산하 경찰공무원에 대한 독립적인 지휘 및 통제권을 가진다.

3. 영국경찰의 조직과 구조

1) 광역단위 자치경찰

1829년 영국은 최초의 근대 경찰조직인 런던수도경찰청이 창설된 이후 런던을 중심으로 한 국가경찰과 지방의 치안을 담당하는 자치 경찰을 모두 운용하여 왔다. 영국경찰은 전통적으로 지역자치경찰제도를 유지하고 있으며 현대 영국경찰제도의 근거가 되는 법률은 1964년 경찰법이라고 할 수 있다. 1964년 경찰법에 의해 잉글랜드와 웨일즈 지역에 존재하던 126개 지방경찰청이 총 43개의 광역단위 지역 경찰 체제(수도경찰청 및 런던시티경찰청 포함)로 정리되었고, 지역 경찰의 운영은 경찰위원회 · 지방경찰청장 · 내무부 장관이 조직운영의 책임과 권한을 균등히 나누고 있는 3원 체제를 취하게 되었다(이기춘, 2018).

잉글랜드 지역에는 현재 152개의 다양한 형태의 지방자치단체가 존재하고 있지만, 지방행정자치구역과는 별도로 운영된다. 영국 자치 경찰 조직은 전국에 45개의 지방경찰청을 설치하여 운영하고 있는 광역단위 자치경찰제로 각 지방경찰청 산하에 경찰서(Police Station)를 운용하고 있다. 전국에 약 1,300개의 경찰서(Police Station, Division 등)를 운용하고 있으며(예: 스코틀랜드 지방경찰청은 214개 경찰서, 런던수도경찰청은 180개 경찰서 운용), 우리나라의 지구대나 파출소 등과 같은 하부조직은 없다. 잉글랜드와 웨일즈 지역의 각 치안구역마다 지역치안위원장이 선출되고 지역치안평의회가 구성되며 지방경찰청이 조직되어 있다. 영국경찰의 4원 체제에 대해 구체적으로 살펴보면 다음과 같다(박준휘 외, 2019).

|그림 2-5|　광역단위 치안구역(잉글랜드와 웨일즈 지역)

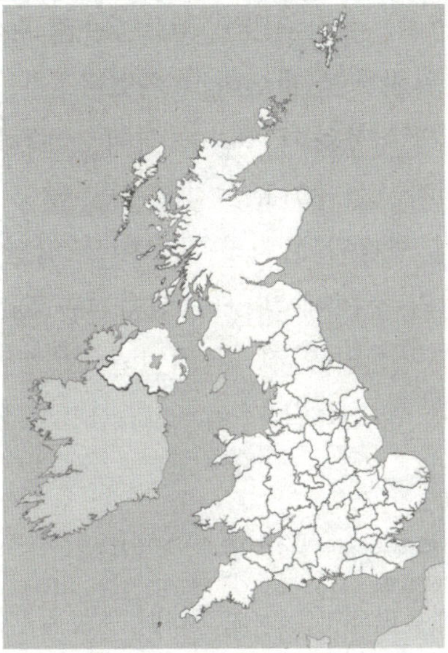

※ 출처: 박준휘 외, 2019.

|그림 2-6|　영국경찰의 4원 체제

지역치안평의회 (지역치안위원장 견제)

- 관할구역 내 각 지자체에서 파견된 1인의 선출직 대표 및 2명의 독립 위원 포함 최대 20명으로 구성
- 지역경찰의 예산지출에 대한 감사
- 지방세, 예산안, 지방경찰청장 임명에 대한 거부권
- 지역치안위원장에 대한 정보 및 출석요구권
- 조사의뢰 및 주민소환투표실시

지역치안위원장 (지역치안의 대표자)

- 지역주민의 선거에 의하여 선출
- 지방경찰청장 및 차장의 임명 및 해임권
- 예산 및 재정 총괄권
- 지역치안계획 수립

내무부장관 (국가적인 조직범죄 대응 조율)

- 예산 50% 부담 및 이에 따른 감사
- 전략적 경찰활동 요구조건 작성 및 배포
- 국가적인 범죄대응과 관련 지역경찰에 대한 임무 부여 및 조정 (전략적 경찰활동 요구조건 및 국립범죄청을 통하여)
- 국립범죄청장 임명 (지방경찰청장 중에서)

지방경찰청장 (지역경찰의 독자적 운용)

- 지역경찰에 대한 독립적인 지휘 및 통제권
- 차장 이외의 모든 경찰관 인사권
- 일상적인 예산운용권

※ 출처: 김학경 · 이성기, 2012.

(1) 지역치안위원장(Police and Crime Commissioner)

'경찰개혁과 사회책임법'이 제정되면서 100여년간 유지되던 경찰위원회가 폐지되고 그 자리를 지역치안위원장이 대신하게 되었다. 이는 현대경찰 창설 이후 가장 큰 변화라고 여겨지고 있다(이성용 외, 2015). 지역치안위원장은 지역주민이 직접 선출한 지역 치안의 총책임자로서 2011년 경찰개혁 및 사회책임법(Police Reform and Social Responsibility 2011)이 제정됨에 따라 새로이 도입된 제도에 근거하고 있다. 지역치안위원장은 지역주민의 선거에 의하여 선출되며 임기는 4년이다. 주요한 권한으로 ① 지방경찰청장 및 차장의 임명 및 해임권, ② 관할 지방 경찰의 예산 및 재정 총괄권, ③ 지역 치안 계획 수립 등이 있다(안성훈, 2018).

(2) 지역치안평의회(Police and Crime Panel)

지역치안평의회는 지역주민의 선거에 의해 선출된 지역치안위원장을 견제하는 역할을 담당하는 기구이다. 각 지방자치단체에서 파견된 각 1명의 선출직 대표단(지방의회의원) 및 2명의 독립위원을 포함한 10~20명의 위원으로 구성된다. 주요한 권한으로 ① 지역 경찰의 예산지출에 대한 감사, ② 지방세, 예산안, 지방경찰청장의 임명에 대한 거부권, ③ 지역치안위원장에 대한 정보 및 출석 요구권, ④ 조사의뢰 및 주민소환 투표 실시 등이 있다(안성훈, 2018).

(3) 지방경찰청장(The Chief Contable)

지방경찰청장은 경찰 또는 경찰이었던 사람 중에서 지역치안위원장이 임명하고, 지역치안위원장의 임명 조건에 따라 임기가 정해진다. 지방경찰청장은 지역치안위원장이 수립한 지역치안계획을 참조하여 독립적으로 지방경찰청 및 산하 경찰서를 운용한다. 지방경찰청장의 주요 권한은 차장 이외의 모든 경찰관 인사권을 가지고 있고 일상적인 예산 운용권 등이 있다(안성훈, 2018).

지역의 치안책임자인 지역치안위원장은 주민이 직접 선출하고, 지역치안위원장이 현직 경찰 또는 전직 경찰이었던 사람 중에서 지방경찰청장이 임면한다. 단, 지방경찰청장의 임명에 대해서 지역치안평의회가 거부권을 행사할 수 있어 인사권을 견제할 수 있는 방안을 마련해 두고 있다. 지방경찰청장이 차장을 임명할 때에는 지역치안위원장과 상의하여야 한다. 자치경찰 운영예산은 정부에서 지급하는 보조금과 지역주민들이 납부하는 지방세금으로 충당되고 있다. 주된 재원은 정부 보조금이고, 지역치안위원장이 추가로 지방세를 통해 재원을 충당할 수 있도록 하고 있다(최종술, 2018).

2) 내무부 장관

내무부 장관은 국가적인 조직범죄에 대응하는 과정에서 조율의 역할을 담당한다. 국가적인 조직범죄나 국제적인 범죄와의 싸움에서 국가 경찰기구인 중앙정부의 책임하에 있는 국립범죄청과 잉글랜드 지역 43개의 지역 경찰의 중요한 연결고리가 된다. 이러한 내무부 장관은 예산 50%를 부담하고 이에 따른 감사의 권한을 가지고 있다. 또한 전략적 경찰 활동 요구조건 작성 및 배포, 국가적 범죄대응과 관련해서 지역 경찰에 대한 임무 부여 및 조정, 아울러 국립범죄청장에 대한 임명의 권한을 가지고 있다(김학경, 이성기, 2012).

3) 국립범죄청(National Crime Agency)

「경찰개혁 및 사회책임법」에 의해 지역주민에 의해 지역 치안의 수요에 맞게 운영되는 자치 경찰 전통으로 회귀가 이루어지면서 지역의 범죄는 지역주민에 의해 선출된 지역치안위원장이 전담하게 되었다. 하지만 이러한 지역의 범죄뿐만 아니라 현대 사회에서 일어나는 범죄는 지역의 경계를 벗어나기도 하고, 초국가적인 경우도 있기 때문에 이에 대한 대응으로 새로이 신설된 것이 국립범죄청이다. 국립범죄청은 국가적인 대응이 필요한 범죄, 또는 국제적, 조직적 범죄 등에 효과적으로 대응하기 위해 2006년에 창설된 기존의 중대조직범죄청(Serious and Organized Crime Agency)을 개편하여 큰 권한과 책임을 가진 조직으로 2013년에 신설되었다.

따라서 중대조직범죄청이 다루던 대부분의 업무가 국가범죄청으로 전환되었고, 주요 업무는 조직범죄담당(Organised Crime), 국경관리(Border Policing), 경제범죄(Economic Command), 아동착취 및 온라인 보호 담당(Child Exploitation and Online Protection Centre)으로 4가지 하위 조직을 구성하고 있다. 구체적인 업무로 취약 국경관리, 뇌물·부패 및 제재 회피, 사이버범죄, 아동 성적 학대 및 착취, 마약 밀매, 불법 총기, 사기, 납치 및 강탈, 현대 노예와 인신매매, 자금세탁 및 불법 금융, 조직적인 이민 범죄 등의 업무를 담당하고 있다.[22)]

22) https://www.nationalcrimeagency.gov.uk/who-we-are/our-mission.

|그림 2-7| 국립범죄청 조직도

※ 출처: 김학경 · 이성기, 2012.

4) 수도경찰청

1829년에 창설된 수도경찰청은 자치제경찰과는 다른 내무부장관 관리 아래 특수한 경찰로서 예산의 50% 이하를 국가에서 보조받았으나 2000년부터 자치경찰화되었다. 수도경찰청은 국가경찰로 운영되다가 '1999년 런던광역시정부법(Greater London Authority Act 1999)'에 의해 2000년 광역단위 경찰체제로 전환되었다. 형사, 경비 등 실무분야에서 전국 경찰의 중추적 역할을 담당한다. 왕궁 · 의사당의 경비, 법집행과 질서유지 임무를 담당하고 있다(치안정책연구소, 2021).

5) 기타 경찰기구

영국경찰은 전통적으로 자치 경찰에 중점을 두고 있기 때문에 중앙집권식 경찰기구를 만드는데 신중을 기해왔다. 자치 경찰 외에 다른 기타 경찰기구로 군대 및 원자력 위원회 경찰, 철도경찰, 운하 및 하천 경찰, 항만 경찰, 민간항공 경찰 등 특수업무를 담당하는 특별 경찰들이 존재한다(신현기 외, 2017).

4. 영국경찰의 특성

1) 영국경찰의 계급

영국경찰관 채용은 내무부의 지침에 따라 각 지방 경찰별로 자체적으로 모집한다. 일반적인 채용경로는 순경직으로 통일되며, 신임순경은 자신이 근무하게 될 지역의 지방청에서 지역사회 참여방식의 교육 훈련인 기초경찰교육프로그램(IPLDP/Initial Police Learning & Development Program)을 수료해야 한다. 순경채용 후 2년간은 견습 과정, 경위까지는 원칙적으로 시험승진, 경감 이후에는 심사승진으로 이루어진다(박준휘 외, 2019).

경찰계급은 아래의 표와 같다.

|표 2-11| 영국경찰의 계급

<table>
<tr><th colspan="2">경찰 고위직</th><th>일반직</th></tr>
<tr><td>지방
경찰청</td><td>경찰청장(Chief Constable)
경찰차장(Deputy Chief Constable)
경찰차장보(Assistant Chief Constable)</td><td rowspan="2">총경(Chief Superintendent)
경정(Superintendent)
경감(Chief Inspector)
경위(Inspector)
경사(Sergeant)
순경(Constable)</td></tr>
<tr><td>런던
경찰청</td><td>런던경찰청장
(Commissioner of Metropolitant Police)
경찰차장(Deputy Commissioner)
경찰보조관(Assitant Commionssioner)
경찰보조부관(Deputy Assitant Commionssioner)
경찰부장(Commander)</td></tr>
</table>

2) 채용과 기본교육

경찰관의 채용은 한국과 비교하면 순경계급에서 이루어지며 한국이나 유럽의 다른 나라들과는 달리 중간 관리자 계급의 채용을 허용하지 않는다. 그러나 조기승진 제도가 있어서 대학원 졸업자, 특별 경찰관 등이 조기승진프로그램을 이수할 경우 3년 안에 순경에서 경위급으로 고속 승진을 할 수 있다(이성용 외, 2018).

2004년 4월 이후 전국 경찰이 시행 중인 '국가치안정보모델(National Intelligence Model, 이하 NIM)' 제도의 시행과 더불어 영국 전역에서 국가경찰관 채용모델을 적용하여 신임 순경을 모집 및 선발하고 있다. 이러한 모델을 통해 개발된 신임순경의 선발 절차는 6단계로 구성되는데 다음과 같다(박현호, 2007).

|표 2-12| 영국의 신임순경 채용 절차

단 계	내 용
1단계	지원서를 온라인이나 서류를 통해 작성하되 근무 희망지 3곳 표시
2단계	서류 심사를 통해 기본적인 자격 기준을 심사 합격자는 '시험평가과정'으로 초대받음
3단계	각 지방청별 시험평가장에서 시험 응시
4단계	신체검사(키, 체중, 혈압, 시력 등)와 체력검사(지구력, 근력 등) 실시
5단계	신원조회

제 4 절 독일경찰

1. 일반현황[23)]

|표 2-13| 국가 개요

국가명		독일연방공화국 (Federal Republic of Germany)	
일반사항	수도	베를린(Berlin, 약 37만명 거주)	
	인구	8,460만명	(2024)
	인종	게르만족	
	종교	가톨릭(30.8%), 개신교(26.4%), 이슬람교(5.5%), 무교 또는 기타(37%)	(2024)
	면적	357,580㎢(한반도의 1.6배)	
정치현황	정치체제	연방공화제(16개주)	
	정부형태	의원내각제	
	의회구성	(총 709석, '17. 9. 24. 총선)	
경제현황 (추정치)	국내총생산(GDP)	4조 6,600불	(2024)
	1인당 GDP	55,096불	(2024)
	경제성장률 (GDP기준)	–0.2%	(2024)
	교역	3조 2,000억불 – 수출: 1조 7,200억불 – 수입: 1조 4,800억불	(2024)
우리나라와의 관계	수교일자	– 통상우호 항해조약 체결: 1883. 11. 26. – 상호 국가승인: 1955. 12. 1.	
	교민현황	49,683명	(2023)

23) 외교부 국가/지역 정보를 바탕으로 작성(http://www.mofa.go.kr/www/nation/m_3458/list.do).

유럽 중앙부에 위치한 독일은 연방 국가로서 총 16개의 주(州)로 구성되어 있고, 각주별로 독립된 입법·사법·행정권을 보유하고 있다. 수도는 베를린이고, 독일 전체의 면적은 357,580㎢로 한반도 면적의 1.6배에 해당한다. 2024년 기준 독일의 인구수는 8,460만 명이다. 독일 국민의 30.8%는 가톨릭을 믿고 있고, 이외에 개신교(26.4%), 이슬람교(5.5%), 무교 또는 기타에 37%가 해당된다. 정치체제는 연방 공화제를 택하고 있고, 정부 형태는 의원내각제를 채택하고 있다.

독일과 우리나라가 국교를 맺는 과정을 살펴보면 1869년 폰 브란트(von Brandt) 주일 독일공사가 부산에 건너와 양국 간 우호·통상조약 체결을 요청했으나 동래부사가 이를 거절하였다. 이어 1873년 대원군의 하야 및 조·일 수교 이후의 개화 정책에 힘입어 폰 브란트 공사가 1882년 6월 한·독 수호 통상조약을 체결하는데 성공하였으나, 독일 정부는 해당 조약의 문구가 애매하여 독일인의 치외법권이 침해될 우려가 있다는 등의 이유로 비준을 거부하였다. 그 후 수차례의 협상 끝에 조약 문구를 수정하여 1883년 11월 26일 민영목 외무독판과 차페(Eduard Zappe) 주요코하마 독일 총영사 간에 조·독 통상·우호·항해조약이 체결되었고, 1884년 11월 18일 서울에서 비준서가 교환됨으로써 양국 간 국교가 수립되었다. 우리나라와 독일은 양국은 민족 분단의 경험을 공유한 역사적 유대감을 바탕으로 수교 이래 긴밀한 협력 관계를 유지해 오고 있고, 특히 우리의 경제부흥 과정에서 독일은 물심양면으로 지원하였다.

UNODC(United Nations Office on Drugs and Crime, 유엔마약범죄사무소)의 자료에 따르면 2022년 독일의 살인범죄 발생률은 100,000명당 0.82명으로 나타났고, 2022년 독일의 폭력범죄 발생률은 100,000명당 173.52명, 2022년 독일의 성범죄 발생률은 100,000명당 59.60명인 것으로 나타났다.[24)]

독일의 범죄 발생 추세는 독일 형법상 중죄 및 경죄 통계(교통범죄 및 국가안보범죄 제외)를 기초로 파악된다. 2004년 이후 독일 범죄 발생률 추세는 다음과 같다. 독일의 범죄 발생률은 2005년 인구 10만 명당 7,747건 이후 역시 소폭의 증감 변동추세를 보였다.

24) https://dataunodc.un.org/.

|표 2-14| 독일의 범죄발생건수 및 발생률(2005~2018)

연 도	발생건수	발생률	인구 10만 명당 발생건수 증감률
2005	6,391,715	7,747	100
2006	6,304,223	7,647	98.7
2007	6,284,661	7,635	98.6
2008	6,114,128	7,436	96.0
2009	6,054,330	7,383	95.3
2010	5,933,278	7,253	93.6
2011	5,990,679	7,328	94.6
2012	5,997,040	7,327	94.6
2013	5,961,662	7,404	86.6
2014	6,082,064	7,530	97.2
2015	6,330,649	7,797	100.6
2016	6,372,526	7,755	100.1
2017	5,761,984	6,982	90.1
2018	5,555,520	6,710	86.6

※ 출처: 박준휘 외, 2019.

2005년 인구 10만 명당 발생 건수를 100으로 기준 잡아 2014년까지 10년 동안의 증감률을 보면, 약 3% 수준으로 감소하였다. 최근 2015년부터 2016년 사이에는 범죄 발생 건수가 인구대비 지속적으로 증가하여 범죄 발생률이 처음으로 2005년의 범죄 발생률을 넘었다. 2017년부터는 범죄 발생 건수가 지속 감소하면서 범죄 발생률이 점차 낮아지는 추세다. 미국과 영국에 비해 증감률의 폭이 크지 않고, 약간의 증감 변동을 보이지만 전체적으로는 범죄 발생률이 일정 수준을 유지하고 있다(박준휘 외, 2019).

2. 독일경찰의 역사

독일에서 최초로 등장한 경찰의 개념은 1530년 제국경찰규정이 공포된 이후 해당 규정이 수정되어가는 과정에서 찾을 수 있다. 이 당시의 경찰개념은 구체적이기보다는 추상적으로 조직운영 목적 및 활동에 대해 설명되어 있었다(김성룡, 2019).

독일에서는 18세기까지 일반적인 복지의 충족이야말로 국가의 목적이라고 이해하였으며, 경찰개념은 공동체의 이상적인 질서상태라는 개념으로 자리를 잡고 있었다. 이상적인 질서상태에는 위험방지라는 측면과 복지증진이라는 두 요소를 포함하고 있었다. 절대국가시절에는 경찰의 규율영역이 거의 무제한적이었고, 경찰권이 절대왕권의 집행을 위한 수단으로 활용되었다(이황우, 2005).

이러한 경찰권을 제한하고자 하는 노력은 이후 1794년에 제정된 「프로이센 일반국법」에 반영되었다. 이후 1882년 프로이센 주 고등행정재판소의 크로이츠베르크판결(Kreuzberg Urteil)을 계기로 경찰작용의 영역이 일반 복지 행정에서 위험방지라는 제한된 범위로 축소되었다. 크로이츠베르크 판결은 일반란트법에서 규정한 제한된 경찰권 행사에 대한 규정이 실효성을 가지게 했다는 점에서 의의가 있다(이황우, 2005).

이후 바이마르 공화국이 수립되면서 1931년 프로이센 경찰 행정법이 개정되는데, 「경찰행정법」 제14조 제1항에서 "경찰관청은 공중의 안전 혹은 질서가 위협받는 위험으로부터 시민들을 방어하기 위해서 현행법의 범위 내에서 의무에 합치하는 재량에 따라 필요한 조치를 해야만 한다."라고 규정하면서 위험방지에 관한 일반조항적 의미를 가진 경찰개념에 근거를 둔 실질적 경찰권을 규정하였다(김형만, 외, 2007).

1933년 독일에는 국가사회주의가 팽배해지면서 경찰 권한 역시 이데올로기적으로 변화하게 된다. 국가사회주의를 수호하기 위해 경찰의 재량권이 확장되었는데, 이 시기의 경찰권은 독재정권의 유지를 위해 활용되면서 경찰권의 중앙집권화가 강화되기도 하였다. 또한 2차 세계 대전 패전 이후 독일은 서방과 소련의 일시 점령 기간을 거치면서 독일경찰은 탈경찰화가 이루어졌고, 특히 영국과 미국의 경찰조직에 영향을 받아 다시 자치경찰제의 형태도 보이게 되었다(김형만 외, 2007).

전후 경찰권의 오남용을 막기 위해 독일의 개별 주들은 분리 정책을 시행했고, 그 결과 구체적인 경찰관서의 분리체계는 주별로 상이하게 정착되어 있다. 이에 대해 구체적으로는 분리체계를 취하고 있는 주와 취하고 있지 않은 주로 분류가 가능하다. 2019년을 기준으로 독일에서는 16개의 주 중에서 4개의 주에서만 단일체계를 유지하고 있고, 나머지 주에서는 분리체계를 적용하여 경찰조직을 운용하고 있다(김성룡, 2019).

3. 독일경찰의 조직과 구조

독일의 경찰체제는 자치경찰제에 연방 경찰제를 합한 체제로 볼 수 있다(곽태석 · 이경희, 2019). 독일은 1949년 2차 세계대전 이후 제정된 전후 독일기본법(Grundgesetz: GG)을 기반으로 한 연방제 국가이면서도 동시에 16개로 나뉘어진 각 주는 각기 국가의 권능을 가지게 되었다. 전후 독일기본법은 프로이센 경찰 행정법을 수용하였으며, 이를 기반으로 1954년 이후 일반 경찰행정권은 16개의 주정부에 실질적 경찰개념을 담은 독자적인 경찰법을 제정하여 해당 법을 근거로 주단위에서 경찰권을 행사하고 있다(신현기 · 홍의표, 2013).

또한 독일의 연방정부에서 찾아볼 수 있는 광의의 의미에서 경찰 기능을 하는 경찰기관은 연방범죄수사청, 연방경찰청, 연방헌법보호청, 연방정보국 등이 있다. 이들 중 대표적으로 연방경찰청과 연방범죄수사청, 연방헌법보호청에 대해 살펴보고자 한다.

1) 주경찰

독일의 주경찰의 경우 16개의 주별로 다르게 운영되고 있는데, 각 주의 경찰법은 경찰의 임무와 권한, 경찰 구조와 편제, 재정에 관한 법규에 대한 규정을 하고 있으며, 주경찰이 관리하는 부서는 주별로 설치된 주내무부이고, 주내무부에서 제정하는 법규와 행정규칙을 바탕으로 활동한다. 주경찰의 인사권은 주내무부장관이 담당하고 있다(신현기, 2017).

주경찰은 보통 치안경찰, 수사 경찰, 기동경찰, 수상경찰 등 4개의 경찰로 구성되어 있다. 치안경찰은 순찰 및 교통업무 등을 담당하고, 수사 경찰은 범죄 수사와 예방업무를 담당하며, 기동경찰의 경우 시위 및 치안 유지를 담당하고 있으며, 수상경찰의 경우 수로와 항구 등에서 업무를 수행하는데 이는 독일이 운하 및 하천을 활용해 물품을 운송해 온 역사와 관련이 있다(김성룡, 2019).

|그림 2-8| 독일연방 공화국 국가구조

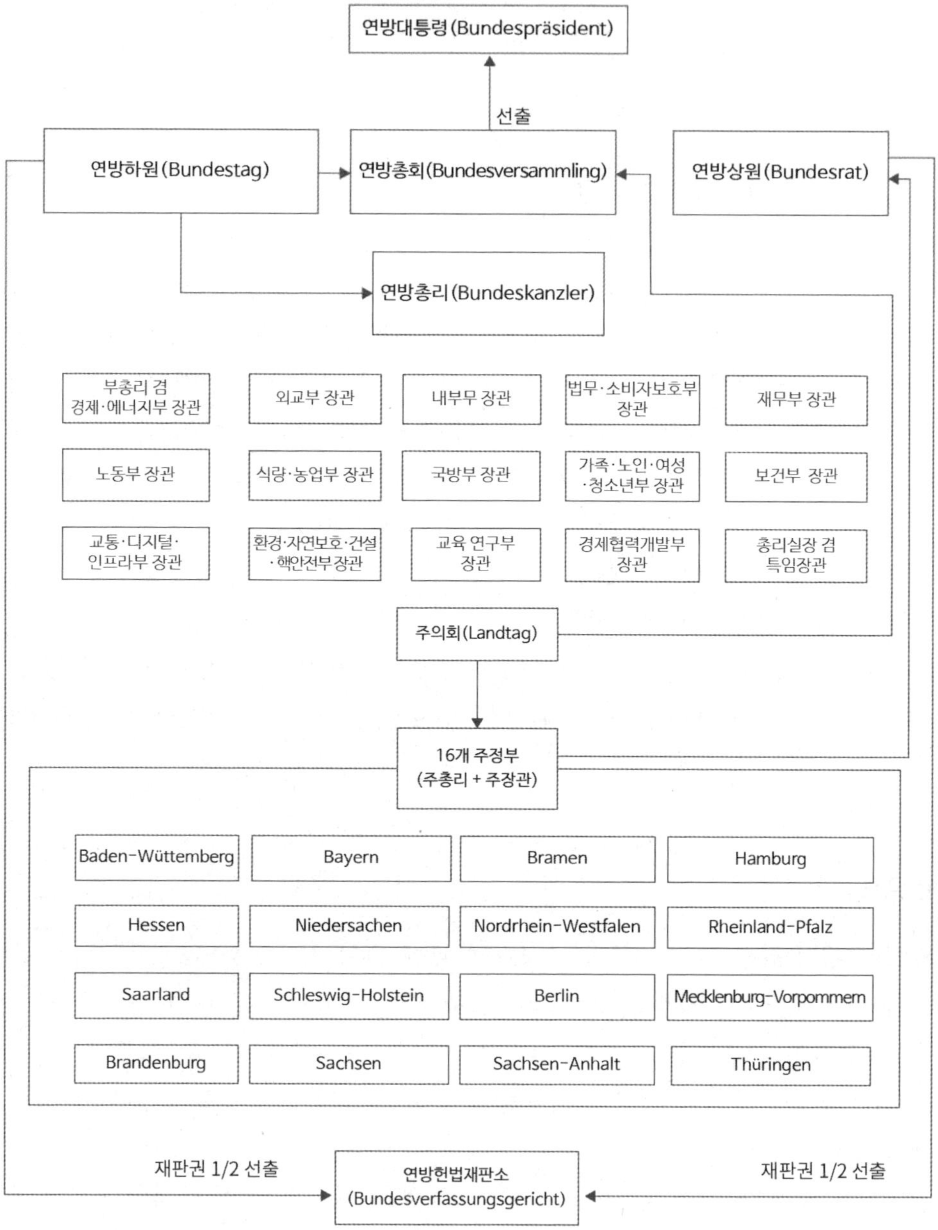

※ 출처: 외교부(http://www.mofa.go.kr).

주의 각 경찰관서는 주내무부의 산하기관으로서 주내무부장관의 지휘·감독을 받는다. 주경찰의 구성형태 및 행정기관 내의 편입형태는 각 주에 따라 상이하나,

주경찰의 기능상 기본구조는 주로 보안경찰, 수사 경찰, 기동경찰로 이루어져 있다. 이 가운데 보안경찰은 일반 집행경찰 및 수상경찰로 구분된다.

- 일반집행경찰(제복을 착용)
- 수사경찰
- 기동경찰: 대규모 집회시위에 대응한 경비임무
- 수상경찰

그 외 주 수사기관으로서 연방범죄수사청법에 따라 설립된 주범죄수사청이 있다. 주범죄수사청은 연방범죄수사청과 협력 관계에서 연방범죄수사청에 필요한 정보와 자료를 제공하여야 하며, 주의 각급 경찰관서의 수사업무에 필요한 범죄감식 등의 과학수사를 담당하고 있다(홍의표, 2014).

2) 연방경찰청

연방경찰청의 경우 1951년 국경수비대로 창설되어 지난 2005년에 연방경찰청으로 개칭되어 오늘에 이르고 있다. 내무부 산하의 연방경찰은 주경찰에 대한 지휘나 예산관리가 불가능하다. 연방경찰은 주경찰과 달리 국경 수비, 대테러업무, 주경찰 지원 등의 업무를 담당하고 있고, 연방경찰 산하의 지역 경찰본부는 각 주정부와의 협력을 위해 9개의 지역에 설치되어 있어, 설치된 권역을 중심으로 작전 및 직무를 수행하고 있다(신현기 · 홍의표, 2013).

독일의 경찰조직은 연방(국가) · 자치 경찰의 절충형 경찰제도를 채택하고 있다. 연방경찰기관(연방범죄수사청 · 경찰청)과 자치경찰(주경찰청 · 범죄수사청)로 이원화되어 있는 구조이다. 연방경찰과 자치 경찰은 원칙적으로 상호 대등 · 협력 관계로, 연방 내무장관은 주경찰에 대한 재정 부담이나 지휘권을 가지고 있지 않다. 다만 일부 연방경찰 관할 업무에 대해서는 주경찰에 대한 조정 · 통제가 이루어지기도 한다.

연방경찰은 전국적 사항 · 국가적 긴급사태에 대처하기 위해 국경경비와 특수임무만 수행하고, 주경찰이 사실상의 지역 치안을 전담하고 있다. 연방경찰의 주요 업무로는 첫째, 국경 보호가 있다. 이는 불법 입국 저지를 위한 신원확인, 신분증명서 제출 요구 등이 가능하고 이러한 업무는 2001년 12월 국제테러대책법에 의해 신분증명서의 검사 권한이 확대되었다. 둘째, 연방조직을 보호하는 업무이다. 연방의회, 대통령, 연방정부, 헌법재판소 등과 외국대사관 등에 대한 안전업무를 수행한다. 셋째, 국가 비상사태에 대한 업무이다. 연방(주)의 존립이나 자유민주적 기본질서에 대한 위험을 방지하기 위하여 해당 주의 요구로 연방경찰 투입이 가능하다. 또한 연방 정부의 결정으로 연방경찰을 투입할 수도 있다. 방위사태의 경우 연방정부는 전 연방 지역에 연방경찰을 투입할 수도 있다. 넷째, 해안에 대한 경비와 보호 업무이다. 이는 해안 국경 지역의 보호 및 해양오염방지를 수행하는 업무를 의미한다.

연방경찰의 조직은 <그림 2-9>와 같다. 독일연방경찰은 내무부 소속 기관으로 본청 아래에 9개 지부, 1개 기동단, 3개 교육기관, 항공대, 특공대가 있고, 세계 25개국 32개 도시에서 49명의 주재관이 근무하고 있다. 본청에는 청장 직속 부서로 감사부 · 의전실 · 공보부를 두고, 차장 2명은 각자 4개 국(局)을 담당하며, 본청 독립부서로 참모회의, 양성평등기획관, 장애인권익보호관을 두고 있다.

항공보안대의 경우, 연방경찰 무장 대테러요원이 독일 국적 항공기에 탑승하여 항공기 납치, 기내 난동 등의 상황에 대응, 영미권에서는 흔히 '에어 마샬(Air Marshal)'로 알려져 있다.

|그림 2-9| 독일연방경찰 조직도

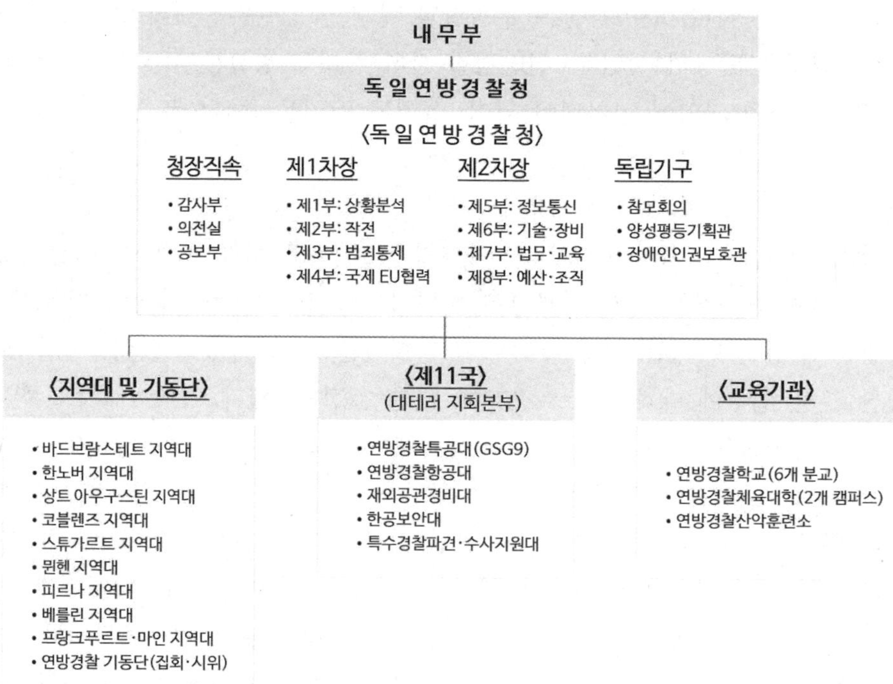

3) 연방범죄수사청

연방정부는 독일기본법 제73조 제9a호 및 제10호, 제87조 제1항에 따라 수사 경찰의 분야에서 연방과 주의 공동협력, 국제적 범죄 및 테러 진압을 위한 연방경찰기구의 설치에 관한 독점적 입법권을 가진다. 이에 근거하여 연방정부는 1951년 3월 8일 「연방범죄수사청의 설치에 관한 법률」(Gesetz ueber die Einrichtung eines Bundeskriminalpolizeiamtes)을 제정하고 연방범죄수사청을 설치하였다.

연방범죄수사청의 주요임무는 각 주의 수사기관과 협력하여 범죄인이 주를 넘나들면서 또는 초국가적으로 활동하는 범죄의 진압 및 형사소추 업무를 조정하는 역할을 담당하는 것이다(연방수사청법 제2조 제1항). 또한 국제적 조직에 의한 불법적 무기 · 위조화폐 · 마약의 밀매 등의 특정한 범죄에 대해 수사를 하는 임무를 수행한다(연방수사청법 제4조, 제4조a). 아울러 독일의 중앙수사기관으로서 범죄관련정보를 수집 · 분석하며, 또한 중앙과학수사기관으로서 DNA 및 지문분석정보를 관리한다. 외국 경찰과의 관계에서 독일의 인터폴중앙사무국으로서, 유로폴(Europol)의 파트너로서, 생겐정보시스템(das Schengener Informationssystem)[25]의 국가중앙기관으로서 국제경찰협력 임무를 담당한다. 연방범죄수사청은 연방수사기관으로서의 임무 이외에 연방 헌법기관이나 외빈에 대한 경호 임무를 수행하고 있다(연방수사청법, 제5조)(홍의표, 2014; 윤진아, 2020).

4) 연방헌법보호청(BfV)

연방헌법보호청은 1950년 9월 27일 시행된 "헌법보호 업무에 있어 연방과 주의 협력 및 연방헌법보호청에 관한 법", 약칭 연방헌법보호법에 근거하여 연방 내무부 산하기관으로 창설되었다. 연방헌법보호청은 쾰른에 소재하고 있으며, 세계적 수준의 최첨단 시설 및 장비를 보유하고 있다. 연방헌법보호청의 임무는 ① 독일 헌법 및 자유민주체제 보호, ② 대간첩 · 대테러, 파괴활동 저지, ③ 국가보안관리업부 지원(각 기관의 보안교육지원, 비밀 취급 공무원 신원조사 등) 등이다. 연방헌법보호청은 같은 연방 내무부 연방범죄수사청과는 달리 수사권은 가지지 않는다. 정보-수집 및 공작기관인 동시에 보안 · 방첩 기관에 해당한다(제성호, 2017).

---

25) 생겐정보시스템은 1985년 6월 생겐조약으로 가입국 내 국경이 철폐되고 자유로운 왕복이 허용됨에 따라 안전을 확보하기 위하여 범죄자 및 범죄차량에 관한 경찰 정보 및 범죄로 수배한 경우 수배정보에 대해 가입국 간 정보를 교환하는 전산시스템임.

|그림 2-10| 독일 연방헌법보호청의 조직도

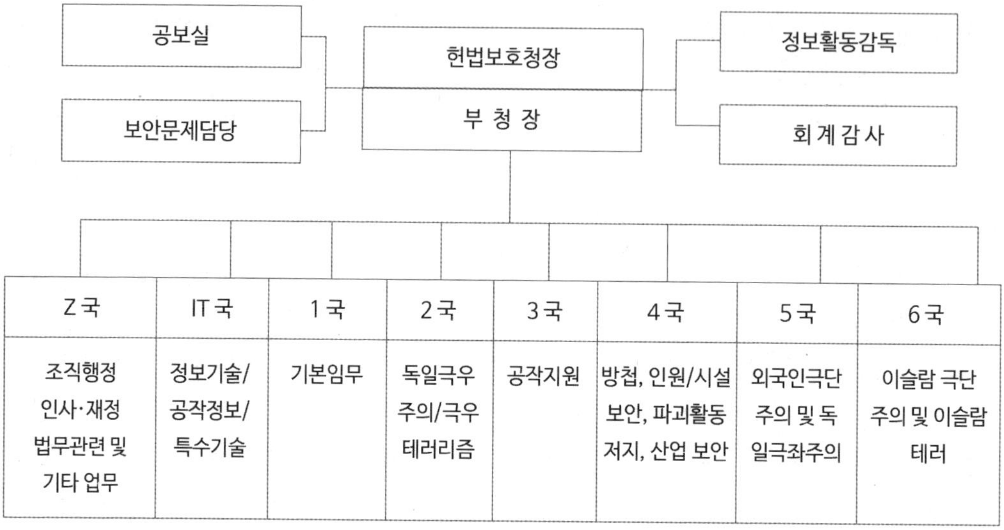

※ 출처: 제성호, 2017.

4. 독일경찰의 특성

1) 독일경찰의 계급

<표 2-15>는 한국과 독일경찰의 계급을 보여주고 있다. 우리나라의 경찰은 11개의 계급으로 이루어져 있지만, 독일의 경우 총 21개의 계급으로 이루어져 있다.

|표 2-15| 한국과 독일의 경찰 계급 비교

한 국	독 일	
계급(11)	계급(21)	계급장
순 경	Probationary Constable Polizeimeister-Anwärter	
	Constable Polizeimeister	
경 장	Senior Constable Polizeiobermeister	

경 사	Chief Constable I Polizeihauptmeister	
	Chief Constable II Polizeihauptmeister mit Amtszulage	
경 위	Probationary Inspector Polizeikommissar-Anwärter	
	Inspector Polizeikommissar	
	Senior Inspector Polizeioberkommissar	
경 감	Chief Inspector I Polizeihauptkommissar A11	
	Chief Inspector II Polizeihauptkommissar A12	
	First Chief Inspector Erster Polizeihauptkommissar	
경 정	Probationary Commissioner Polizeirat-Anwärter	
	Commissioner Polizeirat	
총 경	Senior Commissioner Polizeioberrat	
	Director Polizeidirektor	
경 무 관	Executive Director Leitender Polizeidirektor	
	Director (HQ Division Chief) Direktor in der Bundespolizei	
치 안 감	President (Department Chief) Präsident einer Bundespolizeidirektion	
	President of the Federal Police Academy Präsident der Bundespolizeiakademie	

치안정감	Vice President of the Federal Police Vizepräsident beim Bundespolizeipräsidium	
	President of the Police Department Sankt Augustin Präsident einer Bundespolizeidirektion Sankt Augustin	
치안총감	President of the Federal Police Präsident des Bundespolizeipräsidiums	

2) 독일경찰의 채용시험 절차[26]

독일 공무원 입직 체계의 가장 큰 특징은 지원자의 학력 수준에 따른 차등적인 신규임용 교육과정이 적용된다는 점이다. 경찰관 선발은 공개경쟁을 원칙으로 하며, 특수한 기술과 전문지식을 필요로 하는 부서에의 공무원 채용은 경찰관이 아닌 일반직 공무원으로 충원된다. 선발 과정은 일반 직원과 경위급 경찰관 선발 과정으로 이뤄져 있으며, 지원자의 학력조건은 선발 과정에 있어서 중요한 역할을 한다. 학력에 따라 승진할 수 있는 체제를 유지하고 있다.

경찰공무원의 직급체계는 중급직(Mittlerer Dienst, 순경, 경장, 경사급, A7~9: 우리나라 8, 9급), 상급직(Gehobener Dienst, 경위, 경감급, A9~13: 우리나라 6, 7급), 고급직(Höherer Dienst, 경정, 총경/경무관, A13~16: 우리나라 3, 4, 5급)과 같이 3개 그룹으로 나뉜다.

경찰관의 입직 경로는 연방 및 16개 주 경찰에서 순경급(m.D. 24~30개월), 경위급(g.D, 36~45개월: 행정학사) 및 경정급(h.D, 2년: 행정학석사) 신규임용과정으로 이뤄져 있다. 즉 신규 입직 및 승진교육과정은 주경찰학교(순경급), 주경찰대학교(학사/석사과정, 경위급) 및 (연방)경찰대학원 체제(석/박사과정, 경정급)로 운영되고 있다. 경위급 경찰관충원은 경찰대학(경찰학부)제도를 통하여 이루어지는바, 일반 경찰관들이 간부로 승진하기 위해서는 경찰대학을 반드시 졸업해야 한다(임준태, 2018).

26) 자세한 내용은 임준태, 2018: 305－342.를 참고 바람.

제 5 절 일본경찰

1. 일반현황[27)]

|표 2-16| 국가 개요

국가명	일본(Japan)	
수도	동경(Tokyo)	
인구	1억 2,357만명	(2025)
종교	神道(Shintoism), 불교, 기독교	
면적	약 37.8만㎢(한반도의 약 1.7배)	
행정구역	1도 1도 2부 43현(총 47개)	
국가형태	입헌군주제	
정부형태	내각책임제	
의회구성	양원제(참의원/중의원)	
화폐단위	엔(円 · yen)	
국내총생산(GDP)	4조 3,900억불	(2025)
1인당 GDP	3만 5,610불	(2025)
경제성장률(GDP기준)	1.1%	(2025)
교역	1조 5,066억불 – 수출 7,191억불 – 수입 7,875억불	(2023)
일본체류 한국인	약 411,403명(재일조선인 약 2만4천명)	

※ 출처: 외교부 국가/지역 정보(http://www.mofa.go.kr)를 바탕으로 작성.

27) 외교부 국가/지역 정보를 바탕으로 작성(http://www.mofa.go.kr/www/nation/m_3458/list.do).

일본은 동아시아의 동쪽, 태평양의 서쪽에 위치한 섬나라로 4개의 주된 섬과 주위 4천여 개의 작은 섬으로 구성되어 있다. 전체 면적은 37.8만 ㎢로 남한 면적의 3.8배, 한반도 전체보다 1.7배 넓은 면적이다. 행정구역은 1도(都)1도(道)2부(府)43현(縣)의 총 47개로 나누어져 있으며, 수도는 도쿄이다. 주요 도시로는 요코하마(横浜), 오사카(大阪), 센다이(仙台), 나고야(名古屋), 삿포로(札幌), 교토(京都), 후쿠오카(福岡), 니가타(新潟), 고베(神戸) 등이 있다. (인구는 2025년 기준으로 1억 2,357만 명이다.)

입헌군주제 국가로 헌법은 제2차 대전 패전 후 미군정 아래인 1946년 11월 3일 「대일본제국헌법」을 개정 · 공포하여 1947년 5월 3일에 시행하게 된다. 주요 내용으로 국민주권을 원칙으로 천황, 국회, 내각, 사법, 재정, 지방자치 보장 등 국가조직과 기본적 질서를 규정한 전문과 11장 103개 조로 구성된다. 특히 '전쟁 포기, 군력불보유, 교전권 부인'을 제9조에 명시하고 있어, '평화헌법'이라는 별칭을 가지고 있다. 또한 3원칙으로 첫째 국민주권은 국가의 나아갈 바를 최종결정할 권력과 국가의 권력 행사를 정당화할 권위는 국민이 보유하고 있다는 원칙을 제시하고 있다. 둘째 기본적 인권의 존중으로 공공복지에 반하지 않는 한, 자유권 · 참정권 · 사회권 등 개개인의 기본적 인권의 존중을 보장하고 있다. 셋째로 평화주의로 침략전쟁을 하지 않을 것과 이를 위한 군력을 갖지 않을 것을 명기하고 있다.

천황의 지위는 국가와 국민통합의 상징이며, 헌법에 정해진 일정한 국사 행정 이외 국정에 관한 권리의 주장과 행사는 불가능하다고 헌법에서 규정하고 있다. 또한 정치적으로 엄정중립, 어떠한 정치문제에도 관여하지 않도록 하여, 천황 및 황족은 선거권과 피선권을 보유하고 있지 않다. 국사에 관한 천황의 모든 행위는 내각의 조언과 승인을 필요로 하며, 그 책임은 내각이 가지고 있다.

정부는 내각책임제 형태를 띠고 있으며, 의회는 참의원과 중의원의 양원제를 채택하고 있다. 행정을 담당하는 내각은 크게 1부 12성청으로 구성된다. 내각부, 총무성, 법무성, 외무성, 재무성, 문부과학성, 후생노동성, 농림수산성, 경제산업성, 국토교통성, 환경성, 방위성 및 국가공안위원회가 내각에 포함된다. 내각부의 장은 내각총리대신이고 각 부성의 장은 국무대신이 맡게 된다. 부성 산하에 청이나 행정위원회를 위국으로 설치하는데 국가공안위원회는 내각부 산하 위원회로, 위원회 중 유일하게 장이 국무대신이다.

일본은 1965년 우리나라와 국교 정상화 이후 정치 · 안보, 경제 · 통상, 문화 · 인적교류 등 전반적으로 꾸준한 우호협력관계 발전을 이뤄온 이웃 국가로 평가된다. 우리나라의 제3위 교역상대국이자, 제2위 대한투자국이다. 2019년도 우리의 대일 교역액은 759.9억 달러이며, 우리나라의 수출 4위국이자 수입 3위국이다. 또한

2019년도 일본의 대한투자액은 14.3억 달러이며, 1962~2019년 간 총 누적투자액은 454.7억 불이다. 외국인 입국자 중 일본인의 비중은 중국에 이어 2위(2019년 기준 방한 일본인 327만 명)이고, 일본 입국자 중 한국인의 비중도 2위(2019년 기준 방일 한국인 558만 명)로 인적교류가 활발하다.

UNODC(United Nations Office on Drugs and Crime, 유엔마약범죄사무소)의 자료에 따르면 2022년 일본의 살인범죄 발생률은 100,000명당 0.23명으로 나타났고, 2022년 일본의 폭력범죄 발생률은 100,000명당 15.74명, 2022년 일본의 성범죄 발생률은 100,000명당 5.13명으로 나타났다.[28] 2020년 기준 일본의 총 경찰관 수는 약 296,000여명인 것으로 파악되었고, 경찰관 1인당 담당 국민의 수는 약 420여명 수준인 것으로 확인되었다.[29]

2. 일본경찰의 역사

일본경찰의 역사는 <표 2-17>과 같이 크게 세 가지 시기로 구분해서 살펴볼 수 있다. 첫 번째로 세계 2차대전 이전까지의 시기, 둘째 패전 이후 구(舊) 경찰법의 시대, 마지막으로 1954년 현행 경찰법이 시작된 시기 이후의 오늘까지의 시기로 나뉜다.

|표 2-17| 일본경찰 제도의 변화 과정

시기	2차 세계대전 이전	→	패전 이후 구(舊) 경찰법(1947년)	→	경찰법 (1954년 이후 현재)
특징	군국주의		연합군 최고사령부에 의한 자치경찰제 도입/ 지방분권, 민주적 관리		구 경찰법 전면개정/ 민주적 운영, 경찰조직의 효율적 운영, 정치적 중립성 확보, 내각의 치안책임
체제	중앙집권적 국가경찰 체제		기초단위(市町村) 자치경찰제		광역단위(都道府縣) 자치경찰제

※ 출처: 안성훈, 2018.

28) https://dataunodc.un.org/.
29) https://www.npa.go.jp/english/Police_of_Japan/police-of-japan2021/002/002/002-4.pdf

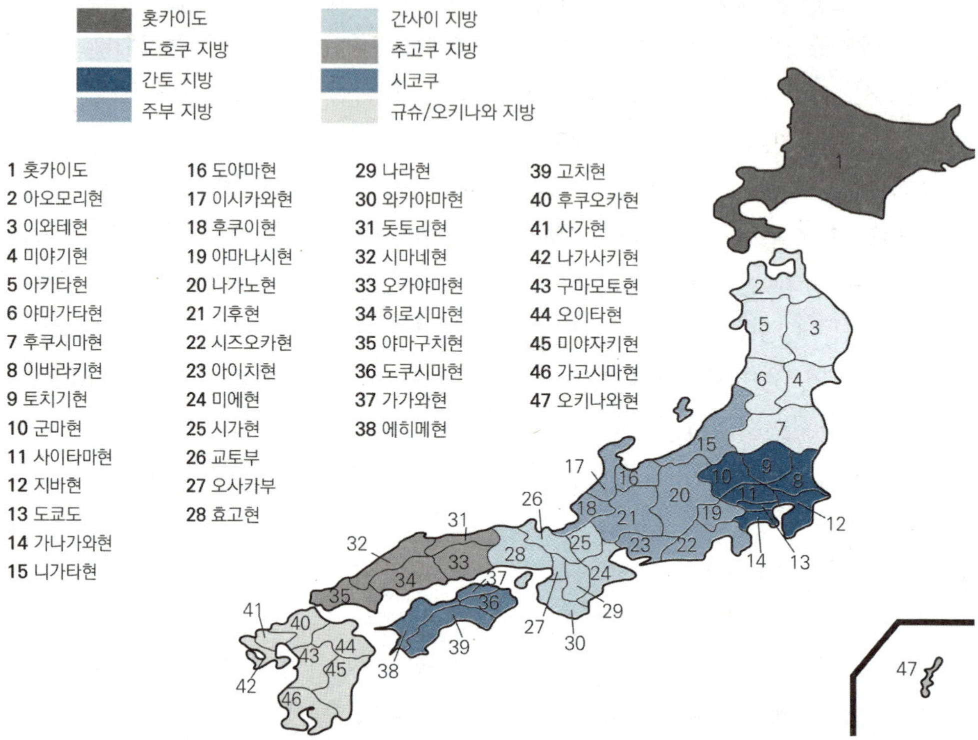

우선 첫 번째 시기를 구체적으로 살펴보면, 일본에 경찰제도가 설치된 것은 도요토미 히데요시(풍신수길, 豊臣秀吉)가 전국을 통일하고 1603년 도쿠가와 이에야스(덕천가강, 德川家康)가 에도막부를 성립시킨 이후이다. 일본경찰제도는 메이지(明治) 시대(1868~1911년) 초기부터 중반에 걸쳐 처음에는 프랑스의 제도를 모델로 도입하였다가 이후에는 독일의 제도를 모델로 하여 도입하였다. 2차 세계대전 이전까지 강력한 국가 경찰체제를 유지했다(안성훈, 2018). 1868년 메이지유신 이전의 일본경찰은 지방의 각 번(蕃)을 중심으로 하여 번주와 사무라이가 각자의 방식으로 경찰업무를 수행하였다. 그중 일본 최초의 경찰제도라고 볼 수 있는 것은 정봉행소(町奉行所)인데, 이는 사법·행정·경찰업무를 통합적으로 수행하였다(김형만 외, 2007). 1874년 내무성에 경보료(警保寮)가 설치된 이래 제2차 대전이 종료되기까지 중앙에서는 내무성 경보국, 지방에서는 지사에 의해 관리·운영되었으며, 일본 최초의 근대적 경찰법은 1875년 제정된 「행정경찰규칙」이었다(박동기, 1998). 이 시기의 일본경찰의 특징은 강력한 국가 경찰체제를 운영하고 있다는 것이다. 프랑스나 영국의 경찰이념을 받아들이지 않고, 일본의 근대경찰은 법률에 의하지 않고도 천황의 대권과 독립 명령권에 의해 다양한 권한을 가졌으며 노동운동 및 공산주의자 탄압 등 전제적으로 권력을 행사하였다(이성용 외, 2015).

패전 이후 구(舊) 경찰법 시대에서는 근대 일본경찰의 강력한 국가 경찰제제가 일본의 군국주의를 지탱한 세력의 하나로 보아 근본적인 개혁과 해체가 필요하다는 미군정의 판단에 따라 대대적인 경찰개혁이 이루어지게 되었다. 이러한 개혁에서 1975년 경찰법(이하 구(舊)경찰법이라고 함)이 새로이 제정됨에 따라 기초자치단체인 시정촌(市町村) 단위의 자치경찰제도가 도입되었다(안성훈, 2018). 이 개혁은 국가경찰과 자치제경찰의 2계층으로 하고, 그 책무를 한정하여 그 관리를 민간인으로 된 공안위원회에 맡겨 경찰 운영의 민주화를 촉진하는 것을 목적으로 하였다. 그럼에도 불구하고 이 구(舊) 경찰법은 몇 가지 한계점이 지적되었다. 지나친 세분화로 인해 집단적이거나 광역범죄에 효율적으로 대응하지 못했고, 소규모의 지방자치단체의 경우 자치경찰제 시행으로 인한 재정적인 부담을 느끼게 되었다. 또한 중범죄에 대한 대처가 곤란하고 지역 유착의 문제 등도 제기되었다. 이러한 문제를 해결하기 위해 1952년 주민 투표를 실시하여 자치 경찰의 수가 줄어 들고 1954년에는 자치 경찰과 공안위원회제도를 유지하면서도 효율성과 치안 책임을 확보할 수 있는 방법으로 오늘날의 경찰법으로 전명 개정하게 되었다(오승은, 2017).

새롭게 개정된 경찰법은 구 경찰법의 한계점을 극복하기 위해 민주적 운영, 경찰조직의 효율적 운영, 정치적 중립성 확보, 내각의 치안 책임 등을 특징으로 하고 있다. 구 경찰법에서의 자치경찰제가 기초단위 자치경찰제라고 한다면, 신 경찰법에서는 광역단위 자치경찰제를 시행하게 되었다. 이후 몇 번의 개정을 통해 조직과 기능이 변경되긴 하였지만 이러한 주요 사항들은 유지되고 있다(이성용 외, 2015).

3. 일본경찰의 조직과 구조

일본은 경찰기구의 지방분권과 민주적인 운영관리, 정치적 중립성 확보를 위해 전면적인 자치경찰제도를 실시하였으나 경찰조직의 지나친 세분화로 인한 재정부담 문제와 업무의 비효율성과 관련된 한계로 인해 1954년 현행 경찰법을 제정하였다. 제정된 경찰법의 내용에는 광역지방자치단체인 도도부현으로 경찰을 일원화하는 것과 국가가 경시정 이상의 경찰관에 대해서만 제한된 인사권을 가지는 것, 공안위원회를 만들어 경찰을 관리하고 그 밖의 정치적 인사의 관여 불허용, 국가경찰과 자치 경찰과의 의사소통 확대 등이 포함되어 있다(신현기, 2017).

일본의 경찰제도에 관하여는 국가 경찰제도와 자치경찰제도의 논쟁이 지속되고 있으나, 대체적으로 절충형 경찰제도라는 의견이 다수를 차지하고 있다. 일본의 경찰조직은 <그림 2-11>과 같이 국가경찰과 자치 경찰로 이원화되어 운영된다.

자치 경찰조직은 도도부현지사의 소할 하에 있는 각각의 공안위원회에 의해 운용되고 있으며, 공안위원회 하에 도쿄의 경시청, 북해도의 경찰본부, 45개의 부현에 경찰본부를 두고 그 아래 하급기관으로 경찰서를 두고 있다(최종술, 2019).

일본의 국가경찰은 국가적 차원에서의 공안 활동 및 범죄 수사 등을 담당하고 있으며, 관리는 국가공안위원회가 담당한다. 자치경찰조직의 경우 도도부현 공안위원회에 의해 관리된다(김민정, 2017).

1) 국가공안위원회

내각부의 외국으로 설치된 합의제의 행정위원회이다. 경찰이 국민과 격리된 독선적 조직이 되는 것을 방지하기 위하여 국민의 대표자로서 공안 위원을 선출, 국민에 의한 경찰 관리를 실현하기 위한 제도이다.

공안위원회의 기능은 어디까지나 경찰의 독선을 방지하고 정치적 중립성을 유지하게 하려는 소극적 특성을 가진다. 위원장 및 5인의 위원으로 구성된다.

|그림 2-11| 일본의 경찰 조직

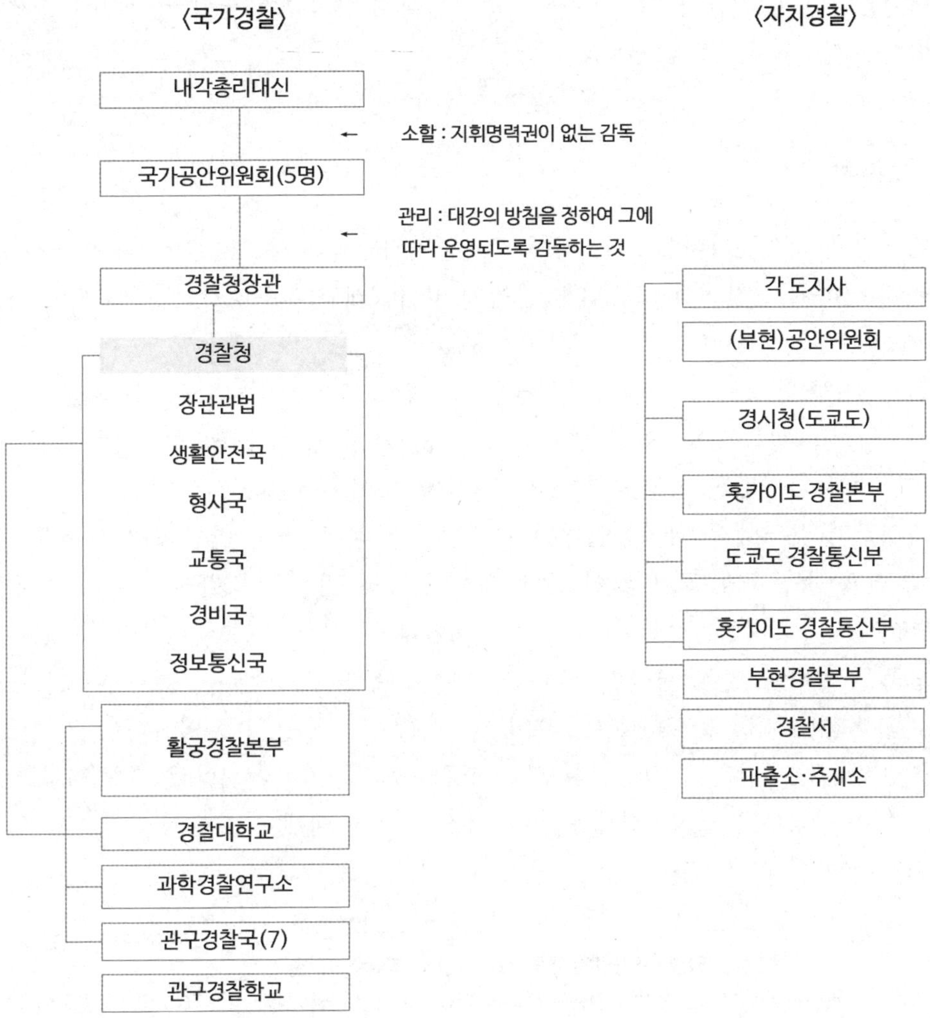

중앙기관에서 통일적으로 운영 · 통제하는 것이 효율적인 '국가의 공안에 관계되는 경찰운영'과 '경찰행정에 관한 조정'에 관한 임무를 맡는다.

임무를 수행하기 위하여 특정한 사무에 관하여 경찰청을 관리할 수 있는데 그 사무는

㉠ 경찰에 관한 제도의 기획 및 입안에 관한 것

㉡ 경찰에 관한 국가예산에 관한 것

㉢ 경찰에 관한 국가의 정책평가에 관한 것

㉣ 국가의 공안에 관한 것으로 경찰의 운영에 관한 것 등이다.

경찰청장관, 경시총감, 도도부현경찰본부장, 도도부현경찰의 경시정 이상의 경찰관에 대한 임면권, 긴급사태시 내각총리대신에게 포고권고권 등이 경찰법에 규정되어 있다.

2) 경찰청

국가경찰은 내각총리대신 소할 하에 국가공원위원회를 두고(경찰법 제4조), 국가공안위원회 산하에 경찰청과 고등법원 관할에 따라 7개의 관구경찰국을 두고 있다(동법 제15조)(안성훈, 2018).

국가경찰(경찰청 · 관구경찰국)과 자치경찰(경시청 · 도부현 경찰본부)로 이원화되어 운영된다. 원칙적으로 대등 · 협력 관계이지만, 인사(경시정 이상 계급) · 예산 · 소관 사무 등에 대한 국가경찰의 광범위한 조정 · 통제가 이루어진다.

국가경찰의 운영에서 국가공안위원회는 경찰청 사무 관련 방침을 제시한다. 경찰관 임면 · 복무 · 지방 경찰 지휘 등에 대한 실질적 권한은 경찰청 장관이 행사한다. 경찰청은 장 · 차관, 장관관방(경무국) · 생안국 · 형사국 · 교통국 · 경비국 · 정보통신국으로 구성되어 전체 경찰기관을 총괄하여 업무를 조정한다. 또한 부속기관(경찰대학 · 과학경찰연구소 · 황궁경찰본부), 지방기관(관구경찰국) 등을 운영한다.

관구경찰국은 경찰청의 지방기관으로 전국(도쿄都 · 홋카이道 제외)을 7개 권역으로 분할, 감찰 · 광역수사 조정 · 정보통신 등 특정 사무에 대해 도도부현 경찰을 지휘 · 감독하는 역할을 하게 된다.

일본 국가공안위원회와 경찰청 장관과의 관계

- 국가공안위원회는 경찰청을 관리하고(일본경찰법 제5조 제2항) 경찰청장관은 국가공안위원회의 관리에 따라 경찰청 사무총괄 및 지휘감독을 함(동법 제6조 제2항).
- 경찰청 장관은 국가공안위원회가 내각총리대신의 승인을 얻어 임명(동법 제6조 제1항)
- 국가공안위원회는 경찰청 사무에 관한 대강의 방침만을 제시하고 경찰청 장관을 통하여 경찰을 관리하며, 경찰청 장관은 경찰을 직접 지휘 감독하면서 국가공안위원장을 보좌

경찰청 장관의 경찰청 수장으로 국가공안위원회의 관리에 따라 경찰청을 지휘한다. 계급제도가 적용되지 않는 유일한 경찰관이다(경찰법 제62조). 계급 체계상 최상위인 '경시총감'보다 높은 계급으로 경찰청 소속 직원에 대한 임면권 및 징계에 관한 권한을 가진다. 평시에는 경찰청 사무와 지방 경찰에 대한 지휘 감독, 긴급사태시에는 지방 경찰 본부장에 대해 필요한 지휘 · 명령을 할 수 있다.

|그림 2-12| 일본 경찰청 조직도

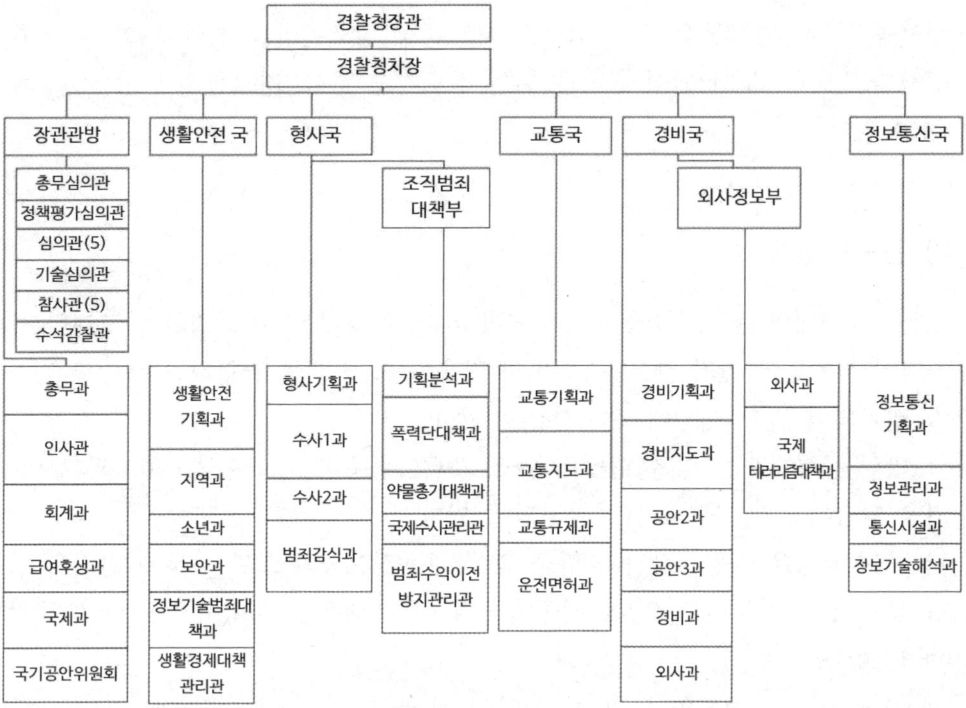

경찰청의 각 기능별 주요 업무를 살펴보면, 우선 장관 관방은 소관 행정을 기획·입안·보존, 정책평가, 법령심사, 홍보, 감찰업무를 담당한다. 또한 경찰 조직 인사 및 정원 관리, 예산·결산 등 회계를 관리한다. 경찰관 교육, 복리후생, 경찰장비에 관한 업무와 함께 소관 행정에 관련된 국제협력 사무 총괄한다. 그 밖에도 다른 기능이 소관하지 않는 사무를 담당한다.

생활안전국은 범죄, 사고 등에 관련된 시민 생활의 안전과 평온에 관한 업무를 담당한다. 또한 지역 경찰, 범죄예방, 보안경찰에 관한 업무를 담당한다.

형사국은 형사경찰 업무를 총괄하고, 범죄통계의 관리, 범죄감식에 관한 업무를 맡게 된다. 아울러 국제 범죄 수사, 폭력단 대책, 마약 및 총기 단속, 범죄 수익 이전방지, 국제 수사 공조 업무 등(조직범죄대책부)을 담당한다.

교통국은 교통 소관 업무의 기획, 교통위반 단속 등 교통안전을 위한 업무를 담당하고, 경비국은 경비·경호 및 긴급사태(경찰법 제71조)에 대응하기 위한 계획 수립 및 실시에 관한 업무를 담당하고 있다. 이때의 긴급사태는 대규모 재해 또는 소란, 그 밖의 긴급사태를 의미하고, 외에도 경비에 관한 사무 중 외국인 또는 재외 일본인에 관한 업무도 맡고 있다.

정보통신국은 경찰통신 관련 업무, 소관 행정 정보관리를 위한 기획 및 기술적 연구를 담당한다. 또한 범죄 단속을 위한 정보기술 분석, 경찰통계 담당(범죄통계 제외)하고 있다.

3) 관구경찰국

일본에는 7개의 관구경찰국이 설치되어 있다. 동경부는 수도 경찰을 고려하여 관구경찰이 설치되어 있지 않고, 북해도의 경우도 도 전체를 관할하는 북해도 경찰본부가 설치되어 있기 때문에 관구경찰이 없다.

그 밖의 동북, 관동, 중부, 근기, 중국, 사국, 구주에는 <표 2-20>과 같이 각 구역을 담당하는 관구경찰국이 설치되어 있다.

관구경찰국장은 경찰청장관의 명을 받아 관구경찰국의 소관 사무에 관련하여 부현경찰을 지휘·감독하고 있다. 관구경찰의 사무 내용은 대략적으로 다음과 같다(신현기, 2017).

- 경찰에 관한 제도의 기획 및 입안에 관한 것
- 경찰에 관한 국가예산에 관한 것
- 경찰에 관한 국가의 정책평가에 관한 것
- 다음에 열거하는 사안으로 국가의 공안에 관한 것으로 경찰의 운영에 관한 것
- 민심에 불안을 일으킬 대규모의 재해에 관계되는 사안
- 지방의 평온을 해할 염려가 있는 소란에 관계되는 사안
- 국제관계에 중대한 영향을 주고, 그 외 국가의 중대한 이익을 현저히 해할 염려가 있는 항공기의 강취, 인질에 의한 강요, 폭발물의 소지 그 외의 이것에 준하는 범죄에 관한 사안
- 다음 아래의 어느 것에 해당하는 광역조직범죄와 그 외의 사안에 대처하기 위한 경찰의 태세에 관한 것
- 전국의 광범한 구역에 있어서 개인의 생명, 신체 및 재산 그리고 공공의 안전과 질서를 침해하거나 또는 해할 염려가 있는 사안
- 국외에 있는 일본 국민의 생명, 신체 및 재산 그리고 공공의 안전과 질서를 침해하거나 또는 해할 염려가 있는 사안

|표 2-18| 관구경찰국의 명칭 및 관구구역

명 칭	위 치	관구구역
동북(東北)	센다이	아오모리, 이와테, 미야기, 아키타, 야마가타, 후쿠시마
관동(關東)	사이타마	이바라키, 토치기, 군마, 사이타마, 치바, 가나가와, 니가타, 야마나시, 나가노, 시즈오카
중부(中部)	나고야	도야마, 이시카와, 후쿠이, 기후, 아이치, 미에
근기(近畿)	오사카	시가, 교토부, 오사카부, 효고, 나라, 와카야마
중국(中國)	히로시마	돗토리, 시마네, 오카야마, 히로시마, 야마구치
사국(四國)	다카마쓰	도쿠시마, 카가와, 에히메, 고치
구주(九州)	후쿠오카	후쿠오카, 사가, 나가사키, 오이타, 미야자키, 가고시마, 구마모토, 오키나와
동경부(東京都)	경찰정보통신부	
북해도(北海道)	삿보로	

4) 일본 자치경찰 조직

일본의 자치경찰조직은 도도부현경찰을 의미한다. 일본의 자치 경찰은 도도부현경찰이 있고, 경찰관리기관으로 지사의 소할에 공안위원회를 설치·운영하며, 경시청장과 도부현경찰본부장은 경찰서를 지휘·감독하는 시스템으로 이루어져 있다(신현기, 2017).

① 도도부현공안위원회

도도부현공안위원회는 일본의 지방자치법상 집행기관으로 설치하여야 하는 위원회 중 하나이다. 도도부현지사의 소할 하에 있기 때문에 지사의 지휘·감독을 받지 않고 독립하여 직권을 행사한다.

위원장은 위원의 호선으로 선출되고 임기는 1년이고 재임 가능하다. 국가공안위원회와 달리 위원장도 표결권을 가지고 있는 것이 특징이다. 위원은 지사가 도도부현의회의 동의를 얻어 임명하고 임기는 3년이며 재임 가능하다.

도도부현경찰을 관리한다고 규정되어 있지만 '관리'란 위원회가 사무처리에 대한 대강의 방침만을 정하여 사전·사후 감독을 의미한다. 도도부현경찰의 사무집행의 세부에 대한 개별적 지휘·감독은 불가능하다.

도도부현공안위원회는 도도부현 경찰의 모든 경찰사무에 대한 관리·책임을 부담한다(경찰법 제38조). 도도부현 공안위원회는 경찰법에 따라 경찰직원의 인사에 관한 권한, 경찰서협의회 위원 등 자문위원의 위촉·임면에 관한 권한, 타 도도부현 경찰 등과의 관계에 관한 권한 등을 가지고 있다(최미옥, 2023).

② 도도부현경찰

자치 경찰(도도부현 경찰)은 지방자치단체 소속으로 도도부현공안위원회는 경시청·도부현 경찰본부를 관리하게 된다. 동경도(都) 경시청은 수도 동경도(都)를 관할한다. 일본 자치 경찰 대표 조직으로 동경도(都)의 실질적인 치안업무를 관장하게 된다. 총무·경무·교통·경비·지역·공안·형사·생활 안전·조직범죄대책부로 구성되고, 부속기관으로 경시청 경찰학교가 있으며, 백여 개의 경찰서를 운용하고 있다.

도부현 경찰본부는 각 지방마다 설립되어 있는 자치 경찰로 지방 치안을 담당하고, 경찰본부장은 경시감(치안감급) 또는 경시장(경무관급)으로 지역별 규모에 맞게 구성된다. 도도부현 경찰은 상호협력의 의무를 가지고 있으며, 도도부현에 근무하는 경시정 이상의 경찰관은 국가공무원으로, 경시정 미만의 경찰관은 지방공무원으로 분류되기 때문에 사실상 일본의 경찰체계는 단일체계로 파악할 수 있다. 자치 경찰에 대한 임용권 역시 지방자치단체장이 아닌 도도부현 경찰본부장이 가지고 있다(최돈수, 2018).

도도부현경찰은 상호 간의 협력의 의무를 가진다. 자치 경찰로서 도도부현경찰은 각각 독립적으로 운영되고 상하의 명령체계가 존재하지 않지만, 경찰 활동의 특성이 관할구역 안에서만 이루어지지 않고 광역화의 성격이 있기 때문에 서로 협력하여 경찰 활동이 이루어져야 한다. 또한 원조를 요구하는 관계로 설정된다. 이는 도도부현공안위원회는 경찰청 또는 다른 도도부현경찰에 대하여 해당 경찰력으로 처리할 수 없을 정도의 대규모 재해, 소요 사태 등이 발생할 것으로 예상될 때에 요구할 수 있다(정진환, 2006).

|그림 2-13| 도도부현경찰의 조직도

※ 출처: 안성훈, 2018.

일본경찰의 계급(경시총감 이하 9등급으로 구분)

일 본	한 국	일 본	한 국
경시총감	치안정감	경 부	경 감
경 시 감	치 안 감	경 부 보	경 위
경 시 장	경 무 관	순사부장	경 사
경 시 정	총 경	순 사 장	경 장
경 시	경 정	순 사	순 경

※ 출처: 안성훈, 2018.

4. 일본경찰의 특성

1) 일본경찰계급

일본경찰의 경찰관 계급은 경시총감 이하 9등급으로 구분된다. 우리나라와 비교하여 살펴보면 경치총감은 우리나라의 치안정감에 해당하고, 그 아래로 경시감(치안감), 경시장(경무관), 경시정(총경), 경시(경정), 경부(경감), 경부보(경위), 순사부장(경사), 순사장(경장), 순사(순경)에 해당한다. 경찰청 장관은 별도의 계급이 존재하지 않는다.

2) 인사관리 특징

일본경찰 관리에는 세 가지 특징이 있다. 첫째는 앞서 살펴보았듯 국가경찰조직과 지방경찰조직이 나뉘어져 있음으로 인해 생겨나는 특징으로 경찰관 신분이 이중적인 구조로 구성된다. 우선 국가공무원에 해당되는 경찰은 경찰청에서 근무하는 경찰관과 자치 경찰(도도부현)에서 근무하는 경찰관 중 경시정 이상의 경찰관이다. 이외의 경찰관은 지방 경찰로 구분된다. 이로 인해 국가경찰은 국가공무원법 또는 경찰법의 적용을 받는다(김형만 외, 2007).

둘째, 일본의 경찰조직은 경찰청장을 정점으로 피라미드형의 계급사회로 구성되고 있지만, 여기서의 계급은 "일정한 직무를 수행할 능력과 책임을 갖고 있는 것을 표상하는 것"이고, 상하의 지휘감독관계를 나타내는 직제와는 다르다. 이렇듯 경찰조직에 계급 구조화가 적용된 이유는 다른 행정조직보다 조직의 통일성이 중요하기 때문이고, 특정의 직무를 충족하기 위하여 계급을 설정해 두면 활용 가능 인력의 파악이 쉽기 때문에 인력관리의 차원에서 효율적으로 운영될 수 있다(신현기, 2006a).

셋째, 경찰관과 승진은 다른 공무원의 승진과는 다르게 승진에 있어서는 직계제가 아닌 계급제를 따르고 있다. 즉 부장, 과장, 계장 등으로 승진이 이루어지는 일반 공무원과는 다르게 순사, 순사부장, 경부보 등으로 하위계급에서 상위계급으로 승진이 이루어진다(김형만 외, 2007).

3) 승진제도

(1) 시험승진

일본경찰의 승진제도는 경부 이하의 경찰관에게는 경우에 따라서 연공서열주의에 의하여 결정되기도 하지만, 기본적으로 시험승진을 중심으로 진행되고 있다. 시험에 의해 승진을 결정하는 주된 이유는 일정한 자격을 가진 사람에게 시험의 기회를 부여하기 위함이고, 이런 시험 승진을 통해 경찰 인력이 보다 전문화되어 능력주의를 표방하는 조직으로 발전할 수 있기 때문이다. 또한 시험 승진은 경찰관 개인에게는 자기 개발의 동기를 부여하고, 조직에게는 숨은 인재를 찾아내는 효율적인 방법으로 활용될 수 있다(정진환, 2006).

일본경찰기관에서는 대졸자가 경찰로 유입되도록 하기 위해 이들에 대한 우대정책을 실시하고 있다. 대학졸업자의 경우 승진에 파격적인 대우를 받게 되는데 이 제도로 인하여 대졸자는 채용 후 약 2년 만에 순사부장, 약 4년 만에 경부보로 승진이 가능하다. 또한 앞서 살펴본 바와 같이 일본경찰은 국가경찰과 지방 경찰로 구분되고, 지방 경찰에서도 경시정 이상은 국가공무원에 해당된다. 고시출신자들은 경시정 이상이며 국가경찰이고 이들은 지방 경찰에 비해 우대받고 승진도 빠르다(신현기, 2006a).

(2) 근무평정제도

종래의 인사고과제도가 근무성적을 평정하기보다 평가대상자의 인물 평정에 치중하여 제도의 본래 취지에 맞지 않는 경우가 많았다. 이러한 문제점을 극복하고 경찰조직의 성과주의에 대한 문화를 확산시키기 위해 보다 객관적이고 과학적인 근무평정제도를 도입하고자 노력하였다. 근무성적평정은 경찰청장관이 내각총리대신과 협의하여 정한 근무성적평정규정에 따라 행하는 것이지만, 특히 근무성적이 우수하거나 불량한 자에 대한 적극적인 사후조치를 강력히 규정함으로써 그 운영의 내실을 기하는 데 중점을 두고 있다(정진환, 2006).

참고문헌

곽태석 · 이경희. (2019), "아메리카, 유럽, 아시아 국가 경찰의 조직과 활동", 「자치경찰연구」, 12(1): 3-32.

경찰청 역사편찬위원회. (2006), 「한국경찰사 I」.

경찰청 역사편찬위원회. (2006), 「한국경찰사 II」.

김민정. (2017), "일본경찰제도에 관한 연구", 「자치경찰연구」, 10(2): 14-30.

김성룡. (2019), "독일 경찰의 구조와 기능", 「형사법의 신동향」, 63: 230-271.

김창윤. (2016), "해방 이후 범죄대응을 위한 경찰조직 변천에 관한 연구", 「한국범죄심리연구」, 12(4): 71-92.

김학경 · 심희섭. (2017), "광역단위 지방자치경찰시대를 대비한 영국경찰의 예산조달 시스템에 관한 연구", 「예술인문사회융합멀티미디어논문지」, 7: 111-119.

김학경 · 이성기. (2012), "영국지방자치경찰의 새로운 패러다임 : 2011 경찰개혁 및 사회책임법과 국립범죄청을 중심으로", 「경찰학연구」, 12(1): 147-174.

김형만 · 신현기 · 양문승 · 이영남 · 이종화 · 이진권 · 임준태 · 전돈수 · 표창원(2007). 「비교경찰제도론」, 법문사.

박동기. (1998), "일본의 경찰제도에 관한 고찰", 「공안사법연구」, 2: 182-108.

박준휘 · 안성훈 · 박준희 · 고가영 · 이형근 · 최성락 · 강용길 · 유주성 · 장일식. (2019). "한국형 자치경찰제 시행 및 정착에 관한 연구(I)", 「연구총서 19-B-07」, 한국형사정책연구원.

박현호. (2007), "영국 경찰의 입직 및 승진과 관련한 교육체계에 관한 연구", 「경찰학연구」, 7(1): 9-43.

신현기. (2006a), 「비교경찰제도의 이해」, 웅보출판사.

신현기. (2006b), "미국의 경찰조직체계와 특징에 관한 연구", 「한국유럽행정학회보」, 3(1): 137-163.

신현기. (2017), "일본 광역단위 자치경찰제도에 관한 연구", 「자치경찰연구」, 10(1): 25-51.

신현기 · 김학경 · 김형만 · 양문승 · 이영남 · 이종화 · 이진권 · 임준태 · 전돈수. (2018). 「비교경찰제도론」, 법문사.
신현기 · 홍의표. (2013), "독일 자치경찰제도에 관한 연구", 「자치경찰연구」, 6(1): 3-32.
안성훈. (2018), "주요 국가 자치경찰제 운영현황 비교 분석 - 견제 · 통제 방안을 중심으로", 「연구총서 18-AB-05」, 한국형사정책연구원.
여개명. (2019), "영국 경찰의 거버넌스 구조의 변화과정에 대한 연구", 「치안정책연구」, 33(2): 265-298.
오규철. (2014), "미국경찰채용의 필기시험과 시사점에 관한 연구", 「한국경찰학회보」, 16(1): 101-138.
오승은. (2017), "일본의 통합형 경찰제도에 관한 연구", 「한국지방자치학회보」, 29(3): 275-298.
윤진아. (2020), "독일 경찰제도의 현황과 당면문제", 「법과 정책연구」, 20(1): 293-312.
윤호연. (2013), "미국의 자치경찰제도에 관한 연구", 「자치경찰연구」, 6(4): 68-117.
이경은. (1998), "국가경찰과 자치경찰의 사무분장과 자치경찰의 바람직한 기능에 관한 연구", 「자치경찰제도 공청회 자료집」.
이기춘. (2018), "한국 자치경찰제도의 이상적 모델", 「지방자치법연구」, 18(1): 29-66.
이성용 · 권선영 · 김영식 · 이기수 · 이훈 · 장응혁 · 최대현. (2015). 「비교경찰론」, 박영사.
이황우. (2005), 「비교경찰제도」, 법문사.
임준태. (2018), "최근 독일 경찰교육과정의 내용과 시사점: 신규입직 기본교육과정을 중심으로", 「한국경찰학회보」, 20(3): 305-342
정진환. (2006), 「비교경찰제도」, 백산출판사.
제성호. (2017), "독일의 테러방지법과 테러대응기구", 「법학논문집」, 41(1): 69-105.
최돈수. (2018), "일본의 자치경찰제도에 대한 연구", 「경찰복지연구」, 6(2): 215-234.
최미옥. (2023), "한국 · 영국 · 일본의 자치경찰제에 대한 비교연구와 정책적 함의", 「한국자치경찰논총」, 2(1): 83-108.
최병일. (2010), "자치경찰제 정착을 위한 경찰체제 유형별 비교연구", 「한국자치행정학보」, 24(1): 19-35.
최응렬. (2005), 「경찰행정학」, 경찰공제회.
최종술. (2019), "외국 자치경찰제의 특징과 시사점", 「한국지방정부학회 학술대회 논문집」, 1-20.

최진욱 · 양현호(2015), "미국의 경찰제도와 국방 법 집행 기관에 관한 연구", 「자치경찰연구」, 8(3): 28-54.

치안정책연구소. (2021). 「외국자치경찰제도 연구」.

한국형사정책연구원. (2019), 「한국의 범죄현상과 형사정책」.

한영우. (2017), 「다시 찾는 우리 역사」, 경세원.

홍의표. (2014), 「외국 해상치안기관 법, 제도 조사분석 보고서」, 한국법제연구원.

황의갑. (2018), "광역자치경찰제도의 외국 사례", 「지방행정」, 778: 40-43.

https://dataunodc.un.org/.

https://www.statista.com/statistics/191694/.

https://www.mofa.go.kr(외교부 국가/지역 정보).

http://www.usdoj.gov/dojorg.htm.

https://www.dhs.gov.

https://www.nationalcrimeagency.gov.uk/who-we-are/our-mission.

제3장

경찰행정법

제 1 절 서론

1. 경찰과 법치주의

1) 법치주의와 법치행정

헌법의 기본원리이자 오늘날 대부분의 국가에서 국가의 핵심지도원리로 파악되고 있는 법치주의(法治主義)는 "법에 의한 통치"를 의미하는 말로서 사람에 의한 통치를 의미하는 '인치(人治)'에 대별되는 개념이다. 다시 말해 국가작용은 법에 의해 이루어져야 한다(정종섭, 2008: 141)는 것이 법치주의의 핵심개념이다. 따라서 국가작용의 하나인 행정은 법에 따라 이루어져야 하며, 행정권 행사로 인해 국민의 권익이 침해된 경우 구제를 위한 제도가 보장되어야 한다는 것이 바로 법치행정의 원칙이라 할 수 있다(박균성·김재광, 2018: 8). 법치행정의 원칙은 법률의 법규창조력 원칙, 법률(「행정기본법」 제8조 법치행정의 원칙 참조)우위의 원칙, 법률유보의 원칙을 그 내용으로 하며 각각을 살펴보면 아래와 같다.

(1) 법률의 법규창조력 원칙

법률의 법규창조력이란 의회에서 제정한 법률만이 국민의 권리의무관계를 규율하는 법규를 창설할 수 있다는 원칙이다. 다만 뒤에서 살펴보겠지만, 오늘날에는 의회에서 제정한 법률 이외에 행정권에 의해 발동되는 명령과 국민의 법적 확신을 득(得)한 관행인 관습법, 행정법의 일반원칙 등도 국민의 생활을 직접적으로 기속하는 효력을 갖는다.

(2) 법률우위의 원칙

법우위의 원칙이란 행정의 법 종속성을 의미하는 것으로 모든 행정작용은 법에 위반하여서는 안 된다는 원칙을 말하며, 이는 모든 영역의 행정에 적용된다(정하중,

2020: 24). 따라서 행정작용이 이를 위반하면 위법한 행정작용이 된다. 다만 이 경우 그 법률효과는 무효, 취소 등 위법의 중대성 및 명백성의 정도 등에 따라 다르게 된다.

(3) 법률유보의 원칙

법률유보의 원칙이란 행정권 발동은 법령의 수권(授權)에 의하여만 가능하다는 원칙이다. 법률유보의 원칙에 따를 때 행정개입의 필요가 인정된다 하더라도 법령에 근거가 없는 경우 행정권은 행사될 수 없다는 결론에 이른다. 따라서 이 원칙의 적용범위에 관하여는 침해유보설, 전부유보설, 급부행정유보설(사회유보설), 본질사항유보설 등 다툼이 있다. 각각의 주장에 대한 세부적 설명은 이 교재의 범위를 벗어나는 내용으로 생략하나, 적용범위의 문제에 대한 독자들의 이해를 돕기 위해 간단한 사례를 제시하면 다음과 같다.

> 급부행정유보설은 개인의 권익을 침해하거나 의무를 과하는 등 개인에게 불이익을 가져오는 침해행정뿐 아니라 급부행정에도 법률유보의 원칙이 적용되어야 한다는 주장이다. 반면 침해유보설은 침해행정의 경우에만 법률유보의 원칙이 적용된다는 주장이다. 그러므로 재난지원금, 민생회복지원금 등은 급부행정에 해당하므로 침해유보설에 따를 때에는 법령에 근거가 없어도 지급가능하나, 급부행정유보설에 따를 때에는 법령에 근거가 없는 경우 그 지급이 불가능하게 된다.

2) 법치행정과 경찰활동

국가작용의 하나로서 경찰활동 역시 법에 그 근거를 두고 이루어져야 한다. 따라서 오늘날 경찰활동은 법치주의의 원리에 맞게 이루어져야 하며, 법에 근거하지 않은 경찰활동은 위법·부당한 국가작용으로서 무효(또는 취소)가 됨은 물론 행정소송이나 헌법소원심판, 국가를 상대로 하는 손해배상청구소송의 대상이 될 수 있다. 더욱이 경찰작용은 국민을 대상으로 명령·강제함으로써 타 행정보다 기본권 제한 가능성이 높으므로 법치주의의 원리는 경찰활동의 영역에서 더욱 중요하다 할 수 있다.

2. 경찰행정법의 법원

일반적으로 경찰행정법이란 경찰의 조직·작용 및 경찰행정구제에 관한 법을 의미하며, 경찰행정법이라는 명칭의 실정법이 존재하는 것은 아니다. 즉 그 명칭이 어떠하든 그 내용이 경찰기관의 권한 및 의무, 경찰기관 상호간의 관계, 경찰기관의 대외적 활동, 경찰권 행사로 인해 침해된 국민의 권익에 대한 구제 등에 관해 규율하고 있다면 경찰행정법의 범주에 포함된다고 할 수 있다. 즉 강학상 '경찰행정법' 개념은 실질적 의미에서의 개념이라 할 수 있다.

1) 법원의 의의

법원(法源)이란 '법의 존재형식'을 의미한다. 앞에서 논의한 바와 같이 경찰작용이 '법'에 근거를 두고 이루어져야 한다고 할 때 과연 그 '법'이라는 것이 어떠한 형식(형태)로 존재하는가가 바로 경찰행정법의 법원에 관한 논의라 할 수 있다. 일반적으로 법원은 크게 성문법원과 불문법원으로 구분된다. 성문법원은 일정한 형식을 갖춘 법원을 의미하며, 불문법원은 일정한 형식을 갖추지 않은 법원을 의미한다. 성문법은 헌법과 국회에서 제정한 법률이 가장 대표적이며, 관습법, 판례, 조리 등은 불문법에 포함된다.

예를 들어 "관습법"이 경찰행정법의 법원이라고(달리 표현하면 관습법의 법원성이 인정된다) 할 때, 관습법에 근거하여 경찰권이 발동될 수 있고, 그러한 경찰권 발동은 적법하게 된다. 그렇다면 이하에서는 과연 경찰행정법의 법원에는 어떠한 것이 있는지 살펴본다.

2) 성문법원

상술한 바와 같이 성문법원은 일정한 형식을 갖춘 법원을 의미하며, 헌법, 법률, 국제법, 명령, 규칙, 자치법규 등이 이에 해당한다.

(1) 헌법

헌법은 실정법 중 가장 상위의 법으로 국내 법질서에서 최고의 효력을 가진다.

따라서 헌법에 위배되는 법규는 위헌으로, 헌법재판소의 위헌법률심판에 의해 그 효력을 잃게 된다(박균성, 2020: 22). 따라서 헌법은 경찰행정법의 법원 중 하나이며, 국민을 대상으로 명령·강제하는 경찰권은 헌법 제37조 제2항[1]에 근거하여 제한적으로 발동될 수 있으며, 경찰조직은 헌법 제96조[2]에 근거하여 조직될 수 있다.

(2) 법률

법률이란 헌법에서 정한 절차에 따라 국회에서 제정된 법규범을 의미하며, 이는 형식적 의미의 법률이라 할 수 있다. 법률은 당연히 경찰행정법의 법원성이 인정된다. 예컨대 헌법 제96조의 위임을 받아 제정된 「정부조직법」 제34조 5항 및 6항[3]은 경찰청 설치의 근거가 되며, 「국가경찰과 자치경찰의 조직 및 운영에 관한 법률」 제3조 제2호는 범죄예방을 위한 경찰권 발동의 근거가 된다.

(3) 명령

명령이란 행정권에 의해 정립되는 법을 말한다(박균성, 2023: 10). 원칙적으로 입법권은 국회에 속하나 복잡다단하며 급속히 변화하는 현대사회에서 모든 사항을 법률로써 규정하는 것은 입법기술상 한계로 인해 불가능하며 또 적절하지도 않으므로 오늘날 현대국가에서 법률은 그 대강만을 정하고 세부적인 내용은 행정부에서 정하도록 하고 있다. 우리 헌법 제75조에서는 행정부의 수반인 대통령에게 대통령령 제정권을 부여하고 있다.[4]

(4) 국제법

우리 헌법은 제6조 제1항에서 "헌법에 의하여 체결·공포된 조약과 일반적으로 승인된 국제법규는 국내법과 같은 효력을 가진다"라고 하여 국제법이 국내법과 동

---

1) 국민의 모든 자유와 권리는 국가안전보장·질서유지 또는 공공복리를 위하여 필요한 경우에 한하여 법률로써 제한할 수 있으며, 제한하는 경우에도 자유와 권리의 본질적인 내용을 침해할 수 없다.
2) 행정각부의 설치·조직과 직무범위는 법률로 정한다.
3) ⑤ 치안에 관한 사무를 관장하기 위하여 행정안전부장관 소속으로 경찰청을 둔다. ⑥ 경찰청의 조직·직무범위 그 밖에 필요한 사항은 따로 법률로 정한다.
4) 헌법 제75조 대통령은 법률에서 구체적으로 범위를 정하여 위임받은 사항과 법률을 집행하기 위하여 필요한 사항에 관하여 대통령령을 발할 수 있다.

일한 효력을 가짐을 선언하고 있다. 다만 일반적으로 승인된 국제법규, 국회의 동의를 받은 조약,[5] 국회의 동의를 받지 않은 조약은 각각 그 법단계상 효력의 차이가 존재한다. 즉 일반적으로 승인된 국제법규와 국회의 동의를 받은 조약은 국내법과 동일한 효력을 가지며, 국회의 동의를 받지 않은 조약은 명령과 같은 효력이 있다. 법률과 명령의 효력을 갖는 국제법규 및 조약 등은 당연히 경찰행정법의 법원성을 가진다.

3) 불문법원

불문법원이란 일정한 형식을 갖추지 않은 법원을 의미하며, 관습법, 판례, 조리 등이 이에 해당한다.

(1) 관습법

관습법은 동일한 사실이 오랜 기간 관행으로써 반복되고 그 관행이 국민 또는 관계자들 간에 일반적으로 '법적 확신'을 얻어 법규범으로 인식된 것을 의미한다(고영훈, 2019: 18). 관습법은 '법적 확신'이 존재한다는 점에서 '법적 확신'이 부재하는 '사실인 관습'과는 구별된다. 경찰행정법의 영역에서 관습법은 해당 사안에 대해 법률, 명령 등 성문법이 존재하지 않거나 불완전한 경우 보충적으로만 그 법원성이 인정된다. 다만 오늘날에는 행정관습법의 성립이나 역할이 축소되는 경향이다.

관습법에는 행정선례법과 민중관습법이 있다. 행정선례법이란 행정청의 선례가 오랜 기간 반복되고 관계당사자에의 법적 확신이 인정될 때 형성되는 관습법[6]으로, 뒤에서 살펴볼 행정에 대한 신뢰보호의 원칙이 그 기초를 이루고 있다(고영훈, 2019: 49; 박균성, 2020: 25).

민중관습법은 일반 민중 사이에 행정법관계에 관한 다년간의 관행에 의해 성립된 것을 말하며, 행정주체가 직접적으로 공적 목적 달성을 위해 제공한 물건인 공물의 사용관계에 대해 주로 존재한다. 관습상 어업권, 관습상 하천수사용권 등이 그 예이다.

5) 헌법 제60조에 따른 국회의 동의.
6) 관계당사자의 법적 확신을 얻지 못한 행정관행의 경우 관습법으로서의 법적 구속력은 인정되지 않으나 행정의 자기구속력이 인정되는 경우는 있다. 행정의 자기구속력에 관해서는 뒤에서 살펴보기로 한다.

(2) 판례

'선례구속의 원칙'이 인정되는 영·미법계 국가에서 판례는 당연히 그 법원성이 인정된다 하겠다. 그러나 대륙법계 국가인 우리나라에서 법원(法院)은 기존의 판례를 변경할 수 있고, 하급법원은 원칙적으로 상급법원의 판결에 구속받지 않는다. 그러므로 우리나라는 판례의 법원성이 부정된다 하겠다. 하지만, 법원(특히 대법원)은 법적 안정성을 추구하는 경향이 강해 판례를 잘 변경하지 않는 경향이며, 형식적으로는 구속받지 않는다고는 하나 하급심이 상급심의 판결을 따르지 않는 경우 하급심 판결은 상급심에서 파기되는 경우가 많고, 따라서 하급심은 상급심의 판결을 존중하는 것이 현실이다(박균성, 2020: 26).

(3) 조리

조리란 사물의 '본질적 법칙', '일반사회의 정의감에 비추어 반드시 그러하여야 할 것이라고 인정되는 것'을 의미하며, 법 해석의 기본원리이다. 민법 제1조는 "민사에 관하여 법률에 규정이 없으면 관습법에 의하고 관습법이 없으면 조리에 의한다."고 하여 조리의 법원성을 명문으로써 인정하고 있다. 행정법의 영역에서 조리의 법원성이 인정될 것인가에 대해 다수설은 이를 인정하고 있다.

4) 행정법의 일반원칙

행정법의 일반원칙이란 행정법질서의 기초를 이루는 일반 법원칙으로, 행정법의 전 영역에 걸쳐 적용되는 원칙을 말한다. 이의 법적 성격에 관하여 기존에는 조리에서 파생되는 것으로 이해하는 경향이 있으며, 대부분의 경찰행정법 교재는 평등의 원칙, 비례의 원칙, 신뢰보호의 원칙, 신의성실의 원칙, 부당결부금지의 원칙, 행정의 자기구속의 원칙 등 행정법의 일반원칙을 조리의 범주에 포함하고 있다.

그러나 이들 일반원칙은 대부분 헌법원리, 민법 일반규정 및 공법규정에 근거하고 있으며, 학설과 판례 등을 통하여 성립되어 온 원칙들로 과연 이들이 사물의 본질적 법칙을 의미하는 조리의 범주에 포함될 수 있을 것인지는 의문이다(정하중, 2020: 36). 이에 여기서는 경찰행정법의 법원으로서 행정법의 일반원칙을 조리와 그 목차를 달리하여 기술하기로 한다. 또 2021년 3월 23일 「행정기본법」이 제정됨으로써 아래 행정법의 일반원칙 중 평등의 원칙(법 제9조),[7] 비례의 원칙(법 제10조),[8]

신뢰보호의 원칙(법 제12조),[9] 신의성실의 원칙(법 제11조),[10] 부당결부의 원칙(법 제13조)[11]가 각각 「행정기본법」 상 행정의 법 원칙으로 포섭되게 되었다.

(1) 평등의 원칙

헌법은 제11조 제1항에서 "모든 국민은 법앞에 평등하다. 누구든지 성별·종교 또는 사회적 신분에 의하여 정치적·경제적·사회적·문화적 생활의 모든 영역에 있어서 차별을 받지 않는다"고 하여 평등권을 규정하고 있다. 행정법의 일반원칙으로서 평등의 원칙은 헌법 제11조 제1항에서 도출된다. 따라서 행정법의 영역에서 평등의 원칙이란 행적작용을 함에 있어 특별한 합리적 사유가 없는 한 모든 국민을 동등하게 대우하여야 한다는 원칙을 의미하며, 이에 위반된 행정작용은 위헌·위법한 행정작용이 된다(「행정기본법」 제9조 평등의 원칙 참조).

(2) 비례의 원칙

비례의 원칙은 행정법의 일반원칙으로서 국가권력은 무제한적이고 자의적으로 행사될 수 없으며 적절히 제한되어야 한다는 원칙으로 행정목적과 이를 달성하기 위한 수단 간에는 합리적 비례관계가 있어야 함을 의미한다. 비례의 원칙은 과잉금지의 원칙이라고도 불리며, 독일의 판례를 통해 발전된 법원칙이며, 우리나라 학설과 판례도 이를 행정법의 일반원칙으로 인정하고 있다.

---

7) 제9조(평등의 원칙) 행정청은 합리적 이유 없이 국민을 차별하여서는 아니 된다.
8) 제10조(비례의 원칙) 행정작용은 다음 각 호의 원칙에 따라야 한다.
   1. 행정목적을 달성하는 데 유효하고 적절할 것
   2. 행정목적을 달성하는 데 필요한 최소한도에 그칠 것
   3. 행정작용으로 인한 국민의 이익 침해가 그 행정작용이 의도하는 공익보다 크지 아니할 것
9) 제12조(신뢰보호의 원칙) ① 행정청은 공익 또는 제3자의 이익을 현저히 해칠 우려가 있는 경우를 제외하고는 행정에 대한 국민의 정당하고 합리적인 신뢰를 보호하여야 한다.
   ② 행정청은 권한 행사의 기회가 있음에도 불구하고 장기간 권한을 행사하지 아니하여 국민이 그 권한이 행사되지 아니할 것으로 믿을 만한 정당한 사유가 있는 경우에는 그 권한을 행사해서는 아니 된다. 다만, 공익 또는 제3자의 이익을 현저히 해칠 우려가 있는 경우는 예외로 한다.
10) 제11조(성실의무 및 권한남용금지의 원칙) ① 행정청은 법령등에 따른 의무를 성실히 수행하여야 한다.
   ② 행정청은 행정권한을 남용하거나 그 권한의 범위를 넘어서는 아니
11) 제13조(부당결부금지의 원칙) 행정청은 행정작용을 할 때 상대방에게 해당 행정작용과 실질적인 관련이 없는 의무를 부과해서는 아니 된다.

비례의 원칙은 적합성의 원칙, 필요성의 원칙, 상당성의 원칙을 그 내용으로 한다. 적합성의 원칙이란 행정목적 실현을 위해 사용되는 수단이 그 목적달성에 적합한 수단이어야 함을 의미한다. 필요성의 원칙이란 최소 침해의 원칙이라고도 하며 행정목적 달성을 위한 행정조치가 필요최소한의 범위에서 행해져야 함을 의미한다. 다시 말해 목적 실현을 위한 적합한 수단이 다양하게 존재하는 경우 최소한의 침해를 야기하는 수단을 선택하여야 한다는 것이다. 마지막으로 상당성의 원칙은 협의의 비례원칙이라고도 하며 최소 침해의 수단을 선택하는 경우라도 행정목적에 의해 추구되는 이익(공익)이 행정의 상대방에게 초래하는 손해보다 커야 함을 의미한다. 다시 말해 행정조치로 추구되는 공익과 침해되는 사익을 비교형량하여 공익이 더 클 때에만 행정조치가 행해져야 한다는 의미이다.

행정작용이 비례의 원칙에 위배되는 경우, 그 행정작용은 위법한 행정작용이 되며, 이는 행정쟁송의 대상이 될 수 있고, 상대방은 국가배상청구소송을 제기할 수 있다(「행정기본법」 제10조 비례의 원칙 참조).

(3) 신뢰보호의 원칙

신뢰보호의 원칙은 독일 학설 및 판례에 의해 발전된 원칙으로 행정기관의 특정 언동의 적법성과 존속성에 대한 개인의 신뢰를 보호해 주어야 한다는 원칙을 의미한다. 신뢰보호의 원칙이 적용되기 위해서는 행정기관의 선행조치가 존재하여야 하며, 신뢰의 보호가치가 있어야 하고, 관계자의 신뢰에 기인한 처리행위가 있어야 하며, 선행조치와 처리행위와의 인과관계가 있어야 한다. 또 관계인이 신뢰한 선행조치에 반하는 행정작용을 함으로써 관계자의 이익을 침해하여야 한다. 다만 이러한 신뢰보호의 원칙은 사정변경, 제3자의 쟁송제기 등 한계를 갖는다(「행정기본법」 제12조 신뢰보호의 원칙 참조).

신뢰보호의 원칙에 반하는 행정작용은 위법한 행정작용으로 행정쟁송의 대상이 되며, 상대방에게 손해가 발생한 경우 국가배상청구소송의 대상이 된다(정하중, 2020: 38-44).

> 신뢰보호의 원칙을 인정한 판례(대판 1987. 9. 8., 87누373)
> 택시운전사가 1983. 4. 5. 운전면허정지기간중의 운전행위를 하다가 적발되어 형사처벌을 받았으나 행정청으로부터 아무런 행정조치가 없어 안심하고 계속 운전업무에 종사하고 있던 중 행정청이 위

반행위가 있은 이후에 장기간에 걸쳐 아무런 행정조치를 취하지 않은채 방치하고 있다가 3년여가 지난 1986. 7. 7.에 와서 이를 이유로 행정제재를 하면서 가장 무거운 운전면허를 취소하는 행정처분을 하였다면 이는 행정청이 그간 별다른 행정조치가 없을 것이라고 믿은 신뢰의 이익과 그 법적안정성을 빼앗는 것이 되어 매우 가혹할 뿐만 아니라 비록 그 위반행위가 운전면허취소사유에 해당한다 할지라도 그와 같은 공익상의 목적만으로는 위 운전사가 입게 될 불이익에 견줄 바 못된다 할 것이다.

(4) 신의성실의 원칙

신의성실의 원칙은 행정법뿐 아니라 공·사법을 막론하고 적용되는 법의 일반원칙 중 하나로 이해되어 왔다(고영훈, 2019: 73). 그러나 오늘날 우리 행정절차법에는 이에 관한 명문의 규정을 두고 있다. 행정절차법 제4조 제1항에서는 "행정청은 직무를 수행할 때 신의(信義)에 따라 성실히 하여야 한다."고 하여 신의성실의 원칙을 천명하고 있다(「행정기본법」 제11조 성실의무 및 권한 남용금지의 원칙 참조).

신의성실 원칙의 내용에는 행정기관의 모순행위 금지, 행정기관의 사인에 대한 보호의무, 행정기관의 불성실로 인한 사인(私人)의 법적지위 약화 방지 등이 있다(정하중, 2020: 44-45).

(5) 부당결부 금지의 원칙

부당결부 금지의 원칙은 행정기관이 행정목적 달성의 이해관계만을 강조하여 서로 실질적인 관련성이 없는 의무이행을 강제하는 문제를 해소하기 위한 논의에서 비롯된 원칙으로 행정법 원칙으로서는 비교적 늦게 정립된 원칙이다(고문현, 2011). 행정기관이 행정작용을 할 때 부관, 반대급부, 행정제재 등 그와 실질적 관련이 없는 것을 결부시켜서는 안 된다는 원칙이 부당결부 금지의 원칙이다. 예를 들어 지방경찰청장이 「총포·도검·화약류 등의 안전관리에 관한 법률」 제6조에 따른 판매업의 허가를 하면서, 해당 총기를 허가관청인 지방경찰청에 기부채납할 것을 허가의 조건으로 한다면, 이는 부당결부 금지의 원칙에 반하게 된다(「행정기본법」 제13조 부당결부 금지의 원칙 참조).

(6) 행정의 자기구속의 원칙

행정의 자기구속의 원칙이란 행정청이 같은 사안에 대해 이미 제3자에게 행했던 결정과 같은 결정을 상대방에 대해 동일하게 하여야 한다는 원칙을 말한다. 행정의 자기구속의 원칙의 근거에 대해 신뢰보호의 원칙에서 그 근거를 찾는 견해와 평등원칙에 그 근거가 있다는 주장이 대립하고 있다. 행정의 자기구속 원칙이 적용되기 위해서는 첫째, 행정관행이 존재할 것, 둘째, 해당 사안이 행정관행과 동일한 사안일 것, 셋째, 행정관행이 적법할 것, 마지막으로 행정관행과 다른 결정을 할 공익상 필요가 크지 않을 것 등의 요건을 갖추어야 한다.

5) 행정규칙

행정규칙이란 행정기관이 법률의 수권 없이 권한범위 내에서 만든 일반적 · 추상적 규범을 말한다. 이는 행정조직내 행정의 사무처리기준으로서, 훈령 · 통첩 · 예규 등이 실무상 행정규칙에 해당한다. 다만 행정규칙은 원칙적으로 법률의 위임을 요하지 않고 법규가 아니라는 점에서 법규명령과는 구별되는 개념이다.

행정규칙은 법규성이 인정되지 않으므로 국민에 대한 대외적 구속력이 없고, 행정규칙을 위반한다고 해서 반드시 위법한 것은 아니다. 다만 조직 내부의 대내적 구속력은 인정되므로 조직 구성원이 행정규칙을 위반한 경우 징계 대상이 될 수는 있다.

6) 훈령과 직무명령

훈령이란 상급행정청이 하급행정청에 대하여 법률해석 또는 재량판단의 기준이 되는 지침을 제시하는 등 행정의사의 통일을 기하기 위해 발해지는 구속력 있는 명령을 의미한다. 훈령은 행정규칙과 마찬가지로 법규성이 없어 국민에 대한 대외적 구속력이 인정되지는 않는다. 따라서 훈령에 위반된 행위라 해도 그 행위의 효력은 유효하다. 다만, 훈령에 위반한 행위를 한 공무원의 경우 징계사유는 된다.

직무명령이란 상관이 부하에게 직무에 관하여 발하는 명령을 말한다. 직무명령은 특별한 법적 근거 없이도 가능하나 일반 국민에 대한 대외적 구속력은 갖지 못한다. 직무명령은 경찰공무원 개인의 의사를 구속하므로 경찰공무원의 변경 · 교체 시에는 당연히 효력을 상실한다.

직무명령은 직접적으로 직무집행에 관계되는 사항뿐만 아니라 간접적으로 직무집행에 관계되는 복장, 용모, 음주금지 등 공무원의 사생활까지 규율할 수 있다.

제 2 절 경찰조직법

1. 경찰조직 서설

1) 경찰행정기관

(1) 경찰행정기관의 의의

경찰행정기관이란 경찰행정 주체를 위하여 경찰행정 업무 수행을 실현하는 기관을 의미한다. 여기서 경찰행정 주체란 경찰권을 행사할 권리·의무를 갖는 법인(法人)을 의미하며, 국가경찰의 경우 국가가, 자치경찰의 경우에는 지방자치단체가 이에 해당하게 된다.

경찰행정의 주체와 경찰행정기관 개념이 달리 정의되는 이유는 다음과 같다. 경찰행정의 주체는 국가 또는 지방자치단체로서 법인(法人)에 해당하므로 현실적으로 경찰행정 업무를 수행할 수 있는 실체라고 할 수 없다. 따라서 경찰행정의 주체(즉 국가 또는 지방자치단체)를 위하여 경찰행정업무를 수행할 수 있는 기관이 필요하며, 이를 경찰행정기관이라 한다(이황우·임창호, 2019: 233－234).

(2) 경찰행정기관의 종류

경찰행정기관에는 경찰행정관청, 경찰자문기관, 경찰의결기관, 경찰집행기관, 경찰보조기관, 경찰보좌기관 등이 있다.

경찰행정관청이란 경찰행정 주체의 법률상 의사를 결정하여, 외부에 표시하는 권한을 갖고 있는 경찰행정기관을 의미하며, 경찰행정관청을 구성하는 구성원의 수가 1인인 경우 독임제 경찰행정관청, 수인인 경우를 합의제 경찰행정관청[12)]이라 한다. 우리나라의 경우에는 독임제 경찰행정관청을 원칙으로 하고, 경찰청장, 시·도경찰청장, 경찰서장이 이에 해당한다.

12) 합의제 행정관청에는 공정거래위원회, 노동위원회, 금융위원회, 감사원, 행정심판위원회 등이 있다(박균성, 2023: 73).

경찰의결기관이란 경찰행정관청의 의사를 구속하는 의결을 행하는 경찰행정기관을 의미한다. 경찰행정에 관한 의사를 결정할 수 있는 권한은 있으나, 이를 자기 명의로 대외적으로 표시할 권한은 없는 합의제 행정기관의 하나이다.13) 경찰행정관청이 의결기관의 의결을 거치지 아니하고 권한을 행사한 경우 이는 무권한(無權限) 행위로서 무효에 해당한다. 우리나라의 경우 '국가경찰위원회'가 가장 대표적인 경찰의결기관이라 할 수 있다.

경찰자문기관이란 경찰행정관청의 자문요청에 응하여 또는 자진하여 경찰행정관청의 의사결정에 참고가 될 만한 의견·건의 등을 제시하는 경찰행정기관을 의미한다. 자문기관의 자문은 행정관청에 대해 법적 구속력을 가지지는 못하나, 법률에 자문절차가 규정되어 있음에도 행정관청이 이를 거치지 않고 결정한 경우 이 결정은 절차상 하자로 인해 위법한 결정이 된다.

경찰집행기관이란 경찰행정목적 실현을 위해 필요한 실력행사를 행사하는 기관을 의미하며, 순경에서 치안총감까지 경찰공무원이 경찰집행기관에 해당한다. 경찰집행기관은 경찰행정상의 의무실현을 위한 강제집행과 즉시강제를 실현할 수 있다.

경찰보조기관이란 계선기관이라고도 하며, 경찰행정관청에 소속되어 경찰행정관청의 직무를 보조하기 위하여 일상적인 직무를 수행하는 기관을 의미하며, 차장, 국장, 부장, 과장, 계장, 지구대장 등이 이에 해당한다.

마지막으로 경찰보좌기관이란 경찰행정관청이 그 기능을 원활하게 수행할 수 있도록 그 기관장이나 보조기관을 보좌함으로써 경찰행정기관의 목적달성에 기여하는 기관을 의미한다. 참모기관 또는 막료기관이라고도 하며, 정책의 기획, 연구 및 조사 등 참모기능을 담당한다.

이 외에도 행정권의 직접 행사를 임무로 하는 기관에 부속하여 그 기관을 지원하는 행정기관인 부속기관이 있으며, 여기에는 경찰대학, 경찰인재개발원, 중앙경찰학교, 경찰병원 등이 있다.

---

13) 다만, 국가경찰위원회의 법률적 지위(즉 합의제 행정기관에 해당하는지의 여부)에 관해서는 이견(異見)이 존재하며, 2022년 행정안전부 경찰국 설치를 둘러싼 논의에서 법제처는 국가경찰위원회는 합의제 행정기관이 아니라고 해석한 바 있다.

2) 경찰행정기관의 권한

(1) 권한의 의의

일반적으로 권한(權限)은 타인을 위하여 그 자에 대해 일정한 법률효과를 발생케 하는 행위를 할 수 있는 법률상의 자격을 의미하며, '일정한 이익을 향유케 하기 위해 법이 인정하는 힘'인 권리(權利)와는 구별되는 개념이다. 권리의 행사로 인한 법적 효과는 권리주체에 귀속된다. 그러나 권리의 주체는 자연인과 법인에 한정되며, 경찰행정기관은 경찰행정주체(국가 또는 지방자치단체)의 기관에 불과하여 법인격이 인정되지 않는다. 따라서 경찰행정기관의 하나인 경찰행정관청의 행위로 인한 법적 효과는 경찰행정관청이 아닌 경찰행정주체(국가 또는 지방자치단체)에 귀속된다.

(2) 권한의 한계

권한의 한계를 넘어선 경찰행정기관의 행위는 원칙적으로 무효이며, 경찰행정기관의 권한범위는 헌법 또는 경찰행정기관을 설치하는 근거법규에 의해 정해지고 확정된 권한범위는 경찰행정기관 스스로 변경할 수 없다. 권한에는 사항적 한계, 지역적 한계, 대인적 한계, 형식적 한계, 시간적 한계 등이 존재한다.

권한은 그 목적과 종류에 따라 각각 경찰행정기관에 분배되며, 경찰행정기관은 자기의 권한에 속하는 사항에 관해서만 권한을 행사할 수 있는데 이를 사항적 한계라 한다. 또 법령에 특별한 규정이 없는 한 상급 경찰행정기관은 하급경찰행정기관의 권한행사를 지휘·감독할 수 있으나 그 권한을 대신할 수는 없다.

대인적 한계란 경찰행정기관의 권한이 미칠 수 있는 인적(人的) 범위를 의미한다. 원칙적으로는 대한민국 내 모든 사람에게 경찰행정기관의 권한이 미치나, 예외적으로 외교사절, 주한미군 등 대한민국 경찰행정기관의 권한이 미치지 못하는 인적 범위가 존재한다.

지역적 한계란 경찰행정기관의 권한은 관할지역 내에서만 효력이 발생함을 의미한다. 이를 토지관할이라고도 하며, 예컨대 경찰청장의 경우 중앙경찰관청으로서 그 권한의 효력이 전국에 미치나, 시·도경찰청장 및 경찰서장은 지방경찰관청으로서 그 권한의 효력이 관할 구역내에서만 미친다.

시간적 한계란 경찰행정기관의 권한행사는 법정시간(法定時間)에 의해 제한되는 것을 의미하며, 형식적 한계란 경찰행정기관이 권한을 행사할 때 일정 형식을 요하도록 하는 경우를 의미한다.[14] 형식적 권한은 위임 또는 대리의 대상이 될 수 없어 타 기관에 이전할 수 없다.

(3) 권한 행사의 효력

경찰행정기관이 권한을 행사한 경우, 해당 권한의 행사는 경찰행정주체(국가 또는 지방자치단체)의 행위로서 효력이 발생한다. 그러므로 그 행위의 법적효과는 경찰행정기관의 구성원인 자연인이 변경되거나 경찰행정기관이 변경·폐지되었다고 해서 변경·무효화되지 않는다. 경찰행정기관이 상술한 권한이 한계를 넘어 권한을 행사한 경우 해당 권한의 행사는 위법한 권한행사로 무효 또는 취소될 수 있다.

3) 권한의 위임과 대리

경찰행정기관은 스스로 권한을 행사하는 것이 원칙이다. 그러나 예외적으로 위임·대리 등을 통해 타 기관이 그 권한을 행사하도록 하는 경우가 있다.

권한의 위임이란 경찰행정기관이 그의 권한 일부를 타 경찰행정기관에 이전하여 수임기관(受任機關)의 권한으로 하는 것을 의미한다. 위임을 받은 수임기관은 자기의 명의(名義)와 책임하에 권한을 행사하며, 대등한 관계에 있는 행정기관에 대한 위임을 위탁이라고 부르나 그 본질은 위임과 다르지 않다(신현기 외, 2015: 120).

권한의 대리는 경찰행정기관 권한의 전부 또는 일부를 보조기관이나 타 경찰행정기관이 피대리기관을 위한 것임을 표시하고 자기의 명의로 행사하여, 그 권한 행사가 피대리기관의 권한행사로서 법률상 효과가 발생하도록 하는 것을 의미한다. 권한의 대리에는 수권행위에 의해 발생하는 임의대리와 법률에서 정한 사실에 따라 발생하는 법정대리가 있다.

위임과 대리를 비교하면 그 차이점은 다음과 같다.

첫째, 위임의 경우 권한이 수임기관으로 이전되나 대리의 경우에는 대리기관에 피대리기관의 권한이 이전되지는 않는다.

둘째, 위임은 수임기관이 자기명의로 행사하나, 대리는 대리기관 명의로 행사하되 피대리기관을 위한 것임을 표시하여야 한다는 점에서 차이가 있다.[15]

---

14) 예컨대 법규명령의 제정권.

15) 대리기관이 피대리기관을 위한 권한의 행사임을 표시하여야 한다는 주의를 현명주의(顯名主意)라 한다.

셋째, 권한의 행사로 인한 법률효과의 귀속주체가 달라진다. 위임의 경우 권한의 행사로 인한 법률효과가 수임기관에 귀속되나, 대리의 경우 그 효과는 피대리기관에 귀속된다.

넷째, 권한의 위임은 법률이 정한 권한분배를 대외적으로 변경하는 것이므로 반드시 법령에 위임의 근거가 있어야 한다(박균성 · 김재광, 2018: 114.). 그러나 대리의 경우 수권행위만 있으면 가능하며 대리를 위해 법령의 근거는 필요하지 않다. 다만, 법정대리의 경우에는 법령에 근거가 있어야 가능함은 당연하다.

다섯째, 위임의 경우 수임기관이 책임을 부담하게 되나, 대리는 피대리기관이 책임을 부담한다. 다만, 내부관계에 있어서는 대리기관에 책임이 귀속된다. 따라서 행정소송이 제기되는 경우 수임기관과 피대리기관이 피고가 된다.

여섯째, 위임 및 임의대리의 경우 수임기관(대리기관)에 대한 위임기관(피대리기관)의 감독이 가능하나, 법정대리의 경우에는 피대리기관이 대리기관을 감독하는 것이 불가능하다.

2. 경찰조직법

1) 경찰조직법의 의의

경찰조직법이란 경찰의 존립근거를 부여하고, 경찰행정기관의 설치 · 명칭 · 구성 및 권한, 기관 상호 간의 관계 등에 대해 규정한 법률로서 「국가경찰과 자치경찰의 조직 및 운영에 관한 법률」, 「경찰공무원법」 등이 대표적인 경찰조직법이라 할 수 있다. 우리나라 경찰조직의 설치근거는 「정부조직법」 제34조 제5항 및 「국가경찰과 자치경찰의 조직 및 운영에 관한 법률」이다.

2) 경찰의결기관

(1) 국가경찰위원회

1991년 「경찰법」 제정으로 당시 내무부 치안본부가 내부무 외청인 경찰청으로 독립하면서, 경찰의 민주적 확보 및 정치적 중립성 달성을 목적으로 내무부 산하에 경찰행정에 관한 심의 · 의결 기관으로 '경찰위원회'를 신설하였다. '경찰위원회'는

2020년 12월 「경찰법」이 「국가경찰과 자치경찰의 조직 및 운영에 관한 법률」로 전면 개정되면서 새롭게 신설된 시·도자치경찰위원회와의 명칭 구분을 위해 '국가경찰위원회'로 개칭되었다.

국가경찰위원회는 경찰의 민주성 및 정치적 중립성 확보를 목적으로 행정안전부 소속으로 설치하는 심의·의결기관이다. 국가경찰위원회는 위원장 1명을 포함한 7명의 위원으로 구성하되, 위원장 및 5명의 위원은 비상임(非常任)으로 하고, 1명의 위원은 상임(常任)으로 한다.[16] 위원회의 구성에 있어 특정 성(性)의 위원이 10분의 6을 초과하지 아니하도록 노력할 의무를 부과[17]하여 위원회 구성에서 양성 평등의 원칙을 실현하고자 하였다.

위원은 행정안전부장관의 제청으로 국무총리를 거쳐 대통령이 임명하며 위원 중 2명은 법관의 자격이 있는 사람이어야 한다. 또 정당의 당원이거나 당적을 이탈한 날부터 3년이 지나지 아니한 사람, 선거에 의하여 취임하는 공직에 있거나 그 공직에서 퇴직한 날부터 3년이 지나지 아니한 사람, 「국가공무원법」 제33조의 공무원 임용 결격사유에 해당하는 사람은 위원이 될 수 없으며, 위원이 위 사유에 해당하게 된 경우 당연퇴직한다.[18]

위원의 임기는 3년이며, 연임할 수 없고, 보궐위원의 임기는 전임자 임기의 남은 기간으로 한다. 또 위원은 중대한 신체상 또는 정신상의 장애로 직무를 수행할 수 없게 된 경우를 제외하고는 그 의사에 반하여 면직되지 않도록 하고있고[19], 면직사유에 해당하는 경우에도 위원회의 의결을 요하도록 하여[20] 위원의 신분을 보장하고 있다.

국가경찰위원회의 심의·의결 사항은 다음과 같다.

① 국가경찰사무에 관한 인사, 예산, 장비, 통신 등에 관한 주요정책 및 경찰 업무 발전에 관한 사항
② 국가경찰사무에 관한 인권보호와 관련되는 경찰의 운영·개선에 관한 사항
③ 국가경찰사무 담당 공무원의 부패 방지와 청렴도 향상에 관한 주요 정책사항
④ 국가경찰사무 외에 다른 국가기관으로부터의 업무협조 요청에 관한 사항

16) 「국가경찰과 자치경찰의 조직 및 운영에 관한 법률」 제7조 제2항.
17) 「국가경찰과 자치경찰의 조직 및 운영에 관한 법률」 제8조 제4항.
18) 「국가경찰과 자치경찰의 조직 및 운영에 관한 법률」 제8조.
19) 「국가경찰과 자치경찰의 조직 및 운영에 관한 법률」 제9조.
20) 「국가경찰위원회 규정」 제4조 제1항.

⑤ 제주특별자치도의 자치경찰에 대한 경찰의 지원·협조 및 협약체결의 조정 등에 관한 주요 정책사항
⑥ 제18조에 따른 시·도자치경찰위원회 위원 추천, 자치경찰사무에 대한 주요 법령·정책 등에 관한 사항, 제25조 제4항에 따른 시·도자치경찰위원회 의결에 대한 재의 요구에 관한 사항
⑦ 제2조에 따른 시책 수립에 관한 사항
⑧ 제32조에 따른 비상사태 등 전국적 치안유지를 위한 경찰청장의 지휘·명령에 관한 사항
⑨ 그 밖에 행정안전부장관 및 경찰청장이 중요하다고 인정하여 국가경찰위원회의 회의에 부친 사항

국가경찰위원회의 사무는 경찰청에서 수행하며, 국가경찰위원회 회의는 재적위원 과반수의 출석과 출석위원 과반수의 찬성으로 의결한다.[21]

(2) 시·도 자치경찰위원회

자치경찰사무를 관장하게 하기 위하여 특별시장·광역시장·특별자치시장·도지사·특별자치도지사(이하 "시·도지사"라 한다) 소속으로 시·도 자치경찰위원회를 둔다. 시·도 자치경찰위원회는 합의제 행정기관으로 그 권한에 속하는 업무를 독립적으로 수행한다.[22] 시·도별로 1개의 시·도자치경찰위원회를 두는 것이 원칙이나, 법 제13조에서 인구, 행정구역, 면적, 지리적 특성, 교통 및 그 밖의 조건을 고려하여 한 개의 시·도에 2개의 시·도경찰청을 둘 수 있도록 하고 있으므로, 이 경우에는 시·도지사 소속으로 2개의 시·도자치경찰위원회를 둘 수 있다.[23]

시·도 자치경찰위원회는 위원장 1명을 포함한 7명의 위원으로 구성하되, 위원장과 1명의 위원은 상임으로 하고, 5명의 위원은 비상임으로 한다. 국가경찰위원회와 마찬가지로 위원회 구성에 있어 특정 성(性)의 위원이 10분의 6을 초과하지 아니하도록 노력할 의무를 부과하고 있다.[24]

21) 「국가경찰과 자치경찰의 조직 및 운영에 관한 법률」 제11조.
22) 「국가경찰과 자치경찰의 조직 및 운영에 관한 법률」 제18조, 시·도자치경찰위원회는 국가경찰기관의 경우와는 달리 그 법적 성격이 합의제 행정기관이라는 점을 명문의 규정으로 명확히 하고 있다.
23) 「국가경찰과 자치경찰의 조직 및 운영에 관한 법률」 제18조 제1항 단서, 경기도에 설치된 경기남부경찰청과 경기북부경찰청의 사례가 여기에 해당한다.
24) 「국가경찰과 자치경찰의 조직 및 운영에 관한 법률」 제19조.

시·도자치경찰위원회 위원은 시·도지사가 임명하며, 다음의 사람을 임명한다.[25)]

① 시·도의회가 추천하는 2명
② 국가경찰위원회가 추천하는 1명
③ 해당 시·도 교육감이 추천하는 1명
④ 시·도 자치경찰위원회 위원추천위원회가 추천하는 2명
⑤ 시·도지사가 지명하는 1명

시·도 자치경찰위원회 위원추천위원회는 시·도지사 소속으로 두며, 위원장 1명을 포함한 5명의 위원으로 구성한다. 추천위원회 위원은 시·도지사가 다음에 해당하는 사람을 임명하거나 위촉하며, 추천위원회 위원장은 추천위원 중에서 호선한다.[26)]

① 「지방자치법 시행령」 제102조 제3항에 따라 각 시·도별로 두는 시·군·자치구의회의 의장 전부가 참가하는 지역협의체가 추천하는 1명
② 「지방자치법 시행령」 제102조 제3항에 따라 각 시·도별로 두는 시장·군수·자치구의 구청장 전부가 참가하는 지역협의체가 추천하는 1명
③ 재직 중인 경찰공무원이 아닌 사람 중에서 경찰청장이 추천하는 1명
④ 시·도경찰청(경기도의 경우에는 경기도남부경찰청을 말한다)의 소재지를 관할하는 지방법원장이 추천하는 1명
⑤ 시·도 본청 소속 기획조정실장

시·도 자치경찰위원회 위원의 자격요건은 다음과 같다.[27)]

① 판사·검사·변호사 또는 경찰의 직에 5년 이상 있었던 사람
② 변호사 자격이 있는 사람으로서 국가기관등에서 법률에 관한 사무에 5년 이상 종사한 경력이 있는 사람

---

25) 「국가경찰과 자치경찰의 조직 및 운영에 관한 법률」 제20조.
26) 「국가경찰과 자치경찰의 조직 및 운영에 관한 법률」 제21조, 「자치경찰사무와 시·도자치경찰위원회의 조직 및 운영 등에 관한 규정」 제5조.
27) 「국가경찰과 자치경찰의 조직 및 운영에 관한 법률」 제20조 제2항.

③ 대학이나 공인된 연구기관에서 법률학·행정학 또는 경찰학 분야의 조교수 이상의 직이나 이에 상당하는 직에 5년 이상 있었던 사람
④ 그 밖에 관할 지역주민 중에서 지방자치행정 또는 경찰행정 등의 분야에 경험이 풍부하고 학식과 덕망을 갖춘 사람

시·도 자치경찰위원회 위원장은 위원 중에서 시·도지사가 임명하고, 상임위원은 시·도 자치경찰위원회의 의결을 거쳐 위원 중에서 위원장의 제청으로 시·도지사가 임명한다. 이 경우 위원장과 상임위원은 지방자치단체의 공무원으로 한다.[28)]위원은 정치적 중립, 권한남용의 금지 의무를 지고, 공무원이 아닌 위원(즉 상임위원과 위원장을 제외한 위원)도 「지방공무원법」 제52조 및 제57조에 따른 비밀엄수 및 정치운동 금지의무를 진다. 또 소관사무와 관련하여 「형법」, 그 밖의 법률에 따른 벌칙을 적용할 경우 공무원이 아닌 위원도 공무원으로 의제된다.[29)]

시·도 자치경찰위원회 위원의 결격사유는 다음과 같으며, 위원이 다음의 사유에 해당한 경우 당연 퇴직한다.[30)]

① 정당의 당원이거나 당적을 이탈한 날부터 3년이 지나지 아니한 사람
② 선거에 의하여 취임하는 공직에 있거나 그 공직에서 퇴직한 날부터 3년이 지나지 아니한 사람
③ 경찰, 검찰, 국가정보원 직원 또는 군인의 직에 있거나 그 직에서 퇴직한 날부터 3년이 지나지 아니한 사람
④ 국가 및 지방자치단체의 공무원(국립 또는 공립대학의 조교수 이상의 직에 있는 사람은 제외한다. 이하 이 조에서 같다)이거나 공무원이었던 사람으로서 퇴직한 날부터 3년이 지나지 아니한 사람. 다만, 제20조 제3항 후단에 따라 위원장과 상임위원이 지방자치단체의 공무원이 된 경우에는 당연퇴직하지 아니한다.
⑤ 「지방공무원법」 제31조(지방공무원 결격사유) 각 호의 어느 하나에 해당하는 사람. 다만, 「지방공무원법」 제31조 제2호 및 제5호에 해당하는 경우에는 같은 법 제61조 제1호 단서에 따른다.

---

28) 「국가경찰과 자치경찰의 조직 및 운영에 관한 법률」 제20조 제3항.
29) 「국가경찰과 자치경찰의 조직 및 운영에 관한 법률」 제20조 제4항 내지 제6항.
30) 「국가경찰과 자치경찰의 조직 및 운영에 관한 법률」 제20조 제7항.

3) 경찰행정관청

경찰행정관청이란 경찰행정사무에 관한 경찰행정주체(국가 또는 지방자치단체)의 의사를 결정하고 이를 외부에 표시하는 권한을 갖는 경찰행정기관을 의미하며, 보통경찰행정관청과 특별경찰행정관청이 있다. 경찰청장, 시·도경찰청장, 경찰서장이 보통경찰행정관청에 해당한다.

(1) 경찰청장

가) 소속 및 임기

치안에 관한 사무를 관장하게 하기 위하여 행정안전부장관 소속으로 경찰청을 두며[31], 경찰청장은 치안총감으로 보한다.[32] 경찰청장은 중임할 수 없으며 그 임기는 2년이다.[33]

나) 임명절차 및 탄핵사유

경찰청장은 국가경찰위원회의 동의를 받아 행정안전부장관의 제청으로 국무총리를 거쳐 대통령이 임명하며, 국회의 인사청문회를 거쳐야 한다.[34] 경찰청장이 직무를 집행하면서 헌법이나 법률을 위배하였을 때에는 국회는 탄핵소추를 의결할 수 있다.[35]

다) 권한

경찰청장은 국가경찰사무를 총괄하고 경찰청 업무를 관장하며 소속 공무원 및 각급 경찰기관의 장을 지휘·감독한다.[36] 다만 수사에 관한 사무의 경우 경찰청장은 개별 사건에 대해서는 구체적으로 지휘·감독할 수 없다. 그러나, 국민의 생명·신체·재산 또는 공공의 안전 등에 중대한 위험을 초래하는 긴급하고 중요한 사건의 수사에 있어서 경찰의 자원을 대규모로 동원하는 등 통합적으로 현장 대응할 필요가 있다고 판단할 만한 상당한 이유가 있는 때에는 예외적으로 개별 사건의 수사

31) 「국가경찰과 자치경찰의 조직 및 운영에 관한 법률」 제12조.
32) 「국가경찰과 자치경찰의 조직 및 운영에 관한 법률」 제14조 제1항.
33) 「국가경찰과 자치경찰의 조직 및 운영에 관한 법률」 제14조 제4항.
34) 「국가경찰과 자치경찰의 조직 및 운영에 관한 법률」 제14조 제2항.
35) 「국가경찰과 자치경찰의 조직 및 운영에 관한 법률」 제14조 제5항.
36) 「국가경찰과 자치경찰의 조직 및 운영에 관한 법률」 제14조 제3항.

에 대한 구체적 지휘·감독권이 인정된다.[37)]

경찰청장에게 개별 사건 수사에 대한 구체적 지휘·감독권이 인정되는 '긴급하고 중요한 사건'은 「국가경찰과 자치경찰의 조직 및 운영에 관한 법률 제14조 제10항에 따른 긴급하고 중요한 사건의 범위 등에 관한 규정」(대통령령 제31350호, 2020. 12. 31., 제정)에서 따로 정하고 있는 바[38)], 다음의 하나에 해당하는 사건 및 이와 직접적인 관련이 있는 사건에 한한다.[39)]

① 전시·사변 또는 이에 준하는 국가 비상사태가 발생하거나 발생이 임박하여 전국적인 치안유지가 필요한 사건
② 재난, 테러 등이 발생하여 공공의 안전에 대한 급박한 위해(危害)나 범죄로 인한 피해의 급속한 확산을 방지하기 위해 신속한 조치가 필요한 사건
③ 국가중요시설의 파괴·기능마비, 대규모 집단의 폭행·협박·손괴·방화 등에 대하여 경찰의 자원을 대규모로 동원할 필요가 있는 사건
④ 전국 또는 일부 지역에서 연쇄적·동시다발적으로 발생하거나 광역화된 범죄에 대하여 경찰력의 집중적인 배치, 경찰 각 기능의 종합적 대응 또는 국가기관·지방자치단체·공공기관과의 공조가 필요한 사건

다만 이 경우에도 개별 사건 수사에 대한 경찰청장의 직접적 지휘·감독권이 인정되는 것은 아니며, 국가수사본부장을 통하여 지휘·감독하여야 한다. 또 경찰청장이 예외적으로 개별 사건 수사에 대한 구체적 지휘·감독을 개시하는 경우에 이를 국가경찰위원회에 보고하여야 하며, 개별 사건에 대한 구체적 지휘·감독권을 행사할 수 있는 사유가 해소된 경우 지휘·감독을 중단하여야 한다. 나아가 국가수사본부장이 개별 사건의 수사에 대한 구체적 지휘·감독의 중단을 건의하는 경우 경찰청장은 특별한 이유가 없으면 이를 승인하여야 한다.[40)]

라) 자치경찰사무 수행 경찰공무원에 대한 경찰청장의 직접 지휘·명령권

경찰청장은 국가경찰 사무에 관해서만 소속 공무원 및 각급 경찰기관의 장을 지

37) 「국가경찰과 자치경찰의 조직 및 운영에 관한 법률」 제14조 제6항.
38) 「국가경찰과 자치경찰의 조직 및 운영에 관한 법률」 제14조 제10항.
39) 「국가경찰과 자치경찰의 조직 및 운영에 관한 법률 제14조제10항에 따른 긴급하고 중요한 사건의 범위 등에 관한 규정」 제2조.
40) 「국가경찰과 자치경찰의 조직 및 운영에 관한 법률」 제14조 제6항 내지 제9항.

휘·감독 하는 것이 원칙이다. 그러나 다음의 경우 경찰청장은 제주특별자치도의 자치경찰공무원을 포함, 자치경찰사무를 수행하는 경찰공무원을 대상으로 직접 지휘·명령할 수 있다.[41)]

① 전시·사변, 천재지변, 그 밖에 이에 준하는 국가 비상사태, 대규모의 테러 또는 소요사태가 발생하였거나 발생할 우려가 있어 전국적인 치안유지를 위하여 긴급한 조치가 필요하다고 인정할 만한 충분한 사유가 있는 경우
② 국민안전에 중대한 영향을 미치는 사안에 대하여 다수의 시·도에 동일하게 적용되는 치안정책을 시행할 필요가 있다고 인정할 만한 충분한 사유가 있는 경우
③ 자치경찰사무와 관련하여 해당 시·도의 경찰력으로는 국민의 생명·신체·재산의 보호 및 공공의 안녕과 질서유지가 어려워 경찰청장의 지원·조정이 필요하다고 인정할 만한 충분한 사유가 있는 경우

위 경우 경찰청장은 시·도자치경찰위원회에 자치경찰사무를 담당하는 경찰공무원을 직접 지휘·명령하려는 사유 및 내용 등을 구체적으로 제시하여 통보하여야 하고, 국가경찰위원회에 즉시 보고하여야 한다.[42)]

나아가 자치경찰사무와 관련하여 해당 시·도의 경찰력으로는 국민의 생명·신체·재산의 보호 및 공공의 안녕과 질서유지가 어려워 경찰청장의 지원·조정이 필요하다고 인정할 만한 충분한 사유가 있는 경우(법 제32조 제1항 제3호의 사유)에 해당, 직접 지휘·명령권을 발동하기 위해서는 미리 국가경찰위원회의 의결을 거칠 것을 요한다. 다만, 긴급한 경우 우선조치는 가능하다. 그러나 이 경우에도 지체없이 국가경찰위원회의 의결을 거치도록 하고 있다.[43)] 자치경찰사무를 담당하는 경찰공무원에 대한 경찰청장의 직접 지휘·명령을 보고 받은 국가경찰위원회는 직접 지휘·명령권의 발동 사유에 해당하지 아니한다고 인정하면, 그 지휘·명령을 중단할 것을 의결하여 경찰청장에게 통보할 수 있다.[44)]

한편 경찰청장의 통보를 받은 시·도자치경찰위원회는 정당한 사유가 없으면 즉시 자치경찰사무를 수행하는 경찰공무원에게 경찰청장의 지휘·명령을 받을 것을

41) 「국가경찰과 자치경찰의 조직 및 운영에 관한 법률」 제32조 제1항.
42) 「국가경찰과 자치경찰의 조직 및 운영에 관한 법률」 제32조 제2항 및 제4항 전단.
43) 「국가경찰과 자치경찰의 조직 및 운영에 관한 법률」 제32조 제4항 단서.
44) 「국가경찰과 자치경찰의 조직 및 운영에 관한 법률」 제32조 제5항.

명하여야 하며, 위 규정된 사유에 해당하지 아니한다고 인정하면 시 · 도자치경찰위원회의 의결을 거쳐 경찰청장에게 그 지휘 · 명령의 중단을 요청할 수 있다. 또 법 제32조 제1항 제3호의 사유로 경찰청장이 직접 지휘 · 명령권을 발동하는 경우 시 · 도자치경찰위원회는 의결로 지원 · 조정의 범위·기간 등을 정하여 경찰청장에게 지원 · 조정을 요청할 수 있다.[45)]

경찰청장은 위 사유가 해소된 때에는 경찰공무원에 대한 지휘 · 명령을 즉시 중단하여야 한다.[46)]

(2) 국가수사본부장

경찰청에 국가수사본부를 두며, 국가수사본부장은 치안정감으로 보한다. 국가수사본부장은 「형사소송법」에 따른 경찰의 수사에 관하여 각 시 · 도경찰청과 경찰서장 및 수사부서 소속 공무원을 지휘 · 감독한다.[47)]

국가수사본부장의 임기는 2년이며, 중임할 수 없고 직무를 집행하면서 헌법이나 법률에 위배하였을 때에는 국회는 탄핵 소추를 의결할 수 있다.[48)]

한편 국가수사본부장은 경찰청 외부를 대상으로 모집하여 임용하는 것이 가능하며, 다만 외부에서 임용하는 경우 다음의 자격을 갖춘 사람 중에서 임용한다.[49)]

① 10년 이상 수사업무에 종사한 사람 중에서 「국가공무원법」 제2조의2에 따른 고위공무원단에 속하는 공무원, 3급 이상 공무원 또는 총경 이상 경찰공무원으로 재직한 경력이 있는 사람
② 판사 · 검사 또는 변호사의 직에 10년 이상 있었던 사람
③ 변호사 자격이 있는 사람으로서 국가기관, 지방자치단체, 「공공기관의 운영에 관한 법률」 제4조에 따른 공공기관(이하 "국가기관등"이라 한다)에서 법률에 관한 사무에 10년 이상 종사한 경력이 있는 사람
④ 대학이나 공인된 연구기관에서 법률학 · 경찰학 분야에서 조교수 이상의 직이나 이에 상당하는 직에 10년 이상 있었던 사람

---

45) 「국가경찰과 자치경찰의 조직 및 운영에 관한 법률」 제32조 제3항 및 제7항.
46) 「국가경찰과 자치경찰의 조직 및 운영에 관한 법률」 제32조 제6항.
47) 「국가경찰과 자치경찰의 조직 및 운영에 관한 법률」 제16조 제1항 및 제2항.
48) 「국가경찰과 자치경찰의 조직 및 운영에 관한 법률」 제16조 제3항 및 제5항.
49) 「국가경찰과 자치경찰의 조직 및 운영에 관한 법률」 제16조 제6항.

⑤ 제1호부터 제4호까지의 경력 기간의 합산이 15년 이상인 사람

그러나 이 경우 다음의 어느 하나에 해당하는 사람의 경우에는 국가수사본부장이 될 수 없다.[50)]

① 「경찰공무원법」 제8조제2항 각 호의 결격사유에 해당하는 사람
② 정당의 당원이거나 당적을 이탈한 날부터 3년이 지나지 아니한 사람
③ 선거에 의하여 취임하는 공직에 있거나 그 공직에서 퇴직한 날부터 3년이 지나지 아니한 사람
④ 제6항제1호에 해당하는 공무원 또는 제6항제2호의 판사·검사의 직에서 퇴직한 날로부터 1년이 지나지 아니한 사람
⑤ 제6항제3호에 해당하는 사람으로서 국가기관등에서 퇴직한 날로부터 1년이 지나지 아니한 사람

(3) 시·도경찰청장

시·도경찰청에 시·도경찰청장[51)]을 두며, 시·도경찰청장은 치안정감·치안감 또는 경무관으로 보한다.[52)] 「경찰공무원법」 제7조에 의할 때 총경 이상의 경찰공무원은 경찰청장의 추천을 받아 행정안전부장관의 제청으로 국무총리를 거쳐 대통령이 임용한다. 그러나 시·도경찰청장은 경찰청장이 시·도자치경찰위원회와 협의하여 추천한 사람 중에서 행정안전부장관의 제청으로 국무총리를 거쳐 대통령이 임용한다.[53)]

시·도경찰청장은 국가경찰사무에 대해서는 경찰청장의 지휘·감독을 받고, 자치경찰사무에 대해서는 시·도자치경찰위원회의 지휘·감독을 받아 관할구역의 소관사무를 관장하고 소속 공무원 및 소속 경찰기관의 장을 지휘·감독한다.[54)] 시·도자치경찰위원회는 자치경찰사무에 대해 심의·의결을 통해 시·도경찰청장을 지휘·감독하며[55)], 심의·의결할 시간적 여유가 없거나 곤란할 경우 시·도경찰청장

---

50) 「국가경찰과 자치경찰의 조직 및 운영에 관한 법률」 제16조 제7항.
51) 「경찰청과 그 소속기관 직제」 제39조에 따라 시·도경찰청장은 치안정감(서울특별시, 부산광역시, 인천광역시, 경기도 남부의 시·도경찰청장), 치안감 또는 경무관으로 보한다.
52) 「국가경찰과 자치경찰의 조직 및 운영에 관한 법률」 제28조 제1항.
53) 「국가경찰과 자치경찰의 조직 및 운영에 관한 법률」 제28조 제2항.
54) 「국가경찰과 자치경찰의 조직 및 운영에 관한 법률」 제28조 제3항 전단.

에게 위임한 것으로 의제한다.[56] 단, 시·도경찰청장에게 위임되는 자치경찰 사무에 대한 지휘·감독권의 범위 및 위임 절차 등은 미리 시·도자치경찰위원회의 경찰청장과 협의하여 의결을 거쳐 정해야 한다.[57]

상술한 바와 같이 시·도경찰청장은 국가경찰사무에 대해서는 경찰청장의, 자치경찰사무에 대해서는 시·도경찰위원회의 지휘·감독을 받도록 되어 있으나, 수사에 관한 사무에 대해서는 국가수사본부장의 지휘·감독을 받아 관할구역의 소관 사무를 관장하고 소속 공무원 및 소속 경찰기관의 장을 지휘·감독한다.[58]

시·도경찰청에는 차장을 둘 수 있으며, 차장은 시·도경찰청장을 보좌하여 소관 사무를 처리하고, 시·도경찰청장이 부득이한 사유로 직무를 수행할 수 없을 때에는 그 직무를 대행한다.

(4) 경찰서장

경찰서에 경찰서장을 두며, 경찰서장은 경무관, 총경(總警) 또는 경정(警正)으로 보한다. 경찰서장은 시·도경찰청장의 지휘·감독을 받아 관할구역의 소관 사무를 관장하고 소속 공무원을 지휘·감독한다. 경찰서장 소속으로 지구대 또는 파출소를 두고, 그 설치기준은 치안수요·교통·지리 등 관할구역의 특성을 고려하여 행정안전부령으로 정한다.[59] 행정안전부령인 「경찰청과 그 소속기관 직제 시행규칙」 제76조에 따른 파출소를 둘 수 있는 경우는 다음과 같으며, 필요한 경우 출장소를 둘 수 있다.

① 도서, 산간 오지, 농어촌 벽지(僻地) 등 교통·지리적 원격지로 인접 경찰관서에서의 출동이 용이하지 않은 경우
② 관할구역에 국가중요시설 등 특별한 경계가 요구되는 시설이 있는 경우
③ 휴전선 인근 등 보안상 취약지역을 관할하는 경우
④ 그 밖에 치안수요가 특수하여 지구대를 운영하는 것이 적당하지 않은 경우

---

55) 「국가경찰과 자치경찰의 조직 및 운영에 관한 법률」 제28조 제4항 전단.
56) 「국가경찰과 자치경찰의 조직 및 운영에 관한 법률」 제28조 제4항 단서.
57) 「자치경찰사무와 시·도자치경찰위원회의 조직 및 운영 등에 관한 규정」 제19조.
58) 「국가경찰과 자치경찰의 조직 및 운영에 관한 법률」 제28조 제3항 단서.
59) 「국가경찰과 자치경찰의 조직 및 운영에 관한 법률」 제30조.

시 · 도자치경찰위원회는 정기적으로 경찰서장의 자치경찰사무 수행에 관한 평가 결과를 경찰청장에게 통보하여야 하며 경찰청장은 이를 반영하여야 한다.

4) 경찰사무의 구분

경찰사무는 국가경찰사무와 자치경찰사무로 구분된다. 국가경찰사무란 「국가경찰과 자치경찰의 조직 및 운영에 관한 법률」 제3조에서 정한 경찰의 임무[60]를 수행하기 위한 사무로서, 동법 제1항 제2호 자치경찰사무를 제외한 사무를 의미한다.

자치경찰사무는 크게 지역 내 주민의 생활안전 활동에 관한 사무, 지역 내 교통활동에 관한 사무, 지역 내 다중운집 행사 관련 혼잡 교통 및 안전 관리, 학교폭력, 가정폭력 등 특정 범죄에 관한 수사사무 등으로 구분된다. 위 구분에 따른 자치경찰사무를 개략적으로 살펴보면 다음과 같다.[61]

다만, 지역 내 주민의 생활안전 활동에 관한 사무, 지역 내 교통활동에 관한 사무 및 지역 내 다중운집 행사 관련 혼잡 교통 및 안전 관리 사무의 경우 그 구체적 사항 및 범위 등은 「자치경찰사무와 시 · 도자치경찰위원회의 조직 및 운영 등에 관한 규정」 제2조에서 정하는 기준에 따라 시 · 도 조례로 정하고, 수사사무의 경우 동 규정 제3조에서 그 구체적 사항 및 범위를 정하도록 되어 있다.

(1) 자치경찰 사무

가) 지역 내 주민의 생활안전 활동에 관한 사무

① 생활안전을 위한 순찰 및 시설의 운영
② 주민참여 방범활동의 지원 및 지도
③ 안전사고 및 재해 · 재난 시 긴급구조지원
④ 아동 · 청소년 · 노인 · 여성 · 장애인 등 사회적 보호가 필요한 사람에 대한 보호 업무 및 가정폭력 · 학교폭력 · 성폭력 등의 예방
⑤ 주민의 일상생활과 관련된 사회질서의 유지 및 그 위반행위의 지도 · 단속 다

60) ① 국민의 생명 · 신체 및 재산의 보호, ② 범죄의 예방 · 진압 및 수사, ③ 범죄피해자 보호, ④ 경비 · 요인경호 및 대간첩 · 대테러 작전수행, ⑤ 공공안녕에 대한 위험의 예방과 대응을 위한 정보의 수집 · 작성 및 배포, ⑥ 교통의 단속과 위해의 방지, ⑦ 외국 정부기관 및 국제기구와의 국제협력, ⑧ 그 밖에 공공의 안녕과 질서유지
61) 「국가경찰과 자치경찰의 조직 및 운영에 관한 법률」 제4조 제1항 제2호.

만, 지방자치단체 등 다른 행정청의 사무는 제외한다.

⑥ 그 밖에 지역주민의 생활안전에 관한 사무

나) 지역 내 교통활동에 관한 사무

① 교통법규 위반에 대한 지도·단속
② 교통안전시설 및 무인 교통단속용 장비의 심의·설치·관리
③ 교통안전에 대한 교육 및 홍보
④ 주민참여 지역 교통활동의 지원 및 지도
⑤ 통행 허가, 어린이 통학버스의 신고, 긴급자동차의 지정 신청 등 각종 허가 및 신고에 관한 사무
⑥ 그 밖에 지역 내의 교통안전 및 소통에 관한 사무

다) 지역 내 다중운집 행사 관련 혼잡 교통 및 안전 관리

라) 다음의 어느 하나에 해당하는 수사사무

① 학교폭력 등 소년범죄
② 가정폭력, 아동학대 범죄
③ 교통사고 및 교통 관련 범죄
④ 「형법」 제245조에 따른 공연음란 및 「성폭력범죄의 처벌 등에 관한 특례법」 제12조에 따른 성적 목적을 위한 다중이용장소 침입행위[62]에 관한 범죄
⑤ 경범죄 및 기초질서 관련 범죄
⑥ 가출인 및 「실종아동등의 보호 및 지원에 관한 법률」 제2조 제2호에 따른 실종아동 등 관련 수색 및 범죄

(2) 생활안전·교통·경비 관련 자치경찰사무의 구체적 사항 및 범위

상술한 바와 같이 생활안전·교통·경비 관련 자치경찰사무의 구체적 사항 및 범위는 시·도 조례로 정할 수 있다. 다만, 이 때 「자치경찰사무와 시·도자치경찰위원회의 조직 및 운영 등에 관한 규정」 제2조에서 정하는 기준을 따라야 하는 바,

62) 자기의 성적 욕망을 만족시킬 목적으로 화장실, 목욕장·목욕실 또는 발한실(發汗室), 모유수유시설, 탈의실 등 불특정 다수가 이용하는 다중이용장소에 침입하거나 같은 장소에서 퇴거의 요구를 받고 응하지 아니하는 행위.

그 기준은 다음 <표 3-1>과 같다.[63]

이외에도 자치경찰사무의 구체적 사항 및 범위를 시·도 조례로 정함에 있어 관할지역의 인구, 범죄 발생 빈도 등 치안 여건과 보유 인력·장비 등을 고려하여 자치경찰사무를 적정한 규모로 정할 것, 기관 간 협의체 구성, 상호협력·지원 및 중복감사 방지 등 자치경찰사무가 국가경찰사무와 유기적으로 연계되고 균형이 이루어지도록 하는 사항을 포함할 것, 자치경찰 사무의 내용은 국민의 생명·신체 및 재산을 보호하고 공공의 안녕과 질서를 유지하는 데 효율적인 것으로 정할 것 등 일반적 기준을 준수하여야 한다.

|표 3-1| 생활안전, 교통, 경비 관련 자치경찰사무의 범위

자치경찰사무		범 위
1. 지역 내 주민의 생활안전 활동에 관한 사무	가. 생활안전을 위한 순찰 및 시설의 운영	1) 지역주민 안전을 위한 범죄예방시설 설치·운영 2) 지역주민 안전을 위한 범죄예방진단 3) 지역주민 안전을 위한 순찰과 범죄예방활동 시행·관리
	나. 주민참여 방범활동의 지원 및 지도	1) 범죄예방을 위한 주민 참여 지역협의체 구성·운영 2) 주민 참여형 범죄예방활동 시행·관리
	다. 안전사고 및 재해·재난 시 긴급구조지원	1) 재난이 발생할 우려가 현저하거나 재난이 발생한 경우 주민의 생명·신체 및 재산을 보호하기 위한 긴급구조지원 2) 재해 발생 시 지역의 사회질서 유지 및 교통관리 등 3) 그 밖에 긴급구조지원기관으로서의 긴급구조지원 활동 등
	라. 아동·청소년·노인·여성·장애인 등 사회적 보호가 필요한 사람에 대한 보호 업무 및 가정·학교·성폭력 등의 예방	1) 아동·노인·장애인 학대 예방과 피해 아동·노인·장애인에 대한 보호활동 2) 아동·청소년·노인·여성·장애인 등 사회적 보호가 필요한 사람의 실종 예방·대응 활동 3) 아동 대상 범죄예방 및 아동안전 보호활동 4) 청소년 비행방지 등 선도·보호 활동 5) 가정폭력범죄 예방과 피해자 등 보호 활동 6) 학교폭력의 근절·예방과 가해학생 선도 및 피해학생 보호 활동 7) 성폭력 예방과 성폭력 피해자 등 보호 활동 8) 그 밖에 관련 법령에 경찰의 사무로 규정된 아동·청소년·노인·여성·장애인 등 사회적 보호가 필요한 사람에 대한 보호 및 가정폭력·학교폭력·성폭력 등 예방 업무

63) 「자치경찰사무와 시·도자치경찰위원회의 조직 및 운영 등에 관한 규정」 별표(제2조 제1호 관련).

	마. 주민의 일상생활과 관련된 사회질서의 유지 및 그 위반행위의 지도·단속. 다만, 지방자치단체 등 다른 행정청의 사무는 제외한다.	1) 경범죄 위반행위 지도·단속 등 공공질서 유지 2) 공공질서에 반하는 풍속·성매매사범 및 사행행위 지도·단속 3) 그 밖에 관련 법령에 경찰의 사무로 규정된 주민의 일상생활과 관련된 사회질서의 유지 및 그 위반행위의 지도·단속 업무
	바. 그 밖에 지역주민의 생활안전에 관한 사무	1) 지역주민의 생활안전 관련 112신고(일반신고를 포함한다) 처리 2) 지하철, 내수면 등 일반적인 출동이 어려운 특정 지역에서 주민의 생명·신체·재산의 보호를 위한 경찰대 운영 3) 유실물 보관·반환·매각·국고귀속 등 유실물 관리 4) 「경찰관 직무집행법」 제4조에 따른 응급구호대상자에 대한 보호조치 및 유관기관 협력 5) 그 밖에 관련 법령에 경찰의 사무로 규정된 지역주민의 생활안전에 관한 사무
2. 지역 내 교통활동에 관한 사무	가. 교통법규 위반에 대한 지도·단속	1) 교통법규 위반 지도·단속, 공익신고 처리 등 2) 음주단속 장비 등 교통경찰용 장비 보급·관리·운영 등
	나. 교통안전시설 및 무인 교통단속용 장비의 심의·설치·관리	1) 교통사고 예방, 교통소통을 위한 교통안전시설 설치·관리·운영 2) 도로교통 규제 관련 지역 교통안전시설 심의위원회 설치 및 운영 3) 무인 교통단속용 장비의 심의·설치·관리·운영
	다. 교통안전에 대한 교육 및 홍보	1) 교통안전에 대한 교육 2) 교통안전에 대한 홍보
	라. 주민참여 지역 교통활동의 지원 및 지도	1) 교통활동 지원 협력단체에 대한 운영·관리 2) 주민참여형 교통안전활동 지원 및 지도
	마. 통행 허가, 어린이 통학버스의 신고, 긴급자동차의 지정 신청 등 각종 허가 및 신고에 관한 사무	1) 차마의 안전기준 초과 승차, 안전기준 초과적재 및 차로폭 초과 차 통행허가 처리 2) 도로공사 신고접수, 현장점검 및 지도·감독 등 3) 어린이통학버스 관련 신고접수·관리 및 관계 기관 합동점검 4) 긴급자동차의 지정 신청·관리 5) 버스전용차로 통행 지정신청 처리 6) 주·정차 위반차량 견인대행법인등 지정

	바. 그 밖에 지역 내의 교통안전 및 소통에 관한 사무	1) 지역주민의 교통안전 관련 112신고(일반신고를 포함한다) 처리 2) 운전면허 관련 민원 업무 3) 지역교통정보센터 운영 및 교통정보 연계 4) 정체 해소 등 소통 및 안전 확보를 위한 교통관리 5) 지역 내 교통안전대책 수립·시행 6) 교통안전 관련 기관 협의 등
3. 지역 내 다중운집 행사 관련 혼잡 교통 및 안전 관리		가. 지역 내 다중운집 행사 등의 교통질서 확보 및 교통안전 관리 지원 나. 지역 내 다중운집 행사 안전 관리 지원

(3) 수사관련 자치경찰사무의 구체적 사항 및 범위

가) 학교폭력 등 소년범죄 관련 수사사무[64]

19세 미만의 소년이 저지른 「형법」상 범죄로 다음의 하나에 해당하는 범죄에 대한 수사를 자치경찰의 수사사무로 한다. 또 아래 해당하는 범죄로서 「형법」 외의 다른 법률에 따라 가중 처벌되는 범죄의 경우도 자치경찰의 수사사무로 포함한다. 다만, 그 소년이 해당 사건에서 19세 이상인 사람과 공범관계[65]에 있는 경우는 자치경찰의 수사사무에서 제외된다.[66]

① 공문서 등의 위·변조죄,[67] 위조 등 공문서의 행사죄,[68] 공문서 등의 부정행사죄[69] 등과 이의 미수범에 관한 수사사무

② 상해·존속상해죄,[70] 중상해·존속중상해죄,[71] 특수상해죄,[72] 폭행·존속폭행죄,[73] 특수폭행죄,[74] 폭행치사상죄[75] 중 폭행치상죄(즉 사람을 상해에 이르게 한

64) 「자치경찰사무와 시·도자치경찰위원회의 조직 및 운영 등에 관한 규정」 제3조 제1호.
65) 공동정범, 교사범, 종범의 관계.
66) 「자치경찰사무와 시·도자치경찰위원회의 조직 및 운영 등에 관한 규정」 제3조 제1호.
67) 「형법」 제225조.
68) 「형법」 제229조, 다만, 위조 등 공문서의 행사죄의 경우, 「형법」 제225조 공문서등의 위·변조죄에 의해 만들어진 문서 또는 도화의 행사죄로 한정하며, 제226조 내지 제228조의 자격모용에 의한 공문서 등의 작성, 허위공문서작성등, 공전자기록위·변작, 공정증서원본 등의 부실기재죄에 의해 만들어진 문서 또는 도화의 행사죄는 포함되지 않는다.
69) 「형법」 제230조.
70) 「형법」 제257조.
71) 「형법」 제258조.
72) 「형법」 제258조의 2.

경우로 한정하고 사망에 이르게 한 경우는 제외) 등에 관한 수사사무. 이 경우 「형법」 제263조에 의한 동시범특례범 및 「형법」 제264조의 상습범에 관한 수사사무도 포함된다.

③ 과실치상죄에 관한 수사사무

④ 체포·감금 및 존속 체포·감금죄, 중체포·중감금 및 존속중체포·존속중감금죄, 특수체포·특수감금죄[76] 및 해당 범죄의 상습범과 미수범, 체포·감금 등의 치사상죄[77] 중 치상죄에 관한 수사사무

⑤ 협박·존속협박죄, 특수협박죄 및 해당 범죄의 상습범과 미수범[78]에 관한 수사사무

⑥ 미성년자의 약취·유인죄[79] 및 그 미수범과 예비·음모죄에 관한 수사사무

⑦ 명예훼손죄, 사자명예훼손죄[80] 및 모욕죄[81]에 관한 수사사무

⑧ 주거침입·퇴거불응죄, 특수주거침입죄[82] 및 그 미수범에 관한 수사사무

⑨ 강요죄[83] 및 그 미수범에 관한 수사사무

⑩ 절도죄, 야간주거침입절도죄, 특수절도죄,[84] 자동차등 불법사용죄[85] 및 그 미수범에 관한 수사사무. 다만, 같은 소년이 해당 죄를 3회 이상 범한 사건은 자치경찰 수사사무의 범위에서 제외한다.

⑪ 사기죄,[86] 공갈죄,[87] 특수공갈죄[88] 및 그 상습범과 미수범에 관한 수사사무

⑫ 점유이탈물횡령죄[89]에 관한 수사사무

⑬ 재물손괴죄,[90] 중손괴죄,[91] 특수손괴죄[92] 및 재물손괴죄와 특수손괴죄의 미

---

73) 「형법」 제260조.
74) 「형법」 제261조.
75) 「형법」 제262조.
76) 「형법」 제276조 내지 제278조.
77) 「형법」 제281조.
78) 「형법」 제283조 내지 제286조.
79) 「형법」 제287조.
80) 「형법」 제308조 내지 제308조.
81) 「형법」 제311조.
82) 「형법」 제319조 내지 제320조.
83) 「형법」 제324조.
84) 「형법」 제329조 내지 제331조.
85) 「형법」 제331조의 2.
86) 「형법」 제347조.
87) 「형법」 제350조.
88) 「형법」 제350조의 2.
89) 「형법」 제360조.
90) 「형법」 제366조.
91) 「형법」 제368조, 다만 이 경우에도 사람의 생명 신체에 대하여 위험을 발생하게 한 때, 사람을 상해

수범에 관한 수사사무

⑭ 「정보통신망 이용촉진 및 정보보호 등에 관한 법률」 상의 명예훼손죄,[93] 불법정보의유통금지 등 위반죄[94]

나) 가정폭력, 아동학대 범죄[95]

① 「가정폭력범죄의 처벌 등에 관한 특례법」 제2조 제3호에 따른 가정폭력범죄
② 「아동학대범죄의 처벌 등에 관한 특례법」 제2조 제4호에 따른 아동학대범죄

다) 교통사고 및 교통 관련 범죄[96]

① 교통사고로 인해 「형법」상의 업무상과실·중과실 치사상죄에 해당하는 경우[97]에 대한 수사사무. 다만 이 경우에도 차의 운전자가 사고발생시의 조치[98]를 하지 않고 도주하거나 피해자를 사고 장소로부터 옮겨 유기하고 도주한 경우는 자치경찰의 수사사무 범위에 포함되지 않는다.
② 사고발생시의 조치를 하지 않은 경우,[99] 음주운전, 약물에 취한 상태에서의 운전, 음주측정거부 등 범죄,[100] 업무상과실·중과실로 인한 손괴,[101] 시속 100킬로미터를 초과한 과속운전,[102] 무면허운전[103] 및 「도로교통법」 제154조 내지 제157조까지의 범죄에 관한 수사사무
③ 「자동차손해배상 보장법」 제5조의 2에 따른 보험 등의 가입의무가 면제된 자동차를 면제기간 중 도로에서 운행하는 행위, 의무보험에 가입되어 있지 아니한 자동차를 도로에서 운행한 행위에 관한 수사사무[104]
④ 위험운전 등 치사상죄,[105] 어린이 보호구역에서의 어린이 치사상죄[106]

에 이르게 한 때로만 한정되며, 사망에 이르게 한 때는 자치경찰의 수사사무의 범위에서 제외된다.
92) 「형법」 제369조 제1항.
93) 「정보통신망 이용촉진 및 정보보호 등에 관한 법률」 제70조.
94) 「정보통신망 이용촉진 및 정보보호 등에 관한 법률」 제74조 제1항 제2호 및 제3호.
95) 「자치경찰사무와 시·도자치경찰위원회의 조직 및 운영 등에 관한 규정」 제3조 제2호.
96) 「자치경찰사무와 시·도자치경찰위원회의 조직 및 운영 등에 관한 규정」 제3조 제3호.
97) 「교통사고처리특례법」 제3조 제1항.
98) 「도로교통법」 제54조 제1항.
99) 「도로교통법」 제148조, 다만 이 경우 「특정범죄 가중처벌 등에 관한 법률」 제5조의3(도주차량 운전자의 가중처벌)이 적용되는 경우는 자치경찰의 수사사무에 포함되지 않는다.
100) 「도로교통법」 제148조의 2.
101) 「도로교통법」 제151조.
102) 「도로교통법」 제151조의2 제2호, 「도로교통법」 제153조 제2항 제2호.
103) 「도로교통법」 제152조 제1호.
104) 「자동차손해배상 보장법」 제46조 제2항.

라) 공연음란[107] 및 성적 목적을 위한 다중이용장소 침입행위[108]에 관한 범죄[109]

마) 「경범죄처벌법」 제3조에 규정된 46개 경범죄 행위에 대한 수사사무[110]

바) 가출인 및 실종아동 등 관련 수색 및 범죄

① 가출인 및 「실종아동등의 보호 및 지원에 관한 법률」 제2조 제2호에 따른 실종아동 등의 조속한 발견을 위한 수색에 관한 사무로 「자치경찰사무와 시 · 도자치경찰위원회의 조직 및 운영 등에 관한 규정」 제3조 제1호부터 제5호까지에 해당하는 범죄로 인해 실종된 경우(즉, 위 학교폭력 등 소년범죄관련 수사사무, 가정폭력 · 아동학대 수사사무, 교통사고 및 교통관련 범죄, 공연음란 및 성적 목적을 위한 다중이용장소 침입행위에 관한 수사사무, 경범죄 및 기초질서관련 수사사무와 관련한 가출인 및 실종아동 등의 조속한 발견을 위한 수색에 관한 사무만 자치경찰의 수사사무로 한다.)

② 정당한 사유없이 실종아동등을 보호한 자 및 개인위치정보 등을 실종아동등을 찾기 위한 목적 외의 용도로 이용한 자,[111] 위계 또는 위력을 행사하여 실종아동등의 발견을 위해 관계장소에 출입 · 조사하려는 관계공무원의 출입 · 조사를 거부하거나 방해한 자, 지문등정보를 실종아동등을 찾기 위한 목적 외로 이용한 자, 경찰관서의 장으로부터 실종아동등의 위치 확인에 필요한 개인위치정보, 인터넷주소 및 통신사실확인자료 등의 요청을 받고도 그 요청을 거부한 자, 목적외의 용도로 검사대상물의 채취 또는 유전자검사를 실시하거나 유전정보를 이용한자, 채취한 검사대상물 또는 유전정보를 외부로 유출한자, 신상정보를 실종아동등을 찾기 위한 목적 외의 용도로 이용한 자[112] 등에 대한 수사사무

105) 「특정범죄 가중처벌 등에 관한 법률」 제5조의3.
106) 「특정범죄 가중처벌 등에 관한 법률」 제5조의13.
107) 「형법」 제245조.
108) 「성폭력범죄의 처벌 등에 관한 특례법」 제12조.
109) 「자치경찰사무와 시 · 도자치경찰위원회의 조직 및 운영 등에 관한 규정」 제3조 제4호.
110) 「자치경찰사무와 시 · 도자치경찰위원회의 조직 및 운영 등에 관한 규정」 제3조 제5호.
111) 「실종아동등의 보호 및 지원에 관한 법률」 제17조.
112) 「실종아동등의 보호 및 지원에 관한 법률」 제18조.

제 3 절

경찰공무원법

1. 경찰공무원법 서설

1) 경찰공무원법의 의의

「경찰공무원법」이란 경찰공무원의 책임 및 직무의 중요성과 신분 및 근무조건의 특수성에 비추어 그 임용, 교육훈련, 복무, 신분보장 등에 관한 법률을 의미한다. 모든 국가공무원에게 적용되는 인사행정의 근본 기준은 일반적으로 「국가공무원법」에 근거하고 있으나, 국가 경찰공무원[113]의 경우 그 직무와 책임의 중요성, 신분 및 근무조건 등의 특수성을 고려하여 「국가공무원법」에 대한 특례로 「경찰공무원법」을 두고 있다. 따라서 「국가공무원법」과 「경찰공무원법」은 일반법과 특별법의 관계에 있다고 할 수 있으며, 국가 경찰공무원의 임용, 전보, 복직 등에 관해서는 「경찰공무원법」이 우선적으로 적용된다.

참고로 제주특별자치도 소속 자치경찰공무원은 지방공무원으로서, 「경찰공무원법」이 적용되는 국가 경찰공무원에 해당하지 않는다.

2) 경찰공무원의 개념 및 분류

(1) 경찰공무원의 개념

「경찰공무원법」의 적용을 받는 경찰공무원이란 경찰 직무에 종사하는, 순경~치안총감까지의 계급을 갖는 국가공무원을 의미한다. 따라서, 제주특별자치도 소속의 경찰공무원, 경찰청 소속의 일반직 공무원, 의무경찰 대원은 원칙적으로 「경찰공무원법」상의 경찰공무원에 해당하지 않는다. 다만, 의무경찰도 「형법」상 공무집행방해죄의 객체인 공무원에 해당하고, 「국가배상법」상의 공무원 개념에도 포함된다.

113) 「경찰공무원법」에서는 국가 경찰공무원 대신 경찰공무원이라는 용어를 쓰고 있다. 다만 여기서는 국가경찰공무원과 자치경찰공무원을 구분하기 위해 '국가 경찰공무원'이라는 용어를 사용하였다.

(2) 경찰공무원의 분류

경찰공무원의 분류를 살펴보기 전에 먼저 경찰공무원은 「국가공무원법」상의 국가공무원 중 어디에 포함되는지 살펴본다. 「국가공무원법」상 공무원은 경력직공무원과 특수경력직공무원으로 구분된다. 경력직공무원이란 실적과 자격에 따라 임용되고 그 신분이 보장되며 평생 동안(근무기간을 정하여 임용하는 공무원의 경우에는 그 기간 동안을 말함) 공무원으로 근무할 것이 예정되는 공무원을 말하며, 특수경력직 공무원이란 경력직공무원 외의 공무원을 의미한다. 경력직공무원에는 일반직공무원114)과 특정직공무원115)이 있고, 특수경력직공무원에는 정무직공무원116)과 별정직공무원117)이 있다. 경찰공무원은 「국가공무원법」상 경력직공무원에 속하면서 특정직공무원으로 분류된다.

「경찰공무원법」에서는 경찰공무원을 분류할 때 계급과 경과를 그 기준으로 한다.

가) 계급에 따른 분류

계급에 따른 분류란 경찰공무원을 수직적으로 구분하여 권한과 책임, 직책의 난이도, 보수 등의 차이를 두는 것을 의미한다. 학력, 경력, 자격 등을 기준으로 유사한 개인적 특성을 가진 경찰공무원을 여러 범주와 집단으로 구분하여 계층을 나눈 것이 계급이라 할 수 있다.

경찰공무원은 순경, 경장, 경사, 경위, 경감, 경정, 총경, 경무관, 치안감, 치안정감, 치안총감의 11개 계급으로 분류된다.

한편 범죄수사와 관련하여 사법경찰관은 범인, 범죄사실과 증거를 수사하며, 사법경찰리는 수사의 보조를 담당하는데, 경무관, 총경, 경정, 경감, 경위는 사법경찰관에, 경사, 경장, 순경은 사법경찰리에 해당한다.118)

---

114) 기술·연구 또는 행정 일반에 대한 업무를 담당하는 공무원.

115) 법관, 검사, 외무공무원, 경찰공무원, 소방공무원, 교육공무원, 군인, 군무원, 헌법재판소 헌법연구관, 국가정보원의 직원, 경호공무원과 특수 분야의 업무를 담당하는 공무원으로서 다른 법률에서 특정직공무원으로 지정하는 공무원.

116) 선거로 취임하거나 임명할 때 국회의 동의가 필요한 공무원 또는 고도의 정책결정 업무를 담당하거나 이러한 업무를 보조하는 공무원으로서 법률이나 「대통령비서실 직제」, 「국가안보실 직제」에서 정무직으로 지정하는 공무원.

117) 비서관·비서 등 보좌업무 등을 수행하거나 특정한 업무 수행을 위하여 법령에서 별정직으로 지정하는 공무원.

118) 「형사소송법」 제197조.

나) 경과에 따른 분류

경과란 직무의 종류에 따라 수평적으로 경찰공무원을 분류한 것이다. 경과의 구분에 필요한 사항은 「경찰공무원 임용령」 제3조에 정하고 있다. 「경찰공무원 임용령」 제3조 제1항에 따른 경과의 종류에는 일반경과, 수사경과, 안보수사경과, 특수경과가 있으며 특수경과에는 항공경과와 정보통신경과가 있다. 경과는 총경 이하 경찰공무원에게 부여하는 것이 원칙이나, 수사경과와 안보수사경과는 경정 이하 경찰공무원에게만 부여한다.

먼저 일반경과는 기획 · 감사 · 경무 · 생활안전 · 교통 · 경비 · 작전 · 정보 · 외사나 그 밖에 수사경과 · 안보수사경과 및 특수경과에 속하지 아니하는 직무를 말한다. 수사경과는 범죄수사에 관한 직무, 안보수사경과는 안보경찰에 관한 직무를 말한다. 특수경과 중 항공경과는 경찰항공기의 운영 · 관리에 관한 직무, 정보통신경과는 경찰정보통신의 운영 · 관리에 관한 직무를 말한다.[119] 임용권자 또는 임용제청권자는 경찰공무원을 신규채용할 때 경과를 부여해야 하며, 이때 수사, 안보수사, 항공, 정보통신분야로 채용된 경찰공무원 외에는 일반경과를 부여한다.[120]

경찰청장은 전시 · 사변 또는 이에 준하는 비상사태가 발생한 경우에는 경과의 일부를 폐지 또는 병합하거나 신설할 수 있으며[121], 경과의 변경, 즉 전과는 일반경과에서 수사경과 · 안보수사경과 또는 특수경과로의 전과만 인정한다. 다만, 정원감축 등 경찰청장이 정하는 사유가 있는 경우에는 수사경과 · 안보수사경과 또는 정보통신경과에서 일반경과로의 전과를 인정할 수 있다.[122] 또 경과가 신설 또는 폐지되는 경우에는 다음에 따른 전과를 인정할 수 있다.[123]

① 경과가 신설되는 경우: 일반경과 · 수사경과 · 안보수사경과 또는 특수경과에서 신설되는 경과로의 전과

② 경과가 폐지되는 경우: 폐지되는 경과에서 일반경과 · 수사경과 · 안보수사경과 또는 특수경과로의 전과

---

119) 「경찰공무원 임용령 시행규칙」 제19조.
120) 「경찰공무원 임용령 시행규칙」 제22조.
121) 「경찰공무원 임용령」 제3조 제4항.
122) 「경찰공무원 임용령 시행규칙」 제27조 제1항.
123) 「경찰공무원 임용령 시행규칙」 제27조 제2항.

전과는 다음의 어느 하나에 해당하는 사람에 대해서만 인정하나, 아래 해당자라 하더라도 현재 경과를 부여받고 1년이 지나지 아니한 사람 또는 특정 직무분야에 근무할 것을 조건으로 채용된 경찰공무원으로서 채용 후 5년이 지나지 아니한 사람은 전과할 수 없다.[124)]

① 현재 경과보다 다른 경과에서 더욱 발전할 수 있다고 인정되는 사람
② 정원감축, 직제개편 등 부득이한 사유로 기존 경과를 유지하기 어려워진 사람
③ 전과하려는 경과와 관련된 자격증을 소지한 사람
④ 전과하려는 경과와 관련된 분야의 시험에 합격한 사람

2. 경찰공무원의 근무관계

1) 경찰공무원관계의 의의

전통적으로 경찰공무원관계는 특별권력관계로 인식되었다. 전통적인 특별권력관계이론에 의하면 특별권력관계에 있어서는 그 행정목적과 관련하여 기본권이 제한될 수 있으며 그러한 기본권의 제한은 법률유보에 의하지 않고도 가능하다고 한다. 즉 일반권력관계에 있어서는 법치주의가 전면적으로 타당한 데 대하여 특별권력관계의 특별권력주체는 당해 특별권력관계 설정의 공법상의 목적과 당해 관계의 본질에 비추어 필요한 범위 및 한도에서 특별권력복종자에 대하여 개개의 경우에 법률유보의 원칙을 배제하며 또한 법률의 근거 없이 일방적으로 명령·강제할 수 있다고 보는 데서 특별권력의 특색이 있다고 볼 수 있다(서원우, 1975). 따라서 일단 경찰공무원관계가 성립되면 법령의 근거가 없어도 특별권력에 기초하여 국가는 경찰공무원에 대한 포괄적 지배권을 갖는다고 보았다. 결국 경찰공무원관계를 특별권력관계로 이해할 때 국가는 경찰공무원의 권리를 법령의 근거 없이 자유롭게 제한할 수 있고, 이러한 국가의 처분은 행정소송의 대상이 되지도 않는다는 결론이 된다.

그러나 현행 경찰공무원법제는 경찰공무원에 대한 사항을 모두 법령 등에 정하도록 하고 있으며, 공무원에 대한 불이익처분에 대해서는 이를 구제할 수 있는 절차(행정심판, 행정소송 등)를 두고 있다(신현기 외, 2015). 따라서 경찰공무원관계는 특

124) 「경찰공무원 임용령 시행규칙」 제28조.

별행정법관계로 이해되고, 따라서 경찰공무원관계에 있어서도 법치주의가 적용되는 것으로 이해된다.

2) 경찰공무원관계의 발생

경찰공무원관계는 임용에 의하여 발생한다. 임용은 신규채용, 승진임용, 전보, 파견, 휴직, 직위해제, 정직, 강등, 복직, 면직, 해임 및 파면을 포함하는 개념이나, 좁은 의미에서 임용은 신규채용행위를 의미한다.

(1) 임용의 법적성질

임용의 법적 성질에 관해서는 쌍방적 행정행위설, 공법상 계약설, 동의를 전제로 하는 단독행위설 등으로 견해가 나뉜다. 쌍방적 행정행위설은 신규채용은 상대방의 동의를 요하는 행정행위이며, 이 때 상대방의 동의는 임용이 유효하게 성립되기 위한 절대적 유효조건으로 보고 있다. 공법상 계약설은 임용이란 상대방의 신청에 대해 임명권자가 승낙하는 것으로 보고 있으며, 단독행위설의 입장에서 임용이란 상대방의 동의를 전제로 하는 국가의 단독행위로 이해된다. 통설·판례의 입장은 쌍방적 행정행위설이며, 이러한 임용에 대한 법적 분쟁은 항고소송의 대상이 된다.

(2) 임용의 성립요건

경찰공무원 임용의 성립요건은 소극요건과 적극요건으로 살펴볼 수 있다. 소극요건이란 경찰공무원으로 임용될 수 없는 요건, 즉 결격사유를 의미하며, 적극요건이란 경찰공무원으로 임용되기 위해 갖추어야 할 능력 또는 자격요건을 의미한다.

가) 소극요건(경찰공무원 임용의 결격사유)

「경찰공무원법」에 따른 임용결격사유는 다음과 같다.[125)]

① 대한민국 국적을 가지지 아니한 사람
② 「국적법」 제11조의2 제1항에 따른 복수국적자

---

125) 「경찰공무원법」 제8조 제2항.

③ 피성년후견인 또는 피한정후견인

④ 파산선고를 받고 복권되지 아니한 사람

⑤ 자격정지 이상의 형(刑)을 선고받은 사람

⑥ 자격정지 이상의 형의 선고유예를 선고받고 그 유예기간 중에 있는 사람

⑦ 공무원으로 재직기간 중 직무와 관련하여 횡령·배임의 죄 및 업무상 횡령·배임의 죄[126]를 범한 자로서 300만원 이상의 벌금형을 선고받고 그 형이 확정된 후 2년이 지나지 아니한 사람

⑧ 다음 각 목의 어느 하나에 해당하는 죄를 범한 사람으로서 100만원 이상의 벌금형을 선고받고 그 형이 확정된 후 3년이 지나지 아니한 사람

가. 「성폭력범죄의 처벌 등에 관한 특례법」 제2조에 따른 성폭력범죄

나. 「정보통신망 이용촉진 및 정보보호 등에 관한 법률」 제74조 제1항 제2호[127] 및 제3호[128]에 따른 죄

다. 「스토킹범죄의 처벌 등에 관한 법률」 제2조 제2호에 따른 스토킹범죄

⑨ 미성년자에 대한 다음 각 목의 어느 하나에 해당하는 죄를 저질러 형 또는 치료감호가 확정된 사람(집행유예를 선고받은 후 그 집행유예기간이 경과한 사람을 포함한다)

가. 「성폭력범죄의 처벌 등에 관한 특례법」 제2조에 따른 성폭력범죄

나. 「아동·청소년의 성보호에 관한 법률」 제2조 제2호에 따른 아동·청소년대상 성범죄

⑩ 징계에 의하여 파면 또는 해임처분을 받은 사람

대한민국 국적을 가지지 아니한 자, 복수국적자, 자격정지 이상의 형의 선고유예를 선고받고 그 유예기간 중에 있는 사람, 징계에 의하여 파면 또는 해임처분을 받고 각각 5년이 지난 자 또는 3년이 지난 사람은 「경찰공무원법」상 경찰공무원 임용의 결격사유에 해당하지만, 「국가공무원법」 제33조에 따른 임용결격사유에는 해당하지 않는다.

---

126) 「형법」 제355조 및 제356조.

127) 음란한 부호·문언·음향·화상 또는 영상을 배포·판매·임대하거나 공공연하게 전시한 자

128) 공포심이나 불안감을 유발하는 부호ㆍ문언ㆍ음향ㆍ화상 또는 영상을 반복적으로 상대방에게 도달하게 한 자

나) 적극요건

경찰공무원은 신체 및 사상이 건전하고 품행이 방정한 사람 중에서 임용한다.[129) 경력직 경찰공무원의 임용은 시험성적, 근무성적, 외국어 능력, 연구실적, 자격증의 능력을 갖추어야 하며, 경정·순경의 신규채용은 원칙적으로 공개경쟁시험의 성적에 의한다.[130] 경위 계급에의 신규채용은 경찰대학 졸업자 및 경위공개경쟁채용시험합격자를 대상으로 하는 교육훈련을 마치고 소정의 시험에 합격한 자를 대상으로 하며[131], 고시합격자 및 외국어 특기자 등은 예외적으로 경력경쟁채용의 방법으로 채용하는 것이 가능하다(신현기 외, 2015: 138).

(3) 임용의 형식 및 효력 발생 시기

임용은 임용장의 교부에 의함이 원칙이나, 임용은 요식행위가 아니므로 임용장의 교부는 임용행위를 형식적으로 표시하는 선언적·공증적 효력을 가짐에 그치고 따라서 임용장 교부는 임용의 유효조건은 아니다.

경찰공무원은 임용장이나 임용통지서에 적힌 날짜에 임용된 것으로 간주하며, 임용일자를 소급해서는 아니 된다.[132] 다만, 임용일자의 소급이 허용되는 특례가 존재하는 바 이는 다음과 같다.

① 경찰공무원으로서 전사하거나 순직한 사람을 특별승진임용하는 경우 임용일은 사망일의 전날(재직 중 사망한 경우) 또는 퇴직일의 전날(퇴직 후 사망한 경우)로 본다.
② 휴직기간이 끝나거나 휴직사유 소멸 후에도 직무에 복귀하지 아니하여 직권면직하는 경우 휴직기간의 만료일 또는 휴직사유의 소멸일을 임용일로 본다.
③ 경위공개경쟁채용시험합격자, 경찰대학의 학생 또는 시보임용예정자가 시보임용경찰공무원 등에 대한 교육훈련에 따른 직무수행과 관련된 실무수습 중 사망한 경우에는 사망일의 전날을 임용일로 본다.

129) 「경찰공무원법」 제8조 제1항.
130) 「경찰공무원법」 제10조 제1항.
131) 「경찰공무원법」 제10조 제2항.
132) 「경찰공무원 임용령」 제5조.

(4) 임용절차

가) 채용후보자 등록

「경찰공무원법」 제10조 제1항 및 제2항 제2호에 따른 신규채용시험[133]과 경력경쟁채용시험 등에 합격한 사람은 임용권자 또는 임용제청권자에게 채용후보자 등록을 해야 한다. 이 때 채용후보자등록을 하지 아니한 사람은 경찰공무원으로 임용될 의사가 없는 것으로 본다.[134]

나) 채용후보자 명부의 작성

경찰청장은(「경찰공무원법」 제7조 제3항 및 제4항에 따라 임용권을 위임받은 자를 포함)은 신규채용시험에 합격한 사람(경찰대학을 졸업한 사람과 경위공개경쟁채용시험합격자를 포함)을 대통령령으로 정하는 바에 따라 성적 순위에 따라 채용후보자 명부에 등재(登載)하여야 한다.[135] 이 때 채용후보자 명부는 임용예정계급별로 작성하되, 채용후보자의 서류를 심사하여 임용 적격자만을 등재하고, 임용권자 또는 임용제청권자는 채용후보자 명부에의 등재 여부를 본인에게 알려야 한다.[136] 경찰공무원의 신규채용은 채용후보자 명부의 등재 순위에 따른다. 다만, 채용후보자가 경찰교육기관에서 신임교육을 받은 경우에는 그 교육성적 순위에 따른다.[137]

채용후보자 명부의 유효기간은 2년으로 하되[138], 경찰청장은 필요에 따라 1년의 범위에서 그 기간을 연장할 수 있으며[139], 그 기간을 연장하기로 결정한 경우 그 사실을 공고하여야 한다.[140]

다) 임용 또는 임용제청의 유예[141]

임용권자 또는 임용제청권자는 채용후보자 명부에 등재된 채용후보자가 다음의 어느 하나에 해당하는 경우에는 채용후보자 명부의 유효기간의 범위에서 기간을 정하여 임용 또는 임용제청을 유예할 수 있다. 다만, 유예기간 중이라도 그 사유가

133) 경정 및 순경 공개경쟁채용시험, 경위공개경쟁채용시험.
134) 「경찰공무원 임용령」 제17조.
135) 「경찰공무원법」 제12조 제1항.
136) 「경찰공무원 임용령」 제18조 제1항 및 제2항.
137) 「경찰공무원법」 제12조 제2항.
138) 「경찰공무원법」 제12조 제3항 전단 및 「경찰공무원 임용령」 제18조 제3항.
139) 「경찰공무원법」 제12조 제3항 단서.
140) 「경찰공무원법」 제12조 제5항.
141) 「경찰공무원 임용령」 제18조의2.

소멸한 경우에는 임용 또는 임용제청을 할 수 있다.

임용 또는 임용제청의 유예를 원하는 사람은 해당 사유를 증명할 수 있는 자료를 첨부하여 임용권자 또는 임용제청권자가 정하는 기간 내에 신청해야 하며 원하는 유예기간을 분명하게 적어야 한다.

① 「병역법」에 따른 병역복무를 위하여 징집 또는 소집되는 경우
② 학업을 계속하는 경우
③ 6개월 이상의 장기요양이 필요한 질병이 있는 경우
④ 임신하거나 출산한 경우
⑤ 그 밖에 임용 또는 임용제청의 유예가 부득이하다고 인정되는 경우

라) 채용후보자의 자격상실[142)]

채용후보자는 다음에 해당하는 경우 채용후보자로서의 자격을 상실한다.

① 채용후보자가 임용 또는 임용제청에 응하지 아니한 경우
② 채용후보자로서 받아야 할 교육훈련에 응하지 아니한 경우
③ 채용후보자로서 받은 교육훈련과정의 수료요건 또는 졸업요건을 갖추지 못한 경우
④ 채용후보자로서 교육훈련 중 질병, 병역 복무 또는 그 밖에 교육훈련을 계속할 수 없는 불가피한 사정 외의 사유로 퇴교처분을 받은 경우
⑤ 채용후보자로서 품위를 크게 손상하는 행위를 함으로써 경찰공무원으로서의 직무를 수행하기 곤란하다고 인정되는 경우 (다만, 이 경우 영 제20조의2에 따른 임용심사위원회의 의결을 거쳐야 함)
⑥ 법 또는 법에 따른 명령을 위반하여 「경찰공무원 징계령」 제2조제1호에 따른 중징계 사유에 해당하는 비위를 저지른 경우
⑦ 법 또는 법에 따른 명령을 위반하여 「경찰공무원 징계령」 제2조제2호에 따른 경징계 사유에 해당하는 비위를 2회 이상 저지른 경우

---

142) 「경찰공무원 임용령」 제19조.

(5) 임용권자

가) 대통령

총경 이상의 경찰공무원은 경찰청장의 추천을 받아 행정안전부장관의 제청으로 국무총리를 거쳐 대통령이 임용한다.[143] 경정으로의 신규채용, 승진임용 및 면직은 경찰청장의 제청으로 국무총리를 거쳐 대통령이 임용한다.[144]

나) 경찰청장

총경의 전보 · 휴직 · 직위해제 · 강등 · 정직 및 복직, 경정 이하의 경찰공무원 임용은 경찰청장이 행한다.[145] 다만 경찰청장은 수사부서에서 총경을 보직하는 경우에는 국가수사본부장의 추천을 받아야 한다.[146]

다) 임용권의 위임

경찰청장은 경찰공무원의 임용에 관한 권한의 일부를 특별시장 · 광역시장 · 도지사 · 특별자치시장 또는 특별자치도지사(시 · 도지사), 국가수사본부장, 소속기관의 장, 시 · 도경찰청장에게 위임할 수 있다.[147]

(가) 시 · 도지사 및 시 · 도자치경찰위원회

경찰청장은 「경찰공무원법」 제7조 제3항 전단에 따라 특별시장 · 광역시장 · 특별자치시장 · 도지사 또는 특별자치도지사(시 · 도지사)에게 해당 특별시 · 광역시 · 특별자치시 · 도 또는 특별자치도(시 · 도)의 자치경찰사무를 담당하는 경찰공무원[148] 중 경정의 전보 · 파견 · 휴직 · 직위해제 및 복직에 관한 권한과 경감 이하의 임용권(신규채용 및 면직에 관한 권한은 제외한다)을 위임한다.[149] 이 경우 시 · 도지사는 위임받은 권한의 일부를 대통령령으로 정하는 바에 따라 「국가경찰과 자치경찰의 조직 및 운영에 관한 법률」 제18조에 따른 시 · 도자치경찰위원회, 시 · 도경찰청장에게 다시 위임할 수 있다.[150]

---

143) 「경찰공무원법」 제7조 제1항 전단.
144) 「경찰공무원법」 제7조 제2항 단서.
145) 「경찰공무원법」 제7조 제1항 단서.
146) 「경찰공무원 임용령」 제4조 제7항.
147) 「경찰공무원법」 제7조 제3항.
148) 「국가경찰과 자치경찰의 조직 및 운영에 관한 법률」 제18조 제1항에 다른 시 · 도자치경찰위원회, 시 · 도경찰청 및 경찰서에서 근무하는 경찰공무원.
149) 「경찰공무원 임용령」 제4조 제1항.

경찰청장으로부터 임용권을 위임받은 시·도지사는 법 제7조 제3항 후단에 따라 경감 또는 경위로의 승진임용에 관한 권한을 제외한 임용권을 시·도자치경찰위원회에 다시 위임하고[151], 이에 따라 임용권을 위임받은 시·도자치경찰위원회는 시·도지사와 시·도경찰청장의 의견을 들어 그 권한의 일부를 시·도경찰청장에게 다시 위임할 수 있다.[152]

경찰청장 및 시·도경찰위원회로부터 영 제4조 제3항 및 제5항에 따라 임용권을 위임받은 시·도경찰청장은 소속 경감 이하 경찰공무원에 대한 해당 경찰서 안에서의 전보권을 경찰서장에게 다시 위임할 수 있다.[153] 시·도경찰청장 및 경찰서장은 지구대장 및 파출소장을 보직하는 경우에는 시·도자치경찰위원회의 의견을 사전에 들어야 한다.[154]

시·도자치경찰위원회는 시·도지사로부터 위임받은 임용권을 행사하는 경우 시·도경찰청장의 추천을 받아야 한다.[155]

(나) 국가수사본부장

경찰청장은 국가수사본부장에게 국가수사본부 안에서의 경정 이하에 대한 전보권을 위임한다.[156]

(다) 소속기관 등의 장

경찰청장은 경찰대학·경찰인재개발원·중앙경찰학교·경찰수사연수원·경찰병원 및 시·도경찰청(이하 "소속기관 등"이라 한다)의 장에게 그 소속 경찰공무원 중 경정의 전보·파견·휴직·직위해제 및 복직에 관한 권한과 경감 이하의 임용권을 위임한다.[157]

또 소속기관등의 장은 경감 또는 경위를 신규채용하거나 경위 또는 경사를 승진시키려면 미리 경찰청장의 승인을 받아야 한다.[158]

다만, 위 「경찰공무원 임용령」 제4조 제1항 내지 제6항의 규정에도 불구하고 경찰청장은 경찰공무원의 정원 조정, 승진임용, 인사교류 또는 파견을 위하여 필요한

150) 「경찰공무원법」 제7조 제3항 후단.
151) 「경찰공무원 임용령」 제4조 제4항.
152) 「경찰공무원 임용령」 제4조 제5항.
153) 「경찰공무원 임용령」 제4조 제6항.
154) 「경찰공무원 임용령」 제4조 제9항.
155) 「경찰공무원 임용령」 제4조 제8항.
156) 「경찰공무원 임용령」 제4조 제2항.
157) 「경찰공무원 임용령」 제4조 제3항.
158) 「경찰공무원 임용령」 제4조 제10항.

경우에는 임용권을 행사할 수 있다.159)

3) 시보임용제도

(1) 시보임용의 의의

시보임용이란 경찰공무원을 신규채용하는 경우에 정규경찰공무원으로 임용하기 전에 경찰로서의 근무능력, 태도 및 적격성 여부를 확인하고, 경찰실무를 습득하게 하기 위해 일정 기간 경찰 업무에 종사하게 하는 것을 의미한다. 시보기간 중에는 공무원으로서의 신분보장 및 승진임용이 되지 않는다.

(2) 시보임용의 대상 및 기간

경정 이하의 경찰공무원을 신규 채용할 때에는 1년간 시보(試補)로 임용하고, 그 기간이 만료된 다음 날에 정규 경찰공무원으로 임용한다. 단, 휴직기간, 직위해제 기간 및 징계에 의한 정직 또는 감봉처분을 받은 기간은 시보임용 기간에 산입하지 않는다.160)

(3) 시보임용의 면제대상

다음의 어느 하나에 해당하는 경우에는 시보임용을 거치지 아니한다.161)

① 경찰대학을 졸업한 사람 또는 경위공개경쟁채용시험합격자로서 정하여진 교육을 마친 사람을 경위로 임용하는 경우
② 경찰공무원으로서 대통령령으로 정하는 상위계급으로의 승진에 필요한 자격요건을 갖추고 임용예정 계급에 상응하는 공개경쟁 채용시험에 합격한 사람을 해당 계급의 경찰공무원으로 임용하는 경우
③ 퇴직한 경찰공무원으로서 퇴직 시에 재직하였던 계급의 채용시험에 합격한 사람을 재임용하는 경우

---

159) 「경찰공무원 임용령」 제4조 제11항.
160) 「경찰공무원법」 제13조 제1항 및 제2항.
161) 「경찰공무원법」 제13조 제4항.

④ 자치경찰공무원을 그 계급에 상응하는 경찰공무원으로 임용하는 경우

(4) 시보임용경찰공무원 등에 대한 교육 · 훈련

임용권자 또는 임용제청권자는 시보임용경찰공무원 또는 시보임용예정자에게 일정 기간 교육훈련(실무수습을 포함한다)을 시킬 수 있다. 이 경우 시보임용예정자에게 교육훈련을 받는 기간 동안 예산의 범위에서 임용예정계급의 1호봉에 해당하는 봉급의 80퍼센트에 해당하는 금액 등을 지급할 수 있다.[162]

임용권자 또는 임용제청권자는 시보임용예정자가 제1항에 따른 교육훈련성적이 만점의 60퍼센트 미만이거나 생활기록이 극히 불량할 때에는 시보임용을 하지 아니할 수 있다.[163]

(5) 시보임용경찰공무원의 정규임용

시보임용경찰공무원의 정규임용에 관한 적부(適否)는 임용심사위원회에서 심사한다. 임용심사위원회는 임용권자 또는 임용제청권자 소속으로 둔다.[164] 이때 임용심사위원회는 위원장 1명을 포함한 위원 5명 이상 7명 이하로 구성하며, 위원장은 위원 중 가장 계급이 높은 경찰공무원(가장 계급이 높은 경찰공무원이 둘 이상인 경우 그 중 해당 계급에 승진임용된 날이 가장 빠른 경찰공무원)이 된다. 위원은 소속 경감 이상 경찰공무원 중에서 위원회가 설치된 기관의 장이 임명하되, 심사대상자보다 상위 계급자로 한다. 위원회는 재적위원 3분의 2이상 출석과 출석위원 과반수 찬성으로 의결한다.[165]

(6) 시보임용경찰공무원의 면직

임용권자 또는 임용제청권자는 시보임용기간 중에 있는 경찰공무원이 근무성적 또는 교육훈련성적이 불량할 때에는 「국가공무원법」 제68조 및 「경찰공무원법」 제28조에도 불구하고 면직시키거나 면직을 제청할 수 있다. 이때 시보임용경찰공무

162) 「경찰공무원 임용령」 제21조.
163) 「경찰공무원 임용령」 제21조 제2항.
164) 「경찰공무원 임용령」 제20조의2.
165) 「경찰공무원 임용령 시행규칙」 제10조.

원의 면직을 위해서는 정규임용심사위원회를 거쳐야 한다.

시보경찰공무원의 면직사유로는 ① 징계사유에 해당하는 경우, ② 교육훈련성적이 만점의 60% 미만이거나 생활기록이 극히 불량한 경우, ③「경찰공무원 승진임용 규정」 제7조 제2항에 따른 제2평정 요소의 평정점이 만점의 50% 미만인 경우 등이다.

4) 경찰공무원인사위원회

경찰공무원의 인사(人事)에 관한 중요 사항에 대하여 경찰청장의 자문에 응하게 하기 위하여 경찰청에 경찰공무원인사위원회를 둔다.[166] 경찰공무원인사위원회의 심의사항은 다음과 같다.[167]

① 경찰공무원의 인사행정에 관한 방침과 기준 및 기본계획
② 경찰공무원의 인사에 관한 법령의 제정·개정 또는 폐지에 관한 사항
③ 그 밖에 경찰청장 인사위원회의 회의에 부치는 사항

경찰공무원인사위원회는 위원장을 포함하여 5명 이상 7명 이하의 위원으로 구성하며, 위원장은 경찰청 인사담당국장이 담당하며 경찰공무원인사위원회를 대표하고 경찰공무원인사위원회 사무를 총괄한다. 회의 소집은 위원장이 하고, 재적위원 과반수의 찬성으로 의결하며 회의의 의장은 위원장이 담당한다. 또 위원장은 경찰공무원인사위원회에서 심의된 사항을 지체 없이 경찰청장에게 보고하여야 한다.

위원장이 부득이한 사유로 직무를 수행할 수 없을 경우 위원 중 최상위 계급 또는 선임의 경찰공무원이 그 직무를 대행한다.

위원은 경찰청 소속 총경 이상 경찰공무원 중 경찰청장이 각각 임명하며, 경찰공무원인사위원회에 2명 이하의 간사를 둔다. 간사는 경찰청 소속 경찰공무원 중 위원장이 지명하고, 위원장의 명을 받아 경찰공무원인사위원회의 사무를 처리한다.[168]

---

166) 「경찰공무원법」 제5조.
167) 「경찰공무원법」 제6조.
168) 「경찰공무원 임용령」 제9조 내지 제12조.

5) 경찰공무원관계의 변경

(1) 경찰공무원관계 변경의 의의

경찰공무원관계의 변경이란 경찰공무원으로서의 신분은 유지하되 경찰공무원관계의 내용 일부 또는 전부가 변경되는 것을 말한다. 경찰공무원관계의 변경에는 승진, 전보, 파견, 휴직, 직위해제, 강등, 정직 등이 있다. 그 법적성질에 관해서는 이미 경찰공무원의 신분을 가진 자에 대한 국가의 일방적 행정행위로 보고 있다. 다만, 일방적 행정행위라 해도 국가의 자의적 인사권이 제한 없이 인정되는 것은 아니며, 법령의 규정에 따라야 함은 물론이다.

(2) 승진

가) 승진의 의의

승진은 하위 계급에서 상위계급으로 임용되는 것을 의미하며, 경찰공무원은 바로 아래 하위계급에 있는 경찰공무원 중에서 근무성적평정, 경력평정, 그 밖의 능력을 실증하여 승진임용한다.[169] 즉 1계급씩 승진임용함이 원칙이다. 다만, 해양경찰청장을 보하는 경우 치안감을 치안총감으로 승진임용할 수 있다.[170]

나) 승진의 종류

경찰공무원 승진임용에는 심사승진임용, 시험승진임용, 특별승진 및 근속승진이 있다.

경무관 이하의 계급으로의 승진은 승진심사에 의하여 한다. 다만, 경정 이하 계급으로의 승진은 승진시험과 승진심사를 병행할 수 있다.[171] 이때 승진시험에 의한 승진임용(시험승진임용)과 승진심사에 의한 임용(심사승진임용)의 비율은 「경찰공무원 승진임용 규정」 제4조 제4항에 따른다.

경찰공무원으로서 특별승진 사유에 해당하는 사람에 대하여는 「경찰공무원법」 제15조 승진의 기본원칙에도 불구하고 1계급(또는 2계급) 특별승진시킬 수 있다.[172] 특별승진은 「국가공무원법」 제40조의4 제1항 제1호 내지 제4호[173]까지의 규정 중

---

169) 「경찰공무원법」 제15조 제1항 전단.
170) 「경찰공무원법」 제15조 제1항 단서, 「해양경찰법」 제12조.
171) 「경찰공무원법」 제15조 제2항 단서.
172) 「경찰공무원법」 제19조 제1항 전단.

어느 하나에 해당하는 사람, 전사하거나 순직한 사람, 직무 수행 중 현저한 공적을 세운 사람을 그 대상으로 한다. 다만, 경위 이하의 경찰공무원으로서 모든 경찰공무원의 귀감이 되는 공을 세우고 전사하거나 순직한 사람에 대하여는 2계급 특별승진 시킬 수 있다.[174)]

해당 계급에서 다음의 기간 동안 재직한 사람을 경장, 경사, 경위, 경감으로 각각 근속승진임용할 수 있다.

|표 3-2| 근속승진 계급별 근속년수

계 급	근속년수
순경→경장	해당 계급(순경)에서 4년 이상 근속자
경장→경사	해당 계급(경장)에서 5년 이상 근속자
경사→경위	해당 계급(경사)에서 6년 6개월 이상 근속자
경위→경감	해당 계급(경위)에서 8년 이상 근속자

다) 승진소요 최저근무연수

경찰공무원이 승진하려면 다음 계급별 구분에 따른 기간 동안 해당 계급에 재직하여야 한다. 휴직기간, 직위해제 기간, 징계처분 기간 및 「경찰공무원법」 제6조 제1항 제2호에 따른 승진임용제한기간은 승진소요 최저근무연수의 기간에 산입하지 않는 것이 원칙이나, 「국가공무원법」 제71조에 따른 휴직 기간 중 「경찰공무원법」 제5조 제2항 제1호에서 정하는 기간과 직위해제처분이 무효 또는 취소되거나, 직위해제처분 사유가 된 형사사건이 법원의 판결에 따라 무죄로 확정된 경우의 그 직위해제기간 등은 최저근무연수 기간에 산입한다.[175)]

173) 청렴하고 투철한 봉사 정신으로 직무에 모든 힘을 다하여 공무 집행의 공정성을 유지하고 깨끗한 공직 사회를 구현하는 데에 다른 공무원의 귀감(龜鑑)이 되는 자, 직무수행 능력이 탁월하여 행정 발전에 큰 공헌을 한 자, 제53조(공무원제안제도)에 따른 제안의 채택·시행으로 국가 예산을 절감하는 등 행정 운영 발전에 뚜렷한 실적이 있는 자, 재직 중 공적이 특히 뚜렷한 자가 제74조의2(명예퇴직 등)에 따라 명예퇴직 할 때.

174) 「경찰공무원법」 제19조 제1항 단서.

175) 「경찰공무원 승진임용 규정」 제5조.

|표 3-3| 계급별 승진소요 최저근무연수

계 급	최저근무연수
총경	3년
경정, 경감	2년
경위, 경사, 경장, 순경	1년

라) 승진심사위원회

승진심사를 위해 경찰청에 중앙승진심사위원회를 두고, 경찰청, 시·도경찰청, 소속기관 등 및 경찰서에 보통승진심사위원회를 둔다.[176] 중앙승진심사위원회는 위원장을 포함한 5명 이상 7명 이하의 위원으로 구성하며, 위원은 회의 소집일 전에 승진심사대상자보다 상위계급인 경찰공무원 중에서 경찰청장이 임명하되, 승진심의위원회를 두는 경우[177] 중앙승진심사위원회 위원은 승진심의위원회 위원 중에서 임명한다.[178]

보통승진심사위원회는 위원장을 포함한 5명 이상 7명 이하의 위원으로 구성한다. 보통승진심사위원회 위원은 그 보통승진심사위원회가 설치된 경찰기관의 장이 승진심사대상자보다 상위계급인 경위 이상 소속 경찰공무원 중에서 임명하며, 위원장은 위원 중 최상위계급 또는 선임인 경찰공무원이 된다. 다만, 시·도경찰청 및 경찰서에 두는 보통승진심사위원회 위원 중 2명은 승진심사대상자보다 상위계급인 경위 이상 소속 경찰공무원 중에서 「국가경찰과 자치경찰의 조직 및 운영에 관한 법률」 제18조 제1항에 따른 시·도자치경찰위원회의 추천을 받아 그 보통심사위원회가 설치된 경찰기관의 장이 임명한다.[179]

승진심사위원회의 회의는 비공개로 하며, 재적위원 과반수의 찬성으로 의결한다.[180]

---

176) 「경찰공무원법」 제17조.
177) 경무관으로의 승진심사를 위하여 구성되는 중앙승진심사위원회 회의에 부칠 사항을 사전에 심의하기 위해 중앙승진심사위원회에 복수의 승진심의위원회를 둘 수 있으며, 각각의 승진심의위원회는 위원장을 포함한 5명 이상 7명 이하의 위원으로 구성한다.
178) 「경찰공무원 승진임용 규정」 제15조.
179) 「경찰공무원 승진임용 규정」 제16조.
180) 「경찰공무원 승진임용 규정」 제18조.

마) 승진임용의 제한

다음의 어느 하나에 해당하는 경찰공무원은 승진임용 할 수 없다.[181)]

① 징계의결 요구, 징계처분, 직위해제, 휴직[182)] 또는 시보임용 기간 중에 있는 사람

② 징계처분의 집행이 끝난 날부터 다음의 구분에 따른 기간이 지나지 않은 사람[183)]

가. 강등 · 정직: 18개월

나. 감봉: 12개월

다. 견책: 6개월

③ 징계에 관하여 경찰공무원과 다른 법령을 적용받는 공무원으로 재직하다가 경찰공무원으로 임용된 사람으로서, 종전의 신분에서 징계처분을 받고 그 징계처분의 집행이 끝난 날부터 다음의 구분에 따른 기간이 지나지 아니한 사람

가. 강등: 18개월

나. 근신 · 영창 또는 그 밖에 이와 유사한 징계처분: 6개월

④ 「경찰공무원법」 제30조 제3항에 따라 계급정년이 연장된 사람

(3) 전보

전보란 경찰공무원이 동일직위 및 자격 내에서 근무기관이나 부서를 달리하는 임용을 말한다. 경과의 변경을 의미하는 전과와는 구별되는 개념이다. 해당 직위에 임용된 날부터 1년 이내에 다른 직위에 전보할 수 없고, 감사업무를 담당하는 경찰공무원의 경우에는 2년 이내에 다른 직위에 전보할 수 없다.[184)] 다만, 영 제27조 제1항 1호 내지 15호의 어느 하나에 해당하는 경우에는 전보할 수 있다.[185)]

---

181) 「경찰공무원 승진임용 규정」 제6조 제1항.

182) 다만, 「공무원 재해보상법」에 따른 공무상 질병 또는 부상으로 인하여 「국가공무원법」 제71조 제1항 제1호에 따라 휴직한 사람을 제37조 제1항 제4호 또는 같은 조 제2항에 따라 특별승진임용하는 경우는 제외한다.

183) 단 금품 및 향응의 수수, 공금의 유용을 사유로 징계처분을 받거나, 소극행정, 음주운전(측정거부 포함), 성폭력, 성희롱 및 성매매를 사유로 하는 징계처분을 받은 경우는 각각 6개월을 더한 기간.

184) 「경찰공무원 임용령」 제27조 제1항 전단.

185) 「경찰공무원 임용령」 제27조 제1항 단서.

(4) 파견

파견이란 업무수행과 관련된 행정지원이나 연수, 그 밖에 능력개발 등을 위하여 공무원을 다른 기관으로 일정기간 이동시켜 근무하게 하는 것을 말하며, 파견 중에는 근무하는 기관장의 지휘·감독을 받는다.

(5) 휴직

휴직이란 경찰공무원의 신분을 유지하면서 일정 기간 직무를 담당하지 않는 것을 말한다. 휴직에는 직권휴직과 의원휴직[186]이 있다. 휴직 기간 중 그 사유가 없어지면 30일 이내에 임용권자 또는 임용제청권자에게 신고하여야 하며, 임용권자는 지체 없이 복직을 명하여야 한다. 휴직기간이 끝난 공무원이 30일 이내에 복귀신고를 하면 당연히 복직된다.[187]

(6) 직위해제

직위해제란 직위를 계속 유지시킬 수 없는 사유가 발생한 경우 임용권자가 직위만을 부여하지 아니하는 것을 말한다.[188] 이 경우 경찰공무원 신분을 유지한다는 점에서 휴직과 동일하나, 제재적 성격을 가지는 보직의 해제라는 점, 복직이 보장되지 않는다는 점에서 휴직과 차이점을 갖는다. 그러나 직위해제는 징계가 아니므로 직위해제와 함께 징계책임이 동시에 가해질 수 있다.

직위해제의 사유가 소멸된 때 임용권자는 지체 없이 직위를 부여하여야 한다.[189]

6) 경찰공무원관계의 소멸

경찰공무원관계의 소멸이란 경찰공무원으로서의 신분을 상실하는 것을 의미하며 퇴직과 면직으로 구분된다.

---

186) 직권휴직과 의원휴직의 구체적 사유에 관하여는 「국가공무원법」 제71조 제1항 및 제2항, 제72조를 참조.
187) 「국가공무원법」 제73조.
188) 「국가공무원법」 제73조의3 제1항.
189) 「국가공무원법」 제73조의3 제2항.

(1) 당연퇴직

당연퇴직이란 일정한 사실의 발생에 따라 법률의 규정에 의해 경찰공무원관계가 소멸되는 것을 말한다. 당연퇴직은 법정사유의 발생으로 인한 퇴직 사실을 알리는 것이므로 그 법적 성질은 관념의 통지에 불과하고, 따라서 행정소송의 대상이 되지 않는다. 당연퇴직의 사유는 다음과 같다.

① 「경찰공무원법」 제8조 제2항(임용자격 및 결격사유)의 어느 하나에 해당하게 된 경우[190]
② 사망한 경우
③ 연령정년[191] 및 계급정년에 도달한 경우
④ 임기가 정해져 있는 경찰공무원의 경우에 임기만료의 경우

계급정년이란 해당 계급에서 일정기간 승진이 되지 않을 경우 그 기간이 지나면 퇴직하는 것을 말한다. 계급별로 정해진 기간은 치안감 4년, 경무관 6년, 총경 11년, 경정 14년이다.[192] 징계 등으로 인해 계급이 강등된 경우 계급정년은 강등되기 전 계급 중 가장 높은 계급의 계급정년으로 하며, 이때 계급정년의 산정은 강등되기 전 계급의 근무연수와 강등 이후의 근무연수를 합산한다.[193] 또 제주특별자치도의 자치경찰공무원으로 근무한 경력이 있는 경찰공무원의 경우에는 그 계급에 상응하는 자치경찰공무원으로 근무한 연수(年數)를 산입한다.

계급정년에 관해 예외가 존재하는 바, 그 구체적 내용은 다음과 같다.

① 수사, 정보, 외사, 안보, 자치경찰사무 등 특수 부문에 근무하는 경찰공무원으

190) 다만, 다만, 제8조 제2항 제4호는 파산선고를 받은 사람으로서 「채무자 회생 및 파산에 관한 법률」에 따라 신청기한 내에 면책신청을 하지 아니하였거나 면책불허가 결정 또는 면책 취소가 확정된 경우만 해당하고, 제8조 제2항 제6호는 「형법」 제129조부터 제132조까지, 「성폭력범죄의 처벌 등에 관한 특례법」 제2조, 「정보통신망 이용촉진 및 정보보호 등에 관한 법률」 제74조 제1항 제2호·제3호, 「스토킹범죄의 처벌 등에 관한 법률」 제2조 제2호, 「아동·청소년의 성보호에 관한 법률」 제2조 제2호 및 직무와 관련하여 「형법」 제355조 또는 제356조에 규정된 죄를 범한 사람으로서 자격정지 이상의 형의 선고유예를 받은 경우만 해당한다.

191) 경찰공무원의 연령정년은 60세이며, 60세가 된 날이 1월에서 6월 사이에 있으면 6월 30일에, 7월에서 12월 사이에 있으면 12월 31일에 당연퇴직한다.

192) 「경찰공무원법」 제30조 제1항 제2호.

193) 예컨대 경무관에서 3년 근무 후 총경으로 강등되어 2년을 근무한 경우 계급정년은 11년(총경)이 아니라 6년이며, '해당 계급'에서의 근무연수는 2년이 아닌 5년이 된다.

로서 대통령령으로 정하는 바에 따라 지정을 받은 사람은 총경 및 경정의 경우에는 4년의 범위에서 대통령령으로 정하는 바에 따라 계급정년을 연장할 수 있다.[194]

② 경찰청장은 전시 · 사변이나 그 밖에 이에 준하는 비상사태에서는 2년의 범위에서 계급정년을 연장할 수 있다.[195]

(2) 면직

면직은 일정한 행위에 의하여 경찰공무원관계를 소멸시키는 것을 의미한다. 면직에는 의원면직과 강제면직이 있다.

가) 의원면직

의원면직이란 경찰공무원의 사직의 의사표시를 전제로 임용권자의 처분으로 경찰공무원근무관계를 소멸시키는 것을 의미하고, 그 법적성질은 쌍방적 행정행위이다. 이 때 사직의 의사표시는 경찰공무원의 진정한 의사표시여야 한다.[196] 의원면직의 효과가 발생하기 위해서는 사직의 의사표시만으로는 부족하고, 서면에 의한 사직서를 제출하여 임용권자의 승인(수리)을 받아야 한다. 임용권자의 승인 전까지는 경찰공무원관계가 소멸되지 않으므로 사직서를 제출한 후 승인전 무단으로 결근한 경우에는 징계사유에 해당한다(대판 1971. 3. 31. 71누14). 다시 말해 의원면직효과의 발생 시기는 임용권자의 승인(수리)이 이루어진 때이다.

나) 강제면직

강제면직이란 경찰공무원 본인의 의사와 관계없이 임용권자가 일방적으로 경찰공무원관계를 소멸시키는 것을 말한다. 여기에는 징계처분에 의한 면직인 징계면직(파면, 해임)과 법정사유 발생으로 인한 면직처분인 직권면직이 있다. 직권면직의 사유[197]는 아래와 같다.

---

194) 「경찰공무원법」 제30조 제3항.

195) 이 경우 경무관 이상의 경찰공무원에 대해서는 행정안전부장관과 국무총리를 거쳐 대통령의 승인을 받아야 하고, 총경 · 경정의 경찰공무원에 대해서는 국무총리를 거쳐 대통령의 승인을 받아야 한다. (「경찰공무원법」 제30조 제4항)

196) 예컨대 강요에 의한 사의표시에 대한 면직처분이 이루어진 경우 그 처분은 위법한 것으로 무효 · 취소 사유가 된다.

197) 「경찰공무원법」 제28조 제1항.

① 「국가공무원법」 제70조 제1항 제3호부터 제5호까지의 규정 중 어느 하나에 해당될 때[198)]
② 경찰공무원으로는 부적합할 정도로 직무 수행능력이나 성실성이 현저하게 결여된 사람으로서 대통령령으로 정하는 사유[199)]에 해당된다고 인정될 때
③ 직무를 수행하는 데에 위험을 일으킬 우려가 있을 정도의 성격적 또는 도덕적 결함이 있는 사람으로서 대통령령으로 정하는 사유[200)]에 해당된다고 인정될 때
④ 해당 경과에서 직무를 수행하는 데 필요한 자격증의 효력이 상실되거나 면허가 취소되어 담당 직무를 수행할 수 없게 되었을 때

이 때 ②, ③의 사유로 면직시키는 경우, ①의 사유 중 「국가공무원법」 제70조 제1항 제5호의 사유[201)]로 면직시키는 경우에는 징계위원회의 동의를 받아야 한다.

3. 경찰공무원의 권리와 의무

경찰공무원도 인간으로서 자연권과 국민으로서 기본권을 누린다. 그러나 경찰공무원은 헌법상 국민의 의무 외에 공무원으로서, 또 경찰공무원으로서의 의무를 부담한다. 반면 일반국민과는 다른 공무원 및 경찰공무원으로서의 권리를 누리고 있기도 하다. 이에 여기서는 경찰공무원의 권리와 의무에 관해 살펴본다.

1) 경찰공무원의 신분상 권리

경찰공무원의 신분상 권리는 일반적 권리와 특수한 권리로 나누어 볼 수 있다. 일반적 권리는 신분보유권(신분 및 직위보유권), 직무집행권, 쟁송제기권 등이며 특수

198) 직제와 정원의 개폐 또는 예산의 감소 등에 따라 폐직(廢職) 또는 과원(過員)이 되었을 때, 휴직 기간이 끝나거나 휴직 사유가 소멸된 후에도 직무에 복귀하지 아니하거나 직무를 감당할 수 없을 때, 대기 명령을 받은 자가 그 기간에 능력 또는 근무성적의 향상을 기대하기 어렵다고 인정될 때.
199) 지능 저하 또는 판단력 부족으로 경찰업무를 감당할 수 없는 경우, 책임감의 결여로 직무수행에 성의가 없고 위험한 직무를 고의로 기피하거나 포기하는 경우.
200) 인격장애, 알코올·약물중독 그 밖의 정신장애로 인하여 경찰업무를 감당할 수 없는 경우, 사행행위 또는 재산의 낭비로 인한 채무과다, 부정한 이성관계 등 도덕적 결함이 현저하여 타인의 비난을 받는 경우.
201) 대기 명령을 받은 자가 그 기간에 능력 또는 근무성적의 향상을 기대하기 어렵다고 인정될 때.

한 권리는 경찰공무원으로서 갖는 특수한 권리를 의미하는 바, 제복착용권, 무기휴대 및 사용권, 장구사용권 등이 이에 속한다.

(1) 일반적 권리

가) 신분 및 직위보유권

공무원으로서 경찰공무원은 「국가공무원법」 제68조에 따라 형의 선고, 징계처분 또는 「국가공무원법」에서 정하는 사유에 따르지 아니하고는 본인의 의사에 반하여 휴직·강임 또는 면직을 당하지 아니 한다. 그러나 「경찰공무원법」 제36조에 따라 치안총감과, 치안정감에 대해서는 「국가공무원법」 제68조에 따른 신분 및 직위보유권이 인정되지 않으며, 동법 제13조에 따른 시보임용기간 중에 있는 경찰공무원의 경우에도 신분 및 직위보유권이 인정되지 않는다.

나) 직무집행권

경찰공무원은 자기가 담당하는 직무를 집행할 권리가 있다. 따라서 이를 방해하면 「형법」상 공무집행방해죄를 구성한다.

다) 쟁송제기권

경찰공무원은 위법·부당하게 자신의 권리가 침해된 경우 소청심사 또는 행정소송을 제기할 권리를 갖는다. 이 때 행정소송의 대상, 즉 피고는 경찰청장으로 함이 원칙이나, 경찰청장이 임용권을 위임한 경우에는 그 위임을 받은 자가 피고가 된다.

(2) 특수한 권리

가) 제복착용권

경찰공무원은 제복을 착용할 권리를 가진다. 경찰공무원의 제복착용은 권리이기도 하지만 동시에 의무이기도 하다.

나) 무기휴대 및 사용권

경찰공무원은 직무수행을 위하여 필요한 때에는 무기를 휴대(「경찰공무원법」 제26

조 제2항에 근거)할 수 있고, 일정한 경우에는 무기를 사용(「경찰관 직무집행법」 제10조의4 제1항에 근거)할 수 있다. 제복착용과는 달리 무기휴대 및 사용은 경찰공무원의 권리이나 의무는 아니다.

다) 장구사용권

경찰공무원은 일정한 경우 수갑·포승·경찰봉·방패 등 경찰장구를 사용할 수 있다(「경찰관 직무집행법」 제10조의2).

2) 경찰공무원의 재산상 권리

경찰공무원의 재산상 권리에는 보수청구권, 연금청구권, 실비변상청구권, 보급품청구권, 보상청구권 등이 있다.

(1) 보수청구권

경찰공무원은 국가에 대해 근로의 대가로서 보수 청구의 권리를 갖는다. 보수는 급여와 기타 각종 수당을 합산하여 구성되며, 경찰공무원의 보수는 근로의 대가로서의 성질 외에 생활보장적 성질 또한 가진다. 보수청구권은 퇴직 후를 제외하고는 포기·양도가 금지되며, 보수에 대한 압류는 2분의 1을 초과하지 못한다. 보수청구권의 소멸시효에 관해 「국가재정법」상에서 금전채권의 소멸시효는 원칙적으로 5년이나, 판례에 따를 때는 3년으로 본다.

(2) 연금청구권

경찰공무원이 일정 기간 근무하고 퇴직하거나 사망한 경우 본인 또는 유족은 「공무원연금법」에서 정하는 바에 따라 연금을 지급받을 권리가 있다. 연금은 인사혁신처장의 결정으로 공무원연금공단이 지급한다(「공무원연금법」 제29조 제1항). 단 인사혁신처장의 결정에 관한 사항은 현재 「공무원연금법」 제29조 제2항에 및 「공무원연금법 시행령」 제25조에 따라 공무원연금관리공단에 위탁되어 있다. 연금청구권은 양도할 수 없고, 압류하거나 담보로 할 수 없다.[202] 급여의 종류에는 퇴직

202) 다만, 연금인 급여를 받을 권리는 대통령령으로 정하는 금융회사에 담보로 제공할 수 있고, 「국

급여, 퇴직유족급여, 비공무상 장해급여, 퇴직 수당 등이 있다.

급여에 관한 결정, 기여금의 징수, 그 밖에 이 법에 따른 급여에 관하여 이의가 있는 사람은 대통령령으로 정하는 바에 따라 「공무원 재해보상법」 제52조에 따른 공무원재해보상연금위원회에 심사를 청구할 수 있다.[203] 심사 청구는 급여에 관한 결정 등이 있었던 날부터 180일, 그 사실을 안 날부터 90일 이내에 하여야 한다. 다만, 정당한 사유가 있어 그 기간에 심사 청구를 할 수 없었던 것을 증명한 경우는 예외로 한다(「공무원연금법」 제87조).

(3) 실비변상청구권

경찰공무원은 공무집행상 특별한 비용을 요할 때에는 따로 실비(여비, 식비, 숙박비 등)의 변상을 받을 권리가 있다. 실비변상청구권은 보수청구권 및 연금청구권과는 달리 양도, 압류, 포기가 가능하다.

(4) 보급품 청구권

경찰공무원은 제복 기타 물품의 실물대여를 받을 권리가 있다.

(5) 보상청구권

경찰공무원이 질병 · 부상 · 폐질(廢疾) · 퇴직 · 사망 또는 재해를 입으면 본인이나 유족에게 법률로 정하는 바에 따라 적절한 급여를 지급한다(「국가공무원법」 제77조 제1항). 경찰공무원으로서 전투나 그 밖의 직무 수행 또는 교육훈련 중 사망한 사람(공무상 질병으로 사망한 사람을 포함한다) 및 부상(공무상의 질병을 포함한다)을 입고 퇴직한 사람과 그 유족 또는 가족은 「국가유공자 등 예우 및 지원에 관한 법률」 또는 「보훈보상대상자 지원에 관한 법률」에 따라 예우 또는 지원을 받는다(「경찰공무원법」 제21조).

세징수법」, 「지방세징수법」, 그 밖에 법률에 따른 체납처분의 대상으로 할 수 있다.

203) 「공무원 재해보상법」 제51조.

3) 경찰공무원의 의무

경찰공무원은 국민 전체에 대한 봉사자(헌법 제7조 제1항)로서 일반국민은 지지 않는 특별한 의무를 진다. 또 「국가공무원법」은 국가공무원에게 적용할 인사행정의 근본 기준을 확립하여 그 공정을 기함 뿐 아니라 국가공무원에게 국민 전체의 봉사자로서 행정의 민주적이며 능률적인 운영을 기하게 하는 것을 그 목적으로 하고 있음을 천명하고 있다.

경찰공무원의 의무는 크게 일반의무, 직무상 의무, 신분상 의무로 구분할 수 있다.

(1) 경찰공무원의 일반의무

「국가공무원법」 제55조 및 제56조에 따라 경찰공무원은 선서의 의무와 성실 의무를 진다. 공무원은 취임할 때에 소속 기관장 앞에서 대통령령 등으로 정하는 바에 따라 선서(宣誓)하여야 하고(국가공무원법 제55조), 모든 공무원은 법령을 준수하여 성실히 직무를 수행하여야 한다(국가공무원법 제56조). 성실의무는 모든 공무원의 기본적 의무이고, 다른 의무의 원천이 되며, 단순한 윤리적 의무에 그치는 것이 아니라 「국가공무원법」에 규정된 법적의무이다.

(2) 경찰공무원의 직무상 의무

경찰공무원은 우선적으로 「경찰공무원법」의 적용을 받지만, 한편으로는 「국가공무원법」의 적용을 받는다. 따라서 경찰공무원은 국가공무원으로서 「국가공무원법」상의 직무상 의무를 부담할 뿐 아니라 경찰공무원으로서 「경찰공무원법」상의 직무상 의무도 동시에 부담한다.

가) 「국가공무원법」상의 직무상 의무

「국가공무원법」에 따라 경찰공무원이 부담하는 직무상 의무는 다음과 같다.

① (법령준수 의무) 모든 공무원은 법령을 준수하며, 성실히 직무를 수행하여야 한다(「국가공무원법」 제56조). 경찰공무원의 법령위반 행위는 위법행위 또는 불법행위로서 무효 또는 취소의 원인이 되고, 경찰공무원은 그로 인한 징계책임 및 민·형사책임을 지게 된다.

② (복종의 의무) 공무원은 직무를 수행할 때 소속 상관의 직무상 명령에 복종하여야 한다(「국가공무원법」 제57조). 다만 여기서 상관이라 함은 신분상의 상관이 아닌 직무상의 상관을 의미하고, 직무와 관련 없는 명령(예컨대 사생활과 관련된)에 대해서는 복종의무를 지지 않는다.[204]

③ (친절·공정의 의무) 공무원은 국민전체의 봉사자로서 친절하고 공정하게 직무를 수행하여야 한다(「국가공무원법」 제59조). 친절·공정의 의무 또한 단순한 선언적 효과만을 갖는 것이 아니라 성실의 의무와 마찬가지로 법적 의무이다.

④ (종교중립의 의무) 공무원은 종교에 따른 차별 없이 직무를 수행하여야 한다(「국가공무원법」 제59조의2 제1항). 또 공무원은 소속 상관이 종교중립의 의무에 위배되는 직무상 명령을 한 경우에는 이에 따르지 아니할 수 있다(동조 제2항).

⑤ (직무전념의 의무) 공무원은 소속 상관의 허가 또는 정당한 사유가 없으면 직장을 이탈하지 못하고(직장 이탈 금지의무),[205] 공무 외에 영리를 목적으로 하는 업무에 종사하지 못하며 소속 기관장의 허가 없이 다른 직무를 겸할 수 없다(영리 업무 및 겸직금지 의무).[206]

나) 「경찰공무원법」상의 직무상 의무

「경찰공무원법」상 경찰공무원의 직무상 의무는 「경찰공무원법」과 「경찰공무원 복무규정」에 규정되어 있으며 그 내용은 다음과 같다.

① (거짓보고 금지의무) 경찰공무원은 직무에 관하여 거짓으로 보고나 통보를 하여서는 아니 된다(「경찰공무원법」 제24조 제1항).

② (직무유기 금지의무) 경찰공무원은 직무를 게을리하거나 유기(遺棄)해서는 아니 된다(「경찰공무원법」 제24조 제2항).

③ (지휘권 남용 등의 금지의무) 전시·사변, 그 밖에 이에 준하는 비상사태이거나 작전수행 중인 경우 또는 많은 인명 손상이나 국가재산 손실의 우려가 있는 위급한 사태가 발생한 경우, 경찰공무원을 지휘·감독하는 사람은 정당한 사유 없이 그 직무 수행을 거부 또는 유기하거나 경찰공무원을 지정된 근무지에서 진출·퇴각 또는 이탈하게 하여서는 아니 된다(「경찰공무원법」 제25조).

---

204) 다만 직무집행에 간접적으로나마 관계되는 복장, 용모의 경우 복종해야 하는 직무상 명령에 포함될 수 있다.
205) 「국가공무원법」 제58조 제1항.
206) 「국가공무원법」 제64조 제1항.

④ (제복착용 의무) 경찰공무원은 제복을 착용하여야 한다(「경찰공무원법」 제26조 제1항). 다만, 동조 제2항[207]에 규정되어 있는 무기 휴대는 경찰공무원의 의무가 아니다.

⑤ (지정장소 외에서의 직무수행금지 의무) 경찰공무원은 상사의 허가를 받거나 그 명령에 의한 경우를 제외하고는 직무와 관계없는 장소에서 직무수행을 하여서는 아니 된다(「경찰공무원 복무규정」 제8조).

⑥ (근무시간 중 음주금지 의무) 경찰공무원은 근무시간중 음주를 하여서는 아니 된다. 다만, 특별한 사정이 있는 경우에는 예외로 하되, 이 경우 주기가 있는 상태에서 직무를 수행하여서는 아니 된다(「경찰공무원 복무규정」 제9조).

⑦ (민사분쟁에의 부당개입 금지 의무) 경찰공무원은 직위 또는 직권을 이용하여 부당하게 타인의 민사분쟁에 개입하여서는 아니 된다(「경찰공무원 복무규정」 제10조).

(3) 경찰공무원의 신분상 의무

경찰공무원의 신분상 의무는 다음과 같다.

① (비밀엄수의무) 공무원은 재직 중은 물론 퇴직 후에도 직무상 알게 된 비밀을 엄수(嚴守)하여야 한다(「국가공무원법」 제60조). 이때 비밀에는 본인이 직접 취급한 비밀 뿐 아니라 직무와 관련하여 알게 된 비밀을 포함하나, 실질적으로 보호할 가치가 있는 것만을 의미[208]한다.

② (청렴의무) 공무원은 직무와 관련하여 직접적이든 간접적이든 사례·증여 또는 향응을 주거나 받을 수 없고, 직무상의 관계가 있든 없든 그 소속 상관에게 증여하거나 소속 공무원으로부터 증여를 받아서는 아니 된다(「국가공무원법」 제61조).

③ (영예 등의 제한) 공무원이 외국 정부로부터 영예나 증여를 받을 경우에는 대통령의 허가를 받아야 한다(「국가공무원법」 제62조).

④ (품위 유지의 의무) 공무원은 직무의 내외를 불문하고 그 품위가 손상되는 행위를 하여서는 아니 된다(「국가공무원법」 제63조).

---

207) 경찰공무원은 직무 수행을 위하여 필요하면 무기를 휴대할 수 있다.

208) 이와 관련하여 형식설은 행정기관이 비밀로 취급하는 것은 모두 비밀로 보고 있으나, 판례입장은 실질설이다.

⑤ (정치운동 금지의무) 공무원은 정당이나 그 밖의 정치단체의 결성에 관여하거나 이에 가입할 수 없고, 선거에서 특정 정당 또는 특정인을 지지 또는 반대하기 위한 일련의 행위[209]를 할 수 없다. 또 공무원은 다른 공무원에게 정치운동금지의무에 위배되는 행위를 하도록 요구하거나, 정치적 행위에 대한 보상 또는 보복으로서 이익 또는 불이익을 약속하여서는 아니 된다(「국가공무원법」 제65조). 정치운동 금지의무를 위반한 경우 3년 이하의 징역과 3년 이하의 자격정지에 처해진다(「국가공무원법」 제84조).

⑥ (집단행위금지의무) 공무원은 노동운동이나 그 밖에 공무 외의 일을 위한 집단 행위를 하여서는 아니 된다. 다만, 사실상 노무에 종사하는 공무원[210]은 예외로 한다(「국가공무원법」 제66조).

이 밖에도 「공직자윤리법」상 의무로는 재산등록 및 공개의무, 선물신고의무, 취업제한 등이 있다.

4. 경찰공무원의 책임과 신분보장

1) 경찰공무원 책임의 의의

경찰공무원이 국민전체에 대한 봉사자로서 국민을 위해 성실히 직무를 수행할 의무를 위반한 경우 그 책임을 추궁하여 경찰공무원근무관계의 질서를 유지하여야 할 것이다(이황우 · 임창호, 2019: 276). 이때 경찰공무원이 법률상 제재 또는 불이익을 받게 되는 지위에 있게 되는데, 이를 경찰공무원의 책임이라 한다.

경찰공무원의 책임에는 협의의 책임과 광의의 책임이 있다. 협의의 책임은 공무

209) 투표를 하거나 하지 아니하도록 권유 운동을 하는 것, 서명 운동을 기도(企圖) · 주재(主宰)하거나 권유하는 것, 문서나 도서를 공공시설 등에 게시하거나 게시하게 하는 것, 기부금을 모집 또는 모집하게 하거나, 공공자금을 이용 또는 이용하게 하는 것, 타인에게 정당이나 그 밖의 정치단체에 가입하게 하거나 가입하지 아니하도록 권유 운동을 하는 것 등.

210) 과학기술정보통신부 소속 현업기관의 작업 현장에서 노무에 종사하는 우정직공무원(우정직공무원의 정원을 대체하여 임용된 일반임기제공무원 및 시간선택제일반임기제공무원을 포함한다)으로서 서무 · 인사 및 기밀 업무에 종사하는 공무원, 경리 및 물품출납 사무에 종사하는 공무원, 노무자 감독 사무에 종사하는 공무원, 「보안업무규정」에 따른 국가보안시설의 경비 업무에 종사하는 공무원, 승용자동차 및 구급차의 운전에 종사하는 공무원 중 어느 하나에 해당하지 아니하는 공무원.

원법상 책임 또는 행정상 책임이라고도 하며, 경찰공무원이 공무원으로서 의무에 위반함으로써 경찰공무원 내부관계에서 사용자인 국가에 대해 지는 책임을 의미하며, 징계책임과 국가에 대한 변상책임이 여기에 해당한다. 이에 반해 광의의 책임은 경찰공무원의 행위가 형사상 범죄를 구성하게 됨으로써 지는 형사책임, 타인에게 손해를 가하여 피해를 부담하는 민사상의 배상책임까지 포함하는 개념이다(신현기 외, 2015).

책임의 유형에 따라 행정상 책임, 형사상 책임, 민사상 책임으로 나누며 각각의 책임은 병과할 수 있으며, 병과하더라도 일사부재리(一事不再理)의 원칙에 반(反)하지 않는다.

2) 징계책임

(1) 징계책임의 의의

징계란 경찰공무원의 의무위반 또는 비행에 대하여 공무원의 내부관계 질서를 유지하기 위해 국가가 특별권력관계에 의거하여 과하는 제재를 말한다. 또 그 제재로서의 벌을 징계벌이라 하고, 그 제재를 받을 책임을 징계책임이라고 한다. 징계는 조직구성원들의 고의 또는 과실로 인한 부정행위를 통제하기 위한 수단으로 행해지는 행정처분의 일종이다.

징계를 하는 목적은 크게 두 가지로 나눌 수 있다. 첫 번째는 구성원 개인에게 처벌이나 불이익을 주어 해당 개인이 다시 부정행위를 저지르지 않도록 억제하는 것이다. 두 번째는 징계를 통해 다른 구성원들에게 본보기를 보여 사전에 잘못된 행동을 억제하고 예방하려는 것이다.

경찰공무원에 대한 징계는 경찰공무원의 의무위반에 대하여 국가가 과하는 행정상 제재로서 행정벌의 성격을 가지며, 형사벌과는 구별되며, 징벌적 제재라는 측면에서 직위해제와도 그 성질을 달리한다. 직위해제에 관하여는 장을 달리하여 논의한다.

(2) 징계사유

공무원이 「국가공무원법」 제78조 제1항의 사유에 해당하면 징계 의결을 요구하여야 하고 그 징계 의결 결과에 따라 징계처분을 하여야 한다. 해당 사유는 다음과 같다.

① 「국가공무원법」 및 「국가공무원법」에 따른 명령을 위반한 경우
② 직무상의 의무(다른 법령에서 공무원의 신분으로 인하여 부과된 의무를 포함한다)를 위반하거나 직무를 태만히 한 때
③ 직무의 내외를 불문하고 그 체면 또는 위신을 손상하는 행위를 한 때

징계사유는 공무원의 재직 중 발생한 경우에만 징계할 수 있음이 원칙이나, 임용 전의 행위라도 이로 인하여 임용 후의 공무원의 체면 또는 위신을 손상시킨 때에는 징계사유가 될 수 있다.

한편 「국가공무원법」 제50조의2에서 적극행정을 장려하고 있는 바, 동조 제3항에서는 적극행정에 따른 징계면제 사유를 규정[211]하고 있으며, 2022년에는 법 제78조 제5항을 신설하여 징계의결을 요구하는 경우 적극행정에 따른 징계 등의 면제사유가 있는지를 사전에 검토하도록 하고 있다.

(3) 징계권자 및 징계절차

징계권은 임용권에 포함되므로 임용권자가 곧 징계권자가 됨이 원칙이다. 경찰공무원의 징계는 징계위원회의 의결을 거쳐 징계위원회가 설치된 소속 기관의 장이 하되, 「국가공무원법」에 따라 국무총리 소속으로 설치된 징계위원회에서 의결한 징계는 경찰청장이 한다. 다만, 파면 · 해임 · 강등 및 정직은 징계위원회의 의결을 거쳐 해당 경찰공무원의 임용권자가 하되, 경무관 이상의 강등 및 정직과 경정 이상의 파면 및 해임은 경찰청장의 제청으로 행정안전부장관과 국무총리를 거쳐 대통령이 하고, 총경 및 경정의 강등 및 정직은 경찰청장이 한다(「경찰공무원법」 제33조).

또 경찰공무원의 징계는 준사법적 행정행위에 해당하므로, 징계권자도 이미 내려진 징계처분을 취소 · 철회할 수는 없다.

(4) 경찰공무원 징계의 종류

경찰공무원 징계는 그 경중에 따라 중징계와 경징계로 구분할 수 있다. 중징계에

211) ③ 공무원이 적극행정을 추진한 결과에 대하여 해당 공무원의 행위에 고의 또는 중대한 과실이 없다고 인정되는 경우에는 대통령령등으로 정하는 바에 따라 이 법 또는 다른 공무원 인사 관계 법령에 따른 징계 또는 징계부가금 부과 의결을 하지 아니한다.

는 파면, 해임, 강등 및 정직이 있고, 경징계에는 감봉 및 견책이 있다. 또 징계의 목적에 따라 해당 경찰공무원을 배제함으로써 경찰공무원근무관계의 소멸을 목적으로 하는 배제 징계와 교정을 목적으로 하는 교정 징계로 나눌 수 있다. 이 구분에 따를 때 파면과 해임은 배제징계, 강등·정직·감봉·견책은 교정 징계에 해당한다.

가) 파면

파면(罷免)은 경찰공무원의 신분을 박탈하는 징계처분으로 가장 무거운 징계이다. 파면처분은 부정·불법 행위를 한 조직구성원을 조직에서 제거함으로써 조직을 보호하기 위한 기능을 한다. 파면을 당한 자는 이후 경찰공무원 재임용이 불가능하며, 처분 시점으로부터 5년간 모든 공직에 대하여 재임용이 제한된다. 5년 이상 근무한 자는 퇴직급여액의 1/2을 삭감하고, 5년 미만 근무한 자는 퇴직급여액의 1/4을 삭감한다.

2013년 1월에는 광주 서부경찰서가 징계위원회를 열어 폭행사건 당사자에게 수차례에 걸쳐 뒷돈을 받은 혐의(뇌물수수)로 불구속 송치된 A경사에 대해 파면 조치하였으며, 2009년에는 서울 강남경찰서의 경찰관 2명이 성매매 업소와의 유착 혐의를 이유로 파면조치 당한 바 있다. 이처럼 파면은 중대한 비리를 저지른 경찰공무원을 공직에서 퇴출함으로써 경찰 조직을 보호하기 위한 수단으로 활용되는 경우가 많다.

나) 해임

해임(解任)은 파면과 마찬가지로 경찰공무원의 신분을 박탈하는 징계처분이지만 그 효과가 파면보다 가볍다. 처분 후 경찰공무원 재임용이 불가능하다는 점에서는 파면과 동일하지만, 퇴직급여에 대한 불이익이 없고 공무원 재임용에 대한 제한 기간이 3년이라는 점이 파면과의 차이점이다.

2013년 9월에 서울지방경찰청 징계위원회에서는 영등포경찰서 소속 B경감이 1년여 동안 서울 강남과 경기도 분당 등지의 유사 성행위 업소에 출입하고 인터넷에 후기를 게재한 혐의로 해임 결정이 내려졌다. 또한 같은 해 9월 전북지방경찰청은 평소 파출소장의 지시를 따르지 않고 욕을 하는 등 위계질서를 어지럽힌 군산경찰서 소속 C경사에 대해 위계질서 문란과 근무태만 등의 이유를 들어 해임 처분하였다. 위의 사례에서 살펴본 바와 같이 해임 결정은 위법행위뿐만 아니라 불량한 근무태도, 경찰관 품위손상 등을 처분 이유로 하는 경우가 있다는 점에서 파면과 차이가 있다.

다) 강등

강등(降等)은 2010년 6월 새로 추가된 징계의 종류 중 하나로써, 직급을 1계급 아래로 내리고 3개월간 직무에 종사하지 못하게 하며 그 기간 중 보수의 2/3를 감하는 효과가 있다. 직무에 종사하지 못하는 3개월 종료일로부터 18개월간 승진 및 승급에 제한이 주어진다. 직무에 종사하지 못하는 3개월간은 승진소요 최저근무년수 및 경력평정 기간에서 제외된다.

2013년 1월 광주 광산경찰서는 음주운전을 한 D경위의 계급을 경사로 1계급 강등조치하였으며, 2011년 1월 강원지방경찰청은 구타·가혹행위를 은폐하고 묵인하는 등의 직무유기행위를 이유로 당시 307전투경찰대 중대장이던 E경위를 경사로 한 단계 강등하는 징계처분을 하였다.

라) 정직

정직(停職)은 직무수행을 일정기간 동안 정지시키는 처분이다. 정직처분기간 중 경찰공무원 신분은 보장되지만 직무에 종사하지 못한다. 정직의 기간은 최소 1개월에서 최대 3개월까지로 규정되어 있다. 정직기간에는 보수의 전액을 감한다. 정직기간 이후 18개월 동안은 승진 및 호봉승급이 제한된다. 정직기간만큼 승진소요 최저근무년수 및 경력평정기간에서 제외한다. 경찰청은 2012년 9월 사건을 보고받고도 즉시 현장에 출동하지 않은 채 집에서 잠을 잤고, 경찰서장에게도 이튿날 아침에야 보고했다는 점을 이유로 '오원춘 사건' 담당 경찰간부인 수원 중부경찰서 F경정에 대하여 정직 3개월의 징계처분을 내렸다.

마) 감봉

감봉(減俸)은 1개월 이상 3개월 이하의 기간 동안 보수의 1/3을 삭감하는 처분이다. 감봉기간 이후 12개월 동안은 승진 및 호봉승급이 제한된다. 감봉기간만큼 승진소요 최저근무년수에서 제외되나 직무에는 종사하므로 경력평정기간에는 불이익을 받지 않는다.

2013년 9월 대구 동부경찰서는 유치장 탈주범이 탈주할 때 근무를 소홀히 한 것을 이유로 소속 경찰관 G경사 등 2명에 대하여 감봉처분을 하였다. 이들은 탈주범이 유치장 배식구에 머리를 넣는 등 탈주 연습을 하는 것을 발견하지 못하는 등 유치인 관리에 대한 직무를 태만히 한 것으로 드러나 정직 1개월을 받은 뒤 소청심사를 통해 감봉 1개월의 징계처분을 받았다.

바) 견책

견책(譴責)은 잘못에 대하여 훈계하고 해당 경찰관을 회개하게 하여 추후 재발을 방지하고자 하는 교정의 차원에서 행해지는 처분이다. 6개월간 승진 및 호봉승급이 제한된다.

인사행정의 실제에 있어서는 이상의 여섯 가지 징계처분 이외에도 사실상 징계와 같은 목적에 많이 활용되고 있는 인사처분들이 있다. 직위해제, 좌천, 권고사직, 계고, 강제휴직, 특별교양, 근무성적평정점수 감점, 경고 등이 그 예이다(이황우 · 한상암, 2016: 257).

특히, 대법원은 '불문경고'를 법률상의 징계처분은 아니나 해당 처분을 받지 아니하였다면 차후 다른 징계처분이나 경고를 받게 될 경우 징계감경사유로 참작될 수 있었던 표창공적의 사용 가능성을 소멸시키는 효과와 1년 동안 인사기록카드에 등재됨으로써 그동안 표창 대상자에서 제외되는 등 사실상 징계에 준하는 불이익이 따르는 행정처분에 해당된다고 보았다(대판 2002. 7. 26. 2001두3532).

(5) 징계위원회

우리나라는 징계권 남용을 억제한다는 의미에서 합의제기관에서 징계결정을 하도록 하고 있다(이황우 · 김진혁 · 임창호, 2017: 350). 「경찰공무원 징계령」 제9조 제1항에는 경찰기관의 장은 소속 경찰공무원이 「국가공무원법」 제78조 제1항 제1호부터 제3호까지의 어느 하나에 해당하는 징계사유가 있다고 인정되거나, 「경찰공무원 징계령」 제9조 제2항에 따른 징계 등 의결 요구 신청을 받았을 경우 지체 없이 징계위원회를 구성하여 징계의결을 요구해야 한다고 명시되어 있다.

총경 이하의 경찰공무원에 대한 징계의결을 위해 경찰청에는 '경찰공무원 중앙징계위원회'를, 경찰청과 시 · 도경찰청, 경찰대학, 경찰인재개발원, 중앙경찰학교, 경찰수사연수원, 경찰병원, 경찰서, 경찰기동대, 의무경찰대, 경찰청장이 지정하는 경감 이상의 경찰공무원을 장으로 하는 경찰기관에 '경찰공무원 보통징계위원회'를 둔다.[212]

212) 「경찰공무원 징계령」 제3조 제2항.

경무관 이상의 경찰공무원에 대한 징계의결은 국무총리 소속으로 설치된 징계위원회에서 한다.

가) 징계위원회의 구성

중앙징계위원회는 경찰청에 두고, 위원장을 1명을 포함하여 11명 이상 51명 이하의 공무원위원과 민간위원으로 구성한다. 보통징계위원회는 경찰청, 해양경찰청, 시·도경찰청, 경찰대학, 경찰인재개발원, 중앙경찰학교, 경찰수사연수원, 경찰병원, 경찰서, 경찰기동대, 전의무경찰대 및 경찰청장이 지정하는 경감 이상의 경찰공무원을 장으로 하는 기관에 둔다. 보통징계위원회도 위원장을 1명을 포함하여 11명 이상 51명 이하의 공무원위원과 민간위원으로 구성한다.

징계위원회의 위원장은 위원 중 최상위 계급 또는 이에 상응하는 직급에 있거나 최상위 계급 또는 이에 상응하는 직급에 먼저 승진임용된 공무원이 된다. 위원은 징계 등 심의 대상자보다 상위 계급인 경위 이상의 소속 경찰공무원 또는 상위 직급에 있는 6급 이상의 소속 공무원 중에서 징계위원회의 공무원위원을 임명한다. 다만, 보통징계위원회의 경우 징계 등 심의 대상자보다 상위 계급인 경위 이상의 소속 경찰공무원 또는 상위 직급에 있는 6급 이상의 소속 공무원의 수가 제3항에 따른 민간위원을 제외한 위원 수에 미달되는 등의 사유로 보통징계위원회를 구성하는 것이 곤란한 경우에는 징계 등 심의 대상자보다 상위 계급인 경사 이하의 소속 경찰공무원 또는 상위 직급에 있는 7급 이하의 소속 공무원 중에서 임명할 수 있으며, 이 경우에는 제4조 제2항에도 불구하고 3개월 이하의 감봉 또는 견책에 해당하는 징계 등 사건만을 심의·의결한다(경찰공무원 징계령 제6조).

나) 제척, 기피 및 회피

징계위원회의 위원장 또는 위원은 징계 등 심의 대상자의 친족 또는 직근 상급자(징계 사유가 발생한 기간 동안 직근 상급자였던 사람을 포함한다)인 경우, 그 징계 사유와 관계가 있는 경우, 「국가공무원법」 제78조의3 제1항 제3호의 사유로 다시 징계등 사건의 심의·의결을 할 때 해당 징계등 사건의 조사나 심의·의결에 관여한 경우에는 그 징계등 사건의 심의·의결에 관여하지 못한다.[213)]

징계 등 심의 대상자는 징계위원회의 위원장 또는 위원이 징계 등 심의 대상자의 친족 또는 직근 상급자(징계 사유가 발생한 기간 동안 직근 상급자였던 사람을 포함한다)인

213) 「경찰공무원 징계령」 제15조 제1항.

경우, 그 징계 사유와 관계가 있는 경우, 「국가공무원법」 제78조의3 제1항 제3호의 사유로 다시 징계등 사건의 심의·의결을 할 때 해당 징계등 사건의 조사나 심의·의결에 관여한 경우, 불공정한 의결을 할 우려가 있다고 의심할 만한 타당한 사유가 있는 경우에는 징계위원회에 그 사실을 서면으로 밝히고 해당 위원장 또는 위원의 기피를 신청할 수 있다. 징계위원회는 기피 신청을 받은 때에는 해당 징계 등 사건을 심의하기 전에 의결로써 해당 위원장 또는 위원의 기피 여부를 결정해야 한다. 이 경우 기피 신청을 받은 위원장 또는 위원은 그 의결에 참여하지 못한다.[214) 징계위원회의 위원장 또는 위원은 제척사유에 해당하면 스스로 해당 징계등 사건의 심의·의결을 회피해야 하며, 불공정한 의결을 할 우려가 있다고 의심할 만한 타당한 사유가 있는 경우에 해당하면 회피할 수 있다.[215)]

다) 징계심의 대상자의 출석 및 진술

징계위원회가 징계 등 심의 대상자의 출석을 요구할 때에는 규정된 서식의 출석 통지서로 하되, 징계위원회 개최일 5일 전까지 그 징계 등 심의 대상자에게 도달되도록 해야 한다. 징계위원회는 징계 등 심의 대상자가 그 징계위원회에 출석하여 진술하기를 원하지 아니할 때에는 진술권 포기서를 제출하게 하여 이를 기록에 첨부하고 서면심사로 징계 등 의결을 할 수 있다.[216)]

징계위원회는 출석 통지를 하였음에도 불구하고 징계 등 심의 대상자가 정당한 사유 없이 출석하지 아니하였을 때에는 그 사실을 기록에 분명히 적고 서면심사로 징계 등 의결을 할 수 있다. 다만, 징계 등 심의 대상자의 소재가 분명하지 아니할 때에는 출석 통지를 관보에 게재하고, 그 게재일부터 10일이 지나면 출석 통지가 송달된 것으로 보며, 징계 등 의결을 할 때에는 관보 게재의 사유와 그 사실을 기록에 분명히 적어야 한다.[217)]

징계위원회는 징계 등 심의 대상자가 징계등 사건 또는 형사사건의 사실 조사를 기피할 목적으로 도피하였거나 출석 통지서의 수령을 거부하여 징계 등 심의 대상자나 그 가족에게 직접 출석 통지서를 전달하는 것이 곤란하다고 인정될 때에는 징계 등 심의 대상자가 소속된 기관의 장에게 출석 통지서를 보내 이를 전달하게 하고, 전달이 불가능하거나 수령을 거부할 때에는 그 사실을 증명하는 서류를 첨부하

---

214) 「경찰공무원 징계령」 제15조 제2항 및 제3항.
215) 「경찰공무원 징계령」 제15조 제4항.
216) 「경찰공무원 징계령」 제12조 제1항 및 제2항.
217) 「경찰공무원 징계령」 제12조 제3항.

여 보고하게 한 후 기록에 분명히 적고 서면심사로 징계 등 의결을 할 수 있다.[218)]

징계위원회는 징계 등 심의 대상자가 국외 체류 또는 국외 여행 중이거나 그 밖의 부득이한 사유로 징계 등 의결 요구서를 받은 날부터 상당한 기간 내에 출석할 수 없다고 인정될 때에는 제11조에도 불구하고 적당한 기간을 정하여 서면으로 진술하게 하여 징계등 의결을 할 수 있다. 이 경우 그 기간 내에 서면으로 진술하지 아니할 때에는 그 진술 없이 징계등 의결을 할 수 있다.[219)]

징계위원회는 출석한 징계 등 심의 대상자에게 징계 사유에 해당하는 사실에 관한 심문을 하고 심사를 위하여 필요하다고 인정될 때에는 관계인을 출석하게 하여 심문할 수 있다. 징계위원회는 징계 등 심의 대상자에게 진술할 수 있는 기회를 충분히 주어야 하며, 징계 등 심의 대상자는 규정된 서식(별지 제2호의2)의 의견서 또는 말로 자기에게 이익이 되는 사실을 진술하거나 증거를 제출할 수 있다. 징계 등 심의 대상자는 증인의 심문을 신청할 수 있다. 이 경우 징계위원회는 의결로써 그 채택 여부를 결정하여야 한다. 징계 등 의결을 요구한 자 또는 징계 등 의결의 요구를 신청한 자는 필요하다고 인정할 때에는 징계위원회에 서면을 제출하거나 출석하여 의견을 진술할 수 있다. 징계위원회는 필요하다고 인정할 때에는 사실 조사를 하거나 특별한 학식·경험이 있는 사람에게 검증 또는 감정을 의뢰할 수 있다.[220)]

라) 징계의결 및 통지

징계위원회의 의결은 위원장을 포함한 위원 과반수의 출석과 출석위원 과반수의 찬성으로 의결하되, 의견이 나뉘어 출석위원 과반수의 찬성을 얻지 못한 경우에는 출석위원 과반수가 될 때까지 징계 등 심의 대상자에게 가장 불리한 의견을 제시한 위원의 수를 그 다음으로 불리한 의견을 제시한 위원의 수에 차례로 더하여 그 의견을 합의된 의견으로 본다.[221)]

징계위원회는 징계등 의결을 하였을 때에는 지체 없이 징계 등 의결을 요구한 자에게 의결서 정본(正本)을 보내어 통지하여야 한다.[222)] 한편 징계위원회의 의결 내용은 공개하지 않는다.[223)]

---

218) 「경찰공무원 징계령」 제12조 제4항.
219) 「경찰공무원 징계령」 제12조 제5항.
220) 「경찰공무원 징계령」 제13조.
221) 「경찰공무원 징계령」 제14조 제1항.
222) 「경찰공무원 징계령」 제17조.
223) 「경찰공무원 징계령」 제14조 제5항.

(6) 징계처분의 집행

징계 등 의결을 요구한 자는 경징계의 징계 등 의결을 통지받았을 때에는 통지받은 날부터 15일 이내에 징계 등을 집행하여야 한다. 징계 등 의결을 요구한 자는 징계 등 의결을 집행할 때에는 의결서 사본에 규정된 서식의 징계 등 처분 사유 설명서를 첨부하여 징계 등 처분 대상자에게 보내야 한다.[224)]

징계 등 의결을 요구한 자는 중징계의 징계 등 의결을 통지받았을 때에는 지체 없이 징계 등 처분 대상자의 임용권자에게 의결서 정본을 보내어 해당 징계 등 처분을 제청하여야 한다. 다만, 경무관 이상의 강등 및 정직, 경정 이상의 파면 및 해임 처분의 제청, 총경 및 경정의 강등 및 정직의 집행은 경찰청장이 한다. 중징계 처분의 제청을 받은 임용권자는 15일 이내에 의결서 사본에 규정된 서식의 징계 등 처분 사유 설명서를 첨부하여 징계 등 처분 대상자에게 보내야 한다.[225)]

(7) 징계의 소멸시효

징계의결등의 요구는 징계 등의 사유가 발생한 날부터 다음의 구분에 따른 기간이 지나면 하지 못한다.[226)] 아래 표에서 보는 바와 같이 징계의 소멸시효는 일반적으로는

징계사유	시효
「성매매알선 등 행위의 처벌에 관한 법률」 제4조에 따른 금지행위	10년
「성폭력범죄의 처벌 등에 관한 특별법」 제2조에 따른 성폭력범죄	
「아동 · 청소년의 성보호에 관한 법률」 제2조 제2호에 따른 아동 · 청소년 대상 성범죄	
「양성평등기본법」 제3조 제2호에 따른 성희롱	
금전, 물품, 부동산 향응 또는 그 밖에 대통령령으로 정하는 재산상의 이익을 취득하거나 제공한 경우[227)]	5년
「국가재정법」에 따른 예산 및 기금 등[228)]을 횡령, 배임, 절도, 사기 또는 유용한 경우	
그 밖의 징계 등 사유에 해당하는 경우	3년

224) 「경찰공무원 징계령」 제18조.
225) 「경찰공무원 징계령」 제19조.
226) 「국가공무원법」 제83조의2.
227) 「국가공무원법」 제78조의2 제1항 제1호.
228) 「지방재정법」에 따른 예산 및 「지방자치단체 기금관리기본법」에 따른 기금, 「국고금 관리법」 제2조 제1호에 따른 국고금, 「보조금 관리에 관한 법률」 제2조 제1호에 따른 보조금, 「국유재산법」

3년으로 하되, 대체로 징계사유가 성범죄, 성비위 등과 관련된 경우에는 10년으로, 수뢰 또는 횡령, 배임 등의 사유인 경우에는 5년으로 연장하고 있음을 알 수 있다.

3) 경찰공무원의 변상책임

변상책임이란 경찰공무원이 직무상 의무에 위반하여 국가에 재산상의 손해를 끼친 경우에 그 손해를 배상하여야 하는 책임을 말한다. 변상책임에는 「국가배상법」에 의한 변상책임과 「회계관계직원 등의 책임에 관한 법률」에 의한 변상책임이 있다.

(1) 「국가배상법」에 의한 변상책임

경찰공무원이 그 직무를 집행하면서 고의 또는 과실로 법령을 위반하여 타인에게 손해를 가한 경우 국가가 손해를 배상할 책임이 있는데, 이 경우 경찰공무원에게 '고의 또는 중대한 과실'이 있으면 국가는 그 경찰공무원에게 구상할 수 있다(「국가배상법」 제2조 제2항). 또 공공의 영조물의 설치·관리의 하자로 인하여 손해가 발생한 경우에는 국가는 피해자에게 그 손해를 배상할 책임이 있는데, 이 경우 경찰공무원에게 그 원인에 대한 책임이 있는 경우 국가는 그 경찰공무원에게 구상할 수 있다(「국가배상법」 제5조). 이 때 국가의 구상권 행사에 대해 경찰공무원이 지는 책임이 변상책임이다.

(2) 「회계관계직원 등의 책임에 관한 법률」에 의한 변상책임

회계관계직원은 고의 또는 중대한 과실로 법령이나 그 밖의 관계 규정 및 예산에 정하여진 바를 위반하여 국가, 지방자치단체, 그 밖에 감사원의 감사를 받는 단체 등의 재산에 손해를 끼친 경우에는 변상할 책임이 있다. 현금 또는 물품을 출납·보관하는 회계관계직원은 선량한 관리자로서의 주의를 게을리하여 그가 보관하는 현금 또는 물품이 망실(亡失)되거나 훼손(毁損)된 경우에는 변상할 책임이 있다(「회계관계직원 등의 책임에 관한 법률」 제4조).

제2조 제1호에 따른 국유재산 및 「물품관리법」 제2조 제1항에 따른 물품, 「공유재산 및 물품관리법」 제2조 제1호 및 제2호에 따른 공유재산 및 물품 및 그 밖에 이에 준하는 것으로 대통령령으로 정하는 것(「국가공무원법」 제78조의2 제1항 제2호.

4) 경찰공무원의 형사책임과 민사상 배상책임

(1) 형사책임

공무원의 의무위반이나 법규위반행위가 징계벌의 대상에 그치지 않고 형벌의 대상이 되는 경우도 있는 바, 상술한 바와 같이 징계벌과 형사벌은 그 권력의 기초, 목적, 내용, 대상 등을 각각 달리하기 때문에 동일 비위에 대하여 징계벌과 형사벌을 같이 부과하더라도 일사부재리의 원칙에 저촉되지 않는다.

(2) 민사상 배상책임

판례는 직무수행 중 불법행위로 특정 개인에 대해 손해를 끼친 공무원에게 "고의 또는 중과실이 있을 때"에는 국가나 공무원 누구에게라도 선택적 청구를 인정하고 있으므로 공무원의 민사책임을 인정하고 있다. 다만, 공무원에게 경과실이 있는 경우에는 선택적 청구가 부정된다는 것이 판례입장이다(대법원 1996. 2. 15. 선고 95다38677 전원합의체 판결).

5) 경찰공무원의 권익보호

경찰공무원의 권익보장제도로는 신분보장 및 불이익처분에 대한 구제제도 등이 가장 대표적이다. 불이익처분에 대한 구제제도에는 처분사유설명서의 교부, 고충심사, 소청심사, 행정소송 등이 있다.

(1) 경찰공무원의 신분보장

「국가공무원법」 제68조에 따르면 공무원은 형의 선고, 징계처분 또는 이 법에서 정하는 사유에 따르지 아니하고는 본인의 의사에 반하여 휴직·강임 또는 면직을 당하지 아니한다.[229] 또 「국가공무원법」 및 「경찰공무원법」은 당연퇴직, 직권면직, 휴직, 정년 등에 있어 그 요건이나 절차를 규정하고 있다.

---

229) 다만 앞에서 살펴본 바와 같이 시보임용기간 중에 있는 경찰공무원, 치안총감·치안정감인 경찰공무원의 경우에는 신분보장의 예외에 해당한다.

(2) 불이익처분에 대한 구제제도

가) 처분사유설명서의 교부

공무원에 대하여 징계처분등을 할 때나 강임·휴직·직위해제 또는 면직처분을 할 때에는 그 처분권자 또는 처분제청권자는 처분사유를 적은 설명서를 교부(交付)하여야 한다(「국가공무원법」 제75조). 처분사유설명서의 교부는 소청심사위원회에서 소청심사를 청구할 수 있는 기회를 부여하는 사전적 구제절차로서의 의미를 지닌다.

나) 고충심사

경찰공무원의 인사상담 및 고충을 심사하기 위하여 경찰청, 시·도자치경찰위원회, 시·도경찰청, 대통령령으로 정하는 경찰기관에 경찰공무원 고충심사위원회를 둔다. 경찰공무원 고충심사위원회의 심사를 거친 재심청구와 경정 이상의 경찰공무원의 인사상담 및 고충심사는 「국가공무원법」 제76조의2 제4항에 따라 설치된 중앙고충심사위원회에서 한다(「경찰공무원법」 제31조 제1항 및 제2항).

공무원은 인사·조직·처우 등 각종 직무 조건과 그 밖에 신상 문제와 관련한 고충에 대하여 상담을 신청하거나 심사를 청구할 수 있으며, 누구나 기관 내 성폭력 범죄 또는 성희롱 발생 사실을 알게 된 경우 이를 신고할 수 있다. 이 경우 상담 신청이나 심사 청구 또는 신고를 이유로 불이익한 처분이나 대우를 받지 아니한다(「국가공무원법」 제76조의2 제1항).

한편 중앙인사관장기관의 장, 임용권자 또는 임용제청권자는 위의 상담을 신청받은 경우에는 소속 공무원을 지정하여 상담하게 하고, 심사를 청구받은 경우에는 「국가공무원법」 제76조의2 제4항에 따른 관할 고충심사위원회에 부쳐 심사하도록 하여야 하며, 그 결과에 따라 고충의 해소 등 공정한 처리를 위하여 노력하여야 한다(「국가공무원법」 제76조의2 제2항).

고충심사제도는 공무원을 위한 옴부즈맨적 성격을 가지고, 공무원의 근로3권 제한이라는 불이익을 보상하는 제도로서 의미를 가진다.

다) 소청심사

소청이란 공무원의 징계처분 그 밖에 그 의사에 반하는 불리한 처분이나 부작위에 대하여 관할 소청심사위원회에 심사를 청구하는 행정심판을 의미한다. 이는 공무원관계의 특수성을 고려하여 마련된 행정심판법에 의한 행정심판에 대한 특별행정심판절차이다.

소청의 대상은 징계처분 · 강임[230] · 휴직 · 직위해제 · 면직처분, 기타 본인의 의사에 반하는 불리한 처분이 된다. 경찰공무원이 징계처분, 강임, 휴직, 직위해제, 면직처분을 받은 경우 처분사유설명서를 교부받게 되는데, 처분사유설명서 교부를 받은 날로부터 30일 이내에 소청심사위원회에 해당 처분에 대한 심사청구가 가능하다. 기타 불리한 처분을 받은 경우 그 처분이 있은 것을 안 날로부터 30일 이내에 소청심사위원회에 심사청구를 할 수 있다.[231]

라) 행정소송

소청심사위원회의 결정에 불복이 있는 때 또는 소청제기 후 60일이 지나도록 위원회의 결정이 없는 때에는 행정법원에 행정소송을 제기할 수 있다. 행정소송은 소청심사위원회의 심사 · 결정을 거치지 아니하면 이를 제기할 수 없도록 하여 행정심판 전치주의의 원칙을 적용하고 있다.

230) 다만 앞에서 살펴본 바와 같이 강임은 경찰공무원의 징계 종류에 포함되지 않는다.
231) 「국가공무원법」 제76조 제1항.

제 4 절 경찰작용법

1. 경찰작용과 법

1) 경찰작용법의 의의

경찰작용법이란 사회공공의 안녕 및 질서유지라는 경찰의 목적을 실현하는 법으로서 「경찰관직무집행법」이 가장 대표적인 경찰작용법이라 할 수 있으나, 하나의 실정법이 아니라 여러 개의 이론으로 이루어지는 학문적 개념으로서 경찰의 임무, 경찰권 발동의 근거와 한계 등에 관한 규율을 내용으로 하는 모든 법규를 의미한다.

2) 경찰권의 의의와 근거

경찰권이란 사회공공의 안녕·질서를 유지하기 위해 국가 일반통치권에 근거하여 국민의 신체 및 재산에 대하여 명령·강제할 수 있는 경찰작용상의 권한을 말한다. 따라서 경찰권은 경찰작용의 기초가 되며 그 행사는 다른 행정작용보다 국민의 자유와 권리를 제한할 가능성이 높으므로 경찰권 행사에 관한 근거, 요건과 그 한계를 명확히 규정할 것이 요구된다. 이러한 의미에서 경찰작용은 다른 어떤 행정작용 보다 법치행정의 원칙이 엄격히 준수될 것이 요구된다 하겠다.

그러나 경찰권 행사는 목전의 급박한 위험방지를 위한 경우가 많고, 경찰권이 행사의 주 대상으로 하는 인간의 행위는 매우 다양하며 우리 사회는 더욱 복잡다단하게 변하고 있기 때문에 입법기관이 이를 모두 예측하여 법률에 경찰권 발동의 요건으로 규정하는 것은 불가능하며, 바람직하지도 않다.

따라서 입법자가 예측할 수 없는 경찰상 위험 방지 및 제거를 대비하고자 하는 이른바 일반적 수권조항(또는 개괄적 수권조항)을 인정할 것인가의 여부에 관해 견해가 대립하고 있다. 독일에서는 일반조항을 인정하는 것이 학설·판례를 통해 확립되었으나 우리나라에서는 「경찰관직무집행법」 제2조 제7호에서 경찰관의 직무범위에 '그 밖의 공공의 안녕과 질서유지'를 포함하고 있는 바 해당 규정의 해석을 둘

러싸고 일반적 수권 조항 긍정설과 부정설이 대립하고 있다.

생각건대 경찰목적 달성을 위해 일반적 수권조항을 인정할 필요가 높다는 점, 일반적 수권조항을 인정한다고 하더라도 이는 개별적 수권조항이 없는 경우에 보충적 효력을 가지는 것에 불과하다는 점, 일반적 수권조항을 인정하더라도 경찰권 남용가능성은 조리상 한계 등으로 통제가 가능하다는 점 등을 고려할 때 긍정설이 타당하다 하겠다.

2. 경찰작용과 한계

경찰작용은 법규상 한계, 조리상 한계 등 한계범위에서 이루어져야 하며, 이를 위반한 경찰작용은 위법이 되므로 무효·취소 사유가 되고, 행위자는 민·형사상, 징계상 책임을 지게 된다.

1) 법규상 한계

헌법은 국민의 자유와 권리를 제한하는 경우 반드시 법률에 근거하도록 하고 있다. 따라서 원칙적으로 경찰권의 발동은 반드시 엄격한 법률의 근거를 요한다. 다만 예외적으로 법률에서 구체적으로 범위를 정하여 경찰기관에 위임한 경우에는 이에 관한 법규명령도 경찰권 발동의 근거가 될 수 있다.

2) 조리상 한계

조리상 한계란 일반조항의 전제를 근거로 법의 일반원칙에 부합하여 경찰권 발동시 일정한 한계를 인정한 원칙을 의미한다. 경찰권 행사가 조리상 한계를 위반하는 경우 이는 곧 위법한 행위로서 사법심사의 대상이 되고, 무효 또는 취소 사유가 된다. 또 상술한 바와 같이 조리상 한계가 일반조항의 전제를 근거로 하고 있으나 개별조항에 근거한 경찰권 행사 역시 조리상 한계의 적용을 받는다.

(1) 경찰공공의 원칙

경찰공공의 원칙이란 경찰은 사회공공의 안전 확보와 질서의 유지를 목적으로 하는 작용이므로, 공공질서에 직접적인 관련이 없는 개인의 사익에 관한 사항(사생활 · 사주소 · 민사상의 법률관계)에는 경찰권은 원칙적으로 관여할 수 없다는 원칙이다.

(2) 경찰비례의 원칙

경찰비례의 원칙이란 경찰작용에 있어 목적 실현을 위한 수단과 당해 목적 사이에 합리적인 비례관계가 있어야 한다는 원칙으로, 과잉금지의 원칙이라고도 한다. 다시 말해, 경찰권 발동은 공공의 안녕과 질서유지를 위하여 묵과할 수 없는 장애가 발생한 경우에 이를 해결하기 위하여 필요한 최소한도 내의 범위여야 하고, 이를 남용하여서는 안 된다는 원칙이라 할 수 있다.

경찰비례의 원칙은 적합성의 원칙, 필요성의 원칙, 상당성의 원칙을 그 내용으로 한다. 적합성의 원칙이란 경찰기관이 취한 조치 또는 수단이 경찰 목적달성에 적합해야 함을 의미하며, 필요성의 원칙은 경찰기관의 조치는 경찰목적 달성을 위하여 필요한 최소한의 조치여야 한다는 원칙이다. 이러한 이유에서 필요성의 원칙을 최소침해의 원칙이라고도 한다. 상당성의 원칙은 경찰기관의 조치가 경찰 목적 달성을 위해 필요한 경우라도 그 조치에 따르는 불이익이 그 조치로 인한 효과(이익)보다 커서는 안 된다는 원칙이다. 상당성의 원칙은 '경찰은 대포로 참새를 쏘아서는 안 된다'라는 말로도 표현되며, 협의의 비례원칙 또는 수인가능성의 원칙이라고도 한다.

(3) 경찰책임의 원칙

가) 경찰책임의 원칙의 의의

경찰책임의 원칙은 경찰권 발동의 대상에 관한 원칙으로 경찰권은 원칙적으로 경찰위반 상태에 대하여 책임 있는 자에 대해서만 발동할 수 있다는 원칙을 말한다. 다만 여기서 경찰위반 상태에 대한 책임이란 형사책임 또는 민사책임과는 다른 개념으로, 그의 생활범위 내에서 사실상 사회공공의 안녕 · 질서에 대한 위해가 발생한 경우 인정된다. 또 그 위해 발생에 대한 고의 · 과실 및 위법성의 유무, 위험에 대한 인식여부 등은 묻지 않는다.

모든 자연인은 경찰책임자가 될 수 있으므로 행위능력, 불법행위능력, 형사책임능력, 국적 여부, 정당한 권원의 유무 등은 문제되지 않는다. 사법인(私法人)뿐만 아니라 권리능력 없는 사단도 경찰책임자가 될 수 있다. 다만, 공법인(公法人) 및 행정기관이 경찰책임의 주체가 될 수 있는가에 대해서는 견해의 대립이 있다.

나) 경찰책임의 원칙의 종류

경찰책임의 원칙에는 행위책임, 상태책임, 복합적 책임이 있다.

먼저 행위책임이란 자기 또는 자기의 보호·감독하에 있는 자의 행위로 인하여 질서위반의 상태가 발생한 경우에 지는 경찰상의 책임을 말한다. 예컨대 자기가 일으킨 교통사고로 인한 부상자 구호책임, 친권자·사용자의 보호·감독책임 등이 이에 해당한다.

상태책임이란 물건 또는 동물의 소유자, 점유자, 기타 이를 사실상 관리하고 있는 자는 그 범위 안에서 그 물건 또는 동물로 말미암아 질서위반의 상태가 발생한 경우에 지게 되는 책임을 말한다. 붕괴위험이 있는 축대의 소유자가 부담하는 경찰상 책임 등이 그 사례가 될 수 있다.

복합적 책임이란 하나의 질서위반의 상태가 다수인의 행위 또는 다수인이 지배하는 물건의 상태에 기인하였거나, 행위책임과 상태책임의 중복에 기인한 경우를 말한다. 이처럼 경찰책임자가 다수인 경우 위해제거의 효율성과 비례의 원칙을 고려하여 경찰권 발동의 대상을 결정하여야 한다. 다만, 행위책임과 상태책임이 경합하는 경우에는 일반적으로 상태책임이 우선한다.

다) 경찰책임의 원칙의 예외

경찰권은 경찰책임이 있는 자에 대하여 발동됨이 원칙이나 예외적으로 경찰책임이 없는 제3자에 대하여 경찰권을 발동하는 경우가 있는데, 이를 경찰긴급권이라 한다. 경찰긴급권은 경찰책임 원칙의 예외에 해당한다. 경찰긴급권은 경찰책임이 없는 제3자에 대해 행해지므로 반드시 법령에 근거하여 행해져야 한다.

경찰긴급권이 인정되기 위해서는 ① 경찰위반의 상태가 현존·급박할 것, ② 본래의 제1차적 경찰책임자에 대한 경찰권의 발동만으로는 위해의 제거를 기대할 수 없을 것, ③ 제3자의 생명·건강을 해하지 않고, 제3자의 본래의 급박한 업무를 방해하지 않을 것, ④ 법적 근거가 있을 것, ⑤ 위해방지를 위한 최소한도에 그칠 것, ⑥ 일시적·임시적 방편에 그칠 것, ⑦ 제3자가 특별한 손실을 입은 경우에는 그 손실을 보상해 줄 것 등의 요건을 충족하여야 한다.

(4) 경찰평등의 원칙

경찰평등의 원칙이란 경찰권을 행사함에 있어서 성별·종교·사회적 신분 등을 이유로 차별대우를 하여서는 안 된다는 원칙을 말한다.

3. 경찰개입청구권

1) 경찰개입청구권의 의의

경찰권의 부작위로 인하여 권익을 침해당한 자가 당해 경찰관청 등에 대하여 제3자에게 경찰권의 발동을 청구할 수 있는 권리를 말한다. 경찰개입청구권은 1960. 8. 18. 독일 연방행정재판소의 띠톱판결(Bands geurteil, BVerwGE 11, 95)에서 시작하여 학설과 판례상 정립된 개념이다.

경찰개입청구권이 성립하기 위해서는 개입의무와 사익보호성이 존재하여야 한다. 해당 행위가 기속행위에 해당하는 경우 경찰기관은 특정 처분을 하여야 할 법적 의무를 지고 있으므로 개입의무는 당연히 인정된다 하겠다.

문제는 해당 행위가 재량행위인 경우이다. 재량행위의 경우에는 원칙적으로 개입의무는 존재하지 않는다고 보아야 하겠다. 그러나 재량권이 영(0)으로 수축되는 경우 경찰권을 발동해야 할 의무, 즉 개입의무가 발생한다. 재량권의 0으로의 수축에 관하여는 후술한다.

경찰관청의 개입의무가 존재한다고 하더라도 경찰권의 행사로 인하여 국민이 받는 이익이 반사적 이익인 경우에는 경찰개입청구권이 인정되지 않으며, 그 이익이 법적이익으로 인정되어야만 개입청구권이 인정된다. 다만, 최근에는 '반사적 이익의 공권화의 추세'에 따라 경찰개입청구권의 성립요건이 그만큼 완화됨으로써 경찰개입청구권이 인정될 여지가 확대되고 있다.

2) 경찰재량의 영으로의 수축이론

특정한 예외적인 경우에는 원칙적으로 재량행위임에도 불구하고 행정청이 자유영역을 갖지 못하고 하나의 결정만을 하는 경우가 나타나는데, 이러한 경우를 재량의 영으로의 수축이라고 한다. 이는 전통적 행정편의주의와 반사적 이익론을 수정한 법리이며, 행정권의 부작위에 의한 권익 침해를 구제하기 위한 이론으로 경찰행정의 영역에서 최초로 인정되었다. 재량권이 영으로 수축되면 재량행위는 기속행위가 되고, 재량행사청구권은 특정행위청구권으로 변하며, 행정청은 특정한 처분을 하여야 할 의무를 진다. 우리나라 판례에서는 국가배상법 분야에서 재량권 영으로의 수축이론을 인정하고 있다(대법원 1971. 4. 6. 선고 71다124 판결).

4. 경찰하명

1) 경찰하명의 의의와 성질

경찰하명이란 경찰목적 달성을 위해 국가의 일반통치권에 의하여 개인에게 특정한 작위·부작위·수인·급부의 의무를 명하는 행정행위로 일반통치권에 근거한 명령적 행위이다. 경찰하명은 법규의 근거가 필요하다.

2) 경찰하명의 형식

경찰하명은 법규하명과 처분에 의한 하명의 형식으로 행해진다.

법규하명은 구체적인 행정행위 없이 법규의 공포라는 형식에 의해 경찰하명의 효력이 발생하도록 하는 것을 의미하며, 법규 그 자체가 금지의무를 규정하고 있다. 무면허·음주운전의 금지, 총포소지의 금지, 청소년의 흡연·음주 금지 등이 여기에 해당한다. 일반적이고 추상적이며, 법규하명의 형식으로 금지한 것은 절대적 금지가 된다.

처분에 의한 하명은 구체적으로 명령하거나 금지하는 행정행위가 있음으로써 경찰하명의 효력이 발생하는 경우로 경찰처분이라고도 한다. 법규에는 경찰하명의 근거만 규정되어 있어, 특정한 경찰의무를 과하기 위해서는 구체적인 행정행위를 요하는 경우 경찰처분을 한다. 경찰처분은 구술 또는 문서나 고지 등의 방법으로 행해지며, 차량정지명령 등이 이에 해당한다. 경찰처분으로 금지한 것은 상대적 금지가 된다.

3) 경찰하명의 종류

경찰하명은 그 내용에 따라 작위하명, 부작위하명, 수인하명, 급부하명으로 구분되며, 대상에 따라 대인적 하명과 대물적 하명, 혼합적 하명 및 개별하명과 일반하명으로 구분된다.

작위하명이란 적극적으로 어떠한 행위를 하도록 의무를 명하는 경찰하명을 말한다. 작위하명에는 소방대상물 관계자의 소화의무, 시체에 대한 신고의무, 집회 신고의무 등이 있다.

부작위하명이란 소극적으로 어떤 행위를 행하지 아니할 의무를 명하는 경찰하명이다. 부작위하명은 보통 경찰금지라고도 하며, 가장 보편적인 경찰하명이다. 금지에는 절대적으로 해제할 수 없는 절대적 금지와 특정한 경우에는 허가로서 해제할 수 있는 상대적 금지가 있다. 절대적 금지는 법규하명의 형식으로 존재하며 인신매매금지, 청소년의 흡연·음주금지 등이 해당한다. 상대적 금지는 경찰허가라는 별도의 행정행위로 금지가 해제될 수 있으며 그 사례로는 주차금지, 유흥업소 금지 등이 있다.

수인하명이란 경찰권의 발동으로 인하여 자신의 신체·재산에 가하여지는 사실상의 침해를 수인할 의무를 지는 경찰하명을 말한다. 수인하명에 의한 경찰권의 행사는 법령에 의한 행위로서 위법성이 조각되며, 이를 거부하면 공무집행방해죄에 해당하여 처벌의 대상이 된다.

마지막으로 급부하명이란 금전 또는 물품의 급부의무를 과하는 경찰하명을 말한다. 면허시험의 수수료 납부, 총포소지허가증 교부 시 수수료의 납부 등이 이에 해당한다.

대상에 따른 경찰하명의 분류 중 개별하명과 일반하명은 경찰하명의 대상자가 특정인인지 또는 불특정 다수인인지에 따른 분류이며, 대인적 하명과 대물적(對物的) 하명은 사람의 행위를 대상으로 하는 하명인지, 또는 물적(物的) 상태를 대상으로 하는지에 따른 분류이다. 혼합적 하명은 대인·대물의 요소를 아울러 가지고 있는 하명을 말한다.

4) 경찰하명의 효과

경찰하명을 받은 자(수명자)는 행정주체에 대해 작위·부작위·수인·급부의무를 지게 되며, 그 의무를 이행하지 않는 경우에는 강제집행 또는 경찰벌의 대상이 된다. 이 때 경찰하명에 의해 과해지는 의무는 행정주체, 즉 국가 또는 지방자치단체에 대한 의무이며, 제3자에 대한 의무는 아니다.

경찰하명의 효과는 대인적 효과, 대물적 효과, 지역적 효과의 측면에서 살펴볼 수 있다. 대인적 효과는 대인적 하명에 의해 발생하며 그 효과는 일신전속적인 성질을 가지므로 하명의 상대방이 아닌 제3자에게 이전 또는 승계되지 않는 것이 원칙이다. 대물적 효과는 대물적 하명에 의해 발생하며 그 효과는 물건이나 설비 등에 미치고, 그 물건이나 설비의 양수인 또는 승계인에게 이전되거나 승계된다.

경찰하명의 효과는 경찰관청 관할구역 내에만 미치는 것이 원칙인 바, 이를 지역적 효과라 한다. 다만 경찰하명의 내용에 따라 예외적으로 관할구역 밖까지 그 효과가 미치는 경우도 존재한다.

5. 경찰허가와 면제

1) 경찰허가의 의의와 성질

경찰허가란 경찰상 목적을 위해 일반적·상대적 금지를 특정한 경우에 해제하여 적법하게 특정행위를 할 수 있도록 자연적 자유를 회복시켜 주는 경찰처분을 말한다. 경찰허가는 법률행위적 행정행위로서, 명령적 행정행위, 기속재량행위, 쌍방적 행정행위이다.

실정법에서는 허가라는 말 외에 면허, 인허, 특허, 지정 등의 용어로도 쓰인다. 경찰허가는 허가를 유보한 상대적 금지의 경우에 가능하며, 절대적 금지는 허가의 대상이 아니다. 또 법규에 의한 허가는 인정되지 않고, 구체적 처분의 형식으로만 경찰허가가 가능하다.

2) 경찰허가의 종류

경찰허가의 종류에는 대인적 허가, 대물적 허가, 혼합적 허가가 있다. 대인적 허가는 사람의 경력·기능·건강·성행·지식 기타 신청인의 개인적 사정을 심사하여 행하여지는 경찰허가이다. 의사면허, 운전면허, 마약류취급면허, 총포류소지허가 등이 있으며, 타인에게 이전할 수 없다.

대물적 허가는 신청인이 갖추고 있는 물적 설비, 지리적 환경 기타의 객관적 사정을 심사하여 행하여지는 경찰허가로, 여기에는 건축허가, 차량검사 등이 있다. 대물적 허가는 타인에게 이전할 수 있다.

혼합적 허가는 신청인의 주관적 사정과 객관적 사정을 아울러 고려하여 행하여지는 경찰허가를 의미한다. 총포류제조·판매허가, 풍속영업허가, 사행행위영업허가, 자동차운전학원허가 등이 있다. 일반적으로 타인에게 이전이 제한된다.

3) 경찰허가의 효과

통설에 의할 때 경찰허가는 경찰금지를 해제하여 자연의 자유를 회복시켜 주는데 그치며, 그로 인하여 권리·능력 기타의 힘을 설정하거나 법률행위의 효력에 영향을 미치지는 아니한다. 즉 행위의 적법요건이지 유효요건은 아니다. 그러므로 허가 받지 않은 행위, 즉 무허가 행위라 해서 그 법률행위 자체의 효력이 무효가 되지는 않는다. 다만, 무허가행위는 강제집행 또는 행정벌의 대상이 될 수는 있다.

따라서 허가로 인해 얻는 이익은 원칙적으로는 반사적 이익에 불과하다.

4) 경찰허가의 부관

경찰허가의 부관이란 경찰허가의 일반적 효과를 제한 또는 보충하기 위해 그 행위의 요소인 의사표시의 주된 내용에 부가되는 '종된 의사표시'를 말한다. 경찰허가의 효과 제한이 직접 경찰법규에 의해 이루어지는 법정부관(연습운전면허유효기간, 자동차검사증의 유효기간 등)은 여기서 말하는 부관에 포함되지 않는다. 부관은 법규에 명문 규정이 있는 경우뿐만 아니라 명문 규정이 없는 경우에도 법이 경찰기관에 대하여 재량을 인정하고 있는 때에는 그 재량의 범위 내에서 경찰기관이 자주적으로 판단하여 부관을 붙일 수 있다.

부관에는 조건, 기한, 부담, 철회권의 유보, 부담권의 유보, 수정부담, 제한(법률효과의 일부배제) 등이 있다.

5) 경찰면제

경찰면제란 법령에 의하여 과하여진 경찰상의 작위·급부·수인의 의무를 특정한 경우에 해제하여 주는 경찰상의 행정행위를 말한다. 경찰상 의무를 해제하여 주는 행위라는 점에서 명령적 행위이며, 경찰면제의 발급여부를 결정하는 것은 원칙적으로 경찰행정청의 기속재량에 속한다.

경찰허가와 비교할 때 양자 모두 의무의 해제라는 점에서 공통점을 가지나, 경찰허가는 부작위의무(즉 금지의무)를 해제하는 행위인 것에 반해 경찰면제는 경찰상의 작위·급부·수인의 의무를 해제하는 행위라는 점에서 차이점이 있다.

6. 경찰상 의무이행의 확보수단

1) 서설

행정주체가 국민에게 의무를 부과하였음에도 국민이 이를 이행하지 않는 경우 경찰목적을 달성하기 위한 수단이 필요하며 이를 경찰상 의무이행의 확보수단이라고 한다. 경찰상 의무이행의 확보수단으로는 경찰강제와 경찰벌이 있다.

2) 경찰강제

(1) 경찰강제의 의의

경찰강제란 경찰상 목적달성을 위하여 개인의 신체·재산 또는 가택에 실력을 가하여 경찰상 필요한 상태를 실현시키는 사실상의 작용을 말한다.

(2) 경찰강제의 성질

경찰강제는 질서유지를 위하여 일반통치권에 의거해서 행하는 권력적 작용이며, 장래에 향하여 의무 내용을 이행시키거나 이행이 있는 것과 같은 상태를 실현하기 위한 강제적 수단이다.

(3) 경찰강제의 유형

경찰강제에는 경찰상 강제집행과 경찰상 즉시강제가 있다.

가) 경찰상 강제집행

경찰상 강제집행이란 경찰하명에 의한 경찰의무의 불이행에 대하여 경찰권 자신이 강제적으로 의무를 이행시키거나 이행된 것과 동일한 상태를 실현시키는 작용을 말한다. 경찰상 강제집행은 자력강제라는 측면에서 민사상 강제집행과는 구별된다.

강제집행은 대집행, 집행벌, 직접강제, 경찰상 강제징수 등을 그 수단으로 한다.

나) 경찰상 즉시강제

경찰상 즉시강제란 목전의 급박한 경찰상 장해를 미연에 제거하고 장해발생을 예방하기 위해 미리 의무를 명할 시간적 여유가 없을 때 또는 그 성질상 단순히 의무를 명하는 것으로는 그 목적을 달성하기 곤란할 때, 직접 국민의 신체 또는 재산에 실력을 가하여 경찰상 필요한 상태를 실현하는 작용을 말한다. 일반법인 「경찰관 직무집행법」과 「식품위생법」, 「소방기본법」, 「마약류관리에 관한 법률」, 「감염병의 예방 및 관리에 관한 법률」 등의 여러 개별법이 경찰상 즉시강제의 법적 근거가 된다. 경찰상 즉시강제의 수단은 크게 대인적 강제, 대물적 강제, 대가택적 강제로 나누어진다.

경찰상 즉시강제의 발동은 법규상 근거를 요하며, 법규의 수권이 있는 경우에도 당해 법규의 내용에 적합하도록 하여야 한다. 뿐만 아니라 경찰상 장해가 목전에 급박하여야 하며, 다른 수단으로는 경찰목적을 달성할 수 없어야 하고, 경찰비례성의 원칙에 반하지 않아야 경찰상 즉시강제가 가능하다는 조리상의 한계도 존재한다. 절차적 한계에 관해서 통설·판례는 원칙적으로는 경찰상 즉시강제의 경우에도 영장이 필요하고, 예외적으로 불필요하다는 입장이다.

3) 경찰벌

경찰벌이란 법규에 의한 명령·금지 등의 의무위반에 대하여 일반 사인(私人)에게 과하여지는 제재로서 국가의 일반통치권에 의한 처벌을 말한다. 그 종류에는 경찰형벌과 경찰 질서벌이 있다.

7. 질서위반행위 규제법

1) 「질서위반행위 규제법」의 의의

「질서위반행위 규제법」은 법률상 의무의 효율적인 이행을 확보하고 국민의 권리와 이익을 보호하기 위하여 질서위반행위의 성립요건과 과태료의 부과·징수 및 재판 등에 관한 사항을 규정하는 것을 목적으로 한다.

2) 질서위반행위의 성립

「질서위반행위 규제법」상의 '질서위반행위'란 법률(지방자치단체의 조례를 포함)상의 의무를 위반하여 과태료를 부과하는 행위로서 대통령령으로 정하는 사법(私法)상·소송법상 의무를 위반하여 과태료를 부과하는 행위 및 대통령령으로 정하는 법률에 따른 징계사유에 해당하여 과태료를 부과하는 행위를 제외한 행위를 말한다(「질서위반행위 규제법」 제2조).

질서위반행위는 법률의 규정에 따라 성립하며, 어떤 행위도 법률에 따르지 아니하고는 질서위반행위로 과태료를 부과하지 않는다(「질서위반행위 규제법」 제6조). 주관적 요건으로서 고의 또는 과실이 없는 질서위반행위는 과태료를 부과하지 않으며(「질서위반행위 규제법」 제7조), 자신의 행위가 위법하지 아니한 것으로 오인하고 행한 질서위반행위도 그 오인에 정당한 이유가 있는 때에 한하여 과태료를 부과하지 아니한다(「질서위반행위 규제법」 제8조). 14세가 되지 아니한 자의 질서위반행위, 심신(心神)장애로 인하여 행위의 옳고 그름을 판단할 능력이 없거나 그 판단에 따른 행위를 할 능력이 없는 자의 질서위반행위에도 과태료를 부과하지 않으며, 심신장애로 인하여 행위의 옳고 그름을 판단할 능력이나 그 판단에 따른 행위를 할 능력이 부족한 자의 질서위반 행위는 과태료를 감경한다(「질서위반행위 규제법」 제9조 및 10조).

3) 과태료 부과 및 징수

(1) 과태료 부과의 절차

과태료의 부과는 다음과 같은 절차로 이루어진다(이하 「질서위반행위 규제법」 제16조 내지 제21조).

가) 사전통지 및 의견제출

행정청이 질서위반행위에 대하여 과태료를 부과하고자 하는 때에는 미리 당사자에게 대통령령으로 정하는 사항을 통지하고, 10일 이상의 기간을 정하여 의견을 제출할 기회를 주어야 한다. 이 경우 지정된 기일까지 의견 제출이 없는 경우에는 의견이 없는 것으로 본다.[232)]

당사자는 의견 제출 기한 이내에 대통령령으로 정하는 방법에 따라 행정청에 의견을 진술하거나 필요한 자료를 제출할 수 있으며, 행정청은 당사자가 제출한 의견에 상당한 이유가 있는 경우에는 과태료를 부과하지 아니하거나 통지한 내용을 변경할 수 있다.[233)]

나) 과태료의 부과

행정청은 당사자의 의견 제출 절차를 마친 후에 서면(당사자가 동의하는 경우에는 전자문서를 포함)으로 과태료를 부과하여야 하며, 해당 서면에는 질서위반행위, 과태료 금액, 그 밖에 대통령령으로 정하는 사항을 명시하여야 한다.[234)]

다) 이의제기

행정청의 과태료 부과에 불복하는 당사자는 과태료 부과 통지를 받은 날부터 60일 이내에 해당 행정청에 서면으로 이의제기를 할 수 있다. 이의제기가 있는 경우에는 행정청의 과태료 부과처분은 그 효력을 상실한다. 당사자는 행정청으로부터 관할법원에의 통지 사실 또는 통지하지 아니하기로 한 사실을 통지 받기 전까지는 행정청에 대하여 서면으로 이의제기를 철회할 수 있다.[235)]

라) 법원에의 통보

이의제기를 받은 행정청은 이의제기를 받은 날부터 14일 이내에 이에 대한 의견 및 증빙서류를 첨부하여 관할 법원에 통보하여야 한다. 다만, 당사자가 이의제기를 철회한 경우 또는 당사자의 이의제기에 이유가 있어 과태료를 부과할 필요가 없는 것으로 인정되는 경우에는 그러하지 아니하다. 행정청이 관할 법원에 통보를 하거

---

232) 「질서위반행위 규제법」 제16조 제1항.
233) 「질서위반행위 규제법」 제16조 제2항 및 제3항.
234) 「질서위반행위 규제법」 제17조.
235) 「질서위반행위 규제법」 제20조.

나 통보하지 아니하는 경우에는 그 사실을 즉시 당사자에게 통지하여야 한다.[236]

(2) 과태료 부과의 제척기간 및 소멸시효

행정청은 질서위반행위가 종료된 날(다수인이 질서위반행위에 가담한 경우에는 최종행위가 종료된 날)부터 5년이 경과한 경우에는 해당 질서위반행위에 대하여 과태료를 부과할 수 없다(「질서위반행위 규제법」 제19조).

과태료는 행정청의 과태료 부과처분이나 법원의 과태료 재판이 확정된 후 5년간 징수하지 아니하거나 집행하지 아니하면 시효로 인하여 소멸한다(「질서위반행위 규제법」 제15조).

8. 경찰관직무집행법

1) 서설

「경찰관직무집행법」은 경찰작용에 관한 일반법으로서 1953년 12월 14일 제정되었으며, 26차례의 개정을 거쳐 오늘에 이르고 있다. 국민의 자유와 권리 및 모든 개인이 가지는 불가침의 기본적 인권을 보호하고 사회공공의 질서를 유지하기 위한 경찰관의 직무 수행에 필요한 사항을 규정함을 목적으로 하며, 경찰상 즉시강제에 관한 일반법으로 평가되고 있다.

2) 주요내용

(1) 불심검문[237]

불심검문이란 경찰공무원이 범죄의 예방 및 검거목적으로 거동불심자를 정지시켜 그 권한에 의해 직접 질문하여 조사하는 것을 말한다. 불심검문의 법적 성질에 관해서는 대인적 강제설과 경찰조사설이 대립하고 있다.

그 대상은 수상한 행동이나 그 밖의 주위 사정을 합리적으로 판단하여 볼 때 어

236) 「질서위반행위 규제법」 제21조.
237) 「경찰관 직무집행법」 제3조.

떠한 죄를 범하였거나 범하려 하고 있다고 의심할 만한 상당한 이유가 있는 사람 또는 이미 행하여진 범죄나 행하여지려고 하는 범죄행위에 관한 사실을 안다고 인정되는 사람이다.

불심검문의 방법으로는 정지 · 질문, 임의동행, 흉기조사 등이 있으며 피질문자에 대해 형사소송에 관한 법률에 의하지 아니하고는 신체를 구속하거나, 대상자의 의사에 반해 경찰관서 등에 동행하거나 답변을 강요하는 방법을 취하는 등 강제적 수단은 엄격히 금지된다.

가) 정지 · 질문

경찰관은 거동불심자라고 인정되는 때에는 그를 정지시켜 질문할 수 있는데, 피질문자는 답변을 강요당하지 아니한다. 여기서의 질문은 수사의 단서를 얻기 위한 질문이며 피의자신문이 아니므로 「형사소송법」 제244조의3에서와 같은 진술거부권을 고지할 필요는 없다.

나) 임의동행

경찰관은 사람을 정지시킨 장소에서 질문을 하는 것이 그 사람에게 불리하거나 교통에 방해가 된다고 인정될 때에는 본인의 승낙을 얻어 가까운 경찰서 · 지구대 · 파출소 또는 출장소에 동행하는 것을 의미한다. 임의동행은 임의적인 것이므로 상대방의 동의를 요하며 강제적이어서는 아니 되며, 6시간을 초과하여 경찰관서에 머물게 할 수 없다.

또 이 경우 동행한 사람의 가족이나 친지 등에게 동행한 경찰관의 신분, 동행 장소, 동행 목적과 이유를 알리거나 본인으로 하여금 즉시 연락할 수 있는 기회를 주어야 하며, 변호인의 도움을 받을 권리가 있음을 알려야 한다.

다) 흉기조사

경찰관은 질문 시 경찰관 자신의 위험방지와 피질문자의 자해방지를 위해 흉기의 소지 여부를 조사할 수 있다. 이때의 조사는 흉기의 소지 여부만을 조사하는 것으로서의 검사의 수단은 외표검사에 한정된다. 흉기 이외의 일반소지품 조사 및 흉기 조사에 대한 상대방의 거부에 관한 별도의 규정은 존재하지 않는다.

(2) 보호조치[238)]

보호조치란 경찰관이 응급구호가 필요한 사람을 발견한 때 관계기관에 긴급구호를 요청하거나 경찰관서에 일시적으로 보호해 구호의 방법을 강구할 수 있는 조치로 경찰상 대인적 즉시강제의 성격을 갖는다. 보호조치의 대상자는 정신착란을 일으키거나 술에 취하여 자신 또는 다른 사람의 생명·신체·재산에 위해를 끼칠 우려가 있는 사람, 자살을 시도하는 사람, 미아, 병자, 부상자 등으로서 적당한 보호자가 없으며 응급구호가 필요하다고 인정되는 사람[239)] 등이다.

보호조치 시 경찰관은 구호대상자가 휴대하고 있는 무기·흉기 등 위험을 일으킬 수 있는 것으로 인정되는 물건을 경찰관서에 임시로 영치(領置)하여 놓을 수 있다. 경찰관은 구호조치를 하였을 경우 지체 없이 구호대상자의 가족, 친지 또는 그 밖의 연고자에게 그 사실을 알려야 하며, 연고자가 발견되지 아니할 때에는 구호대상자를 적당한 공공보건의료기관이나 공공구호기관에 즉시 인계하고 인계사실을 소속 경찰서장에게 보고하여야 한다. 구호대상자를 경찰관서에 보호하는 경우 그 기간은 24시간을 초과할 수 없으며, 위험한 물건으로 인정되는 구호대상자의 물건을 영치하는 경우 그 기간은 10일을 초과할 수 없다.

(3) 위험발생의 방지[240)]

위험발생의 방지란 경찰관이 사람의 생명 또는 신체에 위해를 끼치거나 재산에 중대한 손해를 끼칠 우려가 있는 위험한 상태가 발생한 경우에 취하는 경찰상의 즉시 강제조치를 의미한다. 그 법적 성질은 즉시강제이다.

위험발생 방지를 위한 조치를 위해서는 우선 위험사태가 존재하여야 하며, 위험한 사태로 인한 중대한 손해의 우려가 인정되어야 한다. 또 위험사태가 현실적으로 발생하였거나 위험 가능성이 급박한 경우에 한하여 위험방지 조치가 행해질 수 있다.

위험방지 조치는 경찰관이 위험상태의 발생 장소에 모인 사람, 사물의 관리자와 그 밖의 관계인에게 필요한 경고를 발하는 경고, 매우 긴급한 경우에 위해를 입을 우려가 있는 사람에 대하여 필요한 한도에서 이를 억류시키거나 피난시키는 피난조치, 경찰관이 위험상태의 발생 장소에 있는 사람, 사물의 관리자, 그 밖의 관계인

238) 「경찰관 직무집행법」 제4조.
239) 다만 이 경우 본인이 구호를 거절하는 경우는 제외한다.
240) 「경찰관 직무집행법」 제5조.

에게 위해를 방지하기 위하여 필요하다고 인정되는 조치를 하게 하거나, 직접 그 조치를 하는 직접적 위험방지 조치 및 접근 또는 통행의 제한 · 금지 등의 방법으로 이루어진다.

(4) 범죄의 예방과 제지[241)]

범죄의 예방과 제지란 경찰관이 범죄행위가 목전에 행하여지려고 하는 것을 인정하였을 때에 이를 예방하기 위해 관계인에게 필요한 경고를 하고 또 그 행위로 인하여 사람의 생명 · 신체에 위해를 끼치거나 재산에 중대한 손해를 끼칠 우려가 있는 긴급한 경우에는 그 행위를 제지하는 것을 말한다. 이는 경찰상 대인적 즉시강제수단의 성질을 가진다.

경고 또는 제지를 그 수단으로 하며, 경고는 범죄실행의 의사를 자발적으로 포기하도록 하는 간접적 실력행사이고, 제지는 범죄를 중지하게 하기 위한 강제처분으로 직접적 실력행사에 해당한다.

(5) 위험방지를 위한 출입[242)]

경찰관이 사람의 생명 · 신체, 재산에 대한 위해 또는 중대한 손해가 일어나려고 할 때 범죄 또는 위해를 예방하기 위해 그 위해 또는 손해의 발생장소에 출입하는 것을 말한다. 범죄수사를 위한 것이 아니므로 영장을 요하지 않으며, 경찰상 대가택적 즉시강제수단의 성질을 가진다.

출입의 종류에는 긴급출입, 예방출입 및 검색이 있다. 긴급출입은 위험사태가 발생하여 긴급한 조치를 요하는 경우 관계자의 승낙 없이 출입하는 것을 의미하며, 예방출입은 흥행장 · 여관 · 음식점 · 역 그 밖에 많은 사람이 출입하는 장소에 공개시간 내에 있어서 범죄의 예방 또는 위해 예방을 목적으로 출입하는 것을 말한다. 검색은 경찰관이 대간첩 작전 수행에 필요한 경우 작전지역 안의 흥행장, 여관, 음식점, 역, 그 밖에 많은 사람이 출입하는 장소, 즉 공개된 장소 안을 검색하는 것을 의미한다.

위험방지를 위한 출입 시 경찰관은 필요한 장소에 출입할 때에는 그 신분을 표시

---

241) 「경찰관 직무집행법」 제6조.
242) 「경찰관 직무집행법」 제7조.

하는 증표를 제시하여야 하며, 함부로 관계인이 하는 정당한 업무를 방해해서는 아니 된다.

(6) 사실확인 및 출석요구[243)]

경찰관서의 장은 직무 수행에 필요하다고 인정되는 상당한 이유가 있을 때에는 국가기관이나 공사(公私) 단체 등에 직무 수행에 관련된 사실을 조회할 수 있다. 다만, 긴급한 경우에는 소속 경찰관으로 하여금 현장에 나가 해당 기관 또는 단체의 장의 협조를 받아 그 사실을 확인하게 할 수 있다.

경찰관은 ① 미아를 인수할 보호자 확인, ② 유실물을 인수할 권리자 확인, ③ 사고로 인한 사상자(死傷者) 확인, ④ 행정처분을 위한 교통사고 조사에 필요한 사실 확인 등의 직무를 수행하기 위하여 필요하면 관계인에게 출석하여야 하는 사유·일시 및 장소를 명확히 적은 출석 요구서를 보내 경찰관서에 출석할 것을 요구할 수 있다.

(7) 국제협력업무[244)]

경찰청장은 「경찰관 직무집행법」에 따른 경찰관의 직무수행을 위하여 외국 정부기관, 국제기구 등과 자료 교환, 국제협력 활동 등을 할 수 있다

(8) 유치장[245)]

법률에서 정한 절차에 따라 체포·구속된 사람 또는 신체의 자유를 제한하는 판결이나 처분을 받은 사람을 수용하기 위하여 경찰서에 유치장을 둔다.

(9) 경찰 장비·장구의 사용[246)]

경찰관은 직무수행 중 경찰장비를 사용할 수 있다. 다만, 사람의 생명이나 신체

---

243) 「경찰관 직무집행법」 제8조.
244) 「경찰관 직무집행법」 제8조의3.
245) 「경찰관 직무집행법」 제9조.
246) 「경찰관 직무집행법」 제10조 및 10조의2.

에 위해를 끼칠 수 있는 경찰장비("위해성 경찰장비")를 사용할 때에는 필요한 안전교육과 안전검사를 받은 후 사용하여야 한다. 위해성 경찰장비는 필요 최소한도에서 사용하여야 하며, 경찰관은 경찰장비를 함부로 개조하거나 경찰장비에 임의의 장비를 부착하여 일반적인 사용법과 달리 사용함으로써 다른 사람의 생명·신체에 위해를 끼쳐서는 아니 된다.

(10) 분사기 등의 사용[247]

경찰관은 범인의 체포 또는 범인의 도주방지, 불법집회·시위로 인한 자신이나 다른 사람의 생명·신체와 재산 및 공공시설 안전에 대한 현저한 위해의 발생 억제의 직무를 수행하기 위하여 부득이한 경우에는 현장책임자가 판단하여 필요한 최소한의 범위에서 분사기[248] 또는 최루탄을 사용할 수 있다.

(11) 무기의 사용[249]

경찰관은 범인의 체포, 범인의 도주 방지, 자신이나 다른 사람의 생명·신체의 방어 및 보호, 공무집행에 대한 항거의 제지를 위하여 필요하다고 인정되는 상당한 이유가 있을 때에는 그 사태를 합리적으로 판단하여 필요한 한도에서 무기를 사용할 수 있다. 또 대간첩·대테러 작전 등 국가안전에 관련되는 작전을 수행할 때에는 개인화기(個人火器) 외에 공용화기(共用火器)를 사용할 수 있다.

단 다음의 어느 하나에 해당하는 경우를 제외하고는 사람에게 위해를 끼쳐서는 아니 된다.

① 형법에 규정된 정당방위와 긴급피난에 해당하는 때
② 사형·무기 또는 장기 3년 이상의 징역이나 금고에 해당하는 죄를 범하거나 범하였다고 의심할 만한 충분한 이유가 있는 사람이 경찰관의 직무집행에 항거하거나 도주하려고 할 때
③ 체포·구속영장과 압수·수색영장을 집행하는 과정에서 경찰관의 직무집행에

247) 「경찰관 직무집행법」 제10조의3.
248) 「총포·도검·화약류 등의 안전관리에 관한 법률」에 따른 분사기를 말하며, 그에 사용하는 최루 등의 작용제를 포함.
249) 「경찰관 직무집행법」 제10조의4.

항거하거나 도주하려고 할 때

④ 제3자가 ② 또는 ③에 해당하는 사람을 도주시키려고 경찰관에게 항거할 때

⑤ 범인이나 소요를 일으킨 사람이 무기·흉기 등 위험한 물건을 지니고 경찰관으로부터 3회 이상 물건을 버리라는 명령이나 항복하라는 명령을 받고도 따르지 아니하면서 계속 항거할 때

⑥ 대간첩 작전 수행 과정에서 무장간첩이 항복하라는 경찰관의 명령을 받고도 따르지 아니할 때

(12) 경찰착용기록장치의 사용[250)]

경찰착용기록장치란 경찰관이 신체에 착용 또는 휴대하여 직무수행과정을 근거리에서 영상·음성으로 기록할 수 있는 기록장치 또는 그 밖에 유사한 기능을 갖춘 기계장치를 말한다.[251)] 한편 경찰착용기록장치는 「경찰관 직무집행법」상의 경찰장비의 하나로 분류된다.[252)]

경찰관이 경찰착용기록장치를 사용할 수 있는 경우는 다음과 같다. 다만 이 때에도 필요최소한의 범위에서 사용하여야 한다.[253)]

① 「형사소송법」에 따른 긴급체포, 영장에 의한 체포, 현행범 체포, 구속 등의 직무를 수행하는 경우

② 범죄수사를 위해 필요한 경우로서 범행 중, 범행직전 또는 범행직후 중 어느 하나에 해당하면서 증거보전의 필요성 및 긴급성이 있는 경우

③ 「경찰관 직무집행법」 제5조제1항에 따른 인공구조물의 파손이나 붕괴 등 사람의 생명·신체에 위해를 끼치거나 재산에 중대한 손해를 끼칠 우려가 있는 위험한 사태가 발생한 경우

④ 기록대상자로[254)]부터 그 기록의 요청 또는 동의를 받은 경우

⑤ 「경찰관 직무집행법」 제4조 제1항의 보호조치 대상자에 해당하는 것이 명백하고 응급구호가 필요하다고 믿을만한 상당한 이유가 있는 경우

---

250) 「경찰관 직무집행법」 제10조의5 내지 제11조.
251) 「경찰관 직무집행법」 제10조의5 제2항.
252) 「경찰관 직무집행법」 제10조 제2항.
253) 「경찰관 직무집행법」 제10조의5 제1항.
254) 경찰착용기록장치에 기록되는 대상자.

⑥ 「경찰관 직무집행법」 제6조에 따라 사람의 생명·신체에 위해를 끼치거나 재산에 중대한 손해를 끼칠 우려가 있는 범죄행위를 긴급하게 예방 및 제지하는 경우
⑦ 경찰관이 「해양경비법」 제12조 또는 제13조에 따라 해상검문검색 또는 추적·나포하는 경우
⑧ 경찰관이 「수상에서의 수색·구조 등에 관한 법률」에 따라 같은 법 제2조 제4호의 수난구호 업무시 수색 또는 구조를 하는 경우
⑨ 그 밖에 제1호부터 제8호까지에 준하는 경우로서 대통령령으로 정하는 경우

위 「경찰관 직무집행법」 제10조의5 제1항 제9호에서 말하는 그 밖에 제1호부터 제8호까지에 준하는 경우로서 대통령령으로 정하는 경우를 구체적으로 살펴보면 다음과 같다.

① 「경찰관 직무집행법」 제2조에 따른 경찰관의 직무수행 과정에서 폭언、폭행 등이 발생했거나 발생할 우려가 있는 경우
② 노인학대255), 아동학대256), 여성폭력257), 장애인학대258), 수형자、가석방자의 재범259), 보복범죄260) 등의 행위를 긴급하게 예방 및 제지할 필요가 있는 경우
③ 다음 중 어느 하나에 해당하는 현장에서 범죄수사를 위해 긴급히 증거를 수집하거나 현장 기록이 필요한 경우. 다만 아래 가목 및 다목의 경우에는 현장 기록이 필요하다는 이유만으로는 경찰기록장치의 사용이 허용되지 않으며, 반드시 긴급히 증거를 수집할 필요가 있는 경우에만 그 사용이 가능하다.
가. 「도로교통법」에 따른 교통법규 위반 행위 단속이 이루어지는 현장.
나. 「수산자원관리법」 제16조에 따른 경찰관의 불법어획물 방류명령이 이루어지는 현장
다. 「집회 및 시위에 관한 법률」에 따른 집회·시위 현장
라. 「풍속영업의 규제에 관한 법률」 제9조에 따라 같은 법 제3조의 준수 사항을 지키고 있는지 검사하는 현장

---

255) 「노인복지법」 제1조의2 제4호에 따른 노인학대 행위.
256) 「아동복지법」 제3조 제7호에 따른 아동학대 행위.
257) 「여성폭력방지기본법」 제3조 제1호에 따른 여성폭력 행위.
258) 「장애인복지법」 제2조 제3항에 따른 장애인학대 행위.
259) 「형의 집행 및 수용자의 처우에 관한 법률」 제126조의2 또는 「보호관찰 등에 관한 법률」 제55조의3에 따라 통보되는 정보의 대상자인 수형자、가석방자의 재범 행위.
260) 「특정범죄신고자 등 보호법」 제2조 제3호에 따른 범죄신고자 등에 대한 보복범죄 행위.

마. 「해양경비법」 제14조 제1항에 따른 해상항행 보호조치가 이루어지는 현장

④ 주요 인사 경호[261] 또는 대테러활동[262]을 하는 경우로서 범죄 발생 시 사회적 파급력·영향력이 높을 것으로 예상되는 경우

⑤ 「재난 및 안전관리 기본법」 제3조 제1호에 따른 재난이 발생한 현장에서 원활한 교통을 확보하고, 교통상의 위해를 방지하기 위하여 긴급하게 조치 또는 명령을 할 필요가 있는 경우

⑥ 그 밖에 명백히 사람의 생명·신체·재산의 이익을 위하여 급박하게 필요하다고 인정되는 경우

한편 경찰착용기록장치를 사용하는 경우 경찰관은 불빛, 소리, 안내판, 안내서면, 안내방송, 안내문구 부착 또는 이에 준하는 수단이나 방법으로 촬영 사실을 표시하고 알려야 한다.[263] 다만 위에 명시된 사용 요건에 해당하는 경우[264]로서, 불가피하게 촬영 사실을 고지하기 곤란한 때에는 영상음성기록을 전송·저장하는 때에 고지 못한 사유를 기록하는 것으로 대체할 수 있다.

경찰청장 및 해양경찰청장은 경찰착용기록장치로 기록한 영상·음성을 저장하고 데이터베이스로 관리하는 영상음성기록정보 관리체계를 구축·운영해야 하며[265], 경찰착용기록장치로 기록을 마친 영상음성기록은 지체 없이 이 영상음성기록정보 관리체계를 이용하여 영상음성기록정보 데이터베이스에 전송·저장하도록 하여야 하며, 영상음성기록을 임의로 편집·복사하거나 삭제하여서는 아니 된다.[266]

(13) 손실보상제도[267]

국가는 경찰관의 적법한 직무집행으로 인하여 손실발생의 원인에 대하여 책임이 없는 자가 생명·신체 또는 재산상의 손실을 입은 경우, 손실발생의 원인에 대하여 책임이 있는 자가 자신의 책임에 상응하는 정도를 초과하는 생명·신체 또는 재산상의 손실을 입은 경우 중 어느 하나에 해당하는 경우 해당하는 손실을 입은 자에

261) 「경찰관 직무집행법」 제2조 제3호.
262) 「국민보호와 공공안전을 위한 테러방지법」 제2조 제6호.
263) 「경찰관 직무집행법」 제10조의 6, 「경찰관 직무집행법 시행령」 제3조.
264) 즉 「경찰관 직무집행법」 제10조의5 제1항 각 호 중 어느 하나에 해당하는 경우.
265) 「경찰관 직무집행법」 제10조의7.
266) 「경찰관 직무집행법」 제10조의6 제3항.
267) 「경찰관 직무집행법」 제11조의2.

대하여 정당한 보상을 하여야 한다.

이에 따른 보상을 청구할 수 있는 권리는 손실이 있음을 안 날부터 3년, 손실이 발생한 날부터 5년간 행사하지 아니하면 시효의 완성으로 소멸한다. 손실보상신청 사건을 심의하기 위하여 손실보상심의위원회를 둔다.

(14) 보상금 지급[268)]

경찰청장, 시·도경찰청장 또는 경찰서장은 다음의 어느 하나에 해당하는 사람에게 보상금을 지급할 수 있다.

① 범인 또는 범인의 소재를 신고하여 검거하게 한 사람
② 범인을 검거하여 경찰공무원에게 인도한 사람
③ 테러범죄의 예방활동에 현저한 공로가 있는 사람
④ 그 밖에 ①부터 ③까지의 규정에 준하는 사람으로서 대통령령으로 정하는 사람

경찰청장, 시·도경찰청장 및 경찰서장은 제1항에 따른 보상금 지급의 심사를 위하여 대통령령으로 정하는 바에 따라 각각 보상금심사위원회를 설치·운영하여야 한다. 보상금심사위원회는 위원장 1명을 포함한 5명 이내의 위원으로 구성하고, 위원은 소속 경찰공무원 중에서 경찰청장, 시·도경찰청장 또는 경찰서장이 임명한다.

경찰청장, 시·도경찰청장 또는 경찰서장은 보상금심사위원회의 심사·의결에 따라 보상금을 지급하고, 거짓 또는 부정한 방법으로 보상금을 받은 사람에 대하여는 해당 보상금을 환수한다.

268) 「경찰관 직무집행법」 제11조의3.

참고문헌

단행본

고영훈, (2019), 「알기쉬운 행정법총론(제5판)」, 법문사.

박균성, (2020), 「행정법강의(제17판)」, 박영사.

박균성, (2023), 「행정법 입문(제10판)」, 박영사.

박균성 · 김재광, (2018), 「경찰행정법 입문」, 박영사.

신현기 · 남재성 · 박동균 · 강소영 · 곽태석 · 김미호 · 심용태 · 김용현 · 김은주 · 박기범 · 박상주 · 박성원 · 박억종 · 박주상 · 박외병 · 백석기 · 손미정 · 신성식 · 신인봉 · 이상열 · 이승주 · 한동효 · 한형서 · 홍태경, (2018), 「새경찰학개론(개정4판)」, 우공출판사.

이황우 · 임창호, (2019), 「현대 경찰학개론」, 법문사.

정종섭, (2008), 「헌법학원론」, 박영사.

정하중, (2020), 「행정법개론(제14판)」, 법문사.

논문

고문현, (2011), "부당결부금지의 원칙", 「월간 자치발전」, 11월호, pp. 108－113.

서원우, (1975), "특별권력관계론의 재조명", 「법정」, 9호,

「행정기본법」 [시행 2021. 3. 23.] [법률 제17979호, 2021. 3. 23., 제정].

「국가공무원법」 [시행 2024. 12. 31.] [법률 제20627호, 2024. 12. 31., 일부개정]

「국가경찰과 자치경찰의 조직 및 운영에 관한 법률」 [시행 2023. 2. 16.] [법률 제19023호, 2022. 11. 15., 일부개정]

「국가경찰위원회 규정」 [시행 2023. 4. 18.] [대통령령 제33415호, 2023. 4. 18., 일부개정]

「자치경찰사무와 시·도자치경찰위원회의 조직 및 운영 등에 관한 규정」 [시행 2024. 12. 31.] [대통령령 제35150호, 2024. 12. 31., 일부개정]

「국가경찰과 자치경찰의 조직 및 운영에 관한 법률 제14조제10항에 따른 긴급하고 중요한 사건의 범위 등에 관한 규정」 [시행 2021. 1. 1.] [대통령령 제31350호, 2020.

12. 31., 제정]

「경찰청과 그 소속기관 직제」 [시행 2025. 2. 25.] [대통령령 제35319호, 2025. 2. 25., 일부개정]

「경찰공무원법」 [시행 2025. 1. 7.] [법률 제20646호, 2025. 1. 7., 일부개정]

「경찰공무원 임용령」 [시행 2025. 1. 31.] [대통령령 제35236호, 2025. 1. 31., 일부개정]

「경찰공무원 임용령 시행규칙」 [시행 2025. 1. 1.] [행정안전부령 제510호, 2024. 8. 14., 일부개정]

「경찰공무원 승진임용 규정」 [시행 2025. 3. 11.] [대통령령 제35051호, 2024. 12. 10., 타법개정]

「공무원연금법 시행령」 [시행 2022. 9. 9.] [대통령령 제32529호, 2022. 3. 8., 타법개정]

「공무원연금법」 [시행 2023. 6. 30.] [법률 제19513호, 2023. 6. 30., 일부개정]

「공무원 재해보상법」 [시행 2025. 3. 20.] [법률 제20399호, 2024. 3. 19., 일부개정]

「경찰공무원 복무규정」 [시행 2021. 1. 5.] [대통령령 제31380호, 2021. 1. 5., 타법개정]

「경찰공무원 징계령」 [시행 2022. 3. 15.] [대통령령 제32534호, 2022. 3. 15., 일부개정]

「회계관계직원 등의 책임에 관한 법률」 [시행 2016. 11. 30.] [법률 제14197호, 2016. 5. 29., 타법개정]

「국가배상법」 [시행 2025. 1. 7.] [법률 제20635호, 2025. 1. 7., 일부개정]

「질서위반행위 규제법」 [시행 2021. 1. 1.] [법률 제17758호, 2020. 12. 29., 타법개정]

「경찰관 직무집행법」 [시행 2024. 9. 20.] [법률 제20374호, 2024. 3. 19., 일부개정]

제4장

경찰행정학

제 1 절 경찰관리의 의의 및 중요성

경찰은 국민의 필요에 의해 구성된 조직이며, 국민은 경찰로부터 영향을 받는다. 경찰은 개인과 사회의 치안서비스 욕구를 충족시키는 역할을 하고 있다. 하지만, 그 욕구가 시대에 따라 변화할 수 있으며, 이에 대응하여 경찰의 규모가 달라지고, 경찰은 고도화된 관리를 필요로 한다.

경찰관리는 경찰조직의 목표 달성을 위해 경찰관에게 직무를 부여하고, 인력·장비·시설·예산 등을 확보하여 경찰조직이 효율적으로 운영되도록 하는 작용이다. 윌슨(O. W. Wilson)에 따르면 경찰관리는 관리자인 경찰간부가 시민의 복리 증진을 위하여 경찰조직을 훌륭하게 유지하고 성장시키며, 경찰관 개개인의 능력을 향상시켜 경찰기능을 최대한으로 발휘하게 하여 업무성과를 보다 내실 있게 거두는 활동을 총칭하는 개념이라 하였다. 실무적으로 경찰관리는 경찰의 목표 달성을 위해 경찰관을 지휘하고 경찰관을 평가하는 활동을 의미한다. 경찰관리는 경찰조직관리, 경찰인사관리, 경찰예산관리, 경찰장비관리 등으로 세분화할 수 있다. 경찰관리를 효율적으로 행하기 위해서는 경찰관리자의 역할이 무엇보다 중요하다.

1. 관리란 무엇인가?

관리의 개념은 접근하는 방법이나 연구자에 따라 여러 가지로 제시된다. 관리를 "다른 사람들과 함께 그들을 통해 활동을 효과적으로 완수하는 과정"이라고도 하며(Robbins, 1990b), "조직목표를 달성하기 위해 인적·재정적·물질적 정보자원을 사용해 계획, 의사결정, 조직화, 지도 및 통제하는 과정"이라고도 한다(Daft, 2007).

관리의 주체는 조직의 관리자다. 관리자는 작업자와 구분되는 개념이다. 작업자는 조직에서 직접 일을 하지만, 다른 사람들에 대해 책임을 지지 않는다. 예컨대 작업자는 직접 시계를 수리하거나, 물건을 팔거나, 연구를 하거나, 음식을 만들거나, 운전을 한다. 그러나 관리자는 다른 사람들에게 지시하며 운영에 대해 계획을 세우고 평가하면서 책임을 진다. 관리자는 그 계층의 높낮이에 따라 최고관리자,

중간관리자 그리고 일선관리자로 구분될 수 있다.

관리의 목적은 조직목표를 효율적으로 달성하는 데 있다. 조직의 목표는 조직의 유형이나 형태, 그리고 사명이나 임무에 따라 달라진다. 이처럼 목표의 내용이 무엇이고 그 수준이 어떠하던 목표를 효율적으로 달성하려는 것이 관리가 추구해야 할 기본 사명이다. 여기서 효율적이란 능률성과 효과성을 포함한다. 능률성은 투입보다는 산출이 더 많아야 된다는 뜻이다. 효과성이란 목표의 달성도를 의미한다. 따라서 관리의 효율성이란 주어진 목표를 최소의 비용과 노력으로 달성하거나, 일정한 자원으로 최대의 효과를 얻는 것이다.

관리의 대상은 인력, 물자, 정보, 시간 등의 자원이다. 조직이 보유하고 있는 모든 자원은 관리의 대상이 된다. 이들 대상에 따라서 인력관리, 재무관리, 물자관리, 정보관리, 시간관리로 부른다.

2. 경찰관리의 중요성

경찰관리의 중요성과 유용성은 여러 가지 측면에서 제시될 수 있다.

첫째, 사회변동의 심화다. 현대사회는 매우 빠르게 변화하고 있으며, 그 속도가 과거에 비교할 수 없을 정도로 빠르다. 사회변동의 폭 또한 넓고 방향도 다양하다. 이처럼 급변하는 환경에 경찰이 적절히 대응하지 못하고는 경찰은 국민의 신뢰를 받을 수 없으며, 성장할 수도 없다. 따라서 경찰은 국민의 신뢰를 받고 양질의 치안서비스를 제공하기 위해 사회변동에 대응해 경찰을 동태화시키고 다양화시킬 필요가 있다. 따라서 경찰에 대한 관리적 대응 여부는 현대사회에서 매우 중요하고 유용한 것이다.

둘째, 경찰규모가 거대화되고 경찰형태가 다양화되고 있다. 현대사회는 날로 복잡해져 가며 대규모화되었다. 이러한 현대사회의 특성은 경찰을 더욱 팽창시키며, 예산을 증대시키고, 직원 수를 늘리며, 관리해야 할 시설을 증가시켜 왔다. 더구나 경찰형태는 다양해지고 있다. 일반적인 접근으로는 현대사회의 경찰을 성공적으로 운영할 수 없다. 다양한 경찰관리 이론, 상황론적 접근, 구체적인 관리 등이 요구된다. 효율적인 경찰관리 없이는 경찰의 업적이나 성과를 높일 수 없다.

셋째, 치안서비스 질의 제고다. 경찰은 궁극적으로 경찰의 목표들을 효율적으로 달성해 국민에게 최대 최고의 치안서비스를 제공해야 한다. 경찰조직의 관리 부실은 경찰구조나 절차 등을 낡은 유물로 만들며 경찰관들을 능력 없고 일하기 싫어하는 존재로 전락시킨다. 그렇게 되면 치안서비스의 질은 저절로 저하될 수밖에 없다. 따라서 치안서비스의 질을 높이려면 효율적인 경찰관리가 바탕이 되어야 한다.

3. 경찰관리에 영향을 미치는 요인

경찰관리에 영향을 미치는 요인들로는 치안서비스의 특성, 경찰조직 자체의 특성, 관리자의 특성, 환경적 특성을 들 수 있다.

1) 치안서비스의 특성

치안서비스의 특성이 경찰관리에 영향을 미친다. 경찰활동을 통해 치안서비스를 생산하거나 전달한다. 경찰이 제공하는 치안서비스는 다양화되고 있으며, 이처럼 제공되는 서비스가 영역이 다를 경우 그것이 추구하는 가치가 다르기 때문에 관리에 영향을 주게 된다. 예를 들어 국민의 기본권 보호와 범죄수사는 서로 추구하는 가치가 달라 경찰관리에 영향을 미친다. 어떤 가치에 더 집중하느냐에 따라 경찰관리가 달라질 수 있다.

2) 경찰조직 자체의 특성

관리가 수행되는 경찰의 여러 특성이 관리에 영향을 준다. 경찰의 규모는 경찰관리에 영향을 미친다. 10인 내지 20인으로 구성되는 작은 파출소에서의 관리는 좀 더 구체적이고 인간적이지만, 수천 명으로 구성되는 경찰청 조직의 관리는 추상적이고 관료적이다. 조직의 과업 특성과 사용하는 기술은 경찰관리에 영향을 준다. 과업 기술이 일상적인가 비일상적인가에 따라 경찰관리가 달라진다. 관리 기능 분야는 관리행위에 영향을 준다. 인사관리자에게는 공정성이 강조된다면, 치안서비스 관리자에게는 정밀성이, 대민 업무 관리자에게는 친절성이 강조된다.

3) 관리자의 특성

관리의 실천자인 경찰관리자의 여러 특성이 관리에 영향을 미친다. 관리자의 성격, 경험, 선호, 지각, 교육, 리더십 등이 관리에 영향을 미친다. 관리의 현상에서

관리자의 개인적 측면이 관리행위에 영향을 미칠 수밖에 없다. 관리자의 성격 유형이 관리에 영향을 미치며, 관리자의 개인적 관리 경험, 경찰조직생활 경험이 관리에 영향을 미친다. 관리자의 선호와 지각이 관리자의 행위에 영향을 미친다. 관리자의 교육과 학문적 배경이 경찰관리에 영향을 미친다. 또한 관리자가 리더로서 역할을 할 때가 많으므로 관리는 관리자와 피관리자의 상호작용에 의존하게 된다. 이때 관리자의 리더십은 경찰관리에 영향을 미친다.

4) 환경적 특성

경찰관리가 실시되는 외부적 환경이나 맥락이 관리에 영향을 준다. 이러한 환경으로는 정치적 환경, 경제적 환경, 사회적 환경, 문화적 환경, 그리고 국제적 환경을 들 수 있다. 정치적 환경은 정치체제나 정치과정 등이 중요하며, 정치적 변동과 정치적 안정도 경찰관리에 영향을 미칠 수 있다. 경제적 환경은 경제체제나 경제상황이 중요하며, 경제 호황과 불황과 같은 경제상황은 경찰관리에 직접적인 영향을 줄 수 있다. 사회적 환경은 경찰관리에 영향을 줄 수 있다. 예를 들면, 현재는 경찰노조가 없으나 사회적 환경 변화로 노동조합의 활동이 가능해지면 경찰관리에 영향을 미칠 수 있다. 경찰이 어느 지역에 있느냐는 경찰문화에 영향을 주며, 이는 경찰관리에 영향을 미친다. 국제적 환경 또한 경찰관리에 영향을 준다.

제 2 절 경찰기획과 경찰정책결정

1. 경찰기획

경찰의 기획은 주로 기획 부서에서 통합 조정하는 역할을 하고 있다. 생활안전, 수사, 정보, 교통, 과학치안 등 모든 경찰기능에서 기획과 정책결정을 하고 있다. 그리고 각 부문에서 하는 기획이나 정책결정에 우열이나 성격의 차이가 있지도 않다. 그러므로 경찰의 기획은 모든 기능을 수행하는 데 필수적인 과정이다(박영대, 2004: 14).

우리나라 경찰조직에 있어서 기획은 전국경찰의 기획을 주관하는 경찰청 기획조정관이 있고, 각 시·도의 경찰기획을 담당하는 경무기획과가 있고, 경찰서에는 경무과가 있다. 기획조정관은 경찰청 각 기능의 기초적인 기획을 종합·검토하여 조정하는 역할을 수행하고 있다.

1) 경찰기획의 의의

(1) 경찰기획의 개념

경찰조직이 경찰관 개개인의 관심과 기대, 경찰과 지역사회와의 관계, 그리고 다른 형사사법기관 및 관련 기관과의 복잡한 상호작용 속에서 성장·발전해 나가기 위해서는 무엇보다도 기획(planning)이 중요시된다.

기획이라는 용어는 널리 사용되고 있으면서도 그 의미 내용이 포괄적이기 때문에 많은 혼란을 일으키고 있다. 기획이란 구체적인 집행전략으로서 최적수단으로 설정된 행정목표나 정책대안을 달성하기 위하여 장래의 활동에 관한 일련의 결정을 준비하는 계속적·동태적 과정을 의미한다(김중규, 2015: 129). 즉 기획이란 특정 목표를 달성하기 위하여 누가, 언제, 어떠한 방법으로, 어느 정도의 예산으로 어떤 활동을 하는가를 결정하는 것을 말한다. 그런데 기획은 행정조직·관리·평가·조정에 선행해서 이루어져야 할 목표·정책·절차·과업 등을 고찰하고 규정하며 준

비하는 것이므로 행정과정을 사전에 설계하는 것이라 할 수 있다.[1)]

기획과 정책결정에 대해서 논쟁이 있으며, 크게 두 가지로 요약할 수 있다(김충남, 2008: 249-252). 하나는 기획과 정책이 엄격히 구분될 수 있는가이고, 다른 하나는 기획과 정책 중 어느 것이 보다 포괄적인 개념인가 하는 것이다. 전자에 관해서는 양자가 매우 유사한 성격과 내용을 내포하고 있지만, 엄격하게 구분할 수 있다는 데에 대체적인 합의가 이루어지고 있다. 그러나 후자에 관해서는 학자 사이에 다소의 논란이 존재한다. 우선 기획이 일반적인 의사결정의 한 유형임에 반하여 정책결정은 정부의 의사결정이므로 정책이 기획에 포함된다는 개념으로 보는 시각이 있다.[2)] 반면에 결정의 수준과 내용 면에서 정책은 조직의 최고관리층 지향적임에 비하여 기획은 중간관리층 지향적이고, 단계 면에서 정책은 미래에 수행할 행동방침을 개략적이고 일반적으로 정함에 반하여 기획은 그러한 방침에 따라 구체적인 실행계획을 수립하는 것이므로 정책결정은 기획단계에 선행되며 기본목표를 보다 구체화한 것이라는 시각이 있다(이상안, 2005: 289). 일반적으로 정책이 보다 일반성을 지니고 있는 데 비하여 기획은 정책보다 특정성과 구체성을 띠는 것으로 보고 있다(김중규, 2015: 219). 그러나 경찰조직에서는 현실적으로 기획과 정책결정이 혼용되어 사용되는 경우가 많기 때문에 여기에서는 기획과 정책결정을 유사한 것으로 사용하고자 한다.

(2) 기획의 본질

기획은 학자들의 시각에 따라 매우 다양하게 정의될 수 있다.

드로어(Y. Dror)는 기획에 관한 개념을 토대로 기획의 본질적 속성을 다음과 같이 제시하고 있다(Dror, 1971: 106-108).

---

1) 행정학계에서도 완전히 합의가 이루어진 것은 아니지만 일반적인 통설은 계획하는 과정을 기획이라고 보는 입장이다. 이는 plan을 계획으로, planning을 기획으로 번역하여 사용하는 셈이다. 즉 기획은 계획을 수립·집행하는 과정이며, 계획은 기획을 통해 산출(output)되는 결과(end-result)라는 것이다. 결국 기획은 절차와 과정을 의미하는 반면에 계획은 대체로 문서화된 활동목표와 수단을 가리킨다고 할 수 있다. 또한 같은 계획이면서 수준이 다른 개념으로 프로그램(program)과 프로젝트(project)가 있다. 프로그램은 흔히 사업계획으로 번역되며 농어민 소득증대사업, 낙동강 유역개발사업 등 비교적 대단위의 복합적인 것으로 사용된다. 한편 프로젝트는 세부사업계획 또는 단위사업계획으로서 댐이나 공장을 건설하는 사업의 수준에서 수립되는 계획이라고 볼 수 있다. 따라서 이들은 계획의 하위개념이라고 볼 수 있는 데 이렇게 구분하지 않고 모두 계획이라고 부르는 경우도 가끔 있다(김신복, 1999: 3).

2) 경찰은 참모와 계선이 명확하게 구분되지 않는 점을 감안할 때 기획에 정책결정을 포함하는 것이 타당하다고 한다(박영대, 2004: 15).

첫째, 기획은 미래지향적인 활동이라는 것이다. 기획은 과거의 경험과 현실분석을 토대로 하되 장래의 행동방안을 강구하는 것이 핵심적 활동이다. 이것은 기획의 가장 중요한 특성 중의 하나이며 미래예측(forecasting)과 불확실성(uncertainty)의 요인이 기획과정의 모든 국면에 영향을 미친다. 이와 같이 기획은 불확실한 미래를 그 대상으로 하기 때문에 예측과 판단 등에 있어서 고도의 전문성을 요구한다.

둘째, 기획은 목표달성을 지향한다는 것이다. 즉 기획은 일단 설정된 목표를 달성하기 위한 방법과 전략을 제시하는 것이다.

셋째, 기획은 행동지향적 활동이라는 것이다. 즉 기획은 바람직한 목표를 달성하기 위하여 장래의 행동방안을 설계하고 그것을 실현하려는 노력이다. 따라서 기획은 행동을 전제로 한다는 의미에서 단순한 조사·연구나 지식의 탐구와 구별된다. 그러나 기획은 행동지향적이지만 행동 그 자체는 아니다.

넷째, 기획은 최적수단을 탐색하는 의사결정과정이다. 즉 기획은 대체 가능한 여러 대안 중에서 최적의 수단을 선택하는 과정이다. 따라서 기획(planning)은 절차적 과정이란 의미에서 기획과정의 최종산물인 계획(plan)과 구별된다.

다섯째, 기획은 계속적 준비과정이다. 즉 기획은 조직이 집행할 일련의 결정, 즉 계획을 준비하는 과정이며 집행 그 자체는 아니다. 따라서 동일기관이 기획기능과 집행기능을 담당한다 할지라도 양자는 본질적으로 다른 것이다.

2) 기획의 중요성과 기능

(1) 기획의 중요성

기획은 다음과 같은 점에서 그 중요성이 인정되고 있다(김중규, 2015: 219).

① 정책목표의 구체화 및 장래에의 대비: 기획을 통하여 정책목표를 더욱 명확히 하고 미래를 예측하고 대비할 수 있는 적절한 전략을 세울 수가 있다.
② 자원의 최적사용과 경비의 절약: 기획은 시행착오를 줄이고 한정된 자원을 최대한 효율적으로 사용하여 불필요한 인력과 경비를 절약할 수 있다.
③ 사전조정 및 통제의 수단: 기획은 분화되고 전문화되어 있는 행정기능을 목표달성에 부합될 수 있도록 조정할 수 있고, 기획을 통하여 조직활동의 기준이 제시되므로 효과적인 행정통제와 성과평가가 가능하게 된다.
④ 행정의 안정화에 기여: 행정에 있어서 시행착오를 배제하고 일관성 있는 정책

을 지속적으로 추진해 나가려면 장기적 전망에서 수립된 계획이 필요하다. 따라서 기획은 정책수행과 행정의 안정화에 기여하게 된다.

⑤ 행정의 타당성과 효율성 제고: 기획과정은 목표와 수단을 합리적으로 연결시키는 지적 준비과정이므로 정책 수립 및 행정의 타당성과 효율성을 높인다.

⑥ 변화와 개혁의 촉진: 기획은 변화를 미리 예견하고 능동적으로 대처하며 현상을 타파하고 변화와 개혁을 유도·촉진시키는 계기를 마련한다.

오늘날의 기획은 기술 발전과 사회 변화에 따라 그 방식과 내용이 크게 확장되고 있다. 우선, 인공지능(AI), 빅데이터, 시뮬레이션 기술의 발달은 기획 과정에서의 예측과 분석 수준을 높이고 있으며, 과거의 정성적 판단 중심에서 벗어나 정량적이고 과학적인 접근이 가능하도록 만들고 있다. 이에 따라 기획자는 전통적인 정책 이해뿐만 아니라 데이터 분석 역량과 디지털 기술에 대한 이해를 함께 갖추는 것이 요구되고 있다.

또한, 현대의 기획은 단순히 조직 내부의 논리에 따라 결정되는 것이 아니라, 다양한 이해관계자들의 참여와 협의를 통해 공동의 목표를 설정하고 실행 방안을 마련하는 참여적 과정으로 변화하고 있다. 특히 공공영역에서 이러한 흐름은 더욱 뚜렷하게 나타나며, 기획의 실행력을 높이기 위해서는 사전 단계에서부터 시민, 전문가, 관련 집단 등의 의견을 폭넓게 수렴하고 이를 조정하는 협치적 접근이 필수적으로 강조되고 있다.

더불어 지속가능성과 윤리성에 대한 고려도 기획의 핵심 요소로 떠오르고 있다. 단기적인 성과 중심의 기획에서 벗어나 환경 보호, 사회적 책임, 투명한 지배구조 등을 포괄하는 ESG 관점이나, 국제적으로 합의된 지속가능발전목표(SDGs) 등이 다양한 기획 활동에 통합되고 있는 추세이다. 이에 따라 오늘날의 기획은 단순한 목표달성을 넘어서 공동체의 장기적 이익과 지속가능한 미래를 함께 고려하는 포괄적 활동으로 이해되고 있다.

(2) 기획의 기능

기획은 경찰을 비롯한 제반 조직의 관리 또는 경영과 관련하여 여러 가지 기능을 수행하게 된다. 스완슨, 테리토와 테일러(C. R. Swanson, L. Territo, & R. W. Taylor)는 기획의 기능으로 ① 문제분석력의 향상, ② 의사결정을 위한 양질의 정보 제공, ③

목표와 세부목표 및 우선순위 결정에 기여, ④ 자원의 효율적 배분, ⑤ 부서 내·외부의 협력과 조정, ⑥ 프로그램 성과의 향상, ⑦ 경찰부서에 명확한 방침 제공의 증진 ⑧ 공공지원 확대를 위한 기회 제공 ⑨ 인사관리의 향상 등을 제시하고 있다(Swanson, Territo, & Taylor, 2001: 508). 또한 이상안은 ① 목표에 대한 관심의 집중, ② 자원의 효율적 배분, ③ 관리의 효율화, ④ 행정통제의 수단 등을 기획의 기능으로 제시하고 있다(이상안, 2005: 291).

기획의 기능은 전통적인 조직 운영의 틀을 넘어서 변화하는 외부 환경에 대한 민감한 대응과 전략적 유연성을 확보하는 방향으로 확대되고 있다. 특히 불확실성과 복잡성이 증대된 현대사회에서는 기획이 단순한 예측과 자원배분의 수준을 넘어, 조직의 변화관리(change management)와 위험관리(risk management)의 핵심 수단으로 작용하고 있다. 따라서 기획은 조직이 위기 상황에 효과적으로 대응하고 장기적 지속가능성을 확보하기 위한 전략적 대응체계로서의 중요성을 지닌다.

또한 기술의 발전에 따라 데이터 기반 의사결정(data-driven decision making)이 강조되면서, 기획 기능 중 정보 수집과 분석, 평가 기능의 중요성도 더욱 부각되고 있다. 이는 경찰 조직의 경우에도 예외가 아니며, 범죄 예측, 순찰 배치, 사건 대응 전략 등 다양한 영역에서 기획이 실질적 운영 효율성을 높이는 데 기여하고 있다.

이와 더불어 최근에는 조직 내부의 성과뿐 아니라 외부 이해관계자와의 신뢰 구축 및 협력 증진도 기획의 중요한 기능으로 인식되고 있다. 기획은 공공기관이 시민의 요구와 사회적 가치 변화에 선제적으로 대응하도록 만들며, 이를 통해 공공 신뢰를 높이고 사회적 책무성을 강화하는 기능을 수행하게 된다.

3) 기획의 과정

기획과정은 대체로 단계별로 구분하고 있지만 밀접한 관련을 가진 연속적 과정으로 이루어지고 있다. 그러나 기획의 핵심적 내용을 어떻게 보느냐에 따라 기획의 과정은 광의와 협의의 과정으로 구분된다(김신복, 2006: 128-129).

기획을 광의로 보면 계획을 수립하여 그것을 시행하고 그 결과를 평가하여 계획에 반영하는 하나의 순환과정으로 보는 것이다. 이런 의미에서 기획은 동태적·계속적 과정이라고 보는 것이다. 이와 같은 광의의 기획과정은 가치형성(value formation), 수단규명(mean identification), 실현화(effectuation)의 세 단계로 구분된다. 가치형성이란 미래를 예측하여 선택 가능한 범위를 규명하고 바람직한 상태를 목표로 제시하는 단계이다. 수단규명의 단계에서는 설정된 목표를 달성하기 위한 수단을 모색하고 각 대안의 효과와 실현가능성을 비교하여 최종적인 결정을 하게 된다. 그리고 실현화의 단계에서는 계획을 실질적으로 집행하는 것으로서 여기에서는 집행과정에 대한 지속적인 검토와 수정 및 시정조치가 이루어진다. 이처럼 광의의 기획과정은 계획의 수립, 집행은 물론 평가와 환류(feedback)까지를 포괄함으로써 행정의 일반적 과정과 동일한 맥락으로 간주된다.

이에 비하여 협의의 기획과정은 광의의 기획과정에서 제시한 세 가지 단계 중 계획수립의 단계에만 국한하여 기획을 규정하는 입장이다. 여기에서는 광의의 기획과정에 비하여 상대적으로 기획의 속성을 구체화하고 있는 협의의 기획과정을 중심으로 그 구체적 내용을 살펴보고자 한다(김신복, 2006: 131－146).

(1) 목표의 설정

장래에 달성하고자 하는 목표를 가능한 한 구체적·양적으로 명확하게 제시하는 과정이다. 보통 설정된 목표는 상위목표(superordinate goals)와 하위목표(subordinate goals)로 나눌 수 있다. 상위목표는 경찰조직이 달성하고자 하는 궁극적 목표이며, 하위목표는 이를 달성하기 위한 보다 세분화된 목표라고 할 수 있다(Holden, 1994: 121－122).

한편 설정된 목표가 계획의 수립·집행 및 평가의 제 과정에서 실효성 있는 지침 또는 준거로서 기능하기 위해서는 몇 가지 요건을 구비해야 한다.

첫째, 표방된 목표(stated goal)와 실제목표(real goal) 사이에 괴리가 없어야 한다.

둘째, 계획목표는 해결해야 할 구조적인 문제나 지향하는 미래상태에 비추어 타당성이 있어야 한다.

셋째, 계획목표들 사이에는 내적 일관성(internal consistency)을 견지하여야 한다. 즉 종적 측면에서는 상위목표과 하위목표간 내용적 연쇄관계가 있어야 하며, 횡적 측면에서는 다른 목표들과 상충되지 않도록 전체적인 기본정책방향에 비추어 일관성이 유지되어야 한다.

넷째, 계획목표는 구체적이고 실제적이어야 한다. 즉 계획목표는 실제로 집행의 지침이 되는 동시에 그 성과를 객관적으로 평가하는 준거가 될 수 있도록 측정 가능한 단위로 제시되어야 한다. 이를 위해서는 계획목표를 계속해서 하위목표로 세분화하고 조작적으로 규정한 다음 계량적인 척도나 지표로 연결시키는 작업이 필요하다.

다섯째, 계획목표는 인적·물적 자원 등 여러 가지 제약조건에 비추어 실현 가능한 것이어야 한다. 즉 계획목표가 당초부터 지나치게 이상적이거나 허구적으로 설정되면 기획과정 자체가 부질없는 낭비요소가 될 가능성이 있기 때문에 계획목표는 추진체제의 능력 등 여러 가지 제약조건 등을 고려하여 실현가능성 있게 설정되어야 한다.

(2) 상황의 분석

계획목표가 설정되면 그 다음 단계로 현재 및 미래의 상황을 분석하여야 한다. 현재상황에 대한 분석은 달성하고자 하는 미래상황에 비추어 현재의 여건이 어느 정도인가를 측정하는 것이다. 따라서 상황분석을 통해서 필수적으로 규명되어야 할 것은 현재의 문제점, 예상되는 문제점 및 목표달성의 장애요인 등이다.

한편, 상황분석은 관련 정보 및 자료의 수집, 미래에 대한 추정, 그리고 상황변동의 관련요인에 대한 규명 등의 순서에 의하여 추진되는 것이 바람직하다.

오늘날에는 상황분석의 방법과 범위가 크게 확장되고 있다. 전통적인 정성적 분석에 더해, 빅데이터, 통계 자료, 인공지능 기반 예측모델 등 디지털 기술을 활용한 정량적 분석이 적극적으로 도입되고 있으며, 이를 통해 보다 정밀하고 실증적인 분석이 가능해지고 있다. 아울러 환경의 불확실성과 복잡성이 증가함에 따라 단일한 미래를 가정하기보다는 다양한 가능성을 고려한 시나리오 분석 기법이 주목받고 있으며, 동태적 시뮬레이션을 통해 상황 변화에 대한 탄력적 대응 전략을 마련하는 방식도 활용되고 있다.

또한 오늘날의 기획환경에서는 다양한 이해관계자의 요구와 영향을 함께 고려하는 것이 중요해지고 있다. 따라서 상황분석은 단지 조직 내부의 자원과 조건뿐 아니라 외부 이해관계자들의 기대, 협력 가능성, 갈등 요인 등을 포괄적으로 포함하여 수행되어야 한다. 이러한 분석은 목표의 실현 가능성을 높이고, 실행단계에서의 사회적 수용성과 효율성을 제고하는 데 기여한다.

(3) 기획전제의 설정

기획전제(planning premises)란 계획을 수립하는 과정에서 토대로 삼아야 할 기본적인 예측(forecast) 또는 가정(assumption)을 의미한다. 즉 계획추진에 결정적인 영향을 미칠 것으로 예상되지만 최고정책결정자로서도 통제가 거의 불가능한 요소들의 전개에 대하여 미리 예측하거나 전망을 하고, 그것이 불가능하면 가정을 세워서 기획의 전제조건으로 삼아야 하는 것이다. 예를 들면, 정부의 경제개발계획은 유가 등 주요 원자재의 확보 전망 및 가격에 대한 가정 등 국가경제의 움직임에 대해서 일정한 전제를 필요로 한다.

이와 같은 기획전제는 통제의 정도를 기준으로 통제가 불가능한 변인(uncontrollable variable)에 관한 기획전제와 제한된 범위에서 통제가 가능한 변인(controllable variable)에 관한 기획전제 등 크게 두 가지로 나눌 수 있다.

한편, 기획전제를 효과적으로 설정하기 위해서는 다음과 같은 점을 충분히 고려하여야 한다.

첫째, 기획에 중대한 영향을 미치는 변인들에 대해서는 빠짐없이 전제가 설정되었는가?

둘째, 각 변인에 관한 전제는 발생가능성, 즉 확률이 가장 높은 상태를 전망 또는 가정하였는가?

셋째, 각 변인에 관한 전제는 예측치 못한 불의의 상황까지도 고려하고 있는가?

넷째, 기획전제를 설정함에 있어서는 이용 가능한 정보와 예측들이 충분히 수집·분석되었는가?

그러나 이와 같은 요건들이 충분히 고려되어 합리적으로 설정된 기획전제라 할지라도 실제 미래는 전혀 예기치 않게 전개되는 경우가 있기 때문에 계획내용도 수정·보완되지 않으면 안 된다. 기획전제가 무너질 가능성이 크거나 그에 따른 파급효과가 클 것으로 전망되는 경우에는 미리 그에 대비한 상황적응계획을 수립해 두는 것이 바람직하다. 군대에서 작성하는 비상계획이 그 대표적인 예이다.

(4) 대안의 탐색과 평가

목표의 설정, 상황의 분석, 기획전제의 설정이 이루어지면 다음 단계에서는 대안을 상정하고 그것을 비교·평가하여야 한다. 특정목표를 달성하기 위한 수단은 대부분 복수의 대안으로 존재하며, 유일무이한 방안 밖에 없는 경우는 거의 없다. 따라서 대안의 탐색시에는 최선의 대안을 찾도록 노력해야 하며, 그러기 위해서는 선택 가능한 대안들이 모두 포함될 수 있도록 충분히 고려되어야 한다.

일반적으로 대안의 도출은 자신의 경험과 타인의 사례를 원천으로 하는 것이 보편적이다. 그러나 사회여건은 계속해서 변화하고 있어서 과거의 경험이나 선례모방에는 한계가 있을 수밖에 없다. 따라서 보다 창의적이고 분석적인 탐색을 통하여 독창성 있는 대안을 추출할 필요가 있다.

한편, 도출된 대안들은 여러 가지 관점에서 상호 비교·평가가 이루어지고, 결과적으로 대안간 우열이 파악되어야 한다. 대안을 비교·평가하는 방법으로는 비용-편익분석(cost-benefit analysis)과 비용-효과분석(cost-effectiveness analysis)이 가장 일반적으로 활용된다. 비용-편익분석은 편익의 현재가치가 비용의 현재가치보다 크거나 편익을 비용으로 나눈 비율이 1보다 크면 우수한 대안이라 할 수 있다. 비용-편익분석은 투입과 산출을 화폐로 환산할 수 있는 경제분야의 투자배분이나 사업계획평가에만 적용되어 왔으나 최근에는 정부의 규제, 범죄예방, 교통사고 예방정책을 비교·평가하는 데도 이용되고 있다. 비용-효과분석에서 효과의 개념은 목표달성도의 의미로서 비계량적인 측면까지를 포함하며, 비용-효과분석은 추구하는 목표가 동일한 대안들을 비교·평가하는 데 유용한 방법이다(박영대, 2004: 22).

(5) 최종안의 선택

기획과정의 마지막 단계는 대안의 평가결과를 토대로 최선의 대안을 선택하는 것이다. 최종안의 선택은 정책을 결정하는 작업이라고 할 수 있다. 관련자들의 이해관계와 결정자가 믿고 있는 가치의 우선순위가 결정에 영향을 미친다. 최종선택과정에서는 이러한 이해관계나 우선순위간의 갈등을 조정해야 하는 과제가 있다. 그밖에도 최종안을 선택하기에 앞서 상황예측에 대한 재검토, 신뢰할 수 없는 자료의 배제, 불완전한 자료의 보완 등 기획과정을 처음부터 점검하는 작업도 최종안의 선택 시 하자를 줄이기 위해 중요하다.

일단 최선의 대안을 선택하고 난 다음에는 그것이 과연 합리적인 결정인지를 검증하는 과정이 필요하다. 이러한 검증과정을 거치는 것은 ① 기획전제의 타당성 여부의 재확인 ② 선택된 대안의 실현가능성의 검토 ③ 이해관계자나 전문가의 지지와 동의를 확보하기 위해 필요한 것이다. 그리고 대안을 검증하는 방법으로는 여론탐색, 전문가의 논평을 구하는 것, 시험적으로 실시하고 평가해 보는 정책실험(policy experiment) 등이 있다(박영대, 2008: 23-24). 예를 들면, 방범활동체제의 개혁을 위한 계획의 추진은 2003년 6월 1일부터 14개 지방경찰청의 40개 경찰서를 중심으로 순찰지구대를 시험적으로 실시하여 그 타당성을 검토한 후 실시범위를 점차 확대하여 2003년 8월 1일부터는 전국에 실시하고 있다(최응렬, 2004: 71-72).

(6) 계획의 집행과 평가

보통 좁은 의미의 기획과정은 최종안의 선택과정에서 일단락된다. 계획의 집행과 평가는 기획과정을 보다 넓은 의미로 이해할 때 포함되는 단계로서 수립된 계획을 집행하고 그 결과를 평가하여 환류시키는 일련의 순환과정이 모두 포함되는 것이다.

우선 계획의 집행 시 중요하게 논의되어야 할 것은 집행과정에 대한 철저한 점검이다. 점검은 계획에 제시된 목표와 구체적인 사항들이 차질 없이 집행되고 있는가를 파악하는 작업으로 계획의 효율적인 집행을 위하여 매우 중요하다. 이러한 점검을 위한 기법들은 관리과학(management science)의 발달에 힘입어 다양하게 개발·활용되고 있는데, 그 대표적인 것이 PERT(Program Evaluation and Review Technique)로서 사업계획의 평가 및 심사기법이라고 할 수 있다. PERT는 사업계획을 집행하는 과정에서 작업의 지연, 중단 및 충돌을 최소한으로 줄이고 사업 전반에 걸친 점검과 조정을 효율적으로 실시함으로써 소요시간과 경비를 절약하려는 관리전략이다.

계획의 집행이 완료되면 이에 대한 총괄적인 평가(overall evaluation)가 이루어져야 하며, 이것은 사후적·포괄적 성격을 갖는다. 그리고 이러한 총괄평가의 결과는 차기의 기획과정에 환류되어 유용한 정보로 활용되어야 한다.

4) 기획의 한계

기획은 경찰행정의 운영과 관련하여 여러 가지 긍정적인 기여를 한다. 그러나 기획을 수립하고 추진하는 데 있어서 여러 가지 현실적인 장애에 직면한다.

경찰이 기획의 수립 및 추진과정에서 현실적으로 직면하게 될 제약요인 몇 가지를 제시하면 다음과 같다(박영대, 2008: 25-26; 김충남, 2008: 262-265).

(1) 미래예측의 한계

미래는 본질적으로 불확실하고 가변적이다. 마찬가지로 경찰행정의 미래도 불확실하고 변화무쌍하다. 따라서 불확실한 미래를 사전에 정확하게 예측한다는 것은 쉬운 일이 아니다. 이와 같이 기획의 토대가 되는 미래예측 자체가 불확실하기 때문에 이에 근거하여 수립된 기획은 그 타당성이나 합리성을 기하기 어려운 경우도 많다.

(2) 자료 및 정보의 부족

미래에 관한 정확한 예측과 합리적인 기획의 수립을 위해서는 관련 분야의 통계 자료와 연구결과, 그리고 관련 요인들에 관한 정보가 많이 축적되어 있어야 한다. 그러나 현실적으로 체계적으로 수집·정리된 자료와 정보가 충분하지 않고, 구비된 자료나 정보의 신뢰성도 크지 않은 것이 일반적이다. 이러한 현상은 경찰분야에 있어서도 동일하여 미래예측이나 기획수립이 경찰관들의 상식적인 수준이나 직관에 의존하는 경향이 많다. 더욱이 수집·활용된 자료나 정보는 개인의 서류철에 사장되거나 비밀로 분류되어 공개되지 않은 사례가 많아서 체계적 관리나 정보공유를 더욱 어렵게 한다. 이와 같이 체계적인 자료나 정보의 수집 및 관리가 미흡하기 때문에 미래예측이 어렵게 되고, 결과적으로 합리적이고 타당성 있는 기획이 수립되지 못하는 것이다.

(3) 정치적 인식 및 행정적 지원의 미흡

기획이 성공적으로 추진되기 위해서는 최고관리층이 기획의 중요성에 대하여 인식하고 있어야 할 뿐만 아니라 계획을 집행하기 위한 행정적·재정적 지원이 뒤따라야 한다. 그러나 현실적으로는 기획에 대한 인식과 지원이 미흡하고, 정치적 이용을 위하여 기획과정에 부당하게 간섭을 하는 사례도 적지 않다.

(4) 기획가의 능력부족

경찰기획이 체계적으로 통합되고, 높은 실현가능성을 확보하기 위해서는 각 전문분야의 지식은 물론 기획의 과정 및 기법에 관한 소양을 갖춘 전문기획가가 있어야 한다. 그러나 기획의 중요성에 대한 인식이 낮아 기획가를 양성·훈련하는 시스템이 없고, 더욱이 교육을 받은 사람은 기획업무를 기피하는 현상도 나타나고 있다. 또한 기획담당 경찰관은 기획에 관한 전문가적 식견보다는 승진이라든가 다른 이유 때문에 기획부서에 배치되거나 기획임무가 주어지기도 한다(이황우, 2019: 369-376). 따라서 기획부서는 경찰관보다는 민간전문가들로 구성하는 것이 효과적일 수 있다(Fyfe et al., 1997: 217).

(5) 예산 및 관리제도의 비효율성

기획이 효율적으로 수립되어 집행되려면 적절한 예산지원과 관리능력이 수반되어야 한다. 그러나 실제적으로는 투자재원의 제약, 예산지출의 지연, 예산기구와 기획기구간의 갈등 등 여러 가지 원인으로 인하여 효율적 예산지원이 이루어지지 못한다. 또한 기획의 집행, 평가 및 통제를 담당하는 관리 면에서도 기술 및 경영관리인력의 부족, 복잡한 절차, 부서간의 갈등 등으로 인하여 기획이 제대로 실현되지 못하는 경우가 많다. 이와 같이 집행수단과 제도의 비효율성으로 인하여 타당한 기획이 수립되더라도 성공적 실천을 기대하기 어려운 경우가 많다.

(6) 시간과 비용의 제약

정밀한 자료의 분석과 다양한 대안의 검토를 거쳐 기획을 수립하자면 충분한 시간적 여유와 예산지원이 수반되어야 한다. 그러나 급격한 상황변화와 최고관리자의 빈번한 교체 속에서 계획이 수립되는 까닭에 합리성과 타당성을 확보하지 못하는 경우가 많다. 더욱이 단기간에 계획을 수립하여 조속한 가시적 성과를 내고 싶은 조바심과 기획과정에 투여할 수 있는 자원의 제약성으로 인하여 부적절한 계획이 수립되고 일과성 집행으로 끝나는 사례도 적지 않다.

2. 경찰정책결정

일반적으로 경찰기관을 비롯한 공공기관에서의 행동들은 규칙과 지시의 결과라고 할 수 있다. 이러한 규칙과 지시는 경찰기관의 여러 경찰관리자에 의하여 이루어진 결정의 산물이다(이황우, 2019: 356－357). 정책결정을 적정하고 합리적으로 한다는 것은 결코 쉬운 일이 아니다. 왜냐하면 올바른 정책결정을 하는 데에는 공공행정영역의 확대와 복잡화, 문제의 복잡성, 정책결정 담당자의 의견의 다양성 등 수많은 장애요소가 있기 때문이다.

1) 정책의 본질과 구성요소

(1) 정책의 개념

정책의 개념은 매우 다의적이어서 모든 사람들이 합의할 수 있는 공통된 정의를 내린다는 것은 불가능하다(김중규, 2015: 92). 정책학이 본격적으로 연구되기 시작한 1970년대 초 이후에 출간된 저서나 논문을 중심으로 정책의 개념을 살펴보면 다음과 같다. 드로어(Y. Dror)는 "정책기관에 의하여 결정된 미래의 행동지침"이라고 정의하고 있으며(박동균, 1999: 13), 유훈 교수는 정책을 "각종의 정치적·행정적 과정을 통하여 권위있게 결정된 공적 목표(public goal)"라고 정의하고 있다(유훈, 1986: 38). 그리고 정정길 교수도 정책을 "바람직한 사회상태를 이룩하려는 정책목표와 이를 달성하기 위한 정책수단에 대하여 권위있는 정부기관이 공식적으로 결정한 기본방침"이라고 정의하고 있다(정정길, 2002: 52). 따라서 경찰정책이란 치안기능을 달성하기 위한 경찰기관에 의하여 권위있게 결정된 기본방침을 의미한다고 할 수 있다.

정책의 정의를 보다 구체화하기 위하여 정책의 특징 또는 속성을 살펴보면 ① 정책은 주로 정치활동과 밀접한 관련을 맺고 있고 ② 정책은 실현하고자 하는 특정한 목표가 있으며 ③ 정책은 그러한 목표를 실현시키기 위한 실제적 행동경로를 제시하고 있다. 그리고 ④ 정책에는 특정한 가치가 함축되어 있으며 ⑤ 정책은 개인·집단·정부기관의 복합적 구성체이며 ⑥ 정책은 장기간에 걸쳐 지속적으로 반복됨으로써 일관성을 지니는 경향이 있고 ⑦ 정책은 위와 같은 속성들을 지님으로써 세부결정, 계획, 법규, 목표, 의도 등에 비하여 보다 거시적이고 총체적이며 근본적인 성격을 띠면서 그러한 것들에 대하여 전반적인 지침으로서의 기능을 수행한다(김중규, 2015: 92-94).

(2) 정책의 본질

정책의 본질이나 성격에 대해서는 학자들 간의 견해 차이가 있으나, 일반적으로 다음과 같은 특성이 강조된다. 첫째, 정책은 명확한 목표를 지향하는 활동이라는 점에서 목표지향성을 지닌다. 둘째, 사회적으로 바람직한 상태를 설정하고 이에 도달하려는 기준과 가치를 포함한다는 점에서 규범적 성격을 가진다. 셋째, 정책은 단순한 선언에 그치지 않고 실질적인 실행을 전제로 한다는 의미에서 행동지향성을 띤다. 넷째, 정책은 정부나 공공기관 등 공적 주체에 의해 수립되고 집행되므로 공식성이 부여된다. 다섯째, 정책은 법적 근거 또는 행정적 권위를 바탕으로 하여 국민이나 조직 구성원에게 영향을 미치며, 경우에 따라 강제성 또는 권위성을 수반하기도 한다.

한편, 정책의 본질을 이해하는 접근방식에는 크게 두 가지 관점이 있다. 하나는 정책을 일련의 상호작용과 의사결정, 집행, 평가 등으로 구성된 과정(process)으로 보는 관점이며, 다른 하나는 정책을 그 결과물이나 산출물(output) 중심으로 이해하는 산출(output) 중심의 관점이다. 전자는 정책형성의 맥락과 참여자 간의 역학을 중시하며, 후자는 정책의 실질적 결과와 효과에 초점을 맞춘다.

최근에는 이 두 관점을 통합적으로 바라보려는 시도도 나타나고 있다. 정책은 단지 결과만이 아니라, 그것이 형성되는 과정을 통해 사회적 가치와 갈등이 조정되고 제도화되는 동적 현상이라는 인식이 확산되고 있다. 따라서 정책의 본질은 결과와 과정 모두를 포괄하는 복합적 개념으로 이해될 필요가 있다.

(3) 정책의 구성요소

정책의 구성요소에는 정책목표, 정책수단, 정책결정 주체, 정책대상, 정책산출, 성과 및 영향 등이 있다. 이 중에서 정책목표와 정책수단이 가장 핵심적인 요소이며, 이들과 정책대상을 합하여 보통 정책의 3대 구성요소라고 한다. 정책의 3대 구성요소에 정책결정 주체를 포함할 경우에는 정책의 4대 구성요소라고 한다(김중규, 2015: 92-94).

① 정책목표(policy goal): 정책목표란 정책을 통하여 미래에 이룩하고자 하는 바람직한 미래의 상태를 의미하며, 정책의 미래상 내지 비전이라고 할 수 있다. 비록 정책목표의 내용이 분명하지 않거나 표면상으로 나타나지 않는 경우가 있지만 원칙적으로 정책은 정책을 통해서 달성하고자 하는 이상적인 목표를 지니고 있다.

② 정책수단: 정책수단이란 정책목표를 달성하기 위하여 정부기관이 사용할 수 있는 각종 수단, 즉 인적·물적·조직적·법령적 도구들을 의미한다.

③ 정책결정 주체: 정책을 결정하여 공식적으로 천명하는 권위 있는 정부기관을 의미한다.

④ 정책대상(policy target): 어떤 정책으로 인하여 이해관계가 조정되거나, 비용을 부담하거나, 혜택을 받게 될 대상집단(target group)을 말한다. 정책대상집단은 규모나 범위, 종류가 다양하므로 경우에 따라서는 경계가 불분명하여 누가 정책대상인지를 파악하기가 곤란한 경우도 많다. 그리고 정책의 성공적인 집행을 위해서는 정책으로부터 직접 혜택을 받는 수혜집단의 강한 지지를 얻어야 하고, 상대적 희생으로 부담을 갖게 되는 희생집단의 저항이 없어야 한다.

⑤ 정책산출, 성과 및 영향: 정책산출은 정책의 집행으로 나타나는 일차적 결과를 말하며, 정책성과란 정책대상자들에게 일어난 변화를 의미하며, 정책영향은 정책으로 인하여 나타난 사회적 변화를 말한다.

2) 정책결정

(1) 정책결정의 개념과 특징

정책결정(policy-making)이란 설정된 국가목표나 공익을 달성하기 위하여 복잡하고 동태적인 과정을 거쳐 합리적이고 바람직한 정부의 장래 대안을 선택하는 과정을 의미한다(김규정, 1999: 191). 정책결정이든 의사결정(decision making)이든 문제해결이나 목표달성을 위하여 여러 대안 중에서 바람직한 하나의 대안을 선택한다는 점에서 본질적인 차이는 없다. 그러나 정책결정은 정부가 공익을 추구하기 위해서 내리는 의사결정이며, 의사결정의 특수한 형태라는 점에서 의사결정이 정책결정보다는 그 개념적 범위가 더 일반적이고 포괄적이라고 할 수 있다. 그리고 정책결정은 의사결정과는 다소 상이한 다음과 같은 특징을 지니고 있다(김중규, 2015: 92-94).

① 정치성: 정책결정은 정부가 하기 때문에 공적 목적과 정치성을 띠고 있다. 이 점에서 개인, 기업, 정부 모든 부문에서 이루어질 수 있는 일반적인 의사결정과는 다르다.

② 공공성: 정책결정은 폭넓은 사회적 관심을 끌거나 다양하고 복잡한 이해관계가 개입된다든가 또는 자원배분문제 등의 해결을 위한 것이므로 공공성을 띠고 있다.

③ 최적의 대안선택의 제약: 정책결정은 최적의 대안을 선택하려고 하지만 현실적인 대안선택은 그 나라의 정치적 이해관계 및 행정역량에 의하여 좌우된다.

④ 동태적 과정: 정책결정은 객관적인 합리성만을 추구한다기보다는 힘의 원리가 작용하는 복잡한 역동적 과정을 거친다.

(2) 정책결정의 참여자

참여자란 정책을 최종적으로 결정하는 사람만을 의미하는 것이 아니고, 하나의 정책을 구상하고 연구하는 과정에 참여하는 모든 사람을 의미한다. 정책결정 참여자에는 고급공무원, 전문가, 이익단체, 정당·국회, 일반시민의 여론, 정무직 공무원 등 최고관리층, 행정수반·대통령 등이 있다. 그런데 최근 사회가 점차 다양화·전문화되어 감에 따라 정책결정시 비공식적 참여자의 역할이 증대되어 가고 있으며, 특히 이익집단(interest group)의 역할이 중요해지고 있다. 다원화된 선진사회일수록 정책결정에 있어서 이익집단의 존재는 매우 중요한 의미를 갖는다. 이익집단은 정권교체를 목적으로 하지 않고 이익을 표출한다는 점에서 정권교체를 노리고 이익을 결집하는 정당과 구별되고, 이익집단의 이익을 대변하여 정부에 직접 압력을 행사하는 압력단체와 구별되기도 한다(김중규, 2015: 113-115).

(3) 정책결정의 이론모형

오늘날 정책결정에 관한 연구를 하는 데는 여러 학문 분야의 다양한 이론과 개념이 광범위하게 활용되고 있다. 정책결정을 위한 이론모형은 매우 다양하고 특성도 다르다(김중규, 2015: 116-120).

① 산출지향적 정책결정모형과 과정지향적 정책결정모형

산출지향적 정책결정모형은 정책결정의 산출·결과의 분석에 중점을 두는 모형으로서 처방적 성격이 강하며, 보다 나은 정책형성을 위하여 정책내용 내지 정책결정방법의 개선에 목적을 두고 있다. 합리모형, 만족모형, 점증모형, 혼합주사모형, 최적모형 등이 이에 속하고 행정학자들이 주로 다루고 있다. 반면에 과정지향적 정책결정모형은 참여자중심모형으로서 공공정책의 결정과정을 누가 주도하는가를 분석하는 데 중점을 두며 처방적 성격보다는 기술적 성격을 특징으로 한다. 엘리트모형, 집단모형, 체제모형, 제도모형, 쓰레기통모형, 흐름·창모형 등이 이에 속하고 주로 정치학자들에 의해 연구된다(김규정, 1999: 201).

여기에서는 산출지향적 정책결정모형을 상술하면 다음과 같다.

가) 합리모형(rational model)

(가) 개념

합리모형은 정책결정자가 이성과 합리성에 근거하여 결정하고 행동한다는 이론이다. 합리모형은 인간을 합리적 사고방식에 따르는 경제인으로 전제하면서 정책결정자는 전지전능하다는 가정에서 최적화 기준에 따라 문제·목표를 완전히 파악하고 대안을 포괄적으로 탐색·평가하여 가장 합리적인 최적대안을 선택할 수 있다고 보는 이론이다(김규정, 1999: 202－204).

(나) 전제조건

합리모형을 정책결정에 적용하는 데에는 ㉠ 전체 사회가치의 가중치가 정해지고, ㉡ 대안의 결과를 정확하게 알 수 있는 예측능력이 존재하고, ㉢ 비용·편익비율을 계산할 수 있는 지적 능력이 있고, ㉣ 정책결정이 합리적으로 이루어지는 정책결정체제가 있어야 한다.

(다) 특징

합리모형의 특징으로서 ㉠ 문제를 인지하고 가치와 목표를 명확히 설정하고, ㉡ 모든 정책대안을 체계적·포괄적으로 탐색·분석하며, ㉢ 각 대안의 결과를 비용－편익분석 내지 비용－효과분석에 의하여 비교·평가하고, ㉣ 문제해결이나 목표달성을 위한 최선의 대안을 선택한다.

(라) 한계

합리모형은 합리적 최적대안이 현실적으로 채택될 가능성의 여부에 관계없이 이러한 선택이 이루어지도록 노력하는데 중점을 두고 있다. 따라서 보다 나은 정책형성에 기여할 수 있어서 정책분석에 매우 유용한 도구가 된다. 그러나 합리모형은 확실한 상황, 명확히 주어진 목표를 전제하는 등 다음과 같은 점에서 비현실적인 모형이라는 비판이 제기되고 있다. ㉠ 현실적으로 목표의 합의가 곤란하고 ㉡ 모든 대안의 총체적 탐색이 불가능하며 ㉢ 인간의 능력으로 미래의 정확한 예측이 곤란하고 ㉣ 정책목표의 유동성을 고려하지 못하고 있으며 ㉤ 인간의 주관적 심리나 동태적 요인을 고려하지 못하고 있고 ㉥ 목표·가치의 신축적 조정이 불가능하며 ㉦ 매몰비용(sunk cost)[3]을 무시하고 있다. 또한 ㉧ 계량화할 수 없는 질적 요인은 분석이 곤란하고 ㉨ 다양한 이해관계의 정치적 조정도 불가능하며 ㉩ 분석과정이 복잡하고 시간과 비용이 많이 소모된다(김중규, 2015: 116-117).

(마) 효용

합리모형은 다양한 가치와 이해관계를 조화시켜야 하며, 정치적 타협이 배제되기 어려운 행정분야에서 이를 적용하기에는 문제점이 많으나 다음과 같은 효용이 인식되어야 할 것이다.

첫째, 합리모형은 합리적 최적대안이 선택될 가능성 여부에 관계없이 이러한 선택이 이루어지도록 노력하는데 중점을 두고 있으며 보다 나은 정책형성에 기여할 수 있다.

둘째, 합리성에 대한 저해요인을 밝히는 데 도움을 주므로 정책분석목적에 매우 유용하다.

셋째, 대안의 선택결과에 대하여 보다 현실적이며 객관적인 평가를 가능하게 한다.

넷째, 발전도상국가에서는 정부가 정책의 지지자·반대자 사이에 상호작용이 거의 없고 정책결정체제의 투입이 매우 빈약하여 엘리트가 국가발전사업을 추진해야 하므로 합리모형을 과소평가할 수 없다.

나) 만족모형(satisfying model)

(가) 의의

만족모형은 사이몬(H. A. Simon)과 마치(J. G. March)가 주로 주장하는 행태론적 의사결정 모형으로 의사결정자의 사회심리적 측면을 중요시하는 현실적·실증적 이론이다. 만족모형은 현실의 의사결정자가 한정된 능력만을 가지고 있다는 것을 기본 전제로 하며 의사결정과정을 지배하는 것은 최적화의 기준이 아니라 만족화의 기준이라고 인식한다(김규정, 1999: 204-205).

(나) 특색 및 내용

이 모형은 합리성을 제한하는 요인과 조직 결정자의 심리적 측면을 중요시한 현

---

3) 이미 지급되어 다시는 회수할 수 없는 비용을 말한다. 기회비용은 어떤 것을 선택할 때 포기하여야 하는 비용을 말하지만, 매몰비용(sunk cost)은 무엇을 선택하는가에 상관없이 지급할 수밖에 없는 비용이다. 이미 지급된 매몰비용에 대해서는 더 이상 아무것도 할 수 없고 이로 인해 현재 시점에서 아무것도 포기할 필요가 없기 때문에 매몰비용과 관련된 기회비용은 영(0)이다. 따라서 어떤 선택을 할 때에는 선택에 따른 편익은 극대화하고 비용은 최소화하되 이미 지출된 매몰비용은 무시해야 한다. 의사결정을 할 때 매몰비용에 집착하면 의사결정을 제대로 할 수 없게 되는데, 이미 투입한 비용과 노력이 아까워 경제성이 없는 프로젝트를 중단하지 않고 지속함으로써 결국 손실을 키우는 경우를 매몰비용 오류(sunk cost fallacy)라고 한다.

실적 · 실증적 이론이라는 것이 특색이다. 의사결정과정은 만족스러운 대안의 탐색과정으로 가정된다. 제약된 합리성을 핵심으로 하는 만족모형에서는 인간이 완전한 합리성이 아니라 주관적 합리성만을 추구할 수 있을 뿐이며, 대안의 선택도 최적대안이 아니라 주관적으로 만족스러운 대안을 선택한다는 것이다. 만족화 기준에 의한 대안의 선택으로 의사결정은 좀더 단순화되어 현실적인 의사결정자의 능력으로도 가능하게 된다.

(다) 비판

이 모형은 대안선택에 있어서 주관적 판단의 지배를 받기 쉽다. 대안선택에 있어서 만족의 기준을 주어진 상황으로 설정하고 있으나 그 기준이 가진 객관적인 만족화의 척도가 없다는 것이다. 따라서 만족화의 기준을 결정하는 여러 가지 변수를 어떻게 통제할 것인가가 문제이다. 또한 만족모형은 개인적 · 심리적 차원의 모형이며 개인의 만족의 총합이 반드시 조직 전체의 만족은 아니며, 특정인의 만족은 타인의 불만을 가져올 수 있다는 점을 설명해 주지 못하고 있다.

다) 점증모형(incremental model)

(가) 점증모형의 개념

린드브롬(C. E. Lindblom)과 윌다브스키(A. Wildavsky)가 제창한 정책결정의 현실적 · 실증적 모형이다. 이 모형은 인간 능력의 한계와 정책결정수단의 기술적 제약을 인식하고 정책결정과정에 있어서의 선택이 종래의 정책이나 결정의 점진적 · 부분적 · 순차적 수정 내지 약간의 향상으로 이루어지는 것으로 고찰하고 있다. 예를 들면, 예산의 전년도 위주의 편성을 들 수 있다. 점증모형은 민주정치의 원리로서 평가되는 정치적 다원주의 입장을 취하여 이상적 · 경제적 합리성보다 사회적 · 정치적 합리성을 중요시한다(김규정, 1999: 206-209; 이황우 · 한상암, 2019: 366-388).

(나) 적용조건

점증모형이 효과적으로 적용되는 데에는 ㉠ 사회집단 사이에 상호조절이 원활하게 이루어지고, ㉡ 다원적 정치 · 사회구조가 유지될 수 있으며, ㉢ 행정체제에 대한 투입기능이 활발하고, ㉣ 정부관료제가 국가발전을 주도할 필요성이 절실하지 않아야 할 것이다. 따라서 점증적 정책결정이 오랜 세월에 걸쳐 제도화되어온 영미제국과 사정이 다른 우리나라의 행정현실에서는 적합하다고 보기 어려우나 적용조건이 전혀 없는 것은 아니다.

(다) 특징

첫째, 정책결정자는 정책에 관련된 모든 대안을 포괄적으로 분석 · 평가하기보다 현 정책에 비하여 약간 향상된 정책대안에만 관심을 가진다.

둘째, 비교적 한정된 수의 정책대안만 검토 · 분석한다.

셋째, 각 대안에 대하여 한정된 수의 중요한 결과만 평가한다.

넷째, 정책결정자는 당면한 문제를 끊임없이 재검토하고 목적과 수단을 계속 조정함으로써 문제를 잘 다룰 수 있다.

다섯째, 목표를 주어진 것으로 보지 않고 목표와 수단 간의 연쇄관계 속에서 부분적 최적화[4]를 추구한다.

여섯째, 유일한 결정이나 완전한 해결책은 없으며, 창조적이며 미래지향적인 사회목표를 추구하기보다는 안전을 바탕으로 현재의 사회가 안고 있는 구체적인 사회결함을 감소시키는 데에 목적을 둔다.

라) 혼합주사모형(mixed scanning model)

(가) 의의

에치오니(A. Etzioni)는 정책결정의 규범적 · 이상적 접근방법인 합리모형과 현실적 · 실증적 접근방법인 점증모형을 절충하여 상호보완적으로 혼용함으로써 현실적이면서도 합리적인 결정을 할 수 있다는 혼합주사모형을 제시하였다. 이 모형은 합리모형이 요구하는 이상적인 합리성을 현실화시키는 동시에 점증모형이 갖는 보수성을 극복함으로써 단기적 변화에 대처하면서 장기적 안목을 동시에 가질 수 있는 장점을 지니게 된다. 이 모형에서는 모든 정책결정이 동일한 성질을 가진 것이 아니라, 결정에는 기본적 결정과 지엽적 결정이 있다고 전제하고 있다. 따라서 혼합모형은 기본적인 방향의 설정과 같은 것은 합리모형의 방법을 택하나 기본적 방향이 설정된 후의 특정문제의 결정은 점진모형의 입장을 취해 깊은 검토를 하는 것이 보다 현실적이라고 하는 것이다(김규정, 1999: 209－211; 이황우, 2019: 366－368).

(나) 특징

이 모형의 장점은 모든 결정을 동일한 수준으로 보지 않고 기본적 결정과 세부적 결정, 그리고 양극단의 중간적 결정이 있음을 밝히고 이들 의사결정간의 상호관계

4) 부분적 최적화란 정책목표는 상위목표와 하위목표 간에 단계별로 연쇄관계(목표와 수단의 연쇄)를 이루고 있으므로 추상적인 상위의 궁극목표는 하위의 구체적인 수단적인 목표들의 산출을 극대화함으로써 더욱 잘 달성될 수 있다고 보는 점증주의자들의 주장이다.

를 정하고 있는 점이다. 이 때 기본적 결정은 세부결정의 테두리를 정하고 그 방향을 제시하는 등의 중요성이 있다. 그러나 무엇보다도 에치오니(A. Etzioni)의 공헌은 합리모형과 점증모형의 약점을 극복하는데 큰 의미를 두고 있다.

(다) 비판

이 모형은 ㉠ 새로운 모형은 아니고 이론적 독창성도 없으며 절충혼합모형에 지나지 않고, ㉡ 현실적으로 정책결정은 혼합주사모형에서 제시하는 순서와 접근방법에 따라서 이루어지기 어렵다는 비판을 받고 있다. ㉢ 결국 합리모형과 점증모형의 단점을 사실상 모두 극복하지 못하고 있다는 것이다(김중규, 2015: 118-120).

마) 최적모형(optimal model)

(가) 의의

정책과학을 발전시킨 드로어(Y. Dror)가 제창한 모형으로 합리모형의 비현실성, 만족모형과 점증모형의 보수성에 대한 반발로 등장한 것이다. 최적모형은 경제적 합리성과 아울러 직관·판단력·창의력과 같은 초합리적 요인을 고려하는 정책결정모형이다. 드로어는 만족모형이나 점증모형이 지니는 보수성에 불만을 표시하면서 특히 과거에 선례가 없는 문제이거나 매우 중요한 문제의 해결을 위한 비정형적 결정에 있어서 경제적 합리성 이외에 직관·판단·창의와 같은 초합리성을 중요시해야 한다는 입장을 취하고 있다.

보다 나은 정책결정을 위하여 정책결정방법, 정책결정체제의 개선이 중요하다는 문제의식에 입각하고 있는 최적모형은 정책결정자가 자원의 제약, 불확실한 상황, 지식·정보의 부족 등으로 합리성의 정도를 높이는데 제약이 따르므로 초합리적인 과정에 의존하여야 한다고 주장하고 있다(김중규, 2015: 118-120).

(나) 특징

첫째, 계량적 모형이 아닌 질적 모형이다.

둘째, 합리적 요인과 초합리적 요인을 함께 고려한다.

셋째, 대안의 탐색·선택에 있어서 경제적 합리성을 중요시한다.

넷째, 정책결정의 방법, 체제에 관한 결정인 초정책결정에 주목하여 정책결정구조의 계속적인 검토개선을 강조한다.

다섯째, 결정능력의 향상을 위하여 정책집행의 평가와 환류작용에도 중점을 두고 있다(김규정, 1999: 211-212).

(다) 비판

최적모형은 정책결정과정의 쇄신과 창의성 등의 초합리성을 강조한 중요한 이론모형으로서 관심을 끌고 있으나 다음과 같은 문제점이 지적될 수 있다.

첫째, 초합리성의 본질 및 한계가 명확하지 않은 점이 가장 문제되고 있다.

둘째, 기본적으로 경제적 합리성을 지향하고 있으므로 정책결정의 사회적 과정에 대한 고찰이 불충분하다.

셋째, 합리성의 비중이 높아 엘리트 집단에 의한 비민주적 정책결정을 초래할 우려가 있다.

넷째, 최적이란 합리적·초합리적 수단에 의한 보다 나은 활동을 의미하지만 낫다는 정도와 무엇을 지향하는지는 분명치 않다(김규정, 1999: 212).

② 규범적·이상적 접근방법과 현실적·실증적 접근방법

규범적·이상적 접근방법은 정책결정에 있어 경제적 합리성과 최적의 선택을 중시하는 관점이다. 이 접근은 정책결정자가 주어진 목표를 가장 효율적으로 달성할 수 있는 대안을 탐색하고 선택한다는 가정에 기반한다. 대표적으로 공공선택모형(public choice model), 관리과학적 접근, 체제분석(system analysis) 등이 이에 해당한다. 이러한 접근은 논리적 일관성과 이론적 타당성을 강조하며, 이상적인 조건 하에서의 최적정책을 도출하는 데 초점을 맞춘다.

반면, 현실적·실증적 접근방법은 실제 정책결정과정이 비합리적 요소와 제약 속에서 이루어짐을 전제로 한다. 이 접근은 제한된 정보, 시간, 자원, 이해관계자의 갈등 등 현실의 제약조건을 중시하며, 정책결정자가 반드시 최적의 해답을 찾기보다는 '만족할 만한 해결책'을 선택한다는 점에 주목한다. 대표적인 모형으로는 점증모형(incremental model)과 만족모형(satisficing model)이 있으며, 이는 정치적 타협과 현실적 조정 과정을 강조한다.

최근에는 이 두 접근방법을 상호 배타적으로 보기보다는, 정책의 성격과 상황에 따라 적절히 병행하거나 통합적으로 적용하려는 시도도 나타나고 있다. 즉, 이상적인 분석틀을 바탕으로 현실적 제약을 고려한 실현가능한 대안을 도출하는 것이 중요하다는 인식이 확산되고 있다.

③ 합리모형과 인지모형

합리모형은 의사결정자가 주어진 목표를 달성하기 위해 모든 가능한 대안을 체계적으로 탐색하고, 그 결과를 비교하여 최선의 선택을 할 수 있다는 전제를 바탕으로 한다. 이 모형은 경제학과 관리과학 등에서 발전한 이론으로, 정책결정이 논리적 절차에 따라 이루어진다는 이상적 모델을 제시한다. 명확한 목표 설정, 완전한 정보 확보, 대안 간 비교, 최적 대안의 선택이라는 일련의 단계를 통해 정책이 형성된다고 본다.

이에 비해 인지모형은 인간의 정보처리 능력에는 한계가 있으며, 실제 정책결정은 불완전한 정보, 시간적 제약, 인지적 편향 등 다양한 현실적 조건에 영향을 받는다는 관점에서 출발한다. 이러한 접근은 사이먼(H. A. Simon)의 제한된 합리성 개념에서 비롯되며, 인간은 모든 정보를 완전하게 처리하지 못하고, 만족할 만한 수준에서 의사결정을 내리는 경향이 있다고 본다(Simon, 1997).

더 나아가 최근의 행동경제학 연구는 정책결정자뿐 아니라 일반 대중의 의사결정 과정에도 인지적 편향과 직관적 오류가 존재함을 실증적으로 보여주고 있다. 예컨대 카너먼(D. Kahneman)은 인간의 사고가 직관적이고 빠른 체계와 느리고 논리적인 체계로 이원화되어 있으며, 대부분의 일상적 판단은 전자에 의해 좌우된다는 점을 지적하였다(Kahneman, 2011). 이러한 인식은 정책 형성과 집행 과정에서 인간 행동을 보다 현실적으로 이해하고 설계하기 위한 기초가 되고 있다.

정책결정에 대한 이해는 이제 단순한 이론적 모형을 넘어서, 실제 정책환경에서 나타나는 인지적 제약과 제도적 조건을 함께 고려하는 방향으로 확장되고 있다. 이에 따라 최근 연구들은 합리성과 인지적 한계 간의 균형 속에서 보다 실행 가능한 정책설계 방안을 제시하려는 경향을 보이고 있다(Cairney, 2020).

3) 정책분석

정책분석(policy analysis)이란 정책결정자의 판단을 질적으로 돕기 위하여 정책대안에 관한 여러 가지 체계적인 연구와 비교·분석을 행하는 것을 말한다(김중규, 1999: 293). 정책분석이라는 의미는 좀더 한정적으로 사용할 때에는 정책을 위한 분석을 하는 것으로 사용하고 있고, 좀 더 포괄적으로 사용할 때에는 정책에 관한 분석까지도 포함하는 것으로 사용하고 있다. 일반적으로 정책을 위한 분석을 규범적 정책분석이라고 하고, 정책에 관한 분석을 기술적 정책분석이라고 한다(노화준, 2017: 6-8).

정책분석을 기술적인 정책분석이란 의미로 사용하고 있는 연구자들은 정책문제의 제기, 정책형성, 정책집행 및 정책평가 등 정책과정의 모든 절차와 이러한 과정을 통하여 산출된 정책의 내용에 대한 분석을 정책분석이라고 보고 있다. 그리고 이러한 정책분석을 행하는 중요한 목적은 정책과정의 절차와 내용에 관하여 설명하고, 지식을 축적하며, 이를 통하여 어떤 정책활동 결과의 예측가능성을 높이고자 하는 데 있다고 보고 있다(노화준, 2017: 7).

한편, 규범적 정책분석이란 의미로 정책분석이란 용어를 사용하고 있는 연구자들은 정책분석을 정책분석가에 의한 정책선호의 창도활동으로 보고 있다. 드로어(Y. Dror)는 정책분석이란 복잡한 정책이슈에 직면했을 때 바람직한 대안들을 설계하고 식별하기 위한 일련의 접근방법과 방법론이라고 규정함으로써 정책분석을 문제해결을 위한 대안의 탐색과 개발, 그리고 최선의 대안을 선택하는데 도움을 주는 방법론으로 보고 정책창도의 중요성을 강조하고 있다(Dror, 1971: 223).

4) 정책의 집행과 평가

(1) 정책의 집행

① 정책집행의 의의

정책집행(policy implementation)이란 결정된 정책의도를 구체화하는 모든 행위로 정의될 수 있으나 학자들에 따라 개념정의가 다양하다. 즉 정책집행을 존스(C. O. Jones)는 그의 「정책형성론」에서 정책의 적용(application of policy)(김해동 역, 1777: 125)으로, 드로어(Y. Dror)는 정책의 실행(policy execution)(Dror, 1969: 188－192) 등으로 표현하고 있으나, 프레스만(J. L. Pressman)과 윌다브스키(A. Wildavsky)는 「Implementation」이라는 저서에서 정책집행이라는 용어를 사용함으로써 정책집행에 대한 본격적인 연구가 시작되었다(Pressman, & Wildavsky, 1973: 13).

그러나 일반적으로 정책집행이란 정책결정에 의하여 미리 설정된 목표를 달성하기 위하여 구체화된 사업계획이나 정책 등에 효과가 발생하도록 하는 의도적이고 순차적인 활동과정이라고 할 수 있다. 정책집행은 근본적으로 ① 정치적 성격을 지니며, ② 정책과 정책결과를 연결해 주는 매개변수로 역할하며, ③ 명확히 구별하기 어려운 계속적인 과정으로 정책결정 및 정책평가와 상호 관련성을 맺고 있다(김중규, 2015: 123).

② 정책집행에 대한 순응과 불응

경찰의 법집행을 비롯한 다양한 규제정책의 성공적인 집행을 위해서는 국민들의 해당 정책에 대한 구체적인 이해와 적극적인 호응이 필요하다. 국민들의 정책에 대한 호응의 정도를 순응이라고 한다. 정책에 대한 순응이 잘 안될 경우(불응)에는 그 정책이 실패하기 마련이다.

가) 개념

정책집행에 있어서 순응(compliance)이란 정책대상집단이 정책결정자가 정한 정책의도나 지시사항에 대하여 일치된 행동을 보이는 것을 의미하며, 이에 상반되는 행위를 불응(noncompliance)이라고 한다.

그런데 정책집행에 있어서 현실적으로 정책에 대한 완전한 순응이나 완전한 불응은 많지 않아서 순응 여부의 판단이 어려울 때가 많다. 불응의 구체적 형태로는 ㉠ 의사전달에 대한 고의적인 조작이나 지연, ㉡ 정책의 임의변경, ㉢ 정책의 미집행, ㉣ 형식적 순응, ㉤ 정책 자체의 취소 등을 들 수 있다(김규정, 1999: 237).

나) 순응의 원인

앤더슨(J. E. Anderson)은 순응의 원인으로 권위의 존중, 합리적·의식적 수용, 정부의 정통성, 자기이익의 추구, 처벌·제재의 가능성, 정책집행의 기간 등을 들고 있다(Anderson, 1984: 101－103).

(가) 권위의 존중

사람은 사회화과정을 거치면서 정부기관이나 법의 권위를 존중하게 되며 정부정책의 권위를 받아들이고 정책에 대한 순응을 당연시한다.

(나) 합리적·의식적 수용

정책이 온당하고 필요하며 올바르다고 생각되면 의식적으로 사리에 맞게 수용하고 정책에 순응하게 된다.

(다) 정부의 정통성

정부가 합헌적인 정통성을 가지며 정책이 정당한 절차에 따라 결정되었다는 신념을 갖게 되면 정책에 순응한다.

(라) 자기이익의 추구

각종 경제정책 분야에서 많이 볼 수 있는 경우와 같이 개인이나 집단이 정책규범이나 정책기준의 수용으로 직접 이익을 얻을 수 있다고 생각하면 정책에 잘 순응하게 된다.

(마) 처벌 · 제재의 가능성

벌금이나 구속 기타 제재 등으로 처벌받을 가능성이 있는 경우 정책에 대한 순응을 확보할 수 있다. 그러나 처벌보다 대상집단의 자발적인 협조가 보다 더 효과적이다.

(바) 정책집행의 기간

정책이 장기간 계속적으로 집행되면 초기에 잘 순응하지 않던 사람도 정책에 익숙해져 순응하게 되는 경우도 있다.

다) 불응의 원인

불응이 발생하는 원인으로는 다음과 같은 것이 지적되고 있다(김규정, 1999: 238; 김중규, 2015: 127).

(가) 의사전달의 미흡

정책이 요구하는 바가 무엇인지에 대해 정책집행자나 정책대상집단이 명확히 알지 못하는 경우에 불응이 발생한다. 또한 기술적 제약성, 개념적 복잡성, 정치적 고려 등으로 인하여 정책이 명확하지 못할 때 불응이 발생할 가능성이 높다. 의사전달의 저해로 인한 불응을 방지하기 위해서는 명확한 정책이 필요하며 정책집행자나 정책대상집단에게 왜곡되지 않은 의사전달이 이루어져야 하나 때로는 모호한 정책의 집행자에게 재량권을 부여하는 방안도 고려될 수 있을 것이다.

(나) 자원의 부족

정책집행자나 정책대상집단은 정책이 그들에게 요구하고 있는 행태가 무엇인지를 알고 있으나 정책이 요구하는 바에 순응하는 데 필요한 자원을 보유하지 못해서 불응이 발생하기도 한다. 이 경우의 자원이란 단순한 재정적 자원뿐만 아니라 기술이나 정신적 능력까지를 포함한 넓은 개념으로 이해해야 한다.

(다) 정책에 대한 불만

정책대상집단의 정책 자체에 대한 불만으로 인한 불응을 말하며, 이는 다시 목표로 인한 불응(goal-based noncompliance)과 신념으로 인한 불응(belief-based non-compliance)으로 나타난다.

(라) 부담의 회피

대상집단이 정책목표에 찬동할 뿐만 아니라 정책수단에 대해서도 동의하지만 정책이 요구하는 행동이 부담이 되기 때문에 발생하는 불응을 말한다.

(마) 정통성과 권위[5]의 결여

정책을 결정하거나 집행하는 기관이 정통성을 결여하고 있거나 정책으로부터 부당한 이득을 취한다고 생각함으로써 발생하는 불응이다.

(바) 정책목표의 불명확성과 정책수단의 결여

정책목표가 불명확하거나 애매할 경우, 적절한 정책집행수단이 없을 때에도 불응 현상이 나타난다.

(사) 기존 가치체계와의 갈등

정책이나 법률이 기존 가치체계, 사회적 관습 내지 일반국민이나 특정집단의 신념과 심한 갈등을 일으키는 경우 불응이 발생할 수 있다.

(아) 법에 대한 선택적 불응

어떤 법이 다른 법보다 개인이 구속감을 덜 받는 경우 덜 받는 법에 선택적으로 불응하는 경우를 말한다.

(자) 집단에의 소속감

동료나 집단에 대한 소속은 때로는 순응의 원인이 되지만 법이나 정부를 무시하고 법의 위반을 정당화시키려는 사람과 교제하면 불응으로 나아가게 하는 일탈적 규범과 가치관을 갖게 된다.

라) 불응의 구체적 형태

불응의 구체적 형태는 다음과 같다(김중규, 2015: 116-122).

(가) 지연

정책결정자는 정책집행자에 비해 재임기간이 짧다는 것을 이용하여 어떤 정책에

---

5) 일반적으로 권위라는 것은 정당성이 부여된 권력으로 정의된다.

대한 집행을 계속 유보해 두거나 매우 느리게 집행을 진척시킴으로써 결국 정책결정자가 바뀌면 그 정책에 대한 집행을 종결시켜 버리는 형태이다.

(나) 의사전달의 고의적 조작

정책집행자는 자신이 원하지 않는 정책지시나 그 수행에 필요한 정보를 관련 집행부서나 담당자에게 아예 전달하지 않거나 자신에게 유리한 것만을 선별하여 전달하고, 책임회피를 위해 다른 사람을 통해 간접적으로 전달하도록 함으로써 의사전달체계를 왜곡시키는 불응행태를 보일 수 있다.

(다) 정책의 임의변경

정책집행자가 자신에게 불리한 정책의 집행을 자신에게 유리하도록 정책의 목표나 수단을 변경시키는 것을 말한다.

(라) 정책의 미집행

정책결정자가 본래 정책에 대한 집행을 원하지 않는다고 판단될 때 또는 기타 요인으로 아예 정책을 집행하지 않는 것을 말한다.

(마) 형식적 순응

형식적으로 정책집행자가 정책적 지시나 상관의 명령에 순응하고 있지만 실제로는 그렇지 않은 것을 말한다.

(바) 정책취소의 유도

이것은 가장 적극적인 불응행태로서 정책집행자가 일반행정가인 정책결정자에 대해 전문적 판단 또는 기술 제약 등을 이유로 정책집행의 부당성을 알리고 그들을 설득시킴으로써 아예 정책집행의 대상이 되는 정책 그 자체를 취소시키도록 유도하기도 한다.

마) 순응확보방안

순응의 확보를 위하여 단기적으로는 합의보다는 권력에 의한 방법이 더 효과적일 수도 있다. 그러나 장기적으로는 국민과 의사결정자가 공통적인 규범을 향유하도록 합의에 의하여 서로 사회화하는 노력이 권력이 아닌 권위에 기초를 둔 불응을 감소시키는 효과적인 방안이라 하겠으며, 다음과 같은 순응확보방안 제시되고 있다 (김중규, 2015: 116－122; 김규정, 1999: 238－239).

(가) 정보의 제공

정책을 모르는 대상집단에게 필요한 정보를 제공하여 불응을 감소시키는 전략이다.

(나) 부담의 감소

대부분의 정책에 대한 순응은 비용과 시간 등의 부담을 주므로 비용과 시간 등의 부담을 감소시키는 것이다.

(다) 제재수단의 사용

각종 순응확보방안이 효과가 없는 경우에 제재수단에 의하여 순응을 확보하자는 전략이다.

(라) 유인의 제공

위의 세 가지 전략들은 비교적 직접적인 전략인데 반해 유인전략은 대상집단의 재량에 맡기는 전략으로 정책에 순응하는 개인이나 집단은 혜택을 받고 불응하는 개인이나 집단은 불이익을 받도록 한다는 것이다.

(마) 교육과 설득활동

행정기관은 교육과 설득활동을 통하여 대상집단에게 정책을 이해시키고 동의를 구함으로써 자발적인 순응을 유도한다.

(바) 선전에 호소

정책을 자발적으로 지지·수용하도록 선전에 의한 호소를 한다.

(사) 정책수정 또는 관행의 채택

행정기관이 순응에 기여할 수 있는 관행을 채택하거나 정책을 수정한다.

(아) 기타

이 밖에도 정책목표의 명확화, 의사전달의 활성화 등도 순응확보를 위한 좋은 방안이 된다.

(2) 정책의 평가

① 정책평가의 개념

정책평가(policy evaluation)란 정책이나 사업계획의 집행결과가 의도된 정책목표를 실현하였는가, 당초 생각되었던 정책문제의 해결에 기여하였는가, 어떤 파급효과 내지 부차적 효과를 가져 왔는가 등을 체계적으로 탐색·조사·분석하려는 활동을 의미하고, 다음과 같은 목적을 띠고 있다(김규정, 1999: 243).

㉠ 정책이 국민의 요망에 어느 정도 대응하고 있는가, 즉 정책에 대한 국민의 만족도를 파악할 수 있게 한다.
㉡ 합리적 정책결정에 도움이 되는 정보를 제공한다.
㉢ 정보의 분석을 통하여 정책의 수정·보완·종결과 자원의 재배분을 가능하게 한다.
㉣ 정책·사업계획을 집행하는 행정인이 평가를 통하여 자기활동을 새로운 관점에서 파악할 수 있다.

정책평가는 효과성의 분석 등 대개 합리적인 목적으로 사용되지만 가끔 결정자, 집행자, 평가자, 이해관계자들이 정책목적의 정당성을 얻기 위한 수단이나 여론을 적당히 조종하기 위해서 등 정당하지 못한 목적으로 정책평가를 이용하는 경우가 있으며, 이를 의사평가라고 한다(김중규, 2015: 105).

② 정책평가의 유형

정책평가의 유형은 성격에 따라 총괄평가(summative evaluation)와 과정평가(process evaluation)로, 평가주체에 따라 내부평가와 외부평가로 대별된다(노화준, 2017: 499-500). 일반적으로 정책평가는 총괄평가를 의미하고 과정평가는 총괄평가에 대하여 보완적 성격을 띠며, 바람직한 평가는 양자를 합친 종합평가(comprehensive evaluation)라 할 수 있다.

가) 총괄평가

총괄평가는 일명 결과평가(outcome evaluation) 또는 영향평가라고도 하며, 정책이 집행된 후 당초에 의도하였던 정책효과가 발생하였는가 여부를 검토·확인하기 위한 정책의 영향과 결과에 대한 평가를 의미한다. 이러한 총괄평가는 정책이 집행된 후 사회에 미친 영향을 추정하고 확인하려는 사실판단적 활동이며 정책의 영향에는 정책효과 뿐만 아니라 부수효과 내지 부작용 등도 포함된다.

총괄평가는 ㉠ 효과성평가(effectiveness evaluation: 정책목표의 달성도인 효과성을 판단), ㉡ 능률성평가(efficiency evaluation: 투입과 산출의 비율인 능률성이 평가대상이 되며, 효과성뿐만 아니라 투입과 비용까지 포함되고 비용－편익평가가 대표적임) 등으로 대별된다.

나) 과정평가

이에는 형성평가(formative evaluation)와 협의의 과정평가가 있다. 협의의 과정평가란 집행과정을 평가대상으로 하며 집행계획, 집행절차, 투입자원, 집행활동 등을 검토·점검하여 나타난 문제점을 분석하여 보다 바람직한 집행전략, 집행방법을 모색하기 위하여 행하여지는 평가를 말한다. 그것은 사업관리자나 사업 실시자와 같이 사업과 직접적으로 관련되어 있는 사람들을 위해 수행되며 내부적으로만 활용되는 것이 보통이다. 형성평가는 보다 나은 사업계획을 구성하고 집행과정의 문제점을 사전에 발견하기 위하여 이루어지거나 이미 확정·실시되고 있는 사업을 개선하기 위한 목적으로 수행된다(김중규, 2015: 105).

③ 정책평가의 기준

정책평가의 기준은 사후기준으로서 평가자나 평가의뢰자의 의도와 정책의 특성 등에 따라 다양하다. 넓게는 정책활동이 추구하는 일반적 가치, 공익, 정책윤리 등이 평가기준이 될 수 있으며, 구체적인 정책지표도 평가기준이 될 수 있다. 일반적으로 중요시되는 평가기준은 다음과 같다(나기산 외: 1994: 404－405).

가) 효과성(effectiveness)

정책목표의 달성도를 의미하는 효과성을 평가기준으로 하여 정책이 의도한 본래의 목표를 달성하였는가를 파악하자는 것이다. 효과성은 결과에 초점을 두며 목표의 명확성에 요구되는 기준이며, 그 측정단위는 정책이 산출한 서비스의 양이다.

나) 능률성(efficiency)

일정한 목적을 달성하는데 있어서의 투입과 산출의 비율을 의미하는 능률성 기준은 비용과 관련시켜 성과의 질과 양을 파악하려는 것이며, 투입과 수단의 극대화에 중점을 둔다. 능률성은 비용－편익분석에 의한 정책평가의 기준이 된다.

다) 충족성(adequacy)

문제의 해결정도를 의미하는 충족성이란 가치있는 결과의 달성이 문제를 어느 정도 해결하였는가, 정책의 실시결과 어느 정도 당초의 문제가 해결되었는가에 관한 평가기준이며, 적정성이라고도 한다.

라) 형평성(equity)

신행정론의 핵심적 개념인 형평성은 사회적·법적 합리성과 밀접하게 관련되고 있으며, 비용과 편익이 상이한 집단 사이에 공정하고 공평하게 분배되고 있는가에 대한 평가기준이다.

마) 대응성(responsiveness)

대응성은 정책이 특정집단의 욕구, 선호, 가치 등을 충족시키는 정도를 의미하며, 시민을 대상으로 하는 여론조사의 일관성 등과 관련되는 기준이다. 이러한 대응성은 수혜자 집단이 정책에 의하여 어떠한 혜택을 받았으며, 수혜자가 받는 혜택은 수혜자의 인지된 욕구에 어느 정도 대응하고 있는가를 중요시하는 기준이다. 프로그램의 적응성과 신축성이 중요시된다.

바) 적합성(appropriateness)

적합성은 특정정책의 바람직한 결과가 실제로 유용성과 가치가 있는 것인가를 평가하는 기준이다. 적합성의 기준은 목표를 실현하기 위한 수단이나 도구라기보다 목표의 본질을 내포하기 때문에 실질적 합리성과 밀접하게 관련된다.

제 3 절

경찰조직관리

1. 경찰조직관리의 의의 및 특징

1) 경찰조직의 의의

경찰조직은 경찰의 집합체로써 경찰조직 특유의 목적을 추구하기 위해 의식적으로 구성된 사회적 단위라고 할 수 있다. 경찰조직은 공식화된 분화와 통합의 구조 및 과정 그리고 규범을 내포하는 조직체로써 환경과 교호작용하는 일반 조직의 성격도 포함하고 있으며, 질서유지를 위한 명령과 강제를 할 수 있는 권력적인 특수한 성격을 갖고 있기도 하다(이영남, 1991: 27). 그러나 국가 통치기능과 국민 보호기능을 수행하는 과정에서 간혹 권력의 남용과 부정부패와 연루되는 경우에는 그로 인해 비난의 대상이 되기도 하는 특수한 조직이다. 경찰의 임무가 사회공공의 안녕과 질서를 유지하기 위하여 국민의 생명과 재산을 보호하고 범죄의 수사 및 범인의 체포 등 특수임무를 띠고 있기 때문에 그 조직이나 관리 면에 있어서도 일반적인 행정조직과는 다른 특수한 요소를 내포하고 있다(신현기, 2018: 36).

2) 경찰조직과 개인

조직의 목표와 개인의 욕구가 일치·조화·융합될 수 있고 조직의 합리성과 인간의 행복이 가능한 한 서로 병립되고 조화될 수 있는 조직이 가장 바람직하지만, 현실적으로는 갈등과 대립을 극복하고 어떻게 통합·융합을 실현하느냐가 현대조직이론의 중요한 과제라고 할 수 있다. 일반적으로 조직과 개인이 갖는 관심사를 <표 4-1>과 같이 나타낼 수 있으며, 그 차이점을 파악함으로써 조직의 딜레마를 이해할 수 있다.

|표 4-1| 조직과 개인 간 관심사의 차이

조직의 관심	개인의 관심
기관의 목적	개인의 욕구와 가치관
정책과 목표	경력목표 / 자기가치
의사 결정	자유와 선택
권력과 통제	자율과 독립
충성심	소속감 / 존중
능률성	도전적인 직무
생산성	근로권
중앙 기획	참여

※ 출처: 이영남 · 신현기, 2004: 336.

개인도 조직도 유기체로서 사람 없이 존속할 수 없고 사람도 또한 조직을 반드시 필요로 한다. 조직은 구성원의 공동노력으로 특정 목표를 달성하려는 인간의 집합체 또는 협동체제라 할 수 있다. 조직은 구성원의 협동행위를 통하여 목표를 실현하고자 하며, 개인은 조직을 통하여 욕구를 충족시키게 된다. 개인은 조직의 목표 달성에 큰 영향을 미치는 가치관, 태도와 지식, 기술 등을 가지고 조직에 참여한다. 한편 조직은 개인에게 지위, 역할, 유인, 보상을 제공하게 된다. 조직과 개인의 관계에 대하여는 인간관, 심리적 요인, 인간욕구 · 동기, 인간 성격유형 등을 중심으로 다양한 이론이 전개되고 있다.

(1) 개인활동과의 유사점과 차이점

조직은 개인으로 구성된다. 개인들이 모여 조직을 이룬다는 이야기다. 개인이 조직에서 어떻게 행동하는가를 이해하는 것은 조직과 개인의 관계를 규명하는데 매우 중요한 의미를 가진다. 인간은 신체나 생리적으로 유사하여 행동과정도 유사하다. 즉, 행동은 ㉮ 원인이 있기 때문에 야기되고, ㉯ 동기가 유발되며, ㉰ 목표 지향적이라는 점에서 유사하다. 그러나 실제의 행동에는 현저한 차이가 있다. 인간은 성격 · 태도 · 욕구 · 동기가 서로 다르고 사고방식이 다를 뿐만 아니라 주어져 있는 환경을 지각하거나 환경에 반응하는 방식도 역시 서로 다르다.

(2) 행동형성에 작용하는 요인과 개인차

개인의 행동형성에 영향을 미치고 개인차를 가져오는 요인으로는 ㉮ 개인능력(신체적 능력·지적 능력 등), ㉯ 심리적 요인(성격·지각·태도·학습·동기부여 등), ㉰ 환경적 요인(조직의 맥락에서 관리체제·조직목표·보상제도·직무성격·조직분위기 등과 일반 환경의 맥락에서 문화·경제·사회·가족 등)을 들 수 있다. 개인차는 심리적 특성에서 더욱 명확히 나타난다. 능력과 심리적 요인은 개인적 요인으로서 환경적 요인과 더불어 행동에 직접 영향을 미치며 개인적·환경적 요인의 상호작용은 행동에 간접적인 영향을 미친다.

3) 경찰조직과 환경

현대사회와 조직은 환경변화의 소용돌이 속에 있으며 이러한 변화는 환경체계에 구조적 변동을 예고한다. 환경이 현대사회에서 중요한 쟁점으로 부각되기 시작한 것은 조직을 개방체계로 정의한 입장에서 조직과 환경의 상호작용이 중요시되고 나서부터다.

특히 현대사회의 소용돌이 환경체계는 논리적인 인식이 가능한 안정된 환경이라기보다는 예기치 못한 일들이 발생하고, 환경과 조직 체계 사이의 경계마저 무너져 논리적인 분석과 예측이 상당히 어려운 환경유형을 형성하고 있어 급격한 조직변화 내지는 사회변동을 유발하고 있다. 사회의 특징들 중에서 가장 널리 손꼽히는 것은 바로 복잡성이다. 현대사회의 정치·행정·경제·문화·사회는 무수히 많은 인간들 간의 상호 관계 속에서 매우 다양하고 복잡하게 전개된다(신현기, 2018: 367). 미래의 조직도 고정성과 확실성보다는 격동성과 불확실성의 환경에 처하게 될 것으로 예측되며, 개인의 의사결정과 판단에 있어서 전통보다는 실제적인 규범과 가치로부터 단서를 제공받는 시대가 곧 오게 될 것이다(Bennis, 1987: 150).

이러한 시대가 상황변화에 따라 조직관리에 있어서도 패러다임의 변화가 요구되고 있다. 관리의 전략은 과거의 공급자와 제공자 중심에서 수요자 중심으로, 그리고 생산력 중심에서 고객만족 중심으로, 양 중심에서 질 중심으로, 기능조직 중심에서 절차조직 중심으로, 보호·통제의 시대에서 무한경쟁시대 등으로 급속하게 변화하고 있으며, 이에 부합되는 새로운 조직관리 이념과 실천전략을 수립하는 것이 시대적으로 매우 중요한 개혁과제 중 하나로 등장하게 되었다. 특히 관리이념이 조직 중심에서 인간 중심으로 변화하는 과정에서 최근 들어 인본주의가 행정과 경영

등에 광범위하게 영향을 미치고 있다.

이러한 내외적인 환경의 변화는 경찰조직에도 상당한 영향을 미칠 것으로 예상된다. 물론 경찰조직에서도 치안환경의 변화에 전략적으로 대응하고 있으며(이영남, 1994: 136), 규제보다는 능동적인 치안서비스 제공자로 주민의 요구사항을 만족시켜야 한다는 적극행정에 대해서도 관심을 기울이고 있다.

2. 조직이론의 변천(경찰조직과 개인관리 전략)

1) 아지리스(C. Argyris)의 미성숙-성숙이론

아지리스(C. Argyris)는 인간의 성격이 시간의 흐름에 따라 미성숙한 상태에서 성숙한 상태로 변화한다고 보고, 이러한 변화를 설명하는 미성숙-성숙이론(immaturity-maturity theory)을 제시하였다. 그는 인간이 성장함에 따라 수동적이고 의존적인 존재에서 점차 능동적이고 자율적인 존재로 발전한다고 보았으며, 조직은 이러한 변화를 억압하기보다는 촉진해야 한다고 주장하였다(김규정, 1999: 521-522).

아지리스에 따르면, 미성숙한 개인은 수동성, 의존성, 한정된 관심 등을 보이지만, 성숙한 개인은 자율성, 자기통제, 보다 폭넓은 관심사와 깊은 인간관계를 형성할 수 있는 능력을 갖추게 된다. 따라서 조직이 구성원에게 단순히 명령을 전달하고 행동을 통제하는 방식보다는, 개인의 성장과 자율성을 보장하고 심리적 성공을 경험할 수 있는 환경을 조성해야 한다고 보았다.

이 이론은 오늘날에도 여전히 유효성을 지니며, 특히 구성원의 잠재력 개발, 직무만족, 자율적 업무환경 조성, 리더십 개발 등 현대적 인사관리 전략과 밀접하게 관련된다. 경찰조직과 같은 규범적·위계적 성격이 강한 조직에서도 구성원의 내적 동기 유발과 자율성을 중시하는 방향으로 조직문화와 관리방식을 재설계할 필요가 있다는 점에서 아지리스의 이론은 여전히 중요한 시사점을 제공한다.

(1) 성격의 변화모형(미성숙상태 → 성숙상태)

① 수동적 상태에서 능동적 상태로 나아간다.
② 타인에 대한 의존에서 점차 독립성을 갖게 된다.
③ 단순한 행동양식에서 다양한 행동양식으로 변화한다.

④ 변덕스럽고 얕은 관심에서 깊고 강한 관심으로 전환된다.
⑤ 단기적인 안목에서 장기적인 안목으로 나아간다.
⑥ 종속적 지위에서 타인에 대하여 평등 혹은 우월한 지위로 나아간다.
⑦ 자아의식의 결여로부터 자아에의 의식과 통제를 할 수 있게 된다.

아지리스(C. Argyris)는 성숙과정에서 개인의 인성 변화를 <표 4-2>와 같이 같이 제시하고 있다.

|표 4-2| 인성의 성숙과정

미성숙(immaturity)		성숙(maturity)
수동적 활동	→	능동적 활동
의존적 상태	→	독립적 상태
단순한 행동양식	→	다양한 행동양식
변덕스럽고 얕은 관심	→	깊고 강한 관심
단기적 조망	→	장기적 조망
종속적 지위	→	평등 혹은 우월의 지위
자아의식의 결여	→	자아의식 및 자기통제

※ 출처: 최미옥 · 신현기 외, 2002: 186.

(2) 미성숙 · 성숙이론의 특징

아지리스(C. Argyris)의 미성숙 · 성숙이론의 특징은

① 완전한 인간의 성격은 당연히 성숙상태에 도달하고 거기에 머물러 있는 것이라고 설명하면서 조직의 관리자는 가능한 한 조직성원이 인간으로서 최대한 성숙상태를 실현할 수 있도록 관리하여야 한다고 주장한다.
② 조직의 원리에 바탕을 둔 전통적 · 권위적 관리방식은 성숙한 인간의 자기실현욕구 충족을 방해하게 되며, 인간은 수동적이고 의존적 · 타율적인 존재로 전락해 버리거나 성숙하고자 하는 이상과 그것을 제약하는 조직의 현실 사이에서 갈등과 좌절감 · 실패감을 느끼게 된다.

③ 조직구조의 직무확장, 참여적 · 직원 중심적 리더십, 현실 중심적 리더십 등에 의해 개편함으로써 인간의 자기실현을 가능케 해야 한다.
④ 조직구성원이 스스로의 욕구충족으로 성장 · 성숙의 기회를 얻게 함으로써 조직의 목표와 인간의 목표를 통합할 수 있다.

2) 에치오니(A. Etzioni)의 조직에 대한 개인의 심리적 관여이론

(1) 개인의 조직에 대한 관여

개인과 조직의 관계는 조직의 질서와 구조에 있어서 핵심이 되는 복종관계(compliance relations)의 기초인 권력과 관여(involvement)라는 기본변수에 의하여 파악될 수 있다. 에치오니(A. Etzioni)는 이러한 기본변수에 의하여 관여를 소외적 · 타산적 · 도덕적 관여로 나누고 권력을 강제적 · 보상적 · 규범적 권력으로 나누면서 권력과 관여의 조합에 의하여 아홉 가지의 조직과 인간의 관계유형을 들고 있다. 그는 권력의 성격과 복종의 성격이 서로 부합되는 유형을 적합형(congruent type)으로 보고 있다(김규정, 1999: 522－523).

(2) 심리적 관여의 유형

에치오니(A. Etzioni)는 다음의 세 가지 유형이 적합형으로 가장 많이 존재하는 조직과 개인의 관계라고 보고 있다.

① 강제적 · 소외적 관계: 조직이 조직구성원에 대하여 욕구충족을 통제하고 이동의 제한 등에 의하여 욕구불만의 표시 등을 억제한다. 한편 조직구성원은 조직에 대하여 심리적으로 관여하지 않으면서 조직구성원으로서의 지위를 감수해야 하는 관계이다.
② 보상적 · 타산적 관계: 조직이 조직구성원에 대하여 임금 · 서비스 · 물품 등의 배분을 통제하고 있고 조직구성원은 조직에 대하여 깊이 관여하지 않으면서 조직으로부터 주어진 보상만큼 일한다는 상태에 있는 관계이다.
③ 규범적 · 도덕적 관계: 조직이 조직구성원에 대하여 평가 · 위신 · 의례적 상징을 수용하고 긍정적 반응 등을 조작하여 배분하며 조직구성원은 이러한 조직에 강한 심리적 관여를 가지고 있는 상태의 관계이다.

(3) 현대 사회조직과 심리적 관여의 변동

① 일반적으로 사회적·경제적 환경이 극도로 악화되어 사람들이 생리적 욕구만을 추구하는 경우에는 강제적 권력의 행사가 가능할 것이다. 오늘날 조직이 행사할 수 있는 권력은 보상적·규범적 권력이 일반적이다.
② 권력·권위의 유형과 관여의 유형을 대비시킨 이러한 유형이 순수하게 존재한다는 것은 현실적으로 드물 것이며 오히려 대부분의 조직은 복잡한 혼합형이다.
③ 역사적으로 볼 때 조직은 순수하게 강제적·규범적 권력이 지배하는 유형으로부터 규범적 혹은 강제적 권력과 보상적(공리적) 권력이 여러 가지로 결합된 유형으로 변동되어 왔다.
④ 조직구성원의 관여는 개인의 자유에 맡겨져 있으며 소외적·타산적·도덕적 관여 중의 어느 쪽이든 구성원에게 심리적 관여의 방법을 지시할 수는 없다.

3. 경찰공무원과 동기부여

1) 동기 및 동기부여의 의의

동기란 '사람들이 일정한 방향으로 행동하도록 원인을 제공하는 동력의 집합'을 말하고(백현관 외, 2004: 257), 동기부여(motivation)란 원래 심리학에서 유래된 용어로서 '개인이 어떤 목표달성의 행위를 일으키고 방향짓고 유지하는 것'이라고 정의한다. 즉, 동기부여란 본질적으로 인간의 행동과 관련된 내적·심리적인 개념으로 조직구성원에게 바람직한 행동을 유발시키고 그 행위를 유지시키며 나아가 그 행위를 목표지향적인 방향으로 유도해 나가는 과정이다(김중규, 2011: 381).

2) 동기부여이론

(1) 이론의 구분

동기부여이론은 인적자원의 적극적 개발, 생산성의 향상과 동기유발방법의 처방 등을 위하여 여러 가지 관점에서 다양하게 전개되어 왔으나 내용이론과 과정이론으로 대별할 수 있다. 내용이론과 과정이론은 모두 동기부여의 내재성과 계산가능성을 전제로 한다는 점에서는 공통적이다. 하지만, 내용이론은 동기부여의 원인이 되는 인간욕구의 내용에 초점을 두는 반면, 과정이론은 어떤 과정을 거쳐서 동기가 유발되는가에 초점을 둔다는 점에서는 차이가 있다(백현관 외, 2004: 257).

(2) 내용이론

내용이론은 사람의 동기를 유발하는 요인에 초점을 두는 이론으로서 인간의 어떤 욕구가 동기를 부여할 수 있는가와 관련하여 욕구의 유형·성격·강도 등을 규명하려는 욕구이론이며 비교적 고전적 이론이라 할 수 있다.

대표적인 이론으로는 매슬로우(A. H. Maslow)의 욕구5단계이론, 맥그리거(D. Mcgregor)의 X·Y이론, Z이론, 앨더퍼(C. P. Alderfer)의 ERG이론, 허즈버그(F. Herzberg)의 욕구충족 2요인이론, 리커트(R. Likert)의 관리체제이론, 맥클란드(D. C. McClelland)의 성취동기이론 등을 들 수 있다(오석홍, 2016: 217－246; 김규정, 1999: 523－533; 김중규, 2011: 382－393).

① 매슬로우(Abraham H. Maslow)의 욕구5단계이론

(가) 의의

인간행동의 동기는 그의 욕구가 충족되거나 충족이 억제되는 방법에 의해서 부여된다는 것이 가장 일반적인 가정으로 인식되어 왔다. 욕구란 자극(stimuli)에 의해서 충족될 수 있는 모든 감정을 포함하는 것으로 이해된다. 매슬로우(A. H. Maslow)는 욕구단계이론을 제창하면서 인간의 욕구는 다섯 계층으로 이루어지면 하위의 욕구로부터 상위의 욕구로 발달한다고 보고 있다.

(나) 욕구의 5단계

㉮ 생리적 욕구(physiological needs): 욕구 중에서 최하위에 있는 가장 기초적인 욕구로서 우선순위가 가장 높은 욕구를 말한다. 음식·휴식에 대한 욕구, 성적 욕구 등이 해당된다.

㉯ 안전욕구(safety needs): 위험·위협에 대한 보호, 경제적 안정, 질서에 대한 욕구 등 일종의 자기보전의 욕구를 말한다.

㉰ 사회적 욕구(social needs): 다른 사람과의 친밀한 인간관계, 집단에의 소속감, 애정·우정을 주고받는 것 등에 대한 욕구로서 소속욕구 또는 애정욕구라고도 한다.

㉣ 존경욕구(esteem needs): 긍지 · 자존심에 대한 욕구와 지위 · 인정 · 명예 · 위신 등에 대한 욕구이며 다른 사람의 존경을 받으려 하는 욕구를 의미한다.

㉤ 자기실현욕구(self-actualization needs): 이것은 인간욕구체계의 최상의 단계에 속하는 것으로 자기의 잠재력을 최대한으로 발휘하고 자기가 할 수 있는 일을 많이 해보려는 욕구이며, 자기발전 · 창의성과 관련되는 욕구라 할 수 있다. 인간이 이 욕구단계에 머물러 있을수록 조직과 개인 간의 갈등은 심화될 가능성이 크다.

(다) 특징 및 전제

㉮ 인간의 다섯 가지 기본적 욕구는 서로 연관되어 있으며 이들은 우선순위의 계층을 이루고 있다.

㉯ 욕구의 발로가 순차적 · 상향적으로 나타나고 어느 한 단계의 욕구가 충족되어야 비로소 다음 단계의 욕구가 발로된다는 만족 · 진행접근법을 전제로 하고 있다.

㉰ 어떤 욕구가 충족되고 나면 그 욕구의 강도는 약해지고 일단 충족된 욕구는 동기유발요인으로서의 의미를 상실한다.

㉱ 인간의 욕구단계는 명확하게 구분되면 욕구와 행동의 관계는 1: 1의 직접적인 인과관계가 있다.

㉲ 고차욕구로 올라갈수록 조직은 개인을 통제 · 관리하기가 어려워지고 조직과 개인간의 갈등의 소지는 커진다.

(라) 문제점

매슬로우(A. H. Maslow)의 이론은 복합적인 인간욕구를 체계적으로 잘 분석하였다는 점과 지속적인 동기부여 효과를 얻기 위해서는 계속적으로 고차원적으로 욕구를 충족시켜 줄 수 있는 조직분위기의 조성이 중요하다는 점에서는 높게 평가되고 있으나, 지나친 획일성으로 인하여 개인의 차이와 상황을 고려하지 못하였다는 비판을 받고 있다. 나아가서 이 이론은 ㉮ 인간의 욕구는 하급욕구에서 고급욕구로 이어지는 욕구의 계층구조에서 우성의 원리가 지배한다는 가정의 비현실성, ㉯ 이러한 욕구계층이 사람마다 고정되어 있는 것이 아니고 사람에 따라 변화될 수 있는 점, ㉰ 한 계층의 욕구가 어느 정도 충족되면 다음 계층의 욕구가 미리 등장하여 욕구충족에는 상대성이 있다는 점, ㉱ 인간행동을 유발하는 동기요인은 복합적이라는 점, ㉲) 욕구의 각 단계도 명확하게 구분되지 않으며, ㉳ 반드시 상향적 · 단계적으로 충족되는 것만도 아니라는 점 등을 고려하지 못하였다는 비판을 받고 있다.

② 맥그리거(D. Mcgregor)의 X·Y이론

(가) 의의

맥그리거(D. Mcgregor)는 매슬로우(A. H. Maslow)의 욕구단계이론을 바탕으로 삼아 인간모형을 두 가지로 대별하고 서로 다른 인간모형에서 도출되는 인간관리전략을 설명하였다. 전통적 관리체제(관리전략)를 정당화시켜 주는 인간관(욕구와 동기에 대한 가정)을 X이론이라 부르고 인간의 성장적 측면에 착안한 새로운 관리체제를 뒷받침해 주는 인간관을 Y이론이라 이름지었다. X이론은 매슬로우(A. H. Maslow)가 말한 욕구단계 가운데서 하급욕구를 중요시하는 것이며, Y이론은 비교적 고급욕구를 중요시하는 것이라고 할 수 있다.

즉, 맥그리거(D. Mcgregor)는 관리자는 조직 내의 인간을 X나 Y라는 두 가지 중 하나로 가정하며, 그에 따라 조직의 관리방법이나 조직성원에 대한 동기부여 방법이 달라져야 한다고 주장하였다. X이론은 인간을 일하기를 싫어하는 피동적인 존재로 보고, 인간의 하급 욕구에 착안하여 외재적 통제를 강조한다. 그러나 Y이론은 인간을 본질적으로 성장과 발전의 잠재력을 갖춘 능동적인 행동주체로 보고 구성원 스스로의 노력과 조직의 목표를 통합시키는 관리를 강조한다(백현관 외, 2004: 259).

(나) X이론과 Y이론의 인간관과 관리전략

X이론과 Y이론의 인간관과 관리전략을 표로 제시하면 <표 4-3>과 같다.

|표 4-3| X이론과 Y이론의 인간관과 관리전략

구 분	X이론(피동적 인간관)	Y이론(능동적 인간관)
인간에 대한 가정 (인간관)	• 근본적으로 성격이 게으르고 일하기를 싫어함 • 책임지는 것을 좋아하지 않음 • 오로지 안정을 추구하며 새로운 도전을 좋아하지 않음	• 사람은 본성적으로 일을 싫어하는 것은 아님 • 사람은 자기가 받아들이기로 한 일을 위해 자율적으로 규제할 수 있음 • 조직목표에 헌신함으로써 사회적 존경을 얻고 자기실현을 하려 함 • 개인은 적절한 조건하에서 스스로 책임을 짐

관리전략	• 엄격한 감독과 구체적인 통제 및 처벌 • 강압적·권위주의적 성향을 띠는 관리 • 교환에 의한 관리로 성과를 낸 경우 경제적 보상을 하고, 성과를 내지 못한 경우 처벌과 제재를 가함	• 경제적 보상과 인간적 보상의 조화 • 목표관리 및 자체평가제도 활성화 • 민주적 리더십의 확립 • 분권화와 권한의 위임 (평면적 조직구조 발달) • 관리자는 조직목표와 개인목표가 조화될 수 있도록 해야 함
비판	• X이론은 인간이 가진 성장의 속성을 경시하고 있음 • 인간의 하위욕구충족에만 중점을 둠 • 맥그리거(D. Mcgregor)는 인간본질에 대한 X이론은 잘못된 것이라고 비판함	• 상황에 따라서는 관리자의 명령과 지시가 더 효과적일 수 있음을 간과 • 조직사회의 실제에 적용되기 어려운 이상적·비현실적인 내용을 담고 있음

※ 출처: 백현관 외, 2004: 259.

③ Z이론

(가) 의의

Z이론은 X이론이나 Y이론에 부합되지 않는 욕구체계와 조직관리의 상황을 발견하면서 등장한 다양한 이론들에 대한 포괄적인 명칭이다. 다양한 Z이론들에 공통적으로 적용되는 내용적인 공통점이 있는 것은 아니지만, Z이론들은 X이론과 Y이론이 설명하지 못하는 조직상황에서 조직의 인간관리 전략을 제시한다는 점에서는 공통적이다(백현관 외, 2004: 259－260).

(나) 유형

맥그리거(D. McGregor)의 X이론과 Y이론에 이어 룬드스테드(S. Lundstedt), 로리스(D. J. Lawless), 오우치(W. Ouchi) 등에 의하여 Z이론이 제시되었으나 내용은 서로 다르다.

㉮ 룬드스테드(S. Lundstedt)의 Z이론

룬드스테드(S. Lundstedt)는 맥그리거(D. McGregor)의 X이론과 Y이론이 지나치게 이론을 단순화시켰다고 비판하고 자유방임형 또는 비조직형에 관한 Z이론을 제시하였다. 그는 비조직적인 사회활동도 순기능을 수행할 수 있으며 실험실이나 대학에서의 활동도 좋은 예가 된다고 보았다(Lundstedt, 1972: 328－333). Z이론은 인간이 조직규율의 엄격한 틀 속에서 구속받는 것을 좋아하지 않으며 자기의 개성을 가장 우선시한다고 이해한다.

룬드스테드(S. Lundstedt)의 이론에 따르면 ㉮ 지도자는 부하에게 최대한으로 자유를 보장하는 자유방임형의 리더십을 행사하고, ㉯ 비조직적이고 자연발생적인 활동을 허용하며, ㉰ 조직구성원이 구속감을 느끼지 않도록 느슨한 조직구성을 지향한다(김규정, 1999: 525).

㉯ **로리스**(D. J. Lawless)**의 Z이론**

로리스(D. J. Lawless)는 X이론과 Y이론 이외의 제3의 이론으로서 Z이론을 제시하면서 X이론이나 Y이론이 절대적인 적합성을 가지는 것은 아니며 때와 장소와 조직의 특성에 따라 그 적합성이 달라지며 관리방식은 조직이 놓여 있는 구체적인 상황에 따라 변동되어야 한다고 주장하였다(Lawless, 1972: 333-361).

㉰ **오우치**(W. Ouchi)**의 Z이론**

오우치(W. Ouchi)는 미국식 관리를 A이론, 일본식 관리를 J이론이라 부르고 미국에서의 일본식 조직관리를 Z이론이라 하였다. Z이론의 주요관리방식은 ㉮ 집단적 가치를 중요시하고, ㉯ 인간의 평가과 승진문제를 천천히 고려하며, ㉰ 종신고용제와 연공서열에 의한 관리에 중점을 주며, ㉱ 전문화에 치중하지 않은 경력관리를 하고, ㉲ 품의제를 활용하는 것 등이다(조석준, 2019: 481).

④ 앨더퍼(C. P. Alderfer)의 ERG이론

(가) 의의

ERG이론은 앨더퍼(C. P. Alderfer)에 의해 주장된 것으로서 매슬로우(D. Maslow)의 욕구단계이론의 한계를 극복하고자 한 것으로 매슬로우(D. Maslow)의 5단계욕구를 존재욕구, 관계욕구, 성장욕구의 세 단계로 통합하여 다시 구분하였다.

㉮ **존재**(E: existence)**욕구**: 자기 자신의 존재를 위한 욕구로서 배고픔, 목마름, 휴식 등과 같은 모든 형태의 생리적·물리적 욕구들이다. 이 범주는 매슬로우(D. Maslow)의 생리적 욕구나 물리적 측면의 안전욕구를 통합한 것이다.

㉯ **관계**(R: relatedness)**욕구**: 자기에게 중요한 사람들과의 대인관계와 관련된 모든 것들을 포괄한다. 이 욕구범주는 매슬로우(D. Maslow)의 소속 및 애정욕구, 존경욕구을 포함한다.

㉰ **성장**(G: growth)**욕구**: 잠재력을 발휘하여 창조적·개인적 성장을 위한 개인의 노력과 관련된 모든 욕구들이다. 매슬로우(D. Maslow)의 일부 존경욕구나 자아실현욕구가 이 범주에 비교될 수 있다.

(나) 특징

앨더퍼(C. P. Alderfer)의 ERG이론은 매슬로우(D. Maslow) 이론의 기본전제인 욕구의 우선순위와 한 욕구가 어느 정도 충족되면 다음 욕구의 활성화를 유도한다는 만족진행접근가정을 배제하였다. 고급욕구냐 하급욕구냐를 막론하고 어느 시점에서든 동기부여의 역할을 할 수 있다는 것이고 만족－진행접근법 뿐만 아니라 상위욕구충족이 좌절되면 하위욕구가 다시 나타난다는 좌절－퇴행접근을 인정하였다. 즉 그의 이론에서 주목할 만한 것은 고급욕구충족에 대한 결핍이 하급욕구를 보다 중요하게 만들 수 있다는 가정이다.

⑤ 허즈버그(F. Herzberg)의 욕구충족 2요인이론

(가) 의의

허즈버그(F. Herzberg)는 인간이 이원적 욕구구조를 가지고 있으며 욕구는 불만과 감정에 대하여 별개의 차원에서 작용함으로써 불만을 일으키는 요인(불만요인 또는 위생요인)과 만족을 주는 요인(만족요인 또는 동기부여요인)은 서로 다르다는 동기·위생이론(motivation－hygiene)인 욕구충족 2요인이론을 제시하였다.

(나) 이론의 특징

불만요인(dissatisfiers) 또는 위생요인(hygiene)은 조직의 정책과 관리, 감독, 보수, 대인관계, 근무조건 등이며 맥그리거(D. McGregor)의 X이론과 관련성이 많다(김중규, 2011: 387). 그리고 이 요인의 특징은 ㉮ 일하고 있는 환경과 관련되며 개선되면 불만을 줄이거나 방지하게 되며, ㉯ 충족되지 않으면 심한 불만을 일으키지만 충족되어도 적극적으로 만족감을 느끼게 하여 근무의욕을 향상시키지 않으며, ㉰ 불만요인이 제거되어도 근무태도의 단기적 변동만 가져올 뿐 장기적 효과는 없으며, ㉱ 인간의 동물적·본능적 측면이나 이른바 아담 본성(Adam nature) 또는 욕구계층상의 하위욕구(생리적 욕구, 안전욕구)와 관계가 있다(이영남·신현기, 2004: 354).

만족요인(satisfiers) 또는 동기부여요인(motivators)은 직무에서의 성취, 직무성취에 대한 인정, 보람 있는 일, 책임, 성장·발전 등이며 대체로 맥그리거(D. McGregor)의 Y이론과 연관이 많이 된다(김중규, 2011: 387). 그리고 이 요인의 특징은 ㉮ 일 자체에 대한 욕구로서 일의 성취와 이를 통한 자기실현이 이에 속하고, 충족되면 적극적인 만족감을 느끼고 근무의욕이 향상될 수 있으며, ㉯ 인간의 정신적 측면이나 자기실현욕구·존경욕구 등 상위욕구 또는 이른바 아브라함 본성(Abraham nature)과 관련되고 장기적 효과를 가지며, ㉰ 동기를 적극적으로 유발하게 되는 자기실현욕

구·존경욕구를 충족하는 데는 능력발휘의 기회를 더 많이 주고 일에 대한 책임과 자유를 더 확대시켜 자기통제를 할 수 있게 함으로써 이른바 직무충실화(job enrichment)가 이루어진다는데 중점을 둔다(이영남·신현기, 2004: 354).

⑥ 리커트(R. Likert)의 관리체제이론

리커트(R. Likert)는 정책결정과정에 구성원의 참여의 정도를 기준으로 아래 4가지 유형의 관리스타일을 분류하였다.

㉮ **체제** Ⅰ(착취적 권위형): 관리자는 부하를 신뢰하지 않으며 부하의 동기부여를 위해서는 공포·위협·처벌 때로는 보수가 이용된다. 대부분의 의사결정에 부하를 참여시키지 않으며 조직의 의사전달이 거의 이루어지지 않는다.

㉯ **체제** Ⅱ(온정적 권위형): 관리자는 인자한 주인의 하인에 대한 입장과 같은 온정적인 관계를 부하에 대하여 가지며 의사결정은 대부분 조직의 상층부에 집중되며 의사전달이 매우 약하다. 동기부여방법으로는 보수와 실제적·잠재적 처벌이 이용된다.

㉰ **체제** Ⅲ(협의적 민주형): 관리자는 부하에게 상당한 신뢰감을 가지며 의사전달이 비교적 활발하고 의사전달에의 참여도 널리 인정된다. 동기부여의 수단으로 보수와 때로는 처벌이 이용되며 참여의 방법이 가끔 활용된다.

㉱ **체제** Ⅳ(참여적 민주형): 관리자는 부하를 전적으로 신뢰하며 의사결정에의 참여는 광범하게 이루어지고 상향적·하향적·횡적 의사전달이 매우 활발하다. 리커트(R. Likert)의 연구결과에 의하면 생산성이 높은 조직일수록 체제 Ⅳ에 가까운 관리방식이라고 주장함으로써 드러커(P. Druker)의 MBO(목표에 의한 관리)[6]를 이론적으로 뒷받침하는 데 기여하였다(김중규, 2011: 390).

⑦ 맥클란드(D. C. McClelland)의 성취동기이론

맥클란드(D. C. McClelland)는 동기가 개인의 사회문화와 상호작용하는 과정에서 취득되고 학습을 통하여 개발될 수 있다는 것을 전제로, 개인의 욕구 중 사회문화적으로 학습된 욕구들을 성취욕구, 권력욕구, 친교욕구로 분류하였다. 성취욕구는 우수한 결과를 얻기 위하여 높은 기준을 설정하고 이를 달성하려는 욕구를 말하고,

6) 목표에 의한 관리(Management by Objectives: MBO)란 상하조직성원의 참여과정을 통해서 조직의 공동목표를 명확히 하고 체계적으로 조직성원들의 개별목표 내지 책임을 합의 하에 부과하며 그 수행결과를 중간 및 최종적으로 평가하고 환류시켜 궁극적으로 조직의 효율성 향상에 기여하고자 하는 관리체제 내지 관리기법이라고 할 수 있다(김중규, 2011: 540).

권력욕구는 타인의 행동에 영향을 미치거나 통제하려는 욕구, 친교욕구는 다른 사람과의 관계유지나 사회적 교류에 높은 관심을 가지고 있으며 조직 집단으로부터 소외를 피하고자 하는 욕구를 말한다. 매클란드(D. C. McClelland)는 세 가지 욕구가 권력동기 → 소속동기 → 성취동기 순으로 발달된다고 보고 성취동기가 높을수록 생산성이 높아진다고 하였다(백현관 외, 2004: 262－263).

이러한 성취욕구가 강한 사람은 적극적 · 진취적 · 독립적인 성격을 지닌다. 이들은 강제나 금전적 유인에 의해서 행동하는 것이 아니라 그들 자신 내부에 존재하는 성취욕구에 의해서 행동한다는 것인데 이들은 조직에서 성공할 확률이 보다 높다고 보며, 성취동기가 높은 사람들의 행위특성으로는 ㉮ 문제를 해결하는데 개별적인 책임을 떠맡는 환경을 좋아한다. ㉯ 적당한 성취목표를 설정하고 계산된 위험을 선호하는 경향이 있다. ㉰ 자신이 얼마나 일을 잘 수행하고 있는가에 대하여 구체적인 피드백을 받아보기를 자신 있게 원한다. ㉱ 변화를 추구하고 미래지향적이며, ㉲ 낮은 목표에서부터 높은 목표로 스스로 단계적으로 상향조정해 나간다는 점 등이다(김중규, 2011: 388).

(3) 과정이론

과정이론은 동기부여의 내용보다 어떤 과정을 거쳐서 동기가 유발되는가에 초점을 두는 이론이며, 동기유발에 관한 다양한 변수들이 어떻게 상호작용하여 행동을 일으키게 되는가에 중점을 둔다.

과정이론의 대표적인 이론으로는 브룸(V. H. Vroom)의 기대이론, 포터(L. W. Porter)와 롤러(E. E. Lawler)의 성과만족이론, 게오르고폴로스(B. S. Georgopoulos) 등의 통로목표이론), 애담스(J. S. Adams)의 형평성이론(공평성이론), 강화(보강)이론 등이 있다(김중규, 2011: 393－398; 김규정, 1999: 533－537).

① 기대이론

기대이론은 욕구충족과 직무이행 사이의 직접적이고 적극적인 상관관계에 회의를 표시하고 욕구와 만족, 동기유발 사이에 기대라는 요인을 포함시켜 동기유발의 과정에 대해 설명하고자 하는 이론이다(백현관 외, 2004: 263).

(가) 브롬(V. H. Vroom)의 기대이론

브롬(V. H. Vroom)은 동기부여를 '여러 자발적인 행위들 가운데서 사람들의 선택을 지배하는 과정'이라 정의한다. 즉, 개인의 행위는 각 행동대안이 가지는 힘이 가장 큰 쪽으로 이루어지는데 이들 행동대안에 미치는 변수는 여러 가지가 있다. 그 변수들로는 1차 및 2차 결과, 유인가, 수단성, 기대, 동기부여(힘), 능력 등(백현관 외, 2004: 263; 김중규, 2011: 395)이 있으며, 이들에 대해 자세히 살펴보면 다음과 같다.

㉮ **1차 및 2차 결과**: 1차 결과는 일 자체와 관련된 것들로 직무성과, 생산성, 노동이동 등이 포함된다. 2차 결과는 1차 결과가 가져올 최종적 보상으로서 돈, 승진, 감독자의 지지, 집단수용 등과 같은 것이다.

㉯ **유인가**(Valence): 특정 결과에 대해 개인이 갖는 선호의 강도를 말한다.

㉰ **수단성**(Instrumentality): 1차 수준의 결과가 2차 수준의 결과를 가져오게 될 것이라는 개인의 믿음의 강도를 말한다. 일반적인 경우 1차 수준의 결과는 업무의 탁월, 보통, 보통 이하의 과업 달성 등을 말하고, 2차 수준의 결과는 보상이나 제재, 처벌 등이 이에 해당된다.

㉱ **기대**(Expectancy): 기대란 특정 결과는 특정한 노력으로 인해 나타날 수 있다는 가능성에 대한 개인의 신념으로 통상적인 경우 주관적 확률로 표시된다.

㉲ **동기부여**(Motivation): 개인이 이용할 수 있는 여러 행동대안 가운데서 행위의 방향을 정하는 역할을 하는 것이다.

㉳ **능력**: 어떤 과정을 성취할 수 있는 잠재력을 의미한다.

(나) 포터(L. W. Porter)와 롤러(E. E. Lawler)의 성과만족이론

포터(L. W. Porter)와 롤러(E. E. Lawler)의 성과만족이론은 보상에 대해 개인이 부여하는 가치와 개인이 인지하고 있는 노력－보상 확률이 개인의 동기에 영향을 미치는 것으로 본다. 따라서 개인의 노력이 보상을 가져다 줄 것이라는 확률을 높이고 그 보상이 매우 가치있다고 느낄 때 동기부여의 수준은 높아지게 된다.

이들의 이론에 따르면 개인은 업적에 의해서 내·외적 보상을 받게 되는데, 이러한 보상은 자기가 받아야 한다고 기대하는 정당한 수준 이상에 도달해야만 기대감(만족감)을 충족시키고 그 업적을 달성하고자 노력하는 개인의 동기를 강화시킨다. 그리고 이 때의 주어지는 보상은 공평한 것으로 지각되어야 하는데, 개인이 불공평하다고 지각하면 만족을 줄 수 없게 된다.

포터(L. W. Porter)와 롤러(E. E. Lawler)의 성과만족이론과 종래의 기대이론과의 차이점은 기대이론은 만족이 직무성취를 가져오는 것으로 보았으나, 이들의 업적·만족이론은 직무성취의 수준이 직무만족의 원인이 된다고 보았다는데 있다(백현관 외, 2004: 264).

(다) 게오르고폴로스(B. S. Georgopoulos) 등의 통로목표이론

게오르고폴로스(B. S. Georgopoulos) 등은 특정한 것을 생산하려는 개인의 동기는 그가 추구하려는 목표에 반영되어 있는 개인의 욕구와 그러한 목표달성을 가능케 하는 수단(통로)으로서 생산활동이 얼마나 효과적으로 작용할 것인가에 대한 개인의 지각에 달려 있다고 한다. 이 이론에 따르면 노동자가 생산을 증대시킴으로써 개인의 목표를 달성할 수 있다고 생각하는 경우 조직은 높은 생산성을 달성하고, 반대의 경우에는 생산성이 저하된다(백현관 외, 2004: 264).

② 애담스(J. S. Adams)의 형평성(공정성)이론

애담스(J. S. Adams)의 형평성이론은 자신의 노력과 그 결과로써 얻어지는 보상과의 관계를 다른 사람의 것과 비교하여, 자신이 상대적으로 느끼는 공평한 정도가 행동동기에 영향을 준다는 이론이다. 따라서 개인이 지각하는 산출/투입 비율이 다른 사람의 산출/투입 비율과 대등한 경우 개인은 공정하다고 느끼게 되고 동기가 유발되지 않는다. 그러나 양쪽의 비율이 불균형하다고 생각되면 불공정성을 느끼고 심리적 불균형과 불안감이 뒤따르며 이러한 불공정성을 해소시키는 과정에서 개인의 동기가 형성된다(백현관 외, 2004: 264).

③ 강화이론(순치이론 · 조건형성이론)

강화이론은 특정 행동이 외부 자극에 의해 어떻게 유발되고 유지되는지를 설명하는 행동주의 이론이다. 이 이론은 행동의 원인보다는 결과, 즉 행동 이후 주어지는 자극이 해당 행동의 반복 여부에 어떤 영향을 미치는지에 초점을 둔다. 초기에는 손다이크(E. L. Thorndike)의 '효과의 법칙(Law of Effect)'을 통해, 보상이 주어지는 행동은 반복되고 보상이 없는 행동은 점차 중단된다는 개념이 제시되었다(백현관 외, 2004: 265).

이후 스키너(B. F. Skinner)는 이를 조작적 조건형성이론(operant conditioning theory)으로 체계화하였다. 그는 강화(reinforcement)를 정적 강화(positive reinforcement), 부적 강화(negative reinforcement), 처벌(punishment), 소거(extinction)로 구분하고, 이 네 가지 자극이 행동의 빈도에 미치는 영향을 실험적으로 설명하였다(Skinner, 1953). 이에 따라 강화이론은 학습된 행동이 어떻게 유지되거나 중단되는지를 분석하는 데 유용한 틀로 발전하였다.

이 이론은 오늘날 조직행동론과 인사관리 분야에서 널리 활용되며, 특히 성과보

상, 행동강화, 직무동기화 전략에 중요한 기초를 제공한다. 예를 들어, 경찰조직에서 특정 행동(예: 민원 응대의 질 향상, 범죄 예방 활동 참여 등)에 대해 명확하고 즉각적인 보상이 제공될 경우, 해당 행동은 강화되어 조직 전반의 업무 효율성과 만족도를 높이는 데 기여할 수 있다. 반면, 부적절한 행동에 대해 보상을 제거하거나 적절한 처벌을 병행함으로써 행동을 억제하거나 소거시킬 수도 있다.

④ 경찰 자기정당성 이론(Self-Legitimacy Theory)

경찰 자기정당성(self-legitimacy) 이론은 조직 구성원이 스스로 자신의 권위와 역할이 정당하다고 인식할 때, 해당 인식이 직무 수행 태도와 행동에 중요한 영향을 미친다는 점을 설명하는 이론이다. 특히 경찰과 같이 권위의 행사와 공공의 신뢰 확보가 중요한 조직에서는, 구성원이 자신의 권위가 정당하다고 믿는 수준이 권위 행사 방식, 시민 응대 태도, 법 집행 행동 등에 직접적인 영향을 미친다.

이 이론은 동기를 유발하는 내적 욕구보다는, 개인이 자신을 어떻게 지각하고 판단하는지에 초점을 두며, 그 인식이 어떤 과정을 거쳐 직무 행동으로 나타나는지를 설명하는 점에서 동기이론 중 과정이론에 해당한다. 경찰관이 조직 내에서 공정한 대우를 받고 있다는 인식을 갖게 되면, 그에 따라 자신의 권위에 대한 확신, 즉 자기정당성이 강화된다. 이는 자신이 수행하는 직무에 대해 높은 책임감과 윤리적 정당성을 부여하고, 시민에 대한 정중하고 공정한 대응을 가능하게 만든다(Bradford & Quinton, 2014).

자기정당성은 조직 내 정의 인식과 밀접하게 관련되며, 절차적 공정성, 상호작용적 공정성, 분배적 공정성 등에 대한 긍정적인 지각이 자기정당성의 기반이 된다(Gau & Paoline, 2019). 이러한 조직 내 정의 인식은 경찰관의 자율성과 도덕적 판단을 강화하고, 공식적인 규범뿐 아니라 조직 문화 속 비공식 규범(예: 침묵의 규율)에 대한 태도에도 영향을 미치는 것으로 나타났다(Nix et al., 2021).

또한 자기정당성은 단순히 직무 태도에 국한되지 않고, 민주적 경찰활동에 대한 지지와 연결되기도 한다. 자기정당성이 높은 경찰관일수록 시민의 권리를 존중하며, 합법성과 정당성을 기반으로 한 경찰권 행사를 지향하는 경향이 높다(Kochel, 2021; Tankebe, 2019). 따라서 경찰조직 내에서 자기정당성을 강화하는 것은 시민과의 관계를 긍정적으로 형성하고, 조직 전체의 신뢰도와 정당성을 확보하는 데 중요한 역할을 한다.

4. 경찰조직의 편성원리

조직이란 일정한 환경 아래서 구성원의 협동노력으로 특정목표를 달성하기 위한 인적 집합체 또는 일정한 구조를 가진 사회단위를 의미한다. 이러한 조직은 인간이 사회목적을 달성하기 위한 수단적 성격을 지닌다. 따라서 수단적인 성격을 가지는 조직의 성패 여부는 조직이 얼마나 합리적으로 편제되고 능률적으로 관리되는가에 달려 있다고 해도 과언이 아니다. 19세기말 이후의 고전적 조직론자들은 과학적 관리법의 영향을 받아 조직의 편성과 관리에 있어서 보편적으로 적용할 수 있는 과학적이고 보편적인 조직의 원리를 탐구하였다. 이러한 고전적 조직원리로서 경찰조직의 편성원리로는 분업(전문화)의 원리, 계층제의 원리, 통솔범위의 원리, 명령통일의 원리, 조정의 원리, 공식화, 집권화와 분권화 등을 들 수 있다(김규정, 2000: 286).

1) 분업(전문화)의 원리

(1) 의의

분업(division of labour) 또는 전문화(specialization)란 업무를 그 종류와 성질별로 구분하여 조직구성원에게 가능한 한 한 가지의 주된 업무를 분담시킴으로써 조직의 능률을 향상시키려는 것을 말한다. 이러한 분업은 조직의 상층부만이 아니라 모든 계층에 다 적용되는 것으로서 현대행정의 주요한 질적 특징은 행정의 전문화라 할 수 있다. 사람은 성격·능력·기술·적성에 차이가 있으므로 전문화에 의하여 사무를 능률적으로 수행할 수 있고 전문가가 될 수 있다. 또한 한 사람이 습득할 수 있는 지식과 기술의 횡적 범위에는 한계가 있으므로 특정분야 전문가가 필요하고 세분화가 필요하다. 따라서 세분화된 업무일수록 업무를 습득하는데 걸리는 시간도 단축되어 행정의 능률화에 기여할 수 있고, 직업의 질(Quality)도 높일 수 있다는 측면에서 분업 및 전문화는 매우 필요하다.

(2) 전문화의 유형

① 상향적 전문화과 하향적 전문화

과학적 관리법에서 논의되었던 시간연구·동작연구를 통한 작업여건의 표준화와 과학적인 직무분석에 의한 분업방식은 상향적 전문화에 해당하며, 고전적 행정학자

귤릭(L. H. Gulick)의 POSDCORB이론[7]에 의하면 최고관리층의 7대 기능을 계층에 따라 하향적으로 분담시키고 있기 때문에 이는 하향적 전문화에 해당한다.

② 수평적 전문화와 수직적 전문화

전문화는 횡적·수평적으로 이루어지거나 종적·수직적으로도 이루어진다. 보다 높은 계층일수록 정책결정·기획·조사·연구를, 낮은 계층일수록 대민 업무나 기계적 집행업무를 담당하게 된다. 수직적 전문화는 상급기관과 하급기관 간에 의사결정의 합리화에 기여할 수 있다.

③ 일의 전문화와 사람의 전문화

일의 전문화는 업무를 성질별로 세분하여 반복적·기계적 업무로 단순화시키는 것을 말한다. 사람의 전문화는 사람이 교육과 훈련에 의하여 전문가가 되는 것을 말한다. 작업의 전문화는 조직의 현상인데 반하여 사람의 전문화는 사회과정으로서 반드시 양자 간에 직접적인 관계가 있는 것은 아니다.

(3) 전문화의 한계

전문화는 단순하고 또한 단조로운 업무의 반복이기 때문에 지나친 전문화는 구성원의 흥미를 상실하게 한다. 또한 고도로 전문화된 대규모 조직의 비정의성으로 구성원은 기계의 부품처럼 취급되고 소외감을 느끼게 되며 참여의식을 가지기 어렵다. 지나친 전문화는 조직의 각 단위 간 조정을 어렵게 만들 수도 있기 때문에 전문화에 비례하여 조직의 효율성을 높이려면 그만큼 조정과 통합력이 향상되어야 한다. 또한 전문화가 세분화되어 기능중복 등이 생기게 되면 조직을 통합적으로 관리하는 것보다 더 많은 비용이 소요되며, 시야가 좁아지고 행정문제를 전체적으로

---

7) 귤릭(L H. Gulick)은 'POSDCORB'라 하여 최고관리층의 기능을 계획·조직·인사·지휘·조정·보고·예산의 7가지로 제시하였다. ① 계획(planning): 정책의 형성 및 집행에 있어서 준비행위나 전략에 해당하는 것으로 장기적이고 광범위한 것이다. ② 조직(organizing): 목표를 성취하기 위하여 인력과 자원을 동원하고 이들의 상호관계를 조정하기 위하여 권한을 배분하고 공식화하는 것이다. ③ 인사(staffing): 채용·승진·전보·훈련 등 인사행정의 전반에 관한 관리를 한다. ④ 지휘(direction): 결정한 일을 수행하기 위하여 필요한 명령·훈령을 내리고 책임있는 지도자로서 일을 다하는 것이다. ⑤ 조정(coordinating): 공동목표를 수행하기 위한 각 단위활동의 통일화과정이다. ⑥ 보고(reporting): 일을 수행하는 과정에서 부하가 상관에게 업무를 보고하며 여러 가지 정보를 제공하는 일이다. 특히 최고관리층은 국회, 국민 및 언론기관을 상대로 보고가 이루어진다. ⑦ 예산(budgeting): 예산을 편성하고 집행하는 등 재무행정에 관한 모든 관리를 총괄한다.

보는 넓은 통찰력을 가지기 어렵다. 이른바 전문가적 무능 또는 훈련된 무능현상(trained incapacity)을 야기할 우려가 있다.

2) 계층제의 원리

(1) 의의

계층제(hierarchy)란 조직에 있어서 직무를 권한과 책임의 정도에 따라 등급화하고 상하조직단위 간에 지휘·명령과 복종관계를 확립하는 것을 말한다. 즉 계층제는 권한과 책임의 종적 분업관계를 의미한다. 이러한 계층제는 조직의 정점으로부터 저변에 이르는 피라미드형의 구조를 이루게 된다. 오늘날 대규모조직은 관료제조직이며, 이러한 관료제조직은 피라미드형의 수직적인 계층제를 확립시키고 있다.

(2) 계층제의 특징

조직의 규모와 전문화가 확대되고 업무의 다양성과 구성원의 수가 증가되는데 따라 조직의 계층도 증가한다. 계층제는 통솔범위와 상반관계에 있으며, 통솔범위가 넓어지면 계층의 수는 적어지고 통솔범위가 좁아지면 계층의 수는 많아진다. 일반적으로 계층제는 계선조직을 중심으로 형성된다. 참모조직은 피라미드를 거꾸로 세운 형태를 나타낸다. 즉, 계층수준이 높을수록 주요정책·장기계획이나 비정형적 업무에, 낮을수록 정형적 업무나 구체적인 운영에 중점을 두게 된다. 그러나 계층제가 지나치게 확대되어 있으면 의사소통의 경로는 막히고 인간관계가 등한시되며 사기가 저하되어 협조를 확보하기가 어렵게 된다. 즉, 계층의 확대는 관료제의 병리를 초래하는 주요한 원인이 된다.

(3) 계층제의 형성과정

① 리더십

리더십이란 조직 전반의 활동을 설계하는 기능을 말한다. 즉, 계층제가 성립되기 위해서는 설계자로서의 리더에게는 전체 계층의 업무 배정 및 관리능력이 있어야 한다.

② 권한과 책임의 위임

계층제에 있어서 상하관계는 권한과 책임의 위임관계이다. 그런데 권한과 책임은 상응되게 위임되어야 하며, 조직의 권한과 책임은 상하계층에 적절히 배분되어야 한다. 여기에서 적절한 배분이란 집권화와 분권화가 균형 · 조화될 수 있도록 하는 것을 말한다.

③ 직무결정

직무결정은 계층화의 마지막 단계로서 구체적인 기능을 형성된 등급 또는 계층에 배정하는 것이다. 직무를 결정할 때에는 각 직위에 대한 업무할당의 적정성과 책임사항의 범위를 합리적이고 명백히 하여야 한다. 이러한 직무의 결정을 통하여 각 계층의 업무담당자는 과업을 수행하는 목적, 책임한계 및 전체의 업무수행과정에 있어서 자기의 역할과 위치를 확인하게 된다.

(4) 계층제의 순기능

계층제는 지휘 · 명령 · 보고의 공식적인 의사전달의 통로가 되어 정보가 질서있게 흘러 다닐 수 있는 혈맥의 역할을 한다. 행정목표의 설정과 상하 간 업무분담의 통로가 되어주기도 하며, 정책결정의 책임소재를 밝혀준다. 즉, 중하위관리층에서 일어나는 정책결정의 타당성을 검토하고 정책의 일관성을 확보하는 역할을 함과 동시에 특정행정활동에 대한 책임소재를 밝혀 준다.

조직에 있어서 분쟁의 조정과 해결의 수단이 되어주기도 한다. 하위부서 간에 자기조정이 안 되어 조정이 가능한 계층에까지 보고 · 전달되는 동안 조정비용이 많이 소용되기도 하지만 궁극적으로는 계층에 의하여 조정이 이루어진다. 더 나아가 승진의 경로가 되어 사기를 앙양시키며, 조직의 통일성과 일체감을 증진시켜 주는 수단으로 활용될 수 있다.

(5) 계층제의 역기능

지나친 계층제는 의사전달의 왜곡을 초래할 수 있으며, 수직적 서열주의의 강조로 수평적으로 할거주의나 배타주의가 나타나기 쉽고, 하급자들의 근무의욕을 저하시키며 조직의 경직화를 초래할 수 있다. 또한 변동하는 외부환경에 즉각적인 적응을 못하고 경직성과 보수성을 띠기 쉬우며 하위계층의 창의력을 저해하며 민주적이고 동태적인 인간관계의 형성을 방해한다. 즉, 계층제는 능률적인 직무수행체계로서 보다 비민주적이고 비합리적인 인간지배의 수단으로 인식되기 쉬워 엄격한 계층제는 인간의 개성을 상실하게 하고 조직구성원의 귀속감을 박탈한다.

(6) 계층제에 대한 평가와 동태적 조직의 대두

조직규모 · 인력이 팽창하고 이로 인하여 계층제가 심화 · 확대되면 의사전달의 통로가 막히고 지나친 계층의식의 발동으로 사기가 떨어지게 된다. 따라서 최근 경사가 완만하고 통솔범위가 넓은 동태적 · 평면적 조직이 강조되고 있고, 이러한 동태적 조직에서는 구성원의 사기앙양과 창의적 활동을 촉진시키게 된다.

행정조직의 동태화란 행정조직이 환경변동에 신축성 있게 적응할 수 있도록 경직화된 수직적 구조의 행정조직을 변동대응능력을 가진 쇄신적인 조직으로 전환시켜 문제해결중심의 협동체제를 구성하려는 것을 의미한다. 이러한 목적을 위하여 행정 계층제에 구애받지 않고 대등한 횡적 권력관계가 중요시되는 프로젝트 팀(project team)이나 태스크 포스(task force)제도의 도입, 과제폐지, 담당관제의 채택 등 이른바 Adhocracy조직이 오늘날 강조되고 있다. 그러나 조직계층제의 완화에도 한계가 있는 것이며 오히려 계층의 수가 많은 급격사형의 조직에서 구성원이 심리적 안정감을 누릴 수 있고 의사결정의 신속성을 오히려 높일 수 있다는 견해도 제시되고 있다.

3) 통솔범위의 원리

(1) 의의

통솔범위(span of control)란 한 명의 상관 또는 감독자가 효과적으로 직접 통솔할 수 있는 부하의 수를 말한다. 통솔범위가 너무 커서 부하의 수가 지나치게 많게 되면 통솔력이 약화된다. 왜냐하면 인간은 정신적 · 육체적 능력과 시간에 있어서 일정한 한계가 있을 뿐만 아니라 각 개인마다 업무수행능력에 차이가 있기 때문이다. 따라서 통솔범위에 영향을 미치는 여러 가지 요인들을 고려하여 적정한 통솔범위를 정하여야 할 것이다.

(2) 소규모 통솔범위론의 근거 및 한계

전통적 조직이론에서는 통솔범위에 한계가 있다고 보고 소규모 통솔범위론을 주장하고 있다. 이러한 입장의 이론적 근거는 인간의 주의력은 생리학적·심리학적 입장에서 보아 한계가 있다는 것을 전제한다. 그러나 통솔인원의 수는 반드시 소수라야 한다는 이론은 많은 학자들의 연구에도 불구하고 그것을 일정수로 확정하기란 어렵다는 비판이 제기되어 왔다. 특히 사이몬(H. A. Simon)은 통솔범위에 관한 마술적 숫자는 아무도 모른다고 비판하고 통솔범위는 경험적 연구에 기초한 것이 아니고 형식적·기계적인 원리에 의한 가공적 숫자이므로 현실세계와 유리되어 있다고 비판하였다. 사실 통솔범위는 조직의 여러 가지 가변적 상황에 따라 결정되는 것이지 어떤 기계적 원리에 의하여 정해지는 것은 아니다. 또 적절한 통솔범위란 인간의 적응적·창조적 능력 여하에 따라서는 얼마든지 확대될 수 있고 특히 오늘날과 같은 발달된 정보체제·막료체제에서는 더욱 그러하다.

(3) 통솔범위 결정시 고려요인

통솔범위 결정시 고려해야 할 요인으로는 시간적·공간적 요인, 조직 및 직무의 성질, 통솔자 및 부하의 능력과 성격, 통솔자의 신임도와 부하집단의 특징, 참모기관과 정보관리체계의 발달 여부, 통솔범위와 계층제로 나누어 볼 수 있다. 먼저 시간적·공간적 요인과 관련하여 신설된 조직이나 발전적 사업을 다루는 조직에 비하여 기존조직이나 안정된 조직에서는 많은 부하를 통솔할 수 있다. 또한 부하들이 지리적으로 분산되어 있을 경우에는 통솔범위가 좁아질 것이다. 다음으로 조직 및 직무의 성질과 관련해서는 행정조직의 전통·규모 및 제도화의 정도가 통솔범위에 영향을 미친다. 또 각 조직계층의 정책의 명확성, 직무와 권한의 명확성 및 관리의 계획화 정도가 높을수록 통솔범위는 넓어진다. 단순하고 동질적인 업무를 수행할수록 통솔범위가 넓어지고, 이질적·창의적 업무를 수행하는 조직은 좁아진다.

통솔자와 부하의 능력 및 성격과 관련하여 인간의 능력에는 한계가 있으므로 통솔자가 부하를 감독할 수 있는 능력이나 부하의 능력에도 한계가 있으며, 부하가 유능하고 훈련이 잘 된 경우에는 통솔의 범위를 넓혀도 무방할 것이다. 또한 통솔범위의 확대는 구성원들의 능력발전과 책임의 함양에 기여할 수 있고 조직관리의 동태화·민주화에 기여할 수 있다. 또한 통솔자의 신임도와 부하집단의 특징과 관련하여 통솔자가 부하로부터 받는 신임도나 부하집단의 사기, 인간관계 등이 양호하면 통솔범위는 넓어진다. 또한 능률적인 참모제도나 효율적인 정보관리체제의 확립은 통솔범위를 넓혀준다.

마지막으로 계층제와 관련하여 계층의 수를 많게 하면 통솔범위는 상대적으로 좁아지기 때문에 통솔과 감독은 잘 될지 모르나 계층은 너무 길어져서 의사전달의 장애 및 왜곡현상이 초래되기 쉽다. 반대로 통솔의 범위를 넓히는 경우는 계층의 수는 적어지나 감독자가 효율적으로 부하를 직접 통솔하기 힘들게 된다. 즉, 통솔범위의 원리와 계층제의 원리는 서로 상충되므로 어디에 중점을 둘 것인가를 고려해야 한다.

4) 명령통일의 원리

(1) 의의

명령통일(unity of command)의 원리란 조직의 어떠한 구성원도 오직 한 사람의 상관으로부터 명령을 받아야 하며 두 사람 이상의 상관을 섬겨서는 안 된다는 것을 의미한다. 즉 어떠한 조직에 있어서도 계층제의 각 단계에 있어서 결정을 내리는 최종권위는 명백히 위치되어야 하고 이해되어야 한다는 것을 의미한다. 여러 상관으로부터 명령을 받는 부하는 혼란을 일으키고 비능률적이며 무책임하지만 한 사람의 상관으로부터 명령을 받는 부하는 조직적·능률적이며 책임있게 일을 할 수 있다(Luther, 1937: 9).

(2) 명령통일의 수정

전통적 조직이론에 근거를 두고 있는 명령통일의 원리는 수정되고 있다. 일반적으로 말하여 직원은 누가 상관인지 알고 있어야 하지만 현대조직에 있어서 전략적 위치에 놓여 있는 다수의 관리자는 여러 사람들과 끊임없이 접촉하고 있다. 계선기관과 참모기관이 수시로 지시를 내려야 하고 또한 복종보다는 협조에 중점을 두어야 하는 현대의 기능적 유형의 조직에서는 이러한 명령통일 원리의 개념이 변동되지 않을 수 없다.

5) 조정의 원리

(1) 의의 및 중요성

행정조정이란 행정의 목표를 효율적으로 달성하기 위하여 조직의 각 단위와 구성원의 노력과 행동을 질서정연하게 배열하고 통일시키는 작용으로서 조직의 구심점을 제공하고 마치 오케스트라의 지휘자와 같은 역할을 하는 요소이다(김규정, 2000: 450). 오늘날 행정조직은 전문화·세분화되어 있으므로 전체적인 조화와 통합을 위하여 조정이 중요하며 목표달성과정에서 야기되는 각종 이해관계의 조정, 정치적 개입, 갈등의 해결 등을 위하여 조정이 필요하다. 따라서 조정의 기능은 행정조직의 목표달성을 위한 가장 중요한 최종적 원리로서 조직의 여러 원리, 예컨대 계층제의 원리, 통솔범위의 원리, 명령통일의 원리, 참모와 관리정보체제 등은 조정을 위한 수단적 원리이며 조직의 최종적인 목표달성과 직결되는 가장 중요한 원리가 바로 이 조정의 원리이다.

(2) 조정의 특징

조정은 체제유지기능을 수행하며, 하위체제의 활동을 통합시켜 체제의 존속·유지를 가능케 하는 기능을 갖는다고 할 수 있다. 그러나 조정과정 중에는 전문화와 상충될 수 있다. 조정을 쉽게 하려면 전문화에 제약이 따르고 전문화가 과도하면 조정이 어려워진다. 특히 현대사회의 대규모조직에서는 불가피하게 전문화·분업화 현상이 일어나 조정이 어렵게 되어간다. 따라서 조직목표의 달성에 부합하도록 양자를 균형·조화시키는 것이 필요하다. 또한 인간적 요인과 상충하기도 한다. 조정을 너무 엄격하고 광범위하게 하면 인간의 자유와 창의력을 저해하게 되므로 위압감과 좌절감을 느끼게 된다. 따라서 조정은 대·내외적인 상황을 고려하여 신축성 있고 다양하게 행하여져야 한다.

(3) 조정의 원칙

① 조기조정의 원칙

조기조정의 원칙은 조정은 되도록 초기 단계에서 시작되어야 한다는 것을 의미한다. 예컨대 일정한 방침을 갖는 일의 조정을 행하는 경우, 그러한 방침이 형성되는 초기단계에서부터 집행관계자들을 참여하게 함으로써 관계자의 이해를 얻을 수 있고 또한 그들로부터 충분한 협력을 얻을 수 있다.

② 직접 접촉의 원칙

직접 접촉의 원칙은 여러 조직단위에 걸쳐 있는 특정사항에 관한 활동을 조정하고자 하는 경우, 각 조직단위 가운데 그러한 사항을 담당하는 전담조직이 있다면 그들을 직접 접촉시켜서 문제를 결정하고 실행시키는 편이 조정의 효과를 극대화할 수 있는 방법이다. 이것은 권한위임의 한 구체적 작용으로 볼 수 있다.

③ 교호성·전체성의 원칙

교호성·전체성의 원칙은 조정을 행정상황 가운데 내재하는 모든 요소의 상호관계로서 생각하지 않으면 안 된다는 것을 의미한다. 행정의 상황으로 존재하는 모든 요소는 가산적 전체(additional total)로서가 아니라 관계적 전체(relational total)로서 각 부분이 다른 부분에 의하여 침투·연결되어 있는 전체인 것이다. 따라서 각 부문의 장은 각자의 소관부문을 스스로 관련지어야 한다. 부문의 정책이나 방침·기획 등을 조직체의 전반적 정책이나 기획의 통합적 부분으로서 생각해야만 한다.

④ 계속성의 원칙

계속성의 원칙은 조정이 통합에 어려움이 있을 때만 행하여지는 일시적인 것이 되어서는 안 되며, 목표의 최종달성 시까지 지속적으로 이루어져야 한다는 것이다.

(4) 조정의 저해요인

조정의 저해요인으로는 행정조직의 대규모화가 있다. 행정기능의 확대·강화에 따라 조직이 대규모화하고 다원적으로 분화되고, 계층이 증대됨에 따라 조정은 더욱 더 어려워진다. 행정기능의 전문화 또한 조정을 어렵게 한다. 현대행정은 과학기술의 발달과 각종 이해관계의 대립으로 전문화·복잡화되어 행정 각 단위의 조정이 어렵다. 횡적으로 지나치게 세분화된 조직도 조정이 어렵지만 권한이 분산된 분권화된 조직에서도 조정이 어려운 경우가 많다. 다양한 정치적 요인들도 조정의 저해요인이다. 행정기관을 구성하는 요원이 정치세력관계로 여러 파벌성을 띠는 경우나 행정에 대한 정치적 영향력이 복잡하게 미칠 때는 조정과 통합은 정치면에서 해결되기 전에는 기대 가능성이 희박한 것이다.

기관 및 조직구성원의 목표 및 이해관계의 차이도 조정을 방해하는 요인으로 평가된다. 조직의 공동목표와 개인의 이해관계를 조정하기 힘들거나 조정의 결과 얻어지는 이해득실이 조직구성원의 요구를 만족시킬 수 없는 경우에는 조정이 어려워진다. 환경을 보전해야 하는 환경부와 국토를 개발해야 하는 국토교통부는 그 목표가 근본적으로 상충되어 정책조정이 되지 않는다. 행정인이 종적 상하관계와 자기 기관에만 신경을 쓰고 다른 기관이나 국·과에 대하여 배타적 입장을 취하는 할거주의 또한 효과적인 횡적 조정을 어렵게 만든다. 관리자 혹은 조직구성원의 조정능력이 부족한 경우에도 원활한 조정을 어렵게 한다.

(5) 조정의 방법

먼저 목표관리에 의한 조정(MBO) 방법이 있다. 해당 방법은 구성원의 참여에 의해 조직의 공동목표를 조직의 각 단위와 조직구성원에게 깊이 인식시킴으로 조정의 원활함을 기한다. 권한과 책임의 한계를 명확히 하여 상호간의 갈등과 대립을 방지할 수도 있다. 또한 계층제에 의한 방법은 전통적 조직이론이 중요시하는 방법으로서 상급자는 하위조직 상호간의 이해 및 의견대립이나 불화가 자발적으로 조정되지 않을 경우 직접 조정의 권한을 행사할 수 있다. 회의·위원회를 통하여 의사전달이 원활하게 이루어짐으로써 상반되는 이해관계 혹은 이견이나 여러 대안의 조정이 가능하게 할 수도 있다.

또한 조정기구에 의한 조정은 조정기능을 전담하는 별개의 기구로 하여금 조정하게 하는 방법으로 예컨대 국무조정실에 의한 조정이 그것이다. 또 막료기관이나 보좌기관을 통하여 조정을 원활히 할 수도 있다. 계획 및 환류에 의한 조정은 사이몬(H. A. Simon)과 마치(J. G. March)가 제시한 조정방법으로 계획에 의한 조정이란 사전에 수립된 계획과 스케줄에 의한 조정이며, 환류에 의한 조정은 새로운 정보의 전달에 의한 사후조정이다. 상황이 안정되고 예측 가능한 경우는 계획에 의한 조정이 효과적이나 반면에 상황이 가변적이고 예측 불가능한 경우는 환류에 의한 사후조정에 의존하는 것이 낫다. 다만, 의사전달이 원활하게 이루어지는 경우를 전제로 한다.

마지막으로 아이디어에 의한 조정을 할 수도 있으며, 이는 귤릭(L. H. Gulick)이 제시한 것으로 먼저 상호간에 목표와 가치에 대한 인식에 있어서 공통적 양해가 있어야 한다. 그러나 조직의 모든 구성원에게 공감을 주는 아이디어의 창안이란 실제로는 어려운 것이다. 이 밖에 계획수립 시 구성원을 참여시킨다든지, 의사전달의 개선 및 촉진, 조직의 간소화 및 명확한 사무처리 절차의 확인, 재집권화 등을 통하여 조정의 원활함을 기할 수도 있다.

6) 공식화

(1) 의의

공식화(formalization)란 조직의 직무가 정형화·표준화된 정도를 말하는데 직무가 공식화되면 직무담당자의 재량 및 자율성은 줄어들고 예측가능성을 높여준다. 공식화의 척도 및 방법으로서는 ① 직무기술서와 규정들이 세분화된 정도, ② 감독의 정도, ③ 종업원과 경영자들에게 주어진 자유재량권의 정도, ④ 작업표준화의 정도, ⑤ 규정이 존재하고 강요되는 정도 등이다(김중규, 2011: 428).

(2) 공식화의 필요성(장점)

공식화는 불확실성이나 행동의 변이성을 감소시키며, 행동의 예측과 통제를 가능하게 한다. 또한 공식화를 통해 정확·신속한 과업수행이 가능하며, 시간과 노력의 절감으로 효율적으로 과업수행이 가능해진다. 공식화를 통해 일상화된 규범에 근거한 공정·공평한 과업을 수행할 수도 있어지며 반응의 신뢰성을 높여 대외관계의 일관성을 유지할 수 있다.

(3) 공식화의 역기능(단점)

공식화는 규칙에 의존함으로써 상사와 부하간의 의존관계는 깨어지게 할 수 있으며, 동료집단의 압력 때문에 부문간의 의사소통이 경직화되게 할 수 있다. 또한 업무집행계층에서의 비개인화·비인간화 풍토를 확립하기 위하여 규칙에 담겨 있지 않은 비정형적 의사결정사항은 최고관리층에 집중되는 경향이 있다. 공식화된 조직에서는 규칙과 권한의 집중이 모든 것을 예측하여 규제할 수는 없고 조직에는 근본적으로 불확실한 영역이 존재하므로 불확실성을 처리하기 위한 전문직종이 상당한 영향력을 행사하게 된다. 특히 오늘날처럼 급격한 변동이 일어나는 유동적인 상황에서는 적용에 한계가 있다.

(4) 공식화와 조직구조와의 관계

공식화의 수준이 높을수록 사업 변동률이 낮으며, 조직구성원들은 소외감을 느낄 가능성이 커진다. 그러나 공식화와 집권화는 비례적인 관계에 있어 조직의 효과성·능률성 확보에는 크게 이바지할 수 있다. 정형적·일상적 기술을 사용하는 조직은 비일상적 기술을 사용하는 조직보다 공식화가 높아질 가능성이 높으며, 조직의 전통도 이에 영향을 미친다. 특히 규모가 큰 조직은 공식화에 의존하게 된다.

7) 집권화와 분권화

(1) 의의

집권화(centralization) 또는 분권화(decentralization)는 조직의 권력배분양태에 관한 개념이며, 권력중추로부터 권력이 위임되는 수준을 설명하려는 개념이다(김규정, 2000; 오석홍, 2011). 여기서 말하는 권력의 위임은 권력의 포기와는 다른 것이다. 권력의 위임주체는 피위임주체의 권력행사를 취소할 수 있는 최종적인 권력을 유보한다. 집권화와 분권화는 서로 반대되는 의미를 지니는 개념이지만, 두 개념은 결코 분리될 수 없는 관계에 있다. 집권화와 분권화는 연속선상의 현상을 설명하는 개념으로서 표리의 관계를 이루고 있다. 따라서 두 가지 개념이 설명하려는 현상을 하나의 개념만으로도 설명할 수 있다. 집권화의 수준이 높은 것은 분권화의 수준이 낮은 것이며, 집권화의 수준이 낮은 것은 분권화의 수준이 높은 것이다.

집권화 또는 분권화의 지표로서 가장 중요한 것은 의사결정의 권리가 어느 정도 위임되어 있느냐 하는 것이다. 의사결정권의 위임도를 지표로 삼을 때는 의사결정이라는 현상이 결코 단순한 것은 아니며 그것은 조직의 여러 가지 요인과 결부되어 있다는 점을 유념해야 한다. 예컨대 의사결정 결과보고의 정도와 대상, 의사결정 후의 집행에 대한 평가의 주체와 평가수준, 의사결정 단계별 참여의 정도 등을 고려해야 한다.

(2) 집권과 분권의 관계

현대국가에서 집권과 분권의 정도는 현실적으로 상대적 관계에 있으며 연속체의 양극 사이에 있다. 집권과 분권이란 어떠한 조직에서도 존재하는 것이지만 집권화의 경향은 오늘날의 행정조직에서 보게 되는 현저한 지배적 경향이며, 특히 정보처리제도·의사결정기법의 발달은 집권화를 촉진시키고 있다.

조직이 비교적 소규모일 때는 의사결정을 행할 수 있는 권한이 계층제의 정점에 집중되는 경향이 있으나 조직의 규모가 확대됨에 따라 집단적 의사결정과 분권화·권한의 위임이 필요하게 된다. 이러한 분권화는 근본적으로 국가기능의 양적 확대와 질적 변화라는 현상으로 말미암아 행정기능의 기동성이 요구되는데 기인하고 있다. 일반적으로 집권은 능률성의 이념을, 분권은 민주성의 이념을 추구한다고 볼 수 있다.

(3) 집권화를 지지하는 요인

정보기술과 통신기술의 발전을 들 수 있으며, 의사전달 수단의 발전, 그리고 대량적 정보를 집중적으로 처리하는 능력의 향상은 하위계층에 대한 위임의 필요를 감소시킨다. 또한 국내적·국제적 경쟁의 심화 및 규칙과 절차의 합리성에 대한 신뢰는 집권화를 초래한다. 어떤 업무를 합리적인 규칙과 절차에 따라 시행하는 것이 바람직하다는 생각은 집권화를 초래한다. 어떤 영역의 활동에 관하여 법령·규칙 등을 제정함으로써 해당 영역에서의 의사결정기준과 절차를 통일하고 주무기관을 설치하면 집권화가 초래되기도 한다. 조직이 동원·배분하는 재정자원의 규모가 팽창되면 그에 대한 의사결정의 중요성이 커진다. 따라서 의사결정 중추의 위치를 상향조정해야 할 필요가 생긴다.

특정기능에 대한 조직 내외의 관심이 확대되면 그에 대한 의사결정이 집권화된다. 새로이 많은 투자가 요구되는 기능, 실패와 결함이 빈번히 노출되는 기능, 여러 조직의 협력이 필요한 기능 등에 대한 관심증대는 의사결정 중추의 상향조정을 요구하는 압력을 형성한다. 사람의 전문화 또는 능력향상을 수반하지 않는 분업과 기능분립이 심화되고, 직무 간·조직단위 간의 의존도가 높은 경우 집권화의 필요성이 커진다. 권위주의적 사회문화, 사회구조와 정치체제의 계서제적 원리 등 환경적 요인들도 집권화를 조장한다. 권위주의적인 최고관리층의 권력욕은 집권화의 직접적인 원인이 된다. 특히 조직활동의 통일성·일관성에 대한 요청은 집권화를 조장한다.

(4) 분권화를 지지하는 요인

기술변화와 환경변화의 격동성은 조직의 적응성 향상을 요구하며, 그러한 요구는 분권화를 촉구한다. 조직이 속해 있는 사회의 민주화가 촉진되면 조직의 분권화를 촉진하게 되며, 조직구성원들의 참여와 자율규제를 강조하는 동기유발전략은 분권화를 촉진한다.

생산성을 높이기 위해 조직구성원들이 창의성을 발휘할 수 있도록 힘을 실어주는 것이 중요하다는 신념의 확산도 분권화를 촉진한다. 현대조직의 규모 확대는 분권화를 촉진하는 요인으로도 이해되고 있다. 조직의 규모가 확대되면 기본적인 정책결정의 중요성이 커지기 때문에 그에 관한 결정기능이 집권화되는 경향도 없지 않으나 조직상층부의 업무량 증대는 중요 정책결정 이외의 분야에서 분권화를 불가피하게 초래할 것이다.

현대조직이 사용하는 기술수준의 고도화와 조직구성원의 인적 전문화 및 능력향상 또한 분권화를 촉진하게 된다. 고객에게 신속하고 상황적응적인 서비스를 해야 한다는 요청은 고객에 대한 업무처리의 분권화를 촉진한다.

5. 경찰조직의 형태

1) 경찰관료제의 의의

관료제(bureaucracy)는 매우 다의적인 개념이며 불확실한 개념이지만 구조적 특징을 가진 대규모조직으로서 보는 개념과 정치적·비판적 의미로 해석하여 정치권력을 장악한 집단으로서의 통치조직으로 보는 개념이 있다. 일반적으로 관료제라 하면 오늘날 동태적 조직(adhocracy)에 의해 비판이 대상의 되고 있는 구조적 측면의 이념형 관료제를 의미한다고 할 수 있다(김중규, 2011: 442). 경찰관료제란 엄격한 계급체계에서 부하경찰관은 상급경찰관에 대해 절대적으로 복종해야 하고 상관의 명령에 따르면서 공공의 안녕과 질서유지를 위해 이루어지는 경찰조직으로 볼 수 있다.

2) 공식조직 · 비공식조직과 집단

(1) 의의(공식조직과 비공식조직의 개념)

공식조직(formal organization)이란 인간적 감정을 배제한 입장에서 과학적 합리성의 근거와 기준을 전제로 하여 인위적으로 제도화한 조직으로 법령 또는 직제에 규정된 조직을 말한다(김규정, 2000; 김중규, 2011). 과학적 관리론 등 고전적 조직이론에서 연구대상으로 하는 조직이다. 비공식조직(infomal organization) 또는 비공식집단이란 구성원 상호간의 현실적인 접촉이나 동질감으로 말미암아 자연발생적으로 형성되는 조직으로서 사실상 존재하는 현실적 인간관계나 인간의 감정 · 욕구를 기반으로 하며, 인간관계론 등 신고전적 조직이론에서 연구대상으로 중시하는 조직이다. 향우회, 연구회, 동기회, 동창회, 낚시회 같은 비공식모임이 그 대표적인 예이다. 공식조직과 비공식조직을 표로 정리하면 <표 4-4>와 같다.

|표 4-4| 공식조직과 비공식조직의 특징

특 징	공식조직	비공식조직
성립과정	인위적	자연발생적
구성	전 조직구성원(전체적 질서)	조직구성원의 일부(부분적 질서)
분 업 성	강함	약함
강 조 점	인간의 이성적 측면	비합리적이고 감정적인 측면
자연발생적 성격	인위적으로 형성된 조직	자연발생적 조직
비합리적 성격	합리적 조직	비합리적 조직
비제도적 성격	법령과 직제로 도표화된 조직	현실의 동태적인 인간관계에 의하여 형성된 비제도화된 조직
감정의 논리	능률의 논리에 입각한 조직	감정의 논리에 입각한 조직
내면적 성격	외면적 · 가시적 · 외재적 조직	내면적 · 불가시적 · 내재적 조직
부분적 질서	전체 질서를 형성	부분적 질서를 형성
인간화 · 민주화	활동 및 가입 · 탈퇴가 비용이	활동 및 가입 · 탈퇴가 용이하고, 인간적 가치의 추구가 용이
수평적 · 비계층제적 성격	수직적인 계층제를 전제함	계층제적 형태를 띠지 않음
변칙성 · 타율성	보편적 · 일반적인 조직	변칙적 · 타율적인 조직

※ 출처: 백현관 외, 2004: 215.

3) 중앙과 지방관계

(1) 중앙집권과 지방분권의 개념

중앙집권이란 권한·자원·기술 등이 중앙정부에 집중되고 유보됨으로써 지방정부(지방자치단체)의 자주성이 제한되어 있는 경우이다. 반대로 지방분권이란 권한·자원·정보·기술 등이 지방정부에 위임되고 분산되어 지방정부의 자주성이 높은 것을 말한다. 중앙집권과 지방분권을 구별하는 기준은 중앙정부의 지방정부에 대한 통제력의 범위 및 정도와 이에 대응하는 지방정부의 자주성의 범위 내지는 정도에서 가능하다. 중앙집권화와 지방분권화의 촉진요인을 표로 정리하면 <표 4-5>와 같다.

|표 4-5| 집권화와 분권화의 촉진요인

중앙집권의 촉진요인	지방분권의 촉진요인
• 행정관리의 전문화가 요청될 때 • 행정의 획일성과 통일성이 요구되는 때 • 교통·통신수단의 발달과 의사전달기술의 발달 • 카리스마적 리더십이 요구될 때 • 기능의 중복방지와 경비의 절약이 요구될 때 • 능률성 제고 • 신설조직, 소규모조직의 경우 • 조직에 위기가 존재하는 경우 • 사회복지재정의 확대	• 관리자 양성의 기회나 참여의 중시 • 상급자의 업무부담 감소 • 하급직원의 책임감 강화 • 사기앙양, 민주성, 책임성 중시 • 지방실정에의 적용 • 민주적 통제의 강화를 요할 때 • 신속한 업무처리를 요할 때(위임 중시) • 불확실한 상황에 적용 • 조직의 대구모화나 안정된 조직 • 다양성의 확대

※ 출처: 백현관 외, 2004: 788.

(2) 중앙집권과 지방분권의 장점

중앙집권화와 지방분권화의 장점을 표로 정리하면 <표 4-6>과 같다.

|표 4-6| 중앙집권과 지방분권의 장점

중앙집권의 장점	지방분권의 장점
• 행정의 통일성 · 일관성 · 안정성 확보 • 행정관리의 전문화 • 비상사태나 위기발생시 신속한 대처 • 경제적 능률성 제고 • 전국적 · 광역적 대규모 사업의 추진 • 지역 간 행정 · 재정간 격차 조정 • 인적 · 물적 자원의 최적 활용과 예산의 절약	• 지역실정과 특수성에 적합한 행정 수행 • 다양한 정책경험 • 행정에 대한 주민통제의 강화 • 행정의 책임성 제고 • 지역경제 및 문화의 활성화 • 신속한 행정처리 • 주민참여의 확대와 행정의 민주화 구현 • 사회적 능률성 제고

※ 출처: 백현관 외, 2004: 789.

6. 한국경찰조직의 구조와 관리

1) 경찰조직의 유형

(1) 보통경찰기관

보통경찰기관이란 직접 보안경찰을 담당하고 있는 경찰기관을 뜻하는 말이며, 그의 권한 및 기능에 따라 <표 4-7>과 같이 경찰행정청, 경찰의결기관, 경찰집행기관 등으로 나눌 수 있다(이황우 · 조병인 · 최응렬, 2004: 107).

|표 4-7| 보통경찰기관의 유형

경찰행정청	경찰청장, 시 · 도경찰청장, 경찰서장, 해양경찰청장, 지방해양 경찰청장, 해양경찰서장	
경찰의결기관	행정안전부 소속 국가경찰위원회 시 · 도지사 소속 시 · 도자치경찰위원회	
경찰집행기관	일반경찰집행기관	치안총감, 치안정감, 치안감, 경무관, 총경, 경정, 경감, 경위, 경사, 경장, 순경
	특별경찰집행기관	전투경찰, 군사경찰, 소방공무원

① 경찰행정청

국가를 위하여 그의 의사를 결정하고 그것을 외부에 표시할 수 있는 권한을 가진 국가기관을 행정관청이라 하고, 지방자치단체를 위하여 동일한 권한을 행사할 수 있는 기관을 행정청이라 부른다. 행정관청과 행정청, 기타 행정권의 수탁자(受託者)를 총칭하여 행정청이라 부르기도 한다. 그러므로 경찰행정청이란 경찰에 관하여 직접 대외적 구속력을 갖는 의사를 결정 · 표시할 수 있는 권한을 가진 경찰기관(행정청)을 말한다.

이러한 경찰행정청은 경찰청장을 최상급의 기관으로 하여 시 · 도경찰청장과 경찰서장으로 구성되는 계층제를 형성하고 있다. 경찰행정청의 직무를 보조하기 위하여 일상적인 직무를 수행하는 기관을 경찰보조기관이라 부르며, 각급 경찰관서의 차장, 국장, 부장, 과장, 계장 등이 이에 해당한다. 경찰청장, 시 · 도경찰청장 및 경찰서장 등 경찰행정청의 임명, 권한 등 세부내용은 제3장 제2절에 기술한 바와 같다.

② 경찰의결기관

경찰의결기관이란 경찰행정청의 의사를 구속하는 의결을 행하는 행정기관을 일컫는다. 「국가경찰과 자치경찰의 조직 및 운영에 관한 법률」에 경찰의결기관으로는 행정안전부 소속의 국가경찰위원회와 시 · 도지사 소속의 각 시 · 도자치경찰위원회가 있다. 국가경찰위원회를 설치한 목적은 공권력의 발동을 내용으로 하는 경찰행정을 민주적으로 관리하고 경찰조직이 관료화 혹은 독선으로 흐르는 것을 방지하며 경찰의 정치적 중립성을 확보하는데 있다.

③ 경찰집행기관

경찰집행기관이란 경찰목적을 달성하기 위하여 실력으로써 행정의사를 실현하는 기관을 일컫는 말이다. 이러한 경찰집행기관은 그의 직무의 일반성 여부에 따라 일반경찰집행기관과 특별경찰집행기관으로 나눌 수 있다. 일반경찰집행기관으로는 치안총감, 치안정감, 치안감, 경무관, 총경, 경정, 경감, 경위, 경사, 경장, 순경 등이 있다. 이들은 특정직공무원으로써 제복을 착용하고 무기를 휴대할 수 있다.

특별경찰집행기관이란 특별한 분야의 경찰임무를 담당하는 특정직공무원을 의미하며 전투경찰, 군사경찰, 소방공무원 등이 있다.

(2) 특별경찰기관

① 협의의 행정경찰기관

협의의 행정경찰기관이란 다른 행정작용에 부수하여 그 영역에서 일어나는 안녕 · 질서에 대한 위해를 방지하는 임무를 담당하는 기관을 일컫는 말이다. 즉, 기관의 명칭에 '경찰'이라는 단어가 들어 있지 않으나 경찰기관처럼 위해방지작용을 행하는 국가기관을 협의의 행정경찰기관이라 부른다. 보통은 「형사소송법」 제245조의10 및 「사법경찰관리의 직무를 수행할 자와 그 직무범위에 관한 법률」에 의해 사법경찰관리로 지명된 특별사법경찰관리가 이에 해당한다.

협의의 행정경찰기관에 속하는 중앙기관으로는 보건복지부, 환경부, 문화체육관광부, 해양수산부, 국세청, 산림청, 관세청 등이 있다. 이러한 기관들의 위해 방지 활동을 위생경찰 · 환경경찰 · 문화경찰 · 세무경찰 · 산림경찰 · 관세경찰 등으로 호칭한다. 이에 대하여 다른 행정작용에 수반됨이 없이 독립적으로 공공의 안녕 · 질서 유지에 주력하는 경찰작용을 보안경찰이라 부른다(이황우 · 조병인 · 최응렬, 2004: 113).

② 비상경찰기관

비상경찰은 국가의 비상사태에 있어서 군대의 힘에 의하여 치안을 확보하는 특수한 행정경찰이라고 할 수 있다. 일반적으로 사회질서유지는 일반경찰의 본연의 임무이므로 경찰관에 의하여야 함이 원칙이지만, 사태의 심각성으로 경찰관에 의함이 불가능할 때는 군의 힘에 의하여 공안의 유지를 확보하고 있으며, 계엄사령관이 이에 해당한다.

헌법 제77조 제1항에 따라 대통령은 전시 · 사변 또는 이에 준하는 국가비상사태에 있어서 병력으로써 군사상의 필요에 응하거나 공공의 안녕질서를 유지할 필요가 있을 때에는 법률이 정하는 바에 의하여 계엄을 선포할 수 있으며, 계엄선포 시에 계엄사령관을 함께 공고한다(김남진, 2004: 30)

계엄은 비상계엄과 경비계엄으로 구분되며(헌법 제77조 제2항) 계엄사령관이 당해 지역의 경찰작용을 수행한다. 즉, 비상계엄은 대통령이 전시 · 사변 또는 이에 준하는 국가비상사태시 적과 교전(交戰) 상태에 있거나 사회질서가 극도로 교란(攪亂)되어 행정 및 사법(司法) 기능의 수행이 현저히 곤란한 경우에 군사상 필요에 따르거나 공공의 안녕질서를 유지하기 위하여 선포하며(「계엄법」 제2조 제2항), 비상계엄의 선포와 동시에 계엄사령관은 계엄지역의 모든 행정사무와 사법사무를 관장한다(「계엄법」 제7조 제1항). 경비계엄은 대통령이 전시 · 사변 또는 이에 준하는 국가비상사태 시 사회질서가 교란되어 일반 행정기관만으로는 치안을 확보할 수 없는 경우에 공공의 안녕질서를 유지하기 위하여 선포하며(「계엄법」 제2조 제3항), 경비계엄의 선포와 동시에 계엄사령관은 계엄지역의 군사에 관한 행정사무와 사법사무를 관장한다(「계엄법」 제7조 제2항). 계엄사령관의 계엄업무를 시행하기 위하여 계엄사령부를 두며, 이 경우 계엄사령관은 계엄사령부의 장이 된다(「계엄법」 제5조 제2항). 계엄사령관은 계엄의 시행에 관하여 국방부장관의 지휘·감독을 받는다. 다만, 전국을 계엄지역으로 하는 경우와 대통령이 직접 지휘·감독을 할 필요가 있는 경우에는 대통령의 지휘·감독을 받는다(「계엄법」 제6조 제1항).

2) 경찰조직의 관리

(1) 경찰관리자의 역할과 요건

관리자는 조직목적을 달성하기 위해서 조직의 인적·물적 자원을 활용하여 업무를 추진해 가는 사람을 말한다. 즉, 관리자는 조직목적달성을 위해 인적·물적 자원을 잘 활용하고 조직을 발전시켜 나가는 사람을 의미한다. 나아가 경찰관리자는 경찰이 사회적 존재이므로 사회로부터 이해와 협력을 이끌어 내고 경찰목적을 달성하는데 기여하도록 하여야 한다. 경찰관리자는 조직구성원에 대해 리더십을 발휘하고 부하를 좋은 환경과 조건에서 일할 수 있도록 하여야 하며, 부하의 자질 향상을 이룩해야 하는 책임이 있다(박영대, 2004: 27).

① 관리자의 역할

관리자는 일반적으로 조직에서 정책을 결정하고 집행할 수 있는 직위에 있는 사람으로 볼 수 있다. 조직에서 관리자는 조직계층의 위치에 따라 최고관리자와 중간관리자로 구분할 수 있다. 이러한 관리자의 직책을 수행하는 사람들은 주로 사람을 통하여 목적을 달성하기 때문에 지도통솔을 위주로 하는 리더십이 절대적으로 필요하다.

경찰에서 관리자란 총경급 이상을 지칭한다. 그리고 총경급 이상의 관리자들을 고위관리자로, 그 이하의 과장이나 계장, 반장 등의 관리자는 중간관리자로 부를 수 있다(박영대, 2004: 27).

가) 고위관리자의 역할

관리자는 어느 계급에 있더라도 정책과 방침을 충분히 이해하고 실행계획을 수립하며, 이에 의거하여 부하를 지시, 조정, 통제해 가는 역할을 한다. 즉, 조직의 상층부에 위치하면서 주요정책과 방침을 결정하고 전체적인 조직활동을 지도, 조정, 통제하는 역할을 한다. 관리자는 집행기능에 더하여 정치적 기능과 대외적으로 기관을 대표하는 기능도 수행하여야 한다.

경찰관리자는 부하경찰의 활동이 사람의 생명, 신체, 재산에 관련된 것이고, 권한에 따라 때로는 강제력을 갖고 사람의 자유를 구속하는 것이기 때문에 부하에 대해서 지도, 조정, 통제는 물론 감독하고 자질을 향상해 가야 하는 리더로서의 임무는 아주 중요하다고 할 것이다.

구체적으로 관리자는 지역사회의 주민, 다른 부서, 직장상사, 부하들과의 관계를 잘 이끌어 가는 역할을 수행해야 한다. 즉, 주민과의 관계에서부터 경찰의 목적을 합리적인 방침에 따라 구체적으로 실현하는 책임을 지고 있다. 고위관리자의 중요한 역할로는 ㉠ 비전의 제시, ㉡ 환경에 대한 적응성 확보, ㉢ 조정과 통합, ㉣ 부하의 양성, ㉤ 부하의 사기관리, ㉥ 부하의 생활지도 등을 들 수 있다.

나) 중간관리자의 역할

중간관리자는 중간적 위치에 있는 리더이므로 자신의 중간적 위치와 역할을 인식하고 상하 간에 원활한 관계의 형성과 조정역할을 충실히 하여야 한다. 또한 상급관리자는 중간간부를 충분히 장악하여 지도하고 능력을 최대한으로 발휘하게 하는 것이 중요하다는 점을 이해하고 있어야 한다. 중간관리자의 중요한 역할로는 ㉠ 상사의 보좌, ㉡ 의사전달, ㉢ 지도감독 등을 들 수 있다.

② 관리자의 요건

관리자는 그 사명이나 역할을 수행하기 위해서 일정한 자격과 능력을 갖추어야 한다. 관리자는 부하나 상사로부터 물론 사회적으로 기대되는 것이 크기 때문이다. 더욱이 그 기대내용은 불변하는 것이 아니라 주변의 상황이 변화함에 따라 바뀌고 있고 또한 커져간다고 할 수 있다. 따라서 관리자에게 직무수행시 요구되는 것이 매우 많은데, 그 중에서 중요한 것으로는 ㉠ 넓은 시야, ㉡ 기획능력, ㉢ 리더십, ㉣ 집행력, ㉤ 판단력, ㉥ 업무지식과 같은 능력을 생각할 수 있다.

(2) 경찰리더십

경찰리더십의 의의와 리더와 관리자의 차이를 살펴보고자 한다(신현기, 2018; 김중규, 2011; 김규정, 2000).

① 리더십의 의의

가) 리더십의 개념

리더십이란 조직목표의 달성을 위하여 구성원이 자발적으로 적극적인 행동을 하도록 동기를 부여해 주고 영향력을 미치며 개인과 집단의 조종을 통하여 협동적 행동을 촉진 · 유도하고 조직외부로부터 지원과 협조를 확보하는 쇄신적 · 창의적인 능력 및 기술을 의미한다. 1930년대에 인간관계론이 대두되었고 1960년대에는 발전행정론이 본격적으로 등장하게 되었다. 이것을 계기로 리더십에 대한 중요성이 한층 강조되기에 이르렀다.

나) 리더십과 직권력

리더십과 직권력은 구별할 필요가 있다. 공식적으로 상위직위에 있으면서 직권이나 명령권을 행사하는 직권자가 반드시 리더십을 행사하는 지도자라 할 수는 없다. 직권력은 공식조직이나 공식적 권위 내지 강제성과 관련되지만, 리더십은 지도자와 피지도자간의 심리적 유대 내지는 공감 또는 일체감, 그리고 자발적 성격 등과 관련되고 있다. 말하자면 추종자와의 관계에서만 존재적 가치가 있는 사회적 개념이다. 분명 리더십은 목표와 밀접한 관계가 있으며 효과성을 높이기 위해 구성원들의 행동을 목표 지향적인 방향으로 리드해 나가기 위한 목표 지향적인 개념이기도 하다.

② 리더와 관리자의 차이

21세기에 살아남는데는 관리자가 아닌 새로운 세대의 리더가 행정조직의 각 계층에 요구된다. 베니스(W. G. Bennis)는 리더의 특징과 관리자의 특징(괄호안)을 다음과 같이 대비한 바 있다. 가) 혁신(관리), 나) 원본(사본), 다) 개발(유지), 라) 사람에 초점(체제 · 구조에 초점), 마) 신뢰감의 고취(통제에 의존), 바) 장기적 시각(단기적 시각), 사) 무엇 · 왜를 묻는다(어떻게 · 언제를 묻는다), 아) 수평에 관심(하한선에 관심), 자) 창안(모방), 차) 현상에 도전(현상을 수용), 카) 독자적 인간(전형적인 유능인), 타) 옳은 일을 함(일을 옳게 함) 등이다.

(3) 경찰의사전달

경찰조직은 사회공공의 안녕과 질서의 유지라는 공통 목표를 향하여 노력하고 있는 동태적인 집단이다. 효과적인 경찰의사전달이 없이는 정책결정이나 그 집행과정이 정확하게 수행될 수 없기 때문에 경찰기관의 내부에서 효과적인 의사전달통로를 유지하는 것이 절대로 필요하다. 실제로 경찰기관의 내부에서 중요한 의사전달통로가 결핍되면 조직구성원들 사이에 이해의 혼란을 일으키게 되고 결과적으로 경찰조직의 활동은 효율성을 발휘할 수 없게 된다. 그러므로 경찰의사전달은 특히 정책결정을 포함한 모든 의사결정에 있어서 그 내용과 방법에 중요한 영향을 미치는 요인으로 파악되고 있다.

① 경찰의사전달의 개념

경찰의사전달은 '경찰조직의 정보교환을 주요한 목적으로 몇 가지 단계를 수반하는 과정'이라 할 수 있다. 이 때 의사전달은 '2인 혹은 더 많은 사람들 사이의 사실 · 생각 · 의견 · 감정의 교환(정보의 교환)'으로 정의되기도 하고, '각 집단의 기능과 관심을 이해하기 위한 조직 내부의 다양한 기능적 집단의 능력(조직구성원들 사이의 이해의 공유)'으로 정의되기도 하고, '조직 내부의 개인이나 집단 사이에서 언어 · 문서 · 상징 · 메시지를 이용한 의견교환(특정한 조직환경에서 사용되고 있는 상징과 그 의미)'으로 정의되기도 한다.

② 경찰의사전달의 유형

전통적 관료조직의 일반적인 특징은 공식적인 의사전달을 강조하는 것이다. 반면에 진취적인 조직은 비공식적인 의사전달을 강조한다. 경찰기관은 일반적으로 관료적인 모형을 따르기 때문에 공식적인 의사전달을 신뢰하는 경향이 있으며, 비공식적 의사전달만을 사용하고 있는 관료조직은 없다. 또한 엄밀히 말해서 진취적인 조직에서도 비공식적인 의사전달에만 의존할 수는 없다. 다른 사회집단과 마찬가지로 전통적 관료조직은 불가피하게 그들의 계층 속에서 어느 정도 비공식적이고 개인적인 의사전달을 하게 된다. 그러므로 중요한 것은 공식적 의사전달과 비공식적 의사전달의 균형 있는 혼합을 추구하고 촉진시키는 것이다.

가) 공식적 의사전달

공식적 의사전달은 주로 언제 · 어디서 · 어떻게 그리고 누구에 의해서 행해져야 하는 것을 조직도표나 조직규칙에 정해 놓음으로서 권위주의적인 정책과 절차를 통하여 경찰기관의 활동과 직원을 통제하기 위한 수단을 의미한다. 공식적 의사전달은 언제나 조직에서 규칙적인 체계 혹은 통로에 의해서 의사가 전달되는 것이다. 공식적 의사전달은 비인간적이고 사무적이며 대부분의 경우 문서로 행해진다.

나) 비공식적 의사전달

반면에 비공식적 의사전달은 어떤 기관이든 구성원 간의 인간적인 상호작용과 조직의 목표에 대한 구성원들의 자발적인 지원 없이는 효과적일 수 없다는 현실에 근거를 두고 있다. 비공식적 의사전달은 인간적이고 사적이며 대부분 말로서 이루어진다.

다) 공식적 · 비공식적 의사전달의 적절한 혼합

경찰의사전달에서 대부분 사용되는 방법은 공식적 의사전달과 비공식적 의사전달이 적절히 혼합되어 있게 된다. 한편 이러한 혼합에 마법과 같은 공식이 있는 것은 아니지만 적절한 혼합은 조직의 환경에 익숙한 지성적인 지도자와 그 직원의 욕구에 의하여 이루어질 수 있다.

공식적 의사전달은 공식적 업무에 한정될 수 있으며 의미있고 신뢰할 수 있는 언어로 나타날 수 있다. 비공식적 의사전달은 직원들에게 용기를 북돋우게 하고 흥미를 계속 지니게 하고 태도를 개선시키고 부서에 대한 헌신을 심화하기 때문에 공식적인 의사전달을 보완하는 것으로 사용되고 있다.

(4) 경찰조직의 갈등관리

① 갈등의 개념과 특성

갈등(conflict)이란 조직의 의사결정 과정에서 대안의 선택기준이 모호하여 개인이나 조직이 대안을 선택하는데 곤란을 겪는 상황을 의미한다. 의사결정은 여러 대안은 평가하여 하나의 대안을 선택해야 하는 갈등상태의 해결이라 할 수 있다(김중규, 2011: 501)

갈등의 특성으로서는 가) 갈등이 존재한다는 것을 지각해야 하며, 나) 갈등은 둘 이상의 당사자 간에 일어나며, 다) 자원(돈 · 승진 · 위신 · 권력 등)의 희소성을 전제로 하며, 라) 한 당사자가 다른 당사자의 목표달성을 방해 · 반대하는 것이며, 마) 갈등은 의도적일 수도 있고 우발적일 수도 있으며, 바) 갈등은 명백한 행위일 수도 있고 잠재적 행위일 수도 있다는 점 등을 지적할 수 있다(Robbins, 1990: 411). 과학적 관리론과 인간관계론 등 고전적 이론은 갈등보다는 인화, 동태적 인간관계보다는 정태적 인간관계에 관심을 가져 갈등을 역기능으로 인식하였으나 근래에 와서는 불가피할 뿐만 아니라 사회의 중요한 긍정적 현상으로서 그 순기능이 높이 평가되고 있으며, 갈등조장론까지 대두되고 있다. 이에 갈등의 순기능과 역기능을 살펴보면 다음과 같다(김중규, 2011: 502).

② 조직갈등의 발생요인

가) 상호적 업무의존과 일방적 업무의존

상호적 업무의존이란 조직의 두 부서가 각자의 업무를 효과적으로 수행하기 위하여 서로 정보·도움·순응·조정활동 등에 의존하는 관계를 의미하며 이러한 상호작용이 갈등을 초래할 수 있다. 또한 한 부서가 다른 부서에 대하여 일방적 업무의존(one-way task dependence) 관계를 갖게 되면 권력균형이 변동되어 갈등이 일어날 가능성이 매우 높고, 현실적으로 이러한 관계가 보다 일반적이다(Robbins, 1990: 418).

나) 목표·이해관계의 상충

개인 또는 조직단위가 추구하는 목표가 대립하거나 양립할 수 없는 경우 갈등을 빚게 되며, 목표달성에 어떤 수단·자원이 적합한가에 대한 의견대립이 있는 경우에도 갈등이 일어나게 된다. 또한 각 조직단위간의 이해관계가 상반되고 사업의 선정과 우선순위의 결정에 대립이 있는 경우 갈등이 유발된다.

다) 자원의 한정성

목표달성에 필요한 한정된 인적·물적 자원을 보다 많이 획득하여 배분하려는 경쟁이 벌어지는 경우 갈등이 촉발된다. 조직의 각 부서 간 벌어지는 자원확보의 경쟁에서 이기느냐의 여부는 지위·위신·영향력을 좌우하게 되므로 갈등을 심화시킨다.

라) 인지의 차이

동일한 사실·대상이라도 사회적 배경, 교육, 환경 등의 영향을 받는 가치관·신념·동기가 다르면 인지·지각에도 차이가 있게 되어 갈등을 가져오게 된다. 또한 업무내용이나 기능이 서로 다른 조직단위에 속하면 인지·태도 등에 차이가 있게 되며 갈등이 일어난다. 기획기관의 직원과 예산기관의 직원 간에는 태도에도 차이가 있다.

마) 지위·신분의 부조화

조직의 지위·신분의 능력·자격·경험 등 객관적 기준이 아니라 정실 등 비합리적 기준에 따라 변동되면 이에 수반되는 부조화로 갈등이 일어날 수 있다. 예컨대 동료가 상관이 되거나 고참 전임자가 능력·기술이 앞서는 후임자의 지시를 받는 경우 등을 생각할 수 있다.

바) 의사소통의 장애·왜곡

의사소통 매체인 언어의 상징적·추상적 성격으로 말미암아 갈등이 발생될 수 있으며, 정보가 충분히 교류되지 않거나 왜곡된 정보가 전달되면 당사자 간에 오해를 일으켜 갈등의 원인이 된다.

사) 구조분화와 전문화

조직의 구조분화·복잡화와 전문화 현상은 긴장과 갈등을 심화시키며 일반직과 전문직간의 갈등, 계선과 참모간의 갈등도 불가피하게 된다.

아) 대안선택의 곤란과 평가기준의 차이

최선의 대안을 바라는 의사결정자는 선택기준에서 갈등을 느끼게 되며 업무평가기준의 차이도 갈등을 초래한다.

자) 역할의 애매성과 불만족

구성원이 주어진 역할에 모순을 느끼거나 역할이 명확하지 않고 역할수행에 필요한 정보를 얻지 못하는 경우 역할애매성(role ambiguity)으로 갈등이 빚어진다. 또한 역할기대가 충족되지 못하고 좌절감을 느끼는 역할불만족도 갈등을 유발하게 된다(Gortner, 1977: 197).

③ 갈등해결의 방향

관리자는 적절한 갈등관리를 함으로써 조직의 목표달성을 저해하는 갈등을 중화내지 완화시키고 조직을 갈등에 적응시키면서 조직에 유리한 갈등을 능동적으로 촉진시켜 나가야 한다. 조직의 활성화를 위해서 조직의 갈등을 자유롭게 표출할 수 있는 분위기가 조성되도록 하고 조직간 자발적인 경쟁을 유도할 수 있어야 할 것이다.

우리나라는 희생을 당하지 않고 당사자가 모두 받아들일 수 있는 갈등해결의 통합적 방법보다 권력에 의하여 권위적 · 강압적으로 갈등을 해결하려는 경향이 강하였으며, 선진국보다 상대적으로 갈등이 훨씬 더 빈번하고 격화되어 왔으면서도 관리자의 갈등해결능력은 향상되지 못하였다. 갈등의 민주적 · 쇄신적 해결을 지향해 나가야 할 것이다(김규정, 2000: 459).

(5) 경찰조직의 위기관리

전 세계적으로 자연재해와 인재와 같은 위기가 끊임없이 발생하고 있는 상황이며, 이로 인해 수많은 인명피해와 재산피해가 발생하고 있다. 2002년 발생한 루사는 246명의 인명피해를 초래하였고, 2003년 2월 18일에 발생한 대구지하철 방화사건의 경우 192명의 사상자를 초래하는 등 최근 들어 많은 인명피해를 수반하는 위기사건들이 연이어 발생하고 있는 상황이다. 특히, 대구지하철 방화사건의 경우 경찰이 사고 전동차 기관사의 신병을 11시간 이상 확보하지 못하고, 현장을 촬영한 폐쇄회로TV(CCTV) 녹화테이프 원본을 확보하지 못한 것으로 드러나 위기발생 후 대응단계에서 초동수사의 허점을 드러냄으로써, 경찰의 위기관리 대응에 대한 문제점이 여실히 드러나게 되었다.

위기는 언제 · 어디서 · 어떻게 발생할지 모르기 때문에 이에 대해 항상 예방하고 대응할 수 있는 태세를 평상시 갖추어야 한다. 그러나 경찰의 위기관리 책임에 대해 직접적으로 규정한 법률조항이 부재한 상태이고, 다만 「경찰관 직무집행법」에 의해 경찰이 위기시 위기현장에서 사용할 수 있는 권한을 일부 규정하고 있을 뿐이다. 또한 실제로 위기현장에서는 소방기관의 역할 비중이 크고, 경찰은 상대적으로 보조적인 역할을 수행하고 있는 실정이며, 경찰을 포함한 모든 행정영역의 위기관리는 사전예방보다 사후대응에 보다 더 치우쳐 있는 상황이다. 따라서 경찰조직의 다양한 위기관리를 위한 노력의 중요성이 점차 제고되고 있는 실정이다.

7. 경찰조직의 혁신

1) 혁신전략

조직의 혁신기법은 시장원리와 적자생존의 원칙이 엄격하게 적용되고 있는 기업세계의 생존전략으로서 기업경영에 적극적으로 도입되고 있다. 신자유주의로 지칭되고 있는 21세기의 개방화의 물결은 기업 사이의 치열한 경쟁을 유발하고 있다. 그들은 이러한 무한경쟁에서 살아남기 위해 경영혁신 기법의 개발에 투자를 아끼지 않는다.

그러나 현실적으로 경찰조직처럼 대부분의 행정기관들은 사회문제의 해결과 공공서비스의 제공을 위해 그 존립이 보장된다는데 문제가 있다. 그러므로 현실적으로 조직혁신에 둔감하기 마련이다. 그러나 국가의 서비스에 대한 고객으로서 국민들은 국가 서비스에 대한 평가를 내리고 있어 21세기에 경찰조직도 기업에서 개발한 다양한 혁신기법의 적용 가능성에 대한 논의할 필요가 있다(조철옥, 2012: 337). 이에 경찰조직의 혁신전략으로 카멜레온 조직, 비전(vision) 만들기, 구조조정, 벤치마킹, 조직학습, 학습조직, 영기준예산, 리엔지니어링에 대해서 살펴보겠다.

(1) 카멜레온 조직

대규모의 기업이나 공공조직은 대부분 관료제의 계층제 구조로 설계되어 관리되고 있다. 이러한 조직구조에서 사람은 소외되고 계층제적 권위와 직위, 직위와 결합된 직무만이 조직설계의 핵심을 이루고 있다. 과거의 비교적 단순하고 조직간의 경쟁이나 외부의 통제가 별로 없는 사회에서는 이러한 조직 설계는 효과적이었다.

그러나 과거의 직무위주의 조직설계는 21세기의 복잡한 사회환경 속에서는 더 이상 효과적이지 못하다. 이러한 상황 속에서 별로 아름답게 생기지는 않았으나 생존을 위해 끊임없이 변신이 가능한 카멜레온과 같은 조직이 미래의 조직 대안으로 부각되고 있다. 변신의 대명사인 카멜레온 조직의 특성은 큰 융통성, 개인에 대한 관심, 팀의 적극적 활용, 강한 핵심역량, 다양성의 추구 등이다(조철옥, 2012: 337).

(2) 비전만들기(vision)

비전은 미래의 조직 모습에 대한 꿈이며 청사진이다. 아무리 대규모조직이라도 비전이 없는 조직은 구성원들에게 좋은 조직으로 부각되지 못한다. 비전은 하나의 이상이나 꿈에 지나지 않으므로 구체적인 문제해결책이 되지는 못하지만 올바른 목표와 방향을 제시하는 길잡이가 된다. 아울러 거대한 청사진은 구성원과 고객들에게 조직에 대한 신뢰감과 발전가능성을 홍보하는 효과를 가진다(조철옥, 2003: 257).

(3) 구조조정(restructuring)

조직의 구조는 분업과 권한 및 책임의 위계질서를 의미한다. 조직은 임무를 수행하기 위하여 권한과 책임을 수직 또는 수평으로 나누어 분업을 하는 체계를 취하고 있다. 권한과 책임의 위계질서는 법규나 사규 등으로 구성되어 있다. 업무처리의 단계도 조직의 구조에 따라 달라지게 된다. 그런데 조직의 구조는 공식적인 조직만을 의미하지는 않는다. 조직에 공식조직구조를 중심으로 형성되어 있는 많은 관행과 조직원의 상호작용양식이 존재한다. 그리고 이러한 관행이나 상호작용양식은 외부의 고객에게도 동일하게 적용되는 것이 일반적이다(신환철, 1993: 34) 따라서 조직의 구조는 법규로 규정된 공식적인 구조와 법규로 규정되지 않은 비공식적 구조까지 포함해서 보아야 한다(김병섭 · 박광국 · 이종열, 1995: 77).

구조조정은 일반적으로 조직구조의 개편이라는 의미로 볼 수 있으나 구조개편만을 의미하는 것이 아니라 기업이나 조직이 현재 하고 있는 역할을 효과적으로 수행하도록 구조를 개편하고 조직의 인력관리시스템과 물적 자원관리시스템을 재조정하는 것을 목적으로 한다. 다시 말해서 구조를 개편하는데 그치는 것이 아니라 경영혁신을 목적으로 한 구조조정을 의미한다(조동성 · 신철호, 1997: 73).

(4) 벤치마킹(benchmarking)

벤치마킹이란 다른 회사나 공공 조직을 자기조직과 비교하여 그들의 뛰어난 운영 프로세스 등을 배우면서 부단히 경영혁신을 이루어가는 과정이다. 벤치마킹은 경쟁상대의 상품특성이나 생산과 서비스 과정에 대한 성과를 비교하는 것뿐만 아니라 상대방의 우수한 성과가 어떻게 도출되었는가 하는 방법론적인 노하우까지 비교대상으로 삼는다. 아울러 경쟁상대는 아니지만 업무의 성격이 유사한 조직의 정보나 노하우를 얻어 자기조직을 변화시키고 궁극적으로는 부분적인 개선이 아니라 조직의 혁신에 이르는 전략이다.

벤치마킹은 사회환경의 변화에 적절히 대처한 경험을 가진 뛰어난 조직으로부터 배울 것을 찾아 배운다는 것이다. 벤치마킹은 선진 경영기법에 눈을 뜨고 전략을 수립하는 과정에서 여러 분야의 정보를 수집하게 한다. 이러한 정보는 조직혁신을 위한 새로운 아이디어와 평가의 기준을 제공해 주고 아울러 조직구성원들로 하여금 다른 패러다임과 새로운 가능성에 대한 눈을 뜨게 해 줄 것이다(조철옥, 2012: 339).

(5) 조직학습

조직학습은 조직내부의 문제를 찾고 조직이 환경에 적합하도록 하는 방법론을 모색하는 과정이며, 조직과 환경간의 부조화를 야기할 수 있는 환경적 변화를 찾아내는 것이고, 문제에 대한 해결책을 결정하며 환경변화에 어떻게 적응할 수 있는가를 발견하는 것이다. 그러므로 조직학습은 조직이 생존하기 위한 중요한 전략이다(오을임 · 김구, 2002: 76). 조직학습의 구조에 대해 레비트와 마치(B. Levit & J. G. March) 그리고 후버(G. P. Huber)는 지식획득, 정보분배, 정보해석, 조직기억 등 4가지를 제시하였다.

(6) 학습조직

학습조직은 조직전체의 차원에서 구성원간의 상호작용과정을 거쳐 조직이 보유한 자원을 신속하고 효과적으로 환경에 적응시키며 생산력을 제고함으로써 경쟁력을 높여 나가는 조직 상황을 의미한다. 다시 말해 학습조직은 조직은 공통의 비전을 향해 끊임없이 함께 배워나가는 조직, 곧 학습조직이 되어야 한다는 것이다(정덕영, 2003: 11). 학습조직이론가들은 사회조직뿐만 아니라 국가도 학습조직화를 통해 이상적으로 발전할 수 있다고 주장하고 있다(양창삼, 1997: 200).

학습조직의 개념은 기본적으로 최고관리층의 의사결정만으로 조직이 운영되는 시대는 지나갔다고 보고 있다. 따라서 모든 조직구성원들이 공동학습을 통해 아이디어 창출이든지 고객서비스든지 변화를 예측하고 앞장서 나갈 정도로 똑똑해져야 한다는 것이다. 이를 위해 조직혁신과 조직의 개방화는 필수요건이다. 학습조직이 되기 위해서는 여러 가지 조건들을 갖추어야 한다. 하급자에게 권한이 위임되어 창조성을 이끌어내고 업무와 관련된 개인이나 단체의 연구가 활발해지도록 해야 한다. 좋은 아이디어를 공유하기 위해 수평적 의사소통도 잘 되어야 한다. 이상으로 미루어 보아 학습조직은 기본적으로 구성원의 자발적 연구태도를 유발하고, 그 연구결과를 응용함으로써 조직에 활기를 불어넣는 좋은 방법임을 알 수 있다(양창삼, 2013: 244).

(7) 영기준예산

영기준예산(Zero Base Budgeting)은 영점예산, 무전제 예산, 백지상태예산이라고도 불리어지는 것으로 예산편성에 있어서 전년도예산을 기준으로 하여 점증적으로 예산액을 적용해서 각각의 효율성, 효과성 및 중요성 등을 체계적으로 분석하고 사업의 존속·축소·확대 여부를 원점에서 새로이 분석·검토함으로써 그에 따라 우선순위가 높은 사업·활동을 선택하여 실행예산을 결정하는 예산제도를 말한다. 여기서 영기준이란 전년도예산을 기준으로 하지 않고 영(zero)의 수준에서 출발하여 목적·방법·자원 등을 모두 재평가하여 예산을 편성하는 것이다(김중규, 2011: 914).

(8) 리엔지니어링(re-engineering)

리엔지니어링이란 확인과 통제단계의 감축, 고객 지향적 행정, 구성원에 의한 의사결정 등으로 조직의 전반적인 절차와 과정을 합리화하기 위한 현대적 관리기법으로 '절차의 재설계'로 집약된다. 과거의 경영은 계획, 통제 그리고 관리에 초점을 두었으나 현대의 경영에서는 속도, 혁신, 유연성, 서비스 그리고 비용을 강조한다. 리엔지니어링에 작용하는 힘은 3C, 즉 고객·경쟁·변화이다(조철옥, 2012: 339).

2) 혁신에 대한 저항과 극복방안

혁신은 현재의 상태로부터 극적인 변화, 근본적인 변화, 또는 패러다임의 변화를 의미하며 조직의 의식적인 기획된 변화를 의미하기 때문에 항상 저항이 있기 마련이다. 혁신은 구조의 변화, 기득권의 변화, 권력의 변화를 가져오기 때문에 기존의 구조에서 권력을 누리거나 기득권을 향유하는 사람들은 변화에 저항한다. 일반적으로 혁신에 대한 저항은 혁신을 주창하는 초기보다 혁신으로 인한 인사이동이나 인사기준변화, 구조조정 단행 등을 집행하면서 강하게 나타나므로 저항에 대한 극복방안은 혁신계획에 미리 포함되어 있어야 한다(조철옥, 2003: 266).

(1) 저항의 원인

혁신에 대한 저항은 혁신으로 인한 기득권의 상실 등에 대한 피해의식으로 인해 발생한다. 아울러 개혁의 내용에 대한 이해가 부족하거나 정책의 전제와 내용에 동의하지 않기 때문에 나타나기도 한다. 저항은 행정체제의 능력 부족과 제도화된 부패, 관료제의 경직성과 보수적 관성, 법령의 제약, 매몰비용 등이 원인이 되는가 하면, 혁신 주체의 신뢰성 결여, 혁신 목표의 합리성 결여, 추진 절차와 방법론의 결함 등도 저항의 요인이 된다. 아울러 개혁내용에 대한 몰이해, 미지의 변화에 대한 불안감, 재적응이나 교육훈련의 부담, 혁신대상이 될 때 자존심 손상, 이익침해 우려, 개혁성과의 불신과 같은 심리적인 요인도 저항으로 작용한다.

(2) 저항의 기능

저항은 일반적으로 혁신에 부정적인 영향을 미치는 것으로 인식되지만, 때때로 긍정적인 기능도 한다. 저항은 혁신에 대한 목표와 방향의 합리성과 실현가능성을 검증하게 하며, 저항의 원인에 대한 해결책을 모색함으로써 혁신의 성공을 가능하게 한다. 저항은 안정유지와 혁신의 상충되는 요구를 조정하는 역할을 한다.

(3) 저항의 극복방안

① 공리적 전략

공리적 전략은 인센티브를 제공하는 경제적 보상전략이다. 이 전략은 혁신에 대한 저항을 무마하는 실질적인 효과를 기대할 수 있으나 희생비용이 클 경우 효과는 장기간이 지난 후에 나타나므로 비용의 낭비라는 문제가 발생할 수 있다.

② 규범적 전략

규범적인 전략은 직원들의 윤리규범이나 가치에 호소하는 전략으로서 개혁의 열매에 대한 상징조작, 개혁 지도자의 카리스마, 개혁의 논리와 당위성에 대한 여론형성, 교육과 훈련을 통한 의식개혁 등으로 잠재적 저항심리를 완화하거나 혁신에 동조하도록 하는 전략이다.

③ 강제적 전략

강제적 전략은 반 혁신적인 행위에 대해 제재수단을 동원함으로써 혁신에 동참시키는 전략이다. 이러한 강제전략은 제재위협에 대한 반감이나 오해를 불러일으킬 수도 있고 처벌이 두려워 겉으로만 혁신에 동참하는 척 할 수도 있다. 강제적 전략은 혁신이 시급하게 이루어져야 할 경우 저항을 신속하게 극복할 수 있는 전략으로서 개혁지도자의 강력한 카리스마가 작용할 수 있을 때 이용 가능하다.

제 4 절 경찰인사관리

1. 경찰인사행정론의 개관

1) 경찰인사행정의 개념

경찰은 공공의 안녕과 질서유지를 목적으로 범죄를 예방하고 진압하며 공익의 보호를 위해 노력한다. 이러한 업무수행 과정에서 경찰은 위험성과 돌발성, 그리고 신속성 등의 요인들과 직면하게 되는데, 이러한 현상을 경찰업무의 특수성이라 한다. 경찰업무의 특수성에 대처하기 위해서는 우수한 경찰인력이 필요한데, 이러한 필요성을 충족시켜 나가는 것이 경찰인사행정의 핵심이다. 일반적으로 인사행정은 다양한 외부환경요소들과의 상호작용을 통해 조직의 인적자원에 관한 효율적인 관리활동을 의미한다. 즉, 인사행정은 조직목표를 달성하기 위하여 공공부문의 인적자원인 공무원을 모집·채용하고 이들의 활동에 대한 평가와 보상, 그리고 교육훈련을 제공하는 등의 모든 관리활동을 의미하며 이를 어떻게 동원하고 이를 관리할 것인가는 매우 중요하다(유민봉·박성민, 2014: 5).

경찰업무의 특성과 인사행정의 개념 및 중요성을 접목시켜 경찰인사행정 개념을 정립하면, 경찰인사행정이란 위험성·돌발성·신속성 등과 같은 특수성을 띤 경찰활동을 적합하게 수행할 수 있는 경찰인력들을 합법적이고 합리적인 규칙을 토대로 모집·채용하는 것이자, 모집·채용 이후 단계에서의 경찰인력들에 대한 교육훈련, 승진 등을 보다 효과적이고 공정하게 추진해 나가는 동태적 과정을 말한다. 따라서 경찰인사행정이 올바른 역할을 수행하기 위해서는 적정경찰인력 규모산출을 바탕으로 우수한 경찰인력의 모집·채용이 필요하다. 또한, 경찰인력의 자질향상을 위한 중·장기적인 교육훈련 계획을 수립하고 우수한 경찰인력들이 조직에 지속적으로 잔류할 수 있는 동기부여 향상 방안들을 모색하는 등 효과적이고 체계적인 경찰인사행정 체계를 수립해야 한다.

2) 경찰인사행정의 목적

경찰인사행정은 다음과 같은 목적을 띠고 있다(강욱 · 김석범 · 백창현, 2014: 155).

(1) 경찰인력의 효율적인 운영

경찰인력에 대한 효율적 운영을 위해 경찰공무원들을 적재적소에 지원해주고 이들의 근무의욕과 사기를 높일 수 있도록 해야 한다. 십만 명이 넘는 경찰공무원들을 효율적으로 관리하기 위해서는 개개인의 능력, 자격 및 경력을 고려하여 효율적인 인력수급계획을 세우고 이를 바탕으로 적절하게 관리해 나가야 한다.

(2) 인사행정에 있어 합리적이고 객관적인 기준의 적용

정원관리부터 채용, 교육훈련, 보직, 근무성적의 평가, 그리고 승진관리에 이르기까지의 적용규칙이나 기준이 공평하고 일관성이 있게 적용될 때 합리적이고 객관적인 인력관리가 이루어질 수 있다. 따라서 인사행정을 적용함에 있어 임기응변, 정실주의, 연고주의보다는 객관적이고 실적에 기반을 둔 인사행정이 경찰공무원의 동기부여나 사기관리에 기여하게 된다.

(3) 경찰조직의 목표와 경찰공무원 개개인 욕구 간의 조화

경찰활동은 공공의 안녕과 질서유지를 위해 행해지고 경찰조직을 구성하고 있는 경찰공무원들에 의해 경찰활동이 행해지기 때문에 효과적인 경찰활동을 위해서는 경찰공무원 상호간 협력을 이끌어내고 경찰조직의 목표와 경찰공무원 개개인 욕구 간의 조화가 요구된다.

(4) 환경변화에 대한 대응성

급변하는 조직환경에서 조직이 생존하고 발전해 나가기 위해서는 변화의 흐름에 능동적이고 적극적으로 대응할 수 있는 인사행정이 필요하다.

3) 경찰인사행정체계의 과정

경찰인사행정체계의 과정은 크게 경찰인력수급계획단계와 경찰공무원 모집·채용·내부관리단계의 2단계로 구성되는데, 세부 내용은 다음과 같다(강용길 외, 2012: 247).

(1) 1단계: 경찰인력수급계획단계

경찰인사행정체계는 여러 단계를 거쳐 진행되는데, 여러 단계 중 경찰활동에 대한 수요와 공급에 관한 예측을 통해 적정 수준의 경찰공무원 수급계획을 수립하는 것에서부터 시작한다. 여기서 말하는 경찰활동에 대한 수요란 현재 경찰이 수행하고 있는 업무의 증가나 감소에 대한 예측과 더불어 장래에 필요한 경찰활동의 내용 및 전문성에 대한 예측을 통해 평가되는 경찰의 업무를 의미하며, 이 수요를 충족시키기 위한 공급측면의 계획이 바로 경찰인력수급계획이다. 이러한 경찰인력수급계획을 통해 인력규모와 직무별 필요역량에 대한 장기적인 계획을 세워야 합리적인 인사관리가 가능하다.

(2) 2단계: 경찰공무원의 모집·채용·내부관리단계

경찰조직은 경찰인력의 수급계획에 의해 경찰공무원을 모집·채용·내부관리를 해나가게 된다. 경찰공무원의 모집은 경찰공무원이라는 직업에 관심을 갖고 지원하게 하려는 목적을 가진 활동이다. 경찰공무원의 채용은 「국가공무원법」 제28조와 「경찰공무원법」 제10조 제1항 및 제2항에 근거한 공개경쟁채용과 「경찰공무원법」 제10조 제3항에 의한 특별채용으로 구분된다.

2. 경찰인사행정론의 접근방법

1) 엽관주의

(1) 등장배경

엽관주의(spoils system)는 미국에서 논의되고 발달되기 시작하였으며, 구체적으로는 미국의 7대 대통령인 잭슨(A. Jackson)에 의해 제도적으로 정착되었다. 잭슨 대통령은 동부상류계층에 의하여 독점되어 오던 공직을 자신을 지지해 준 서부 개척민을 포함한 일반대중에게 공개하는 것이 행정의 민주화이자 이들에 대한 보상이라고 여겼다. 이를 바탕으로 엽관주의는 민주주의의 실천적인 정치원리이자 인사행정의 공식적인 기본원칙으로 자리매김하였다(이병철, 2000: 64). 이처럼, 미국에서 발달된 엽관주의는 정당정치의 발전과 밀접한 관계를 맺고 있으며, 집권 정당과의 동질성 확보를 통해 일반 국민이 공직에 입문할 수 있도록 함으로써 민주주의 구현을 위한 실천적 인사원리의 토대가 되었다. 이 시기 미국의 정치적 구조를 보면 정당간 정치적 성향도 비교적 동질적이었고 행정기관의 업무 단순성으로 인해 미국에서 엽관주의가 가능할 수 있었다(강성철, 2018: 50).

(2) 개념

엽관주의는 선거라는 전쟁에서 승리하여 전리품에 해당하는 공직을 차지할 권한을 갖게 되는 집권정당에 대한 충성도와 공헌도를 공직의 임용기준으로 설정함으로써 집권자나 집권당의 추진 정책을 효과적으로 수행하기 위한 인사행정제도를 의미한다. 엽관주의는 학자들에 의해 정실주의와 개념과 혼용하거나 구분하여 사용하기도 한다.

먼저, 엽관주의와 정실주의를 혼용하는 입장의 경우 엽관주의는 미국에서, 정실주의는 영국에서 발달했다는 출발점만 다를 뿐, 양 개념 모두 공무원 임용 시 개인의 능력과 자질에 의한 임용보다는 집권정당의 수장이나 집권자와 같은 인사권자에 의해 행해졌다는 점에서 구별 실익이 없다는 것이다.

반면, 엽관주의와 정실주의 양 개념을 구분하는 입장은 국왕이 자신의 정치세력을 확장하기 위해, 또는 반대 세력을 포섭할 목적으로 자신을 추종하는 정치세력들에게 관직을 제공했던 것을 정실주의의 등장배경으로 본다. 이러한 등장배경을 바탕으로 정실주의는 임용에 있어 인사권자로부터 얻은 신임이나 개인적 친분 관계를 임용기준으로 하는 제도를 의미한다. 반면 엽관주의는 해당 정권의 정치신조와 유사한 정치적 신념을 가지고 있는지의 여부를 공직 입직의 기준으로 함으로써 정부의 역할이나 기능을 획기적으로 전환시키는 수단으로 이용하였다는 점에서 정실주의와 구분된다고 하였다(이종수 · 윤형진, 2013: 365).

(3) 장·단점

엽관주의는 관료제의 민주화에 많은 기여를 했으며, 이를 바탕으로 초기 정부의 인사관리에 엽관주의가 많이 활용되어 왔다. 엽관주의의 주요 장점에 관한 설명은 다음과 같다(고재학, 2008: 107).

첫째, 엽관주의는 공직을 외부에 공개함으로써 행정의 민주화 및 민주정치의 발달에 이바지한다.

둘째, 엽관주의는 정당에 대한 공헌도나 충성도를 임용기준으로 설정하여, 정당의 대중화와 정당정치의 발달에 공헌한다.

셋째, 선거를 통해 집권정당에 대해 정부관료제를 예속시키고 이를 통해 정부관료제가 특권적·집권화되는 것을 방지하여 국민요구에 대한 대응성을 향상시키는데 공헌한다.

넷째, 국민에 의해 선출된 지도자의 국정지도력을 강화시켜 선거공약이나 공공정책의 실현을 용이하도록 해주는 역할을 한다.

이와 같은 장점에도 불구하고 엽관주의는 그 속에 내재하고 있는 특성과 시대의 흐름에 따른 정치·사회·경제적 환경의 변화로 인해 많은 단점들이 야기되었고, 단점들에 관한 주요 내용들은 다음과 같다(강성철, 2018: 53).

첫째, 엽관주의는 정당이 일부 집권자에 의해 지배되어 공직의 사유화 경향을 야기하고, 이로 인해 정치적 부패를 초래한다.

둘째, 사회가 나날이 복잡해지고 다양하게 분화하면서 다원화가 이루어짐에 따라 인사행정의 흐름도 점차 전문화되고 능률성을 강조하고 있다. 반면, 엽관주의는 임용기준에 있어서 전문성 및 능률성 등의 요인보다 능력 이외의 요인에 중점을 둠으로써 이러한 사회적 변화에 능동적으로 대응하지 못하고 행정의 비능률을 초래한다.

셋째, 엽관주의는 정권 교체 시 대규모 인력 교체가 일시적으로 이루어질 수 있어 행정의 계속성, 일관성 등을 저해한다.

넷째, 엽관주의는 해당 정권에 공헌한 사람들을 임용하기 위해 직위에 대한 사전계획 없이 무분별하게 증설하거나 개편하여 재정 낭비를 초래한다.

2) 실적주의

(1) 등장배경

공무원개혁운동(Civil Service Reform Movement)은 19세기 말부터 20세기 초까지 미국에서 발생하였으며, 주요 목적은 공무원 신분을 엽관정치의 폐해로부터 벗어나게 해 공무원의 정치적 중립을 확보하고, 실적원칙에 맞게 공무원을 선발하고 승진시킴으로써 행정의 전문성과 효율성을 제고하는 것이다. 이처럼 공무원개혁운동은 실적제(merit systems)의 등장배경이 되었다. 공무원개혁운동이 실적주의의 등장배경이었다면, 실적주의가 실제 구실을 하게 된 시기는 1883년 팬들턴법(Pendleton Act)을 제정한 이후부터이다. 1883년 팬들턴법(Pendleton Act) 제정 직후에는 전체 공무원의 약 90% 정도가 여전히 정치적·인간적 친분 즉, 엽관주의에 의해 임명되고 해고되었으나, 동법의 개혁 노력을 바탕으로 20년이 채 지나지 않아 전체 공무원의 약 60% 이상이 실적주의에 의해 임명·해고되었다.

(2) 실적주의의 개념

일반적으로 실적(merit)은 인적자원의 확보 및 활용에 있어 실적을 근간으로 하는 원리를 뜻하지만, 인사체계에서의 '실적'은 이보다 훨씬 다의적 의미를 담고 있다. Warran & Hennessy(1967)는 실적주의를 선발과 배치, 경력개발, 승진과 같은 인사관리에 있어 인사권자 혹은 정치적 태도와는 독립된 오직 실적에 근거하는 것으로 정의하였다. Nigro(1967)는 실적주의를 조직구성원 개인의 업무수행능력을 토대로 선발이나 승진 등과 같은 인사관리 요소들을 결정하는 것으로 정의하였다. Stanley(1970)는 실적주의를 모집이나 선발 또는 조직구성원에 대한 승진 등을 실적과 역량에 기초하는 주의로 정의하였다(안호성, 2013: 15).

이처럼, '실적'이라는 개념이 다의적으로 해석됨에 따라 인사행정에 있어 '실적'이라는 말 대신 '실적주의(Merit Principles)' 내지 '실적제(Merit System)'라는 말을 사용하는 것이 일반적이다. 실적제(Merit systems)는 공무원 인사결정에 실적주의 인사원칙을 적용·집행하기 위한 비정파(nonpartisan) 혹은 초당파(bipartisan) 위원회나 중앙인사기구가 관장하는 행정기구 또는 실적원칙을 집행하기 위해 법률에 의해 설치된 일련의 절차 혹은 기구를 의미한다(하재룡, 2011: 89).

반면, 실적주의(Merit Principles)는 개인의 '역량'을 가장 중요한 기준으로 고려하는 원칙이자 모든 인사행정에 있어서 엽관주의(spoils), 정실주의(patronage), 온정주의(favoritism) 등과 같은 주관적 기준이 아닌 실적과 직무적합성 같은 객관적 기준에 근거하여야 한다는 것을 의미한다. 맥클루든(McCrudden)은 실적주의에 대해 다섯 가지 모델을 제시하고 있는데, 그 내용은 다음과 같다(김한창, 2006: 38).

첫째, 실적주의는 "정실주의" 또는 "족벌주의"라는 뜻과 동일한 의미라는 점이다. 둘째, 목적달성을 위해 필요한 자질들은 그 사회에서 일반적으로 가치있는 것으로 여겨지는 것들이어야 한다는 점, 즉 실적달성에 필요한 능력이 속임수나 편법 등이 아니라 사회가 "상식적"으로 인정하는 것들이 되어야 하며, "권위와 특권을 가진 사람들은 그 사회가 명예롭게 여기거나 추구하는 능력, 지식, 자질의 발현을 통해 그런 지위를 얻게 된 것이어야만 한다"는 의미이다. 셋째, 실적주의에서 요구하는 능력은 일반적인 능력이 아니라 직무를 수행할 수 있는 적합하고 우수한 능력, 즉 직무와 관련된 능력이어야 한다는 점이다. 넷째, 그러한 능력은 직무에 관련된 결과를 생산할 수 있는 능력이어야 한다는 점이다. 다섯째, 그리고 그 능력은 조직을 위해 유익한 결과를 생산할 수 있는 능력이라고 보았다.

(3) 실적주의의 장 · 단점

실적주의는 엽관주의의 폐해를 극복하기 위한 개혁과정에서 등장하였다. 실적주의는 공직취임의 기회균등, 정치적 중립, 신분보장과 더불어 인사행정의 전 과정에서 인적 자원을 능력 · 자격 · 성과에 의해 관리하고 평가함으로써 행정의 효율성을 높이고자 하는 적극적이고 발전지향적인 원칙을 근간으로 한다(김상묵 · 최병대, 1999: 78). 실적주의의 주요 장점들은 다음과 같다(유민봉 · 박성민, 2015: 71).

첫째, 능력주의이다. 실적주의는 공무원의 임용을 포함한 모든 인사관리에 있어 능력 · 자격 · 실적 · 성적 등 객관적 기준에 의해야 하며, 정치적 선호나 연고 등과 같은 직무 수행실적과 관계없는 주관적 요소가 기준이 되어서는 안 된다는 것이다.

둘째, 공직에의 기회균등이다. 실적주의의 경우 공직은 모든 국민에게 개방되며, 학연 · 지연 · 혈연 등과 같은 요소들에 의해 차별을 받지 않아야 한다. 이를 보장하기 위해 채용과정을 공개하고 경쟁에 의한 선발을 보장한다.

셋째, 정치적 중립성이다. 실적주의에 의할 때 공무원이 당파성과는 무관하게 전문적 지식과 경험에 근거하여 공익을 추구하고, 정권의 변화에 동요되지 않고 공직의 안정을 유지할 수 있도록 이를 법률로써 보장한다.

넷째, 신분보장이다. 공무원은 정치적으로 부당하게 신분상의 권익을 침해받지 않도록 보장받으며 공무원이 신분상의 위협을 받지 않고 직무에 전념하도록 한다.

반면 실적주의의 단점으로는 여러 요소들이 존재하겠지만, 공통된 주요 요소들은 다음과 같다(이영애, 2004: 278).

첫째, 인사행정의 획일화와 문서주의를 심화시켜 인력운영의 효율성이 저하된다.

둘째, 공무원 권익보호를 위해 마련된 실적제의 여러 장치들이 오히려 인력의 탄력적 운영을 어렵게 하여 행정의 대응력을 약화시킨다.

셋째, 실적주의의 기본적 가정은 실적을 객관적으로 측정할 수 있다는 것이다. 그러나 인간의 능력이나 성과 등을 객관적으로 측정할 수 있는가에 대한 반론이 가능하다.

3) 직업공무원제

(1) 등장 배경

분권화된 봉건주의 체제를 극복하고 절대군주시대의 중앙집권적 국가 수립의 목적을 달성하기 위해 전문적 교육을 받고 직업적으로 근무하는 직업공무원제도가 필요하게 되었다. 이러한 시대적 요구에 부합하기 위해 직업공무원제(Career Civil Service System)는 국가행정의 합리적이고 현대적인 개혁의 추진을 통해 봉건적 신분국가를 타파하고 국가권력을 통합하고자 하였다. 19세기 및 20세기 초의 입헌군주국가는 군주에 대한 공무원의 충성과 복종의 관계뿐만 아니라 공무원에게 헌법과 법률을 준수해야 할 의무를 부과함으로써 직업공무원제도는 법치국가의 실현에 중요한 기여를 하게 되었다. 직업공무원제의 형성에 영향을 미친 독일의 헌법에 규정되어 있고 우리나라 헌법 제7조에서 제시하고 있는 직업공무원제의 전통적 원칙에는 공법상의 근무·충성관계로서 공무원의 근무관계, 종신제 임명의 원칙과 공무원의 신분보장, 공무원의 정치적 중립성, 공무원의 파업금지 등이 있다(한수웅, 2012: 29).

(2) 개념

최근 사회의 각종 위험이 증가되고 그 유형도 다양화됨에 따라 범죄의 양상 및 국민들의 요구도 급격히 변화되었다. 이에 따라 일반적이고 보편화된 지식만으로는 경찰의 역할 수행에 한계가 있기 때문에 경찰공무원으로서의 전문적 직업의식을 갖춘 유능한 인재를 필요로 하게 되었다(강욱 · 김석범 · 백창현, 2014: 160). 유능한 인재를 경찰 조직구성원으로 흡수함은 물론 이들에게 경찰조직에 들어와 근무하는 것을 일생의 영예로 생각하고 긍지를 느끼게 하는 공직관을 갖도록 하는 제도를 경찰직업공무원제라 한다. 경찰직업공무원제를 확립하기 위해서는 경찰에 대한 사회적으로 높은 평가와 경찰공무원에 대한 교육훈련 등을 통한 능력의 발전, 경찰보수의 적정화 및 연금제도의 보장, 직급별 인력수급계획의 수립, 채용 · 승진제도의 합리화, 신분보장과 같은 요건들이 충족되어야 한다(이황우 · 김진혁 · 임창호, 2019: 113).

(3) 직업공무원제의 장 · 단점

경찰인사제도로 직업공무원제도를 채택하고 있는데, 직업공무원 제도에도 장점과 단점이 존재한다. 먼저 직업공무원제도의 장점에 대해 살펴보면 다음과 같다.

첫째, 공직 근무를 평생의 직업으로 인식하도록 하고, 장기 근무를 격려하기 때문에 공직을 하나의 전문직업 분야로 확립하는데 기여한다.

둘째, 공무원들은 주로 정부에서만 필요한 인력으로 인식되기 때문에 정부와 공무원 사이에 상호의존적인 관계와 온정적인 관계가 강화된다.

셋째, 공무원집단의 경우 공직에 대한 자부심과 일체감, 그리고 봉사정신이 강화됨으로써 공직생활의 행동규범을 유지하는데 도움이 된다.

넷째, 직업공무원제는 행정의 계속성과 안정성을 유지할 수 있으며, 정책결정이나 관리 등의 전문적인 기능을 담당하는 공무원의 양성에 유리하다.

직업공무원제도에도 단점이 존재하는 바, 이에 관해 살펴보면 다음과 같다(오석홍, 2016: 35).

첫째, 폐쇄적 임용으로 인해 공무원집단이 보수적이고 관료주의적 성향이 강화되고, 특권집단화 경향을 띠는 경우를 종종 볼 수 있다.

둘째, 공직의 중간층에 외부인사로 인한 새롭고 긍정적인 자극이 주어지기 어렵기 때문에 공직이 침체될 가능성이 있다.

셋째, 공무원의 신분보장으로 인해 외부환경의 급격한 변화에 신속하게 대응하지 못하고 무사안일주의에 빠지거나 관료적 병리 현상을 초래할 수 있다.

넷째, 공무원집단의 폐쇄적 인사운영은 전문화의 방해요소가 되고 분야별 전문화와 행정기술의 발전에 지장을 줄 수 있다.

4) 대표관료제

(1) 등장 배경

대표성(representation)이란 용어의 등장은 고대 프랑스에서 시작되었고 현대적 의미의 대표성은 13세기에서 14세기 사이에 정립된 것으로 본다(Pitkin, 1967: 84). 미국의 경우 인종과 성에 대한 차별 금지라는 인권문제와 결부되면서 나타났고, 여기에서 실적주의가 지닌 한계인 공직이 갖는 국민 대표성 문제가 쟁점이 되었다. 이 같은 국민 대표성의 문제는 법적인 차원뿐만 아니라 이론적 차원에서도 여러 기준에서 국민 전체나 지역주민 전체의 인적 구성에 비례해 공무원을 구성함으로써 공직의 인적 대표성을 확보해야 한다는 대표관료제(representative bureaucracy)의 주장이 제기되었다(김태룡, 2012: 250).

대표관료제는 사회를 구성하는 모든 주요 집단으로부터 인구 비례를 통해 관료를 충원하고, 이들을 정부관료제 내·외의 모든 계급에 대해 비례적으로 배치함으로써 정부관료제가 그 사회의 모든 계층과 집단에 공평하게 대응하도록 하는 제도를 의미한다. 이에 따라 대표관료제는 정부관료제가 그 사회의 인적 구성을 반영하도록 구성함으로써 관료제에 민주적 가치를 주입시키려는 의도에서 등장했다(Kingsley, 1994: 194). 이러한 등장 배경을 바탕으로 대표관료제는 민주주의 제도하의 정치제도에서 행정관료들의 재량권 확대에도 불구하고 그 대표성을 확보할 수 있는 제도적 장치가 효용성을 찾지 못하고 있다는 점과 사회적 형평성에 대한 관심이 고조되면서 인사행정에서 중요한 부분으로 자리매김하였다.

(2) 대표관료제의 개념

대표관료제란 사회를 구성하는 모든 주요 집단에서 차지하는 양적 비율에 맞춰

정부 관료제의 직위들을 배분해야 한다는 원리가 적용되는 인사행정체제이다. Kinsley(1994)는 대표관료제를 인적 구성과 같은 구성적 측면을 강조하였고, Kranz(1976)는 관료제의 모든 직무 분야와 계급의 구성 비율이 총인구비율과 상응해야 한다고 주장하였다.

즉, 대표관료제는 정부조직에서 특정한 집단이 차지하는 인력규모를 그 출신 집단이 전체 인구에서 차지하는 규모와 비례하도록 한다. 이 경우 각 집단은 정부조직의 모든 계층과 직업군에 비례적으로 대표된다. 대표관료제의 원리는 사회적으로 혜택받지 못하는 집단을 도우려는 복지주의 그리고 진보적 자유주의, 집단주의와 성과주의를 기반으로 함과 동시에 사회적 형평성의 구현을 강조한다(오석홍, 2016: 35).

Mosher(1968)는 대표관료제를 소극적 대표성(passive representation)과 적극적 대표성(active representation)으로 구분하고 있다(강기봉, 1995: 49). 소극적 대표성은 한 국가를 구성하는 다양한 사회계층이 그들이 차지하고 있는 인구 구성의 비율만큼 관료제 안에서 비슷한 구성 비율을 이루고 있어야 한다는 것을 주 명제로 한다. 이러한 명제를 바탕으로 소극적 대표성은 사회적 계층이나 지역 분포나 종교적 분포 등이 전체 인구에서 차지하는 비율대로 행정관료 조직에 대표되는 것을 의미한다. 적극적 대표성은 행정관료가 자신과 사회적 특성이 같은 집단의 이익을 정책결정과정이나 정책수행과정에서 옹호하고 대변한다는 점에서 자신들의 사회적 배경과 행정행위 사이의 상호연관성을 전제로 하는 대표성을 의미한다. 즉, 적극적 대표성은 공직 입직 이전에 개인의 사회화 과정에서 얻게 된 행정관료의 태도와 공식적 역할자로서의 행정관료의 실제 행동간의 상호연관성에 의해 분석될 수 있다.

(3) 대표관료제의 장 · 단점

정부의 대응성을 향상시키는 대안이 될 수 있는 대표관료제의 장점으로는 여러 가지가 있겠지만 주요 내용은 다음과 같다(김상호, 2005: 281).

첫째, 대표관료제는 관료제의 인적성이 사회 각계각층을 비례적으로 대표하는 것으로 민주적 가치에 부합된다는 점에서 상징적인 의미를 지닌다. 또한, 나아가 그러한 인적 구성요소가 능동적인 대표작용을 한다면 정부관료제 안에서 균형잡힌 견해가 확립될 수 있고, 조직의 내부적 민주화에 기여할 수 있다. 이를 통해 공무원뿐만 아니라 공직에 관심이 있는 젊은 세대로 하여금 의욕을 고취시키고 유능한 인재의 정부유입을 도모할 수 있게 된다.

둘째, 대표관료제는 정부관료제의 내적 통제를 강화할 수 있다. 기존에 정치적 목적으로 공직에 입직한 최고관리층이나 대의기관 등과 같은 기관들에 대해 외재적 통제장치가 그 구실을 발휘하기에는 한계가 있다. 따라서 내적인 통제장치를 마련하기 위해서는 대표관료제가 필요하다.

셋째, 대표관료제는 모든 집단의 실질적인 기회균등을 보장한다. 특히, 상대적으로 기회를 제공받지 못하는 소수집단들(minorities)에게 기회균등을 적극적으로 보장하고 지위상승을 돕게 함으로써 사회정의의 구현에 이바지하게 된다.

넷째, 대표관료제는 비 혜택집단에 대한 고용기회 확대를 통해 집단의 경제적 불만을 해소하는 중요한 통로로서 역할을 함과 동시에 정치적인 힘과 참여능력을 향상시킴으로써 사회로부터 이들 집단에 대한 소외감을 줄이게 된다.

앞서 언급한 대표관료제의 장점에도 불구하고 대표관료제에 관한 다음과 같은 단점도 나타난다(강성철, 2018: 70).

첫째, 대표관료제는 할당제(quota system)를 강요하는 결과를 초래한다. 할당제는 공직에 임용되는 기준이나 원칙을 개인의 능력보다 개인이 속한 집단에 둠으로써, 현대 인사행정의 기본원칙인 실적주의를 저해하고 행정능률을 저하시키는 부정적 요소이다. 실제 미국의 소수집단 우대정책 등의 정책에서 볼 때, 전통적으로 고용차별을 받아오던 소수집단의 구성원에게 고용기회의 실질적 평등을 보장하여 할당제의 결과를 초래하게 된 대표적 예로 볼 수 있다.

둘째, 할당제의 소지가 있는 대표관료제는 다시 역차별의 문제를 야기한다. 그 이유는 할당제가 실시될 경우 좀 더 우수한 능력을 지닌 개인이 단지 종래 혜택을 받아오던 집단의 출신이라는 이유만으로 신규채용이나 승진에서 불이익을 받는 경우가 발생될 수 있기 때문이다. 대표관료제의 단점으로 대두되는 할당제는 기회균등의 원칙에 위배되는 것으로 공직사회의 인사행정에 있어 역차별이라는 비판을 받고 있다.

셋째, 대표관료제의 특성상 소극적 대표가 적극적 대표로 볼 수 있는 국민을 보호하고 대표하지 못할 뿐 아니라 이 경우 적극적 대표는 민주주의에 대한 위협 요소로 작용할 수 있다.

3. 경찰인사행정론의 발전과정

1) 경찰공무원의 계급 변천과정

1969년 1월 7일 법률 제2077호로 「경찰공무원법」이 최초로 제정(1969년 1월 7일 시행)될 당시 이 법 제3조 제1호에서 경찰관의 계급을 치안총감, 치안감, 경무관, 총경, 경정, 경감, 경위, 경사, 경장, 순경으로 총 10계급으로 명시하였고, 별정직공무원으로 분류하였다. 또한 이 법이 처음 제정된 당시에는 동법 제3조 제2호에 소방공무원의 계급도 같이 명시하였다.[8] 그러던 것이 1977년 12월 31일 법률 제3042호로 「소방공무원법」이 제정됨에 따라 경찰관 계급에서 소방공무원이 삭제되었다.

|표 4-8| 경찰공무원의 계급 변천과정(「경찰공무원법」)

1969년 1월 7일	1979년 12월 28일	1979년 12월 28일	1983년 1월 1일
치안총감 치안감 경무관 총경 경정 경감 경위 경사 경장 순경	치안총감 치안감 경무관 총경 경정 경감 경위 경사 경장 순경	치안총감 · 치안정감 치안감 경무관 총경 경정 경감 경위 경사 경장 순경	치안총감 치안정감 치안감 경무관 총경 경정 경감 경위 경사 경장 순경
소방공무원도 명시함	소방공무원 계급 삭제		

<표 4-8>에서 보는 바와 같이 1979년 12월 28일 법률 제3189호로 「경찰공무원법」이 일부 개정(1979년 12월 28일 시행)됨에 따라 치안정감 계급이 추가되었으나, 치안총감과 치안정감을 치안총감 · 치안정감으로 동일 선상으로 명시하였다. 그러던 것이 1982년 12월 31일 법률 제3606호로 「경찰공무원법」이 전부 개정(1983년 1월 1일 시행)됨에 따라 경찰공무원 계급은 현재와 같은 치안총감, 치안정감, 치안감, 경무관, 총경, 경정, 경감, 경위, 경사, 경장, 순경의 11계급으로 구분되었다.

---

8) 이 당시 명시된 소방공무원의 계급은 소방총경, 소방경정, 소방경감, 소방경위, 소방사, 소방장, 소방원의 계급체계를 유지하고 있었다.

2) 경찰공무원의 정년제도 변천과정

(1) 경찰공무원의 연령정년제도 변천과정

1969년 1월 7일 법률 제2077호로 「경찰공무원법」이 최초로 제정(1969년 1월 7일 시행)되면서 동법 제51조 제1항 제1호에 연령정년에 관해 규정하였다. 연령정년에 관한 개정은 크게 연령정년에 관한 규정, 연령정년에 관한 특례규정, 정년의 당연퇴직 시기에 관한 규정을 중심으로 이루어져 왔는데, 제정 후 이들 규정의 개정과정을 살펴보면 다음과 같다.

「경찰공무원법」 제정 시에는 연령정년에 관하여 경정 이상의 계급은 61세, 경위·경감 계급은 51세, 경사 이하의 계급은 50세로 규정하고 있으며, 이에 관한 특례규정은 별도로 두지 않았다. 또 정년의 당연퇴직 시기는 정년에 달한 다음 달로 하였다.

1973년 2월 8일 법률 제2501호로 「경찰공무원법」이 일부 개정(1973년 2월 8일 시행)됨에 따라 동법 제51조 제2항에서 내무부장관(현 행정안전부장관)의 권한으로 경사 이하의 경찰공무원으로서 통신·감식 기타 대통령령으로 정하는 특수기술부문에 15년 이상 근무한 후 연령정년에 도달한 자가 근무성적이 우수하고 계속 복무할 능력이 있다고 인정될 때에는 5년을 초과하지 않는 범위에서 이를 연장할 수 있도록 하는 내용이 신설되었다.

1978년 12월 6일 법률 제3153호로 「경찰공무원법」이 일부 개정(1979년 1월 1일 시행)되면서부터 동법 제51조 제2항의 규정에서 경감계급 이하 경찰공무원의 연령정년은 51세에서 대통령령이 정하는 바에 따라 3년의 범위에서 연장할 수 있도록 하였다. 또한, 1973년 2월 「경찰공무원법」 일부 개정 당시 15년 이상 근무한 후 연령정년에 도달한 자가 근무성적이 우수하고 계속 복무할 능력이 있다고 인정될 때에는 5년을 초과하지 않는 범위에서 이를 연장할 수 있도록 하는 내용이 1978년 12월 동법의 일부 개정으로 15년 이상 근무가 10년 이상 근무한 자로 축소되었고, 연장범위는 5년으로 동일하도록 개정되었다. 또한, 이 시기의 동법 일부 개정으로 정년에 해당되는 경찰공무원의 당연퇴직 시기를 정년에 달한 날이 1월에서 6월 사이에 있는 경우에는 6월 30일에, 7월에서 12월 사이에 있는 경우에는 12월 31일에 당연퇴직이 되도록 개정되었다.

1982년 12월 31일 법률 제3606호로 「경찰공무원법」이 전부 개정(1983년 1월 1일 시행)됨에 따라 연령정년의 경우 경정 이상 계급은 61세, 경사 이하 계급은 50세로 기존과 동일하였으나, 경위·경감 계급은 51세에서 55세로 늘어났다.

1985년 12월 28일 법률 제3799호로 「경찰공무원법」이 일부 개정되면서(1987년 1월 1일 시행) 연령정년의 경우 경감·경위 계급은 55세, 경사 이하 계급은 50세로 규정하던 것이 경감·경위 계급은 58세, 경사 이하 계급은 55세로 개정되었고, 경정 이상 계급의 연령정년은 기존과 동일한 61세로 규정하였다.

1991년 11월 30일 법률 제4406호로 「경찰공무원법」이 일부 개정됨(1991년 11월 30일 시행)에 따라 경찰공무원의 연령정년에 관한 규정이 개정되었다. 연령정년 개정에 관한 세부내용으로 1985년 12월 동법 개정당시(1987년 1월 시행) 경정 이상 계급 61세, 경감·경위 계급 58세, 경사 이하 계급 55세로 규정하였던 것이 경정 이상 계급 61세, 경감 이하 계급 58세로 1991년 11월 동법의 일부 개정으로 인해 변경되었다. 또한, 동법 제24조 제2항에서는 경감·경위 계급의 경찰공무원의 연령정년과 경사 이하 계급의 경찰공무원으로서 대통령령이 정하는 통신·감식 등 특수기술부문 및 기획·감사 등 내근부서에 10년 이상 근무한 자의 연령정년에 대해 대통령령이 정하는 바에 의하여 3년의 범위에서 연장할 수 있게 개정되었다.

1998년 9월 19일 법률 제5570호로 「경찰공무원법」 일부개정시(1998년 9월 19일 시행) 연령정년의 경우, 동법 일부 개정 이전 경정 이상 계급 61세, 경감 이하 계급 58세, 경사 이하 계급 55세로 규정하던 것이 동법 일부 개정 이후 경정 이상 계급 60세, 경감 이하 계급 57세로 개정되었다. 또한, 경감·경위 계급의 경찰공무원에 대한 연령정년과 경사 이하 계급의 경찰공무원으로서 대통령령이 정하는 통신·감식 등 특수기술부문 및 기획·감사 등 내근부서에 10년 이상 근무한 자에 대해 대통령령이 정하는 바에 의하여 3년 범위에서 연장하던 규정은 삭제되었다.

2008년 12월 31일 법률 제9295호로 「경찰공무원법」 일부 개정으로 인해 경정 이상 60세, 경감 이하 57세이던 연령정년이 경정 이상, 경정 이하 구분 없이 동일하게 60세로 개정되었다.[9] 그러나 연령정년 연장에 관한 경과조치를 통해 2009년부

9) 기존 「경찰공무원법」 제24조 제1항 제1호에서 정년연령을 경정 이상 계급은 60세, 경감 이하 계급은 57세로 규정한 것은 위헌이라는 청구소송에 대해 헌법재판소(전원재판부 2006헌마207)는 "통상 경정 이상 경찰공무원의 직무는 경감 이하 경찰공무원에 비하여 정책의 결정, 기획 및 관리와 같은 고도의 업무능력이 필요하므로 그 점에서 서로 간에는 차이가 존재한다. 이런 점에서 입법자는 경찰공무원의 인적 자원을 보다 효율적으로 이용하고자 경정 이상 경찰공무원의 정년을 다른 하위직 경찰공무원보다 길게 정하고 있는 것이라 이해된다. 또한 양자간의 3년이라는 정년연령의 차이는 그러한 업무능력의 차이성을 고려할 때 지나치게 큰 것이라 보기도 곤란하다. 오늘날의 평균수명 연장에 따른 고령화 추세를 고려하더라도 입법자는 여러 요소를 고려하여 정년을 정할 수 있다고 보는 한, 이 사건 조항이 경감 이하 경찰공무원의 정년을 그와 같이 차별한 것은 합리적 이유가 없다고 단정할 수 없을 뿐만 아니라 이 사건 조항은 청구인들의 평등권을 침해한다고 볼

터 2010년까지는 58세로, 2011년부터 2012년까지는 59세로 2013년부터는 60세로 한다고 규정하였다.

(2) 경찰공무원의 계급정년제도 변천과정

1969년 1월 7일 법률 제2077호로 「경찰공무원법」이 최초로 제정(1969년 1월 7일 시행)되면서 제51조 제1항 제2호에 계급정년을 규정하였다. 계급정년의 경우 치안감 계급은 7년, 경무관·총경 계급은 10년, 경정 계급은 14년, 경감 계급은 16년으로 규정하였다. 동법이 최초 제정당시 내무부장관(현 행정안전부장관)은 계급정년의 경우 전시·사변 또는 이에 준하는 비상사태의 경우가 발생할 경우 2년을 초과하지 않는 범위에서 연장할 수 있도록 하였으며, 이 경우 경정 이상 계급의 경찰공무원에 대해 국무총리를 거쳐 대통령의 승인을 얻도록 하였으며, 이 경우에도 해당 경찰공무원은 그 정년에 달한 다음 날에 퇴직하도록 명시하였다.

1969년 최초 제정 당시 경무관과 총경의 계급정년을 10년으로 명시되었던 것이 1979년 12월 28일 법률 제3189호로 「경찰공무원법」의 일부 개정을 통해 경무관의 계급정년이 10년에서 8년으로 줄어들었다.

1982년 12월 31일 법률 제3606호로 「경찰공무원법」이 전부 개정(1983년 1월 1일 시행)됨에 따라 경찰공무원의 정년관련 규정도 개정되었다. 계급정년의 경우 치안감 계급은 7년, 경무관·총경 계급은 10년, 경정 계급은 14년, 경감 계급은 16년에서 치안감 계급은 4년, 경무관 계급은 6년, 총경 계급은 9년, 경정 계급은 11년, 경감 계급은 12년으로 각각 개정되었고, 경위의 계급정년이 15년으로 명시하는 규정이 신설되었다. 또한, 동법 제24조 제3항에서 수사·정보·외사·대공 등 특수부문에 근무하는 경찰공무원으로서 대통령령이 정하는 바에 의해 지정을 받은 자는 총경·경정 및 경감 계급의 경우 3년의 범위에서, 경위 계급의 경우 연령정년에 달할 때까지 대통령령이 정하는 바에 의해 계급정년을 연장할 수 있도록 하는 규정이 신설되었다.

1985년 12월 28일 법률 제3799호로 「경찰공무원법」이 일부 개정되면서(1987년 1월 1일 시행) 경찰공무원의 정년도 일부 변경되었다. 계급정년의 경우 경무관, 총경,

---

수 없다. 한편 이 사건 조항이 경감 이하 경찰공무원의 정년을 57세로 정한 것이 지나치게 짧은 것이어서 입법재량을 벗어난 것이라 볼만한 사정이 없으므로, 청구인들의 행복추구권이나 공무담임권을 침해한다고도 볼 수 없다"고 판시하여 「경찰공무원법」 제24조 제1항 제1호에서의 경정 이상 계급과 경감 이하 계급의 연령정년이 차이에 대해 청구인들의 심판청구를 기각한 바 있다.

경정 계급의 경우에는 개정 전·후를 비교하였을 때 변경된 내용은 없었으나 경감 계급은 12년, 경위 계급은 15년으로 규정하던 것이 경감 계급은 15년, 경위 계급은 18년으로 개정되었다.

1998년 9월 19일 법률 제5570호로 「경찰공무원법」 일부 개정시(1998년 9월 19일 시행) 정년에 관한 규정도 개정되었다. 계급정년의 경우 동법 일부 개정 이전 치안감 계급 4년, 경무관 계급 6년, 총경 계급 9년, 경정 계급 11년, 경감 계급 15년, 경위 계급 18년으로 규정되었으나, 동법 일부 개정 이후 치안감 계급 4년, 경무관 계급 6년, 총경 계급 11년, 경정 계급 14년으로 개정되었다.

2006년 7월 19일 법률 제7967호로 「경찰공무원법」이 일부 개정되면서(2006년 7월 19일 시행) 계급정년을 산정함에 있어 자치경찰공무원으로 근무한 경력이 있는 경찰공무원의 경우에는 그 계급에 상응하는 자치경찰공무원에서의 근무연수를 산입한다는 항이 신설되었다.

2020년 12월 31일에는 대통령령 제31380호로 수사, 정보, 외사, 보안, 자치경찰 사무 등 특수 부문에 근무하는 경찰공무원 중 대통령령으로 정하는 바에 따라 지정을 받은 사람은 총경 및 경정의 경우 4년의 범위에서 계급정년을 연장할 수 있다고 규정하였다.

3) 경찰직급의 변천과정

우리나라 경찰의 직급은 시대별로 변천되어 왔다(경찰청, 2012: 372). 먼저, 광복 이후부터 1970년대까지 주요 경찰직급의 변천과정을 살펴보면 <표 4-9>와 같다. 1948년 5월 경찰서를 1급, 2급으로 분류 등급제를 실시하여 1급에는 총경 계급을 서장으로 보하였고, 2급에는 경감 계급을 서장으로 보하던 것에서 1969년 1월 경찰서 2급 서장을 경감 계급에서 경정 계급으로 격상시켰다. 또한, 동년 6월에는 전국 주요 도시 및 취약지 지서, 파출소 1,000개소의 소장을 경위계급이 담당하도록 승격하였다.

1974년 12월에는 「정부조직법」 개정에 따라 내무부 치안국을 치안본부로 개편·승격되었으며, 치안본부장을 별정직으로 승격하고 치안본부장을 정부위원에 새로 추가하였다. 1974년 12월에는 치안본부 기구를 제1부, 제2부, 제3부로 개편하고 각 부의 부장을 치안감으로 조정하였다. 또한, 이 시기에는 인사교육과를 신설한 반면 공안 및 방위담당관, 치안감사담당관을 폐지하였다. 1975년 8월에는 경찰대학 부속 종합학교장 직급을 총경에서 경무관으로 격상하였다. 1978년 7월 부산광역시 경찰국장 직급을 경무관에서 치안감으로 격상하고, 경무관급 담당관 1인을 두었다. 1979년 12월 경찰대학설치법 제정 공포로 경찰대학장을 치안감에서 치안정감으로, 부학장 및 교수부장은 경무관으로 직제개편하였다.

|표 4-9| 광복 이후부터 1970년대까지 경찰직급의 주요 변천과정

1948년	• 경찰서 1급지 서장 직급은 총경 계급으로, 2급지 서장 직급은 경감 계급으로 배치
1969년	• 경찰서 2급지의 서장 직급을 경감 계급에서 경정 계급으로 상향 조정 • 전국 주요 도시 및 취약지 지서·파출소 1,000개소의 소장 직급은 경위 계급으로 상향 조정
1974년	• 치안본부 각 부의 부장 직급을 치안감 계급으로 조정
1975년	• 경찰대학 부속의 종합학교장 직급을 총경 계급에서 경무관 계급으로 상향 조정
1978년	• 부산광역시 경찰국장의 직급을 경무관 계급에서 치안감 계급으로 상향 조정
1979년	• 경찰대학장의 직급을 치안감 계급에서 치안정감 계급으로 상향 조정

* 주: 표시된 연, 월, 일은「경찰공무원법」제·개정 시행일로 표기하였음.

1980년대의 경찰직급의 주요 변천과정을 살펴보면 <표 4-10>과 같다. 1980년 3월에 경찰대학 부속 종합학교장 직급이 경무관에서 치안감으로 승격되었고, 동년 4월 경찰대학의 경찰대학 부학장제가 폐지되고 교수부장의 직급을 경무관 계급으로 보하였다.

1985년 12월에는 서울특별시 경찰국장의 직급이 치안감 계급에서 치안정감 계급으로 격상되었다.

1986년 6월에는 경찰서 과장 직급을 경정 계급과 경감 계급이 담당하게 하였다. 1986년 10월에는 전라남도 경찰국장의 직급을 치안감으로 격상시키고 국장 아래 담당관 1인을 두고 경무관으로 보하였다. 1987년 2월 경기도 경찰국장 직급이 경무관 계급에서 치안감 계급으로 격상되었고 대통령령 제12579호에 따라 1989년 1월 1일부로 시행되었다. 같은 시기 대통령령 제12578호에 따라 충남경찰국장 직급이 경무관 계급에서 치안감 계급으로 격상되었다.

|표 4-10| 1980년대 경찰직급의 주요 변천과정

1980년	• 경찰대학 부속 종합학교장 직급이 경무관 계급에서 치안감 계급으로 상향 조정
1985년	• 서울특별시 경찰국장 직급이 치안감 계급에서 치안정감 계급으로 상향 조정
1986년	• 경찰서 과장 직급은 경정 계급과 경감 계급이 담당 • 전라남도 경찰국장 직급은 경무관 계급에서 치안감 계급으로 상향 조정
1987년	• 경기도 경찰국장 직급이 치안감 계급에서 치안정감 계급으로 상향 조정(1989년 1월 1일부 시행)
1989년	• 충청남도 경찰국장 직급이 경무관 계급에서 치안감 계급으로 상향 조정

1990년대의 경찰직급의 주요 변천과정을 살펴보면 <표 4-11>과 같다. 1995년 12월에는 5개 지방경찰청장(인천, 강원, 충북, 전북, 경북) 계급이 경무관에서 치안감으로 격상되었고, 각 지방경찰청에 차장제를 신설하고 부산지방경찰청과 경기남부지방경찰청 차장 2인을 1인으로 조정하였다(「경찰청과 그 소속기관 직제」 개정: 대통령령 제14823호).

1998년 2월에는 총경 계급이 담당하던 지방경찰청(부산, 대구, 인천, 강원, 충북, 충남, 전북, 전남, 경북, 경남) 전산통신과를 전산통신담당관으로 조정하며 경정이 담당하도록 하였으나 서울, 경기, 제주지방경찰청은 현행 과(課)체제를 유지하였다(「경찰청과 그 소속기관 직제」 개정: 대통령령 제15716호).

1999년 5월에는 9개 지방경찰청(부산 · 대구 · 인천 · 울산 · 경기 · 충남 · 전남 · 경북 · 경남) 감사담당관 직급을 경정에서 총경으로 조정하고, 10개 보안수사대(서울 · 대구 · 인천 · 경기 · 강원 · 충남 · 전북 · 전남 · 경북 · 경남 각 1개대) 직급을 경감 계급에서 경정 계급으로 조정하였다(「경찰청과 그 소속기관 직제」 개정: 대통령령 제16342호).

|표 4-11| 1990년대 경찰직급의 주요 변천과정

1995년	• 5개 지방경찰청(인천, 강원, 충북, 전북, 경북) 장 직급 격상됨 • 5개 지방경찰청(인천, 강원, 충북, 전북, 경북)에 차장제를 신설함 • 부산지방경찰청 및 경기남부지방경찰청에 차장 2인을 두던 것을 1인으로 조정함
1998년	• 지방경찰청의 전산통신과(과장: 총경)를 전산통신담당관으로 조정함(경정) • 서울 · 경기 · 제주지방경찰청은 현행 과(課)체제 유지함
1999년	• 9개 지방경찰청(부산 · 대구 · 인천 · 울산 · 경기 · 충남 · 전남 · 경북 · 경남) 감사담당관의 직급을 경정 계급에서 총경 계급으로 상향 조정함. 또한 10개 보안수사대의 직급을 경감 계급에서 경정 계급으로 상향 조정함

2000년대의 경찰직급의 주요 변천과정을 살펴보면 <표 4-12>와 같다. 2000년 12월 중국 선양에 있는 외교통상부 외사분야 주재관 정원 1인(경정 또는 경감)을 증원하고 경찰청 소속기관 정원 중 경감 1인을 감축하였다(「경찰청과 그 소속기관 직제」 개정: 대통령령 제14692호).

2002년 10월에는 경사 파출소장 209인의 직급을 경위로 상향조정하고 경찰청 정보통신2담당관의 직종을 전산서기관에서 전산서기관 또는 총경으로 보하였다(「경찰청과 그 소속기관 직제」 개정: 대통령령 제17754호).

2003년 12월에는 경기남부지방경찰청장의 직급이 치안감에서 치안정감으로 직급 조정되었고, 치안연구소장 겸임 지위 조정에 따라 교수 또는 경무기획국장이 교수부장 또는 교수로 조정되었다(「경찰청과 그 소속기관 직제」 개정: 대통령령 제18162호).

2004년 12월 울산 · 제주지방경찰청 청문감사담당관, 충남 · 전남 · 경남 · 경북지방경찰청 정보통신담당관이 총경으로 직급 조정되었다(「경찰청과 그 소속기관 직제」 개정: 대통령령 제18653호).

2006년 6월에는 국가경찰인력 38명을 감축하여 제주 자치경찰로 이동시키고, 경찰대학교 교수 등의 신분을 별정직 공무원에서 특정직 공무원으로 전환하였다(「경찰청과 그 소속기관 직제」 개정: 대통령령 제19588호). 동년 10월에는 전국 지방경찰청장 중 유일하게 경무관 계급으로 보임되어 있던 제주지방경찰청장 직급을 경무관 계급에서 치안감 계급으로 상향 조정하였다(「경찰청과 그 소속기관 직제」 개정: 대통령령 제19721호). 동년 12월에는 총정원의 3%를 넘지 않는 범위에서 그 정원을 추가로 증원할 수 있도록 하였다. 그리고 계급별로 정원을 규정하는 현행 방식을 일정한 범위에서 총정원을 규정하는 방식으로 전환하고 일부 직급의 정원을 자율적으로 조정하였다(「경찰청과 그 소속기관 직제」 개정: 대통령령 제19796호).

2007년 3월에는 경찰청 혁신기획단장을 신설하고 경무관 계급으로 보하였다. 그리고 경찰대학 경찰수사보안연수원을 신설하여 경무관이 담당하도록 하였다. 지방경찰청(부산 · 대구 · 인천 · 경기 · 충남 · 전남 · 경남지방경찰청) 홍보담당관 직급을 경정 계급에서 총경 계급으로 조정하였다(「경찰청과 그 소속기관 직제」 개정: 대통령령 제19983호).

2008년 10월에는 경기북부지역 치안을 담당하는 경기남부지방경찰청 및 경기북부지방경찰청을 제2차장제로 신설하고 현(現) 4부장(경무관 계급)을 제2차장으로 격상(치안감 계급)하였다(「경찰청과 그 소속기관 직제」 개정: 대통령령 제21085호).

2008년 12월에는 일부개정(대통령령 제24972호)된 「경찰청과 그 소속기관 직제」의 조문들 중 제44조 제2항을 살펴보면 「경찰법」 제17조 제1항에 따라 경찰서장은 경무관, 총경 또는 경정으로 보하되, 경찰서장을 경무관으로 보하는 경찰서를 6곳(서울송파경찰서, 수원남부경찰서, 분당경찰서, 청주흥덕경찰서, 전주완산경찰서, 창원중부경찰서)으로 지정한다는 내용이 신설되었다(2012년 11월 20일).

2013년 5월 「경찰청과 그 소속기관 직제」의 일부개정(대통령령 제24526호)으로 인해 시·도경찰청장의 계급을 치안정감으로 하는 지방경찰청이 개정 전 서울과 경기남부지방경찰청 및 경기북부지방경찰청에 국한되어 있던 것에서 부산지방경찰청도 포함되었다. 또한 동법 제5조의3의 경무인사기획관[10)]과 동법 제12조의2의 교통국[11)]이 신설되었다. 사이버·과학수사 등이 신설되고, 세종특별자치시 경찰청, 경기북부경찰청이 신설되었다.

---

10) ① 경무인사기획관은 치안감 또는 경무관으로 보한다(「경찰청과 그 소속기관 직제」 제8조).
② 경무인사기획관은 다음 사항에 관하여 경찰청 차장을 보좌한다.
1. 보안 및 관인·관인대장의 관리에 관한 사항
2. 소속 공무원의 복무에 관한 사항
3. 사무관리의 처리·지도 및 제도의 연구·개선
4. 기록물의 분류·수발·발송·통제·편찬 및 기록관 운영과 관련된 기록물의 수집·이관·보존·평가·활용 등에 관한 사항
5. 정보공개 업무
6. 예산의 집행 및 회계 관리
7. 청사의 방호·유지·보수 및 청사관리업체의 지도·감독
8. 경찰박물관의 운영
8의2. 청 내 중대산업재해 관련 안전·보건에 관한 업무의 총괄·관리
9. 소속 공무원의 임용·상훈 및 그 밖의 인사 업무
10. 경찰청 소속 공무원단체에 관한 사항
11. 경찰공무원의 채용·승진시험과 교육훈련의 관리
12. 경찰대학·경찰인재개발원·중앙경찰학교의 운영에 관한 감독
13. 소속 공무원의 복지제도 기획 및 운영에 관한 사항
14. 경찰행정 분야 양성평등 관련 정책 및 성희롱·성폭력 예방에 관한 사항 총괄
15. 경찰청과 그 소속기관·산하단체 내 양성평등 관련 정책 및 성희롱·성폭력 예방에 관한 사항 총괄
16. 그 밖에 청내 다른 국 또는 담당관의 주관에 속하지 않는 사항

11) ① 국장은 치안감 또는 경무관으로 보한다.
② 국장은 다음 사항을 분장한다.
1. 도로교통에 관련되는 종합기획 및 심사분석
2. 도로교통에 관련되는 법령의 정비 및 행정제도의 연구
3. 교통경찰공무원에 대한 교육 및 지도
4. 교통안전시설의 관리
5. 자동차운전면허의 관리
6. 도로교통사고의 예방을 위한 홍보·지도 및 단속
7. 도로교통사고조사의 지도
8. 고속도로순찰대의 운영 및 지도

2020년 9월 자치경찰제 도입과 함께 경찰개혁의 일환으로 국가수사본부가 설치되었으며 2021년 1월 1일에 출범하게 되었다. 국가수사본부장은 대통령이 임명하며, 치안정감 계급으로 보하고 임기는 2년으로 중임할 수 없다. 특히 임기가 끝나면 당연 퇴직하게 되어 있다.

2023년 10월 「경찰청과 그 소속기관 직제」의 일부개정(대통령령 제33812호)으로 인한 제4조(하부조직)에 의하면, 경찰청에 미래치안정책국·범죄예방대응국·생활안전교통국·경비국·치안정보국 및 국가수사본부를 두는 것으로 변경되었다. 구체적으로 생황안전국, 교통국, 공공안녕정보국이 폐지되고, 범죄예방대응국, 생활안전교통국, 치안정보국이 신설되었다. 범죄예방대응국장, 생활안전교통국장, 치안정보국장은 치안감 또는 경무관으로 보한다.

범죄예방대응국, 치안정보국, 수사국, 형사국, 안보수사국은 「행정기관의 조직과 정원에 관한 통칙」 제12조에 따른 보좌기관 중 실장·국장을 보좌하는 보좌기관(이하 "정책관등"이라 한다) 1명을 두며, 정책관등 1명은 경무관으로 보한다.

또한, 경찰청장 밑에 대변인 및 감사관 각 1명을 두고, 경찰청 차장 밑에 기획조정관·경무인사기획관 및 국제협력관 각 1명을 두게 되었으며, 대변인은 치안감 또는 경무관으로 보하고 국제협력관은 경무관으로 보한다.

이에 더해, 「경찰청과 그 소속기관 직제」의 일부개정(대통령령 제33812호)으로 인한 제44조(하부조직)에 의하면 서울특별시경찰청에 경무부·경비부·치안정보부·수사부·광역수사단·안보수사부·범죄예방대응부 및 생활안전교통부를 두는 것으로 변경되었다. 이에 따라 자치경찰부는 생활안전부로, 공공안녕정보외사부는 치안정보부로 변경되었으며, 생활안전부와 교통지도부는 생활안전교통부로 통합되었다.

|표 4-12| 2000년대 경찰직급의 주요 변천과정

연도	내용
2000년	• 중국 선양에 있는 외교통상부 외사분야 주재관 정원 1인(경정 또는 경감)을 증원
2002년	• 경사 파출소장 209인의 직급을 경위로 상향조정 • 경찰청 정보통신2담당관의 직종을 전산서기관에서 전산서기관 또는 총경으로 보함
2003년	• 경기남부지방경찰청장의 직급이 치안감 계급에서 치안정감 계급으로 상향 조정 • 치안연구소장 겸임 지위 조정에 따라 교수 또는 경무기획국장이 교수부장 또는 교수로 조정
2004년	• 울산·제주지방경찰청 청문감사담당관, 충남·전남·경남·경북지방경찰청 정보통신담당관이 총경으로 직급 조정

2006년	• 국가경찰인력 38명을 감축하여 제주자치경찰로 이동시키고 경찰대학교 교수 등의 신분을 별정직 공무원에서 특정직 공무원으로 전환 • 제주경찰청장 직급을 경무관 계급에서 치안감 계급으로 상향 조정
2007년	• 경찰청 혁신기획단장을 신설하고 경무관 계급으로 보함 • 경찰대학 경찰수사보안연수원을 신설하여 경무관이 담당 • 지방경찰청(부산 · 대구 · 인천 · 경기 · 충남 · 전남 · 경남지방경찰청) 홍보담당관 직급을 경정 계급에서 총경 계급으로 조정
2008년	• 경기북부지역 치안을 담당하는 경기남부지방경찰청 및 경기북부경찰청을 제2차장제로 신설하고 현(現) 4부장(경무관 계급)을 제2차장으로 격상(치안감 계급)
2012년	• 「경찰법」 제17조 제1항에 따라 경찰서장은 경무관, 총경 또는 경정으로 보하되, 경찰서장을 경무관으로 보하는 경찰서는 6곳으로 서울송파경찰서, 수원남부경찰서, 분당경찰서, 청주흥덕경찰서, 전주완산경찰서, 창원중부경찰서이다.
2013년	• 지방경찰청장의 계급을 치안정감으로 하는 지방경찰청이 개정 전 서울과 경기남부지방경찰청에 국한되어 있던 것이 부산지방경찰청도 포함 • 경찰청 경무인사기획관과 교통국이 신설
2020년	• 2020년 9월 경찰개혁의 일환으로 국가수사본부 설치되었으며 2021년 1월 1일에 출범하게 됨 • 국가수사본부장은 대통령이 임명하며, 치안정감 계급으로 보하고 임기는 2년으로 중임할 수 없음
2023년	• 경찰청에 범죄예방대응국을 신설하고, 생활안전국 및 교통국을 통합하여 생활안전교통국으로 개편하며, 외사국 및 공공안녕정보국을 각각 국제협력관 및 치안정보국으로 개편 • 대변인의 계급을 경무관에서 치안감 또는 경무관으로 상향 조정하고, 경찰수사연수원장의 계급을 경무관에서 치안감으로 상향 조정

4. 경찰인사행정기관

1) 경찰인사부서

「경찰공무원법」 및 「경찰공무원임용령」 등은 경찰인사권자 및 경찰인사와 관련된 규정을 명시하고 있다. 「경찰공무원법」 제7조에 의하면, 총경 이상 계급의 경찰공무원은 경찰청장의 추천을 받아 행정안전부장관의 제청으로 국무총리를 거쳐 대통령이 임용하고 경정 이하의 경찰공무원은 경찰청장이 임용한다. 다만, 경정 계급으로의 신규채용, 승진임용 및 면직은 경찰청장의 제청으로 국무총리를 거쳐 대통령이 하며, 총경의 전보, 휴직, 직위해제, 강등, 정직 및 복직은 경찰청장이 한다고 규정하고 있다. <표 4-13>은 경찰공무원에 대한 인사권자를 나타낸 것이다.

|표 4-13| 경찰공무원에 대한 인사권자

인사권자	관련 인사규정
대통령	• 총경 이상 계급의 경찰공무원에 대한 임용권 • 경정 계급에 대한 신규채용 · 승진 · 승진임용 및 면직 등의 권한
경찰청장	• 경정 이하 계급의 경찰공무원에 대한 임용권 • 총경의 전보 · 휴직 · 직위해제 · 강등 · 정직 · 복직 등의 권한
특별시장 광역시장 시 · 도지사 국가수사본부장 소속 기관의 장 시 · 도경찰청장	• 경찰청장으로부터 대통령령으로 정하는 바에 따라 경찰공무원의 임용에 관한 권한의 일부를 위임받을 수 있음 • 임용권의 위임 등에 관한 구체적인 내용은 제3장 제3절에서 기술한 바와 같음
시 · 도자치경찰위원회	• 시 · 도지사로부터 대통령령으로 정하는 바에 따라 경찰공무원의 임용에 관한 권한의 일부를 위임 받을 수 있음

※ 출처: 「경찰공무원법」 제7조; 「경찰공무원임용령」 제4조; 강욱 · 김석범 · 백창현, 2014: 172의 재구성.

<표 4-14>는 경찰청의 인사담당이 「경찰청과 그 소속기관 직제」 일부 개정에 따라 변경된 것을 나타낸 것이다.

|표 4-14| 경찰청의 인사담당 부서의 변경

제4조(하부조직)
① 경찰청에 미래치안정책국 · 범죄예방대응국 · 생활안전교통국 · 경비국 · 치안정보국 및 국가수사본부를 둔다.
② 경찰청장 밑에 대변인 및 감사관 각 1명을 두고, 경찰청 차장 밑에 기획조정관 · 경무인사기획관 및 국제협력관 각 1명을 둔다.

※ 출처: 「경찰청과 그 소속기관 직제」 제4조.

2) 국가경찰위원회 및 경찰공무원 인사위원회

「국가경찰과 자치경찰의 조직 및 운영에 관한 법률」과 「경찰공무원법」에서의 경찰인사에 관한 사항에 대해 경찰인사에 관한 심의·의결기관으로서 국가경찰위원회 및 경찰공무원인사위원회의 임무 구분이 명확하지 않은 것이 현실이다. 「국가경찰과 자치경찰의 조직 및 운영에 관한 법률」 제10조 제1항 제1호에서는 국가경찰사무에 관한 인사, 예산, 장비, 통신 등에 관한 주요정책 및 경찰 업무 발전에 관한 사항에 관해서는 국가경찰위원회의 심의·의결을 거쳐야 한다고 규정하고 있어 경찰인사에 관한 심의·의결을 명백히 국가경찰위원회의 권한으로 하고 있다.

또 「국가경찰위원회 규정」 제5조 제1항 제2호에서는 경찰공무원의 채용·승진 등 인사운영 기준에 관한 사항 즉, 「국가경찰과 자치경찰의 조직 및 운영에 관한 법률」 제10조 제1항 제1호를 뒷받침하기 위한 범위를 규정하고 있다.

「경찰공무원법」 제5조는 경찰공무원의 인사(人事)에 관한 중요 사항에 대하여 경찰청장 또는 해양경찰청장의 자문에 응하게 하기 위하여 경찰청과 해양경찰청에 경찰공무원인사위원회를 두었으며, 경찰공무원인사위원회의 구성 및 운영에 필요한 사항은 대통령령으로 정하고 있다. 또한 이 법 제6조에서는 경찰공무원의 인사행정에 관한 방침과 기준 및 기본계획, 경찰공무원의 인사에 관한 법령의 제정·개정 또는 폐지에 관한 사항, 그 밖에 경찰청장 또는 해양경찰청장이 인사위원회의 회의에 부치는 사항을 그 기능으로 하고 있다.

경찰공무원의 인사관리 및 제도에 대한 경찰공무원인사위원회와 경찰위원회 간 충돌은 경찰청이 출범한 1991년 7월 「경찰법」 제정과 함께 발생하였다. 경찰청 출범 초기에는 경찰인사에 관한 기본 정책과 관련 법령의 개폐 등은 경찰위원회가 심의·의결하되 경찰공무원인사위원회는 보다 세부적인 인사문제에 관한 심의기구로서 존재하여 상호 공존하는 의미가 강했다(강용길 외, 2012: 261). 그럼에도 불구하고 1991년 7월 「경찰청과 그 소속기관 등 직제」를 통해 치안본부가 경찰청으로 승격되고, 「경찰법」 및 「경찰위원회 규정」 등이 제정됨으로써 경찰위원회의 경찰공무원에 대한 인사 및 제반 업무, 그리고 정책에 관한 주요 사항의 심의·의결권이 부여되었다. 반면, 「경찰공무원법」에 의해 설치되었던 경찰공무원인사위원회는 단지 인사업무에 관한 '심의권'만이 부여되어 경찰위원회보다 상대적으로 그 권한과 위상이 낮다고 볼 수 있다.

3) 소청심사위원회

소청심사제도는 공무원이 징계처분 및 기타 그 의사에 반하는 불리한 처분을 받고 이에 불복하는 재심청구 또는 불이행이라는 부작위에 대해 행정처분을 구하는 청구를 받아 심사·결정하는 특별행정심판의 일종이다(김영삼·경재웅, 2010: 396). 즉, 소청심사제도는 사법의 보완적 기능을 통해 공무원에 대한 임용권자의 부당한 인사처분을 취소 혹은 변경을 가능케 함으로써 공무원의 권익을 보호하는 대표적인 권리구제제도라는 직접적 의미와 행정의 자기통제 혹은 자기감독의 효과를 도모하는 것이라는 간접적 의미를 지니고 있다(이동찬, 2012: 237).

「인사혁신처와 그 소속기관 직제」 제22조에서는 소청심사위원회의 직무에 관해 명시하고 있으며, 명시 내용은 행정기관 소속 공무원의 징계처분, 그 밖에 그 의사에 반하는 불리한 처분에 대한 소청의 심사·결정 및 그 재심청구 사건의 심사·결정에 관한 사무로 규정하고 있다. 소청심사위원회의 구성은 위원장 1명을 포함한 상임위원 5명과 7명의 비상임위원으로 구성하고, 위원장은 정무직으로, 상임위원은 고위공무원단에 속하는 임기제공무원으로 보한다. 또한, 소청심사위원회 비상임위원의 임기는 2년으로 한다(「인사혁신처와 그 소속기관 직제」 제23조).

소청심사위원회가 소청 사건을 심사할 때에는 대통령령으로 정하는 바에 따라 소청인 또는 대리인에게 진술 기회를 주어야 한다(「국가공무원법」 제13조 제1항). 소청 사건의 결정은 재적 위원 3분의 2 이상의 출석과 출석 위원 과반수의 합의에 따르되, 의견이 나뉠 경우에는 출석 위원 과반수에 이를 때까지 소청인에게 가장 불리한 의견에 차례로 유리한 의견을 더하여 그 중 가장 유리한 의견을 합의된 의견으로 본다(「국가공무원법」 제14조 제1항).

소청심사기관은 행정부(인사혁시처)와 입법부(국회사무처), 사법부(법원행정처), 헌법재판소(헌법재판소사무처), 중앙선거관리위원회(중앙선거관리위원회사무처) 별로 소청심사위원회를 설치하고 있는데(「국가공무원법」 제9조), 경찰공무원은 행정안전부에 설치되어 있는 소청심사위원회에 소청심사를 청구할 수 있으나, 의무경찰대의 대원은 의무경찰대가 소속된 기관에 설치된 경찰공무원 징계위원회에서 소청내용을 심사하며, 징계는 강등, 정직, 영창, 휴가 제한 및 근신으로 한다(「의무경찰대 설치 및 운영에 관한 법률」 제6조).

4) 고충심사위원회

고충심사제도는 공무원이 근무조건, 인사관리 기타 신상문제에 대하여 불만이 있는 경우 책임있는 인사권자에게 고충심사를 청구하여 심사 및 인사상담을 거쳐 고충에 대한 적절한 해결책을 강구하여 주는 제도로서, 심사기관이 제3자적 입장에서 고충사안이 원만히 해결되도록 주선하고 권고하는 조정자적 역할을 수행하는 제도이다. 고충심사제도는 공무원의 근무여건에 애로사항으로 작용하는 여러 문제점들을 살피고, 이를 해소함으로써 공무원의 권익을 보다 확실하게 보장하여 사기를 진작시키고 직무능률을 향상시키고자 하는데 목적이 있다.

경찰공무원은 경정 이상 계급의 경우와 경감 이하의 계급에서 각각 관할 고충심사위원회가 다르다. 먼저 경정 이상 계급의 경우 중앙고충심사위원회에서 실시하며, 설치기관은 중앙인사관장기관(행정안전부 소청심사위원회에서 기능을 관장)이며, 관할은 보통고충심사위원회의 심사를 거친 재심청구를 대상으로 한다. 경감 이하 계급의 경우 경찰공무원 고충심사위원회에서 실시하며, 설치기관은 경찰청 · 해양경찰청 · 시 · 도경찰청 및 대통령령이 정하는 경찰기관[12] 및 지방해양경찰관서이다. 경찰공무원 고충심사위원회는 위원장 1명을 포함한 7명 이상 15명 이하의 공무원위원과 민간위원으로 구성한다. 이 경우 민간위원의 수는 위원장을 제외한 위원 수의 2분의 1 이상이어야 한다. 경찰공무원 고충심사위원회의 공무원위원은 청구인보다 상위 계급 또는 이에 상당하는 소속 공무원 중에서 설치기관의 장이 임명한다((「공무원고충처리규정」 제3조의 2). 고충처리대상의 범위는 총 3개로 구분되며, 다음과 같다(「중앙고충업무처리지침」 제4조 제1항).

첫째, 근무조건이다. 근무조건에는 봉급 · 수당 등 보수에 관한 사항, 근무시간 · 휴식 · 휴가에 관한 사항, 업무량, 작업도구, 시설안전, 보건위생 등 근무환경에 관한 사항, 주거 · 교통 및 식사편의 제공 등 후생복지에 관한 사항 등을 포함한다.

둘째, 인사관리이다. 인사관리에는 승진 · 전직 · 전보 등 임용에 관한 사항으로서 임용권자의 재량행위에 속하는 사항, 근무성적평정 · 경력평정 · 교육훈련 · 복무 등 인사행정의 기준에 관한 사항, 상훈 · 제안 등 업적성취에 관한 사항 등을 포함한다.

셋째, 기타 신상문제에 관한 것으로서 성별 · 종교별 · 연령별 등에 의한 차별대

12) 「공무원고충처리규정」 제3조의2에 의거 "대통령령이 정하는 경찰기관"이라 함은 경찰대학 · 경찰인재개발원 · 중앙경찰학교 · 경찰수사연수원 · 경찰서 · 경찰기동대 · 경비함정 기타 경감 이상의 경찰공무원을 장으로 하는 기관 중 행정안전부장관 또는 해양수산부장관이 지정하는 경찰기관을 말한다.

우, 기타 개인의 정신적·심리적·신체적 장애로 인하여 발생되는 직무수행과 관련된 사항 등을 포함한다.

5. 경찰공무원의 분류

1) 국가공무원과 지방공무원

국가공무원과 지방공무원을 구분하는 정확한 기준은 없지만, 일반적으로 국가공무원과 지방공무원은 인사권의 주체가 누군지에 따라 구분하고 있다. 정부 혹은 국가가 공무원의 임용에 있어 인사권을 행사하는 주체로서 작용한다면 이는 국가공무원 체제로 볼 수 있고, 이 경우 임용되는 공무원을 국가공무원이라 한다. 지방자치단체가 인사권의 주체로서 작용한다면 이는 지방공무원 체제로 볼 수 있고, 이러한 체제에 임용되는 공무원을 지방공무원이라고 한다. 또한, 중앙 또는 지방자치단체의 사무행정의 주체로서 국가공무원과 지방공무원을 구분하기도 한다. 즉, 국가의 사무를 담당하는 경우에는 국가공무원으로, 지방자치단체의 사무를 담당하는 경우에는 지방공무원으로 구분한다. 이 외에도 보수 기타 경비의 부담주체가 국가인지 또는 지방자치단체인지 여부에 따라 국가공무원과 지방공무원으로 구분하기도 한다.

실제 민주주의를 정치적 이념으로 채택하고 있는 국가들은 대개 정부(국가)의 사무와 지방자치단체의 사무를 구분하여 실행하고 있다. 국가사무의 경우 중앙부처나 특별지방행정기관에서 수행하나 경우에 따라서는 정부의 위임에 의해 지방자치단체의 행정기관에서 수행하는 경우까지 포함되며, 지방자치단체 사무의 경우에는 보통지방자치단체 혹은 특별지방자치단체의 행정기관에서 수행되는 것을 의미한다. 이와 같은 이유로 인해 대부분의 국가에서는 국가사무와 지방정부의 자치사무를 구분하고 있고, 국가(정부) 또는 지방자치단체의 사무를 취급하는 국가공무원과 지방공무원의 업무와 역할을 구분짓고 있다(신현기, 2018: 42).

2) 경찰공무원의 공직상 분류

국가공무원은 경력직공무원과 특수경력직공무원으로 구분한다. 경력직공무원이란 실적과 자격에 따라 임용되고 그 신분이 보장되며 평생 동안(근무기간을 정하여 임용하는 공무원의 경우에는 그 기간 동안을 말한다) 공무원으로 근무할 것이 예정되는 공무원을 말하며, 그 종류는 <표 4－15>와 같다(「국가공무원법」 제2조 제2항).

|표 4-15| 경력직공무원의 종류

구 분	주요 내용
일반직공무원	• 기술 · 연구 또는 행정 일반에 대한 업무를 담당하는 공무원
특정직공무원	• 법관, 검사, 외무공무원, 경찰공무원, 소방공무원, 교육공무원, 군인, 군무원, 헌법재판소 헌법연구관, 국가정보원의 직원과 특수 분야의 업무를 담당하는 공무원으로서 다른 법률에서 특정직공무원으로 지정하는 공무원

특수경력직공무원이란 경력직공무원 외의 공무원을 말하며, 그 종류는 <표 4－16>과 같다(「국가공무원법」 제2조 제3항).

|표 4-16| 특수경력직공무원의 종류

구 분	주요 내용
정무직공무원	• 선거로 취임하거나 임명할 때 국회의 동의가 필요한 공무원 • 고도의 정책결정 업무를 담당하거나 이러한 업무를 보조하는 공무원으로서 법률이나 대통령령(대통령비서실 및 국가안보실의 조직에 관한 대통령령만 해당한다)에서 정무직으로 지정하는 공무원
별정직공무원	• 비서관 · 비서 등 보좌업무 등을 수행하거나 특정한 업무 수행을 위하여 법령에서 별정직으로 지정하는 공무원

「경찰공무원법」 제정 당시 경찰공무원은 일반직공무원으로 분류되었다가 1969년 「경찰공무원법」이 제정되어 별정직공무원으로 전환되었다. 이후 1981년 「국가공무원법」 개정시 공무원이 경력직과 특수경력직으로 구분되면서 「국가공무원법」에 경찰공무원은 경력직 공무원이자 특정직공무원으로 분류되었다(강욱 · 김석범 · 백창현, 2014: 164).

3) 국가경찰공무원과 자치경찰공무원

국가경찰공무원이란 「경찰공무원법」의 적용대상이 되는 국가공무원으로서 경찰의 직무에 종사하는 자를 말한다. 즉, 순경에서부터 치안총감에 이르는 계급을 가진 공무원이 국가경찰공무원이다. 2020년 말 기준으로 경찰인력은 총 125,543명으로 인력구성에 있어 경찰조직상 경찰기관에 근무하는 일반직공무원은 경찰공무원에 해당되지 아니하며, 의무전투경찰순경은 경찰공무원에 해당되지 아니한다. 다만, 의무전투경찰순경도 형법상의 공무집행방해죄의 공무원에는 해당되고「국가배상법」상의 공무원에도 포함된다.

자치경찰공무원은 그 신분은 결국 국가경찰공무원에 해당하지만 자치경찰의 업무를 수행하는 경찰관들을 일컫는다. 우리나라 최초의 자치경찰은「제주특별자치도 설치 및 국제자유도시 조성을 위한 특별법」제87조에서 자치경찰과 자치경찰공무원에 관해서 이 법에서 규정하지 아니한 사항은「지방자치법」및「지방공무원법」에 따르는 것으로 하여 출범한 제주자치경찰단이다. 2020년까지도 제주자치경찰단의 운영은「제주특별자치도 자치경찰 운영 등에 관한 조례」에 의하며, 이 조례는 국가경찰과의 협약 체결과 국가경찰과의 사무분단 기준(제3조－제4조), 사무수행방법의 기준(제5조), 치안행정위원회의 구성과 운영(제6조－제11조), 자치경찰공무원의 직무수행(제12조－14조), 교통시설심의위원회의 구성과 운영(제15조－제21조), 자치경찰기마대의 설치와 운영(제22조－제24조) 등으로 구성되어 왔다.

제주자치경찰은 제주도 단위로는 제주자치경찰단을 두고 산하기관으로 2개 행정시(제주·서귀포시)에 자치경찰대를 설치하고 있다. 국가경찰공무원 38명을 특별임용한 것을 시작으로 2006년 7월 1일에 출범하였고, 이후 2007년 2월 21일 1차 신임순경 45명을 임용하였다. 2012년 1월 9일 기준 통합 자치경찰단이 출범하였다.

그 이후 제주특별자치도 전역에서 자치경찰 활동을 수행하기 위한 노력을 통해 조직을 확장하였다. 2012년 3월 8일에는 자치경찰기마대를 창설하고, 2016년 1월 25일에는 자치경찰단장의 직급을 총경에서 경무관으로 승급하였고, 같은 해 2월 1일 관광경찰과를 신설하는 등 제주자치경찰 조직의 확장을 위한 기틀을 마련하였다. 이후 2018년 4월 30일부터 제주 전역의 교통 및 112신고 출동업무를 부분적으로 수행하기 위한 단계별 확장을 시작하였으며, 2019년 1월 31일에는 국가경찰에서 260명의 인원이 파견되기에 이르렀다.

2020년 12월 31일 제주특별자치도 자치경찰단은 <그림 4－1>에서와 같이 1관(경찰정책관), 3과(교통생활안전과, 관광경찰과, 수사과), 1센터(교통정보센터), 1지역대(서귀포지역경찰대), 17팀(총무청렴팀, 기획홍보팀, 예산장비팀, 인사교육팀, 생활안전팀, 교통관리팀, 교통민원팀, 관광경찰팀, 수사관리팀, 민원수사팀, 기획수사팀, 교통시설팀, 안전팀, 총무팀, 관광팀, 교통팀, 수사팀), 2개 사무소(공항사무소와 항만사무소) 및 기마경찰대로 구성되어 있다.

|그림 4-1| 제주특별자치도 자치경찰단 조직도

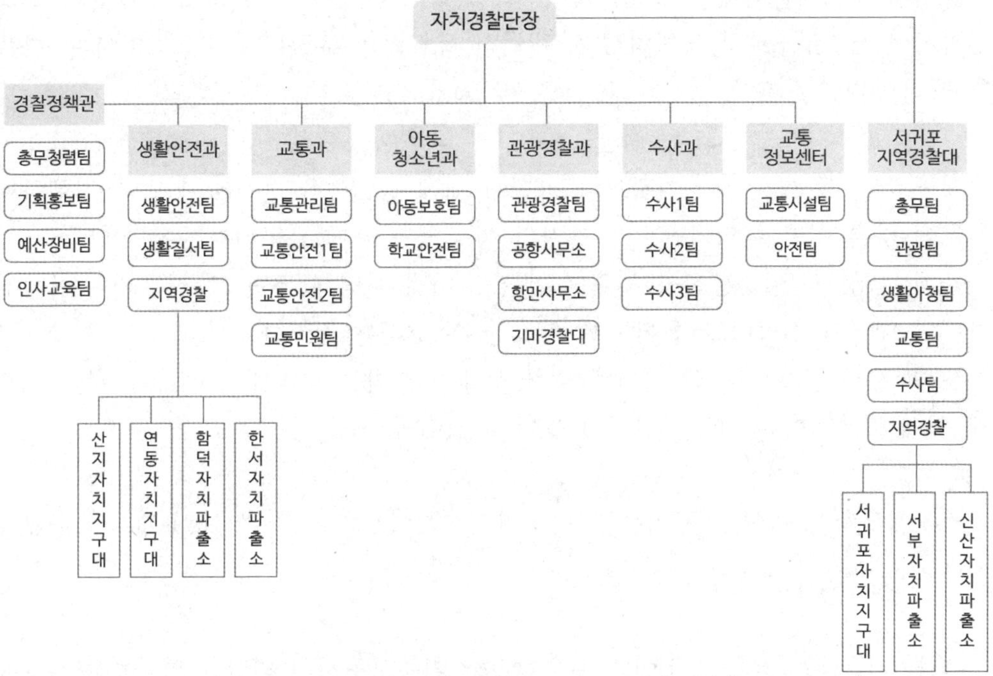

출처: 제주특별자치도 자치경찰단 홈페이지(http://jmp.jeju.go.kr/20210301).

4) 계급제와 직위분류제

(1) 계급제의 개념

계급제(rank－in－person system)는 개인이 지니고 있는 신분, 학력, 경력, 자격과 같은 특성을 바탕으로 이와 유사한 특성을 지닌 개인들을 하나의 집단으로 구분하여 계급을 형성하는 제도이다. 즉, 계급제는 직무를 수행하는 개인의 능력이나 역량보다는 개인에게 부여된 특성을 바탕으로 계급에 따라 직무가 부여되는 제도로서 개인이 지니고 있는 계급에 따라 직무를 담당하게 하는 사람 중심의 제도(person oriented system)이다(강성철, 2018: 23).

경찰조직에서 전통적으로 사용하는 계급체계는 1829년 로버트 필(Sir Robert Peel)이 수도경찰법(Metropolitan Police Act)을 제안하면서 이를 바탕으로 주창된 12개 항의 기본원칙에 의해 처음으로 포함되었다. 로버트 필의 기본원칙을 바탕으로 1833년 뉴욕시경이 창설되면서 군대식 계급체계가 받아들여졌고, 이는 전 세계 경찰조직편성의 기본원리로서 작용되었다(강용길 외, 2012: 255). 이와 같은 로버트 필의 기본원칙은 경찰계급체계를 설정함에 있어 경찰 조직구성원을 수직으로 분류하고 상명하복의 서열구조로 등급화하였다. 이러한 등급화의 주 이유는 세 가지이며, 다음과 같다(김태진, 2004: 149).

첫째, 경찰은 다른 행정기관보다 국민에 대해 강제력을 행사하여 법을 집행하기 때문에 다른 어떤 행정기관보다 조직의 통일성 확보가 요구된다는 점이다.

둘째, 특정 직무를 충족하기 위해 계급을 미리 설정해 두면 그 직무에 종사하는 사람의 대체가 신속하고 용이하게 이뤄질 수 있다는 점이다.

셋째, 계급은 그 조직의 직원에 대한 상대적 평가를 나타내기 때문에 계급을 통해 영예를 부여할 수 있는 장점이 있다는 점이다.

경찰계급체계의 역할과 기능을 나누어 살펴보면 다음과 같다(Wilson & Mclaren, 1977: 245)

첫째, 계급제는 직위를 부여하기 위한 보직기준으로서의 역할을 한다. 경찰은 직무수행의 위험성과 돌발성 등을 이유로 그에 대한 책임과 권한이 더 큰 고난도의 직위를 상위계급자가 점유하는 것으로 보직기준을 설정하고 있다.

둘째, 계급제는 승진제도의 기초로서 작용한다. 승진은 하위직급이나 계급에서 상위직급 또는 계급으로 수직적 이동을 의미하며, 승진을 통해 보수의 상승이라는 긍정적 동기부여와 더불어 직무의 책임성과 곤란성 또한 증대된다. Wilson과 Mclaren(1977)은 경찰업무에 있어서 승진은 직급이나 계급의 수직적 상승보다는 리더십을 발휘하는 직위로 올라가는 것을 의미하는 것으로 보고 올바른 리더십을 발휘할 수 있는 사람을 선발하는 것이 가장 중요한 일이라고 하였다. 특히 준군사조직적인 특성에 따라 엄격한 지휘통솔체계를 유지하고 있는 경찰조직에 있어서 계급체계는 승진의 절대적인 기준이자 리더십의 단계를 의미한다. 이는 계급이 여타 공무원 조직과 달리 더 세분화되어 있는 것은 그만큼 리더십의 단계가 복잡한 다단계로 이루어져 있음을 의미하는 것이다.

셋째, 계급정년제도의 성립 기초로서 기능하고 있다. 계급정년에 따른 강제퇴직은 조직의 업무수행 효율을 보장하고 인사행정의 신진대사를 적정하게 하여 조직에 잔류하고 있는 조직구성원들의 사기를 높이는 역할로서 활용되고 있다. 반면,

계급정년은 직업적 안정성을 해친다는 점에서 직업공무원제를 부정하는 결과를 초래하고 공무원의 사기를 떨어뜨릴 우려가 있다. 또한, 계급 및 승진제도의 합리화가 확립되지 않은 상태에서 단순히 승진을 위한 치열한 경쟁에서 도태된 공무원을 중도에 탈락시키고 승진경쟁의 과열이라는 부작용을 초래하기도 한다.

(2) 계급제의 장·단점

계급제의 장점은 다음과 같다(김필두, 2005: 18).

첫째, 계급제는 장기적인 행정계획의 수립과 집행에 유리하다. 그 이유는 경찰관 개인의 근무연한이나 근무성적에 따라 인사배치나 승진이 결정되기 때문에 예측성이 높기 때문이다.

둘째, 각종 복지혜택이나 법적인 신분보장도 외부의 압력이나 영향으로부터 자유롭기 때문에 '공익의 수호자'로서 역할을 수행하는데 기여한다.

셋째, 계급제에서는 경찰관의 직위와 신분보장이 밀접한 관련이 없어 조직 개편과 관련 없이 안정되게 근무할 수 있다.

넷째, 보직이동과 승진에 있어 종합적이고 안정된 체계를 수립하여 운영한다는 점에서 정기적인 인사이동과 승진제도를 채택하여 경찰관 자신의 미래에 대한 예측이 가능하다.

이러한 장점에도 불구하고. 계급제는 다음과 같은 단점도 존재한다(유민봉·박성민, 2015: 108).

첫째, 계급제는 일반행정가를 중심으로 운영되기 때문에 전문행정가의 부족 문제를 야기한다. 급변하는 현대사회에서 과거와 같이 한 개인이 모든 문제를 이해하고 해결하는 데 한계가 있다. 이와 같은 시대적 흐름 속에서 계급제를 채택하고 있는 조직은 이러한 변화에 적절하게 대응하기 위한 전문행정가 양성에 있어 한계를 지니고 있다.

둘째, 공직사회의 승진이나 외부인사에 대한 폐쇄성, 신분보장과 같은 계급제의 특성으로 인해 국민에 대한 책임성과 대응성을 저하시킨다.

셋째, 계급제에서는 보수와 업무부담의 형평성이 결여되기 쉽다.

넷째, 조직구성원 개인을 기준으로 인사관리 및 행정이 이뤄지다 보면 객관적인 기준보다는 연공서열과 같은 주관적 기준이 개입될 가능성이 크다.

(3) 직위분류제의 개념

직위분류제란 공무원의 채용, 승진, 보직이동 등의 인사관리에 있어 계급이 아닌 직위에 기초를 둔 것으로 공직을 각 직위에 존재하는 직무의 종류와 난이도, 책임의 차이에 따라 계급을 분류하는 인사체계를 의미한다. 1963년도에 전면 개정된 「국가공무원법」에는 기존의 인사제도의 문제점을 개선하기 위하여 제21조, 제22조, 제22조의2, 제23조, 제24조에서 직위분류제에 관해 규정하고 있다.

「국가공무원법」 제21조에서는 직위분류제에 관해서는 국가공무원법에서 규정한 것 외에는 대통령령으로 정한다고 규정하고 있다. 이 법 제22조에서는 직위분류를 할 때에는 모든 대상 직위를 직무의 종류와 곤란성 및 책임도에 따라 직군·직렬·직급 또는 직무등급별로 분류하되, 같은 직급이나 같은 직무등급에 속하는 직위에 대하여는 동일하거나 유사한 보수가 지급되도록 분류하여야 한다고 규정함으로써 직위분류제의 원칙을 규정하고 있다. 이 법 제22조의2에서는 직무분석에 관해 규정하고 있으며, 중앙인사관장기관의 장 또는 소속 장관은 합리적인 인사관리를 위하여 필요하면 직무분석을 실시할 수 있다고 규정하고 있다. 이 법 제23조에서는 직위의 정급에 대해 규정하고 있으며, 국회사무총장, 법원행정처장, 헌법재판소사무처장, 중앙선거관리위원회사무총장 또는 행정안전부장관은 법률에 따라 새로 설치되는 기관의 직위에 대하여 직무분석을 실시하는 등 대통령령으로 정하는 경우에는 그 실시대상 직위 및 실시방법 등에 대하여 행정안전부장관과 협의하여야 한다. 국회사무총장, 법원행정처장, 헌법재판소사무처장, 중앙선거관리위원회사무총장 또는 인사혁신처장은 법령(국회규칙, 대법원규칙, 헌법재판소규칙 및 중앙선거관리위원회규칙을 포함한다)으로 정하는 바에 따라 직위분류제의 적용을 받는 모든 직위를 어느 하나의 직급 또는 직무등급에 배정하여야 하고, 국회사무총장, 법원행정처장, 헌법재판소사무처장, 중앙선거관리위원회사무총장 또는 인사혁신처장은 법령(국회규칙, 대법원규칙, 헌법재판소규칙 및 중앙선거관리위원회규칙을 포함한다)으로 정하는 바에 따라 제1항에 따른 정급(定級)을 재심사하고, 필요하다고 인정하면 이를 개정하여야 한다고 규정하고 있다. 이 법 제24조에서는 직위분류제는 대통령령으로 정하는 바에 따라 그 실시가 쉬운 기관, 직무의 종류 및 직위부터 단계적으로 실시할 수 있다고 규정함으로써 직위분류제의 실시에 관해 규정하고 있다.

직위분류제가 공직을 분류함에 있어 직위를 중심으로 하는 것이라는 점에서 계급제와 차이를 보이며, 직위분류제와 계급제 가운데 어느 한 제도를 더 좋은 제도로 보기 어려우며, 상호보완적인 것이라 할 것이다(김중양, 2008: 80). 직위분류제에서의 바람직한 공무원상은 업무를 효과적으로 처리할 수 있는 전문가적 지식을 지닌 행정관료이다. 즉, 직위분류제는 맡은 업무에 대한 해박한 지식과 기술적인 전문성에 가치를 부여하고 있는 전문행정가를 추구하는 인사체제이다. 직위분류제는 다섯 가지 주요 특성을 지니고 있는데, 그 내용은 다음과 같다(신현기, 2018: 31).

첫째, 직위분류제에서는 전보나 전직과 같은 수평적 이동의 범위가 좁아 소속 공무원의 전문성이 저하될 수 있다.

둘째, 직위분류제에서는 모든 계층에서 신규채용이 허용된다는 특징이 있다.

셋째, 직위분류제에서 조직구성원의 몰입대상은 자신이 담당하는 직무 그 자체가 된다.

넷째, 직위분류제에서는 직무가 필요없게 되거나 조직개편으로 부서가 사라지면 그 직무를 수행하던 사람들의 역할도 모호해짐으로 공무원의 신분보장은 계급제에 비해 미약하다.

다섯째, 직위분류제에서 공무원은 동일한 계급이라 하더라도 자신이 담당하는 직무의 가치에 따라 상이한 보수를 받게 된다.

이러한 특징뿐만 아니라 직위분류제는 장·단점이 존재하는데, 장·단점별 주요 내용은 <표 4-17>과 같다.

|표 4-17| 직위분류제의 장·단점

장 점	단 점
보수결정의 합리적 기준 제공	인사행정의 탄력성과 융통성 저하
채용, 전직, 승진에 있어 합리적 기준 제공	신분보장의 불안으로 인한 사기 저하 및 소속감 결여
근무성적평정의 기준 제공	분업화 및 전문화 강조로 인해 타 기관의 공무원들과 유기적 협조가 어려움
교육훈련의 수요를 파악함에 필요 정보 제공	세분화된 지식과 기술력을 중시하므로 상위직 공무원에게 요구되는 지식과 조직관리능력을 지닌 지도자 양성의 어려움

행정의 분업화 · 전문화에 기여	새로 생기는 직무들에 대한 정부를 파악하고 현 직위들의 등급과 가치를 정하는 지속적 작업을 요함으로 인한 비용 부담

※ 출처: 이황우 · 김진혁 · 임창호, 2019: 38.

5) 개방형과 폐쇄형 인사체제

(1) 개방형 인사체제

개방형 인사체제는 모든 공직 계층의 직위나 계급을 불문하고 신규채용이 허용되는 인사체계로서 직업공무원이 아닌 외부전문가들이 공직에 근무할 수 있는 기회를 제공함으로써 공직의 경쟁력을 강화하려는 인사체계이다. 개방형 인사체제에 있어 신규채용자는 각 계층의 직위가 요구하는 자격을 지니고 있어야 하며, 다른 사람과의 경쟁을 통해 공직에 입직하게 된다.

공직은 정년까지 신분이 보장되고 연차에 따라 승진하는 등 경쟁보다는 연공서열에 의존하는 특징 때문에 민간부문에 비해 경쟁력이 낮고 생산성이 떨어진다는 지적을 받아왔다. 따라서 정부에서는 공개채용을 통해 해당 업무에 적합한 외부전문가를 유치하여 행정의 전문성을 강화하고, 외부전문가와의 경쟁에 따른 내부 공무원의 자질향상을 통해 정부조직의 생산성을 제고하기 위하여 개방형직위제도를 도입하게 되었다. 그동안 학자들에 의해 지속적으로 필요성이 제기되어 온 개방형직위제도 도입은 김대중 정부가 내세웠던 국정 100대 과제의 하나로 포함되면서 본격적으로 공직사회에 경쟁체제 도입과 함께 외부전문가의 채용확대가 시작되었다.

일반적으로 공직의 개방에 따라 외부전문가나 경력자에게 공직의 문호를 개방하여 새로운 지식과 기술, 그리고 새롭고 참신한 아이디어를 받아들임으로써 공직의 침체를 막고 공직을 새로운 기풍으로 진작시켜 행정의 효율성을 높이려는 의도에서 이러한 개방형의 인사체계가 요구된다. 따라서 개방형 인사체계는 직위분류제를 채택하는 국가에서 그 필요성이 크다.

이러한 개방형 인사체제의 장점은 다음과 같다(박천오 외, 2001: 7).

첫째, 개방형 인사체제는 민간 전문가나 특정영역에서의 국민적 이익을 대표할 수 있는 사람들을 공직에 유입시킴으로써 행정의 전문성, 대응성, 책임성 등을 높일 수 있다.

둘째, 개방형 인사체제는 공무원들 사이에 경쟁의식을 불러일으켜 공직사회의 무사안일 풍토를 쇄신할 수 있다.

셋째, 개방형 인사체제는 인력 충원의 범위를 넓힘으로써 행정조직의 활용범위를 확대시킬 수 있다.

넷째, 행정조직 단위 간 원활한 인력교류가 가능하여 공직사회에 새로운 조직 풍토와 분위기 조성 등의 요소들을 주입시킬 수 있다.

개방형 인사체제의 이와 같은 장점에도 불구하고 다음과 같은 단점을 지니고 있다.

첫째, 폐쇄형 인사체제를 개방형 인사체제로 전환하는 개방화조치로 인해 공무원들의 개인적 이익을 해치고 조직구성원들의 사기를 저하시킬 가능성이 있다. 또한 이러한 공무원 개인에 대한 이익침해는 하급직위에 대한 채용이나 모집에도 악영향을 미칠 수 있다.

둘째, 인사행정의 개방화로 인해 공직의 안정성·계속성이 약화되고 이로 인해 공무원들의 단결력과 응집력도 떨어진다. 또한 개방화로 인한 인력유동성이 높아지게 되면 지속적인 업무를 통해 축적되는 전문성이 결여된다.

셋째, 임용구조의 복잡성·비용증가이다. 개방화의 촉진은 임용구조를 복잡하게 하고 임용비용을 증대시킨다. 임용구조의 개방화는 내부로부터의 임용보다 비용이 많이 드는 신규채용이 늘어나게 되고 개방화 인사체제하의 외부인사의 채용이 내부임용보다 실책을 저지를 위험도 크다.

넷째, 승진적체이다. 외부로부터의 임용확대는 재직자들의 승진기회를 축소시키기 때문에 이로 인해 승진적체문제를 야기할 수 있고, 이는 조직구성원의 사기에도 영향을 미친다.

(2) 폐쇄형 인사체제

폐쇄형 인사체제는 공직에의 신규채용이 최하위 계급에서만 허용되며 내부승진을 통하여 그들이 상위 계급까지 올라갈 수 있는 인사체계이다. 따라서 최하위 계급에서의 신규채용은 대개 연령제한을 두어 젊은 사람에게만 허용되고 그들의 경력 발전과 근속 근무가 장려된다. 폐쇄형 인사체제는 개방형 인사체제에 비하여 내부승진의 기회가 많고 공무원의 지위향상이나 경력발전에 각별한 정책적 관심을 쏟는다. 폐쇄형 인사체제는 계급제와 함께 운용되기 때문에 전문가보다는 일반 행정가 중심의 인사체제를 이룬다. 일반 행정가 중심의 인사체제는 계급제에서도 설명한 것처럼 직무의 분화보다는 직무의 통합에 더 많은 비중을 두기 때문에 업무수행의 경로가 개방형에 비해 넓고 공무원의 장기근무가 장려된다. 따라서 폐쇄형 인사체제는 직무가 없어지더라도 그 공무원이 퇴직하는 것이 아니라 배치전환을 통하여 공무원의 근무가 계속된다. 폐쇄형 인사체제는 대개 개발도상국에서 흔히 볼 수 있다.

이와 같은 폐쇄형 인사체제의 특성을 바탕으로 장·단점을 살펴보면 다음과 같다(이황우·김진혁·임창호, 2019: 123). 먼저, 폐쇄형 인사체제의 장점들로는 크게 두 가지 요소들이 존재한다.

첫째, 폐쇄형 인사체제는 사람들이 공직을 자신의 생업으로 여김으로써 일생을 공직에 헌신할 수 있는 동기를 부여하는데 유리하다.

둘째, 폐쇄형 인사체제는 공무원의 사기와 공직에 대한 동질감 및 일체감을 증대시키고, 행정의 일관성과 안정성을 유지해 준다.

폐쇄형 인사체제의 이와 같은 장점에도 불구하고 다음과 같은 단점을 지니고 있다.

첫째, 폐쇄형 인사체계는 조직이 침체되고 외부의 변화와 요청에 민감하지 못한 특권 관료집단이 되게 할 염려가 있을 뿐만 아니라 이로 인해 인사행정에 관한 민주적 통제가 어렵다.

둘째, 폐쇄형 인사체계는 개방형 인사체제와 달리 외부의 유능한 인재를 확보할 수 있는 통로인 외부임용이 어려워 조직구성원의 자질이 저하될 수 있다.

(3) 개방형 인사체제와 폐쇄형 인사체제의 비교

폐쇄형 인사체제와 개방형 인사체제는 <그림 4-2>에서 보는 바와 같이 도식화하여 비교할 수 있다. 개방형 인사체제에서는 행정조직의 모든 직위가 폐쇄형 인사체제에서 충원된 사람들뿐만 아니라 조직의 외부 소속 공무원이나 민간인을 대상으로 한 외부 경쟁을 통해서도 충원된다. 폐쇄형 인사체제에서는 5급 직위, 7급 직위, 9급 직위를 각각 수행하게 될 조직구성원들을 공개경쟁시험을 통해 선발한 이후 내부의 조직구성원들만을 대상으로 한 순환보직이나 승진을 통해 다른 직위들이 충원된다.

|그림 4-2| 개방형 인사체제와 폐쇄형 인사체제

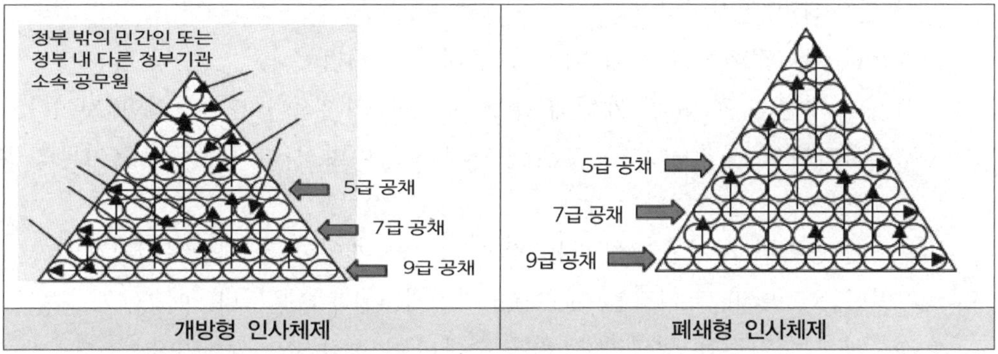

※ 출처: 정부개혁위원회, 1999: 7–8의 재구성.

6. 경찰공무원의 사기관리

1) 사기의 의의

사기(morale)란 자발적·적극적인 근무의욕·근무태도를 의미한다. 즉 사기란 조직목표의 달성을 위하여 열성적·헌신적으로 협력하고 노력하려는 개인과 집단의 정신자세·태도라고 할 수 있다. 이러한 사기는 건전한 근무상황의 지표인 동시에 조직목표를 달성하기 위하여 개인적 관심·충성심을 공통적 관심과 집단적 충성심으로 통합시킬 수 있는 적극적 수단으로 파악된다(김규정, 1999: 653).

사기는 단일개념이 아니라 여러 가지 요소가 포함되어 있는 복합적인 개념이다. 그러므로 복합적 개념을 가진 사기는 직원의 태도·감정·정서의 집합체임과 동시에 집단의 융합적인 감정을 토대로 어떠한 목적에 매진하는 의욕적이고 적극적인 행동을 일으키게 하는 독특한 정신상태와 집단의 자율성이라고 정의할 수 있다.

① 경찰사기의 특징

경찰사기를 구성하는 개념적 특성을 분석하면 다음과 같다(이황우·한상암, 2019: 279–282).

㉠ 경찰사기는 직무수행이라는 목표에 지향된 것이다.
㉡ 경찰사기는 인간의 내부적 요인에 의하여 형성되기도 하고 외부적 영향에 의하여 형성되기도 한다.
㉢ 경찰사기는 개인이 갖는 것이지만 동시에 조직의 집단생활에 관련된 것으로서 집단적인 현상이다.
㉣ 경찰사기는 절대적인 것이 아니라 상대적인 개념이다.
㉤ 사기의 수준은 조직 및 개인의 주변 환경에 의존적이며 가변적인 것이다.
㉥ 경찰사기에서 가장 중요한 것은 인간의 욕구이며 사기이론은 욕구이론을 주된 바탕으로 삼고 있다.
㉦ 욕구의 충족이 사기를 의미하는 것은 아니라 개인과 조직의 목적달성이 서로 기여하는 것이라고 생각될 때 높은 사기가 나타나게 된다.
㉧ 경찰사기는 일정한 행태적 징표를 수반하는 정신적인 상태이다.
㉨ 경찰사기는 생산성 향상에 영향을 주는 요소이다.

② 경찰사기의 요인

사기와 근무의욕은 직무, 집단관계, 조직활동 등과 관련되는 여러 가지 요인에 의하여 포괄적·전체적으로 영향을 받으며, 반드시 어떤 특정요인이나 유인의 결과는 아니다. 사기의 구성요인이 되며 사기에 직접·간접으로 주요한 영향을 미치는 주요 요인으로는 ㉠ 물질적 보수, ㉡ 귀속감과 일체감, ㉢ 안정감, ㉣ 성공감, ㉤ 참여의식, ㉥ 직접감독의 적절성과 인정감의 중요성, ㉦ 조직목표에 대한 명확한 인식, ㉧ 육체적·정신적 건강과 적절한 근무조건 등을 들 수 있다(김규정, 1999: 656－657).

2) 사기앙양제도

① 고충처리

가) 의의

고충처리란 공무원의 근무조건·인사관리·신상문제나 직장생활관계와 관련하여 표시하는 불만인 고충(grievance)을 심사하고 그 해결책을 강구하는 것을 의미한다(김규정, 1999: 661－662).

경찰공무원의 고충처리에 관한 업무는 「국가공무원법」 제76조의2(고충처리) 제4

항 및 「경찰공무원법」 제31조(고충심사위원회) 제1항의 규정에 의해 경찰청, 해양경찰청, 시·도자치경찰위원회, 시·도경찰청, 대통령령이 정하는 경찰기관 및 지방해양경찰관서에 설치된 경찰공무원 고충심사위원회에서 담당한다.

경찰공무원 고충심사위원회의 심사를 거친 재심청구와 경정 이상 경찰공무원의 인사상담 및 고충심사는 「국가공무원법」 제76조의2 제4항 및 「경찰공무원법」 제25조 제2항의 규정에 의해 중앙고충심사위원회에서 담당한다.

나) 고충심사제도의 운용

(가) 위원의 구성

「공무원고충처리규정」 제3조의2(경찰공무원 고충심사위원회) 제2항의 규정에 의해 경찰공무원고충심사위원회는 위원장 1명을 포함하여 7명 이상 15명 이하의 공무원위원과 민간위원으로 구성한다. 이 경우 민간위원의 수는 위원장을 제외한 위원 수의 2분의 1 이상이어야 한다. 경찰공무원 고충심사위원회의 공무원위원은 청구인보다 상위 계급 또는 이에 상당하는 소속 공무원 중에서 설치기관의 장이 임명한다.

(나) 고충심사의 절차

경찰공무원이 고충심사를 청구할 때에는 설치기관의 장에게 고충심사청구의 취지 및 이유를 기재한 인사상담 및 고충심사청구서를 제출하여야 하며, 고충심사의 청구를 받은 설치기관의 장은 이를 지체 없이 소속 고충심사위원회에 부의하여 심사하게 하여야 한다.

고충심사위원회가 청구서를 접수한 때에는 30일 이내에 고충심사에 대한 결정을 하여야 한다. 다만, 부득이하다고 인정되는 경우에는 설치기관의 장의 승인을 얻어 30일을 연장할 수 있다.

(다) 고충심사결정의 효과 및 불복

고충심사의 결정서를 송부 받은 경찰기관의 장은 심사결과를 청구인에게 통보하는 외에 스스로 고충의 해소를 위한 조치를 하거나 관계기관의 장에게 필요한 조치를 요청하여야 한다.

한편 경찰공무원고충심사위원회의 고충심사에 대하여 불복이 있어 중앙고충심사위원회에 재심을 청구하는 경우에는 그 심사결과를 통보 받은 날로부터 30일 이내에 청구서를 제출하여야 한다.

② 제안제도

가) 개념

제안제도(suggestion system)란 공무원으로 하여금 조직운영이나 업무개선에 관한 창의적인 의견이나 고안을 제안케 하여 이러한 제안이 행정의 능률화 · 합리화에 이바지할 수 있다고 판정될 때 그 정도에 따라 우수제안자를 포상하고 인사상의 특전을 부여함으로써 공무원의 참여의식과 사기를 진작시키는 데 그 목적이 있는 제도를 말한다(김규정, 1999: 664-665).

제안제도는 1880년 스코틀랜드의 조선기술자인 데니(William Denny)가 창시한 것이라고 한다. 우리나라에서는 1960년대에 접어들면서 제안제도가 보급되기 시작하였고 1963년 「국가공무원법」 개정 시에 제안제도를 실시한다는 조항을 두게 되어 오늘에 이르고 있다. 「공무원 제안 규정」에는 "공무원제안"이란 국가공무원이 자기 또는 다른 공무원의 업무와 관련하여 소관 중앙행정기관의 장에게 제출하는 창의적인 의견이나 고안이라고 정의하고 있다(제2조 제1호).

나) 제안의 종류

현행 제안규정은 제안대상의 범위에 따라 제안의 종류를 공모제안 · 채택제안 · 자체우수제안 · 중앙우수제안의 4가지로 나누고 있다(「공무원 제안 규정」 제2조-제5호).

(가) **공모제안**: 중앙행정기관의 장이 과제를 지정하여 공개적으로 모집하는 경우에 제출하는 제안을 말한다.

(나) **채택제안**: 중앙행정기관의 장이 접수한 공무원제안 중 그 내용을 심사한 후 채택한 것을 말한다.

(다) **자체우수제안**: 중앙행정기관의 장이 채택제안 중 그 내용이 우수하다고 인정하여 행정안전부장관(국방 · 군사에 관한 제안의 경우에는 국방부장관을 말한다)에게 추천한 것을 말한다.

(라) **중앙우수제안**: 행정안전부장관이 자체우수제안 중 그 내용을 심사한 후 채택한 것을 말한다.

다) 제안제도의 운영

(가) **제안의 모집**: 훌륭한 제안을 접수하려면 제안모집활동이 필요하다. 제안제도의 존재와 내용을 조직구성원에게 알리고, 지속적으로 상기시키며, 참여를 촉구하여야 한다. 또한 지도층이 제안제도를 존중하고 있음을 주지시켜야 한다.

(나) **제안의 제출 및 접수**: 자유제안 및 지정제안은 그 제안내용이 2개 이상의 중앙행정기관과 관련되어 주관기관이 불분명한 경우에는 행정안전부장관에게 제출하도록 하고 있다. 이와는 달리 직무제안 및 추천제안은 소속중앙행정기관의 장이 행정안전부장관에게 제출하도록 하고 있다. 이렇게 하여 제출된 제안은 그 내용에 따라 행정제도분야 및 과학기술분야로 대별하여 분류·접수된다.

(다) **제안의 심사**: 제안심사의 담당기관은 일반적으로 계선기관에 설치된 경우도 있으나, 제안심사위원회에서 행하는 것이 보통이다. 심사위원은 제안관리위원 소속위원으로 구성하는 경우, 외부의 전문가로 구성하는 경우, 관리층과 공무원단체의 대표로 구성하는 경우, 구성원의 배합을 절충하여 구성하는 경우가 있다. 중앙행정기관의 장은 공무원제안을 공정하게 심사하기 위하여 필요한 경우에는 기관별 공무원제안 심사위원회를 구성·운영할 수 있다(「공무원 제안 규정」 제7조 제2항). 제안의 심사기준은 실시 가능성, 창의성, 효율성 및 효과성, 적용 범위, 계속성 등을 들 수 있다(「공무원 제안 규정」 제7조 제1항).

(라) **제안에 대한 보상**: 채택된 제안에 대한 일반적인 보상방법에는 상금·보상금·상품 등을 지급하는 경제적 보상과 표창장이나 훈장의 수여, 표창식의 거행, 게시판이나 회보 또는 일반 신문·방송을 통한 공표 등의 상징적 보상과 근무성적평정시의 참작, 인사기록에의 기록, 특별승진 또는 승급 등 인사상의 특전을 포함하는 비경제적 보상이 있다.

③ 경찰표창제도

가) 경찰표창의 종류

「상훈법」에 의한 서훈 또는 「정부 표창 규정」에 의한 표창제도 이외에 경찰청훈령으로 「경찰표창 및 기장 수여 등에 관한 규칙」(경찰청훈령)을 제정하여 시행하고 있다.

경찰표창의 종류로 공적에 대한 표창은 표창장과 감사장으로 나누며, 성적에 대한 표창은 상장이라 한다(「경찰표창 및 기장 수여 등에 관한 규칙」 제4조). 표창의 시기는 경찰의 날(10월 21일), 연말(12월 31일), 표창권자가 인정하는 정기적인 기념일에 행한다. 다만, 표창권자가 중요범인 검거 등 필요하다고 인정하는 경우에는 수시로 할 수 있다(「경찰표창 및 기장 수여 등에 관한 규칙」 제11조).

나) 표창권자

표창권자는 경찰청장 및 소속기관장을 말한다. 소속기관장은 경찰대학장, 경찰인재개발원장, 중앙경찰학교장, 경찰수사연수원장, 경찰병원장, 시·도경찰청장과 총경(총경 승진후보자를 포함한다) 이상을 장으로 하는 경찰서 및 직할대의 장을 말한다(「경찰표창 및 기장 수여 등에 관한 규칙」 제2조).

제 5 절 경찰예산관리

1. 예산의 이해

1) 예산의 의의

예산(budget)이라는 용어는 작은 가방이라는 의미를 가진 고대 불어의 "bougette"에서 유래되었다. 이는 영국의 재무부 장관이 의회에 설명하기 위해 필요한 정부의 수입·지출과 관련된 서류를 넣고 다니는 가방을 의미했으나, 현재는 그 가방에 든 서류, 즉 정부가 의회의 승인을 받기 위해 제출하는 정부의 수입·지출과 관련된 사항이 기록된 서류라는 의미로 사용된다.

국가의 다른 모든 활동과 마찬가지로 경찰업무를 수행하기 위해서는 물적 자원의 뒷받침이 필요하다. 경찰은 「국가재정법」에 의거 연 1회 정기적으로 예산을 편성하여 이를 통해 필요한 수입과 지출을 행한다. 예산이 수립, 심의되어 통과되지 못하면 필요한 자금을 적기에 조달할 수 없게 되므로 예산확보는 경찰활동, 즉 치안서비스의 규모와 성질을 결정짓는 관건이라 할 수 있다(정진환, 2006: 259).

(1) 예산의 개념

예산(budget)이란 일정기간(1회계연도) 동안 국가의 세입(수입)과 세출(지출)의 예정액 또는 계획안을 말하는 것으로 정부가 수행해야 할 국가정책이나 사업계획의 구체적인 윤곽을 나타내어 실제행동에 옮겨지게 되는 것이다(김규정, 1999: 713). 형식적으로 본다면 예산은 헌법과 「국가재정법」에 의거하여 일정한 형식에 따라 편성되어 국회의 심의·의결을 받은 각 회계연도의 재정계획을 말한다(김규정, 1999: 714).

예산은 사전에 예상되는 수입·지출에 관한 계획안이고, 결산은 사후에 수입·지출의 실적을 확정적 계수로서 표시하는 것으로 구별된다. 또한 예산은 한 나라에서 경제적·정치적 세력의 상대적 역학관계를 반영하는 것이며, 국민의 경제생활에 의식적으로 영향을 미치는 수단, 즉 재정정책의 도구로서 사용되는 것이다. 즉, 국가의 수입 · 지출의 예정액이라는 점에서 기업이나 가계의 예산과는 구별된다. 경찰조직에서의 예산은 일반적으로 일정한 기간 동안(보통 1년 동안) 경찰운영자금을 공급하기 위한 공식적 재정계획을 말한다(이황우 · 한상암, 2016: 314).

다양한 정의들을 종합해 보면, 경찰예산이란 한 회계연도 동안 경찰활동과 관련해 발생하는 세입과 경찰활동을 위해 필요한 세출에 대한 전반적인 계획이라고 볼 수 있다. 즉, 한 해 동안 「도로교통법」, 「경범죄 처벌법」 등의 위반에 따른 범칙금 수입과 각종 대여료 수입 등을 포함하는 세입예산과 경찰공무원들의 인건비 등 경찰활동에 있어 필요한 세출예산을 종합한 것이 경찰예산이라고 볼 수 있다(박종승, 2014: 10).

(2) 예산의 목적

공공예산은 본질적으로 정부에 의한 재정상의 계획, 즉 공공정책의 목표를 달성하기 위해 공공기관에 자금을 할당하는 것이다. 정부는 다음과 같은 세 가지 주요한 이유를 위하여 체계적인 예산을 편성하고 있다.

첫째, 공공안전의 프로그램을 운영하고 국민의 구조업무에 있어서 경찰의 능률성을 향상시키기 위하여 편성한다.

둘째, 차기 연도 또는 예산기간 동안 경찰부서의 운영과 성장을 도모하기 위하여, 즉 어떤 사업을 착수할 것인가, 그것을 얼마만큼 확장 또는 축소할 것인가, 그리고 그것을 단계적으로 제거 또는 종결할 것인가를 결정하기 위하여 편성한다. 예를 들면 경찰예산은 범죄예방부서를 증설하기 위하여, 컴퓨터화한 통신체계를 구입하기 위하여, 조직폭력과 마약단속부서를 강화하기 위하여, 그리고 훈련시설을 확장하기 위한 항목이 포함될 수 있다.

셋째, 예산지출을 감독할 의무가 있는 책임자의 재정상 책임을 달성하기 위해 편성한다(이황우 · 한상암, 2019: 329).

2) 예산의 기능

예산은 소극적인 의미의 재정통제수단에서 보다 적극적으로 국가발전을 위한 정책과 계획의 집행수단 내지 적정자원배분장치로서 보게 되었으며 행정수반의 정책의도를 뒷받침하게 되었다. 예산은 결정과정과 결과적 산물을 통해 행정체제와 전체사회체제에 대해 여러 가지 영향을 미치고 기능을 수행한다. 다음에서는 예산의 기능을 법적 기능 · 정치적 기능 · 경제적 기능 · 행정적 기능으로 나누어 살펴보겠다.

(1) 예산의 주요 기능

① 법적 기능

예산이 재정적 · 정치적 기능을 수행하기 위해서는 그 절차나 실시가 법적으로 보장되어야 한다. 그리고 예산은 입법기관이자 국민의 대표기관인 의회에서 심의 · 확정됨으로써 집행할 수 있는데 그 집행은 심의 · 확정된 범위에서 하여야 한다는 의미에서 법적인 성격을 갖는다(김중규, 2011: 784). 따라서 예산은 정부활동을 제약하기 위한 법적 규제로 이용하고 또 그를 위해 예산의 형식이나 예산집행에 관한 각종 통제조치를 규정하는 일이 예산제도의 본질적인 기능이라고 본다(이상안, 2005: 413).

② 정치적 기능

공공서비스의 생산과 공급, 그리고 이에 소요되는 비용의 배분과 조달 등 정부에 의한 재정활동은 오늘날 예산에 집약적으로 표현되지만, 그러한 재정활동은 모두 국회의 심의를 거쳐 확정된다. 그리고 예산은 그러한 정치적 결정에 도달하기 위한 수단이라고 볼 수 있고, 또 정치적 이상과 결정을 구현하기 위한 수단이라고 생각할 수 있다(이상안, 2005: 413).

고도의 정치적 성격을 가지는 예산은 정치활동의 초점으로서 정치과정을 통하여 현실적으로 가치를 배분하고 국민의 이해관계를 조정하는 기능을 가진다. 또한 예산은 정부의 사업계획에 소요되는 금전적 · 화폐적 수단의 공급 또는 승인에 관한 절차 · 제도 이상의 중요한 정치적 의의를 가지고 있다(김규정, 1999: 716).

③ 경제적 기능

가) 자원 배분 기능

예산은 발전목표의 달성을 가능한 한 극대화시키기 위한 합리적인 자원배분수단으로서 기능하고 있으며, 특히 개발도상국에 있어서는 발전사업의 추진을 위하여 예산의 자원배분기능이 중요한 의미를 가진다.

나) 소득 분배 기능

예산은 상속세·소득세 등의 세율조정이나 세출에서의 사회보장적 지출 등을 통해 소득재분배기능을 수행한다.

다) 경제 안정 기능

예산은 재정정책의 도구로서 경제안정화에 기여하는 전략적 요인으로서 기능을 가지고, 국민경제의 균형인자로서의 기능 또한 수행한다. 따라서 국민경제의 안정과 발전을 위해서 재정정책을 통하여 조세·세출·공채관리 등을 조절함으로써 경제가 불경기일 때는 이를 활성화시키고 경기가 과열될 때에는 이를 억제하는 총수요관리정책으로 경제를 안정시키는 기능을 수행한다.

④ 행정적 기능

중앙예산기관은 예산제도를 통해 매년 각 부처의 예산을 검토할 권한을 갖게 되는 동시에 각 부처의 업무와 여기에 소요되는 경비를 검토할 수 있게 되는 것이다. 이리하여 중앙예산기관은 각 부처의 모든 행정활동통제·관리방법·사업계획 등을 조정하게 된다(이상안, 2005: 414).

가) 통제기능

예산은 행정부의 재정활동을 통제하게 되며 사업이 정책과 계획에 따라 효율적으로 수행되었는가 여부를 확인하게 된다. 이러한 통제기능은 예산과정에 있어서 주로 예산의 배정·재배정 등 집행기능 및 회계검사와 관련된다.

나) 관리기능

예산을 물적 자원을 동원·관리하는 행정관리수단으로 인식하려는 입장으로 통제보다는 예산운영의 신축성·재량권을 중시하는 제도이다. 또한 예산은 국가발전을 위한 각종 사업계획을 뒷받침하기 위해 가능한 한 최대의 경제성·능률성을 고려하면서 이를 관리하는 기능이라 할 수 있다. 관리기능은 예산과정의 모든 단계와 관련된다.

다) 계획기능

행정기능의 질적 변화와 양적 확대에 따라 정책결정의 중요성과 계획·예산의 상호보완적 관계를 인식하면서 정책결정을 예산편성과정의 일부로 여기려는 계획중심의 예산제도가 발달하였다. 이처럼 예산은 본질적으로 계획적 요소가 내포되며 계획기능과 불가분의 관계에 있다고 할 수 있다. 계획기능을 통해 조직목표가 결정되고 대안이 평가되어 사업이 선정되며 목표달성을 위한 자원이 확보·배분될 수 있다. 이러한 계획기능은 예산과정에 있어서 예산안 편성단계와 밀접하게 관련된다(김규정, 1999: 717).

라) 감축기능

자원빈곤, 경기후퇴, 국제경제와 국민경제의 불황 등으로 특징지어지는 저성장시대에 있어서는 작은 정부를 지향하게 되고 정부기능의 축소·개편이 불가피하므로 예산의 감축기능이 고려되어야 한다(박영희·김종희, 2017: 38).

3) 예산의 원칙

예산의 원칙이란 예산안의 편성·심의·집행 및 회계검사과정 등에서 지켜야 할 일반적인 원칙을 의미한다. 원래 근대예산제도는 행정부에 대한 의회의 통제수단으로 발전되어 왔으므로 예산원칙도 행정부의 독단적 행동의 여지를 제거하는 데 목적이 있었던 입법부 우위의 전통적 예산원칙이 먼저 발달하였다. 그러나 현대에 와서는 행정관리의 합리성, 예산집행의 신축성 및 예산과 계획과의 유기적 관계를 중시하는 행정부 우위의 현대적 예산원칙이 제창되었다(김중규, 2011: 785).

(1) 입법부 우위의 원칙

예산의 편성·집행에 있어서 국민의 감독권을 의회가 충분히 발휘함으로써 행정부 독주의 여지를 제거하는 것을 목적으로 하는 통제지향적 원칙이다. 이는 행정부의 예산낭비 방지, 위법·부당한 지출방지, 국민의 부담경감을 위한 원칙이며, 이러한 입장에서 가장 대표적인 예산원칙은 뉴마크(F. Neumark)의 고전적 예산원칙이다. 그 내용은 다음과 같다.

① 예산 공개의 원칙

국가의 예산은 편성부터 회계감사에 이르기까지 국민에게 공개되어야 한다. 이를 통해 국민으로 하여금 정부가 어떠한 행정활동 · 재정활동을 행하려고 하는 것을 알게 하여야 하며, 예산에 대한 국민의 자유로운 비판도 보장되어야 한다(김규정, 1999: 742). 그러나 국가기밀이라서 그 내용을 국민에게 밝힐 수 없는 예산, 즉 총괄예산으로 편성되는 경우가 많은 국방비, 외교활동비, 정보비 등은 예외이다.

② 예산 명료의 원칙

이는 공개의 원칙에서 파생한 것으로 예산은 모든 국민이 알기 쉽게 예산을 분류 · 정리하여 편성해야 한다는 것이다. 예산이 너무 포괄적이거나 세분화되어 있으면 그 내용을 국민들이 파악하기 어렵기 때문이다.

③ 예산 사전의결의 원칙

예산은 집행되는 회계연도의 개시 전에 국회에서 심의 · 확정되어야 한다는 원칙이다.[13] 또한 예산은 엄격히 의회의 의결범위에서 집행되어야 한다. 그러나 이에 대한 예외로서 전용, 준예산, 예비비,[14] 사고이월이 있고 재정 · 경제상 긴급명령권을 발동할 때도 있다.

④ 예산 엄밀성의 원칙

예산과 결산을 일치시켜야 한다는 원칙이며, 그 의도는 예산추계가 가능한 한 정확해야 된다는데 있다. 그러나 이들이 완전히 일치될 수는 없으나 지나치게 유리되는 경우 공개의 원칙 및 사전의결의 원칙에 반하게 되어 예산의 의의를 상실하게 된다.

⑤ 예산 한정성의 원칙

세출예산의 각 항목은 목적이나 금액에 있어서 서로 명확한 한계가 있어야 하며 일정한 기간에 한정시켜 사용해야 한다는 것이다. 따라서 첫째, 예산은 정해진 목

13) 헌법 제54조 제2항에서는 '정부는 회계연도마다 예산안을 편성하여 회계연도 개시 90일 전까지 국회에 제출하고, 국회는 회계연도 개시 30일 전까지 이를 의결하여야 한다'고 규정하고 있다.

14) 예비비는 설치 시에 국회동의를 구하므로 사전의결의 예외가 아니라는 일부 주장이 있으나 구체적인 목적과 금액, 주체가 확정되지 않은 상태의 동의이므로 집행 후 사후승인을 얻도록 하고 있다. 따라서 사전의결의 원칙의 예외로 보는 것이 옳다.

적 이외에는 사용할 수 없는 사용목적의 한계가 있고, 둘째, 계상된 금액 이상으로 지출할 수 없는 지출금액의 한계가 있으며, 셋째, 회계연도를 경과할 수 없는 지출기간의 한정 등이 있다. 예산의 전용이나 이용의 금지 내지 제한 또는 초과지출의 금지 등은 이 원칙에 따르는 것이다.

그러나 이 원칙에 예외가 있다. 예산의 목적 외 사용금지에 대한 예외로서는 예산의 이용·전용이 있고 초과지출금지에 대한 예외로서 예비비가 있으며, 회계연도 독립의 원칙에 대한 예외로서 예산의 이월·계속비·과년도수입·과년도지출 등이 있다.

⑥ 예산 단일의 원칙

국가의 예산을 체계적·종합적으로 명백히 하고 양적·질적으로 균형을 유지하기 위해서는 하나로 존재해야 한다는 원칙이다. 만약 독립된 복수의 예산이 존재하면 복잡하여 예산의 총계나 순수한 규모를 파악하기 어렵고 또한 의회의 통제가 어렵게 된다. 특별회계·추가경정예산은 이 원칙의 예외이다.

⑦ 예산 통일성의 원칙

특정한 세입·세출이 연결되어서는 안 되며, 모든 세입은 하나의 국고금으로 수납되고 모든 세출은 하나의 국고금에서 통일되어 전체적으로 지출되어야 한다는 국고통일주의를 말한다. 예를 들면 자동차세를 도로건설에만 충당한다든지, 입장료를 문화사업에만 사용하는 것은 안 된다는 원칙이다. 이는 분야 간·목적 간 균형 있는 지출을 확보할 수 없기 때문이다.

이 원칙의 예외로는 특별회계와 목적세가 있다.

⑧ 예산 완전성의 원칙

예산에는 세입·세출이 빠짐없이 모두 계상되어야 하며, 예산에 계상되지 않은 수입·지출은 인정될 수 없다는 원칙이다. 우리나라 「국가재정법」 제17조 제2항은 세입과 세출은 모두 예산에 계상하여야 한다고 예산총계주의를 규정하고 있다. 필요경비 등을 공제한 순세입·순세출을 계상한 순계예산은 이 원칙에 대한 예외이다.

⑨ 예산 단년성(單年性)의 원칙

정부예산의 가장 바람직한 회계기간은 1년이라는 원칙이다.

⑩ 예산 명세성(明細性)의 원칙

예산은 구체적으로 항목화하여 품목별로 해야 한다는 원칙이다.

(2) 행정부 우위의 원칙

현대정부는 예산을 통제수단으로서보다는 복잡하고 어려운 사회·경제문제의 해결을 위한 재정수단으로서 중요시하게 되었으며 예산과 기획의 긴밀·불가분의 관계를 인식하게 되었다. 이러한 관점에서 스미스(H. Smith)가 제창한 행정부 우위의 관리를 위한 현대적 예산원칙은 다음과 같다.

① 행정부 계획수립의 원칙

행정수반의 사업계획을 예산에 반영시켜야 한다는 원칙이다. 따라서 예산편성은 사업계획의 수립과 함께 행정수반의 직접적인 감독을 통해 행하여져야 한다.

② 행정부 책임의 원칙

예산은 행정기관에 대하여 자금지출의 권한을 부여할 뿐이며 행정기관이 지출을 행하여야 할 명령을 받고 있거나 기득권을 확립시켜 주는 것은 아니다. 행정기관은 행정수반의 지휘·감독 아래 입법부의 의도를 충실히 반영시키면서 예산을 절약하여 경제적으로 집행할 책임이 있다.

③ 보고의 원칙

예산의 편성·심의·집행은 정부의 각 행정기관으로부터 올라오는 재무보고·업무보고에 근거를 두고 행하여야 한다. 그리고 업무의 집행상황에 관한 최근정보가 제공되어야 한다.

④ 적절한 행정장치구비의 원칙

예산을 효과적으로 활용하기 위해 적절한 행정수단을 구비하여야 한다는 원칙이다. 즉 중앙예산기관에서는 재정통제를 위하여 월별·분기별로 예산을 배정하는 권한을 갖고 있어야 하며, 신축성을 유지하기 위해 예비비제도 등의 적절한 수단을 지니고 있어야 한다.

⑤ 다원적 절차의 원칙

예산운영의 효과성을 높이기 위해 사업별로 예산절차를 달리해야 한다는 것이다. 현재의 행정활동은 사업의 목적·종류 등에 있어서 매우 다양하므로 일반적 행정활동, 장기개발사업, 기업적 활동 등 다원적인 예산절차가 필요하다. 특히 정부기업은 특별회계 등 별도의 예산절차와 회계방식을 가져야 한다.

⑥ 행정부 재량의 원칙

의회는 예산안을 총괄예산으로 통과시키고, 집행 재량을 행정부에 주어야 한다는 원칙이다. 의회가 예산을 너무 세분하여 의결하면 효율적·경제적 행정관리를 저해하기 때문이다.

⑦ 시기융통성의 원칙

장기사업에 관한 예산을 의회가 의결해 주고 그 집행시기는 경제사정의 변동에 따라 행정부가 융통성 있게 조정할 수 있도록 해야 한다는 원칙이다.

⑧ 상호교류적 예산기구의 원칙

중앙예산기관과 각 부처 예산담당기관은 상호교류 및 정보교환의 관계에 있어서 적극적인 협력을 필요로 한다. 예산기능은 중앙예산기관의 기능만이 아니며 행정기구 전체에 침투되어야 하는 과정이며, 효율적인 예산의 운영은 양 기관간의 활발한 의사소통 등 긴밀한 협조체제 아래에서만 가능하다.

4) 예산의 종류

(1) 일반회계예산과 특별회계예산

「국가재정법」에서는 정부의 회계를 일반회계예산과 특별회계예산으로 나누고 있다(김중규, 2011: 792).

① 일반회계예산

일반회계예산이란 중앙정부예산의 중심회계로서 특정한 것을 제외한 국방·교육·사회개발·경제개발·일반행정 등 일반적 국가활동에 관한 총세입·총세출을 망라하여 편성한 예산을 말한다. 경찰예산에서는 치안·사법·국토방위 등 국가의 안녕과 질서유지를 위한 기본적인 기능은 거의 모두 일반회계를 통하여 이루어지고 있다. 즉 경찰예산의 대부분은 일반회계에 속한다. 정부회계의 근본으로서 국가의 중요한 경비를 계상하고 있는 것이 특징이다. 일반회계예산은 국가고유의 기능수행을 위해 필요한 예산이므로 그 세입은 원칙적으로 조세수입을 재원으로 하고, 그 세출은 국가사업을 위한 기본적 경비지출로 구성된다.

② 특별회계예산

가) 의의

특별회계는 정부지출 가운데 일시적이고 사업적 성격이 큰 항목들로써 국가의 회계 중 특정한 세입이나 자금으로 특정한 세출을 충당함으로써 점점 증가하는 추세에 있다. 특별회계는 고전적 예산원칙 중 통일성의 원칙과 단일성의 원칙에 대한 예외가 되며, 특별회계는 원칙적으로 이를 설치한 소관부처가 관리하며 기획재정부의 직접적인 통제를 받지 않는다. 특별회계의 세입은 자체수입, 일반회계로부터의 전입금, 차입금 등으로 이루어진다(정진환, 2006: 263). 경찰의 특별회계로는 자동차교통관리개선특별회계(무인속도측정기 속도위반 과태료), 국유재산관리특별회계, 책임운영기관특별회계(운전면허 수수료)가 있었다(정진환, 2006: 263). 그러나 2007년 1월 1일 국유재산관리특별회계와 자동차교통관리개선특별회계가 폐지되면서 관서 증개축 등 시설 예산과 교통사고예방 관련 예산이 일반회계로 통합 편성되었다(경찰청, 2008: 355).

"책임운영기관"이란 정부가 수행하는 사무 중 공공성(公共性)을 유지하면서도 경쟁 원리에 따라 운영하는 것이 바람직하거나 전문성이 있어 성과관리를 강화할 필요가 있는 사무에 대하여 책임운영기관의 장에게 행정 및 재정상의 자율성을 부여하고 그 운영 성과에 대하여 책임을 지도록 하는 행정기관을 말한다(「책임운영기관의 설치 · 운영에 관한 법률」 제2조 제1항). 2021년 6월 말 현재 책임운영기관특별회계에는 경찰병원 경비가 포함되어 편성되어 있다(이황우 · 한상암, 2016: 324).

또한 2007년 1월 1일 이후 경찰에서는 제주특별자치도 자치경찰 이전 경비와 도시지역 광역교통정보시스템 구축 경비가 국가균형발전특별회계로 신설되었다(경찰청, 2011: 394).

나) 설치근거

「국가재정법」 제14조에서 특별회계는 국가에서 특정한 사업을 운영할 때, 특정한 자금을 보유하여 운용할 때, 기타 특정한 세입으로 특정한 세출에 충당함으로써 일반회계와 구분하여 계리할 필요가 있을 때에 법률로 설치한다고 규정하고 있다.

㉠ 국가에서 특정한 사업을 운영하기 위해 설치한 특별회계로는 우편사업 · 우체국예금 · 양곡관리사업 · 조달 등 4개의 기업특별회계(정부기업예산법 제3조)와 공무원연금 및 군인연금, 국민복지연금, 산재보험 등의 특별회계가 있다.

㉡ 특별한 자금을 보유하여 운영하기 위해 설치한 특별회계로는 자금관리특별회계 · 양여금관리특별회계가 있다.

㉢ 기타 특정한 세입으로 특정한 세출에 충당함으로써 일반회계와 구분하여 경리할 필요가 있을 때 설치한 특별회계로는 국유임야관리특별회계 · 사법시설특별회계 등이 있다.

다) 장 · 단점

특별회계는 기업적 성격을 띠고 있는 사업에 대한 수지의 명확화, 행정기관의 재량증대로 경영의 합리화 추구, 행정기능의 전문 · 다양화에 부응할 수 있는 장점이 있다. 그러나 예산구조의 복잡화를 초래하고, 일반회계와 특별회계 간 교류로 인한 중복분 발생으로 국가재정의 순수한 규모나 전체적인 관련성이 불분명해질 가능성이 크고, 고도의 자율성 보장으로 입법부의 예산통제 및 행정부의 내부통제가 약화된다는 단점이 있다.

(2) 본예산, 수정예산, 추가경정예산, 준예산

예산은 예산성립의 과정을 중심으로 본예산, 수정예산, 추가경정예산, 준예산으로 분류된다(김규정, 1999: 749).

① 본예산

본예산이란 최초로 편성되어 국회에서 심의 · 의결한 예산으로, 이를 당초예산이라고도 한다. 정부는 회계연도마다 예산안을 편성하고 회계연도 개시 90일 전까지 국회에 제출하고 국회는 회계연도 개시 30일 전까지 이를 의결하여야 한다.

② 수정예산

수정예산이란 예산안이 국회에 제출된 후 심의를 거쳐 성립되기 전에 부득이한 사정으로 그 내용의 일부를 수정하여 제출하는 예산을 말한다. 정부는 예산안(본예산 또는 추가경정예산)을 국회에 제출한 후 부득이한 사유로 인하여 그 내용의 일부를 수정하고자 할 때에는 국무회의의 심의를 거쳐 대통령의 승인을 얻어 수정예산안을 국회에 제출할 수 있다.

③ 추가경정예산

추가경정예산이란 예산이 국회를 통과하여 확정된 후에 생긴 사유로 인하여 필요한 경비 등의 부족이 생길 때 본예산의 항목·금액을 추가하거나 변경할 필요가 있을 때 편성하는 예산을 말한다(헌법 제56조; 국가재정법 제89조).

수정예산과 추가경정예산은 예산안이 작성·확정된 이후 이를 변경하기 위한 제도인 점에서는 차이점이 없다. 그러나 추가경정예산은 예산이 국회를 통과하여 성립된 후에 그 내용을 변경하는 것이라는 점에서 예산이 국회에서 의결·확정되기 전에 그 내용을 변경하는 수정예산과는 다르다.

④ 준예산

준예산이란 새로운 회계연도가 개시될 때까지 예산이 국회에서 의결되지 못한 때에 정부가 국회에서 예산안이 의결될 때까지 전년도예산에 준하여 경비를 지출할 수 있는 예산이다(국가재정법 제55조). 이 제도는 예산집행의 신축성을 부여하고 예산불성립으로 인한 행정의 중단을 방지한다.

준예산의 지출용도는 헌법이나 법률에 의해 설치된 기관 또는 시설의 유지·운영비, 법률상 지출의무를 이행하기 위한 경비(예를 들면, 공무원의 보수와 사무처리에 관한 기본경비), 이미 예산으로 승인된 사업의 계속비 등이다(헌법 제54조 제3항). 지출가능기간은 당해연도 예산이 정식으로 성립되면 그 성립된 예산에 의해 집행된 것으로 간주되어 처리된다.

2. 경찰예산관리

경찰청이 발족된 1991년부터 우리나라 경찰은 독자적 예산편성 권한을 행사하고 있으며 앞으로 우리나라 경찰예산의 규모는 점차 늘어날 전망이다. 도시화의 진전, 국민의 치안서비스 요구 증대, 범죄의 대형화·지능화, 자치경찰로의 개편 등이 향후 치안예산증가에 영향을 미칠 것이다. 그러므로 이에 소요되는 재원을 확보하기 위한 노력을 계속함과 동시에 막대한 예산을 합리적으로 편성하고 경제적으로 운용하는 데에 역량을 모아야 한다.

경찰청에서 예산을 수립하고 집행하는 과정은 예산회계법에 따르며, 이는 정부의 여타 소관부서와 크게 다르지 않다. 따라서 우리나라 공공예산에 적용되는 일반절차와 제도, 예산결정에 관한 이론들을 살펴봄으로써 경찰예산에 대한 이해를 높일 수 있다(정진환, 2006: 261).

1) 경찰예산제도

(1) 품목별예산제도

① 개념

품목별예산제도(Line-Item Budget System: LIBS)는 지출의 대상과 성질에 따라 세출예산을 인건비, 운영경비, 시설비 등으로 분류한 것으로 가장 오래되고 많이 사용되는 방법으로서 현재 우리나라의 예산제도이다.

이는 예산의 집행에 대한 회계책임을 명백히 하고 경비사용의 적정한 통제를 기하기 위하여 필요하다. 이는 차기회계연도의 예산증가 또는 감소를 산출하는데 평가기준으로써 전년도의 예산을 활용한다.

② 장점

첫째, 품목별예산제도는 운영방법이 비교적 간단하며, 지출예산별 금액이 표시되므로 재정적 한계와 공무원 회계책임을 명확히 할 수 있다. 둘째, 정원변동이 명백히 표시되어 있어 정부운영에 필요한 정확한 인력자료와 보수(인건비)에 관해 비교적 정확한 정보와 자료를 얻어 활용할 수 있다. 셋째, 어떠한 자금도 명시된 품목이외에는 지출할 수 없다. 넷째, 회계검사가 용이하다. 마지막으로 공무원의 재량권남용을 억제할 수 있다는 점 등으로서 행정부의 재정통제라는 근대예산제도의 원칙에 충실한 예산이다.

③ 단점

품목별 예산은 경직되어 있어서 한 품목에서 다른 품목으로 지출의 융통성 있는 대체가 허락되지 않는다. 둘째, 예산이 국민경제에 영향을 주는 전략적 수단이 적극적인 역할을 이해하는 데 도움을 주지 못하며, 예산의 사용항목 준수와 실제 지출 여부만을 강조하고 누구를 위하여 무엇 때문에 사용되는지와 같은 사항 등의 지출목적이 불분명하다. 셋째, 지출대상이 너무 세분화되어 있고 재정적 한계를 엄수하는 데만 급급하여 예산집행의 신축성이 저해된다. 예산의 과도한 세분화로 인해 행정활동의 자유를 제한하고 나아가 사태변동에 적응하는 예산의 융통성을 저해할 우려가 있다. 넷째, 지출의 세부적인 대상에 중점을 두게 됨으로써 품목표시에 내재되어 있는 성질과 내용에 대하여는 무관심하기 쉽다. 다섯째, 지나치게 세목별로 분류되어 각 행정기관을 통합한 총괄계정의 견지에서 부적합하며, 산출이 아닌 투입에 치중하므로 정부사업의 전모를 파악하기 어렵고 행정부나 입법부의 정책형성에 의미 있는 정책자료를 제공하지 못한다(김중규, 2011: 818). 이러한 문제점으로 인해 작업의 양과 성과에 대한 질의 측정이 품목별예산으로 어렵기 때문에 경찰업무의 정확한 평가가 어려울 수 있다.

(2) 성과주의예산제도

① 개념

성과주의예산제도(Performance Budgeting System: PBS)란 종전의 품목별 예산에 비하면 정부사업의 목적을 밝혀주는 사업 중심의 예산이며, 신축성을 부여할 수 있는 관리기능 중심의 예산 또는 원가중심의 과학적인 예산이라 할 수 있다. 성과주의예산은 각 사업마다 가능한 한 업무측정단위를 선정하여 업무를 양적으로 표시하는 것이므로 예산집행의 성과를 측정하고 분석·평가함으로써 효과적인 재정통제를 가능케 한다고 할 수 있다.

경찰에서의 성과주의예산제도는 경찰부서의 사업계획의 목표를 달성하는 데 있어서 효과성을 측정하기 위한 설계이다. 성과주의예산은 품목별로 지출될 품목이 마련되어 있지 않고 경찰부서의 사업계획·활동별로 분류한 다음 각 세부사업별로 「단위원가 × 업무량 = 예산액」으로 표시하여 편성한다. 각 사업계획은 연구 및 개발비, 운영, 감독, 리더십, 간접비 등이 포함되어 있으며, 성과단위 또는 업무측정단위로서 계획된 산물을 가리킨다(Mosher, 1954: 81).

전형적인 경찰성과주의예산에 있어서 성과단위는 살인사건을 해결하고, 형사피의자를 송치하고, 순찰차를 유지하고, 신임경찰관을 훈련시키는 것 등을 포함한다.

② 장점

성과주의예산제도의 장점은 국민이 정부 각 기관의 사업과 목적을 이해하는 데 적합하다는 것이다. 정책이나 계획수립을 용이하게 할 뿐만 아니라 입법부의 예산심의를 간편하게 하며, 예산편성에 있어서 자금배분을 합리화하며 예산집행에 신축성을 부여한다. 성과주의예산은 정부가 수행하는 사업의 수입과 지출을 직접 비교·분석하여 성과를 파악할 수 있다. 성과주의예산은 외부통제보다 행정 스스로의 내부통제를 강화시킴으로써 효과성 지향의 행정을 촉진시킨다. 마지막으로 성과주의예산제도는 능률적인 경찰사업계획이 각 성과단위의 비용을 결정하기 위해 비용편익분석을 어떻게 적용하고, 그 때 산출된 업무단위의 양에 따라 계산하는 것을 어떻게 배가시킬 것인가를 알 수 있다. 그래서 이것은 업무계획의 우선순위를 결정하는 데 도움을 줄 수 있고 경찰부서에서 사업계획들의 비교를 용이하게 할 수 있다.

③ 단점

성과주의예산은 경찰업무단위를 측정하는 데 근거를 두어야 하나 많은 경찰업무는 그러한 업무단위로 분류하는 것이 쉽지 않다. 이와 같이 공공업무분야에서는 업무측정단위를 선정하기 어렵고 정부가 하는 일 중에는 가시적이면서 계량적으로 그 성과를 측정할 수 있는 산물로 나타나지 않는 일들이 많다. 또한 성과주의예산은 의미 있는 결과를 가져오기 위해 매우 숙련된 분석가가 요구되고 있으나 대부분의 회계직원들에게는 필수적인 훈련이 결여되어 있다. 성과주의예산은 정책이나 사업계획에 중점을 두므로 심의는 용이하나 입법부의 예산통제가 곤란하며, 회계책임의 한계가 모호하여 공금관리가 곤란하게 될 우려가 있다. 마지막으로 이미 결정된 사업에 한정시켜 사업비용의 합리적 책정에 치중하므로 정책대안의 선택에 도움을 주지 못한다.

3. 한국경찰예산

1) 경찰예산의 구성 및 규모

경찰예산은 국가가 국민을 위해 수행하는 여러 가지 행정서비스 중에서 국민의 안전한 사회생활을 보장하는 치안활동의 예산이라는 점에서 어느 행정서비스의 예산보다도 중요하다고 할 수 있으며, 특히 최근 국민의 '삶의 질'을 중시하는 경향에 따라 치안서비스의 질을 높이기 위한 경찰예산의 지속적 투자가 요청되고 있다. 경찰예산은 기본적으로 일반회계로 편성되며, 책임운영기관특별회계와 국가균형발전특별회계로 구성되어 있다.

|표 4-18| 경찰 예산 변화 추이

(단위: 억원)

구 분	2017	2018	2019	2020	2021	2022	2023	2024	2025
경찰예산	101,138	105,362	109,757	113,604	119,651	122,852	124,548	129,907	135,364
정부예산	4,005,000	4,288,000	4,695,000	5,120,000	5,580,000	6,044,000	6,387,000	6,566,000	6,733,000
경찰예산/정부예산(%)	2.5	2.5	2.3	2.2	2.1	2.0	2.0	2.0	2.0

※ 출처: 경찰청, 2025; 기획재정부, 2025.

2) 경찰예산관리의 과제

(1) 경찰예산의 개혁 방향

첫째, 경찰의 기획기능과 예산기능이 보강되고 상호연계될 수 있도록 전문인력을 충원하고, 이 문제에 대한 기관장들의 관심을 제고해야 할 것이다. 인력충원과 관련하여 내부 전문인력 확보가 어려울 때에는 다른 기관과의 인적 교류도 시도해 볼 수 있다. 따라서 우리나라 경찰은 치안서비스를 제공하는 조직으로서 합당한 조직구조를 갖추고 있는지는 물론이고 치안서비스의 요구수준과 밀도에 합당한 인력의 배분과 더불어 그와 불가분의 관계에 있는 예산 등 자원의 분배가 적정한지에 대한 반성과 분석이 이루어져야 한다.

둘째, 예산개혁을 실시하여 경제적 효율성에 입각한 예산편성이 되도록 하는 것이 장기적으로 경찰예산이 나아가야 할 방향이다. 경찰예산제도 중 성과주의예산, 계획예산제도, 영기준예산제도 등 개혁적 예산제도 각각의 장점을 검토하고 이를 점진적으로 받아들일 수 있도록 실무능력을 배양하며 필요한 여건 조성작업이 요청된다(정진환, 2006: 282).

셋째, 도시화의 진전에 따른 인구 등의 도시집중현상과 농촌지역의 과소현상에도 불구하고 치안수요를 고려하지 아니한 획일적인 구조, 인력 · 예산 · 장비의 기계적 편성과 기계적 배분이 오늘날 경찰관리 분야의 경영이념이 강하게 요구되고 있는 현실에서 과연 합당한 것인지를 검토해 보아야 한다.

넷째, 이와 더불어 경찰조직관리자는 경찰의 과학화와 조직의 사기관리에 필요한 예산획득에 노력해야 할 것이다. 그러기 위해서는 예산에 관한 지속적 연구가 필요하다. 따라서 현재 대외비로 되어 있는 예산을 공개하여 더욱 투명하게 운영될 수 있도록 하고, 외부의 비판과 통제를 겸허히 수용할 수 있는 자세가 필요하다. 이러한 예산관리를 통해 시민의 신뢰를 획득할 수 있을 것이다.

(2) 경찰보수체계의 개선

적절한 보수체계는 경찰의 사기와 근무의욕향상에 매우 긴요하며, 우수한 인재를 충원하고, 이들의 이직을 최소화하기 위해 필수불가결한 요소이다. 특히 경찰조직에는 과중한 업무, 위험성 등 직업적 특수성을 고려해야 하므로 일반 공무원과도 다른 보수체계가 요구된다. 경찰의 보수가 무엇보다 직무성격, 난이도 및 개인능력에 맞추어 합리적으로 결정될 수 있도록 보수제도를 체계화할 필요가 있다.

첫째, 현재 낙후되어 있는 경찰근무환경을 개선하여 선진 경찰로 진입하기 위해서는 경찰의 사기진작 차원에서 각종 수당을 포함한 인건비의 예산이 적정한 수준으로 증액되어야 한다. 경찰공무원은 타 공무원과는 달리 승진적체현상, 계급정년제도, 장시간근무 등으로 경찰로서의 장래성이나 비전 등의 문제점으로 인해 우수인력의 유치를 어렵게 한다.

따라서 직무의 곤란도 및 특수성을 충분히 보상해 줄 수 있는 방향으로 보수체계가 개편되어야 한다. 특히 시간외 근무수당의 인정시간은 경찰관의 실제 초과근무가 불가피함으로 관계부처와 협의를 거쳐 시간외 근무수당규정은 개정되어야 한다. 이를 위해 엄밀한 직무분석이 실시되어야 하며, 정치논리에 의한 임금결정은 억제해야 할 것이다.

둘째, 경찰의 보수결정과 치안서비스의 질은 결코 따로 떼어낼 수 없는 것으로 보수인상은 반드시 그에 상응하는 서비스의 질적 향상을 약속할 수 있어야 한다. 그런 점에서 성과급제도를 계속 개발하고 개선할 필요가 있다.

제6절 경찰공무원의 통제

1. 경찰통제

현대 경찰은 경찰의 이념[15]을 충실하게 구현함으로써 스스로 존재가치를 뒷받침할 수 있다(이황우 · 조병인 · 최응렬, 2004: 257). 그러나 현실적으로 전개되는 경찰활동의 내용이나 결과가 언제나 당초의 취지나 국민의 기대에 부합하는 것은 아니다. 성장배경 · 가정환경 · 가치관 · 교육수준 · 신앙관계 등 각기 다른 구성원들 모두가 국민의 기대에 부응하기가 쉬운 일은 아니다. 이러한 문제점을 예상하여 경찰의 활동을 점검(inspection) 혹은 평가(evaluation)하고 문제점을 시정함으로써 같은 잘못이 반복되지 않도록 하고 있는데, 이를 통제라고 부른다(이황우 · 조병인 · 최응렬, 2004: 253).

1) 경찰통제의 의의

(1) 개념

경찰통제라 함은 경찰조직과 경찰활동을 감시함으로써 그에 대한 적정성을 도모하기 위한 제도적 장치 또는 활동을 말하는 것으로 경찰활동의 효율성을 위한 것이 아니다. 경찰통제는 무조건적 억제를 의미하는 것이 아니고, 경찰활동의 적합성과 생산성을 높이기 위한 생산적 개념이다. 경찰통제는 기준의 설정, 성과의 관찰 및 기준과의 비교, 시정조치 순으로 이루어진다(박동서, 2001: 627).

경찰행정의 기준을 정하고 그 성과를 분석하여 비교 · 판단하는 데는 많은 한계가 따르기 때문에 경찰에 대한 통제는 생각처럼 쉬운 것은 아니다. 특히 경찰활동의

15) 경찰의 이념은 합법성 · 민주성 · 분권성 · 정치적 중립성 · 능률성 · 효과성 등으로 함축된다. 합법성이란 모든 경찰활동은 법치주의원칙을 따라야 한다는 것이다. 민주성이란 국민의, 국민에 의한, 국민을 위한 경찰활동이 이루어져야 함을 의미한다. 분권성이란 권한이 특정인이나 소수집단에 집중되어서는 안 된다는 것이다. 정치적 중립성이란 경찰이 특정 정당이나 특수계층의 이익을 위해 봉사하는 조직이 되어서는 안됨을 뜻한다. 능률성이란 최소의 비용으로 최대의 성과를 추구해야 함을 의미한다. 효과성이란 경찰활동을 통해 현실적으로 생성한 산출이 당초의 목표에 도달해야 함을 의미한다.

성과를 계량적으로 측정할 수 있는 경우가 많지 않기 때문에 더욱 더 어려움과 한계가 뒤따른다. 뿐만 아니라 평가의 전제가 되는 양질의 정보를 충분히 확보하는데도 어려움과 한계가 뒤따른다. 양질의 정보는 저절로 얻어지는 것이 아니라 생산을 통해 만들어내는 것이고, 경찰행정에 대한 통제가 아무리 중요해도 헌법에 보장된 개인의 자유·권리 및 비밀을 함부로 침해할 수는 없기 때문이다. 그럼에도 불구하고 경찰행정에 대한 통제문제가 경찰학 영역에서 차지하는 비중은 매우 크다 (최응렬, 2002: 312).

(2) 경찰통제의 필요성

① 경찰의 민주적 운영

경찰은 민주주의를 수호하기 위한 조직으로써 민주적으로 조직되고 운영되고 관리되어야 한다. 「국가경찰과 자치경찰의 조직 및 운영에 관한 법률」은 국가경찰위원회제도와 시·도자치경찰위원회제도를 도입함으로써 경찰의 민주적 통제를 시도하고 있다.

② 경찰의 정치적 중립성 확보

우리나라 경찰의 역사는 창경 이후 정치적 중립을 위한 몸부림의 역사로써 경찰의 기구독립이나 제도개혁 등은 이에 초점이 맞추어져 왔다.

③ 경찰활동에 있어 법치주의의 실현

경찰활동은 법의 수권범위에서 직무권한이 행사되어야 하며, 이를 일탈하여서는 안 된다. 이를 일탈할 경우에는 법적 책임을 묻게 된다. 따라서 경찰통제는 경찰관들에 의해 실정법이 무시될 가능성을 줄임으로써 법치주의를 수호하는 데 있다.

④ 국민의 인권 보호

경찰활동은 성격상 국민의 인권과의 접경에서 이루어지는 일이 많아 인권침해의 여지가 늘 상존한다. 그러나 경찰활동의 궁극적인 목표가 국민의 인권보호에 있다고 볼 때 경찰활동 자체에서 오는 인권침해의 여지를 제거하여야 한다. 따라서 경찰통제의 궁극적 목적은 경찰권이 남용되거나 경찰권의 행사로 국민의 인권이 경시되는 것을 막음으로써 국민의 기본적 인권을 보호하는데 있는 것이다.

⑤ 경찰조직의 부패 방지

경찰통제수단을 통하여 경찰의 조직이나 예산·인력장비 등의 운영에 있어 낭비나 방만한 요소 및 부조리를 방지해야 한다.

2) 경찰통제의 기본요소

(1) 권한의 분산

권한의 분산(decentralization)은 의사결정에 관한 권한이 개인이나 소수에 집중되지 않도록 하는 것을 말한다. 권한이 특정 지위나 특정 부서에 집중되면 견제와 균형의 원칙이 깨어져 균형감 있는 업무처리가 어려워지기 때문이다. 민주주의가 발달한 것도 사실은 국가권력이 절대군주 혹은 소수의 귀족에게 집중되는 것을 방지할 필요성 때문이다. 민주주의 국가에서 지방자치제가 선호되는 배경도 이와 같다.

그러나 권한의 분산은 지방으로의 권한분산인 자치경찰제의 시행만을 의미하는 것은 아니며, 경찰의 중앙조직과 지방조직간의 권한의 분산, 상위계급자와 하위계급자 간의 권한의 분산 등을 말하는 것이다. 경찰의 권한을 분산시키는 방법은 여러 가지 형태로 나타난다. 먼저 지방자치의 원칙에 따라 지역별로 자치경찰을 운용하는 방식이 있다. 또한 경찰의 단위조직(경찰청, 시·도경찰청, 경찰서, 지구대 등)에서 업무를 분장하는 조치도 권한분산의 개념에 포함된다. 둘째, 수사, 기소, 재판의 기능을 각기 다른 기관이 수행하는 현실도 권한의 집중에 따른 폐단을 극복하기 위한 것에서 비롯된 것이다(이황우·조병인·최응렬, 2004: 266).

(2) 정보의 공개

정보의 공개가 없으면 참여가 불가하고 그 결과 통제가 곤란해진다. 그러므로 공개는 경찰통제의 근본이며 전제요소이다. 종래 행정기관은 비밀주의에 입각하여 행정이 가지고 있는 각종 정보를 폐쇄적으로 관리해 왔다. 특히 경찰조직의 관료주의 성향은 밀행주의를 고착시켜 경찰이 보유한 정보를 폐쇄적으로 관리하는 속성을 나타내고 있다. 이러한 밀행방식과 폐쇄행정은 경찰의 독선과 아집 혹은 부정과 부패로 이어져 조직의 이념을 구현하는 데 많은 지장을 초래하게 된다. 그러나 오늘날 국민의 알권리를 보장하고 국정운영의 투명성을 확보함을 목적으로 행정정보공개가 강력히 요청되고 있다. 이는 정보의 공개(opening)가 행정통제의 근본이 되기

때문이다.[16]

(3) 국민의 참여

주권자인 국민에게는 사전적 절차로써 자기의 권리를 보호해 나가기 위해 행정에 참여(participation)할 기회가 인정되어야 한다. 오늘날 국민에게는 국민의 행정참여를 도모함으로써 행정의 공정성·투명성·신뢰성을 확보하고 국민의 권익을 보호할 목적으로 행정절차법에 의한 절차적 권리가 보편적으로 인정되어 있다. 이와 같은 요구는 경찰기관에 대해서도 마찬가지로 작용하고 있다. 민주적 통제장치의 일환으로써 국민의 경찰행정에 대한 참여를 도모하기 위한 목적으로 국가경찰위원회가 구성되어 있는 등 제한적으로 간접적 참여 장치도 마련되어 있다. 그리고 2020년 7월 1일 전국적으로 자치경찰제도가 시행된다면 경찰행정에 대한 주민참여의 폭은 더 넓어질 것이다. 시·도경찰위원회도 동일한 취지로 시·도지사 소속으로 설치되어 있다.

(4) 책임

경찰에 대한 통제의 과정에서 잘못으로 드러난 문제에 대해서는 법적·도의적 책임을 부담해야 한다. 책임은 책임 추궁만으로 끝나는 것이 아니라 발전을 위한 과정으로 이해되어야 한다. 경찰은 그 구성원 개인의 위법행위나 비위에 대해서 형사책임·민사책임·징계책임 등의 책임(responsibility)을 져야 할 뿐만 아니라 경찰기관의 행정에 대해서 조직으로써 책임을 져야 할 경우가 있다.

(5) 환류

환류는 통제의 요처에 속하기보다는 통제의 효과를 극대화시키기 위한 촉매적 성격이 강하다. 즉, 통제를 위한 필수적 수단이 아니라 통제의 결과가 조직운영에

---

16) 우리나라에서도 이와 같은 취지에 따라 「공공기관의 정보공개에 관한 법률」이 제정되어 1998년 1월 1일부터 시행되고 있으며, 동 법률은 원칙적으로 행정기관의 정보의 공개를 의무화하고 있고, 나아가 적극적으로 정보의 제공을 규정하고 있다(제3조, 제21조). 따라서 적용제외대상(제7조)에 포함되지 아니하는 한 경찰기관의 정보도 공개에 예외일 수 없으며, 이것은 경찰의 통제에 크게 기여할 것이다.

반영되게 함으로써 훈육 내지 경고효과를 거두기 위한 보조수단에 가깝다(이황우·조병인·최응렬, 2004: 272). 통제의 결과는 언론의 보도, 경찰의 정기교육, 직원교양, 분석자료, 전파, 경찰기관장 혹은 간부경찰관의 훈시 등을 통해 경찰조직으로 환류된다. 따라서 경찰통제는 경찰행정의 목표와 관련하여 그 수행과정의 적정 여부를 확인하는 과정으로써 확인 결과에 따라 문제가 있으면 책임을 추궁하고 나아가 환류(feedback)를 통하여 순환을 발전적으로 유도해야 할 것이다.

2. 감찰 및 감사제도

1) 감찰의 의의

경찰에 대한 통제는 청와대, 국무총리실과 같은 상급기관에 의한 통제와 감사원, 국민권익위원회 등 사정기관에 의한 통제, 중앙행정부처에 의한 통제가 있다. 2021년 현재 시행되고 있는 경찰공무원에 대한 통제는 감찰과 감사가 주를 이루고 있다. 사정과 감사의 업무를 수행하기 위해 경찰청장 밑에 감사관이 조직되어 있다(경찰청과 그 소속기관 직제 제4조 제2항). 경찰청훈령「경찰 감찰 규칙」제2조 제2호에 따르면 "감찰"이란 복무기강 확립과 경찰행정의 적정성을 확보하기 위해 경찰기관 또는 소속 공무원의 제반업무와 활동 등을 조사·점검·확인하고 그 결과를 처리하는 감찰관의 직무활동이라고 규정하고 있다.

2) 감사·감찰기관

경찰의 감찰기능은 경찰청 감사관이 수행한다. 감찰기능의 객관성을 담보하기 위해 감사관은 외부인사로 충원하는 방식을 취하고 있다. 경찰통제의 중심이 되는 감사 시스템은 대체로 감사기능보다는 감찰기능에 중심을 두고 있다(이종수, 2014: 15).[17] 지금까지 경찰관의 비위조사 및 예방, 감찰 및 기강확립과 관련된 사정업무를 주로 하는 감찰기능이 행정감사, 특별감사, 일상감사, 예산 지출 관련 감사, 공

17) 행정감찰은 행정의 합법성을 확보하기 위해 공무에 관한 비위·범죄·기강 문란을 조사해 위법·부당한 행위를 한 공무원을 규찰하는 활동을 말한다. 행정의 합법성 확보를 그 직접적 목적으로 하는 행정감찰은 위법자를 적발해 처벌하는 규찰기능에 초점을 둔다는 점에서 시정에 초점을 두는 행정감사와 차이가 있다.

직윤리 관련 감사 등에 비하여 상대적으로 더 중요하다고 일반적으로 인식되어 왔다.

경찰청 감사관은 정기검사와 부분감사를 통해 불편하거나 불합리한 제도를 찾아내고, 주무부처나 담당자에게 통보하여 개선을 유도하는 일상감사를 실시하고 있다. 각급 경찰기관에 대한 순회감사인 종합사무감사는 1년 내지 3년 주기로 치안수요 등을 고려하여 조정 실시한다. 종합사무감사의 주요 감사대상 분야는 경찰청장 주요 지시사항 이행실태, 조직관리 및 예산집행 적정 여부 등 업무전반에 대한 처리실태, 현안업무 및 취약분야에 대한 테마 감사, 공직기강 확립 및 청렴도 이행실태, 지역경찰 근무실태 및 의경 자체사고 방지대책 실태, 제도개선 발굴 및 건의사항 청취 등 일선현장 중심의 감사에 중점을 두고 있다. 특히 2009년 이후 '비리내사전담반'을 설치함으로써 그동안 끊임없이 문제되어 왔던 비위유형 중 하나인 경찰업무 대상 업소 유착비리 등의 근절을 위해 비리내사 업무를 강화하였다. 엄격한 내부 사정을 통하여 비리를 근절하고 국민의 신뢰를 다시 회복하겠다는 입장을 고수하고 있는 것이다. 일선 경찰서에서는 일반적으로 청문감사관실에서 감찰기능을 수행하고 있다.

3) 청문감사관제도

(1) 의의

청문감사관 제도는 수사·교통·방범 등 각종 사건, 사고로 여러 시민과 항상 접촉하고 있는 경찰관의 불친절, 부당한 업무처리 등에 대하여 민원이 있는 경우 민원인의 불만사항 등 고충을 상담·처리하기 위해 1999년 6월 도입한 제도이다. 청문감사관제도는 주민을 '봉사의 대상'으로 인식함으로써 치안서비스의 질적 향상을 도모하고, 대민접촉 경찰관들이 친절하고 신속·공정·명확하게 업무를 처리하도록 하여 신뢰받는 경찰상을 정립하며 경찰관에 의한 인권침해 우려요소를 사전에 제거하여 인권을 수호하는 경찰상을 확보하는데 주된 목적이 있다.

(2) 청문감사관의 임무와 권한

2011년 경찰청 감사관실에서 발간한 '경찰서 청문감사관 매뉴얼'에서는 청문감사관의 정의와 직무범위를 다음과 같이 규정하고 있다(경찰청, 2011: 13).

|표 4-19| 청문감사관의 정의 및 직무범위

<table><tr><td>
■ 청문감사관의 정의
• 직위 고하를 불문, 비위 · 의무위반 행위에 대한 예방 및 징계하는 감찰 · 감사 담당자
• 경찰 법집행 과정에서의 인권침해 여부를 감독하고, 인권의식을 교육하는 인권보호관
• 민원인의 부당 · 불친절한 대우에 대한 상담 및 처리하는 청문관
• 내부 직원들의 고충 상담으로 조직의 화합과 의사소통 중재자 역할 수행

■ 청문감사관의 직무범위
• 경찰업무와 관련한 민원인 및 주민의 불편 · 불만사항 상담 및 조치
• 경찰관에 의한 인권침해 예방과 침해사례 접수 및 조치
• 직원의 고충 · 애로사항에 대한 상담 · 조치 및 수범경찰관 발굴 · 격려
• 각종 업무 추진실태 점검 및 문제점 발굴, 대안제시
• 조직의 복무기강 확립 등 경찰서의 감찰 · 감사업무
• 민원봉사실의 운영 및 민원사무 처리에 대한 지도 · 감독
• 기타 관서장이 지정하는 업무
</td></tr></table>

'경찰서 청문감사관 매뉴얼'에서는 청문감사관의 주 임무를 크게 ① 반부패활동과 청렴도 향상 ② 감찰활동 ③ 감사활동 ④ 징계 · 소청 · 소송활동 ⑤ 기타감찰활동 ⑥ 민원실업무 등 6가지로 분류하고 있다. 이를 통해 청문감사관이 단순히 민원을 상담하고 처리하는데서 그치는 것이 아니라 감찰과 감사 등과 같은 적극적 기능을 포함하고 있다는 것을 확인할 수 있다. 한편 '경찰서 청문감사관 매뉴얼'에서 정하고 있는 청문감사관의 권한은 다음과 같다(이종수, 2014: 15).

|표 4-20| 청문감사관의 권한

<table><tr><td>
■ 청문감사관의 권한
• 청문감사관은 원활한 직무처리를 위해
- 관련 서면 등 자료제출 요구권
- 담당자 등 관련자의 구두 및 서면답변 요구권
- 필요시 관련사항에 대한 직접 조사권
※ 경찰관 및 소속 공무원은 특별한 사유가 없는 한 거부할 수 없음

• 청문감사관은 직무를 위법 · 부당하게 처리하여 시정요구를 하였으나 응하지 않는 경찰관이나 대민 접촉부서 부적격자에 대해 경찰서장에게 교체 건의할 수 있음
</td></tr></table>

(3) 청문감사관의 자격 및 결격사유

청문감사관은 경찰관 및 소속 공무원에 대하여 감찰·감사의 권한을 가지고 있으며, 시정요구에 불응했을 경우 인사상 불이익을 줄 수 있는 강한 권한을 보유하고 있기 때문에 그 자격요건이 엄격하다. '경찰서 청문감사관 매뉴얼'에서는 <표 4-21>과 같이 그 자격요건을 제시하고 있다(이종수, 2014: 15).

|표 4-21| 청문감사관의 자격 및 결격사유

■ 청문감사관의 자격
- 수사·형사 또는 교통사고 조사나 감사업무에 대한 경험이 있는 자
- 경찰업무 전반에 관하여 지식과 경험이 풍부한 자 중 최초 신규 임용 후 경위는 3년, 경사 이하는 5년이 경과한 자
- 청렴·겸손하고 정의감과 책임감이 강한 자

■ 결격사유
- 부도덕한 행위로 징계처분을 받은 자
- 민원·복무규율위반 등으로 수시 감찰조사 대상이 되었던 자
- 질병 등으로 업무수행이 어려운 자
- 직원 또는 민원인 등으로부터 평판이 나쁜 자
- 직원 과실 등으로 문책인사 후 1년이 경과하지 않은 자
- 2년 이내 정년에 해당하는 자
- 기타 청문감사관으로 적합하지 아니한 자

3. 직위해제

1) 개념

직위해제제도는 1965년 10월 20일 「국가공무원법」 개정으로 신설된 제도로서 기관장에게 소속직원에 대한 지휘·감독권한을 강화한 제도이다. 직위해제는 징벌적 제재인 징계와는 그 성질을 달리하나 직위해제처분을 받은 경찰관은 직무에 종사하지 못할 뿐만 아니라 승급·보수·보직 등에서 불이익을 받게 되므로 인사제도에서 불이익한 처분이다. 직위해제는 징계와 구별되며, 직위해제와 동일한 사유로 징계처분을 해도 일사부재리의 원칙에 어긋나지 않는다. 다만, 징계의결사유로 직위해제된 경우, 징계의결이 결정되거나 징계의결이 취소된 때에는 직위해제처분의

효력이 상실된다. 직위해제가 휴직과 다른 점은 본인의 무능력 등으로 인한 제재적 의미를 가진 보직의 해제이며, 복직이 보장되지 않는다는 점이다. 직위해제는 처분을 받는 경찰관에게 징계 이외의 신분상 불이익을 입힐 우려가 있기 때문에 제도를 운영하는데 있어 각별한 주의와 신중함이 필요하다(김중양, 2008: 387).

2) 직위해제사유

① 직무수행 능력이 부족하거나 근무성적이 극히 나쁜 자

「국가공무원법」 제73조의3 제1항 제2호에 따르면 직무수행 능력이 부족하거나 근무성적이 극히 나쁜 자에 대해서 그 직위를 해제할 수 있다고 명시하고 있다. 하지만 이 요건에서 말하고 있는 직무수행 능력의 부족이나 근무성적이 극히 나쁘다는 사유는 측정이 불가능하고 처분권자의 재량에 따라 기준이 바뀔 수 있어 신중히 접근할 필요가 있다. 즉, 처분권자가 직위해제 처분을 낮은 수준의 징계처분처럼 잘못 운영하는 경우에는 경찰공무원 신분보장이 위협받게 된다. 직위해제는 임용권자에게 경찰조직의 기강확립과 경찰목표의 효율적인 달성을 위하여 부여된 권한이기 때문에 목적 외 용도로 남용되어서는 안 되며, 그 처분에 있어서는 상당한 이유가 있어야 한다.

경찰공무원이 직무수행 능력 부족과 근무성적이 나쁘다는 것을 이유로 임용권자 또는 임용제청권자로부터 직위해제처분을 받았을 경우 직위해제처분일로부터 3개월 이내의 대기명령을 받고 교육훈련, 특별연구과제의 처리 등 직무수행능력을 향상시킬 기회를 받을 수 있다(국가공무원법 제73조의3 제3항 및 제4항). 그리고 임용권자 또는 임용제청권자는 처분을 받은 경찰공무원의 직무수행능력이 향상되었다고 판단되면 복직시켜야 한다. 그러나 직무수행능력이 향상되지 않거나 향상될 여지가 없다고 판단되면 관할징계위원회에 직권면직 동의를 요구할 수 있다(김중양, 2008: 387).

② 파면·해임·강등 또는 정직에 해당하는 징계 의결이 요구 중인 자

징계의결이 요구 중인 경우에는 징계의 경중에 관계없이 직위해제를 할 수 있었지만 2002년 1월 「국가공무원법」이 개정되면서 감봉, 견책 등 경징계 의결이 요구 중인 경우에는 직위해제를 할 수 없도록 변경되었다. 또 판례는 직위해제처분 후에 직위해제 사유와 동일한 사유로 파면처분을 한 경우에는 전에 한 직위해제처분은 그 효력이 상실된다고 판시하였다(대판 1980. 9. 30. 79누65).

③ 형사 사건으로 기소된 자(약식명령이 청구된 자는 제외한다)

법 개정 이전에는 형사 사건으로 기소된 경찰공무원에 대하여 반드시 직위해제를 하도록 규정되어 있었지만 형이 확정된 것이 아닌 단순한 기소 사실만으로 직위해제처분을 하는 것은 합리적 결정이라 볼 수 없다. 따라서 1994년 헌법재판소의 위헌결정에 의해 임용권자가 직위해제 여부를 구체적으로 검토하여 결정하도록 하였다. 형사 사건으로 기소된 경찰공무원에 대하여 직위해제처분을 하는 이유는 경찰공무원이 기소된 상태에서 계속 경찰임무를 수행할 경우 공정성을 잃게 될 우려가 있기 때문이다. 반대로 기소된 경찰공무원은 직위해제를 통해 직무수행을 중단하고 공판준비를 할 수 있다는 점을 직위해제 처분의 이유로 볼 수 있다(김중양, 2008: 389).

④ 고위공무원단에 속하는 일반직공무원으로서 「국가공무원법」 제70조의2 제1항 제2호부터 제5호까지의 사유로 적격심사를 요구받은 자

⑤ 금품비위, 성범죄 등 대통령령으로 정하는 비위행위로 인하여 감사원 및 검찰·경찰 등 수사기관에서 조사나 수사 중인 자로서 비위의 정도가 중대하고 이로 인하여 정상적인 업무수행을 기대하기 현저히 어려운 자

참고문헌

강길봉. (1995), “대표관료제의 적실성에 관한 연구: 한국의 정치문화와 행정문화 주요 정황을 중심으로”, 「박사학위논문」, 단국대학교 대학원.

강성철. (2018), 「새인사행정론」, 대영문화사.

강용길 · 백창현 · 김석범 · 이종화. (2012), 「경찰학개론」, 경찰공제회.

강욱 · 김석범 · 백창현. (2014), 「경찰경무론」, 경찰대학.

경찰청. (2008), 「2008 경찰백서」.

경찰청. (2011), 「2010 경찰백서」.

경찰청. (2011), 「경찰서 청문감사관 매뉴얼」.

경찰청. (2012), 「2011 경찰백서」.

경찰청. (2020), 「2019 경찰백서」.

고재학. (2008), “공공기관 낙하산 인사에 관한 엽관주의적 해석: 정치적 통제와 언론 의제 분석을 중심으로”, 「한국정책연구」, 8(2): 103－125.

김규정. (1999), 「신판 행정학원론」, 법문사.

김규정. (2000), 「행정학」, 법문사.

김규정. (2016), 「인사행정론」, 제8판, 박영사.

김남진. (2004), 「경찰행정법」, 경세원.

김병섭 · 박광국 · 이종열. (1995), 「현대조직의 이해」, 영남대학교출판부.

김상묵 · 최병대. (1999), “공직사회 경쟁력 제고를 위한 실적주의 인사행정기능의 강화”, 「한국행정학보」, 33(4): 77－94.

김상호. (2005), “경찰공무원의 대표성 분석”, 「지방정부연구」, 9(4): 279－298.

김신복. (2006), 「발전기획론」, 박영사.

김영삼 · 경재웅. (2010), “소청심사제도의 제문제”, 「토지공법연구」, 51: 393－418.

김원중. (2007), “경찰위원회의 역할 정립 방안 연구”, 「한국공공관리학보」, 21(4): 175－200.

김중규. (1999), 「뉴 밀레니엄 행정학」, 성지각.

김중규. (2011), 「첨단행정학」, 에드민.

김중규. (2015), 「압축 선행정학」, 에드민.
김중양. (2008), 「한국인사행정론」, 제6판, 법문사.
김충남. (2008), 「경찰학개론」, 박영사.
김태룡. (2012), 「새 한국행정론」, 대영문화사.
김태진. (2004), "경찰계급체계의 문제점과 개선방안", 「한국공안행정학회보」, 18: 1-34.
김필두. (2003), 「지방공무원 계급체계 개선방안」, 한국지방행정연구원.
김한창. (2006), "공무원채용 정책변화의 신제도주의적 해석: 제도변화의 내적요인을 기준으로", 「한국인사행정학회보」, 5(2): 35-58.
김해동 역. (1977), 「정책형성론」, 법문사.
김현성, (1998), "통일과도기 치안수요예측과 경찰대응방안 연구", 「연구보고서 98-10」, 치안연구소.
나기산 · 남궁근 · 이희선 · 김선호 · 김지원 공역. (1994), 「정책분석론」, 제2판, 법문사.
노화준. (2012), 「정책학원론」, 박영사.
노화준. (2017), 「정책분석론」, 전정판, 박영사.
박동서. (2001), 「한국행정론」, 제5전정판, 법문사.
박영대. (2004), 「경찰경무론」, 경찰대학.
박영대. (2008), 「경찰경무론」, 경찰대학.
박영희 · 김종희. (2017), 「신 재무행정론」, 개정6판, 다산출판사.
박종승. (2014), "한국 경찰예산의 영향요인에 관한 연구", 「박사학위논문」, 동국대학교 대학원.
박천오 외. (2001), 「개방형직위제도 운영실태 조사 · 평가」, 중앙인사위원회.
백현관 · 양종삼 · 김종욱 · 서재호. (2004), 「행정학 연구」, 인해.
신현기. (2018), 「경찰조직관리론」, 법문사.
신환철. (1993), 「Henry Minzberg의 조직구조론」, 경제원.
안호성. (2013), "지방자치단체 실적주의 인사행정의 영향요인에 관한 연구: 내부통제제도를 중심으로", 「박사학위논문」, 고려대학교 대학원.
양창삼. (2013), 「조직철학과 조직사회학」, 민영사.
오석홍. (2016), 「행정학」, 에드민.
오을임 · 김구. (2002), "환경변화에 반응하기 위한 조직학습의 접근방법에 관한 연구", 「통일문제연구」, 15: 71-97.

유민봉 · 박성민. (2015),「한국인사행정론」, 박영사.
유훈. (1986),「정책학원론」, 법문사.
이동찬. (2012), “소청심사제도에 관한 연구: 형평성을 중심으로”,「토지공법연구」, 57: 235－251.
이병철. (2000), “미국의 공공부문 인적 자원관리이론의 역사적 발전과정”,「현대사회와 행정」, 10: 61－96.
이상안. (2005),「알기 쉬운 경찰행정학」, 대명문화사.
이영남. (1991), “경찰조직의 효과성 제고를 위한 복지체계에 관한 연구”,「박사학위논문」, 명지대학교 대학원.
이영남. (1994), “전략개념에 의한 경찰체제의 연구”,「한국공안행정학회보」, 3: 1－37.
이영남 · 신현기. (2004),「경찰조직관리론」, 법문사.
이영애. (2004), “실적제 공무원 인사제도의 변형적 집행에 관한 연구 : 충청지역의 사례연구를 중심으로 한 여성공무원 우대제도에 대한 인식과 태도”,「한국정책과학학회보」, 8(3): 276－308.
이종수. (2014),「행정학사전」, 대영문화사.
이종수 · 윤형진. (2013),「새 행정학」, 6판, 대영문화사.
이황우 · 김진혁 · 임창호. (2019),「경찰인사행정론」, 제5판, 법문사.
이황우 · 조병인 · 최응렬. (2004),「경찰학개론」, 개정판, 한국형사정책연구원.
이황우. (2019), 제7판,「경찰행정학」, 법문사.
이황우 · 한상암. (2021), 제8판,「경찰행정학」, 법문사.
정덕영. (2003), “한국 경찰의 학습조직 구축방안에 관한 연구”,「박사학위논문」, 동국대학교 대학원.
정부개혁위원회. (1999),「개방형 임용제도의 발전방안」.
정정길. (2020),「정책학원론」, 대명출판사.
정진환. (2006),「경찰행정론」, 대영문화사.
조동성 · 신철호. (1997),「14가지 경영혁신기법의 통합모델」, 아이비에스 컨설팅.
조석준 · 임도빈. (2019),「한국행정조직론」, 법문사.
조철옥. (2003),「경찰행정론」, 개정판, 대명출판사.
조철옥. (2012),「경찰학개론」, 대명출판사.
최미옥 · 신현기 외. (2002),「현대행정의 이해」, 대명문화사.
최응렬. (2002), “경찰서 행정발전위원회의 운영실태 및 개선방안”,「한국공안행정학회보」, 13: 309－332.

최응렬. (2004), “순찰지구대, 어떻게 운영되고 있나?”, 「지방자치」, 195: 71－77.

하재룡. (2011), “공무원의 실적주의 인사제도와 단체교섭의 공존: 가능성과 도전”, 「한국인사행정학회보」, 10(1): 87－116.

한수웅. (2012), “헌법 제7조의 의미 및 직업공무원제도의 보장”, 「법조」, 61(11): 5－52.

Anderson, James E. (1984), *Public Policymaking*, 3rd ed., New York: Holt, Rinehart and Winston.

Benartzi, S., Beshears, J., Milkman, K. L., Sunstein, C. R., Thaler, R. H., Shankar, M., Tucker－Ray, W., Congdon, W. J., & Galing, S. (2017), “Should govern－ments invest more in nudging?”, *Psychological Science*, 28(8): 1041-1055.

Bennis, Warren G. (1987), *Organization of the Future*, New York: Longman.

Bradford, B., & Quinton, P. (2014), “Self－legitimacy, police culture and support for democratic policing”, *Policing: A Journal of Policy and Practice*, 8(1): 46－56.

Cairney, P. (2020), *Understanding Public Policy: Theories and Issues*, London: Red Globe Press.

Dror, Yehezkel (1968), *Public Policymaking Reexamined*, Sacraton, Pennsylvania: Chandler Publishing Company.

Dror, Yehezkel (1971), *Ventures in Policy Science: Concepts and Application*, New York: American Elsevier Publishing Company, Inc.

Fyfe, James J. Greene, Jack R., Walsh, William F., Wilson, O. W., & McLaren, Roy Clinton. (1997), *Police Administration*, 5th ed., New York: The McGraw－Hill Companies, Inc.

Gau, J. M., & Paoline, E. A. (2019), “Police officers’ self－assessed legitimacy: a theoretical extension and empirical test”, *Justice Quarterly*, 3(2): 276-300.

Gortner, Harold F. (1977), *Administration in the Public Sector*, New York: John Wiley and Sons.

Gulick, L. (1937), “Notes on the Theory of Organization”, In Luther Gulick & Lyndell Urwick (Eds.), *Papers on the science of administration*, (pp. 191－195), New York: Institute of Public Administration, Columbia University.

Holden, Richard N. (1994), *Modern Police Management*, 2nd ed., Englewood Cliffs, New Jersey: Prentice－Hall.

Kahneman, D. (2011), *Thinking, Fast and Slow*, New York: Farrar, Straus and Giroux.

Kingsley, J. D. (1944), *Representative bureaucracy: An Interpretation of the British Civil Service*, Yellow Springs, Ohio: Antioch Press.

Kochel, T. R. (2021), "Police self－legitimacy and democratic orientations", *The Police Journal*, 94(3): 312-331.

Kranz, H., & Kranz, H. (1976), *The Participatory Bureaucracy: Women and Minorities in a More Representative Public Service*, Lexington, Mass.: Lexington Books.

Lawless, David J. (1972), *Effective Management: Social Psychological Approach*, Englewood Cliffs, New Jersey: Prentice－Hall.

Lundstedt, Sven (1972), "Consequences of Reductionism in Organization Theory", *Public Administration Review*, 32(4): 328－333.

Mosher, Frederick C. (1954), *Program Budgeting: Theory and Practice with Particular Deference to the Deoartment of the Army*, Chicago: Public Administration Service.

Mosher, Frederick. C. (2016), *Democracy and the Public Service*, New York: Oxford University Press.

Nix, J., Wolfe, S. E., & Campbell, B. A. (2021), "The code of silence and self－legitimacy: Examining the effect of self－legitimacy on the code of silence", In *Police Integrity* (pp. 85-108), Springer.

Pitkin, H. F. (1967), *The Concept of Representation*, Berkeley, California: University of California Press.

Pressman, J. L. & Wildavsky, (1973), *Implementation*, Berkeley, California: University of California Press.

Robbins, S. P. (1990), O*rganization Theory: Structures, Designs, and Applications*, 3rd ed., Englewwood Cliffs New Jersey: Prentice Hall.

Simon, H. A. (1997), *Administrative Behavior*, 4th ed., New York: Free Press.

Swanson, Charles R., Territo, Leonard & Taylor, Robert W. (2001), *Police*

Administration: Structures, Processes, and Behavior, 7th ed., Upper Saddle River, New Jersey: Prentice-Hall, Inc.

Tankebe, J. (2019), "Rightful authority: Exploring the structure of police self-legitimacy", In A. Liebling, J. Shapland, & J. Tankebe (eds.), *Crime, justice and social order: essays in honour of A. E. Bottoms* (pp. 1-30), Oxford: Oxford University Press.

Wilson, O. W. & McLaren, Roy (1963), *Police Administration*, New York: McGraw Hill Book Co.

http://jmp.jeju.go.kr/.

http://www.police.go.kr.

제5장

분야별 경찰활동

제 1 절

생활안전경찰

1. 개념 및 주요임무

1) 개념

생활안전경찰(범죄예방대응경찰)은 범죄예방과 관련된 정책의 수립과 집행 등의 역할 수행을 통해 국민과 가장 가까운 곳에서 국민의 생명과 신체, 재산을 보호하는 경찰을 의미한다. 생활안전경찰은 범죄예방 등 사전예방적 업무를 주로 수행하지만, 사건현장 출동과 초동조치 등 초기진압과 관련된 역할 역시 수행한다. 전체 경찰 인원의 50% 이상이 생활안전활동에 종사하고 있으며, 경찰청의 범죄예방대응국과 생활안전교통국, 시 · 도경찰청의 범죄예방대응과, 여성안전과, 청소년보호과 등, 경찰서의 범죄예방대응과, 여성청소년과, 지역경찰관서(지구대, 파출소)에서 관련 역할을 수행한다.1)

2) 주요임무

생활안전경찰의 주요임무는 크게 범죄예방 업무, 생활질서 유지 업무, 여성 · 청소년 보호 및 수사 업무 3가지로 나누어 볼 수 있으며, 각 경찰관서별 업무는 <표 5-1>과 같이 구분해 볼 수 있다.

|표 5-1| 각 경찰관서별 생활안전경찰의 임무

구 분	경찰청	시 · 도경찰청	경찰서
범죄예방	• 범죄예방에 관한 기획 · 조정 · 연구 등 예방적 경찰활동 총괄 • 경비업에 관한 연구 및 지도	• 범죄예방에 관한 연구 및 예방적 경찰활동 사항 • 시기별 범죄예방활동 기획 및 운영	• 협력방범 기획 • 경비업 관련 지도 점검 • 범죄예방진단 및 셉테드(CPTED)에 관한 사항

1) 각 시도경찰청의 규모 등에 따라 조직구성에 일정부분 차이가 있어 부서의 명칭에 있어서도 일정부분 차이가 존재한다.

	• 범죄예방진단 및 범죄예방순찰 기획·운영	• 협력방범 업무 및 경비업에 관한 사항	
생활질서 유지	• 풍속·성매매 사범에 대한 지도 및 단속 • 총포·도검·화약류 등의 지도·단속 • 즉결심판청구업무의 지도	• 성매매 및 사행행위 단속에 관한 사항 • 유실물 처리 업무 계획 및 지도·감독 • 총포·도검, 화약류·분사기·전자충격기·석궁의 제조·판매업, 수·출입 허가	• 행락질서 및 풍속·성매매사범에 대한 지도·단속 • 유실물 및 습득물 처리업무 • 총포화약류와 사격장 지도·단속과 허가에 관한 업무
여성 청소년 보호 및 수사	• 아동학대의 예방 및 피해자 보호에 관한 업무 • 여성 대상 범죄와 관련된 주요 정책의 총괄 수립·조정 • 성폭력 및 가정폭력 예방 및 피해자 보호에 관한 업무	• 성폭력·가정폭력·청소년 성매매 예방대책 및 피해자 보호대책 수립 • 청소년 선도·보호대책수립 및 청소년 단체와의 협력·지원 • 성폭력 및 청소년 성매매 사건 등에 대한 수사지도 및 지원	• 가정폭력·성매매·학교폭력 예방 및 피해자보호 대책 수립·관리 • 아동안전 대책 수립 및 아동안전 협력치안 • 성폭력·가정폭력·아동학대 범죄·학교폭력 등 소년범죄의 수사

※ 출처: 「경찰청과 그 소속기관 직제」 제10조의 3, 제11조 및 관련법령.

(1) 범죄예방

범죄예방 업무는 경찰의 가장 중요한 역할 중 하나로써, 예방적 차원의 경찰활동으로 볼 수 있다. 범죄예방활동은 크게 순찰과 범죄예방진단으로 구분해서 살펴볼 수 있다.

① 순찰

순찰은 경찰이 관할구역 내를 돌아다니며 범죄를 일으킬 수 있는 요인을 사전에 발견·제거하는 활동으로 모든 지역경찰관서에서 이루어지는 보편적인 범죄예방활동이다. 순찰은 순찰노선을 어떻게 정하느냐에 따라 정선순찰, 난선순찰, 요점순찰 등으로 구분할 수 있으며, 어떤 기동수단을 사용하느냐에 따라 차량순찰, 도보순찰 등으로 구분할 수 있다. 더불어 경찰은 최근의 범죄현상 반영과 주민밀착형 순찰활동을 위해 기동순찰대와 탄력순찰제를 도입·운영하고 있으며, 구체적 내용은 <표 5-2>와 같다.

|표 5-2| 기동순찰대와 탄력순찰제

〈기동순찰대〉

최초 설치된 기동순찰대는 기존의 지구대·파출소 조직과는 별도로 경찰서 생활안전과에 소속되어 경찰서 관할구역 전체를 대상으로 관할 내 범죄취약지역을 순찰하는 조직으로 운영하였으나, 2023년 발생한 이상동기범죄로 인해 각 시·도경찰청에 기동순찰대를 설치하는 것으로 개편하여 무질서 행위 단속, 치안경력이 필요한 지역의 집중 투입 등을 통해 지역경찰과 상호 보완하는 역할을 수행

〈탄력순찰〉

주민들이 요청한 순찰장소와 112신고량을 분석하여 우선순위를 결정하는 순찰활동

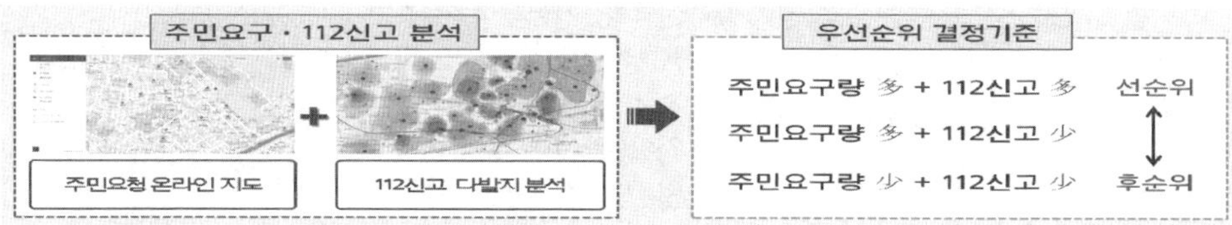

※ 출처: 경찰청, 2017; 경찰청, 2024.

② 범죄예방진단

범죄예방진단은 경찰공무원이 지역사회와 함께 범죄예방대책을 마련하기 위해, 거리·공원·공공시설·건축물 등 특정 지역이나 시설의 물리적·사회적 환경 요인을 분석하여 범죄취약요소를 파악하는 활동을 말한다. 기존의 방범진단과는 <표 5-3>과 같은 차이를 보인다.

|표 5-3| 방범진단과 범죄예방진단 비교

구 분	방범진단	범죄예방진단
대 상	건축물 (아파트, 주택, 상가, 사무실, 공장 등)	건축물 및 지역 (건축물 외 거리, 공원, 공공시설 등)
내 용	방범시설 설치 여부	• 주변의 범죄특성 고려 • 시설물 구조와 방범시설·장비 등 물리적 환경의 범죄예방설계 적용여부 분석 • 인구계층, 경제여건 등 사회적 요인 분석
활 용	경찰의 방범대책 참고 자료	• 대상자에 통보 • 범죄예방 종합대책 수립 및 범죄예방 강화구역 지정 시 활용 • 지역사회와 해결방안 마련을 위한 기초자료로 활용

※ 출처: 경찰청, 2018: 118.

범죄예방진단을 진행할 경우에는 물리적 특징뿐만 아니라 지역의 특성 등 사회적 환경요인과 범죄의 발생현황 등 범죄와 관련된 요인들을 함께 고려해야 한다. 경찰에서는 범죄예방과 관련된 업무를 전문적으로 수행할 수 있도록 하기 위해 경찰서 범죄예방대응과에 범죄예방진단팀(CPO)을 운영하고 있다.

|표 5-4| 범죄예방진단팀(Crime Prevention Officer)

• 영국의 범죄예방 담당경찰관과 일본·호주 등의 범죄예방시설 인증제도를 모티브로 하여 시행된 제도로서 지역과 시설의 취약요인 분석을 통해 범죄관련 예방 대책을 수립하고 지방자치단체, 민간 등과 협업하여 시설과 환경을 개선하도록 유도하는 팀 • 주요업무 – 인구사회학적 범죄특성 진단 – 위험도 평가 – 세부진단 – 범죄발생분석 – 방범시설 점검 – 진단결과 통보

※ 출처: 치안정책연구소, 2016: 2; 심명섭, 2017을 바탕으로 작성.

(2) 생활질서 유지

생활질서 유지 업무는 국민의 일상생활과 밀접한 곳에서 발생하는 범죄행위에 대한 단속업무와 기초생활질서 위반 사범에 대한 처리업무, 총포화약과 관련된 업무를 중심으로 이루어진다. 단속업무는 성매매 범죄와 관련된 단속, 게임장 등 사행행위와 관련된 단속을 주로 실시하며, 이외에도 다양한 풍속영업사범에 대해 지도하고 단속한다. 다음으로는 경범죄 등 기초질서위반사범에 대한 처리업무를 담당하는데, 단속업무와 함께 대상 사건에 대한 즉결심판업무를 수행하며, 경미한 형사사건 피의자의 전과자 양산을 방지하기 위해 <표 5-5>와 같이 경미범죄심사위원회 업무 역시 수행한다. 마지막으로 총포화약과 관련해서는 경찰관서별로 사용허가와 관련된 업무, 안전과 관련된 업무를 수행한다.

|표 5-5| 경미범죄심사위원회

- 목적: 경미한 형사사건 피의자의 전과자 양산을 방지
- 구성: 위원장(경찰서장) 포함 5명 이상 7명 이하의 위원,
  외부위원은 위원장을 제외한 위원 1/2 이상 위촉하고 내부위원은 과장 중에서 위촉
  사무처리를 위한 간사 1인(경찰서 수사지원팀장 또는 형사지원팀장 중 위원장이 지정)
- 임기: 2년, 1회에 한해 연임가능
- 심사대상: 형사사건에 대한 감경결정 여부, 즉결심판 사건에 대한 감경결정 여부

※ 출처: 「경미범죄 심사위원회 운영 규칙」.

(3) 여성 · 청소년 보호 및 수사

여성 · 청소년 보호 및 수사업무는 대상과 범죄의 특수성을 감안하여 범죄의 예방과 수사, 범죄피해자 보호 업무를 통합하여 수행하는 특징을 가진다. 과거에는 예방업무만을 주로 담당했으나, 예방과 수사는 밀접한 관련성을 가지고 있기에 현재는 수사업무를 함께 수행하고 있다. 여성과 관련해서는 성폭력, 가정폭력, 성매매 수사 및 피해자 보호, 피해사례 수집 등을 통한 예방대책 수립을 주요 업무로 하고 있다. 특히 가정폭력과 사회적 약자에 대한 학대를 예방하고 해결하기 위해서 경찰에서는 <표 5-6>과 같이 학대예방경찰관(APO)을 운영하고 있다.

|표 5-6| 학대예방경찰관(APO, Anti-abuse Police Officer)

- 장기결석 아동사건을 계기로 가정폭력과 학대(아동, 노인)를 사전에 발견하고 관련 범죄들을 예방, 피해자 보호, 재발방지 등의 역할을 수행하기 위한 목적으로 탄생
- 주요업무
  - 현장출동: 신고접수 시 아동보호전문기관과 동행 출동
  - 응급조치 및 긴급임시조치
  - 장기적 모니터링: 합동점검 및 소재확인
  - 통합솔루션팀 운영

※ 출처: 경찰청 홈페이지(20. 8. 28 검색).

청소년 보호와 관련해서는 소년비행방지를 위한 조사업무와 이를 바탕으로 지도업무를 실시하고, 청소년 유해환경 정화를 위해 지속적인 지도와 단속을 실시하고 있다. 또한 실종아동 등에 대한 수사업무를 담당하고 있으며, 비행청소년에 대한 보호업무 역시 수행한다. 학교폭력이 사회의 큰 문제로 부각됨에 따라 경찰에서는

교육당국과 협조하여 학생들을 보다 근거리에서 보호하고 친밀하게 다가갈 수 있도록 <표 5-7>과 같이 학교전담경찰관(SPO) 제도를 시행하고 있다.

|표 5-7| 학교전담경찰관(SPO, School Police Officer)

• 학교폭력 근절 범정부 대책의 하나로 2012년부터 시행된 제도로서, 학교폭력 등 학교와 관련된 범죄문제에 대해서 예방하고 해결하기 위해 탄생 • 주요업무 – 예방활동: 117홍보 및 학교폭력 대응요령 등 안내 – 117신고 처리 등: 접수사건에 대해 학교 및 수사팀 연계, 면담 등 맞춤형 조치 – 폭력써클 파악·해체: 형사기능 등과 정보교류 후 현황파악·해체 및 사후 모니터링 통해 재결성 방지 – 자치위원회 참석: 학교폭력대책자치위원회 위원 참석, 의견제시 및 선도프로그램 연계 – 사후 관리: 피해자 추가피해 방지 및 사안별 전문기관 연계 – 경학 협력: 학교 측과 Hot-line 구축 및 상설협의체 운영

※ 출처: 경찰청, 2020: 154를 바탕으로 작성.

2. 지역경찰

1) 개념

지역경찰은 치안의 최일선에서 국민과 만나는 경찰공무원으로서 범죄예방활동을 하고 112신고 등 범죄신고에 대해 신속하게 출동, 대응하는 업무를 담당하는 경찰공무원을 의미한다. 법률적인 의미로는 지역경찰관서[2](치안센터 포함)에 소속된 경찰공무원을 의미한다(경찰청, 2018: 3).

2) 「경찰청과 그 소속기관 직제」 제43조의 지구대와 파출소를 의미한다. 지구대와 파출소의 구분은 아래와 같다.

구분	지구대 설치기준(3개 요건 중 2개 이상 해당시)		
1급서	• 인구 5만명 이상	• 112신고 연 1만건 이상	• 3개 행정동(읍·면)이상 관할
2급서	• 인구 3만명 이상	• 112신고 연 3천건 이상	• 3개 행정동(읍·면)이상 관할
3급서	• 인구 2만명 이상	• 112신고 연 1,500건 이상	• 3개 행정동(읍·면)이상 관할
공 통	• 신규 택지개발 등으로 인한 대규모 인구 유입시 • 관내에 국가중요시설, 다중이용시설, 경찰대상업소가 많거나 유동인구 및 치안수요가 많은 경우		

※ 출처: 경찰청, 2018: 10.

2) 구성

지역경찰은 지역경찰관서장, 순찰팀, 관리팀으로 구성된다. 지역경찰관서장과 관리팀은 일근근무를 원칙으로 하며, 순찰팀은 <표 5-8>과 같이 교대근무를 실시한다. 주로 치안수요가 많은 도심지역에서는 4조 2교대를 실시하며, 치안수요가 상대적으로 적은 농촌 지역 등에서는 3조 2교대 방식을 실시한다. 다만, 2014년 시범실시를 통해 취약시간 집중순찰제, 야간전종근무제, 유연파출소 등 치안여건에 따라 상황에 맞는 교대근무제를 운영할 수 있도록 하고 있다.

|표 5-8| 지역경찰의 교대근무

- 4조 2교대
  - 4개 순찰팀이 주간과 야간으로 1일 2교대로 근무함
  - 근무방식: 주간 - 야간 - 휴무 - 비번
  - 예시: 주간) 08:00 ~ 19:00, 야간) 18:30 ~ 08:30
- 3조 2교대
  - 3개 순찰팀이 주간과 야간으로 1일 2교대로 근무함
  - 근무방식: 주간 - 주간 - 주간 - 야간 - 비번 - 야간 - 비번 - 야간 - 비번
  - 예시: 주간) 08:00 ~ 19:00, 야간) 18:30 ~ 08:30

3) 근무의 종류 및 임무

지역경찰의 근무종류는 크게 순찰근무, 상황근무, 행정근무, 경계근무, 대기근무 등으로 구분할 수 있다.[3)]

(1) 순찰근무

순찰근무는 근무 중 관할구역 내의 범죄예방과 주민들의 의견수렴청취 등을 목적으로 수행하며, 112 순찰근무 및 야간 순찰근무는 반드시 2인 이상 합동으로 실시한다. 순찰근무 시에는 문제의식을 바탕으로 주변을 면밀하게 관찰할 필요성이 있으며, 돌발 상황에 대비하고 만나는 주민들에게 친절한 태도를 보여야 한다. 순찰근무 중 수행해야 하는 업무는 ⅰ) 주민여론 및 범죄첩보 수집, ⅱ) 각종 사건사

3) 이하 서술 내용은 「지역경찰의 조직 및 운영에 관한 규칙」과 경찰청, 2018을 바탕으로 작성.

고 발생시 초동조치 및 보고, 전파, iii) 범죄 예방 및 위험발생 방지 활동, iv) 범법자의 단속 및 검거, v) 경찰방문 및 방범진단, vi) 통행인 및 차량에 대한 검문검색 등이다.

(2) 상황근무

상황근무는 지구대, 파출소, 치안센터 내에서 신고접수 등 상황유지 업무를 수행하는 것을 의미하며, 상황근무 역시 2인 1조 근무를 기본으로 하지만 필요시 인원조정을 통해 근무를 수행한다. 다만 야간 1인이 상황근무를 할 경우에는 출입문을 잠그고 근무하며, 긴급상황 발생시에는 순찰근무자 등이 긴급하게 대응할 수 있도록 시스템을 마련해야 한다. 상황근무 중 수행해야 하는 업무는 i) 시설 및 장비의 작동여부 확인, ii) 방문민원 및 각종 신고사건의 접수 및 처리, iii) 요보호자 또는 피의자에 대한 보호·감시, iv) 중요 사건·사고 발생시 보고 및 전파, v) 기타 필요한 문서의 작성이다.

(3) 행정근무

행정근무는 지구대, 파출소 내에서 지역경찰관서 운영과 관련된 각종 행정서류 작성 등의 업무를 수행하며, 관리팀원이 주로 행정업무를 담당한다. 행정근무 중 수행해야 하는 업무는 i) 문서의 접수 및 처리, ii) 시설·장비의 관리 및 예산의 집행, iii) 각종 현황, 통계, 자료, 부책 관리, iv) 기타 행정업무 및 지역경찰관서장이 지시한 업무이다.

(4) 경계근무

경계근무는 2인 이상 합동으로 지정하여야 하며, 지정된 장소에서 범법자 등을 단속·검거하기 위한 통행인 및 차량, 선박 등에 대한 검문검색 및 후속조치와 비상 및 작전사태 등 발생시 차량, 선박 등의 통행 통제업무를 수행한다.

(5) 대기근무

대기근무란 신고사건 출동 등 치안상황에 대응하기 위하여 일정시간 지정된 장소에서 근무태세를 갖추고 있는 형태의 근무를 말하며, 대기근무를 지정받은 지역경찰은 지정된 장소에서 휴식을 취하되, 무전기를 청취하며 10분 이내 출동이 가능한 상태를 유지하여야 한다.

(6) 휴게시간

휴게시간이란 근무도중 자유롭게 쉬는 시간을 의미하며, 여기에는 식사시간이 포함된다. 근무시간이 8시간인 경우에는 1시간 이상의 휴게시간을 근무시간 도중에 주어야 하며(「경찰기관 상시근무 공무원의 근무시간 등에 관한 규칙」 제4조), 야간 근무 시에는 식사시간 외 개인별로 2시간 이상을 반드시 휴게시간으로 지정한다. 다만 모든 휴게시간은 치안여건에 따라 대기근무로 지정할 수 있으며, 지정 시에는 근무시간으로 인정하도록 하고 있다.

4) 112신고 처리[4)]

112신고란 범죄나 각종 사건·사고 등 위급한 상황이 발생하였거나 발생할 것이 예상될 때 그 피해자 또는 이를 인지한 사람이 112를 이용한 음성, 문자 신고와 그 밖의 인터넷, 영상, 스마트기기 등을 통하여 신고하는 것을 의미한다. 112신고 처리란 112신고 대응을 위하여 이루어지는 접수·지령·현장출동·현장조치·종결 등 일련의 처리과정을 의미하며, 이 중 지역경찰은 지령을 받은 후 현장출동 이후 단계의 역할을 수행한다.[5)]

112신고가 접수된 때에는 경찰관은 현장에 신속하게 출동해 위험 발생의 방지, 범죄의 예방·진압·구호대상자의 구조 등 필요한 조치를 하여야 하며, 해당 112신고와 관련하여 범죄의 혐의가 있다고 인정할 만한 상당한 이유가 있어 계속 수사할 필요가 있는 경우 지체 없이 해당 수사기관에 인계하여야 한다.

112신고는 그 긴급성과 출동필요성에 따라 <표 5-9>와 같이 총 5개의 대응코드로 분류되며, 크게는 긴급, 비긴급, 비출동으로 구분하기도 한다. 112신고를 받고 출동한 경찰관은 최초보고(도착과 동시에 목격한 상황을 보고), 중간보고(사건 관련 정보

---

4) 이하 서술 내용은 「112신고의 운영 및 처리에 관한 법률」과 「112치안종합상황실 운영 및 신고처리 규칙」, 경찰청, 2018을 바탕으로 작성

5) 지구대 근무자들은 112순찰차, 기동순찰대 근무자, 형사, 교통경찰, 경비경찰, 여성청소년 피해자 보호팀 등과 함께 현장출동이 가능한 모든 경찰요소를 의미하는 출동요소로 명명된다.

가 입수되는 대로 보고), 종결보고(사건 종결시)를 실시하여야 한다.[6]

|표 5-9| 112신고의 유형

구 분		분류 기준	출동목표시간
긴급	Code0	Code1 중 이동범죄, 강력범죄 현행범 등 실시간 전파가 필요한 경우 선지령 및 제반출동요소 공조출동	최단시간 내
	Code1	생명·신체에 대한 위험이 임박, 진행 중, 직후인 경우 또는 현행범인의 경우	최단시간 내
비긴급	Code2	생명·신체에 대한 잠재적 위험이 있는 경우 또는 범죄 예방 등을 위해 필요한 경우	긴급신고 지장 없는 범위에서 가급적 신속출동
	Code3	즉각적인 현장조치는 불필요하나 수사, 전문 상담 등이 필요한 경우	당일 근무시간 내
비출동	Code4	긴급성이 없는 민원·상담 신고	타기관 인계

※ 출처: 경찰청, 2016: 3.

3. 관련법령[7]

1) 경비업법

(1) 제정취지

이 법률은 1977년 용역경비업에 관하여 필요한 사항을 정함으로써 용역경비업무의 실시에 적정을 기함을 목적으로 「용역경비업법」이라는 법률명으로 제정되었다. 이후 1999년 「경비업법」으로 법률명을 변경하였으며, 2001년 경비업의 육성 및 발전과 그 체계적 관리에 관하여 필요한 사항을 정함으로써 경비업의 건전한 운영에 이바지하는 것으로 목적을 변경하였다.

6) 112치안종합상황실은 경찰청, 시·도경찰청 및 경찰서에 설치하며, 24시간 운영체제를 유지해야 한다.
7) 관련법령의 내용은 해당법률 및 시행령 등을 바탕으로 작성.

(2) 용어

① 경비업

경비업이란 <표 5-10>에 해당하는 업무의 전부 또는 일부를 도급받아 행하는 영업을 의미한다.

|표 5-10| 경비업의 구분

- 시설경비업무: 경비를 필요로 하는 시설 및 장소(이하 "경비대상시설"이라 한다)에서의 도난 · 화재 그 밖의 혼잡 등으로 인한 위험발생을 방지하는 업무
- 호송경비업무: 운반중에 있는 현금 · 유가증권 · 귀금속 · 상품 그 밖의 물건에 대하여 도난 · 화재 등 위험발생을 방지하는 업무
- 신변보호업무: 사람의 생명이나 신체에 대한 위해의 발생을 방지하고 그 신변을 보호하는 업무
- 기계경비업무: 경비대상시설에 설치한 기기에 의하여 감지 · 송신된 정보를 그 경비대상시설외의 장소에 설치한 관제시설의 기기로 수신하여 도난 · 화재 등 위험발생을 방지하는 업무
- 특수경비업무: 공항(항공기를 포함한다) 등 대통령령이 정하는 국가중요시설의 경비 및 도난 · 화재 그 밖의 위험발생을 방지하는 업무
- 혼잡 · 교통유도경비업무: 도로에 접속한 공사현장 및 사람과 차량의 통행에 위험이 있는 장소 또는 도로를 점유하는 행사장 등에서 교통사고나 그 밖의 혼잡 등으로 인한 위험발생을 방지하는 업무

② 경비원

경비원은 경비업의 허가를 받은 법인이 채용한 고용인으로서 일반경비원과 특수경비원으로 구분한다. 일반경비원은 시설경비, 호송경비, 신변보호, 기계경비업무, 혼잡 · 교통유도경비업무를 수행하는 경비원이며, 특수경비원은 특수경비의 업무를 수행하는 경비원을 의미한다.

③ 경비지도사

경비지도사는 경비원을 지도 · 감독 및 교육하는 자를 의미하며, 일반경비지도사와 기계경비지도사로 구분한다.

(3) 주요내용

① 경비업의 허가

경비업을 영위하고자 하는 법인은 행하고자 하는 경비업무를 특정하여 그 법인의 주사무소의 소재지를 관할하는 시 · 도경찰청장의 허가를 받아야 한다. 경비업

허가를 받고자 할 때에는 자본금,[8] 경비인력, 시설과 장비 등의 요건을 갖추어야 한다. 경비업 허가의 유효기간은 허가받은 날부터 5년이며, 유효기간이 만료된 후 계속하여 경비업을 하고자 할 때에는 행정안전부령이 정하는 바에 의하여 갱신허가를 받아야 한다.

② 의무

경비원은 직무를 수행함에 있어 타인에게 위력을 과시하거나 물리력을 행사하는 등 경비업무의 범위를 벗어난 행위를 하여서는 안 되며, 누구든지 경비원으로 하여금 경비업무의 범위를 벗어난 행위를 하게 하여서는 안 된다.

③ 교육

경비업자는 경비업무를 적정하게 실시하기 위하여 경비원에게 신임교육 및 직무교육을 받게 하여야 하며, 경비원이 되려는 사람은 지정된 교육기관에서 미리 일반경비원 신임교육을 받을 수 있다.

2) 풍속영업의 규제에 관한 법률

(1) 제정취지

이 법률은 1991년 풍속영업을 하는 장소에서 선량한 풍속을 해치거나 청소년의 건전한 성장을 저해하는 행위 등을 규제하여 미풍양속을 보존하고 청소년을 유해한 환경으로부터 보호하기 위한 목적으로 제정되었다.

(2) 용어

① 풍속영업

풍속영업이란 <표 5-11>의 하나에 해당하는 영업을 의미한다.

|표 5-11| 풍속영업의 범위

- 「게임산업진흥에 관한 법률」 제2조 제6호에 따른 게임제공업 및 같은 법 제2조 제8호에 따른 복합유통게임제공업
- 「영화 및 비디오물의 진흥에 관한 법률」 제2조 제16호 가목에 따른 비디오물감상실업

8) 자본금은 1억원 이상이며, 특수경비업무의 경우는 3억원 이상이다.

- 「음악산업진흥에 관한 법률」 제2조 제13호에 따른 노래연습장업
- 「공중위생관리법」 제2조 제1항 제2호부터 제4호까지의 규정에 따른 숙박업, 목욕장업, 이용업 중 대통령령으로 정하는 것
- 「식품위생법」 제36조 제1항 제3호에 따른 식품접객업 중 단란주점영업 및 유흥주점영업
- 「체육시설의 설치 · 이용에 관한 법률」 제10조 제1항 제2호에 따른 무도학원업 및 무도장업
- 그 밖에 선량한 풍속을 해치거나 청소년의 건전한 성장을 저해할 우려가 있는 영업으로 청소년 출입 · 고용금지업소의 영업

(3) 주요내용

① 준수사항

풍속영업을 하는 자(허가나 인가를 받지 아니하거나 등록이나 신고를 하지 아니하고 풍속영업을 하는 자를 포함) 및 영업자를 대리하거나 영업자의 지시를 받아 상시 또는 일시적으로 영업행위를 하는 대리인, 사용인, 그 밖의 종업원(무도학원업의 경우 강사 · 강사보조원을 포함)은 <표 5-12>의 행위를 해서는 안 된다.

|표 5-12| 풍속영업자 등의 준수사항

- 성매매알선 등 행위
- 음란행위를 하게 하거나 이를 알선 또는 제공하는 행위
- 음란한 문서 · 도화 · 영화 · 음반 · 비디오물, 그 밖의 음란한 물건에 대한 다음 행위
  - 반포 · 판매 · 대여하거나 이를 하게 하는 행위
  - 관람 · 열람하게 하는 행위
  - 반포 · 판매 · 대여 · 관람 · 열람의 목적으로 진열하거나 보관하는 행위
- 도박이나 그 밖의 사행행위를 하게 하는 행위

② 위반사항의 통보

경찰서장은 풍속영업자나 대통령령으로 정하는 종사자가 준수사항을 위반하면 그 사실을 허가관청에 알리고 과세에 필요한 자료를 국세청장에게 통보하여야 하며, 통보를 받은 허가관청은 그 내용에 따라 허가취소 · 영업정지 · 시설개수 명령 등 필요한 행정처분을 한 후 그 결과를 경찰서장에게 알려야 한다. 행정처분을 받은 풍속영업소에 관한 정보를 공유하기 위하여 경찰청장 및 지방자치단체의 장은 정보공유시스템을 구축 · 운영하여야 한다.

3) 사행행위등 규제 및 처벌 특례법

(1) 제정취지

이 법률은 1961년 복표발행과 현상 기타 사행행위를 단속할 목적으로 「복표발행 · 현상기타사행행위단속법」이라는 법률명으로 제정되었다. 이후 1991년 「사행행위등 규제법」, 1993년 「사행행위 및 처벌 특례법」으로 명칭이 변경되었으며, 현재는 건전한 국민생활을 해치는 지나친 사행심의 유발을 방지하고 선량한 풍속을 유지하기 위하여 사행행위 관련 영업에 대한 지도와 규제에 관한 사항, 사행행위 관련 영업 외에 투전기나 사행성 유기기구로 사행행위를 하는 자 등에 대한 처벌의 특례에 관한 사항을 규정하는 것을 목적으로 변경되었다.

(2) 용어

① 사행행위

사행행위란 여러 사람으로부터 재물이나 재산상의 이익을 모아 우연적 방법으로 득실을 결정하여 재산상의 이익이나 손실을 주는 행위를 의미한다.

② 사행행위영업

사행행위영업이란 복권발행업, 현상업, 그 밖의 사행행위업(영리를 목적으로 하는 회전판돌리기업, 추첨업, 경품업)을 의미한다.

(3) 주요내용

① 허가 등

사행행위영업을 하려는 자는 시설 등을 갖추어 행정안전부령으로 정하는 바에 따라 시 · 도경찰청장의 허가를 받아야 한다. 다만, 그 영업의 대상 범위가 둘 이상의 특별시 · 광역시 · 도 또는 특별자치도에 걸치는 경우에는 경찰청장의 허가를 받아야 한다. 또한 국가기관이나 지방자치단체가 사행행위영업을 하려면 경찰청장의 승인을 받아야 한다. 허가를 받은 자가 대통령령으로 정하는 중요한 사항[9]을 변경

9) 영업소의 명칭 또는 상호의 변경, 허가받은 영업장소의 동일구내에서의 변경, 허가받은 영업방법의 변경, 허가받은 당첨금 또는 당첨금에 관한 시상률표의 변경, 허가받아 설치한 사행기구의 교체 또는 설치대수의 변경.

하려면 행정안전부령으로 정하는 바에 따라 경찰청장이나 시·도경찰청장의 허가를 받아야 한다. 그리고 사행기구 제조업과 판매업을 하려는 자는 행정안전부령으로 정하는 바에 따라 경찰청장의 허가를 받아야 한다.

② 지도·감독

경찰청장이나 시·도경찰청장은 특별히 필요한 경우 영업자 및 사행기구제조·판매업자에 대하여 필요한 보고를 하게 하거나, 관계 공무원으로 하여금 영업소에 출입하여 이들이 지켜야 할 사항의 준수 상태, 영업시설, 사행기구, 관계 서류나 장부 등을 검사하게 할 수 있다. 또한 경찰청장이나 시·도경찰청장은 공익을 위하여 필요하거나 지나친 사행심 유발의 방지 등 선량한 풍속을 유지하기 위하여 필요한 경우 영업자등에게 필요한 지도와 명령을 할 수 있다.

4) 경범죄처벌법

(1) 제정취지

이 법률은 1954년 제정 목적 없이 경범죄의 종류 등 총 4개의 조항으로 제정되었다. 이후 수차례의 개정을 거쳐 2013년 '경범죄의 종류 및 처벌에 필요한 사항을 정함으로써 국민의 자유와 권리를 보호하고 사회공공의 질서유지에 이바지함을 목적으로 한다'는 목적 조항을 신설하였다.

(2) 용어

① 경범죄의 종류

경범죄의 종류는 총 46가지로 형량에 따라 아래의 <표 5-13>과 같이 3개로 구분한다.

|표 5-13| 경범죄의 종류

구 분	종 류
10만원 이하 벌금, 구류 또는 과료 (A)	빈집 등에의 침입, 흉기의 은닉휴대, 폭행 등 예비, 시체 현장변경 등, 도움이 필요한 사람들의 신고 불이행, 관명사칭 등, 물품강매·호객행위, 광고물 무단

	부착 등, 마시는 물 사용방해, 쓰레기 등 투기, 노상방뇨 등, 의식방해, 단체가입 강요, 자연훼손, 타인의 가축·기계 등 무단조작, 물길의 흐름 방해, 구걸행위 등, 불안감조성, 음주소란 등, 인근소란 등, 위험한 불씨 사용, 물건 던지기 등 위험행위, 인공구조물 등의 관리소홀, 위험한 동물의 관리 소홀, 동물 등에 의한 행패 등, 무단소등, 공중통로 안전관리소홀, 공무원 원조불응, 거짓 인적사항 사용, 미신요법, 야간통행제한 위반, 과다노출, 지문채취 불응, 자릿세 징수 등, 행렬방해, 무단 출입, 총포 등 조작장난, 무임승차 및 무전취식, 장난전화 등, 지속적 괴롭힘
20만원 이하 벌금, 구류 또는 과료 (B)	출판물의 부당게재 등, 거짓 광고, 업무방해, 암표매매
60만원 이하 벌금, 구류 또는 과료 (C)	관공서에서의 주취소란, 거짓신고

② 범칙행위와 범칙자

범칙행위란 위 표의 A와 B에 해당하는 위반행위를 말한다. 범칙자란 범칙행위를 한 사람을 의미하는데, 이 경우 범칙행위를 상습적으로 하는 사람, 죄를 지은 동기나 수단 및 결과를 헤아려볼 때 구류처분을 하는 것이 적절하다고 인정되는 사람, 피해자가 있는 행위를 한 사람, 18세 미만인 사람은 제외한다.

(3) 주요내용

① 통고처분

경찰서장, 해양경찰서장, 제주특별자치도지사 또는 철도특별사법경찰대장은 범칙자로 인정되는 사람에 대하여 그 이유를 명백히 나타낸 서면으로 범칙금을 부과하고 이를 납부할 것을 통고할 수 있다. 다만, 통고처분 예외사유(통고처분서 받기를 거부한 사람, 주거 또는 신원이 확실하지 아니한 사람, 그 밖에 통고처분을 하기가 매우 어려운 사람)에 해당하는 경우에는 통고하지 않는다. 제주특별자치도지사, 철도특별사법경찰대장은 통고처분을 한 경우에는 관할 경찰서장에게 그 사실을 통보하여야 한다.

통고처분서를 받은 사람은 통고처분서를 받은 날부터 10일 이내에 경찰청장·해양경찰청장 또는 철도특별사법경찰대장이 지정한 은행, 그 지점이나 대리점, 우체국 또는 제주특별자치도지사가 지정하는 금융기관이나 그 지점에 범칙금을 납부하여야 한다. 다만, 천재지변이나 그 밖의 부득이한 사유로 그 기간 내에 범칙금을 납부할 수 없을 때에는 그 부득이한 사유가 없어지게 된 날부터 5일 이내에 납부하여야 한다. 만약 납부기간에 범칙금을 납부하지 아니한 사람은 납부기간의 마지막 날의 다음 날부터 20일 이내에 통고받은 범칙금에 그 금액의 100분의 20을 더한 금액을 납부하여야 한다. 범칙금을 납부한 사람은 그 범칙행위에 대하여 다시 처벌받지 않는다.

② 통고처분 불이행자 처리

경찰서장, 해양경찰서장 및 제주특별자치도지사는 통고처분 예외사유에 해당하거나, 납부기간에 범칙금을 납부하지 않는 사람에 대하여는 지체 없이 즉결심판을 청구하여야 한다. 다만, 즉결심판이 청구되기 전까지 통고받은 범칙금에 그 금액의 100분의 50을 더한 금액을 납부한 사람에 대하여는 청구하지 않는다. 납부기간에 범칙금을 납부하지 않은 이유로 즉결심판이 청구된 피고인이 통고받은 범칙금에 그 금액의 100분의 50을 더한 금액을 납부하고 그 증명서류를 즉결심판 선고 전까지 제출하였을 때에는 경찰서장, 해양경찰서장 및 제주특별자치도지사는 그 피고인에 대한 즉결심판 청구를 취소하여야 한다.

5) 유실물법

(1) 제정취지

이 법률은 1961년 제정되었으며, 제정 당시 습득물의 조치와 그 권리관계 및 습득자에 대한 보상관계를 규정하고 장물과 매장물에 관한 처리방법을 정하기 위해 제정되었다.

(2) 주요내용

① 습득물의 접수 및 공고

타인이 유실한 물건을 습득한 자는 이를 신속하게 유실자 또는 소유자, 그 밖에 물건회복의 청구권을 가진 자에게 반환하거나 경찰서 또는 제주특별자치도의 자치경찰단 사무소에 제출하여야 한다. 다만, 법률에 따라 소유 또는 소지가 금지되거나 범행에 사용되었다고 인정되는 물건은 신속하게 경찰서 또는 자치경찰단에 제출하여야 한다. 물건을 경찰서에 제출한 경우에는 경찰서장이, 자치경찰단에 제출한 경우에는 제주특별자치도지사가 물건을 반환받을 자에게 반환하여야 하며, 반환을 받을 자의 성명이나 주거를 알 수 없을 때에는 유실물에 관한 정보를 제공하는 인터넷 사이트(경찰청 유실물 통합포털)에 해당 습득물에 관한 정보를 게시하여야 한다.[10] 게시기간은 습득물을 제출받은 날부터 '습득물의 유실자 또는 소유자, 그 밖에 물건회복의 청구권을 가진 자'(이하 "청구권자") 또는 습득자가 습득물을 찾아간 날 또는 습득물이 국고 또는 제주특별자치도의 금고에 귀속하게 된 날까지이다.

② 습득물의 반환

경찰서장 또는 제주특별자치도지사는 물건의 반환을 요구받았을 때에는 청구권자에 대하여 그 성명과 주거를 확인할 수 있는 서류를 제출하게 하거나 또는 그 유실물에 관하여 필요한 질문을 하는 등 청구권자임이 틀림없다는 것을 확인한 후 기일을 지정하여 습득자와 보상금액을 협의하도록 하여야 한다. 청구권자와 습득자 간에 보상금에 관한 협의가 이루어지고 그 이행이 종료되면 경찰서장 또는 제주특별자치도지사는 수령증을 받고 그 습득물을 청구권자에게 반환하여야 한다.

③ 법정기간이 경과된 습득물의 조치

경찰서장 또는 제주특별자치도지사는 그 보관하는 유실물에 대하여 6개월 내에 청구권자가 나타나지 아니하여 습득자가 그 소유권을 취득하게 되었을 때에는 그 사실을 소유권 취득 통지서에 따라 통지하거나 전화 또는 문자 메시지로 알려 주어야 한다. 다만 습득자가 습득물이나 그 밖에 이 법의 규정을 준용하는 물건을 횡령함으로써 처벌을 받거나 습득일부터 7일 이내에 습득물을 제출하지 않은 경우 보상금을 받을 권리 및 소유권을 취득할 권리가 상실된다.

④ 수취하지 않은 물건의 소유권 상실 및 물건의 귀속

공고한 후 6개월이 지난 유실물에 대해 물건의 소유권을 취득한 자가 그 취득한 날부터 3개월 이내에 물건을 경찰서 또는 자치경찰단으로부터 받아가지 않을 때에는 그 소유권을 상실한다. 경찰서 또는 자치경찰단이 보관한 물건으로서 교부받을 자가 없는 경우에는 그 소유권은 국고 또는 제주특별자치도의 금고에 귀속한다.

---

10) 경찰서장 또는 제주특별자치도지사는 제출받은 습득물이 특히 귀중한 물건이라고 인정되는 것은 인터넷 사이트에 의한 공고와 동시에 일간신문 또는 방송으로 공고하여야 한다.

⑤ 보상금

물건을 반환받는 자는 물건가액의 100분의 5 이상 100분의 20 이하의 범위에서 보상금을 습득자에게 지급하여야 하며, 보상금은 물건을 반환한 후 1개월이 지나면 청구할 수 없다.

6) 총포 · 도검 · 화약류 등의 안전관리에 관한 법률

(1) 제정취지

이 법률은 1962년 「총포화약류단속법」이라는 명칭으로 총포, 화약류의 제조, 거래, 소지, 사용 기타의 취급을 규정하여 위험과 재해를 미연에 방지함으로써 공공의 안전을 확보함을 목적으로 제정되었다. 이후 1981년 「총포 · 도검 · 화약류단속법」, 1990년 「총포 · 도검 · 화약류등 단속법」으로 명칭이 변경되었으며, 2016년 「총포 · 도검 · 화약류 등의 안전관리에 관한 법률」의 현재 법률로 최종 변경되었다. 개정 과정에서 알 수 있듯 현재는 그 범위가 확대되어 총포 · 도검 · 화약류 · 분사기 · 전자충격기 · 석궁의 제조 · 판매 · 임대 · 운반 · 소지 · 사용과 그 밖에 안전관리에 관한 사항을 정하여 총포 · 도검 · 화약류 · 분사기 · 전자충격기 · 석궁으로 인한 위험과 재해를 미리 방지함으로써 공공의 안전을 유지하는 데 이바지함을 목적으로 하고 있다.

(2) 용어

① 총포

권총, 소총, 기관총, 엽총, 사격총, 어획총, 마취총 도살총, 산업용총, 구난 구명총, 가스발사총, 폭발물분쇄총, 기타 뇌관의 원리를 이용한 장약총, 포, 총포의 부품(총포신 및 기관부와 포가, 산탄탄알 및 연지탄, 소음기 및 조준경)을 의미한다.

② 도검

도검이란 칼날의 길이가 15센티미터 이상인 칼 · 검 · 창 · 치도(雉刀) · 비수 등으로서 성질상 흉기로 쓰이는 것과 칼날의 길이가 15센티미터 미만이라 할지라도 흉기로 사용될 위험성이 뚜렷한 것 중에서 대통령령으로 정하는 것을 말한다.

③ 화약류

화약, 폭약 및 화공품을 의미한다.

④ 기타용어

분사기란 사람의 활동을 일시적으로 곤란하게 하는 최루(催淚) 또는 질식 등을 유발하는 작용제를 분사할 수 있는 기기를 의미하며, 전자충격기란 사람의 활동을 일시적으로 곤란하게 하거나 인명(人命)에 위해(危害)를 주는 전류를 방류할 수 있는 기기를 의미하고, 석궁이란 활과 총의 원리를 이용하여 화살 등의 물체를 발사하여 인명에 위해를 줄 수 있는 것을 의미한다. 다만 구체적인 내용은 대통령령을 통해 정한다.

(3) 주요내용

① 허가

가) 제조업

총포·화약류의 제조업(총포의 개조·수리업과 화약류의 변형·가공업을 포함)을 하려는 자는 제조소마다 행정안전부령으로 정하는 바에 따라 경찰청장의 허가를 받아야 한다. 제조소의 위치·구조·시설 또는 설비를 변경하거나 제조하는 총포·화약류의 종류 또는 제조방법을 변경하려는 경우에도 같다. 도검·분사기·전자충격기·석궁의 제조업을 하려는 자는 제조소마다 행정안전부령으로 정하는 바에 따라 제조소의 소재지를 관할하는 시·도경찰청장의 허가를 받아야 한다. 제조소의 위치·구조·시설 또는 설비를 변경하거나 제조하는 도검·분사기·전자충격기·석궁의 종류 또는 제조방법을 변경하려는 경우에도 같다.

나) 판매업

총포·도검·화약류·분사기·전자충격기·석궁의 판매업을 하려는 자는 판매소마다 행정안전부령으로 정하는 바에 따라 판매소의 소재지를 관할하는 시·도경찰청장의 허가를 받아야 한다.

다) 수출입의 허가

총포·화약류를 수출 또는 수입하려는 자는 행정안전부령으로 정하는 바에 따라 수출 또는 수입하려는 때마다 관련 증명서류 등을 경찰청장에게 제출하고 경찰청장의 허가를 받아야 한다. 이 경우 경찰청장은 수출 허가를 하기 전에 수입국이 수입 허가 등을 하였는지 여부 및 경유국이 동의하였는지 여부 등을 확인하여야 한다. 도검·분사기·전자충격기·석궁을 수출 또는 수입하려는 자는 행정안전부령으로 정하는 바에 따라 수출 또는 수입하려는 때마다 주된 사업장의 소재지를 관할하는 시·도경찰청장의 허가를 받아야 한다. 제조업자·판매업자 또는 임대업자가 아니면 허가를 받아 총포·도검·화약류·분사기·전자충격기·석궁을 수출 또는 수입할 수 없다. 다만, 국가기관 또는 지방자치단체가 사용하려는 것으로서 직접 경찰청장의 승인을 받은 경우에는 그 국가기관 또는 지방자치단체는 총포·도검·화약류·분사기·전자충격기·석궁을 수출 또는 수입할 수 있다.

7) 성매매알선 등 행위의 처벌에 관한 법률

(1) 제정취지

이 법률은 2004년 성매매, 성매매알선 등 행위 및 성매매 목적의 인신매매를 근절하고, 성매매피해자의 인권을 보호함을 목적으로 제정되었다.

(2) 용어

① 성매매

성매매란 불특정인을 상대로 금품이나 그 밖의 재산상의 이익을 수수하거나 수수하기로 약속하고 성교행위, 구강·항문 등 신체의 일부 또는 도구를 이용한 유사성교행위를 하거나 그 상대방이 되는 것을 의미한다.

② 성매매알선 등 행위

성매매알선 등 행위란 성매매를 알선, 권유, 유인 또는 강요하는 행위나 성매매의 장소를 제공하는 행위, 성매매에 제공되는 사실을 알면서 자금, 토지 또는 건물을 제공하는 행위 중 하나에 해당하는 행위를 하는 것을 의미한다.

③ 성매매피해자

성매매피해자는 다음 중 하나에 해당하는 사람을 의미한다. ⅰ) 위계, 위력, 그 밖에 이에 준하는 방법으로 성매매를 강요당한 사람, ii) 업무관계, 고용관계, 그 밖의 관계로 인하여 보호 또는 감독하는 사람에 의하여 「마약류관리에 관한 법률」 제2조에 따른 마약·향정신성의약품 또는 대마에 중독되어 성매매를 한 사람, iii) 청소년, 사물을 변별하거나 의사를 결정할 능력이 없거나 미약한 사람 또는 대통령령으로 정하는 중대한 장애가 있는 사람으로서 성매매를 하도록 알선·유인된 사람, iv) 성매매 목적의 인신매매를 당한 사람

(3) 주요내용

① 성매매피해자에 대한 처벌특례와 보호

성매매피해자의 성매매는 처벌하지 아니한다. 검사 또는 사법경찰관은 수사과정에서 피의자 또는 참고인이 성매매피해자에 해당한다고 볼 만한 상당한 이유가 있을 때에는 지체 없이 법정대리인, 친족 또는 변호인에게 통지하고, 신변보호, 수사의 비공개, 친족 또는 지원시설·성매매피해상담소에의 인계 등 그 보호에 필요한 조치를 하여야 한다. 다만, 피의자 또는 참고인의 사생활 보호 등 부득이한 사유가 있는 경우에는 통지하지 아니할 수 있다.

② 신뢰관계에 있는 사람의 동석

법원은 신고자등을 증인으로 신문할 때에는 직권으로 또는 본인·법정대리인이나 검사의 신청에 의하여 신뢰관계에 있는 사람을 동석하게 할 수 있으며, 수사기관은 신고자등을 조사할 때에는 직권으로 또는 본인·법정대리인의 신청에 의하여 신뢰관계에 있는 사람을 동석하게 할 수 있다. 다만, 법원 또는 수사기관이 청소년, 사물을 변별하거나 의사를 결정할 능력이 없거나 미약한 사람 또는 대통령령으로 정하는 중대한 장애가 있는 사람에 대하여 신청을 받은 경우에는 재판이나 수사에 지장을 줄 우려가 있는 등 특별한 사유가 없으면 신뢰관계에 있는 사람을 동석하게 하여야 한다.

③ 심리의 비공개

법원은 신고자등의 사생활이나 신변을 보호하기 위하여 필요하면 결정으로 심리를 공개하지 않을 수 있다. 증인으로 소환받은 신고자등과 그 가족은 사생활이나 신변을 보호하기 위하여 증인신문의 비공개를 신청할 수 있다.

④ 불법원인으로 인한 채권무효

성매매알선 등 행위를 한 사람, 성을 파는 행위를 할 사람을 고용·모집하거나 그 직업을 소개·알선한 사람, 성매매 목적의 인신매매를 한 사람 중 하나에 해당하는 사람이 그 행위와 관련하여 성을 파는 행위를 하였거나 할 사람에게 가지는 채권은 그 계약의 형식이나 명목에 관계없이 무효로 한다. 그 채권을 양도하거나 그 채무를 인수한 경우에도 또한 같다.

⑤ 외국인 여성에 대한 특례

외국인여성이 이 법에 규정된 범죄를 신고한 경우나 외국인여성을 성매매피해자로 수사하는 경우에는 사법경찰관이 해당 사건에 대하여 불송치 결정을 하거나 검사가 해당 사건에 대하여 불기소처분을 하거나 공소를 제기한 때까지 출입국관리법에 따른 강제퇴거명령 또는 보호의 집행을 하여서는 아니 된다. 이 경우 수사기관은 지방출입국·외국인관서에 해당 외국인여성의 인적사항과 주거를 통보하는 등 출입국 관리에 필요한 조치를 하여야 한다.

8) 청소년보호법

(1) 제정취지

이 법률은 1997년 청소년에게 유해한 매체물과 약물 등이 청소년에게 유통되는 것과 청소년이 유해한 업소에 출입하는 것 등을 규제하고 청소년을 유해한 환경으로부터 보호·구제함으로써 청소년이 건전한 인격체로 성장할 수 있도록 함을 목적으로 제정되었다.

(2) 용어

① 청소년

청소년이란 만 19세 미만인 사람을 말한다. 다만, 만 19세가 되는 해의 1월 1일을 맞이한 사람은 제외한다.

② 청소년유해매체물

청소년유해매체물이란 관련 법규에 따라 청소년보호위원회 또는 각 심의기관이 청소년에게 유해한 것으로 결정하거나 확인하여 여성가족부장관이 고시한 매체물을 의미한다.

③ 청소년유해약물등

청소년유해약물등은 <표 5-14>와 같이 청소년에게 유해한 것으로 인정되는 약물과 물건을 의미한다.

|표 5-14| 청소년유해약물등

구 분	청소년유해약물	청소년유해물건
내 용	• 「주세법」에 따른 주류 • 「담배사업법」에 따른 담배 • 「마약류 관리에 관한 법률」에 따른 마약류 • 「화학물질관리법」에 따른 환각물질 • 그 밖에 중추신경에 작용하여 습관성, 중독성, 내성 등을 유발하여 인체에 유해하게 작용할 수 있는 약물 등 청소년의 사용을 제한하지 아니하면 청소년의 심신을 심각하게 손상시킬 우려가 있는 약물로서 대통령령으로 정하는 기준에 따라 관계 기관의 의견을 들어 제36조에 따른 청소년보호위원회가 결정하고 여성가족부장관이 고시한 것	• 청소년에게 음란한 행위를 조장하는 성기구 등 청소년의 사용을 제한하지 아니하면 청소년의 심신을 심각하게 손상시킬 우려가 있는 성 관련 물건으로서 대통령령으로 정하는 기준에 따라 청소년보호위원회가 결정하고 여성가족부장관이 고시한 것 • 청소년에게 음란성·포악성·잔인성·사행성 등을 조장하는 완구류 등 청소년의 사용을 제한하지 아니하면 청소년의 심신을 심각하게 손상시킬 우려가 있는 물건으로서 대통령령으로 정하는 기준에 따라 청소년보호위원회가 결정하고 여성가족부장관이 고시한 것 • 청소년유해약물과 유사한 형태의 제품으로 청소년의 사용을 제한하지 아니하면 청소년의 청소년유해약물 이용습관을 심각하게 조장할 우려가 있는 물건으로서 대통령령으로 정하는 기준에 따라 청소년보호위원회가 결정하고 여성가족부장관이 고시한 것

④ 청소년유해업소

청소년유해업소는 <표 5-15>와 같이 청소년의 출입과 고용이 청소년에게 유해한 것으로 인정되는 청소년 출입·고용금지업소와 청소년의 출입은 가능하나 고용이 청소년에게 유해한 것으로 인정되는 청소년고용금지업소를 의미한다. 이 경우 업소의 구분은 그 업소가 영업을 할 때 다른 법령에 따라 요구되는 허가·인가·등록·신고 등의 여부와 관계없이 실제로 이루어지고 있는 영업행위를 기준으로 한다.

|표 5-15| 청소년유해업소

<table>
<tr><th>구 분</th><th>청소년 출입·고용금지업소</th><th>청소년고용금지업소</th></tr>
<tr><td>내 용</td><td>• 「게임산업진흥에 관한 법률」에 따른 일반게임제공업 및 복합유통게임제공업 중 대통령령으로 정하는 것
• 「사행행위 등 규제 및 처벌 특례법」에 따른 사행행위영업
• 「식품위생법」에 따른 식품접객업 중 단란주점영업 및 유흥주점영업
• 「영화 및 비디오물의 진흥에 관한 법률」에 따른 비디오물감상실업·제한관람가비디오물소극장업 및 복합영상물제공업
• 「음악산업진흥에 관한 법률」에 따른 노래연습장업(다만, 청소년실을 갖춘 노래연습장업의 경우에는 청소년실에 한정하여 청소년의 출입을 허용)
• 「체육시설의 설치·이용에 관한 법률」에 따른 무도학원업 및 무도장업
• 전기통신설비를 갖추고 불특정한 사람들 사이의 음성대화 또는 화상대화를 매개하는 것을 주된 목적으로 하는 영업(다만, 「전기통신사업법」 등 다른 법률에 따라 통신을 매개하는 영업은 제외)
• 불특정한 사람 사이의 신체적인 접촉 또는 은밀한 부분의 노출 등 성적 행위가 이루어지거나 이와 유사한 행위가 이루어질 우려가 있는 서비스를 제공하는 영업으로서 청소년보호위원회가 결정하고 여성가족부장관이 고시한 것
• 청소년유해매체물 및 청소년유해약물등을 제작·생산·유통하는 영업 등 청소년의 출입과 고용이 청소년에게 유해하다고 인정되는 영업으로서 대통령령으로 정하는 기준에 따라 청소년보호위원회가 결정하고 여성가족부장관이 고시한 것
• 「한국마사회법」 에 따른 장외발매소
• 「경륜·경정법」 에 따른 장외매장</td><td>• 「게임산업진흥에 관한 법률」에 따른 청소년게임제공업 및 인터넷컴퓨터게임시설제공업
• 「공중위생관리법」에 따른 숙박업, 목욕장업, 이용업 중 대통령령으로 정하는 것
• 「식품위생법」에 따른 식품접객업 중 대통령령으로 정하는 것
• 「영화 및 비디오물의 진흥에 관한 법률」에 따른 비디오물소극장업
• 「화학물질관리법」에 따른 유해화학물질영업. 다만, 유해화학물질 사용과 직접 관련이 없는 영업으로서 대통령령으로 정하는 영업은 제외한다
• 회비 등을 받거나 유료로 만화를 빌려 주는 만화대여업
• 청소년유해매체물 및 청소년유해약물등을 제작·생산·유통하는 영업 등 청소년의 고용이 청소년에게 유해하다고 인정되는 영업으로서 대통령령으로 정하는 기준에 따라 청소년보호위원회가 결정하고 여성가족부장관이 고시한 것</td></tr>
</table>

⑤ 청소년폭력·학대

청소년폭력·학대란 폭력이나 학대를 통하여 청소년에게 신체적·정신적 피해를 발생하게 하는 행위를 말한다.

⑥ 청소년유해환경

청소년유해환경이란 청소년유해매체물, 청소년유해약물등, 청소년유해업소 및 청소년폭력·학대를 말한다.

(3) 주요내용

① 청소년유해행위의 금지

누구든지 청소년에게 <표 5-16>의 하나에 해당하는 행위를 하여서는 안 된다.

|표 5-16| 청소년유해행위

• 영리를 목적으로 청소년으로 하여금 신체적인 접촉 또는 은밀한 부분의 노출 등 성적 접대행위를 하게 하거나 이러한 행위를 알선·매개하는 행위 • 영리를 목적으로 청소년으로 하여금 손님과 함께 술을 마시거나 노래 또는 춤 등으로 손님의 유흥을 돋우는 접객행위를 하게 하거나 이러한 행위를 알선·매개하는 행위 • 영리나 흥행을 목적으로 청소년에게 음란한 행위를 하게 하는 행위 • 영리나 흥행을 목적으로 청소년의 장애나 기형 등의 모습을 일반인들에게 관람시키는 행위 • 청소년에게 구걸을 시키거나 청소년을 이용하여 구걸하는 행위 • 청소년을 학대하는 행위 • 영리를 목적으로 청소년으로 하여금 거리에서 손님을 유인하는 행위를 하게 하는 행위 • 청소년을 남녀 혼숙하게 하는 등 풍기를 문란하게 하는 영업행위를 하거나 이를 목적으로 장소를 제공하는 행위 • 주로 차 종류를 조리·판매하는 업소에서 청소년으로 하여금 영업장을 벗어나 차 종류를 배달하는 행위를 하게 하거나 이를 조장하거나 묵인하는 행위

② 청소년 시청 보호시간대

청소년유해매체물을 방송해서는 아니 되는 방송시간은 평일은 오전 7시부터 오전 9시까지와 오후 1시부터 오후 10시까지이며, 토요일과 공휴일, 초등학교·중학교·고등학교의 등의 방학기간에는 오전 7시부터 오후 10시까지이다. 다만, 「방송법」에 따른 방송 중 시청자와의 계약에 의하여 채널별로 대가를 받고 제공하는 방송의 경우에는 오후 6시부터 오후 10시까지로 한다.

③ 청소년 고용 금지 및 출입 제한 등

청소년유해업소의 업주는 청소년을 고용하여서는 아니 되며, 종업원을 고용하려면 미리 나이를 확인하여야 한다. 청소년 출입·고용금지업소의 업주와 종사자는 출입자의 나이를 확인하여 청소년이 그 업소에 출입하지 못하게 하여야 한다. 다만 청소년이 친권자등을 동반할 때에는 청소년 출입·고용금지업소의 업주 및 종사자는 청소년과 친권자등과의 관계를 확인한 후 출입하게 할 수 있다. 다만 단란주점영업 및 유흥주점영업을 하는 업소의 경우는 출입할 수 없다.

④ 청소년보호위원회

여성가족부장관 소속으로 설치된 위원회로 위원장 1명을 포함한 11명 이내의 위원으로 구성하되, 고위공무원단에 속하는 공무원 중 여성가족부장관이 지명하는 청소년 업무 담당 공무원 1명을 당연직 위원으로 한다. 위원의 임기는 2년으로 하며, 연임할 수 있다. 다만, 당연직 위원의 임기는 그 재임기간으로 한다.

9) 실종아동등의 보호 및 지원에 관한 법률

(1) 제정취지

이 법률은 2005년 실종아동등의 발생을 예방하고 조속한 발견과 복귀를 도모하며 복귀 후의 사회 적응을 지원함으로써 실종아동등과 가정의 복지증진에 이바지함을 목적으로 제정되었다.

(2) 용어

① 아동등

아동등이란 다음 중 하나에 해당하는 사람을 의미한다. i) 실종 당시 18세 미만인 아동, ii) 장애인복지법의 장애인 중 지적장애인, 자폐성장애인 또는 정신장애인, iii) 치매관리법의 치매환자

② 실종아동등

약취·유인 또는 유기되거나 사고를 당하거나 가출하거나 길을 잃는 등의 사유로 인하여 보호자로부터 이탈된 아동등을 의미한다.

③ 보호자

친권자, 후견인이나 그 밖에 다른 법률에 따라 아동등을 보호하거나 부양할 의무가 있는 사람을 말한다. 다만, 보호시설의 장 또는 종사자는 제외한다.

④ 보호시설

사회복지사업법에 따른 사회복지시설 및 인가·신고 등이 없이 아동등을 보호하는 시설로서 사회복지시설에 준하는 시설을 의미한다.

(3) 주요내용

① 신고의무

다음 중 하나에 해당하는 사람은 그 직무를 수행하면서 실종아동등임을 알게 되었을 때에는 경찰청장이 구축하여 운영하는 신고체계(이하 "경찰신고체계")로 지체 없이 신고하여야 한다. ⅰ) 보호시설의 장 또는 그 종사자, ⅱ) 아동복지법에 따른 아동복지전담공무원, ⅲ) 청소년보호법에 따른 청소년 보호·재활센터의 장 또는 그 종사자, ⅳ) 사회복지사업법에 따른 사회복지전담공무원, ⅴ) 의료법에 따른 의료기관에서 업무를 하는 의료인, 종사자 및 의료기관의 장, ⅵ) 업무·고용 등의 관계로 사실상 아동등을 보호·감독하는 사람

신고의무자가 신고를 하지 않을 때에는 200만원 이하의 과태료를 부과한다.

② 미신고 보호행위의 금지

누구든지 정당한 사유 없이 실종아동등을 경찰관서의 장에게 신고하지 아니하고 보호할 수 없다. 이를 위반할 시에는 5년 이하의 징역 또는 5천만원 이하의 벌금에 처한다.

③ 수색 또는 수사의 실시

경찰관서의 장은 실종아동등의 발생 신고를 접수하면 지체 없이 수색 또는 수사의 실시 여부를 결정하여야 한다. 경찰관서의 장은 실종아동등(범죄로 인한 경우를 제외)의 조속한 발견을 위하여 필요한 때에는 관계자[11)]에게 실종아동등의 위치 확인

11) 「위치정보의 보호 및 이용 등에 관한 법률」 제5조 제7항에 따른 개인위치정보사업자, 「정보통신망 이용촉진 및 정보보호 등에 관한 법률」 제2조 제1항 제3호에 따른 정보통신서비스 제공자 중에서 대통령령으로 정하는 기준을 충족하는 제공자, 「정보통신망 이용촉진 및 정보보호 등에 관한 법

에 필요한 개인위치정보, 인터넷주소 및 통신사실확인자료(이하 "개인위치정보등")의 제공을 요청할 수 있다. 이 경우 경찰관서의 장의 요청을 받은 자는 「통신비밀보호법」에도 불구하고 정당한 사유가 없으면 이에 따라야 한다. 경찰관서의 장과 경찰관서에 종사하거나 종사하였던 자는 실종아동등을 찾기 위한 목적으로 제공받은 개인위치정보등을 실종아동등을 찾기 위한 목적 외의 용도로 이용하여서는 아니되며, 경찰관서의 장은 목적을 달성하였을 때에는 지체 없이 파기하여야 한다.

④ 실종아동 등 발견을 위한 정보 제공 요청 등

경찰관서의 장은 실종아동등의 조속한 발견을 위하여 필요한 때에는 관계 중앙행정기관(그 소속기관 및 책임운영기관을 포함한다)의 장, 지방자치단체의 장(「지방교육자치에 관한 법률」 제18조에 따른 교육감을 포함한다), 「공공기관의 운영에 관한 법률」 제4조에 따른 공공기관의 장, 법인·단체의 장 및 개인에 대하여 실종아동등의 위치 확인에 필요한 정보 제공을 요청할 수 있으며,[12] 요청을 받은 자는 정당한 사유가 없으면 이에 따라야 한다. 정당한 사유 없이 경찰관서의 장의 요청을 거부한 자는 1년 이하의 징역 또는 1천만원 이하의 벌금에 처한다.

10) 소년법

(1) 제정취지

이 법률은 1958년 반사회성이 있는 소년의 환경 조정과 품행 교정을 위한 보호처분 등의 필요한 조치를 하고, 형사처분에 관한 특별조치를 함으로써 소년이 건전하게 성장하도록 돕는 것을 목적으로 한다.

률」 제23조의3에 따른 본인확인기관, 「개인정보 보호법」 제24조의2에 따른 주민등록번호 대체가입수단 제공기관.

12) 「개인정보 보호법」 제2조제7호에 따른 고정형 영상정보처리기기를 통하여 수집된 정보, 「대중교통의 육성 및 이용촉진에 관한 법률」 제2조제6호에 따른 교통카드의 사용명세, 「여신전문금융업법」 제2조제3호·제6호 및 제8호에 따른 신용카드·직불카드·선불카드의 사용일시, 사용장소, 「의료법」 제17조의2에 따른 처방전의 의료기관 명칭, 전화번호 및 같은 법 제22조에 따른 진료기록부등의 진료일시

(2) 용어

① 소년 및 보호자

소년이란 19세 미만인 자를 의미하며, 보호자란 법률상 감호교육을 할 의무가 있는 자 또는 현재 감호하는 자를 의미한다.

(3) 주요내용

① 관할 및 직능

소년 보호사건의 관할은 소년의 행위지, 거주지 또는 현재지로 하며, 소년 보호사건은 가정법원소년부 또는 지방법원소년부에 속한다.

② 보호의 대상과 송치

다음 <표 5－17>의 하나에 해당하는 소년은 소년부의 보호사건으로 심리한다. 이 중 ⅰ)과 ⅱ)에 해당하는 소년이 있을 때에는 경찰서장은 직접 관할 소년부에 송치하여야 한다.

|표 5-17| 소년부 보호사건 대상

ⅰ) 죄를 범한 소년 ⅱ) 형벌 법령에 저촉되는 행위를 한 10세 이상 14세 미만인 소년 ⅲ) 다음 중 하나에 해당하는 사유가 있고 그의 성격이나 환경에 비추어 앞으로 형벌 법령에 저촉되는 행위를 할 우려가 있는 10세 이상인 소년 가. 집단적으로 몰려다니며 주위 사람들에게 불안감을 조성하는 성벽(性癖)이 있는 것 나. 정당한 이유 없이 가출하는 것 다. 술을 마시고 소란을 피우거나 유해환경에 접하는 성벽이 있는 것

③ 사형 및 무기형의 완화

죄를 범할 당시 18세 미만인 소년에 대하여 사형 또는 무기형으로 처할 경우에는 15년의 유기징역으로 한다.

④ 부정기형

소년이 법정형으로 장기 2년 이상의 유기형에 해당하는 죄를 범한 경우에는 그 형의 범위에서 장기와 단기를 정하여 선고한다. 다만, 장기는 10년, 단기는 5년을 초과하지 못한다.

⑤ 징역·금고의 집행

징역 또는 금고를 선고받은 소년에 대하여는 특별히 설치된 교도소 또는 일반 교도소 안에 특별히 분리된 장소에서 그 형을 집행한다. 다만, 소년이 형의 집행 중에 23세가 되면 일반 교도소에서 집행할 수 있다. 18세 미만인 소년에게는 「형법」 제70조에 따른 유치선고를 하지 못한다.

11) 성폭력범죄의 처벌 등에 관한 특례법

(1) 제정취지

이 법률은 2010년 기존 「성폭력범죄의 처벌 및 피해자보호 등에 관한 법률」이 처벌특례와 보호규정이 함께 규정되어 성폭력 범죄에 대한 각 사항에 효율적 대처에 한계가 있어 성폭력범죄의 처벌 및 그 절차에 관한 특례를 별도로 규정함으로써 성폭력범죄 피해자의 생명과 신체의 안전을 보장하고 건강한 사회질서의 확립에 이바지함을 목적으로 제정되었다.

(2) 주요내용

① 성적 목적을 위한 다중이용장소 침입행위

자기의 성적 욕망을 만족시킬 목적으로 화장실, 목욕장·목욕실 또는 발한실, 모유수유시설, 탈의실 등 불특정 다수가 이용하는 다중이용장소에 침입하거나 같은 장소에서 퇴거의 요구를 받고 응하지 아니하는 사람은 1년 이하의 징역 또는 1천만원 이하의 벌금에 처한다.

② 통신매체를 이용한 음란행위

자기 또는 다른 사람의 성적 욕망을 유발하거나 만족시킬 목적으로 전화, 우편, 컴퓨터, 그 밖의 통신매체를 통하여 성적 수치심이나 혐오감을 일으키는 말, 음향, 글, 그림, 영상 또는 물건을 상대방에게 도달하게 한 사람은 2년 이하의 징역 또는 2천만원 이하의 벌금에 처한다.

③ 카메라 등을 이용한 촬영

카메라나 그 밖에 이와 유사한 기능을 갖춘 기계장치를 이용하여 성적 욕망 또는 수치심을 유발할 수 있는 사람의 신체를 촬영대상자의 의사에 반하여 촬영한 자는 7년 이하의 징역 또는 5천만원 이하의 벌금에 처한다.

촬영물 또는 복제물을 반포·판매·임대·제공 또는 공공연하게 전시·상영(이하 "반포 등")한 자 또는 촬영 당시에는 촬영대상자의 의사에 반하지 아니한 경우(자신의 신체를 직접 촬영한 경우를 포함)에도 사후에 그 촬영물 또는 복제물을 촬영대상자의 의사에 반하여 반포등을 한 자는 7년 이하의 징역 또는 5천만원 이하의 벌금에 처한다. 또한 영리를 목적으로 촬영대상자의 의사에 반하여 반포등을 한 자는 3년 이상의 유기징역에 처한다.

위 사항의 죄들을 상습적으로 범한 때에는 그 죄에 정한 형의 2분의 1까지 가중한다.

다음으로 촬영물 또는 복제물을 소지·구입·저장 또는 시청한 자는 3년 이하의 징역 또는 3천만원 이하의 벌금에 처한다.

④ 허위영상물 등의 반포 등

사람의 얼굴·신체 또는 음성을 대상으로 한 촬영물·영상물 또는 음성물(이하 "영상물등")을 영상물등의 대상자의 의사에 반하여 성적 욕망 또는 수치심을 유발할 수 있는 형태로 편집·합성 또는 가공(이하 "편집등")한 자는 7년 이하의 징역 또는 5천만원 이하의 벌금에 처한다. 이런 편집물등 또는 복제물을 반포등을 한 자 또는 편집등을 할 당시에는 영상물등의 대상자의 의사에 반하지 아니한 경우에도 사후에 그 편집물등 또는 복제물을 영상물등의 대상자의 의사에 반하여 반포등을 한 자는 7년 이하의 징역 또는 5천만원 이하의 벌금에 처한다. 이러한 편집물등 또는 복제물을 소지·구입·저장 또는 시청한 자는 3년 이하의 징역 또는 3천만원 이하의 벌금에 처한다

⑤ 촬영물과 편집물 등을 이용한 협박·강요

성적 욕망 또는 수치심을 유발할 수 있는 촬영물 또는 복제물(복제물의 복제물을 포함), 허위영상물 등(제14조의2 제2항)에 따른 편집물등 또는 복제물(복제물의 복제물의 포함)을 이용하여 사람을 협박한 자는 1년 이상의 유기징역에 처한다.

⑥ 형벌과 수강명령 등의 병과

법원이 성폭력범죄를 범한 사람에 대하여 형의 선고를 유예하는 경우에는 1년 동안 보호관찰을 받을 것을 명할 수 있다. 다만, 성폭력범죄를 범한 「소년법」 제2

조에 따른 소년에 대하여 형의 선고를 유예하는 경우에는 반드시 보호관찰을 명하여야 한다. 법원이 성폭력범죄를 범한 사람에 대하여 유죄판결(선고유예는 제외)을 선고하거나 약식명령을 고지하는 경우에는 500시간의 범위에서 재범예방에 필요한 수강명령 또는 성폭력 치료프로그램의 이수명령(이하 "이수명령")을 병과하여야 한다. 다만, 수강명령 또는 이수명령을 부과할 수 없는 특별한 사정이 있는 경우에는 그러하지 아니하다.

⑦ 공소시효에 관한 특례

미성년자에 대한 성폭력범죄의 공소시효는 해당 성폭력범죄로 피해를 당한 미성년자가 성년에 달한 날부터 진행한다. 강간 등 특정 성폭력 범죄는 디엔에이(DNA) 증거 등 그 죄를 증명할 수 있는 과학적인 증거가 있는 때에는 공소시효가 10년 연장된다.

13세 미만의 사람 및 신체적인 또는 정신적인 장애가 있는 사람에 대하여 i) 강간, 강제추행, 준강간, 준강제추행, 강간등 상해·치상, 강간등 살인·치사, 미성년자에 대한 간음·추행, ii) 장애인에 대한 강제추행, 13세 미만의 미성년자에 대한 유사강간·위계 또는 위력으로써 13세 미만의 사람을 간음 또는 추행, 강간 등 상해·치상, 강간 등 살인·치사, iii)「아동·청소년의 성보호에 관한 법률」의 강간 등 상해·치상, 강간 등 살인·치사의 죄를 범한 경우 공소시효는 적용하지 않는다. 또한 강간 등 살인, 강간·유사강간·강제추행·준강간·준강제추행과 그 미수범,「아동·청소년의 성보호에 관한 법률」의 강간,「군형법」의 강간 등 살인의 죄를 범한 경우 공소시효는 적용하지 않는다.

⑧ 디지털 성범죄의 수사 특례 및 절차, 준수사항, 면책

사법경찰관리는 디지털 성범죄(카메라 등을 이용한 촬영, 허위영상물 등의 반포등, 촬영물과 편집물 등을 이용한 협박·강요)에 대하여 신분을 비공개하고 범죄현장(정보통신망을 포함한다) 또는 범인으로 추정되는 자들에게 접근하여 범죄행위의 증거 및 자료 등을 수집(이하 "신분비공개수사")할 수 있다. 또한 사법경찰관리는 디지털 성범죄를 계획 또는 실행하고 있거나 실행하였다고 의심할 만한 충분한 이유가 있고, 다른 방법으로는 그 범죄의 실행을 저지하거나 범인의 체포 또는 증거의 수집이 어려운 경우에 한정하여 수사 목적을 달성하기 위하여 부득이한 때에는 신분위장수사[13]를

13) 신분위장수사란 다음의 하나에 해당하는 행위로

할 수 있다.

사법경찰관리가 신분비공개수사를 진행하고자 할 때에는 사전에 상급 경찰관서 수사부서의 장의 승인을 받아야 한다. 하지만 절차를 거칠 수 없는 긴급을 요하는 때에는 상급 경찰관서 수사부서의 장의 승인 없이 신분비공개수사를 할 수 있으며(긴급 신분비공개수사), 신분비공개수사 개시 후 지체 없이 상급 경찰관서 수사부서의 장에게 보고하여야 하고, 사법경찰관리는 48시간 이내에 상급 경찰관서 수사부서의 장의 승인을 받지 못한 때에는 즉시 신분비공개수사를 중지하여야 한다. 신분비공개수사 기간은 3개월을 초과할 수 없다. 국가수사본부장은 신분비공개수사가 종료된 즉시 대통령령으로 정하는 바에 따라 국가경찰위원회에 수사 관련 자료를 보고하여야 하고, 대통령령으로 정하는 바에 따라 국회 소관 상임위원회에 신분비공개수사 관련 자료를 반기별로 보고하여야 한다.

다음으로 사법경찰관리는 신분위장수사를 하려는 경우에는 검사에게 신분위장수사에 대한 허가를 신청하고, 검사는 법원에 그 허가를 청구한다. 법원은 신청이 이유가 있다고 인정하는 경우에는 신분위장수사를 허가하고, 이를 증명하는 서류를 신청인에게 발부한다. 하지만 절차를 거칠 수 없는 긴급을 요하는 때에는 법원의 허가 없이 신분위장수사를 할 수 있으며(긴급 신분위장수사), 신분위장수사 개시 후 지체 없이 검사에게 허가를 신청하여야 하고, 사법경찰관리는 48시간 이내에 법원의 허가를 받지 못한 때에는 즉시 신분위장수사를 중지하여야 한다. 신분위장수사에 대한 신청은 필요한 신분위장수사의 종류·목적·대상·범위·기간·장소·방법 및 해당 신분위장수사가 요건을 충족하는 사유 등의 신청사유를 기재한 서면으로 하여야 하며, 신청사유에 대한 소명자료를 첨부하여야 한다. 신분위장수사의 기간은 3개월을 초과할 수 없으며, 그 수사기간 중 수사의 목적이 달성되었을 경우에는 즉시 종료하여야 한다.

사법경찰관리는 신분비공개수사 또는 신분위장수사를 할 때에는 수사 관련 법령을 준수하고, 본래 범의(犯意)를 가지지 아니한 자에게 범의를 유발하는 행위를 하

---

1. 신분을 위장하기 위한 문서, 도화 및 전자기록 등의 작성, 변경 또는 행사
2. 위장 신분을 사용한 계약·거래
3. 다음 각 목에 해당하는 촬영물 또는 복제물 등의 소지, 제공, 판매 또는 광고. 다만, 제공이나 판매는 피해자가 없거나 피해자가 성년이고 그 동의를 받은 경우로 한정한다.
   가. 제14조에 따른 촬영물 또는 복제물(복제물의 복제물을 포함한다)
   나. 제14조의2에 따른 편집물·합성물·가공물 또는 복제물(복제물의 복제물을 포함)
   다. 「아동·청소년의 성보호에 관한 법률」 제2조제5호에 따른 아동·청소년성착취물
   라. 「정보통신망 이용촉진 및 정보보호 등에 관한 법률」 제44조의7제1항제1호에 따른 정보

지 아니하는 등 적법한 절차와 방식을 따라야 한다.

마지막으로 사법경찰관리가 신분비공개수사 또는 신분위장수사 중 부득이한 사유로 위법행위를 한 경우 그 행위에 고의나 중대한 과실이 없는 경우에는 벌하지 아니하며, 이런 위법행위가 「국가공무원법」 제78조제1항에 따른 징계 사유에 해당하더라도 그 행위에 고의나 중대한 과실이 없는 경우에는 징계 요구 또는 문책 요구 등 책임을 묻지 아니한다. 또한 신분비공개수사 또는 신분위장수사 행위로 타인에게 손해가 발생한 경우라도 사법경찰관리는 그 행위에 고의나 중대한 과실이 없는 경우에는 그 손해에 대한 책임을 지지 아니한다.

⑨ 디지털 성범죄의 피해확대 방지 및 피해자 보호 등을 위한 조치

사법경찰관리는 디지털 성범죄에 대한 신고를 받고 제14조(카메라 등을 이용한 촬영)에 따른 촬영물 또는 복제물(복제물의 복제물을 포함)이나 제14조의2(허위영상물 등의 반포등)에 따른 편집물·합성물·가공물 또는 복제물(복제물의 복제물을 포함)의 하나에 해당하는 촬영물 또는 복제물 등(이하 "촬영물등")이 정보통신망을 통하여 게시·상영 또는 유통되고 있다는 사실을 확인한 경우에는 지체 없이 「방송통신위원회의 설치 및 운영에 관한 법률」 제18조에 따른 방송통신심의위원회와 「정보통신망 이용촉진 및 정보보호 등에 관한 법률」 제2조제1항제3호의 정보통신서비스 제공자 또는 같은 항 제9호의 게시판의 관리·운영자에게 해당 촬영물등에 대한 삭제 또는 접속차단 등의 조치를 하여줄 것을 요청하여야 한다. 이 경우 사법경찰관리는 촬영물등의 삭제 또는 접속차단 등의 처리절차에 관하여 특별한 사정이 없으면 해당 피해자에게 안내하여야 한다. 사법경찰관리는 디지털 성범죄의 피해자가 재차 피해를 입을 위험이 현저하여 신변을 보호할 필요가 있다고 인정되는 경우 해당 피해자를 대통령령으로 정하는 보호시설 또는 상담시설로 인도할 수 있다. 이 경우 그 피해자의 동의를 얻어야 한다.

⑩ 19세미만피해자등 진술 내용 등의 영상녹화 및 보존 등

검사 또는 사법경찰관은 19세미만피해자등의 진술 내용과 조사 과정을 영상녹화장치로 녹화(녹음이 포함된 것을 말하며, 이하 "이수명령")하고, 그 영상녹화물을 보존하여야 한다. 검사 또는 사법경찰관은 19세미만피해자등을 조사하기 전에 조사 과정이 영상녹화된다는 사실, 영상녹화된 영상녹화물이 증거로 사용될 수 있다는 사실을 피해자의 나이, 인지적 발달 단계, 심리 상태, 장애 정도 등을 고려한 적절한 방식으로 피해자에게 설명하여야 한다. 다만 19세미만피해자등 또는 그 법정대리인

(법정대리인이 가해자이거나 가해자의 배우자인 경우는 제외)이 이를 원하지 아니하는 의사를 표시하는 경우에는 영상녹화를 하여서는 아니 된다. 검사 또는 사법경찰관은 영상녹화를 마쳤을 때에는 지체 없이 피해자 또는 변호사 앞에서 봉인하고 피해자로 하여금 기명날인 또는 서명하게 하여야 한다.

12) 아동 · 청소년의 성보호에 관한 법률

(1) 제정취지

이 법률은 2000년 「청소년의 성보호에 관한 법률」이라는 명칭으로 제정되었으며, 2010년 현재의 법률명으로 변경되었다. 이 법은 아동 · 청소년대상 성범죄의 처벌과 절차에 관한 특례를 규정하고 피해아동 · 청소년을 위한 구제 및 지원 절차를 마련하며 아동 · 청소년대상 성범죄자를 체계적으로 관리함으로써 아동 · 청소년을 성범죄로부터 보호하고 아동 · 청소년이 건강한 사회구성원으로 성장할 수 있도록 함을 목적으로 한다.

(2) 용어

① 아동 · 청소년

아동 · 청소년이란 19세 미만의 자를 말한다.

② 아동 · 청소년대상 성범죄

이 법률의 아동 · 청소년에 대한 강간 · 강제추행 등(예비 · 음모 포함), 장애인인 아동 · 청소년에 대한 간음 등, 13세 이상 16세 미만 아동 · 청소년에 대한 간음 등, 강간 등 상해 · 치상, 강간 등 살인 · 치사, 아동 · 청소년성착취물의 제작 · 배포 등, 아동 · 청소년 매매행위, 아동 · 청소년의 성을 사는 행위 등, 아동 · 청소년에 대한 강요행위 등, 알선영업행위 등, 아동 · 청소년에 대한 성착취 목적 대화 등과 아동 · 청소년에 대한 「성폭력범죄의 처벌 등에 관한 특례법」 제3조부터 제15조까지의 죄, 「아동복지법」상 아동에게 음란한 행위를 시키거나 이를 매개하는 행위 또는 아동에게 성적 수치심을 주는 성희롱 등의 성적 학대행위, 「형법」의 강간, 유사강간, 강제추행, 준강간 · 준강제추행(미수범 포함), 강간 등 상해 · 치상, 강간 등 살인 · 치사, 미성년자 등에 대한 간음, 업무상 위력 등에 의한 간음, 미성년자에 대한 간음 · 추행, 강도강간(미수범 포함)의 하나에 해당하는 죄를 의미한다.

③ 아동·청소년의 성을 사는 행위

아동·청소년, 아동·청소년의 성(性)을 사는 행위를 알선한 자 또는 아동·청소년을 실질적으로 보호·감독하는 자 등에게 금품이나 그 밖의 재산상 이익, 직무·편의제공 등 대가를 제공하거나 약속하고 i) 성교행위, ii) 구강·항문 등 신체의 일부나 도구를 이용한 유사 성교 행위, iii) 신체의 전부 또는 일부를 접촉·노출하는 행위로서 일반인의 성적 수치심이나 혐오감을 일으키는 행위, iv) 자위행위 중 하나에 해당하는 행위를 아동·청소년을 대상으로 하거나 아동·청소년으로 하여금 하게 하는 것을 의미한다.

④ 아동·청소년성착취물

아동·청소년 또는 아동·청소년으로 명백하게 인식될 수 있는 사람이나 표현물이 등장하여 아동·청소년의 성을 사는 행위 중 어느 하나에 해당하는 행위를 하거나 그 밖의 성적 행위를 하는 내용을 표현하는 것으로서 필름·비디오물·게임물 또는 컴퓨터나 그 밖의 통신매체를 통한 화상·영상 등의 형태로 된 것을 의미한다.

⑤ 피해아동·청소년

아동·청소년대상 성범죄의 피해자가 된 아동·청소년을 의미한다. 이 중 아동·청소년의 성을 사는 행위 등의 상대방이 되거나, 아동·청소년에 대한 강요행위 등·알선영업행위 등 죄의 피해자가 된 아동·청소년을 성매매피해 아동·청소년이라고 한다.

(3) 주요내용

① 「형법」상 감경규정에 관한 특례

음주 또는 약물로 인한 심신장애 상태에서 아동·청소년대상 성폭력범죄를 범한 때에는 심신장애인 등의 「형법」상 감경규정을 적용하지 아니할 수 있다.

② 아동·청소년 관련기관 등에의 취업제한 등

법원은 아동·청소년대상 성범죄 또는 성인대상 성범죄로 형 또는 치료감호를 선고하는 경우에는 판결(약식명령을 포함)로 그 형 또는 치료감호의 전부 또는 일부의 집행을 종료하거나 집행이 유예·면제된 날(벌금형을 선고받은 경우에는 그 형이 확정된 날)부터 일정기간(이하 "취업제한 기간") 동안 유치원, 학교 등 법에 따른 시설·기관 또는 사업장(이하 "아동·청소년 관련기관등")을 운영하거나 아동·청소년 관련기관등에 취업 또는 사실상 노무를 제공할 수 없도록 하는 명령(이하 "취업제한 명령")을 성범죄 사건의 판결과 동시에 선고(약식명령의 경우에는 고지)하여야 한다. 다만, 재범의 위험성이 현저히 낮은 경우, 그 밖에 취업을 제한하여서는 안 되는 특별한 사정이 있다고 판단하는 경우에는 그러하지 아니한다. 취업제한 기간은 10년을 초과하지 못한다.

③ 성범죄의 경력자 점검·확인

여성가족부장관 또는 관계 중앙행정기관의 장은 구분에[14] 따라 성범죄로 취업제한 명령을 선고받은 자가 아동·청소년 관련기관등을 운영하거나 아동·청소년 관련기관등에 취업 또는 사실상 노무를 제공하고 있는지를 직접 또는 관계 기관 조회 등의 방법으로 연 1회 이상 점검·확인하여야 한다.

13) 가정폭력범죄의 처벌 등에 관한 특례법

(1) 제정취지

이 법률은 1998년 가정폭력범죄의 형사처벌 절차에 관한 특례를 정하고 가정폭력범죄를 범한 사람에 대하여 환경의 조정과 성행의 교정을 위한 보호처분을 함으로써 가정폭력범죄로 파괴된 가정의 평화와 안정을 회복하고 건강한 가정을 가꾸며 피해자와 가족구성원의 인권을 보호함을 목적으로 제정되었다.

(2) 용어

① 가정폭력

가정구성원 사이의 신체적, 정신적 또는 재산상 피해를 수반하는 행위를 말한다.

② 가정구성원

가정구성원은 배우자(사실상 혼인관계에 있는 사람을 포함) 또는 배우자였던 사람, 자

14) 교육부장관은 「고등교육법」 제2조의 학교, 행정안전부 장관은 공공시설, 여성가족부 장관은 청소년 보호·재활센터와 이주배경청소년지원센터 및 가정방문 등 학습교사 사업장, 경찰청장은 경비업을 행하는 법인.

기 또는 배우자와 직계존비속관계(사실상의 양친자관계를 포함)에 있거나 있었던 사람, 계부모와 자녀의 관계 또는 적모와 서자의 관계에 있거나 있었던 사람, 동거하는 친족 중 하나에 해당하는 사람을 말한다.

③ 가정폭력행위자

가정폭력범죄를 범한 사람 및 가정구성원인 공범을 말한다.

④ 피해자

가정폭력 범죄로 인하여 직접적으로 피해를 입은 사람을 말한다.

(3) 주요내용

① 응급조치

진행 중인 가정폭력범죄에 대하여 신고를 받은 사법경찰관리는 즉시 현장에 나가서 다음의 조치를 하여야 한다.

i) 폭력행위의 제지, 가정폭력행위자 · 피해자의 분리

ii) 「형사소송법」 제212조에 따른 현행범인의 체포 등 범죄수사

iii) 피해자를 가정폭력 관련 상담소 또는 보호시설로 인도(피해자가 동의한 경우만 해당)

iv) 긴급치료가 필요한 피해자를 의료기관으로 인도

v) 폭력행위 재발 시 임시조치를 신청할 수 있음을 통보

vi) 피해자보호명령 또는 신변안전조치를 청구할 수 있음을 고지

② 사법경찰관의 사건 송치

사법경찰관은 가정폭력범죄를 신속히 수사하여 사건을 검사에게 송치하여야 한다. 이 경우 사법경찰관은 해당 사건을 가정보호사건으로 처리하는 것이 적절한지에 관한 의견을 제시할 수 있다.

③ 임시조치의 청구 등

검사는 가정폭력범죄가 재발될 우려가 있다고 인정하는 경우에는 직권으로 또는 사법경찰관의 신청에 의하여 법원에 i) 피해자 또는 가정구성원의 주거 또는 점유하는 방실(房室)로부터의 퇴거 등 격리, ii) 피해자 또는 가정구성원이나 그 주거, 직

장 등에서 100미터 이내의 접근 금지, iii) 피해자 또는 가정구성원에 대한 「전기통신기본법」 제2조 제1호의 전기통신을 이용한 접근 금지의 임시조치를 청구할 수 있다. 또한 검사는 가정폭력행위자가 임시조치를 위반하여 가정폭력범죄가 재발될 우려가 있다고 인정하는 경우에는 직권으로 또는 사법경찰관의 신청에 의하여 법원에 ⅳ) 국가경찰관서의 유치장 또는 구치소에의 유치의 임시조치를 청구할 수 있다.[15)]

④ 긴급임시조치

사법경찰관은 응급조치에도 불구하고 가정폭력범죄가 재발될 우려가 있고, 긴급을 요하여 법원의 임시조치 결정을 받을 수 없을 때에는 직권 또는 피해자나 그 법정대리인의 신청에 의하여 위의 임시조치 중 ⅰ), ⅱ), iii)의 하나에 해당하는 조치(이하 "긴급임시조치")를 할 수 있다. 사법경찰관이 긴급임시조치를 한 때에는 지체 없이 검사에게 임시조치를 신청하고, 신청받은 검사는 법원에 임시조치를 청구하여야 한다. 이 경우 임시조치의 청구는 긴급임시조치를 한 때부터 48시간 이내에 청구하여야 하며, 긴급임시조치결정서를 첨부하여야 한다.

14) 아동학대범죄의 처벌 등에 관한 특례법

(1) 제정취지

이 법률은 2014년 아동학대범죄의 처벌 및 그 절차에 관한 특례와 피해아동에 대한 보호절차 및 아동학대행위자에 대한 보호처분을 규정함으로써 아동을 보호하여 아동이 건강한 사회 구성원으로 성장하도록 함을 목적으로 제정되었다.

(2) 용어

① 아동 및 보호자

아동이란 18세 미만인 사람을 말하며, 보호자란 친권자, 후견인, 아동을 보호·양

---

15) 판사는 가정보호사건의 원활한 조사·심리 또는 피해자 보호를 위하여 필요하다고 인정하는 경우에는 결정으로 ⅰ), ⅱ), iii), ⅳ), 의료기관이나 그 밖의 요양소에의 위탁, 상담소등에의 상담위탁 중 하나에 해당하는 임시조치를 할 수 있다. ⅰ), ⅱ), iii)의 임시조치기간은 2개월, 나머지는 1개월을 초과할 수 없으며, 피해자의 보호를 위하여 그 기간을 연장할 필요가 있다고 인정하는 경우에는 결정으로 ⅰ), ⅱ), iii)의 임시조치는 두 차례만, 나머지는 한 차례만 각 기간의 범위에서 연장할 수 있다.

육·교육하거나 그러한 의무가 있는 자 또는 업무·고용 등의 관계로 사실상 아동을 보호·감독하는 자를 의미한다.

② 아동학대

보호자를 포함한 성인이 아동의 건강 또는 복지를 해치거나 정상적 발달을 저해할 수 있는 신체적·정신적·성적 폭력이나 가혹행위를 하는 것과 아동의 보호자가 아동을 유기하거나 방임하는 것을 의미한다. 다만, 「유아교육법」과 「초·중등교육법」에 따른 교원의 정당한 교육활동과 학생생활지도는 아동학대로 보지 아니한다.

③ 아동학대범죄

보호자에 의한 아동학대로서 「형법」상의 상해, 특수상해, 유기, 학대, 체포, 감금, 명예훼손 등과 「아동복지법」상 아동을 매매하는 행위 등의 범죄가 해당된다(법 제2조 제4호 참고).

(3) 주요내용

① 형벌과 수강명령 등의 병과

법원은 아동학대행위자에 대하여 유죄판결(선고유예는 제외)을 선고하거나 약식명령을 고지하면서 200시간의 범위에서 재범예방에 필요한 수강명령(「보호관찰 등에 관한 법률」에 따른 수강명령) 또는 아동학대 치료프로그램의 이수명령(이하 "이수명령")을 병과할 수 있다.

② 현장출동

아동학대범죄 신고를 접수한 사법경찰관리나 「아동복지법」 제22조 제4항에 따른 아동학대전담공무원은 지체 없이 아동학대범죄의 현장에 출동하여야 한다. 이 경우 수사기관의 장이나 시·도지사 또는 시장·군수·구청장은 서로 동행하여 줄 것을 요청할 수 있으며, 그 요청을 받은 수사기관의 장이나 시·도지사 또는 시장·군수·구청장은 정당한 사유가 없으면 사법경찰관리나 아동학대전담공무원이 아동학대범죄 현장에 동행하도록 조치하여야 한다. 아동학대범죄 신고를 접수한 사법경찰관리나 아동학대전담공무원은 아동학대범죄가 행하여지고 있는 것으로 신고된 현장 또는 피해아동을 보호하기 위하여 필요한 장소에 출입하여 아동 또는 아동학대행위자 등 관계인에 대하여 조사를 하거나 질문을 할 수 있다. 질문을 하는 사법경찰관리 또는 아동학대전담공무원은 피해아동, 아동학대범죄신고자등, 목격자 등이 자유롭게 진술할 수 있도록 아동학대행위자로부터 분리된 곳에서 조사하는 등 필요한 조치를 하여야 한다.

또한 현장출동이 동행하여 이루어지지 아니한 경우 수사기관의 장이나 시·도지사 또는 시장·군수·구청장은 현장출동에 따른 조사 등의 결과를 서로에게 통지하여야 한다.

③ 피해아동에 대한 응급조치

현장에 출동하거나 아동학대범죄 현장을 발견한 경우 또는 학대현장 이외의 장소에서 학대피해가 확인되고 재학대의 위험이 급박·현저한 경우, 사법경찰관리 또는 아동학대전담공무원은 피해아동, 피해아동의 형제자매인 아동 및 피해아동과 동거하는 아동(이하 피해아동등)의 보호를 위하여 즉시 다음의 응급조치를 하여야 한다.

i) 아동학대범죄 행위의 제지

ii) 아동학대행위자를 피해아동등으로부터 격리

iii) 피해아동등을 아동학대 관련 보호시설로 인도

iv) 긴급치료가 필요한 피해아동을 의료기관으로 인도

v) 피해아동등을 연고자 등에게 인도

이 경우 iii), v)의 조치를 하는 때에는 피해아동등의 이익을 최우선으로 고려하여야 하며, 피해아동등을 보호하여야 할 필요가 있는 등 특별한 사정이 있는 경우를 제외하고는 피해아동등의 의사를 존중하여야 한다. v)의 조치를 하는 경우 사법경찰관리나 아동학대전담공무원은 연고자 등의 동의를 얻어 가정폭력범죄, 아동학대범죄 등 범죄경력을 확인하는 등 피해아동등의 보호를 위하여 필요한 조치를 할 수 있다

ii)부터 v)까지의 규정에 따른 응급조치는 72시간을 넘을 수 없다. 다만, 그 기간에 공휴일이나 토요일이 포함되는 경우로서 피해아동등의 보호를 위하여 필요하다고 인정되는 경우에는 48시간의 범위에서 그 기간을 연장할 수 있다. 그럼에도 불구하고 검사가 임시조치를 법원에 청구한 경우에는 법원의 임시조치 결정 시까지 응급조치 기간이 연장된다.

또한 사법경찰관은 i), ii)의 조치를 위하여 다른 사람의 토지·건물·배 또는 차에 출입할 수 있다.

④ 아동학대행위자에 대한 임시조치

판사는 아동학대범죄의 원활한 조사·심리 또는 피해아동등의 보호를 위하여 필요하다고 인정하는 경우에는 결정으로 아동학대행위자에게 다음 각 호의 어느 하나에 해당하는 조치(이하 임시조치)를 할 수 있다.

i) 피해아동등 또는 가정구성원의 주거로부터 퇴거 등 격리

ii) 피해아동등 또는 가정구성원의 주거, 학교 또는 보호시설 등에서 100미터 이내의 접근 금지

iii) 피해아동등 또는 가정구성원에 대한 「전기통신기본법」 제2조제1호의 전기통신을 이용한 접근 금지

iv) 친권 또는 후견인 권한 행사의 제한 또는 정지

v) 아동보호전문기관 등에의 상담 및 교육 위탁

vi) 의료기관이나 그 밖의 요양시설에의 위탁

vii) 경찰관서의 유치장 또는 구치소에의 유치

각각의 처분은 병과할 수 있으며, 피해아동등에 대하여 격리, 보호시설 인도, 의료기관 인도, 연고자등에게 인도의 응급조치가 행하여진 경우에는 임시조치가 청구된 때로부터 24시간 이내에 임시조치 여부를 결정하여야 한다. 임시조치기간은 2개월을 초과할 수 없으나, 피해아동등의 보호를 위하여 그 기간을 연장할 필요가 있다고 인정하는 경우에는 결정으로 i)~iii)까지의 규정에 따른 임시조치는 두 차례만, iv)~vii)까지의 규정에 따른 임시조치는 한 차례만 각 기간의 범위에서 연장할 수 있다.

⑤ 아동학대행위자에 대한 긴급임시조치

사법경찰관은 응급조치에도 불구하고 아동학대범죄가 재발될 우려가 있고, 긴급을 요하여 법원의 임시조치 결정을 받을 수 없을 때에는 직권이나 피해아동등, 그 법정대리인(아동학대행위자를 제외), 변호사, 시·도지사, 시장·군수·구청장 또는 아동보호전문기관의 장의 신청에 따라 퇴거 등 격리, 100m 이내 접근근지, 전기통신을 이용한 접근금지 조치(이하 "긴급임시조치")를 할 수 있다. 사법경찰관은 긴급임시조치를 한 경우에는 즉시 긴급임시조치결정서를 작성하여야 하고, 그 내용을 시·도지사 또는 시장·군수·구청장에게 지체 없이 통지하여야 한다.

⑥ 응급조치·긴급임시조치 후 임시조치의 청구

사법경찰관이 응급조치(격리, 보호시설 인도, 의료기관 인도) 또는 긴급임시조치를 하였거나 시·도지사 또는 시장·군수·구청장으로부터 응급조치(격리, 보호시설 인도, 의료기관 인도, 연고자등 인도)가 행하여졌다는 통지를 받은 때에는 지체 없이 검사에게 임시조치의 청구를 신청하여야 한다. 임시조치를 청구하는 때에는 응급조치가 있었던 때부터 72시간 이내(응급조치 기간이 연장된 경우에는 그 기간을 말한다)에, 긴급임시조치가 있었던 때부터 48시간 이내에 하여야 한다. 사법경찰관은 검사가 제2항에 따라 임시조치를 청구하지 아니하거나 법원이 임시조치의 결정을 하지 아니한 때에는 즉시 그 긴급임시조치를 취소하여야 한다.

⑦ 아동학대범죄 신고의무와 절차

누구든지 아동학대범죄를 알게 된 경우나 그 의심이 있는 경우에는 시·도, 자치구 또는 수사기관에 신고할 수 있으며, 특정 직무[16]에 종사하는 사람이 직무를 수행하면서 아동학대범죄를 알게 된 경우나 그 의심이 있는 경우에는 시·도, 시·군·구 또는 수사기관에 즉시 신고하여야 한다. 앞의 신고의무자에 대한 신고가 있는 경우 시·도, 시·군·구 또는 수사기관은 정당한 사유가 없으면 즉시 조사 또는 수사에 착수하여야 한다.

15) 스토킹범죄의 처벌 등에 관한 법률

(1) 제정취지

이 법률은 2021년 스토킹범죄의 처벌 및 그 절차에 관한 특례와 스토킹범죄 피해자에 대한 보호절차를 규정함으로써 피해자를 보호하고 건강한 사회질서의 확립에 이바지함을 목적으로 제정되었다.

(2) 용어

① 스토킹행위와 스토킹 범죄

스토킹행위란 상대방의 의사에 반하여 정당한 이유 없이 상대방 또는 그의 동거

16) 아동학대처벌법 제10조 제2항에 명시되어 있으며, 대표적으로는 의료인, 아동복지전담공무원, 119 구급대원, 응급구조사, 학교의 장과 종사자, 학원의 종사자, 아이돌보미 등이 있다.

인, 가족(이하 "상대방등")에 대하여 ⅰ) 접근하거나 따라다니거나 진로를 막아서는 행위, ⅱ) 주거, 직장, 학교, 그 밖에 일상적으로 생활하는 장소(이하 "주거등") 또는 그 부근에서 기다리거나 지켜보는 행위, ⅲ) 우편 · 전화 · 팩스 또는 정보통신망을 이용하여 물건이나 글 · 말 · 부호 · 음향 · 그림 · 영상 · 화상(이하 "물건등")을 도달하거나 정보통신망을 이용하는 프로그램 또는 전화의 기능에 의하여 글 · 말 · 부호 · 음향 · 그림 · 영상 · 화상이 상대방등에게 나타나게 하는 행위, ⅳ) 직접 또는 제3자를 통하여 물건등을 도달하게 하거나 주거등 또는 그 부근에 물건등을 두는 행위, ⅴ) 주거등 또는 그 부근에 놓여져 있는 물건등을 훼손하는 행위 ⅵ) 개인정보, 개인위치정보, 개인정보나 개인위치정보를 편집 · 합성 또는 가공한 정보(해당 정보주체를 식별할 수 있는 경우로 한정)를 정보통신망을 이용하여 제3자에게 제공하거나 배포 또는 게시하는 행위, ⅶ) 정보통신망을 통하여 상대방등의 이름, 명칭, 사진, 영상 또는 신분에 관한 정보를 이용하여 자신이 상대방등인 것처럼 가장하는 행위중 어느 하나에 해당하는 행위를 하여 상대방에게 불안감 또는 공포심을 일으키는 것을 말한다.

스토킹범죄는 지속적 또는 반복적으로 스토킹행위를 하는 것을 말한다.

② 피해자와 피해자등

피해자란 스토킹범죄로 직접적인 피해를 입은 사람을 의미하며, 피해자등은 피해자 및 스토킹행위의 상대방을 의미한다.

(3) 주요내용

① 응급조치

사법경찰관리는 진행 중인 스토킹행위에 대하여 신고를 받은 경우 즉시 현장에 나가 ⅰ) 스토킹행위의 제지, 향후 스토킹행위의 중단 통보 및 스토킹행위를 지속적 또는 반복적으로 할 경우 처벌 서면경고, ⅱ) 스토킹행위자와 피해자등의 분리 및 범죄수사, ⅲ) 피해자등에 대한 긴급응급조치 및 잠정조치 요청의 절차 등 안내, ⅳ) 스토킹 피해 관련 상담소 또는 보호시설로의 피해자등 인도(피해자등이 동의한 경우만 해당)의 조치를 하여야 한다.

② 긴급응급조치

사법경찰관은 스토킹행위 신고와 관련하여 스토킹행위가 지속적 또는 반복적으로 행하여질 우려가 있고 스토킹범죄의 예방을 위하여 긴급을 요하는 경우 스토킹행위자에게 직권으로 또는 스토킹행위의 상대방이나 그 법정대리인 또는 스토킹행위를 신고한 사람의 요청에 의하여 i) 스토킹행위의 상대방등이나 그 주거등으로부터 100미터 이내의 접근 금지, ii) 스토킹행위의 상대방등에 대한 「전기통신기본법」 제2조 제1호의 전기통신을 이용한 접근 금지에 따른 조치를 할 수 있다(이하 "긴급응급조치"). 사법경찰관은 긴급응급조치를 하였을 때에는 즉시 스토킹행위의 요지, 긴급응급조치가 필요한 사유, 긴급응급조치의 내용 등이 포함된 긴급응급조치결정서를 작성하여야 한다. 사법경찰관은 긴급응급조치를 하였을 때에는 지체 없이 검사에게 해당 긴급응급조치에 대한 사후승인을 지방법원 판사에게 청구하여 줄 것을 신청하여야 하며, 신청을 받은 검사는 긴급응급조치가 있었던 때부터 48시간 이내에 지방법원 판사에게 해당 긴급응급조치에 대한 사후승인을 청구한다. 이 경우 긴급응급조치결정서를 첨부하여야 한다.

지방법원 판사는 스토킹행위가 지속적 또는 반복적으로 행하여지는 것을 예방하기 위하여 필요하다고 인정하는 경우에는 청구된 긴급응급조치를 승인할 수 있으며, 긴급응급조치기간은 1개월을 초과할 수 없다.

사법경찰관은 검사가 긴급응급조치에 대한 사후승인을 청구하지 아니하거나 지방법원 판사가 청구에 대하여 사후승인을 하지 아니한 때에는 즉시 그 긴급응급조치를 취소하여야 한다.

사법경찰관은 긴급응급조치를 하는 경우에는 스토킹행위의 상대방등이나 그 법정대리인에게 통지하여야 하며, 해당 긴급응급조치의 대상자(이하 "긴급응급조치대상자")에게 조치의 내용 및 불복방법 등을 고지하여야 한다.

긴급응급조치대상자나 그 법정대리인은 긴급응급조치의 취소 또는 그 종류의 변경을 사법경찰관에게 신청할 수 있다. 또한 스토킹행위의 상대방등이나 그 법정대리인은 긴급응급조치가 있은 후 스토킹행위의 상대방등이 주거등을 옮긴 경우에는 사법경찰관에게 긴급응급조치의 변경을 신청할 수 있으며, 스토킹행위의 상대방등이나 그 법정대리인은 긴급응급조치가 필요하지 않은 경우에는 사법경찰관에게 해당 긴급응급조치의 취소를 신청할 수 있다. 사법경찰관은 정당한 이유가 있다고 인정하는 경우에는 직권으로 또는 규정에 따른 신청에 의하여 해당 긴급응급조치를 취소할 수 있고, 지방법원 판사의 승인을 받아 긴급응급조치의 종류를 변경할 수 있다.

긴급응급조치는 정한 기간이 지나거나 법원이 긴급응급조치대상자에게 일정 잠정조치를 한 경우[17]에는 그 효력을 상실한다.

③ 잠정조치

법원은 스토킹범죄의 원활한 조사·심리 또는 피해자 보호를 위하여 필요하다고 인정하는 경우에는 결정으로 스토킹행위자에게 ⅰ) 피해자에 대한 스토킹범죄 중단에 관한 서면 경고, ⅱ) 피해자 또는 그의 동거인, 가족이나 그 주거등으로부터 100미터 이내의 접근 금지, ⅲ) 피해자 또는 그의 동거인, 가족에 대한 「전기통신기본법」 제2조제1호의 전기통신을 이용한 접근 금지, ⅳ) 「전자장치 부착 등에 관한 법률」 제2조제4호의 위치추적 전자장치(이하 "전자장치")의 부착 ⅴ) 국가경찰관서의 유치장 또는 구치소에의 유치의 하나에 해당하는 조치(이하 "잠정조치")를 할 수 있다. 각 조치는 병과할 수 있으며, 법원은 잠정조치를 결정한 경우에는 검사와 피해자 또는 그의 동거인, 가족 그 법정대리인에게 통지하여야 한다. 법원은 ⅳ)의 잠정조치를 한 경우에는 스토킹행위자에게 변호인을 선임할 수 있다는 것과 항고할 수 있다는 것을 고지하고, 스토킹행위자에게 변호인이 있는 경우에는 변호인에게, 그렇지 않은 경우에는 법정대리인 또는 스토킹행위자가 지정하는 사람에게 해당 잠정조치를 한 사실을 통지하여야 한다.

ⅰ), ⅱ), ⅲ), ⅳ)의 잠정조치기간은 3개월, ⅴ)의 잠정조치기간은 1개월을 초과할 수 없다. 다만 법원은 피해자의 보호를 위하여 그 기간을 연장할 필요가 있다고 인정하는 경우에는 결정으로 ⅰ), ⅱ), ⅲ), ⅳ)의 경우 두 차례에 한정하여 각 3개월의 범위에서 연장할 수 있다.

검사는 스토킹범죄가 재발될 우려가 있다고 인정하면 직권 또는 사법경찰관의 신청에 따라 법원에 잠정조치를 청구할 수 있으며, 피해자 또는 그 법정대리인은 검사 또는 사법경찰관에게 잠정조치의 청구 또는 그 신청을 요청하거나, 이에 관하여 의견을 진술할 수 있다. 단, 사법경찰관은 신청 요청을 받고도 신청을 하지 않은 경우에는 검사에게 그 사유를 보고하여야 하고, 피해자 또는 그 법정대리인에게 그 사실을 지체 없이 알려야 한다.

---

17) ① 긴급응급조치에 따른 스토킹행위의 상대방등과 같은 사람을 피해자 또는 그의 동거인, 가족이나 그 주거등으로부터 100미터 이내의 접근 금지
② 긴급응급조치에 따른 주거등과 같은 장소를 피해자 또는 그의 동거인, 가족의 주거등으로 하는 피해자나 그 주거등으로부터 100미터 이내의 접근 금지 결정
③ 긴급응급조치에 따른 스토킹행위의 상대방등과 같은 사람을 피해자로 또는 그의 동거인, 가족으로 하는 「전기통신기본법」 제2조 제1호의 전기통신을 이용한 접근 금지 결정

④ 전담조사제

경찰관서의 장(국가수사본부장, 시·도경찰청장 및 경찰서장을 의미)은 스토킹범죄 전담 사법경찰관을 지정하여 특별한 사정이 없으면 스토킹범죄 전담 사법경찰관이 피해자를 조사하게 하여야 한다. 검찰총장 역시 각 지방검찰청 검사장에게 스토킹범죄 전담 검사를 지정하도록 하여 특별한 사정이 없으면 스토킹범죄 전담 검사가 피해자를 조사하게 하여야 한다. 검찰총장 및 경찰관서의 장은 스토킹범죄 전담 검사 및 스토킹범죄 전담 사법경찰관에게 스토킹범죄의 수사에 필요한 전문지식과 피해자 보호를 위한 수사방법 및 수사절차 등에 관한 교육을 실시하여야 한다.

⑤ 벌칙

스토킹범죄를 저지른 사람은 3년 이하의 징역 또는 3천만원 이하의 벌금에 처한다. 흉기 또는 그 밖의 위험한 물건을 휴대하거나 이용하여 스토킹범죄를 저지른 사람은 5년 이하의 징역 또는 5천만원 이하의 벌금에 처한다. 잠정조치 ⅳ)에 따라 전자장치가 부착된 사람이 잠정조치기간 중 전자장치의 효용을 해치는 행위[18]를 한 경우 3년 이하의 징역, 3천만원 이하의 벌금에 처한다. 잠정조치(i), ii), iii))를 이행하지 아니한 사람은 2년 이하의 징역 또는 2천만원 이하의 벌금에 처한다.

⑥ 형벌과 수강명령 등의 병과

법원은 스토킹범죄를 저지른 사람에 대하여 유죄판결(선고유예는 제외)을 선고하거나 약식명령을 고지하는 경우에는 200시간의 범위에서 재범 예방에 필요한 수강명령(「보호관찰 등에 관한 법률」에 따른 수강명령을 의미) 또는 스토킹 치료프로그램의 이수명령을 병과할 수 있다.[19] 명령의 내용은 ⅰ) 스토킹 행동의 진단·상담, ⅱ) 건전한 사회질서와 인권에 관한 교육, ⅲ) 그 밖에 스토킹범죄를 저지른 사람의 재범 예방을 위하여 필요한 사항이다.

18) 1. 전자장치를 신체에서 임의로 분리하거나 손상하는 행위
2. 전자장치의 전파(電波)를 방해하거나 수신자료를 변조(變造)하는 행위
3. 제1호 및 제2호에서 정한 행위 외에 전자장치의 효용을 해치는 행위

19) 수강명령은 형의 집행을 유예할 경우에 그 집행유예기간 내에서 병과하며, 이수명령은 벌금형 또는 징역형의 실형을 선고하거나 약식명령을 고지할 경우에 병과할 수 있다.

제 2 절 교통경찰

1. 개념 및 주요임무

1) 개념

교통경찰은 교통안전과 관련된 정책의 수립과 집행 등의 역할 수행을 통해 국민의 교통안전에 이바지하는 경찰을 의미한다. 교통경찰관 배치를 통한 원활한 교통소통은 물론, 음주운전 등의 단속활동을 통해 교통사고를 방지하고, 사고발생 시 공정한 조사활동을 통해 국민의 어려움과 불편을 줄여나가는 도로 위의 경찰공무원을 의미한다.

2) 주요임무

교통경찰의 주요임무는 교통관리, 교통안전, 교통조사업무 3가지로 나누어 볼 수 있으며, 각 경찰관서별 업무는 <표 5-18>과 같이 구분해 볼 수 있다.

|표 5-18| 각 경찰관서별 교통경찰의 임무

구 분	경찰청	시 · 도경찰청	경찰서
교통관리	• 도로교통에 관련되는 종합 기획 및 심사분석 • 자동차운전면허의 관리 및 제도개선 • 교통경찰공무원에 대한 교육 및 지도	• 어린이 · 노인 · 장애인보호구역 지정 · 관리 지도 업무 등 교통안전시설 설치 및 관리 • 무인 교통단속장비 설치 · 운영에 관한 사항 • 운전면허 행정처분 업무	• 도로교통법에 관한 고시제정 및 교통행정 연구개선 • 운전면허 행정처분 및 지도, 벌점관리 • 교통유관기관 · 단체 관리 및 지도육성
교통안전	• 교통안전시설의 관리 • 고속도로순찰대의 운영 감독	• 교통사고 예방 및 지도단속 대책수립 · 지도 • 교통소통 관리 및 통제 • 무인 교통단속장비 설치 · 운영에 관한 사항	• 교통안전행사, 교통안전지도 · 점검 및 모범운전자 관리 • 교통법규 위반차량 및 보행자 단속 처리 · 통보 • 교통관리 및 통제

교통조사		• 일선경찰서 교통조사 업무지도 및 감독 • 뺑소니 교통사고 업무 및 교통사고 이의조사 업무 • 교통조사 관련 거짓말탐지기 운영	• 교통사고 조사 및 처리 • 도로교통법 위반(음주, 무면허) 사건처리 • 교통사고 관련 민원사항 처리

※ 출처: 「경찰청과 그 소속기관 직제」 제11조 및 관련법령.

2. 교통안전 및 관리 관련 주요내용

1) 보행자 보행 안전

보행자는 보도와 차도가 구분된 도로에서는 언제나 보도로 통행해야 하며,[20] 보행자는 보도와 차도가 구분되지 아니한 도로 중 중앙선이 있는 도로(일방통행인 경우 차선으로 구분된 도로를 포함)에서는 길가장자리 또는 길가장자리구역으로 통행하여야 한다. 또한 보행자는 보도에서는 우측통행을 원칙으로 한다. 횡단 시에는 '서다', '걷다', '보다'의 방어보행 3원칙을 준수해야 하며(경찰청 · 도로교통공단, 2018: 12), 횡단 시에는 <표 5-19>의 상황에 맞게 횡단하여야 한다.

|표 5-19| 횡단 시 보행자 주의사항

구 분	주 의 사 항
횡단시설 있는 도로 건널 시	• 차도에 미리 내려서지 않고 보도에서 녹색신호를 기다린다. • 녹색신호가 켜지고 차가 멈추는 것을 확인한 후에 횡단보도의 오른쪽을 이용하여 횡단한다. • 신호기가 없는 횡단보도에서는 정지선에 차가 멈추는 것을 확인한 후에 횡단보도의 오른쪽을 이용하여 횡단한다. 정지선에 멈춘 차의 뒤에서 다른 차가 갑자기 나오는 일이 있으므로, 횡단하면서 차의 움직임을 지속적으로 확인하면서 횡단한다.
횡단시설 없는 도로 건널 시	• 좌우측 차의 움직임을 훤히 볼 수 있고, 운전자도 보행자를 잘 볼 수 있는 지점이나 장소를 선택한다. • 횡단하고자 하는 곳에서 우선 멈추어서 통행 중인 차가 없거나 차가 멈추는 것을 확인한 후에 횡단한다.

20) 단, 차도를 횡단하는 경우, 도로공사 등으로 보도의 통행이 금지된 경우나 그 밖의 부득이한 경우에는 그러하지 않는다(도로교통법 제8조 제1항).

	• 주차한 차와 정차된 차의 바로 앞·뒤로 횡단을 하면 그 차가 갑자기 출발할 수 있고, 또한 이 차들이 다른 운전자의 시야를 방해하기 때문에 주·정차된 차의 앞·뒤로 횡단하지 않는다. • 안전표지 등에 의하여 횡단이 금지되어 있는 곳에서는 그 도로를 횡단해서는 안 된다.
야간 보행 시	• 횡단시설을 이용하여 횡단해야 하고, 횡단시설이 없는 곳에서 횡단할 때에는 가로등이 켜진 곳에서 횡단한다. • 야간에 횡단하다가 중앙선 부근에 멈추어 서게 되면 양쪽 자동차의 전조등 불빛으로 인해 순간적으로 보행자가 운전자에게 보이지 않는 증발현상이 발생할 수 있으므로, 횡단 중 도로의 중앙에서 멈추는 일이 없도록 주의한다.
눈, 비내리는 날 보행 시	• 길이 미끄러워 미끄러지면서 진행 중인 자동차의 앞으로 넘어질 수 있으므로 자동차로부터 거리를 두고 걷도록 한다. • 우산을 쓰고 있으면 자동차가 다가오는 것을 보지 못할 수 있으므로 우산이 시야를 가리지 않도록 한다. 특히 어린이는 투명한 색의 우산을 사용하여 시야를 확보하는 것이 좋다.

※ 출처: 경찰청·도로교통공단, 2018: 13, 17.

2) 자전거 운행 안전

자전거 운전자는 <표 5-20>과 같은 자전거도로가 따로 있는 곳에서는 그 자전거도로로 통행하여야 하며, 자전거도로가 설치되지 않은 곳에서는 도로 우측 가장자리에 붙어서 통행하여야 한다. 보도와 차도가 구분된 도로에서는 차도로 통행하여야 하나, 어린이, 노인, 신체장애인이 자전거를 운전하는 경우와 안전표지로 자전거등의 통행이 허용된 경우, 도로의 파손, 도로공사나 그 밖의 장애 등으로 도로를 통행할 수 없는 경우에는 보도를 통행할 수 있다. 자전거의 운전자는 안전표지로 통행이 허용된 경우를 제외하고는 2대 이상이 나란히 차도를 통행하여서는 안 되며, 횡단보도를 이용하여 도로를 횡단할 때에는 자전거에서 내려서 자전거를 끌거나 들고 보행하여야 한다.

|표 5-20| 자전거도로의 구분

구 분		내 용
자전거 전용도로		자전거와 개인형 이동장치만 통행할 수 있도록 분리대, 경계석, 그 밖에 유사한 시설물에 의해 차도 및 보도와 구분하여 설치한 자전거도로
자전거·보행자 겸용도로		자전거와 개인형 이동장치 외에 보행자도 통행할 수 있도록 분리대, 경계석, 그 밖에 이와 유사한 시설물에 의하여 차도와 구분하거나 별도로 설치한 자전거도로
자전거 전용차로		차도의 일정 부분을 자전거와 개인형 이동장치만 통행하도록 차선 및 안전표지나 노면표시로 다른 차가 통행하는 차로와 구분한 차로
자전거 우선도로		자동차의 통행량이 대통령령으로 정하는 기준보다 적은 도로의 일부 구간 및 차로를 정하여 자전거와 개인형 이동장치, 다른 차가 상호 안전하게 통행할 수 있도록 도로에 노면표시로 설치한 자전거도로

※ 출처: 자전거 이용 활성화에 관한 법률 제3조.

3) 자동차등 운행 안전

운전자는 자동차등 또는 노면전차의 운전 중에는 예외규정[21]을 제외하고는 휴대용 전화(자동차용 전화를 포함)를 사용하면 안 된다. 또한 운전 중에는 방송 등 영상물을 수신하거나 재생하는 장치를 시청해서는 안 되며, 운전자가 운전 중 볼 수 있는 위치에 영상이 표시되지 않도록 해야 한다.[22] 또한 어린이가 보호자 없이 도로

21) 자동차 등 또는 노면전차가 정지하고 있는 경우, 긴급자동차를 운전하는 경우, 각종 범죄 및 재해 신고 등 긴급한 필요가 있는 경우, 안전운전에 장애를 주지 않는 장치로서 대통령령으로 정하는 장치를 이용하는 경우.

를 횡단할 때 등 보행자 보호를 위한 경우에는 일시정지 하여야 하며, 가시광선의 투과율(앞면 창유리: 70%, 운전석 좌우 옆면 창유리: 40%)이 낮아 교통안전 등에 지장을 줄 수 있는 차를 운전해서는 안 된다.[23] 더불어 운전자는 자동차의 화물 적재함에 사람을 태우고 운행해서는 안 되며, 안전을 확인하지 아니하고 차 또는 노면전차의 문을 열거나 내려서는 안 되고 동승자가 교통의 위험을 일으키지 아니하도록 필요한 조치를 해야 한다.

모든 운전자는 <표 5－21>의 차로에 따른 통행차의 기준을 준수하며 운전해야 하고, 통행하고 있는 차로에서 느린 속도로 진행하여 다른 차의 정상적인 통행을 방해할 우려가 있는 때에는 그 통행하던 차로의 오른쪽 차로로 통행하여야 한다. 모든 차는 표에서 지정된 차로보다 오른쪽에 있는 차로로 통행할 수 있으며, 앞지르기를 할 때에는 표에서 지정된 차로의 왼쪽 바로 옆 차로로 통행할 수 있다.

|표 5-21| 차로에 따른 통행차의 기준

구 분		차로 구분	통행할 수 있는 차종
고속도로 외의 도로		왼쪽 차로	승용자동차 및 경형·소형·중형 승합자동차
		오른쪽 차로	대형승합자동차, 화물자동차, 특수자동차, 자동차에 해당하는 건설기계, 이륜자동차, 원동기장치자전거(개인형 이동장치는 제외)
고속도로	편도 2차로	1차로	앞지르기를 하려는 모든 자동차 단, 차량통행량 증가 등 도로상황으로 인하여 부득이하게 시속 80킬로미터 미만으로 통행할 수밖에 없는 경우는 통행가능
		2차로	모든 자동차
	편도 3차로 이상	1차로	앞지르기를 하려는 승용자동차 및 앞지르기를 하려는 경형·소형·중형 승합자동차 단, 차량통행량 증가 등 도로상황으로 인하여 부득이하게 시속 80킬로미터 미만으로 통행할 수밖에 없는 경우는 통행가능
		왼쪽 차로	승용자동차 및 경형·소형·중형 승합자동차
		오른쪽 차로	대형승합자동차, 화물자동차, 특수자동차, 자동차에 해당하는 건설기계

※ 출처: 도로교통법 시행규칙 별표 9.

22) 단, 자동차등 또는 노면전차가 정지하고 있는 경우, 지리안내 영상 또는 교통정보안내 영상, 국가비상사태·재난상황 등 긴급한 상황을 안내하는 영상 등이 표시되는 경우, 운전 중 좌우 또는 전후방을 볼 수 있도록 도움을 주는 영상을 보는 경우 등은 예외로 한다.

23) 단 요인경호용, 구급용 및 장의용 자동차는 제외한다.

4) 암행순찰

경찰은 교통경찰이나 무인단속 장비가 없는 곳에서 발생하는 교통법규 위반행위로 인해서 법규를 준수하는 선의의 국민들에게 피해가 발생하는 것을 막기 위해 비노출 단속방식인 암행순찰제도를 도입하고, 이를 바탕으로 법규위반 심리를 사전에 억제하여 자발적 교통법규 준수 문화를 조성하고자 하였다(경찰청, 2017a). 경찰청은 2016년 3월부터 6월까지 경부고속도로에 암행순찰차 2대 배치 시범운영 실시 후 같은 해 9월부터 서울도시고속도로 포함 전국 고속도로로 확대 운영하고 있다(서울지방경찰청, 2016: 2). 암행순찰의 주요 단속대상은 국민적 비난과 사고야기 위험이 높은 보복·난폭운전, 대형사고 위험성이 높은 화물차 지정차로·적재조치 위반 및 관광버스 대열운행 등, 운전자 불만을 초래하는 진출로 끼어들기 등 얌체운전, 현장 단속이 어려운 운전중 휴대폰 사용 및 DMB 시청 등이며, 단속절차와 방법은 <표 5-22>, <표 5-23>과 같다(경찰청, 2016a: 4, 서울지방경찰청, 2016: 4).

|표 5-22| 암행순찰 단속절차

구 분	행 동 방 법
일상근무	일반 순찰 근무와 동일하게 단속과 안전관리 활동 병행
발견 및 추적	블랙박스 작동 상태로 근무하다 위법행위 발견 시 운전자에게 경고할 수 있는 거리까지 비노출 상태로 추적
정차유도	피단속차량 100m 후방지점부터 경광등·문자전광판 및 비상등 동시 점등, 사이렌 3회 송출 후 확성기 이용하여 단속대상임을 알리고, 하위차로로 유도할 예정이니 지시에 따라줄 것 고지
정차	단속지점으로부터 최단거리에 위치한 회차로 및 안전지대 등 안전한 장소까지 이동하여 단속차량이 뒷편에 정차, 경광등을 켠 상태로 전광판에 '암행순찰 단속' 표시, 통과차량에 비노출 단속 홍보
단속	일반 단속과 동일한 방식으로 위반사항 고지, 통고처분 등 후속조치 진행, 항의 시 블랙박스와 홍보물로 설명
복귀	피단속차량이 본선에 먼저 안전하게 진입할 수 있도록 후방 30~50m지점에서 승무자가 후행차량 감속 유도, 피단속차량이 안전하게 진입 후 순찰차량 정상근무 복귀

※ 출처: 서울지방경찰청, 2016: 5-6.

|표 5-23| 암행순찰 단속방법

- 단속자는 근무복을 착용하고, 단속 시에는 암행순찰 단속임을 명확히 고지
- 위반차량 발견 시 후방에서 캠코더 이용하여 증거자료 확보 후 피단속차량에 접근하여 경찰차량임을 알리고 하위차로로 유도
- 접근과정에서 다른 차량에 피해가 가지 않도록 무리한 차선변경이나 과속 금지
- 위반차량 도주시 무리한 추격은 지양하고 공조를 통해 검거하거나 채증자료 활용하여 사후처벌 실시

※ 출처: 서울지방경찰청, 2016: 5.

암행순찰차는 최초 시범운영 시에는 고속도로순찰대의 경호용 비노출 차량을 개조 활용하였으나(경찰청, 2016a: 4), 신형차량 보급을 통해 <그림 5-1>과 같이 경광등, 전광판, 마그네틱 경찰CI 등의 구조를 보이고 있다.

|그림 5-1| 암행순찰차 구조

※ 출처: 서울지방경찰청, 2016: 9.

5) 안전속도 5030

'안전속도 5030' 정책은 교통사고 가능성과 심각도를 줄이고, 교통약자를 보호하기 위해 도시부 도로의 제한속도 기준을 특별관리하기 위한 정책으로(행정안전부, 2020: 2), 보행자 사고의 92%가 집중 발생하는 '도시부'의 차량속도를 <그림 5-2>와 같이 넓은 시내도로에서는 50km/h, 보·차도의 구분이 없는 등 좁은 동네에서는 30km/h로 하향하는 정책이다(경찰청, 2020a: 155). OECD 가입국 중 도시지역 도로 제한속도를 60km/h로 운영하는 나라는 우리나라와 칠레가 유일하며, 이렇

게 높은 제한속도가 교통사고 다발 주요원인으로 분석되고 있다(행정안전부, 2020a: 4). 실제 유럽을 위주로 전 세계 47개국에서 도시부 속도를 50㎞/h 이내로 제한하고 있으며, UN과 WHO도 이를 권고하고 있다(관계부처합동, 2020: 12).

|그림 5-2| 안전속도 5030 설명자료

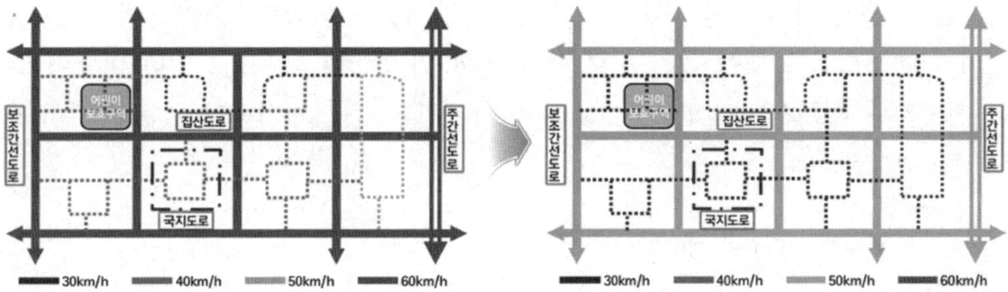

※ 출처: 행정안전부, 2020a: 4.

5030정책은 정부가 18년 교통안전정책 슬로건으로 "속도를 줄이면 사람이 보입니다"를 발표하고 범정부적으로 추진하고 있는 교통사고 사망자 절반 줄이기 정책의 가장 중요한 핵심과제로 <표 5-24>와 같이 총 3단계의 과정을 거쳐 추진되었다.

|표 5-24| 5030 정책 추진과정

구 분	내 용
도입기 (16년~18년)	• 본격 시행 전 기초마련 – 맞춤형 제도 연구용역, 안전속도 5030정책 법제화 – 도시규모별 시범운영, 속도하향 효과분석 – 시범효과 분석 홍보, 기본 정책자료 제작
정착기 (19년~21년)	• 제한속도 하향 전국 확산 – 현장 매뉴얼 배포, 지역 협력체계 구축 – 전국 시행확산 관리, 시행예산 확보 지원 – 대국민 중점 홍보 시행
성숙기 (22년~)	• 교통 정온화, 운전문화 발전 – 보행안전 후속 법령 개정, 전국 속도전산망 구축 – 5030 특화도시 조성, 미비지역 관리 감독 – 5030 정책 최종 효과분석 홍보

※ 출처: 행정안전부, 2020b: 4.

도로교통법 시행규칙 개정을 통해 <표 5-25>와 같이 속도제한 규정을 정비하였고, 2017년 9월부터 1년간 부산 영도구의 시범실시 결과 시행 후 전체 사망사고는 24.2% 감소, 보행자 사망사고는 37.5% 감소, 심야 교통사고 사망자는 42.2% 감소하는 효과를 보였으며(행정안전부, 2020b: 4), 한국교통안전공단에서 실증조사 결과를 살펴보면 시속 60km에서 50km로 낮추면 통행시간이 2분 증가된 것으로 나타나 속도하향에 따른 교통정체는 크지 않은 것으로 나타났다(행정안전부, 2020a: 2).

하지만 보행자 통행이 없는 도로 등에 대한 획일적인 적용으로 인한 비난이 발생하여 구간에 따른 탄력적인(시속 50km→60km) 적용 등을 실시하고 있는 상황이다(매일신문, 2024. 7. 16).

|표 5-25| 속도제한 규정의 정비내용

구 분	기 존	
일반도로	편도 1차로	60km/h 이내
	편도 2차로 이상	80km/h 이내

☞

변 경	
도시지역 내 (녹지지역 제외)	50km/h 이내 (단, 시·도경찰청장이 필요하다고 인정한 경우 60km/h 이내)
도시지역 외	편도 1차로: 60km/h 이내 편도 2차로 이상: 80km/h 이내

※ 출처: 도로교통법 시행규칙 제19조.

3. 관련법령[24)]

1) 도로교통법

(1) 제정취지

이 법률은 1962년 도로에서 일어나는 교통상의 모든 위험과 장해를 방지하고 제거하여 안전하고 원활한 교통을 확보함을 목적으로 제정되었다.

(2) 주요용어

① 도로

도로교통법에서의 도로란 도로법에 따른 도로(차도, 보도, 터널, 교량 등), 유료도로

24) 관련법령의 내용은 해당법률 및 시행령 등을 바탕으로 작성.

법에 따른 유료도로, 농어촌정비법에 따른 농어촌도로와 그 밖에 현실적으로 불특정 다수의 사람 또는 차마가 통행할 수 있도록 공개된 장소로서 안전하고 원활한 교통을 확보할 필요가 있는 장소를 의미한다.

② 자동차전용도로와 고속도로

자동차전용도로란 자동차만 다닐 수 있도록 설치된 도로를 의미하며, 고속도로란 자동차의 고속 운행에만 사용하기 위하여 지정된 도로를 의미한다.

③ 차도

연석선(차도와 보도를 구분하는 돌 등으로 이어진 선을 의미), 안전표지 또는 그와 비슷한 인공구조물을 이용하여 경계를 표시하여 모든 차가 통행할 수 있도록 설치된 도로의 부분을 의미한다.

④ 중앙선

차마의 통행 방향을 명확하게 구분하기 위하여 도로에 황색 실선이나 황색 점선 등의 안전표지로 표시한 선 또는 중앙분리대나 울타리 등으로 설치한 시설물을 말한다. 다만, 가변차로가 설치된 경우에는 신호기가 지시하는 진행방향의 가장 왼쪽에 있는 황색 점선을 말한다.

⑤ 차로와 차선

차로란 차마가 한 줄로 도로의 정하여진 부분을 통행하도록 차선으로 구분한 차도의 부분을 말하며, 차선은 차로와 차로를 구분하기 위하여 그 경계지점을 안전표지로 표시한 선을 말한다.

⑥ 길가장자리구역

보도와 차도가 구분되지 아니한 도로에서 보행자의 안전을 확보하기 위하여 안전표지 등으로 경계를 표시한 도로의 가장자리 부분을 말한다.

⑦ 횡단보도

보행자가 도로를 횡단할 수 있도록 안전표지로 표시한 도로의 부분을 말한다.

⑧ 안전지대

도로를 횡단하는 보행자나 통행하는 차마의 안전을 위하여 안전표지나 이와 비슷한 인공구조물로 표시한 도로의 부분을 말한다.

⑨ 차마

차마란 다음의 차와 우마를 의미한다. 차란 자동차, 건설기계, 원동기장치자전거, 자전거, 사람 또는 가축의 힘이나 그 밖의 동력으로 도로에서 운전되는 것(다만, 철길이나 가설된 선을 이용하여 운전되는 것, 유모차와 행정안전부령으로 정하는 보행보조용 의자차, 노약자용 보행기, 실외이동로봇 등은 제외) 중 하나에 해당하는 것을 의미한다. 우마란 교통이나 운수에 사용되는 가축을 의미한다.

⑩ 자동차

자동차란 철길이나 가설된 선을 이용하지 아니하고 원동기를 사용하여 운전되는 차(견인되는 자동차도 자동차의 일부로 본다)로서, 「자동차관리법」 제3조에 따른 승용자동차, 승합자동차, 화물자동차, 특수자동차, 이륜자동차(단, 원동기장치 자전거는 제외)와 「건설기계관리법」 제26조 제1항 단서에 따른 건설기계[25]를 의미한다.

⑪ 원동기장치자전거

「자동차 관리법」 제3조에 따른 이륜자동차 가운데 배기량 125시시 이하(전기를 동력으로 하는 경우에는 최고정격출력 11킬로와트 이하)의 이륜자동차와 그 밖에 배기량 125시시 이하(전기를 동력으로 하는 경우에는 최고정격출력 11킬로와트 이하)의 원동기를 단 차(단, (「자전거 이용 활성화에 관한 법률」상의 전기자전거 및 실외이동로봇은 제외)를 말한다.

⑫ 개인형 이동장치

원동기장치자전거 중 시속 25킬로미터 이상으로 운행할 경우 전동기가 작동하지 아니하고 차체 중량이 30킬로그램 미만인 것으로서 행정안전부령으로 정하는 것을 말한다.

---

25) 덤프트럭, 아스팔트살포기, 노상안정기, 콘크리트믹스트럭, 콘크리트펌프 등.

⑬ 자전거

자전거란 「자전거 이용 활성화에 관한 법률」 제2조 제1호 및 제1호의2에 따른 자전거 및 전기자전거를 말한다.

⑭ 자동차등과 자전거등

자동차등이란 자동차와 원동기장치자전거를 말하며, 자전거등이란 자전거와 개인형 이동장치를 말한다.

⑮ 긴급자동차

긴급자동차란 소방차, 구급차, 혈액 공급차량, 그 밖의 대통령령으로 정하는 자동차[26]로서 그 본래의 긴급한 용도로 사용되고 있는 자동차를 말한다.

⑯ 주차와 정차

주차란 운전자가 승객을 기다리거나 화물을 싣거나 차가 고장 나거나 그 밖의 사유로 차를 계속 정지 상태에 두는 것 또는 운전자가 차에서 떠나서 즉시 그 차를 운전할 수 없는 상태에 두는 것을 말하며, 정차란 운전자가 5분을 초과하지 아니하고 차를 정지시키는 것으로서 주차 외의 정지 상태를 말한다.

⑰ 초보운전자와 모범운전자

초보운전자는 처음 운전면허를 받은 날(처음 운전면허를 받은 날부터 2년이 지나기 전에 운전면허의 취소처분을 받은 경우에는 그 후 다시 운전면허를 받은 날을 말한다)부터 2년이 지나지 아니한 사람을 말하며, 모범운전자는 무사고운전자 또는 유공운전자의

---

26) ① 경찰용 자동차 중 범죄수사, 교통단속, 그 밖의 긴급한 경찰업무 수행에 사용되는 자동차, ② 국군 및 주한 국제연합군용 자동차 중 군 내부의 질서 유지나 부대의 질서 있는 이동을 유도(誘導)하는 데 사용되는 자동차, ③ 수사기관의 자동차 중 범죄수사를 위하여 사용되는 자동차, ④ 교도소·소년교도소 또는 구치소, 소년원 또는 소년분류심사원, 보호관찰소 중 어느 하나에 해당하는 시설 또는 기관의 자동차 중 도주자의 체포 또는 수용자, 보호관찰 대상자의 호송·경비를 위하여 사용되는 자동차, ⑤ 국내외 요인(要人)에 대한 경호업무 수행에 공무(公務)로 사용되는 자동차, ⑥ 전기사업, 가스사업, 그 밖의 공익사업을 하는 기관에서 위험 방지를 위한 응급작업에 사용되는 자동차, ⑦ 민방위업무를 수행하는 기관에서 긴급예방 또는 복구를 위한 출동에 사용되는 자동차, ⑧ 도로관리를 위하여 사용되는 자동차 중 도로상의 위험을 방지하기 위한 응급작업에 사용되거나 운행이 제한되는 자동차를 단속하기 위하여 사용되는 자동차, ⑨ 전신·전화의 수리공사 등 응급작업에 사용되는 자동차, ⑩ 긴급한 우편물의 운송에 사용되는 자동차, ⑪ 전파감시업무에 사용되는 자동차 (단, ⑥~⑪은 이를 사용하는 사람 또는 기관 등의 신청에 의하여 시·도경찰청장이 지정하는 경우로 한정).

표시장을 받거나 2년 이상 사업용 자동차 운전에 종사하면서 교통사고를 일으킨 전력이 없는 사람으로서 경찰청장이 정하는 바에 따라 선발되어 교통안전 봉사활동에 종사하는 사람을 말한다.

⑱ 보행자전용도로

보행자전용도로란 보행자만 다닐 수 있도록 안전표지나 그와 비슷한 인공구조물로 표시한 도로를 말한다.

(3) 주요내용

① 어린이 보호구역의 지정 및 관리

시장등은 교통사고의 위험으로부터 어린이를 보호하기 위하여 필요하다고 인정하는 경우에는 관련법령상의 유치원, 초등학교, 특수학교, 어린이집, 학원, 외국인학교 등과 그 밖에 어린이가 자주 왕래하는 곳으로서 조례로 정하는 시설 및 장소의 주변도로 가운데 일정 구간을 어린이 보호구역으로 지정하여 자동차등과 노면전차의 통행속도를 시속 30킬로미터 이내로 제한할 수 있다. 시·도경찰청장, 경찰서장 또는 시장등은 어린이 보호구역의 도로 중에서 행정안전부령으로 정하는 곳에 우선적으로 무인 교통단속용 장비를 설치하여야 한다.

② 앞지르기 금지의 시기 및 장소, 방법

모든 차는 앞차의 좌측에 다른 차가 앞차와 나란히 가고 있는 경우와 앞차가 다른 차를 앞지르고 있거나 앞지르려고 하는 경우에는 앞차를 앞지르지 못한다. 또한 도로교통법과 명령에 따라 정지하거나 서행하고 있는 차, 경찰공무원의 지시에 따라 정지하거나 서행하고 있는 차, 위험을 방지하기 위하여 정지하거나 서행하고 있는 차를 앞지르지 못한다.

다음으로 모든 차의 운전자는 교차로, 터널안, 다리위, 도로의 구부러진 곳, 비탈길의 고갯마루 부근 또는 가파른 비탈길의 내리막 등 시·도경찰청장이 도로에서의 위험을 방지하고 교통의 안전과 원활한 소통을 확보하기 위하여 필요하다고 인정하는 곳으로서 안전표지로 지정한 곳 중 하나에 해당하는 곳에서 다른 차를 앞지르지 못한다.

모든 차의 운전자는 다른 차를 앞지르려면 앞차의 좌측으로 통행하여야 하며, 다만 자전거등의 운전자는 서행하거나 정지한 다른 차를 앞지르려면 앞차의 우측으로 통행할 수 있다. 이 경우 자전거등의 운전자는 정지한 차에서 승차하거나 하차하는 사람의 안전에 유의하여 서행하거나 필요한 경우 일시정지하여야 한다.

③ 서행 장소

모든 차 또는 노면전차의 운전자는 교통정리를 하고 있지 않는 교차로, 도로가 구부러진 부근, 비탈길의 고갯마루 부근, 가파른 비탈길의 내리막, 시 · 도경찰청장이 도로에서의 위험을 방지하고 교통의 안전과 원활한 소통을 확보하기 위하여 필요하다고 인정하여 안전표지로 지정한 곳에서는 서행하여야 한다.

④ 일시정지 장소 및 시기

모든 차 또는 노면전차의 운전자는 교통정리를 하고 있지 않고 좌우를 확인할 수 없거나 교통이 빈번한 교차로, 시 · 도경찰청장이 도로에서의 위험을 방지하고 교통의 안전과 원활한 소통을 확보하기 위하여 필요하다고 인정하여 안전표지로 지정한 곳에서는 일시정지하여야 한다.

또한 보도와 차도가 구분된 도로에서 보도를 횡단할 때, 철길 건널목을 통과하려는 경우, 보행자가 횡단보도를 통행하고 있을 때, 보행자가 횡단보도가 설치되지 않은 도로를 횡단하고 있을 때, 교차로나 그 부근에서 긴급자동차가 접근하는 경우, 어린이가 보호자 없이 도로를 횡단할 때, 어린이가 도로에서 앉아 있거나 서 있을 때 또는 어린이가 도로에서 놀이를 할 때 등 어린이에 대한 교통사고의 위험이 있는 것을 발견한 경우, 앞을 보지 못하는 사람이 흰색 지팡이를 가지거나 장애인보조견을 동반하는 등의 조치를 하고 도로를 횡단하고 있는 경우, 지하도나 육교 등 도로 횡단시설을 이용할 수 없는 지체장애인이나 노인 등이 도로를 횡단하고 있는 경우, 어린이통학버스가 도로에 정차하여 어린이나 영유아가 타고 내리는 중임을 표시하는 점멸등 등의 장치를 작동 중일 때에는 일시정지하여야 한다.

⑤ 정차 및 주차의 금지

모든 차의 운전자는 다음의 어느 하나에 해당하는 곳에서는 차를 정차하거나 주차하여서는 안 된다.[27] ⅰ) 교차로 · 횡단보도 · 건널목이나 보도와 차도가 구분된 도로의 보도(「주차장법」에 따라 차도와 보도에 걸쳐서 설치된 노상주차장은 제외), ⅱ) 교

27) 다만, 도로교통법이나 법에 따른 명령 또는 경찰공무원의 지시를 따르는 경우와 위험방지를 위하여 일시정지하는 경우에는 그러하지 않는다.

차로의 가장자리나 도로의 모퉁이로부터 5미터 이내인 곳, iii) 안전지대가 설치된 도로에서는 그 안전지대의 사방으로부터 각각 10미터 이내인 곳, iv) 버스여객자동차의 정류지(停留地)임을 표시하는 기둥이나 표지판 또는 선이 설치된 곳으로부터 10미터 이내인 곳, v) 건널목의 가장자리 또는 횡단보도로부터 10미터 이내인 곳, vi) 「소방기본법」 제10조에 따른 소방용수시설 또는 비상소화장치가 설치된 곳과 「소방시설 설치 및 관리에 관한 법률」 제2조 제1항 제1호에 따른 소방시설로서 대통령령으로 정하는 시설이 설치된 곳으로부터 5미터 이내인 곳, vii) 시장등이 지정한 어린이 보호구역, viii) 시·도경찰청장이 도로에서의 위험을 방지하고 교통의 안전과 원활한 소통을 확보하기 위하여 필요하다고 인정하여 지정한 곳

또한 모든 차의 운전자는 도로공사를 하고 있는 경우에는 그 공사 구역의 양쪽 가장자리, 다중이용업소의 영업장이 속한 건축물로 소방본부장의 요청에 의하여 시·도경찰청장이 지정한 곳으로부터 5미터 이내인 곳, 터널 안 및 다리 위, 시·도경찰청장이 도로에서의 위험을 방지하고 교통의 안전과 원활한 소통을 확보하기 위하여 필요하다고 인정하여 지정한 곳에 차를 주차해서는 안 된다.

⑥ 긴급자동차 우선통행 및 특례

긴급자동차는 도로의 중앙이나 좌측 부분을 통행할 수 있으며(중앙선 침범 가능), 도로교통법과 관련 명령에 따라 정지하여야 하는 경우에도 불구하고 긴급하고 부득이한 경우에는 정지하지 않을 수 있다(신호위반 가능). 단, 이 경우 교통안전에 특히 주의하면서 통행하여야 한다.

모든 긴급자동차는 자동차등의 속도 제한,[28] 앞지르기 금지시기와 금지장소, 끼어들기 금지를 적용하지 않는다. 또한 소방차, 구급차, 혈액공급차량, 대통령령으로 정하는 경찰용 자동차의 경우는 신호위반, 보도침범, 중앙선 침범, 횡단 등의 금지(유턴 또는 후진금지), 안전거리 확보, 앞지르기 방법 등, 정차 및 주차금지, 주차금지, 고장 등 조치에 대한 특례를 인정받는다. 또한 긴급자동차는 운전 중에 휴대용 전화(자동차용 전화를 포함한다)를 사용할 수 있으며, 사고 발생시 긴급한 경우에는 동승자 등으로 하여금 조치나 신고를 하게 하고 운전을 계속할 수 있다. 이 이외에도 긴급자동차의 경우 안전띠를 착용하지 않을 수 있으며, 고속도로등[29]에서 갓길통행, 횡단하거나 유턴 또는 후진이 가능하다.

---

28) 단, 긴급자동차에 대해 속도를 제한한 경우에는 적용한다.
29) 고속도로 또는 자동차전용도로를 의미한다.

주·정차와 관련하여 경찰용 긴급자동차가 고속도로등에서 범죄수사, 교통단속이나 그 밖의 경찰임무를 수행하기 위하여 정차 또는 주차시킬 수 있으며, 소방차가 고속도로등에서 화재진압 및 인명 구조·구급 등 소방활동, 소방지원활동 및 생활안전활동을 수행하기 위하여 정차 또는 주차시킬 수 있고, 경찰용 긴급자동차 및 소방차를 제외한 긴급자동차가 사용 목적을 달성하기 위하여 고속도로등에서 정차 또는 주차시킬 수 있다.

교차로나 그 부근에서 긴급자동차가 접근하는 경우에는 차마와 노면전차의 운전자는 교차로를 피하여 일시정지 하여야 하며, 교차로 또는 그 부근외의 곳에서 긴급자동차가 접근한 경우에는 긴급자동차가 우선통행할 수 있도록 진로를 양보하여야 한다. 또한 긴급자동차 외의 자동차의 운전자는 긴급자동차가 고속도로에 들어가는 경우에는 그 진입을 방해하여서는 안 된다.

긴급자동차의 운전자[30]가 그 차를 본래의 긴급한 용도로 운행하는 중에 교통사고를 일으킨 경우에는 그 긴급활동의 시급성과 불가피성 등 정상을 참작하여 「도로교통법」 제151조, 「교통사고처리 특례법」 제3조 제1항 또는 「특정범죄 가중처벌 등에 관한 법률」 제5조의13에 따른 형을 감경하거나 면제할 수 있다.

⑦ 운전면허

자동차등을 운전하려는 사람은 시·도경찰청장으로부터 운전면허를 받아야 한다. 시·도경찰청장은 운전을 할 수 있는 차의 종류를 기준으로 <표 5-26>과 같이 운전면허의 범위를 구분하고 관리하여야 하며, 운전면허의 범위에 따라 운전할 수 있는 차의 종류는 행정안전부령으로 정한다. 시·도경찰청장은 운전면허를 받을 사람의 신체 상태 또는 운전 능력에 따라 행정안전부령으로 정하는 바에 따라 운전할 수 있는 자동차등(개인형 이동장치는 제외)의 구조를 한정하는 등 운전면허에 필요한 조건을 붙일 수 있다.

30) 소방차, 구급차, 혈액공급차량, 대통령령으로 정하는 경찰용 자동차만 해당한다.

|표 5-26| 운전면허의 종류

구 분			운전할 수 있는 차량
제1종 운전면허	대형면허		승용자동차, 승합자동차, 화물자동차 건설기계(덤프트럭, 아스팔트살포기, 노상안정기, 콘크리트믹서트럭, 콘크리트펌프, 천공기(트럭 적재식), 콘크리트믹서트레일러, 아스팔트콘크리트재생기, 도로보수트럭, 3톤 미만의 지게차), 특수자동차(대형견인차, 소형견인차 및 구난차는 제외), 원동기장치자전거
	보통면허		승용자동차 승차정원 15명 이하의 승합자동차 적재중량 12톤 미만의 화물자동차 건설기계(도로를 운행하는 3톤 미만의 지게차로 한정) 총중량 10톤 미만의 특수자동차(구난차등은 제외) 원동기장치자전거
	소형면허		3륜화물자동차, 3륜승용자동차, 원동기장치자전거
	특수면허	대형견인차면허	견인형 특수자동차 제2종 보통면허로 운전할 수 있는 차량
		소형견인차면허	총중량 3.5톤 이하의 견인형 특수자동차 제2종 보통면허로 운전할 수 있는 차량
		구난차면허	구난형 특수자동차 제2종보통면허로 운전할 수 있는 차량
제2종 운전면허	보통면허		승용자동차 승차정원 10명 이하의 승합자동차 적재중량 4톤 이하의 화물자동차 총중량 3.5톤 이하의 특수자동차(구난차등은 제외), 원동기장치자전거
	소형면허		이륜자동차(측차부를 포함) 원동기장치자전거
	원동기장치자전거면허		원동기장치자전거
연습운전면허	제1종 보통연습면허		승용자동차 승차정원 15명 이하의 승합자동차 적재중량 12톤 미만의 화물자동차
	제2종 보통연습면허		승용자동차 승차정원 10명 이하의 승합자동차 적재중량 4톤 이하의 화물자동차

※ 출처: 「도로교통법 시행규칙」 별표 18.

음주운전 또는 음주측정거부, 음주측정방해행위[31](자동차등 또는 노면전차를 운전한 경우로 한정하며 개인형 이동장치를 운전한 경우는 제외)한 날로부터 5년 이내에 다시 음주운전 또는 음주측정거부, 음주측정방해행위를 해 운전면허 취소처분을 받은 사람이 자동차등을 운전하려는 경우에는 시·도경찰청장으로부터 음주운전 방지장치 부착 조건부 운전면허(이하 "조건부 운전면허")를 받아야 한다.

운전면허를 받은 사람은 운전면허를 합격한 날 또는 직전 갱신일로부터 기산하여 10년(운전면허시험 합격(또는 갱신)일에 65세 이상 75세 미만인 사람은 5년, 75세 이상인 사람은 3년, 한쪽 눈만 보지 못하는 사람으로서 제1종 운전면허 중 보통면허를 취득한 사람은 3년) 되는 날이 속하는 해의 1월 1일부터 12월 31일까지 시·도경찰청장으로부터 운전면허증을 갱신하여 발급받아야 한다.

시·도경찰청장은 운전면허(연습운전면허는 제외)를 받은 사람이 다음 <표 5-27>의 하나에 해당하면 운전면허를 취소하거나 1년 이내의 범위에서 운전면허의 효력을 정지시킬 수 있다.

|표 5-27| 운전면허의 취소·정지사유

구 분	사 유
필수 취소사유	• 음주운전 또는 측정거부, 음주측정방해행위를 위반한 사람이 다시 음주운전으로 운전면허 정지사유에 해당된 경우 • 술에 취한 상태에 있다고 인정할 만한 상당한 이유가 있음에도 불구하고 경찰공무원의 측정에 응하지 아니한 경우(측정거부) • 음주측정방해행위 • 운전면허를 받을 수 없는 사람에 해당된 경우 • 운전면허를 받을 수 없는 사람이 운전면허를 받거나 거짓이나 그 밖의 부정한 수단으로 운전면허를 받은 경우 또는 운전면허효력의 정지기간 중 운전면허증 또는 운전면허증을 갈음하는 증명서를 발급받은 사실이 드러난 경우 • 거짓이나 그 밖에 부정한 수단으로 운전면허를 받은 경우 • 적성검사를 받지 아니하거나 그 적성검사에 불합격한 경우 (단, 정기 적성검사 기간이 지난 경우는 제외) • 교통단속 임무를 수행하는 경찰공무원등 및 시·군공무원을 폭행한 경우 • 「자동차관리법」에 따라 등록되지 아니하거나 임시운행허가를 받지 아니한 자동차(이륜자동차는 제외)를 운전한 경우

31) 술에 취한 상태에 있다고 인정할 만한 상당한 이유가 있는 사람은 자동차등, 노면전차 또는 자전거를 운전한 후 측정을 곤란하게 할 목적으로 추가로 술을 마시거나 혈중알코올농도에 영향을 줄 수 있는 의약품 등 행정안전부령으로 정하는 물품을 사용하는 행위

	• 제1종 보통면허 및 제2종 보통면허를 받기 전에 연습운전면허의 취소 사유가 있었던 경우 • 다른 법률에 따라 관계 행정기관의 장이 운전면허의 취소처분 또는 정지처분을 요청한 경우(취소에 한함) • 운전면허를 받은 사람이 자신의 운전면허를 실효(失效)시킬 목적으로 시·도경찰청장에게 자진하여 운전면허를 반납하는 경우 • 음주운전 방지장치가 설치된 자동차등을 시·도경찰청에 등록하지 아니하고 운전한 경우 • 음주운전 방지장치가 설치되지 아니하거나 설치기준에 부합하지 아니한 음주운전 방지장치가 설치된 자동차등을 운전한 경우 • 음주운전 방지장치가 해체·조작 또는 그 밖의 방법으로 효용이 떨어진 것을 알면서 해당 장치가 설치된 자동차등을 운전한 경우
임의 취소사유	• 음주운전을 한 경우 • 약물의 영향으로 인하여 정상적으로 운전하지 못할 우려가 있는 상태에서 자동차등을 운전한 경우 • 공동 위험행위를 한 경우 • 난폭운전을 한 경우 • 최고속도보다 시속 100킬로미터를 초과한 속도로 3회 이상 자동차등을 운전한 경우 • 교통사고로 사람을 사상한 후 필요한 조치 또는 신고를 하지 않은 경우 • 운전 중 고의 또는 과실로 교통사고를 일으킨 경우 • 운전면허를 받은 사람이 자동차등을 이용하여 특수상해, 특수폭행, 특수협박, 특수손괴를 위반하는 행위를 한 경우 • 다른 사람의 자동차등을 훔치거나 빼앗은 경우 • 다른 사람이 부정하게 운전면허를 받도록 하기 위하여 운전면허시험에 대신 응시한 경우 • 운전면허증을 다른 사람에게 빌려주어 운전하게 하거나 다른 사람의 운전면허증을 빌려서 사용한 경우 • 화물 적재중량, 안전적재 등을 위반하여 화물자동차를 운전한 경우 • 운전면허를 받은 사람이 자동차등을 범죄의 도구나 장소로 이용하여 다음 어느 하나의 죄를 범한 경우 –「국가보안법」 중 제4조부터 제9조까지의 죄 및 제12조 중 증거를 날조·인멸·은닉한 죄 –「형법」 상 살인·사체유기 또는 방화, 강도·강간 또는 강제추행, 약취·유인 또는 감금, 상습절도(절취한 물건 운반에 한정), 교통방해(단체 또는 다중의 위력으로써 위반한 경우에 한정) –「보험사기방지 특별법」중 보험사기죄(상습, 미수 포함) • 도로교통법이나 관련 명령 또는 처분을 위반한 경우

2) 교통사고처리특례법

(1) 제정취지

이 법률은 1982년 업무상과실 또는 중대한 과실로 교통사고를 일으킨 운전자에 관한 형사처벌 등의 특례를 정함으로써 교통사고로 인한 피해의 신속한 회복을 촉진하고 국민생활의 편익을 증진함을 목적으로 제정되었다.

(2) 주요내용

① 처벌의 특례

차의 운전자가 교통사고로 인하여 업무상과실 또는 중대한 과실로 사람을 사상에 이르게 한 자는 5년 이하의 금고 또는 2천만원 이하의 벌금에 처한다. 차의 교통으로 업무상과실치상죄, 중과실치상죄를 범한 운전자와 업무상 필요한 주의를 게을리하거나 중대한 과실로 다른 사람의 건조물이나 그 밖의 재물을 손괴한 운전자에 대해서는 피해자의 명시적인 의사에 반하여 공소를 제기할 수 없다. 단, 업무상과실치상죄 또는 중과실치상죄를 범하고도 피해자를 구하는 등의 조치 없이 도주하거나 피해자를 사고 장소로부터 옮겨 유기한 후 도주한 경우, 사고 후 음주측정 불응의 경우와 <표 5-28>의 경우에는 그렇지 않다. 즉, 교통사고 발생 시 사망사고, 사고 후 도주, 사고 후 음주측정 불응, 12개 항목 제외 인적사고 발생 시에는 피해자가 합의하더라도 공소를 제기할 수 있다.

② 보험 등에 가입된 경우의 특례

교통사고를 일으킨 차가 보험 또는 공제에 가입된 경우에는 차의 교통으로 업무상과실치상죄, 중과실치상죄를 범한 운전자와 업무상 필요한 주의를 게을리하거나 중대한 과실로 다른 사람의 건조물이나 그 밖의 재물을 손괴한 운전자에 대해서는 공소를 제기할 수 없다. 단, 앞선 예외 사유(사망사고, 사고 후 도주, 사고 후 음주측정 불응, 12개 항목)와 피해자가 신체의 상해로 인하여 생명에 대한 위험이 발생하거나 불구(不具)가 되거나 불치(不治) 또는 난치(難治)의 질병이 생긴 경우, 보험계약 또는 공제계약이 무효로 되거나 해지되거나 계약상의 면책 규정 등으로 인하여 보험회사, 공제조합 또는 공제사업자의 보험금 또는 공제금 지급의무가 없어진 경우에는 공소를 제기할 수 있다.

|표 5-28| 교통사고처리특례법 상 12개 중대법규 위반 사항

- 신호 · 지시 위반
- 중앙선 침범 등
- 과속(20km/h 초과)
- 앞지르기 방법 · 금지시기 · 금지장소 또는 끼어들기 금지위반
- 철길건널목 통과방법 위반
- 횡단보호 내 보행자 보호의무 위반
- 무면허 운전
- 음주 · 약물운전
- 보도 침범 등
- 승객 추락방지 의무 위반
- 어린이 보호구역 내 어린이 교통사고로 인한 상해
- 화물 낙하 방지조치 의무 위반

제3절 수사경찰

1. 개념 및 주요임무

1) 개념

수사경찰은 범죄와 관련된 사실을 조사하고 범인을 검거하는 등 사건의 해결을 위해 노력하는 경찰을 의미한다. 범죄현장에서의 증거 수집과 보전은 물론 과학적 분석 기법 등 다양한 수사기법과 역량을 바탕으로 사건 해결을 통해 국민의 범죄피해 회복을 위해 노력하는 경찰공무원을 의미한다.

2) 주요임무

수사경찰의 주요임무는 범죄사건에 대한 수사이며, 기능별로 수사, 형사, 2가지로 나누어 볼 수 있으며, 각 경찰관서별 기능별 업무는 <표 5-29>와 같이 구분해 볼 수 있다.[32)]

|표 5-29| 각 경찰관서별 수사경찰의 임무

구 분	경찰청	시 · 도경찰청	경찰서
수사	• 부패범죄, 공공범죄, 경제범죄 및 금융범죄에 관한 수사 지휘 · 감독 • 관련 범죄통계 및 수사자료 분석 • 중요 범죄정보의 수집 및 분석	• 수사업무 기획 및 조정 • 유치장 및 호송출장소 지도 및 관리업무 • 관련 범죄 수사지도 및 관리	• 범죄단속 계획수립 등 수사지원 • 경제사범수사(사기, 횡령, 배임 등) • 지능범죄사범수사(공무원 직무 관련, 선거사범 등)

32) 경찰청 조직구조 상 수사에 사이버수사가 포함되며, 형사에 과학수사가 포함된다. 하지만 사이버수사의 경우 그 활동범위가 점차 커지고 있어 제7절에서 별도로 사이버경찰로 구분하여 서술한다. 또한 국가수사본부 조직 기준 수사, 형사, 안보수사로 구분되지만 안보분야는 일선 경찰서에서 정보와 안보가 함께 조직되어 있어 제5절에서 함께 서술한다.

형사	• 강력범죄, 폭력범죄 및 교통사고·교통범죄에 관한 수사 지휘·감독 • 마약류 범죄 및 조직범죄에 관한 수사 지휘·감독 • 과학수사의 기획 및 지도, 범죄감식 및 증거분석	• 강력범죄 수사 및 지도 • 단순, 조직 및 상습폭력범죄 수사 및 지도 • 주요 장기 미해결 사건 분석, 수사 및 관할서 지휘, 지원	• 타 형사사법기관 협조(사실조사, 형집행장 등) • 강력범죄, 생활범죄, 변사사건 등 수사 • 관내 주요 112신고사건 현장출동

※ 출처: 「경찰청과 그 소속기관 직제」 제19조, 제20조 및 관련법령.

2. KICS

1) 개념 및 도입배경

(1) 개념

형사사법정보시스템(KICS: Korea Information System of Criminal Justice Services)은 수사기관과 기소·재판 및 집행 기관 간에 설치된 IT 종합시스템으로, 온라인에서 피의자, 피고인 또는 피해자 등 사건관련 자에게 형사사법기관(법무부, 법원, 검찰, 경찰, 해양경찰)의 형사사법정보를 제공하기 위한 국가전산시스템을 의미한다(박혜림, 2020: 4). KICS시스템은 크게 두 가지로 구분해 볼 수 있는데, 첫 번째는 경찰 등 각 기관이 내부적으로 필요한 수사 자료 등의 저장 및 공유를 위한 시스템이며, 다른 하나는 <그림 5-3>과 같이 사건과 관련된 정보를 국민들에게 원스톱으로 제공하기 위한 시스템이다.

(2) 도입배경

시스템은 이전 각 형사사법기관들이 별도의 업무처리시스템으로 처리하던 형사사법절차를 보다 효율적이고 투명하게 운영하기 위한 목적으로 도입되었으며, 이를 통해 신속·공정·투명한 형사사법절차를 실현하고, 국민의 형사사법정보에 대한 접근성과 활용성을 높여 대국민 형사사법서비스를 개선함으로써 국민의 권익신장에 이바지하고자 하였다(국회 법제사법위원회, 2009: 1).

|그림 5-3| 형사사법포털 페이지

2) 경찰의 형사사법정보시스템 운영

(1) 의의

형사사법정보시스템 중 경찰이 직접 운영 및 관리하는 시스템을 경찰 형사사법정보시스템이라고 하며, 경찰은 범죄수사나 이를 지원하는 업무에 종사하는 경찰공무원·일반직공무원과 다른 법령의 규정에 따라 경찰시스템을 사용할 수 있는 사람에 한해서만 사용권한이 부여되고 있다.

(2) 운영예시

경찰 형사사법정보시스템은 접수, 배당, 입건, 조사, 송치 등의 절차를 위해 활용되고 있으며, 그 중 사건접수와 관련하여 실제 접수 시 시스템 상에서 경찰공무원이 기재해야 할 내용의 예시를 살펴보면 <표 5-30>과 같다.

|표 5-30| 사건 접수시 기재할 내용 예시

• 기본적 사건정보: 신고(접수)일시, 발생일시, 발생지 유형, 발생지, 범죄사실 • 대상자 정보 – 구분: 피혐의자 / 피해자 / 참고인 등 – 분류: 내국인 / 외국인 / 불상 등 – 직업 – 죄명 – 주민번호, 성명, 주소 등

실제 사건의 수사와 관련된 정보들을 서술식(범죄사실 등)을 제외하고는 제시된 항목 중[33]에 해당 사항을 선택하는 방식으로 이루어지며, 각종 조서의 작성(진술조서, 피의자신문조서 등)이 시스템을 통해서 이루어진다.

3. 중요범죄의 현장대응요령

사건 발생 시 현장에 출동한 경찰관의 초기 대응은 사건의 해결과 피해자의 보호에 있어서 무엇보다도 중요하다. 특히 강력범죄나 현장에서 증거를 확보할 수 있는 중요사건의 경우에는 초기에 이루어지는 현장보존과 현장관찰[34]이 사건의 해결과 직결되기 때문에 그 중요성이 더욱 크다고 할 수 있다. <표 5-31>은 사건 발생 시 현장에서 수행해야 할 경찰공무원의 대응요령을 제시한 것이다.

|표 5-31| 주요 사건의 현장출동 경찰공무원 대응요령

구 분	내 용
현장 보존	• 출입통제 (폴리스라인 설치 등) – 부득이한 출입 시 현장변형 되지 않도록 주의(변형 전 사진촬영) • 신속한 임장 후 현장검거나 수사자료 수집 • 채증활동 실시: 지문, 족적 등 채취 • 현장 상황 보존

33) 예를 들면, 죄명의 경우 공소장 및 불기소장에 기재할 죄명에 관한 예규에 규정된 죄명 중 해당 죄명을 클릭하면 된다.

34) 현장관찰이란 사건 현장에서의 범행동기 및 범행수법과 관련된 자료 수집을 위해 현장의 상태 등을 관찰하는 것을 의미한다.

	– 범인 접촉이 인정되는 장소에 표시를 하거나 분리 – 변질되거나 멸실 가능한 유류품에 대해 판자 등으로 덮어 현장을 보존, 사진촬영 등 조치 – 최초 발견자 또는 접근한 사람이 있는 자에 대한 기본조사(성명, 주소 등)
피해자 구호	• 피해자의 부상 정도 확인 후 필요 시 의료기관 호송 등 피해자 구호 • 피해자 등의 심리적 불안 해소토록 노력 • 피해자 권리 및 보호지원 제도 고지 • 특히, 강간 사건의 경우 ONE-STOP 지원센터 연계, 피해자 신분이 노출되지 않도록 피해자 신변 보호
초동 수사	• 현장주변 관찰과 탐문: CCTV, 블랙박스, 목격자 등 확인 • 피해자 및 목격자 등 사건 관련자들을 상대로 범인 인상착의, 범행수법 등을 파악 • 동일수법 전과자 등에 대한 자료를 확인 • 화재 사건의 경우 현장 주변 탐문 및 목격자 등 상대로 화재원인과 발화지점 등 확인

※ 출처: 경찰청, 2020b을 바탕으로 재작성.

4. 범죄피해자 보호[35)]

1) 회복적 경찰활동

(1) 개념

회복적 경찰활동이란 지역사회에서 발생하는 각종 갈등, 범죄 등에 대해 가해자를 처벌하는 것에 한정하지 않고 가해자와 피해자, 공동체 구성원이 자발적으로 대화모임 등에 참여해 피해회복과 관계회복 방안 등을 모색토록 지원함으로써 궁극적으로 공동체의 평온을 유지해 나가는 경찰활동 패러다임을 의미한다(심보영, 2020). 회복적 경찰활동은 회복적 사법 이념을 경찰활동에 도입시킨 것으로 우리나라에서는 2019년 시범실시를 시작으로 활동을 수행하고 있으며, 2020년 12월말 제정된 경찰수사규칙에 그 근거규정이 반영되었다.[36)]

35) 범죄피해자의 보호는 조직구조상 경찰청의 여성안전기획과의 범죄피해자보호계등에서 담당하나 실제 수사과정에서 피해자에 대한 보호가 이루어지므로 수사경찰의 내용으로 포함하여 서술한다.

36) 제82조(회복적 대화) ① 사법경찰관리는 피해자가 입은 피해의 실질적인 회복 등을 위하여 필요하다고 인정하면 피해자 또는 가해자의 신청과 그 상대방의 동의에 따라 서로 대화할 수 있는 기회를 제공할 수 있다.
② 제1항에 따라 대화 기회를 제공하는 경우 사법경찰관리는 피해자와 가해자 간 대화가 원활하

(2) 운영절차 및 실제운영사례

경찰청은 회복적 대화기관 과의 업무협약 체결을 통해 경찰서와 기관이 1:1 협업체계를 구축하고 경찰서에서 의뢰된 사건에 대해 회복적 대화 전문가 주관으로 가해자, 피해자와 이해관계자가 함께 참여하는 회복적 대화모임을 진행하여 피해회복·관계개선 등 문제해결 방안을 도출하고자 하고 있다(경찰청, 2020c). 회복적 대화와 관련된 운영절차는 크게 <표 5-32>와 같이 5단계로 구분할 수 있다.

|표 5-32| 회복적 경찰활동의 절차

구 분	주 요 내 용	담당부서
사건선정	- 지역경찰, 수사부서(형사·여청)등에서 피해회복·재발방지 등을 위해 상호 대화가 필요한 사건을 발굴하여 전담부서(청문·여청)에 연계 ☆ 가해자와 피해자로부터 신청서와 동의서 수령 (1) 접수·검토 → (2) 안내·동의 → (3) 연계 순	지역경찰 수사부서
예비검토	- 전담부서 담당자(피전, SPO)와 회복적 대화 - 전문기관이 함께 사안 검토, 회복적 대화모임 진행여부 결정 ☆ 부적절하다고 판단되는 경우 즉시 회신	전담부서 전문기관
회복적 대화	- 전문기관 주관으로 가·피해자 및 이해관계자(가족, 교사 등) 등이 참여하여 회복적 대화모임 진행(담당 경찰관 참여) (1) 대화준비 → (2) 대화진행 → (3) 결과통보 순	전문기관
결과반영	- 대화결과서류를 수사서류에 첨부·송치, ☞ 검찰처분 및 양형 등에 반영 - 경미사안은 경미범죄·선도심사위원회 회부 ☞ 즉심청구, 훈방 등	수사부서 생질·여청
모니터링	- 약속 이행 여부 등 확인 - 필요 시 사후모임	전담부서 전문기관

※ 출처: 경찰청, 2020d를 바탕으로 작성.

회복적 경찰활동과 관련된 사례는 학교폭력, 층간소음, 절도, 폭행 등 다양한 분야에서 실질적인 효과를 나타내고 있으며, 회복적 대화모임의 결과는 보고서 형태로 수사서류에 첨부되어 검찰과 법원 단계에서 양형의 참고자료 등으로 활용될 수 있고, 경미한 사안의 경우 경찰 단계에서 즉결심판 청구·훈방 등의 조치가 이루어

게 진행될 수 있도록 전문가에게 회복적 대화 진행을 의뢰할 수 있다.

질 수도 있다. 회복적 경찰활동의 주요 사례는 <표 5−33>과 같다.

|표 5−33| 회복적 경찰활동 사례

(사건개요)
5년간 층간소음으로 갈등을 겪던 중 아래층 가해자(남)가 엘리베이터에서 윗집 피해자(여)와 딸에게 욕설을 하고 협박하여 112에 신고

(검토)
같은 아파트에 거주하는 이웃이고 매일 봐야하는 사이라는 점에서 근본적 해결 없이는 더 큰 피해로 이어질 수 있을 것으로 판단해 연계

(회복적 대화)
피해자는 이사 후 3일 뒤부터 지속적인 층간소음 항의로 매일 불안감에 떨며 생활했으며, 사건 이후로 딸이 엘리베이터를 타지 못함을 이야기함. 가해자는 진심으로 사과하고 가해자의 생업이 충분한 수면이 필요한 사항임을 안 피해자 역시 이해하고 용서. 가해자는 피해자측과 접촉하지 않기로 약속

(결과반영)
공소권 없음(처벌불원서) 송치

※ 출처: 심보영, 2020을 바탕으로 작성.

2) 범죄 피해자 보호를 위한 노력

(1) 피해자에 대한 정보제공

경찰관은 피해자를 조사할 때에 <표 5−34>의 정보를 제공하여야 한다. 다만, 피해자에 대한 조사를 하지 않을 때에는 사건 송치 전까지 정보를 제공하여야 한다. 정보제공은 안내서를 출력하여 피해자에게 교부하는 것을 원칙으로 한다. 안내서의 경우 필수적인 내용만을 압축적으로 표현한 만큼 수사관들이 범죄의 유형별로 지원내용에 대해서 자세하게 설명할 수 있도록 해야 한다.

|표 5−34| 피해자 제공정보

- 신변보호 신청권, 신뢰관계자 동석권 등 형사절차상 피해자의 권리
- 범죄피해자구조금, 심리상담 · 치료 지원 등 피해자 지원제도 및 지원단체에 관한 정보
- 배상명령제도, 긴급복지지원 등 그 밖에 피해자의 권리보호 및 복지증진을 위하여 필요하다고 인정되는 정보

현장감식 단계부터 지원할 수 있는 대표적인 제도로 <표 5-35>의 강력범죄 현장정리 지원제도가 있으며, 이 이외에도 강력범죄 등 피해자 여비 지급 등의 지원제도가 존재한다. 또한 사법경찰관리는 피해자의 피해정도를 파악하고 보호·지원의 필요성을 판단하기 위해 범죄피해평가를 실시할 수 있다.

|표 5-35| 강력범죄 현장정리 지원제도

강력범죄 발생 시 혈흔 및 기타 흔적, 오폐물 등으로 주거 등이 오염되거나 방화 또는 실화로 인해 불에 타 훼손된 경우 신속한 피해현장의 정리로 피해자의 일상복귀 및 피해회복이 될 수 있도록 지원하는 제도. 6평(19.8㎡) 이하의 경우 최대 65만원, 6평 이상 면적은 1평(3.3㎡) 당 10만원 범위 내에서 추가 지원하되 최대 400만원(방화는 1건당 최대 1천만원)의 한도에서 지원 범죄피해자가 직접 신청을 하거나 사건 조사 시 담당 경찰관이 직권으로 신청이 가능

※ 출처: 서울지방경찰청 홈페이지(2025. 2. 28 검색).

(2) 2차 피해의 방지

경찰관은 피해신고 등의 접수단계에서 피해자의 이야기를 청취하면서 필요한 조치가 있는지를 파악하여야 하며, 언론기관에 의한 취재 및 보도 등으로 인해 피해자의 명예 또는 사생활에 피해가 생기지 않도록 노력해야 한다. 수사과정에서 발생하는 주요 2차 피해 사례는 <표 5-36>과 같으며, 경찰관은 이런 일이 발생하지 않도록 노력하여야 한다.

|표 5-36| 수사과정에서 발생하는 2차 피해

구 분	내 용
반복조사	• 같은 말을 몇 번이나 반복하게 하거나, 조사를 여러 번 함 • 사건과 무관한 사생활에 관한 질문을 함
피해자 무시	• 피해자에게 취조하듯 무례하게 대함 • 피해자나 가족을 범인인 것처럼 의심하거나 신문함 • 피해자가 하고 싶은 말을 할 기회를 주지 않음
가해자 두둔	• 가해자의 입장을 대변해주듯이 말하거나 합의를 종용함 • 범죄피해의 책임이 피해자에게 있는 것처럼 피해자를 책망함
정보제공 미흡	• 사건에 대한 설명이나 앞으로의 수사절차에 대해 설명하지 않음 • 가해자가 석방이 되었는데도 정보를 알려주지 않음

※ 출처: 경찰청, 2016b.

5. 관련법령[37)]

1) 경찰수사규칙, 검사와 사법경찰관의 상호협력과 일반적 수사준칙에 관한 규정

(1) 제정취지

경찰수사규칙은 2020년 경찰공무원(해양경찰청 소속 경찰공무원은 제외)인 사법경찰관리가 「형사소송법」 및 「검사와 사법경찰관의 상호협력과 일반적 수사준칙에 관한 규정」(이하 "수사준칙") 등 수사 관계 법령에 따라 수사를 하는 데 필요한 사항을 규정함을 목적으로 제정되었으며, 수사준칙은 2020년 「형사소송법」에 따라 검사와 사법경찰관의 상호협력과 일반적 수사준칙에 관한 사항을 규정함으로써 수사과정에서 국민의 인권을 보호하고, 수사절차의 투명성과 수사의 효율성을 보장함을 목적으로 제정되었다.

(2) 주요내용

① 협력

사법경찰관리는 수사준칙에 따라 검사가 수사, 공소제기 및 공소유지와 관련하여 협력의 요청·요구·신청 등(이하 "협력요청등")을 하는 경우에는 상호 존중을 바탕으로 적극 협조해야 한다. 사법경찰관리는 검사에게 협력요청등을 하는 경우에는 형사사법정보시스템 또는 서면으로 해야 하나, 천재지변 또는 긴급한 상황이 발생하거나 수사 현장에서 협력 요청등을 하는 경우 등 앞선 방식의 협력요청이 불가능하거나 현저히 곤란한 경우에는 구두나 전화 등 간편한 방식으로 협력요청등을 할 수 있다. 사법경찰관리는 신속한 수사가 필요한 경우에는 적정한 기간을 정하여 검사에게 협력요청등을 할 수 있다. 또한 사법경찰관리는 검사로부터 기간이 정해진 협력요청등을 받은 경우에는 그 기간 내에 이행하도록 노력해야 한다. 다만, 그 기간 내에 이행하기 곤란하거나 이행하지 못하는 경우에는 추가로 필요한 기간을 검사와 협의할 수 있다.

---

37) 관련법령의 내용은 해당법률 및 시행령 등을 바탕으로 작성.

② 수사의 개시

사법경찰관은 구체적인 사실에 근거를 둔 범죄의 혐의를 인식한 때에는 수사를 개시하며, 수사를 개시할 때에는 지체없이 범죄인지서를 작성하여 사건기록에 편철해야 한다. 사법경찰관이 <표 5-37>의 어느 하나에 해당하는 행위에 착수한 때에는 수사를 개시한 것으로 본다. 이 경우 사법경찰관은 해당 사건을 즉시 입건해야 한다. 또한 사법경찰관은 수사 중인 사건의 범죄 혐의를 밝히기 위한 목적으로 관련 없는 사건의 수사를 개시하거나 수사기간을 부당하게 연장해서는 안 된다.

|표 5-37| 수사 개시의 사례

- 피혐의자의 수사기관 출석조사
- 피의자신문조서의 작성
- 긴급체포
- 체포·구속영장의 청구 또는 신청
- 사람의 신체, 주거, 관리하는 건조물, 자동차, 선박, 항공기 또는 점유하는 방실에 대한 압수·수색 또는 검증영장(부검을 위한 검증영장은 제외)의 청구 또는 신청

사법경찰관은 입건 전에 범죄를 의심할 만한 정황이 있어 수사 개시 여부를 결정하기 위한 사실관계의 확인 등 필요한 조사(이하 "입건 전 조사")에 착수하기 위해서는 그 사건을 수리하고, 해당 사법경찰관이 소속된 경찰관서의 수사부서의 장(이하 "소속수사부서장")의 지휘를 받아야 한다. 사법경찰관은 입건 전 조사한 사건을 <표 5-38>의 구분에 따라 처리해야 한다.

|표 5-38| 입건 전 조사 사건의 처리

구 분		내 용
입 건		범죄의 혐의가 있어 수사를 개시하는 경우
입건 전 조사 종결	혐의없음	1. 범죄인정안됨: 피의사실이 범죄를 구성하지 않거나 범죄가 인정되지 않는 경우 2. 증거불충분: 피의사실을 인정할 만한 충분한 증거가 없는 경우
	죄가안됨	피의사실이 범죄구성요건에 해당하나 법률상 범죄의 성립을 조각하는 사유가 있어 범죄를 구성하지 않는 경우(수사준칙 제51조 제3항 제1호는 제외)
	공소권 없음	1. 형을 면제한다고 법률에서 규정한 경우 2. 판결이나 이에 준하는 법원의 재판·명령이 확정된 경우 3. 통고처분이 이행된 경우

	4. 사면이 있는 경우 5. 공소시효가 완성된 경우 6. 범죄 후 법령의 개정·폐지로 형이 폐지된 경우 7. 「소년법」, 「가정폭력범죄의 처벌 등에 관한 특례법」, 「성매매알선 등 행위의 처벌에 관한 법률」 또는 「아동학대범죄의 처벌 등에 관한 특례법」에 따른 보호처분이 확정된 경우(보호처분이 취소되어 검찰에 송치된 경우는 제외) 8. 동일사건에 대하여 재판이 진행 중인 경우(수사준칙 제51조 제3항 제2호는 제외) 9. 피의자에 대하여 재판권이 없는 경우 10. 친고죄에서 고소가 없거나 고소가 무효 또는 취소된 경우 11. 공무원의 고발이 있어야 공소를 제기할 수 있는 죄에서 고발이 없거나 고발이 무효 또는 취소된 경우 12. 반의사불벌죄에서 처벌을 희망하지 않는 의사표시가 있거나 처벌을 희망하는 의사표시가 철회된 경우, 「부정수표 단속법」에 따른 수표회수, 「교통사고처리 특례법」에 따른 보험가입 등 법률에서 정한 처벌을 희망하지 않는 의사표시에 준하는 사실이 있는 경우 13. 동일사건에 대하여 공소가 취소되고 다른 중요한 증거가 발견되지 않은 경우 14. 피의자가 사망하거나 피의자인 법인이 존속하지 않게 된 경우
입건 전 조사 중지	피혐의자 또는 참고인 등의 소재불명으로 입건 전 조사를 계속할 수 없는 경우
이송	관할이 없거나 범죄특성 및 병합처리 등을 고려하여 다른 경찰관서 또는 기관(해당 기관과 협의된 경우로 한정)에서 입건 전 조사할 필요가 있는 경우
공람 후 종결	진정·탄원·투서 등 서면으로 접수된 신고가 아래의 어느 하나에 해당하는 경우 1. 같은 내용으로 3회 이상 반복하여 접수되고 2회 이상 그 처리 결과를 통지한 신고와 같은 내용인 경우 2. 무기명 또는 가명으로 접수된 경우 3. 단순한 풍문이나 인신공격적인 내용인 경우 4. 완결된 사건 또는 재판에 불복하는 내용인 경우 5. 민사소송 또는 행정소송에 관한 사항인 경우 6. 본인의 진정한 의사에 의한 것인지 여부가 확인되지 않은 경우 7. 내용이 불분명하거나 구체적 사실이 적시되어 있지 않은 경우 8. 특정사건과 관련 없는 청원 또는 정책건의를 내용으로 하는 경우 9. 동일한 사실에 관하여 고소 또는 고발이 있는 경우 10. 처벌을 희망하는 의사표시가 없거나 처벌을 희망하는 의사표시가 취소된 경우

또한 사법경찰관은 피혐의자(입건 전 조사종결한 경우만 해당)와 진정인·탄원인·피해자 또는 그 법정대리인(이하 "진정인등")에게 입건하지 않는 결정을 통지하는 경우

에는 그 결정을 한 날부터 7일 이내에 통지해야 한다. 다만, 피혐의자나 진정인등의 연락처를 모르거나 소재가 확인되지 않으면 연락처나 소재를 알게 된 날부터 7일 이내에 통지해야 한다.[38] 다만 통지로 인해 보복범죄 또는 2차 피해 등이 우려되는 경우[39]에는 불입건 결정을 통지하지 않을 수 있다.

사법경찰관리는 고소·고발을 수리한 날부터 3개월 이내에 수사를 마쳐야 하며, 기간 내에 수사를 완료하지 못한 경우에는 그 이유를 소속수사부서장에게 보고하고 수사기간 연장을 승인받아야 한다.

③ 수사 진행상황의 통지

사법경찰관은 신고·고소·고발·진정·탄원에 따라 수사를 개시한 날부터 7일 이내에 고소인·고발인·피해자 또는 그 법정대리인(이하 "고소인등")에게 수사 진행상황을 통지해야 한다.[40] 다만, 고소인등의 연락처를 모르거나 소재가 확인되지 않으면 연락처나 소재를 알게 된 날부터 7일 이내에 수사 진행상황을 통지해야 한다. 통지는 서면, 전화, 팩스, 전자우편, 문자메시지 등 고소인등이 요청한 방법으로 할 수 있으며, 고소인등이 별도로 요청한 방법이 없는 경우에는 서면 또는 문자메시지로 한다. 단, <표 5-39>의 하나에 해당하는 경우에는 수사 진행상황을 통지하지 않을 수 있으며, 이 경우 그 사실을 수사보고서로 작성하여 사건기록에 편철해야 한다.

|표 5-39| 수사진행 사항 통지 예외사유

- 고소인등이 통지를 원하지 않는 경우
- 고소인등에게 통지해야 하는 수사 진행상황을 사전에 고지한 경우
- 사건관계인의 명예나 권리를 부당하게 침해하는 경우
- 사건관계인에 대한 보복범죄나 2차 피해가 우려되는 경우

38) 통지는 서면, 전화, 팩스, 전자우편, 문자메시지 등 피혐의자 또는 진정인등이 요청한 방법으로 할 수 있으며, 별도로 요청한 방법이 없는 경우에는 서면 또는 문자메시지로 한다.

39) 1. 혐의 내용 및 동기, 진정인 또는 피해자와의 관계 등에 비추어 통지로 인해 진정인 또는 피해자의 생명·신체·명예 등에 위해(危害) 또는 불이익이 우려되는 경우.
2. 사안의 경중 및 경위, 진정인 또는 피해자의 의사, 피진정인·피혐의자와의 관계, 분쟁의 종국적 해결에 미치는 영향 등을 고려하여 통지하지 않는 것이 타당하다고 인정되는 경우.

40) 이후에는 수사를 개시한 날부터 3개월이 지난 날로부터 7일 이내에 통지해야 하며, 그 이후에는 매 1개월인 지난 날로부터 7일 이내에 수사 진행사황을 통지해야 한다.

④ 검시

사법경찰관은 변사자 또는 변사한 것으로 의심되는 사체가 있으면 변사사건 발생사실을 검사에게 통보해야 한다. 사법경찰관은 형사소송법에 따라 변사자 또는 변사의 의심있는 사체를 검시하는 경우에는 의사를 참여시켜야 하며, 그 의사로 하여금 검안서를 작성하게 해야 한다. 이 경우 사법경찰관은 검시 조사관을 참여시킬 수 있다. 검시 또는 검증 결과 사망의 원인이 범죄로 인한 것으로 판단하는 경우에는 신속하게 수사를 개시해야 한다.

사법경찰관리는 검시에 특별한 지장이 없다고 인정하면 변사자의 가족·친족, 이웃사람·친구, 시·군·구·읍·면·동의 공무원이나 그 밖에 필요하다고 인정하는 사람을 검시에 참여시켜야 하며, 검시할 때에는 다음 <표 5-40>의 사항에 주의해야 한다.

|표 5-40| 검시시 주의사항

- 검시에 착수하기 전에 변사자의 위치, 상태 등이 변하지 않도록 현장을 보존하고, 변사자 발견 당시 변사자의 주변 환경을 조사할 것
- 변사자의 소지품이나 그 밖에 변사자가 남겨 놓은 물건이 수사에 필요하다고 인정되는 경우에는 이를 보존하는 데 유의할 것
- 검시하는 경우에는 잠재지문 및 변사자의 지문 채취에 유의할 것
- 자살자나 자살로 의심되는 사체를 검시하는 경우에는 교사자 또는 방조자의 유무와 유서가 있는 경우 그 진위를 조사할 것
- 등록된 지문이 확인되지 않거나 부패 등으로 신원확인이 곤란한 경우에는 디엔에이(DNA) 감정을 의뢰하고, 입양자로 확인된 경우에는 입양기관 탐문 등 신원확인을 위한 보강 조사를 할 것
- 신속하게 절차를 진행하여 유족의 장례 절차에 불필요하게 지장을 초래하지 않도록 할 것

⑤ 임의수사

사법경찰관은 수사를 할 때 수사 대상자의 자유로운 의사에 따른 임의수사를 원칙으로 해야 하고, 강제수사는 법률에서 정한 바에 따라 필요한 경우에만 최소한의 범위에서 하되, 수사 대상자의 권익 침해의 정도가 더 적은 절차와 방법을 선택해야 한다.

가) 출석요구와 조사 등

사법경찰관은 피의자에게 출석요구를 할 때에는 <표 5-41>의 사항을 유의해야 한다. 출석요구를 하려는 경우 피의자와 조사의 일시·장소에 관하여 협의해야

하고,[41] 피의사실의 요지 등 출석요구의 취지를 구체적으로 적은 출석요구서를 발송해야 한다. 다만, 신속한 출석요구가 필요한 경우 등 부득이한 사정이 있는 경우에는 전화, 문자메시지, 그 밖의 상당한 방법으로 출석요구를 할 수 있다. 또한 피의자가 치료 등 수사관서에 출석하여 조사를 받는 것이 현저히 곤란한 사정이 있는 경우에는 수사관서 외의 장소에서 조사할 수 있다.

|표 5-41| 출석요구 시 유의사항 (준칙19조 참조)

- 출석요구를 하기 전 우편·전자우편·전화를 통한 진술 등 출석을 대체할 수 있는 방법의 선택 가능성을 고려할 것
- 출석요구의 방법, 출석의 일시·장소 등을 정할 때에는 피의자의 명예 또는 사생활의 비밀이 침해되지 않도록 주의할 것
- 출석요구를 할 때에는 피의자의 생업에 지장을 주지 않도록 충분한 시간적 여유를 두도록 하고, 피의자가 출석 일시의 연기를 요청하는 경우 특별한 사정이 없으면 출석 일시를 조정할 것
- 불필요하게 여러 차례 출석요구를 하지 않을 것

사법경찰관은 임의동행을 요구하는 경우 상대방에게 동행을 거부할 수 있다는 것과 동행하는 경우에도 언제든지 자유롭게 동행 과정에서 이탈하거나 동행 장소에서 퇴거할 수 있다는 것을 알려야 하며, 임의동행한 경우에는 임의동행 동의서를 작성하여 사건기록에 편철하거나 별도로 보관해야 한다.

사법경찰관은 조사, 신문, 면담 등 그 명칭을 불문하고 <표 5-42>의 경우를 제외[42]하고는 피의자나 사건관계인에 대해 오후 9시부터 오전 6시까지 사이에 조사(이하 "심야조사")를 해서는 안 된다. 다만, 이미 작성된 조서의 열람을 위한 절차는 자정 이전까지 진행할 수 있다.

|표 5-42| 심야조사 예외사유

- 피의자를 체포한 후 48시간 이내에 구속영장의 청구 또는 신청 여부를 판단하기 위해 불가피한 경우
- 공소시효가 임박한 경우
- 피의자나 사건관계인이 출국, 입원, 원거리 거주, 직업상 사유 등 재출석이 곤란한 구체적인 사유를 들어 심야조사를 요청한 경우(변호인이 심야조사에 동의하지 않는다는 의사를 명시한 경우는 제외)로서 해당 요청에 상당한 이유가 있다고 인정되는 경우

41) 이 경우 변호인이 있는 경우에는 변호인과도 협의해야 한다.
42) 이 경우 심야조사의 내용 및 심야조사가 필요한 사유를 소속 경찰관서에서 인권보호 업무를 담당하는 부서의 장에게 보고하고 허가를 받아야 하며, 사유를 조서에 명확하게 적어야 한다.

- 그 밖에 사건의 성질 등을 고려할 때 심야조사가 불가피하다고 판단되는 경우 등 법무부장관, 경찰청장 또는 해양경찰청장이 정하는 경우로서 검사 또는 사법경찰관의 소속 기관의 장이 지정하는 인권보호 책임자의 허가 등을 받은 경우

사법경찰관은 조사, 신문, 면담 등 그 명칭을 불문하고 피의자나 사건관계인을 조사하는 경우에는 i) 피의자나 사건관계인의 서면 요청에 따라 조서를 열람하는 경우, ii) 심야조사 예외사유를 제외하고는 대기시간, 휴식시간, 식사시간 등 모든 시간을 합산한 조사시간(이하 "총조사시간")이 12시간을 초과하지 않도록 해야 한다. 또한 특별한 사정이 없으면 총조사시간 중 식사시간, 휴식시간 및 조서의 열람시간 등을 제외한 실제 조사시간이 8시간을 초과하지 않도록 해야 하며, 피의자나 사건관계인에 대한 조사를 마친 때부터 8시간이 지나기 전에는 다시 조사할 수 없다.[43] 조사에 상당한 시간이 소요되는 경우에는 특별한 사정이 없으면 피의자 또는 사건관계인에게 조사 도중에 최소한 2시간마다 10분 이상의 휴식시간을 주어야 하며, 휴식시간의 부여를 요청받았을 때에는 그때까지 조사에 소요된 시간, 피의자 또는 사건관계인의 건강상태 등을 고려해 적정하다고 판단될 경우 휴식시간을 주어야 한다.

나) 영상녹화

사법경찰관리는 피의자 또는 피의자가 아닌 사람을 영상녹화하는 경우 그 조사의 시작부터 조서에 기명날인 또는 서명을 마치는 시점까지의 모든 과정을 영상녹화해야 한다.[44] 단, 조사를 마친 후 조서 정리에 오랜 시간이 필요한 경우에는 조서 정리과정을 영상녹화하지 않고, 조서 열람 시부터 영상녹화를 다시 시작할 수 있다. 사법경찰관리는 피의자에 대한 조사 과정을 영상녹화하는 경우 <표 5-43>의 사항을 고지해야 한다.

---

43) 다만 심야조사 예외사유에 해당하는 경우에는 예외로 한다.
44) 다만, 조사 도중 영상녹화의 필요성이 발생한 때에는 그 시점에서 진행 중인 조사를 중단하고, 중단한 조사를 다시 시작하는 때부터 조서에 기명날인 또는 서명을 마치는 시점까지의 모든 과정을 영상녹화해야 한다.

|표 5-43| 영상녹화 시 고지사항

• 조사자 및 참여자의 성명과 직책 • 영상녹화 사실 및 장소, 시작 및 종료 시각 • 진술거부권 등의 고지 1. 일체의 진술을 하지 아니하거나 개개의 질문에 대하여 진술을 하지 아니할 수 있다는 것 2. 진술을 하지 아니하더라도 불이익을 받지 아니한다는 것 3. 진술을 거부할 권리를 포기하고 행한 진술은 법정에서 유죄의 증거로 사용될 수 있다는 것 4. 신문을 받을 때에는 변호인을 참여하게 하는 등 변호인의 조력을 받을 수 있다는 것 • 조사를 중단·재개하는 경우 중단 이유와 중단 시각, 중단 후 재개하는 시각

⑥ 강제수사

가) 긴급체포

사법경찰관은 긴급체포 후 12시간 내에 검사에게 긴급체포의 승인을 요청해야 하며,[45] 긴급체포의 승인을 요청할 때에는 범죄사실의 요지, 긴급체포의 일시·장소, 긴급체포의 사유, 체포를 계속해야 하는 사유 등을 적은 긴급체포 승인요청서로 요청해야 한다.[46] 검사는 사법경찰관의 긴급체포 승인 요청이 이유 있다고 인정하는 경우에는 지체 없이 긴급체포 승인서를 사법경찰관에게 송부해야 하며, 반면 이유 없다고 인정하는 경우에는 지체 없이 사법경찰관에게 불승인 통보를 해야 한다. 이 경우 사법경찰관은 긴급체포된 피의자를 즉시 석방하고 그 석방 일시와 사유 등을 검사에게 통보해야 한다.

나) 현행범 체포

사법경찰관리는 현행범인을 체포할 때에는 현행범인에게 도망 또는 증거인멸의 우려가 있는 등 당장에 체포하지 않으면 안 될 정도의 급박한 사정이 있는지 또는 체포 외에는 현행범인의 위법행위를 제지할 다른 방법이 없는지 등을 고려해야 한다. 또한 현행범인을 체포하거나 체포된 현행범인을 인수했을 때에는 조사가 현저히 곤란하다고 인정되는 경우가 아니면 지체 없이 조사해야 하며, 조사 결과 계속 구금할 필요가 없다고 인정할 때에는 현행범인을 즉시 석방해야 한다.

45) 단, 피의자중지 결정 또는 기소중지 결정이 된 피의자를 소속 경찰관서가 위치하는 특별시·광역시·특별자치시·도 또는 특별자치도 외의 지역이나 「해양경비법」 제2조 제2호 따른 경비수역에서 긴급체포한 경우에는 긴급체포 후 24시간 이내에 긴급체포의 승인을 요청해야 한다.

46) 단, 긴급한 경우에는 형사사법정보시스템 또는 팩스를 이용하여 긴급체포의 승인을 요청할 수 있다.

⑦ 시정조치 요구

검사는 형사소송법에 따라 사법경찰관에게 사건기록 등본의 송부를 요구할 때에는 그 내용과 이유를 구체적으로 적은 서면으로 해야 하며, 사법경찰관은 요구를 받은 날부터 7일 이내에 사건기록 등본을 검사에게 송부해야 한다. 검사는 사건기록 등본을 송부받은 날부터 30일(사안의 경중 등을 고려하여 10일의 범위에서 한 차례 연장가능) 이내에 시정조치 요구 여부를 결정하여 사법경찰관에게 통보해야 하며,[47] 사법경찰관은 시정조치 요구를 통보받은 경우 정당한 이유가 있는 경우를 제외하고는 지체 없이 시정조치를 이행하고, 그 이행 결과를 서면에 구체적으로 적어 검사에게 통보해야 한다. 검사가 사법경찰관에게 사건송치를 요구하는 경우에는 그 내용과 이유를 구체적으로 적은 서면으로 해야 하며, 사법경찰관은 서면으로 사건송치를 요구받은 날부터 7일 이내에 사건을 검사에게 송치해야 한다.[48] 이 경우 관계 서류와 증거물을 함께 송부해야 한다.

⑧ 수사의 경합

검사와 사법경찰관은 수사의 경합과 관련하여 동일한 범죄사실 여부나 영장청구·신청의 시간적 선후관계 등을 판단하기 위해 필요한 경우에는 그 필요한 범위에서 사건기록의 상호 열람을 요청할 수 있다. 영장 청구·신청의 시간적 선후관계는 검사의 영장청구서와 사법경찰관의 영장신청서가 각각 법원과 검찰청에 접수된 시점을 기준으로 판단한다.

사법경찰관이 검사에게 열람을 허용할 수 있는 사건기록의 범위는 ⅰ) 범죄인지서, ⅱ) 영장신청서, ⅲ) 고소장, 고발장이며, 다만, 예외적으로 그 외 사건기록의 열람을 허용할 필요가 있는 경우에는 달리 정할 수 있다.

검사가 사법경찰관에게 사건송치를 요구할 때에는 그 내용과 이유를 구체적으로 적은 서면으로 해야 하며, 사볍경찰관은 요구를 받은 날부터 7일 이내에 사건을 검사에게 송치해야 한다. 이 경우 관계 서류와 증거물을 함께 송부해야 한다.

검사는 사법경찰관이 범죄사실을 계속 수사할 수 있게 된 경우에는 정당한 사유가 있는 경우를 제외하고는 그와 동일한 범죄사실에 대한 사건을 이송하는 등 중복수사를 피하기 위해 노력해야 한다.

---

47) 이 경우 시정조치 요구의 통보는 그 내용과 이유를 구체적으로 적은 서면으로 해야 한다.

48) 검사는 공소시효 만료일의 임박 등 특별한 사유가 있을 때에는 서면에 그 사유를 명시하고 별도의 송치기한을 정하여 사법경찰관에게 통지할 수 있으며, 이 경우 사법경찰관은 정당한 이유가 있는 경우를 제외하고는 통지받은 송치기한까지 사건을 검사에게 송치해야 한다.

⑨ 수사종결 등

사법경찰관은 사건을 수사한 경우에는 <표 5－44>의 구분에 따라 결정해야 한다.[49] 수사중지 결정을 한 경우 7일 이내에 사건기록을 검사에게 송부해야 한다.[50] 이 경우 검사는 사건기록을 송부받은 날부터 30일 이내에 반환해야 하며, 그 기간 내에 시정조치요구를 할 수 있다.

|표 5-44| 사법경찰관의 수사 결정사항

• 법원송치 • 검찰송치 • 불송치: 혐의없음(범죄인정안됨, 증거불충분), 죄가안됨, 공소권없음, 각하 • 수사중지: 피의자중지, 참고인중지 • 이송

사법경찰관은 <표 5－44>의 결정을 한 경우 그 내용을 고소인등과 피의자에게 통지하여야 한다. 수사 결과를 통지하는 경우에는 사건을 송치하거나 사건기록을 송부한 날부터 7일 이내에 해야 한다. 다만, 피의자나 고소인등의 연락처를 모르거나 소재가 확인되지 않는 경우에는 연락처나 소재를 안 날부터 7일 이내에 통지를 해야 한다.

가) 이의제기

사법경찰관으로부터 수사중지 결정의 통지를 받은 사람은 해당 사법경찰관이 소속된 바로 위 상급경찰관서의 장에게 이의를 제기할 수 있으며, 수사중지 결정을 통지받은 날부터 30일 이내에 수사중지결정 이의제기서를 제출해야 한다. 이의제기서는 해당 사법경찰관이 소속된 경찰관서에 제출할 수 있다. 이 경우 이의제기서를 제출받은 경찰관서의 장은 이를 지체 없이 소속 상급경찰관서장에게 송부해야 한다. 소속 상급경찰관서장은 이의제기서를 제출받거나 송부받은 날부터 30일 이

49) 사법경찰관리는 범죄 인지 후 1년이 지난 사건에 대해서는 결정을 해야 한다. 다만, 다수의 사건관계인 조사, 관련 자료 추가확보·분석, 외부 전문기관 감정의 장기화, 범인 미검거 등으로 계속하여 수사가 필요한 경우에는 해당 사법경찰관리가 소속된 바로 위 상급경찰관서 수사 부서의 장의 승인을 받아 연장할 수 있다.

50) 검사에게 사건기록을 송부한 후 피의자 등의 소재를 발견한 경우에는 소재 발견 및 수사 재개 사실을 검사에게 통보해야 한다. 이 경우 통보를 받은 검사는 지체 없이 사법경찰관에게 사건기록을 반환해야 한다.

내에 <표 5-45>의 구분에 따른 결정을 하고 해당 사법경찰관의 소속수사부서장에게 이를 통보해야 하며, 소속상급경찰관서장은 결정을 한 날부터 7일 이내에 수사중지사건 이의처리결과 통지서에 처리 결과와 그 이유를 적어 이의를 제기한 사람에게 통지해야 한다. 통지를 받은 사람은 해당 수사중지 결정이 법령위반, 인권침해 또는 현저한 수사권 남용이라고 의심되는 경우 검사에게 신고를 할 수 있다.[51)]

|표 5-45| 이의제기에 따른 결정사항

• 이의제기가 이유 있는 경우: 수용 – 사건 재개 지시. 이 경우 담당 사법경찰관리의 교체를 함께 지시 가능 – 상급경찰관서 이송 지시 • 이의제기가 이유 없는 경우: 불수용

나) 사건송치와 보완수사

사법경찰관은 관계 법령에 따라 검사에게 사건을 송치할 때에는 송치의 이유와 범위를 적은 송치 결정서와 압수물 총목록, 기록목록, 범죄경력 조회 회보서, 수사경력 조회 회보서 등 관계 서류와 증거물을 함께 송부해야 한다.

검사는 사법경찰관으로부터 송치받은 사건에 대해 보완수사가 필요하다고 인정하는 경우에는 직접 보완수사를 하거나 사법경찰관에게 보완수사를 요구할 수 있다. 다만 송치사건의 공소제기 여부 결정에 필요한 경우로서 (i) 사건을 수리한 날부터 1개월이 경과한 경우, ii) 사건이 송치된 이후 검사가 해당 피의자 및 피의사실에 대해 상당한 정도의 보완수사를 한 경우, iii) 형사소송법 규정(수사의 경합 등)에 따라 사법경찰관으로부터 사건을 송치받은 경우, iv) 준칙 제7조(중요사건 협력절차) 등에 따라 검사와 사법경찰관이 사건 송치 전에 수사할 사항, 증거수집의 대상 및 법령의 적용 등에 대해 협의를 마치고 송치한 경우 중 하나에 해당하는 경우에는 특별히 사법경찰관에게 보완수사를 요구할 필요가 있다고 인정되는 경우를 제외하고는 검사가 직접 보완수사를 하는 것을 원칙으로 한다.

또한 검사는 사법경찰관에게 송치사건 및 관련사건에 대해 <표 5-46>의 보완수사를 요구할 수 있다. 보완수사를 요구할 때에는 그 이유와 내용 등을 구체적

51) 사법경찰관은 고소인등에게 수사중지 결정의 통지를 할 때에는 검사에게 이를 신고할 수 있다는 사실을 함께 고지해야 한다.

으로 적은 서면과 관계 서류 및 증거물을 사법경찰관에게 함께 송부해야 하며,[52] 보완수사를 요구받은 사법경찰관은 송부받지 못한 관계 서류와 증거물이 보완수사를 위해 필요하다고 판단하면 해당 서류와 증거물을 대출하거나 그 전부 또는 일부를 등사할 수 있다. 사법경찰관은 보완수사요구가 접수된 날부터 3개월 이내에 보완수사를 마쳐야 한다.

|표 5-46| 보완수사 범위

- 범인에 관한 사항
- 증거 또는 범죄사실 증명에 관한 사항
- 소송조건 또는 처벌조건에 관한 사항
- 양형 자료에 관한 사항
- 죄명 및 범죄사실의 구성에 관한 사항
- 그 밖에 송치받은 사건의 공소제기 여부를 결정하는 데 필요하거나 공소유지와 관련해 필요한 사항

검찰총장 또는 각급 검찰청 검사장은 사법경찰관이 정당한 이유 없이 보완수사요구에 응하지 않을 경우 사법경찰관의 직무배제 또는 징계를 요구할 수 있으며, 이 경우 그 이유를 구체적으로 적은 서면에 이를 증명할 수 있는 관계 자료를 첨부하여 해당 사법경찰관이 소속된 경찰관서장에게 통보해야 한다. 직무배제 요구를 통보받은 경찰관서장은 정당한 이유가 있는 경우를 제외하고는 그 요구를 받은 날부터 20일 이내에 해당 사법경찰관을 직무에서 배제해야 한다. 경찰관서장은 요구의 처리 결과와 그 이유를 직무배제 또는 징계를 요구한 검찰총장 또는 각급 검찰청 검사장에게 통보해야 한다.

다) 사건불송치와 재수사

사법경찰관은 불송치 결정을 하는 경우 불송치의 이유[53]를 적은 불송치 결정서

52) 다만, 보완수사 대상의 성질, 사안의 긴급성 등을 고려하여 관계 서류와 증거물을 송부할 필요가 없거나 송부하는 것이 적절하지 않다고 판단하는 경우에는 해당 관계 서류와 증거물을 송부하지 않을 수 있다.

53) 불송치의 주문은 <표 5-38>의 입건 전 조사 처리의 입건 전 조사종결 사항과 아래의 각하사유와 같다.

1. 고소인 또는 고발인의 진술이나 고소장 또는 고발장에 따라 혐의없음, 죄가안됨, 공소권없음에 해당함이 명백하여 더 이상 수사를 진행할 필요가 없다고 판단되는 경우
2. 동일사건에 대하여 사법경찰관의 불송치 또는 검사의 불기소가 있었던 사실을 발견한 경우에 새로운 증거 등이 없어 다시 수사해도 동일하게 결정될 것이 명백하다고 판단되는 경우
3. 고소인 또는 고발인이 고소·고발장을 제출한 후 혐의 확인을 위한 수사기관의 출석요구, 자료

와 함께 압수물 총목록, 기록목록 등 관계 서류와 증거물을 검사에게 송부해야 한다. 검사는 사법경찰관에게 재수사를 요청하려는 경우에는 관계 서류와 증거물을 송부받은 날부터 90일 이내에 해야 한다. 다만, ⅰ) 불송치 결정에 영향을 줄 수 있는 명백히 새로운 증거 또는 사실이 발견된 경우, ⅱ) 증거 등의 허위, 위조 또는 변조를 인정할 만한 상당한 정황이 있는 경우에 해당할 때에는 관계 서류와 증거물을 송부받은 날부터 90일이 지난 후에도 재수사를 요청할 수 있다. 사법경찰관은 재수사를 한 경우 범죄의 혐의가 있다고 인정되면 검사에게 사건을 송치하고 관계 서류와 증거물을 송부해야 하며, 기존의 불송치 결정을 유지하는 경우에는 재수사 결과서에 그 내용과 이유를 구체적으로 적어 검사에게 통보해야 한다.

사법경찰관은 재수사 중인 사건에 대해 고소인등의 이의신청이 있는 경우에는 재수사를 중단해야 하며 해당 사건을 지체 없이 검사에게 송치하고 관계 서류와 증거물을 송부해야 한다.

검사는 사법경찰관이 재수사 결과를 통보한 사건에 대해서 다시 재수사를 요청을 하거나 송치 요구를 할 수 없다. 다만, 사법경찰관이 사건을 송치하지 않는 위법 또는 부당이 시정되지 않아 사건을 송치받아 수사할 필요가 있는 경우[54]에는 사건송치를 요구할 수 있다.

2) 범죄수사규칙

(1) 제정취지

이 규칙은 2008년 제정되었으나, 수사권 조정에 따라 경찰공무원이 수사를 할 때에 지켜야 할 방법과 절차 그 밖에 수사에 관하여 필요한 사항을 정함으로써 수사

제출 요청 등에 불응하거나 고소인·고발인의 소재가 확인되지 않는 등 고소·고발사실에 대한 수사를 개시·진행할 구체적인 근거가 없는 경우

4. 고발이 진위 여부가 불분명한 언론 보도나 인터넷 등 정보통신망의 게시물, 익명의 제보, 고발 내용과 직접적인 관련이 없는 제3자로부터의 전문(傳聞)이나 풍문 또는 고발인의 추측만을 근거로 한 경우 등으로서 수사를 개시할 만한 구체적인 사유나 정황이 충분하지 않은 경우
5. 고소권자가 아닌 자가 고소한 경우
6. 형사소송법의 고소·고발의 제한, 고소의 취소 등을 위반한 고소·고발의 경우

54) 1. 관련 법령 또는 법리에 위반된 경우
2. 범죄 혐의의 유무를 명확히 하기 위해 재수사를 요청한 사항에 관하여 그 이행이 이루어지지 않은 경우. 다만, 불송치 결정의 유지에 영향을 미치지 않음이 명백한 경우는 제외한다.
3. 송부받은 관계 서류 및 증거물과 재수사 결과만으로도 범죄의 혐의가 명백히 인정되는 경우
4. 공소시효 또는 형사소추의 요건을 판단하는 데 오류가 있는 경우

사무의 적정한 운영을 기함을 목적으로 하는 것으로 2020년 전부개정되었다.

(2) 주요내용

① 수사의 개시

경찰관은 수사를 개시할 때에는 범죄의 경중과 정상, 범인의 성격, 사건의 파급성과 모방성, 수사의 완급 등 제반 사정을 고려하여 수사의 시기 또는 방법을 신중하게 결정하여야 한다. 경찰관은 죄질이 매우 경미하고, 피해 회복 및 피해자의 처벌의사 등을 종합적으로 고려하여 훈방할 수 있으며, 훈방할 때에는 공정하고 투명하게 하여야 하고 반드시 그 이유와 근거를 기록에 남겨야 한다. 경찰관은 공무원 및 공공기관의 임직원 등에 대하여 수사를 개시한 경우에는 공무원등 범죄 수사 개시 통보서를 작성하여 해당 공무원 등의 소속기관의 장등에게 통보하여야 하며, 검찰송치 등의 결정을 한 경우에는 공무원등 범죄 수사결과 통보서를 작성하여 그 결과를 통보하여야 한다.

② 고소·고발·자수사건

경찰관은 고소·고발은 관할 여부를 불문하고 접수하여야 하며, 고소·고발을 수리하였을 때에는 즉시 수사에 착수하여야 한다. 고소사건을 수사할 때에는 고소권의 유무, 자기 또는 배우자의 직계존속에 대한 고소 여부, 친고죄의 경우 고소기간의 경과여부, 피해자의 명시한 의사에 반하여 죄를 논할 수 없는 사건에 있어서는 처벌을 희망하는가의 여부를 각각 조사하여야 하며, 고발사건을 수사할 때에는 자기 또는 배우자의 직계존속에 대한 고발인지 여부, 고발이 소송조건인 범죄에 있어서는 고발권자의 고발이 있는지 여부 등을 조사하여야 한다.

경찰관은 자수사건을 수사할 때에는 자수인이 해당 범죄사실의 범인으로서 이미 발각되어 있었던 것인지 여부와 진범인이나 자기의 다른 범죄를 숨기기 위해서 해당 사건만을 자수하는 것인지 여부를 주의하여야 한다.

③ 범죄현장과 증거보전

경찰관은 범죄현장을 직접 관찰(이하 "현장조사")할 필요가 있는 범죄를 인지하였을 때에는 신속히 그 현장에 가서 필요한 수사를 하여야 한다. 경찰관은 범죄가 실행된 지점뿐만 아니라 현장보존의 범위를 충분히 정하여 수사자료를 발견하기 위해 노력하여야 한다. 경찰관은 보존하여야 할 현장의 범위를 정하였을 때에는 지체 없이 출입금지 표시 등 적절한 조치를 하여 함부로 출입하는 자가 없도록 하여야 한다. 이때 현장에 출입한 사람이 있을 경우 그들의 성명, 주거 등 인적사항을 기록하여야 하며, 현장 또는 그 근처에서 배회하는 등 수상한 사람이 있을 때에는 그들의 성명, 주거 등을 파악하여 기록하도록 노력한다.

경찰관은 현장을 보존할 때에는 되도록 현장을 범행 당시의 상황 그대로 보존하여야 하며, 부상자의 구호, 증거물의 변질·분산·분실 방지 등을 위해 특히 부득이한 사정이 있는 경우를 제외하고는 함부로 현장에 들어가서는 안 된다. 경찰관은 부상자의 구호 그 밖의 부득이한 이유로 현장을 변경할 필요가 있는 경우 등 수사자료를 원상태로 보존할 수 없을 때에는 사진, 도면, 기록 그 밖의 적당한 방법으로 그 원상을 보존하도록 노력하여야 한다.

경찰관은 현장에서 수사를 할 때는 현장 감식 그 밖의 과학적이고 합리적인 방법에 의하여 <표 5-47>의 사항을 명백히 하도록 노력하여 범행의 과정을 전반적으로 파악하여야 한다. 경찰관은 감식을 하기 위하여 수사자료를 송부할 때에는 변형, 변질, 오손, 침습, 멸실, 산일, 혼합 등의 사례가 없도록 주의하여야 하며, 혈액, 정액, 타액, 대소변, 장기, 모발, 약품, 음식물, 폭발물 그 밖에 분말, 액체 등을 감식할 때에는 되도록 필요 최소한의 양만을 사용하고 잔량을 보존하여 재감식에 대비하여야 한다.

|표 5-47| 현장 수사 시 확인사항

구 분	내 용
일시관계	• 범행의 일시와 이를 추정할 수 있는 사항 • 발견의 일시와 상황 • 범행당시의 기상 상황 • 특수일 관계(시일, 명절, 축제일 등) • 그 밖의 일시에 관하여 참고가 될 사항
장소관계	• 현장으로 통하는 도로와 상황 • 가옥 그 밖의 현장근처에 있는 물건과 그 상황 • 현장 방실의 위치와 그 상황 • 현장에 있는 기구 그 밖의 물품의 상황 • 지문, 족적, DNA시료 그 밖의 흔적, 유류품의 위치와 상황 • 그 밖의 장소에 관하여 참고가 될 사항

피해자 관계	• 범인과의 응대 그 밖의 피해 전의 상황 • 피해 당시의 저항자세 등의 상황 • 상해의 부위와 정도, 피해 금품의 종류, 수량, 가액 등 피해의 정도 • 시체의 위치, 창상, 유혈 그 밖의 상황 • 그 밖의 피해자에 관하여 참고가 될 사항
피의자 관계	• 현장 침입 및 도주경로 • 피의자의 수와 성별 • 범죄의 수단, 방법 그 밖의 범죄 실행의 상황 • 피의자의 범행동기, 피해자와의 면식여부, 현장에 대한 지식의 유무를 추정할 수 있는 상황 • 피의자의 인상, 풍채 등 신체적 특징, 말투 · 습벽 등 언어적 특징, 그 밖의 특이한 언동 • 흉기의 종류, 형상과 가해의 방법 그 밖의 가해의 상황 • 그 밖의 피의자에 관하여 참고가 될 사항

3) 입건 전 조사 사건 처리에 관한 규칙

(1) 제정취지

이 규칙은 2005년 경찰 내사 처리규칙이라는 명칭으로 제정되었으나, 2021년 내사라는 용어를 입건 전 조사라는 용어로 변경하면서 현재의 규칙명으로 변경되었다. 경찰관의 입건 전 조사와 관련한 세부 절차를 규정함으로써 입건 전 조사 사무의 적정한 운영을 도모하는 것을 목적으로 한다.

(2) 주요내용

① 입건 전 조사의 착수

입건 전 조사사건은 <표 5-48>과 같이 분류하며, 조사사건에 대해 수사의 단서로서 조사할 가치가 있다고 인정되는 경우에는 이를 수리하고, 소속 수사부서장에게 보고하여야 한다. 사건을 수리하는 경우 형사사법정보시스템에 관련 사항을 입력하여야 하며, 입건 전 조사사건부에 기재하여 관리하여야 한다.

|표 5-48| 입건 전 조사사건의 구분

구 분	내 용
진정사건	범죄와 관련하여 진정·탄원·투서 등 서면으로 접수된 사건
신고사건	범죄와 관련하여 112신고·방문신고 등 서면이 아닌 방법으로 접수된 사건
첩보사건	경찰관이 대상자, 범죄혐의 및 증거 자료 등 조사 단서에 관한 사항을 작성·제출한 범죄첩보 사건 범죄에 관한 정보, 풍문 등 진상을 확인할 필요가 있는 사건
기타조사사건	위의 3가지를 제외한 범죄를 의심할 만한 정황이 있는 사건

② 입건 전 조사의 진행

신고·진정·탄원에 대해 입건 전 조사를 개시한 경우 신고·진정·탄원에 따라 조사에 착수한 날로부터 7일 이내에 진정인·탄원인·피해자 또는 그 법정대리인에게 조사 진행상황을 통지해야 하며, 착수한 날부터 3개월이 지난 날과 그 이후로는 매 1개월이 지난 날부터 7일 이내에 역시 조사 진행상황을 통지해야 한다.

③ 입건 전 조사의 종결

경찰관은 조사과정에서 범죄혐의가 있다고 판단될 때에는 지체없이 범죄인지서를 작성하여 소속 수사부서장의 지휘를 받아 수사를 개시하여야 한다. 조사에 착수한 후 6개월 이내에 수사절차로 전환하지 않은 사건에 대해서는 수사부서의 장은 불입건 결정 지휘를 해야 한다. 다만 다수의 관계인 조사, 관련 자료 추가확보·분석, 외부 전문기관 감정 등 계속 조사가 필요한 사유가 소명된 경우에는 6개월의 범위에서 조사기간을 연장할 수 있다.

4) 마약류 관리에 관한 법률

(1) 제정취지

이 법률은 2000년 마약·향정신성의약품·대마 및 원료물질의 취급·관리를 적정하게 함으로써 그 오용 또는 남용으로 인한 보건상의 위해를 방지하여 국민보건 향상에 이바지함을 목적으로 제정되었다.

(2) 주요용어

① 마약류

마약류란 마약·향정신성의약품 및 대마를 의미하며, 세부적인 구분은 <표 5-49>와 같다.

|표 5-49| 마약류의 유형(법률상)

구 분	유 형
마 약	양귀비, 아편, 코카 잎(엽), 양귀비·아편 또는 코카 잎에서 추출되는 모든 알카로이드 및 그와 동일한 화학적 합성품으로서 대통령령으로 정하는 것 등
향정신성의약품	인간의 중추신경계에 작용하는 것으로서 이를 오용하거나 남용할 경우 인체에 심각한 위해가 있다고 인정되는 것으로서 대통령령으로 정하는 것 1. 오용하거나 남용할 우려가 심하고 의료용으로 쓰이지 아니하며 안전성이 결여되어 있는 것으로서 이를 오용하거나 남용할 경우 심한 신체적 또는 정신적 의존성을 일으키는 약물 또는 이를 함유하는 물질 2. 오용하거나 남용할 우려가 심하고 매우 제한된 의료용으로만 쓰이는 것으로서 이를 오용하거나 남용할 경우 심한 신체적 또는 정신적 의존성을 일으키는 약물 또는 이를 함유하는 물질 3. 1과 2에 규정된 것보다 오용하거나 남용할 우려가 상대적으로 적고 의료용으로 쓰이는 것으로서 이를 오용하거나 남용할 경우 그리 심하지 아니한 신체적 의존성을 일으키거나 심한 정신적 의존성을 일으키는 약물 또는 이를 함유하는 물질 등
대마	대마초와 그 수지, 대마초 또는 그 수지를 원료로 하여 제조된 모든 제품 등

법률상의 구분 이외에 마약류범죄백서에 따르는 분류를 살펴보면 다음 <표 5-50>과 같이 구분해 볼 수 있다.

|표 5-50| 마약류의 종류

구 분	내 용
마약류	인간의 중추신경계에 영향을 미쳐 중추신경의 작용을 과도하게 하거나 억제하는 물질 중 신체적·정신적 의존성이 있는 것으로서 관련 법규에 따라 규제 대상으로 지정되어 관리되고 있는 물질
마 약	1. 천연마약: 양귀비, 아편, 코카 잎(엽) 2. 추출 알카로이드: 모르핀, 코데인, 헤로인, 코카인 등 3. 합성마약: 페티딘, 메티돈, 펜티닐 등

향정신성 의약품	1. 의료용 사용×, 심한 신체적 또는 정신적 의존성을 일으키는 약물: LSD, 메스케치논 및 그 유사체, 크라톰, JWH-018 및 그 유사체 등 2. 매우 제한된 의료용 사용, 심한 신체적 또는 정신적 의존성을 일으키는 약물: 암페타민, 메트암페타민, MDMA, 케타민 등 3. 의료용 사용, 그리 심하지 않은 신체적 의존성 또는 심한 정신적 의존성을 일으키는 약물: 바르비탈, 리적지산 아미드, 펜타조신 등 4. 의료용 사용, 신체적 또는 정신적 의존성을 일으킬 우려가 적은 약물: 디아제팜, 플루라민, 졸피뎀, GHB, 카리소프로돌, 프로포폴 등
대마	1. 대마초: 대마의 잎과 꽃대 윗부분을 건조하여 담배형태로 만든 것으로, 학명은 영어표현으로 '마리화나(Marijuana)' 2. 해시시: 대마초로부터 채취한 대마수지를 건조 후 압착시켜 여러 가지 형태로 제조한 것으로 대마초보다 8배~10배가량 작용성이 강함
신종마약	알킬 니트리트류, 1P-LSD, 디클라제팜

※ 출처: 대검찰청, 2020; 대검찰청, 2024를 바탕으로 작성.

② 마약류취급자

이 법에 따라 허가 또는 지정을 받은 마약류수출입업자, 마약류제조업자, 마약류원료사용자, 대마재배자, 마약류도매업자, 마약류관리자, 마약류취급학술연구자와 마약류소매업자, 마약류취급의료업자가 해당된다.

제 4 절 경비경찰

1. 개념 및 주요임무

1) 개념

경비경찰은 공공의 안녕과 질서 유지에 위협을 주거나 줄 우려가 있는 각종 상황에 대한 예방, 경계, 진압하는 활동을 하는 경찰공무원을 의미한다. 여기서 상황이란 사람에 의해서 발생하는 불법적인 경우를 포함하여 인위적이고 자연적인 상황(자연재해 등 포함) 역시 해당된다.

2) 주요임무

경비경찰의 주요임무는 크게 경비와 경호, 대테러로 구분해 볼 수 있으며, 각 경찰관서별 업무는 <표 5-51>과 같이 구분해 볼 수 있다.

|표 5-51| 각 경찰관서별 경비경찰의 임무

구 분	경찰청	시 · 도경찰청	경찰서
경비	• 경비에 관한 계획의 수립 및 지도 • 경찰부대의 운영 · 지도 및 감독 • 중요시설의 방호 및 지도	• 집회시위 경비대책 수립 등 관리업무 • 주요시설에 대한 경비대책 수립 및 지도 • 경찰부대 관리 및 교육훈련	• 경비에 관한 계획 및 시행 • 혼잡/행사/선거경비에 관한 계획 및 시행 • 집회시위 관리
경호	• 경호 및 주요 인사 보호 계획의 수립 · 지도 • 경호기법 개발 및 경호교육	• 경호경비 계획수립 시행 • 경호행사 현지 지도감독 • 요인보호에 관한 사항	• 경호경비에 관한 계획수립 • 경호경비 자료 및 관리유지 • 경호경비에 관한 교육계획 수립 및 요인보호

대테러	• 대테러 예방 및 진압대책의 수립 · 지도 • 경찰 작전 · 전시훈련 관련, 계획 수립 및 지도 • 위기협상팀 등 전담조직 운영	• 작전부대 교육훈련 및 지도 • 청원경찰의 임용승인 및 운영 지도/감독 • 대테러협상팀 운영	• 청원경찰 지도감독 • 민방위업무 협조 • 대테러 관련 업무
항공	• 경찰항공기의 관리 및 운영 • 경찰항공요원에 관한 교육훈련 • 항공안전관리 및 지도감독 업무	• 경찰업무 수행을 위한 공중지원 • 항공기상 및 정보분석, 항공물품의 수급	• 헬기장 관리 감독

※ 출처: 「경찰청과 그 소속기관 직제」 제13조 및 관련법령.

2. 경비경찰활동의 주요내용

1) 경비경찰의 수단

경비경찰은 직무를 효과적으로 수행하기 위해서 경고, 제지, 체포라는 3가지의 수단을 사용하고 있다. 경고는 경찰관 직무집행법 제5조 제1항 제1호[55]에 의해 수행하며, 제지는 동법 제6조 제1항[56]을 근거로 수행하고, 체포는 형사소송법을 근거로 해서 수행한다. 경고가 간접적인 수단이라면 제지와 체포는 직접적인 실력행사로 볼 수 있다. 이런 경비수단을 효과적으로 사용하기 위해서는 <표 5-52>의 원칙을 준수해야 한다.

55) 제5조(위험 발생의 방지 등) ① 경찰관은 사람의 생명 또는 신체에 위해를 끼치거나 재산에 중대한 손해를 끼칠 우려가 있는 천재(天災), 사변(事變), 인공구조물의 파손이나 붕괴, 교통사고, 위험물의 폭발, 위험한 동물 등의 출현, 극도의 혼잡, 그 밖의 위험한 사태가 있을 때에는 다음 각 호의 조치를 할 수 있다.
1. 그 장소에 모인 사람, 사물(事物)의 관리자, 그 밖의 관계인에게 필요한 경고를 하는 것

56) 제6조(범죄의 예방과 제지) 경찰관은 범죄행위가 목전(目前)에 행하여지려고 하고 있다고 인정될 때에는 이를 예방하기 위하여 관계인에게 필요한 경고를 하고, 그 행위로 인하여 사람의 생명 · 신체에 위해를 끼치거나 재산에 중대한 손해를 끼칠 우려가 있는 긴급한 경우에는 그 행위를 제지할 수 있다.

|표 5-52| 경비수단의 원칙

구 분	내 용
균형의 원칙	경비경찰을 운용함에 있어 인력의 동원을 균형있게 해야 한다는 원칙 주력부대와 예비부대를 적절하게 활용
위치의 원칙	경비상황 발생 시 이를 효과적으로 대응하기 위해서는 유리한 지점과 위치를 신속하게 확보해야 한다는 원칙
적시의 원칙	경비경찰활동 수행 시 가장 적합한 시기를 이용해야 한다는 원칙 상대방의 저항이 약해지는 시점 등을 이용
안전의 원칙	경비상황에 대한 대응 시 경비인력과 상대방의 피해없이 안전하게 진압해야 한다는 원칙

※ 출처: 최응렬 등, 2017: 366, 최선우, 2017: 673-674을 바탕으로 작성.

2) 경호경비

(1) 의의

경찰이 수행하는 경호경비는 주로 정부 주요요인(국무총리, 국회의장, 대법원장, 헌법재판소장 등)과 국내·외의 주요 인사(대통령선거 후보자 등)를 대상으로 하는 신변보호활동으로, 이들의 신체 등에 가해지는 위해를 방지 또는 제거하는 활동 등을 의미한다.

(2) 경호의 4대원칙

경찰관이 경호경찰 역할을 수행함에 있어서 준수해야 하는 4개의 원칙을 의미하며, <표 5-53>에 제시된 원칙 중 하나라도 준수되지 않을 경우 완벽한 경호활동에 지장을 초래할 수 있으므로 역할 수행 시 신중을 기해야 한다.

|표 5-53| 경호의 4대 원칙

구 분	내 용
자기희생의 원칙	위급 상황 시 경찰관은 자기 자신에 대한 보호 보다는 자신을 희생해서라도 경호대상자의 안전을 지켜야 한다는 원칙

자기 담당구역 책임의 원칙	경찰관은 자기에게 책임이 부여된 지역에 대해서 절대 사수하여야 하며, 만약 인근 지역에서 위급상황이 발생하더라도 자기 담당구역을 이탈해서는 안된다는 원칙
하나의 통제된 지점을 통한 출입원칙	경찰관은 경호대상자에게 접근할 수 있는 통로를 하나로만 해 다른 사람들의 출입 가능성을 통제해야 한다는 원칙
목표물 보존의 원칙	위해를 가할 가능성이 높은 사람들로부터 경호대상자의 동선 등이 노출되지 않도록 해야 한다는 원칙

※ 출처: 최응렬 등, 2017: 380을 바탕으로 작성.

3. 경찰관기동대와 경찰특공대[57)]

1) 경찰관기동대

(1) 의의 및 임무

경찰청은 2008년 감축되는 전의경을 대체하기 위해 경찰공무원으로 편성된 기동부대인 경찰관기동대를 창설하였다. 경찰관기동대는 집회시위관리, 재난경비, 경호경비, 혼잡경비 등을 주요 임무로 하며, 생활안전활동 및 각종 범죄단속, 교통지도단속 등에 대한 지원업무 등을 수행한다. 또한 여성 경찰공무원으로 편성된 기동부대인 여경기동대를 운영하며, 여경기동대는 경찰관기동대의 임무를 수행함에 있어서 여성 · 장애인 · 노약자 · 임산부 · 소아동반자 등의 보호관리 · 단속 · 체포 등의 임무를 우선 수행한다.

(2) 조직구성 및 지휘감독

경찰관기동대는 행정팀과 3개 제대(4개 팀으로 구성된 30명 내외 규모의 기동부대단위)로 구성하고, 각 제대는 4개 팀(경찰관기동대원 8명에서 10명 정도로 편성된 경찰관기동대 최하위 기동부대단위)으로 구성한다. 경찰관기동대장은 경정, 제대장은 경감, 행정팀장과 팀장은 경위로 보한다. 경찰관기동대의 지휘 · 감독은 <표 5-54>에 따라 이루어진다. 경찰관기동대를 지원받은 경찰서장 또는 기동단장은 지원부대의 도착

57) 「경찰관기동대 운영규칙」과 경찰청 폴인러브(https://blog.naver.com/fhqh145/50178867118)를 바탕으로 작성.

시점 또는 관리시점부터 임무 해제시까지 근무·숙영·복무규율에 관한 사항에 대해 지휘 및 감독책임을 진다.

|표 5-54| 경찰관기동대의 지휘·감독

- 시·도경찰청장: 경찰관기동대의 조직 및 운영에 관하여 총괄 지휘·감독
- 기동본부장: 소속 기동단을 지휘·감독
- 기동단장: 소속 경찰관기동대를 지휘·감독
- 기동대장: 경찰관기동대 운영 및 임무수행에 관한 제반사항을 지휘·감독
- 제대장 및 팀장: 소속 경찰관기동대원을 지휘·통솔

(3) 근무

경찰관기동대의 근무는 7일 주기로 5일간 일근근무 후 2일간 휴무를 원칙으로 하고, 휴무일은 2일을 연속하여 지정함을 원칙으로 한다. 시·도경찰청장은 효율적인 경력운용을 위해 근무주기를 일부 변경할 수 있으며, 이 경우 7일 주기를 기준으로 한 월중 휴무일수를 보장하여야 한다. 시·도경찰청장은 비상상황 또는 일과시간 전·후의 집회시위상황에 우선하여 출동하거나 일일 집회시위가 종료될 때까지 대기 등의 예비부대 임무를 수행하기 위하여 경찰관기동대별 또는 제대별로 당번부대를 지정하여 운영할 수 있다.

순경으로 임용된 후 최초로 경찰관기동대원으로 선발된 경찰공무원의 근무기간은 승진 등의 인사 요인과 관계없이 2년으로 하고, 그 밖에 기동대 근무 순위명부에 따라 경찰관기동대원으로 선발된 경찰공무원의 근무기간은 1년으로 한다. 시·도경찰청장은 근무기간이 종료된 경찰관기동대원이 희망하는 때에는 인사위원회의 심의를 거쳐 1년 단위로 근무기간을 연장할 수 있으며, 이 경우 연장 횟수에 제한이 없다. 시·도경찰청장은 경찰관기동대원이 전출하는 때에는 신규 전입자와 3일 이상 합동근무를 실시하도록 조치하여야 한다.

(4) 복장 및 장비

경찰관기동대는 교육훈련 및 집회시위관리 시에는 기동모, 기동복, 기동화, 개인장비(방석모, 보호복, 방패, 경찰봉, 개인소화기 등)를, 민생치안 지원근무 시에는 정모 또

는 근무(교통)모, 근무(교통)복, 단화, 수갑, 이격용분사기, 경찰봉 등을 착용·구비해야 한다.

경찰관기동대는 개인장비 이외에 차량(승용차, 승합차, 차벽트럭 등), 화학장비(근접분사기, 체류액, 최루탄 발사기 등), 통신채증(비디오카메라 등), 일반장구(수갑, 방탄조끼 등), 전투장구(방탄헬맷, 배낭 등), 무기류(소총, 기관총 등), 기타장비(소화포 등)을 확보하고 있다.

2) 경찰특공대

(1) 의의 및 임무

우리나라 경찰특공대는 아웅산 묘소 테러사건 등을 계기로 1983년 10월 5일 국가 대테러 활동 특수 업무 수행을 주 임무로 하는 것으로 창설되었다. 경찰특공대의 주요 임무는 테러사건에 대한 무력진압, 테러사건과 관련된 폭발물 탐색 및 처리, 요인경호 및 국가중요행사 안전관련 활동 지원, 대테러 예방 활동 등이다.

(2) 조직구성 및 지휘감독

경찰특공대는 서울특공대와 그 밖의 지방특공대의 조직구성의 차이가 있으며, 서울특공대의 경우 특공대장 아래에 전술제대, 폭발물처리제대(폭발물 분석, 폭발물 처리, 탐지견 운영 등), 경호지원제대, 교육대, 행정과로 구성되어 있으며, 지방특공대의 경우 전술팀, 폭발물처리팀, 행정팀으로 구성되어 있다. 서울특공대장은 총경, 지방특공대장은 경정 또는 경감으로 하며, 특공대장은 소속 특공대원에 대해서 임무수행을 위한 작전을 지휘한다.

(3) 선발 및 근무

경찰특공대원은 <표 5-55>의 자격요건을 갖춘 자 중에서 경력경쟁채용을 하거나, 특공대 승진시험 등을 통해서 임용된다. 경력경쟁채용의 채용절차는 실기시험[58]과 필기시험(경찰학개론, 형법, 형사소송법), 면접시험 등을 실시하며, 면접시험 합

58) 전술요원(남자: 윗몸 일으키기, 턱걸이, 2,000m 달리기, 사낭(40kg)나르기, 왕복달리기(100m허들), 제자리멀리뛰기, 여자: 윗몸 일으키기, 1,500m 달리기, 100m 달리기, 제자리멀리뛰기), 폭발

격자 중 실기시험 성적 45%, 필기시험 성적 30%, 면접시험 성적 25%의 비율로 합산하여 고득점자 순으로 선발한다. 경력경쟁시험으로 합격하면 지역경찰관서 등 현장부서 근무(1년 내외) 후 5년간 특공대 의무복무를 해야 한다.

경찰특공대원의 근무는 서울특공대의 경우는 주간－주간－당직－비번의 형태로 근무를 수행하며, 타 지역의 경우 주간－당직－비번의 형태로 근무를 수행한다.

|표 5-55| 경찰특공대 경력경쟁채용 자격요건

구 분	자 격 요 건
공 통	무도(태권도, 검도, 유도, 합기도 등) 2단 이상인 자
폭발물 분석	관련 전공 석사학위 이상 취득자, 관련 자격증 소지자, 관련 기관 3년 이상 실무경력이 있는 자 중 하나에 해당
폭발물 처리	관련 자격증 소지자, 폭발물처리 3년 이상 경력자 중 하나에 해당
전 술	• 시력 나안 좌·우 1.0 이상(교정시력 불가) • 경찰·군 특수부대 18개월 이상 근무경력자(여자 제외)

※ 출처: 경찰청, 2024a.

4. 관련법령[59)]

1) 청원경찰법

(1) 제정취지

이 법률은 1962년 목적 없이 제정되었으나, 1972년 전부개정을 통해 청원경찰의 직무·임용·배치·보수·사회보장 및 그 밖에 필요한 사항을 규정함으로써 청원경찰의 원활한 운영을 할 것을 목적으로 설정하였다.

물 처리요원(구술(50%): 폭발물 관련 기본지식(25%), 전문지식(25%) 평가, 체력(50%): 턱걸이, 200m 달리기, 사낭나르기), 폭발물 분석요원(전문분야실기(50%): 성능시험, 결선작업 및 폭파 등, 체력(50%): 1,500m 달리기, 팔굽혀펴기, 윗몸일으키기).

59) 관련법령의 내용은 해당법률 및 시행령 등을 바탕으로 작성.

(2) 주요용어

① 청원경찰

청원경찰이란 i) 국가기관 또는 그 관리하에 있는 중요 시설 또는 사업장, ii) 국내 주재(駐在) 외국기관, iii) 행정안전부령으로 정하는 중요 시설, 사업장 또는 장소[60] 중 하나에 해당하는 기관의 장 또는 시설·사업장 등의 경영자가 경비를 부담할 것을 조건으로 경찰의 배치를 신청하는 경우 그 기관·시설 또는 사업장 등의 경비(警備)를 담당하게 하기 위하여 배치하는 경찰을 의미한다.

② 청원주

청원경찰의 배치 결정을 받은 자를 의미한다.

(3) 주요내용

① 직무

청원경찰은 청원주와 배치된 기관·시설 또는 사업장 등의 구역을 관할하는 경찰서장의 감독을 받아 그 경비구역만의 경비를 목적으로 필요한 범위에서 「경찰관 직무집행법」에 따른 경찰관의 직무를 수행한다.

② 임용 등

청원경찰은 청원주가 임용하되, 임용을 할 때에는 미리 시·도경찰청장의 승인을 받아야 한다. 청원경찰이 되기 위해서는 일정 임용자격[61]을 갖추어야 하며, 청원주는 청원경찰로 임용된 사람으로 하여금 경비구역에 배치하기 전에 경찰교육기관에서 직무 수행에 필요한 교육을 받게 하여야 한다. 국가기관 또는 지방자치단체에 근무하는 청원경찰의 봉급은 대통령령이 정하는 보수표에 의해 지급하며, 그 외의 청원경찰은 경찰청장이 고시한 최저부담기준액 이상으로 지급하여야 한다.

---

60) 선박, 항공기 등 수송시설, 금융 또는 보험을 업으로 하는 시설 또는 사업장, 언론, 통신, 방송 또는 인쇄를 업으로 하는 시설 또는 사업장, 학교 등 육영시설, 「의료법」에 따른 의료기관, 그 밖에 공공의 안녕질서 유지와 국민경제를 위하여 고도의 경비가 필요한 중요 시설, 사업체 또는 장소.

61) 18세 이상인 사람(단, 남자의 경우에는 군복무를 마쳤거나 군복무가 면제된 사람으로 한정), 신체가 건강하고 팔다리가 완전할 것, 시력(교정시력을 포함한다)은 양쪽 눈이 각각 0.8 이상일 것.

③ 징계

청원주는 청원경찰이 직무상의 의무를 위반하거나 직무를 태만히 하거나 품위를 손상하는 행위를 한 때에는 징계절차를 거쳐 징계처분을 하여야 한다. 징계의 종류는 파면, 해임, 정직, 감봉 및 견책으로 구분한다.

④ 제복착용과 무기휴대

청원경찰은 근무 중 제복을 착용하여야 하며, 시·도경찰청장은 청원경찰이 직무를 수행하기 위하여 필요하다고 인정하면 청원주의 신청을 받아 관할 경찰서장으로 하여금 청원경찰에게 무기를 대여하여 지니게 할 수 있다. 청원주가 청원경찰이 휴대할 무기를 대여받으려는 경우에는 관할 경찰서장을 거쳐 시·도경찰청장에게 무기대여를 신청하여야 하며, 신청을 받은 시·도경찰청장이 무기를 대여하여 휴대하게 하려는 경우에는 청원주로부터 국가에 기부채납된 무기에 한정하여 관할 경찰서장으로 하여금 무기를 대여하여 휴대하게 할 수 있다.

⑤ 금지행위

청원경찰은 파업, 태업 또는 그 밖에 업무의 정상적인 운영을 방해하는 일체의 쟁의행위를 하여서는 안 된다. 또한 청원경찰은 직무를 수행할 때 직권을 남용하여 국민에게 해를 끼쳐서는 안 되며, 이 경우에는 6개월 이하의 징역이나 금고에 처한다.

2) 경찰직무 응원법

(1) 주요내용

① 응원경찰관의 파견

시·도경찰청장 또는 지방해양경찰관서의 장은 돌발사태를 진압하거나 공공질서가 교란되었거나 교란될 우려가 현저한 지역(특수지구)을 경비할 때 그 소관 경찰력으로는 이를 감당하기 곤란하다고 인정할 때에는 응원을 받기 위하여 다른 시·도경찰청장이나 지방해양경찰관서의 장 또는 자치경찰단을 설치한 제주특별자치도지사에게 경찰관 파견을 요구할 수 있다. 경찰청장이나 해양경찰청장은 돌발사태를 진압하거나 특수지구를 경비할 때 긴급한 경우 시·도경찰청장, 소속 경찰기관의 장 또는 지방해양경찰관서의 장에게 다른 시·도경찰청 또는 지방해양경찰관서의 경찰관을 응원하도록 소속 경찰관의 파견을 명할 수 있다.

② 기동대의 편성

경찰청장 또는 해양경찰청장은 돌발사태를 진압하거나 특수지구를 경비하도록 하기 위하여 특히 필요할 때에는 소속 경찰관으로 경찰기동대(기동대)를 편성하여 필요한 지역에 파견할 수 있다. 기동대의 편성, 파견 목적, 주둔지역과 해체는 그때마다 경찰청장이나 해양경찰청장이 공고한다.

③ 기동대의 대장

기동대에 대장을 두되, 대장은 경무관 또는 총경 중에서 경찰청장이나 해양경찰청장이 임명한다. 다만, 필요에 따라 과장인 총경으로 하여금 대장을 겸하게 할 수 있다. 대장은 경찰청장이나 해양경찰청장의 명을 받아 기동대의 업무를 맡아 처리하며 소속 경찰관(대원)을 지휘 · 감독한다.

3) 재난 및 안전관리 기본법

(1) 제정취지

이 법률은 2004년 각종 재난으로부터 국토를 보존하고 국민의 생명 · 신체 및 재산을 보호하기 위하여 국가와 지방자치단체의 재난 및 안전관리체제를 확립하고, 재난의 예방 · 대비 · 대응 · 복구와 안전문화활동, 그 밖에 재난 및 안전관리에 필요한 사항을 규정함을 목적으로 제정되었다.

(2) 주요용어

① 재난

재난이란 국민의 생명 · 신체 · 재산과 국가에 피해를 주거나 줄 수 있는 것으로 <표 5-56>과 같이 자연재난과 사회재난으로 구분할 수 있다.

|표 5-56| 재난의 종류

구 분	내 용
자연재난	태풍, 홍수, 호우, 강풍, 풍랑, 해일, 대설, 한파, 낙뢰, 가뭄, 폭염, 지진, 황사, 조류 대발생, 조수, 화산활동, 소행성 · 유성체 등 자연우주물체의 추락 · 충돌, 그 밖에 이에 준하는 자연현상으로 인하여 발생하는 재해

사회재난	화재 · 붕괴 · 폭발 · 교통사고(항공사고 및 해상사고 포함) · 화생방사고 · 환경오염사고 등으로 인하여 발생하는 대통령령으로 정하는 규모 이상의 피해와 국가핵심기반의 마비, 「감염병의 예방 및 관리에 관한 법률」에 따른 감염병 또는 「가축전염병예방법」에 따른 가축전염병의 확산, 「미세먼지 저감 및 관리에 관한 특별법」에 따른 미세먼지, 「우주개발 진흥법」에 따른 인공우주물체의 추락 · 충돌 등으로 인한 피해

② 재난관리와 안전관리

재난관리란 <표 5－57>과 같이 재난의 예방 · 대비 · 대응 및 복구를 위하여 하는 모든 활동을 의미하며, 안전관리란 재난이나 그 밖의 각종 사고로부터 사람의 생명 · 신체 및 재산의 안전을 확보하기 위하여 하는 모든 활동을 의미한다.

|표 5-57| 재난관리 단계별 내용

구 분	내 용
예방	• 재난관리책임기관의 장의 재난예방조치 등 • 국가핵심기반의 지정 등, 국가핵심기반의 관리 등 • 특정관리대상지역의 지정 및 관리 등 • 지방자치단체에 대한 지원 등 • 재난방지시설의 관리 • 재난안전분야 종사자 교육, 재난예방을 위한 안전조치 • 재난예방을 위한 긴급안전점검 등, 정부합동 안전 점검 • 안전취약계층에 대한 안전 환경 지원, 재난안전분야 제도개선 • 집중 안전점검기간 운영 등 • 안전관리전문기관에 대한 자료요구 등 • 재난관리체계 등에 대한 평가 등, 재난관리 실태 공시 등
대비	• 재난관리자원의 관리, 재난현장 긴급통신수단의 마련 • 국가재난관리기준의 제정/운용 등 • 기능별 재난대응 활동계획의 작성/활용, 재난분야 위기관리 매뉴얼 작성/운용 • 다중이용시설 등의 위기상황 매뉴얼 작성/관리 및 훈련 • 안전기준의 등록 및 심의 등 • 재난안전통신망의 구축/운영 • 재난대비훈련 기본계획 수립, 재난대비훈련 실시
대응	• 재난사태 선포, 응급조치, 위기경보의 발령 등 • 재난 예보 · 경보체계 구축 · 운영 등, 동원명령 등, 대피명령 • 위험구역의 설정, 강제대피조치, 통행제한 등, 응원, 응급부담 • 시 · 도지사가 실시하는 응급조치 등, 재난관리책임기관의 장의 응급조치, 지역통제단장의 응급조치 등

	• 중앙긴급구조통제단, 지역긴급구조통제단, 긴급구조, 긴급구조 현장지휘, 긴급대응협력관, 긴급구조활동에 대한 평가, 긴급구조대응계획의 수립, 긴급구조 관련 특수번호 전화서비스의 통합·인계 • 재난대비능력 보강, 긴급구조지원기간의 능력에 대한 평가 • 해상에서의 긴급구조, 항공기 등 조난사고 시의 긴급구조 등
복구	• 재난피해 신고 및 조사, 재난복구계획의 수립·시행, 재난복구계획에 따라 시행하는 사업의 관리 • 특별재난지역의 선포, 특별재난지역에 대한 지원 • 손실보상, 치료 및 보상, 포상 • 재난지역에 대한 국고보조 등의 지원 • 복구비 등의 선지급, 복구비 등의 반환

③ 재난관리책임기관과 재난관리주관기관

재난관리책임기관이란 재난관리업무를 하는 중앙행정기관 및 지방자치단체, 지방행정기관·공공기관·공공단체 및 재난관리의 대상이 되는 중요시설의 관리기관 등으로서 대통령령으로 정하는 기관을 의미한다.

재난관리주관기관이란 재난이나 그 밖의 각종 사고에 대하여 그 유형별로 예방·대비·대응 및 복구 등의 업무를 주관하여 수행하도록 대통령령으로 정하는 관계 중앙행정기관을 의미한다.[62]

④ 긴급구조

재난이 발생할 우려가 현저하거나 재난이 발생하였을 때에 국민의 생명·신체 및 재산을 보호하기 위하여 긴급구조기관[63]과 긴급구조지원기관[64]이 하는 인명구조, 응급처치, 그 밖에 필요한 모든 긴급한 조치를 말한다.

62) 대표적인 예를 살펴보면, 교육부(교육시설의 화재·붕괴·다중운집인파사고 등으로 인한 대규모 피해), 행정안전부 및 경찰청(일반인이 자유로이 모이거나 통행하는 도로, 광장 및 공원의 다중운집인파사고로 인해 발생하는 대규모 피해), 보건복지부 및 질병관리청(감염병의 확산으로 인한 피해), 환경부(황사로 인해 발생하는 피해 등) 등이다.

63) 소방청·소방본부 및 소방서를 말한다. 다만, 해양에서 발생한 재난의 경우에는 해양경찰청·지방해양경찰청 및 해양경찰서를 의미한다.

64) 긴급구조에 필요한 인력·시설 및 장비, 운영체계 등 긴급구조능력을 보유한 기관이나 단체로서 대통령령으로 정하는 기관과 단체를 의미한다. 대표적으로 교육부, 과학기술정보통신부, 국방부, 산업통상자원부, 보건복지부, 환경부, 국토교통부, 해양수산부, 방송통신위원회, 경찰청, 산림청, 질병관리청, 기상청, 군부대, 대한적십자사, 종합병원 등이 있다.

(3) 주요내용

① 강제대피조치

시장·군수·구청장과 지역통제단장(대통령령으로 정하는 권한을 행사하는 경우만 해당)은 대피명령을 받은 사람 또는 위험구역에서의 퇴거나 대피명령을 받은 사람이 그 명령을 이행하지 아니하여 위급하다고 판단되면 그 지역 또는 위험구역 안의 주민이나 그 안에 있는 사람을 강제로 대피 또는 퇴거시키거나 선박·자동차 등을 견인시킬 수 있다. 이 경우 주민 등을 강제로 대피 또는 퇴거시키기 위하여 필요하다고 인정하면 관할 경찰관서의 장에게 필요한 인력 및 장비의 지원을 요청할 수 있으며, 요청을 받은 경찰관서의 장은 특별한 사유가 없는 한 이에 응하여야 한다.

② 통행제한 등

시장·군수·구청장과 지역통제단장(대통령령으로 정하는 권한을 행사하는 경우만 해당)은 응급조치에 필요한 물자를 긴급히 수송하거나 진화·구조 등을 하기 위하여 필요하면 대통령령으로 정하는 바에 따라 경찰관서의 장에게 도로의 구간을 지정하여 해당 긴급수송 등을 하는 차량 외의 차량의 통행을 금지하거나 제한하도록 요청할 수 있으며, 요청을 받은 경찰관서의 장은 특별한 사유가 없으면 요청에 따라야 한다.

4) 기타 경찰청 훈련

(1) 경찰 비상업무규칙

이 훈련은 치안상의 비상상황에 대하여 정황에 따른 지역별, 부서별 경찰력의 운용과 활동체계를 규정함으로써 비상상황에 효율적으로 대응함을 목적으로 하며, 사용하는 주요용어의 정의는 <표 5-58>과 같다.

|표 5-58| 주요용어

구 분	내 용
비상상황	대간첩·테러, 대규모 재난 등의 긴급 상황이 발생하거나 발생할 우려가 있는 경우 또는 다수의 경력을 동원해야 할 치안수요가 발생하여 치안활동을 강화할 필요가 있는 때를 의미
지휘선상 위치근무	비상연락체계를 유지하며 유사시 1시간 이내에 현장지휘 및 현장근무가 가능한 장소에 위치하는 것

정위치 근무	감독순시 · 현장근무 및 사무실 대기 등 관할구역 내에 위치하는 것
정착근무	사무실 또는 상황과 관련된 현장에 위치하는 것
필수요원	모든 경찰공무원 및 일반직공무원(“경찰관 등”) 중 경찰기관의 장이 지정한 사람으로 비상소집시 1시간 이내에 응소하여야 할 사람
일반요원	필수요원을 제외한 경찰관등으로 비상소집 시 2시간 이내에 응소하여야 할 사람
가용경력	총원에서 휴가 · 출장 · 교육 · 파견 등을 제외하고 실제 동원될 수 있는 모든 인원
소집관	비상근무의 발령권자로부터 권한을 위임받아 비상근무발령에 따른 비상소집을 지휘 · 감독하는 주무 참모 또는 상황관리관(치안상황실장)

부서(경비, 안보, 수사, 교통)별 상황의 긴급성 및 중요도에 따라 비상등급을 <표 5-59>와 같이 구분하며, 비상근무의 발령권자는 경찰청장, 시 · 도경찰청장, 경찰서장[65]이 된다.

|표 5-59| 비상등급별 근무요령

구 분	내 용
갑호 비상	• 연가를 중지하고 가용경력 100%까지 동원 가능 • 지휘관과 참모는 정착 근무를 원칙으로 함
을호 비상	• 연가를 중지하고 가용경력 50%까지 동원 가능 • 지휘관과 참모는 정위치 근무를 원칙으로 함
병호 비상	• 부득이한 경우를 제외하고는 연가를 억제하고 가용경력 30%까지 동원 가능 • 지휘관과 참모는 정위치 근무 또는 지휘선상 위치 근무를 원칙으로 함
경계 강화	• 별도의 경력동원 없이 특정분야의 근무를 강화 • 경찰관등은 비상연락체계를 유지하고 상황발생 시 즉각 출동이 가능하도록 출동대기 태세를 유지 • 지휘관과 참모는 지휘선상 위치 근무를 원칙
작전준비 태세	• 별도의 경력동원 없이 경찰관서 지휘관 및 참모의 비상연락망을 구축하고 신속한 응소체제를 유지 • 경찰관등은 상황발생 시 즉각 출동이 가능하도록 출동태세 점검을 실시 • 유관기관과의 긴밀한 연락체계를 유지하고, 필요시 작전상황반을 유지

65) 전국 또는 2개 이상 시 · 도경찰청 관할지역은 경찰청장이, 시 · 도경찰청 또는 2개 이상 경찰서 관할지역은 시 · 도경찰청장이, 단일 경찰서 관할지역은 경찰서장이 발령권자이다.

(2) 테러취약시설 안전활동에 관한 규칙

이 규칙은 「경찰법」 제3조 등 관련법령에 따른 테러취약시설에 대한 안전활동에 관하여 필요한 사항을 규정함을 목적으로 하며, 테러취약시설이란 테러 예방 및 대응을 위해 경찰이 관리하는 시설 · 건축물 등[66] 중 경찰청장이 지정하는 것을 말한다. 테러취약시설을 관할하는 시 · 도경찰청 및 경찰서는 <표 5-60>에 해당하는 안전활동을 실시하여야 한다.

|표 5-60| 안전활동의 내용

- 방호진단 실시 및 시설보강 등 자체경비 강화 권고
- 비상 상황 대비, 관할서 등 즉응시스템 구축
- 테러취약시설 근무자 배치 및 교육 실시
- 첩보 입수 시 주변 순찰활동 및 근무 강화
- 그 밖에 시설별 특성에 맞는 테러취약시설 안전활동

경찰관서장은 경보 · 등급 및 해당 시설의 특성을 고려한 맞춤형 지도 · 점검 계획을 수립하여 시행하여야 하며, 시설 관리자를 참여시키고, 테러취약시설에 대한 지도 · 점검을 실시하여야 한다.

|표 5-61| 테러취약시설에 대한 지도 · 점검대상 및 주기

구 분	점검주체별 대상	점검주기
국가중요시설	• 경찰서장: 관할 내 국가중요시설 전체	연 1회 이상
	• 시 · 도경찰청장: 관할 내 국가중요시설 중 선별	연 1회 이상
다중이용건축물등	• 경찰서장: 관할 내 전체 해당시설 관리자의 동의를 받아	A급: 분기 1회 이상 B급, C급: 반기 1회 이상
	• 시 · 도경찰청장: 관할 내 일부 선별 해당시설 관리자의 동의를 받아	반기 1회 이상
공관지역	• 경찰서장: 관할 내 공관지역 전체 해당 공관장의 동의를 받아	반기 1회 이상
	• 시 · 도경찰청장: 관할 내 공관지역 일부 선별 해당 공관장의 동의를 받아	반기 1회 이상

66) 국가중요시설, 다중이용건축물등, 공관지역, 미군 관련 시설, 그 밖에 특별한 관리가 필요하다고 테러취약시설 심의위원회에서 지정한 시설.

제 5 절 정보 및 안보경찰

1. 개념 및 주요임무

1) 개념

정보 및 안보경찰은 국가안보와 공공안녕을 유지하기 위해 이와 관련된 정보 수집, 위해요소 파악, 현장의 안전관리, 관련 범죄에 대한 수사 등을 통해 국민안전이 유지될 수 있도록 하는 경찰활동을 의미한다.

2) 주요임무

정보 및 안보경찰의 주요임무는 크게 정보경찰업무와 안보경찰업무로 구분해 볼 수 있으며, 각 경찰관서별 업무는 <표 5-62>와 같이 구분해 볼 수 있다.

|표 5-62| 각 경찰관서별 정보 및 보안경찰의 임무

구 분	경찰청	시·도경찰청	경찰서
정보	• 공공안녕에 대한 위험의 예방과 대응을 위한 정보업무 기획·지도 및 조정 • 국가기관·지방자치단체·공공기관의 장이 요청한 신원조사 및 사실확인에 관한 정보활동 • 국가중요시설 및 주요 인사의 안전·보호에 관한 정보활동 • 집회·시위 등 공공갈등과 다중운집에 따른 질서 및 안전 유지에 관한 정보활동	• 정보업무에 관한 기획·지도 및 조정 • 국민안전과 국가안보를 저해하는 위험요인에 관한 정보활동 • 국민의 생명 신체의 안전이나 재산의 보호 등 생활의 평온과 관련된 정책에 관한 정보활동 • 공공갈등 및 안전 분야의 공공안녕 위험 예방·대응과 관련된 정책에 관한 정보활동	• 정보경찰업무계획 • 국가기관·지방자치단체·공공기관의 장이 요청한 사실확인에 관한 정보활동 • 재해·재난으로 인한 위험의 예방과 대응을 위한 정보활동 • 집회시위현장상황 관리

안보	• 안보수사경찰업무에 관한 기획 및 교육 • 북한이탈주민 신변보호 • 보안관찰 업무지도 및 경호안전대책 업무에 관한 사항 • 국가안보와 국익에 반하는 범죄에 대한 수사 지휘 · 감독	• 안보수사경찰업무에 관한 기획 · 지도 • 탈북민 신변보호 관련 기획 및 지도 · 조정 • 간첩 · 테러 · 경제안보 · 첨단안보 등 국가안보와 국익에 반하는 범죄에 대한 수사 및 그에 대한 지휘 · 감독 • 남북교류 관련 안보수사경찰업무 및 안보상황 관리, 합동정보조사에 관한 사항	• 탈북민 신변보호 • 보안첩보 수집 및 작성 • 안보수사 지식정보 공유 및 통계 등 자료 수집 • 대공상황 처리 및 안보홍보활동

※ 출처: 「경찰청과 그 소속기관 직제」 제14조, 제22조 및 관련법령.

2. 정보경찰 관련 주요 개념

1) 대화경찰

(1) 도입배경

경찰이 과거 집회 · 시위 대응과 관련하여 관리와 진압 위주의 방식을 채택한 반면, 최근에는 시민들의 평화적인 집회 · 시위를 보장하고 참가자들을 보호하는 형태로 패러다임의 전환이 이루어졌다(경찰청, 2018: 3). 이에 경찰에서는 집회 · 시위 현장에서 발생가능한 문제점을 보완하고 개선할 수 있는 방안의 하나로 대화경찰관제를 도입하였다.

(2) 개념

대화경찰제도는 스페인에서 시행한 대화경찰(Dialogue Police)를 모티브로 하였으며,[67] 서울 등 도심권에서 시범실시를 한 후 2018년 10월 전국적으로 도입되었다.

---

67) 스페인은 2001년 예테보리에서 폭력시위로 수백명이 다치고, 경찰이 시위대를 향해 발포하는 등 집회시위 관리상 문제점이 대두되자 몇 년간 연구를 통해 집회시위를 관리하는 특별경찰전술(SPT<Special Police Tactics>)을 개발하였고, 전술팀에 대화경찰을 포함시켰다. 대화경찰은 집회 전 또는 현장에서 경찰과 집회 참가자 사이의 갈등이나 문제를 조정 · 중재하고, 집회 참가자들이 제기하는 제도적인 문제해결을 위해 요구사항을 관할 부처에 전달하는 역할까지도 수행한다(경찰청, 2018: 3-4).

대화경찰관제도는 별도 식별표식을 부착한 대화경찰관을 집회 현장에 배치해 집회 참가자나 주최자, 일반 시민들이 집회와 관련해 경찰의 조치와 도움이 필요할 경우 언제든지 쉽게 찾을 수 있도록 쌍방향 소통채널을 마련한 것으로, 집회시위 자유를 보장함과 동시에 시민과 경찰 간 상호 신뢰 형성을 돕는 제도이다(경찰청, 2018: 1).

(3) 편성 및 임무

대화경찰관은 전 경찰서의 외근 정보경찰관과 경찰관기동대의 현장 요원 중에 적임자를 선발하여 인력풀로 구성하고 있으며, 경찰서장은 집회의 참가인원 · 위험성 등에 따라 편성시점과 규모를 결정하되, 시 · 도경찰청 차원의 대응이 필요한 경우 시 · 도경찰청과 협의를 하고 결정한다(경찰청, 2020f).

이들은 주로 집회 주최자, 참가자, 주변의 시민 등 다양한 대상을 상대로 위험 · 갈등요인에 대한 의견을 수렴하고 소통과 협의를 통해 갈등 완화에서부터 민원 안내 등 폭넓은 역할을 수행한다. 각 인원별 주요 역할은 <표 5-63>과 같다.

|표 5-63| 대화경찰 관련 임무 및 역할

구 분		주요임무 및 역할
주무과장		• 대화경찰관 지정 · 편성 및 지휘 • 필요하다 판단 시 대화경찰관의 주최자 면담 참여 및 의사결정
대화경찰	정보분야	• 집회시위 주최자 중심 대화채널 확보 • 집회시위 신고 접수 시 '대화경찰관' 및 '인권보호관' 제도안내 • 주최자 의견청취 및 현장조치 필요사항은 경비기능 전파
	경비분야	• 집회시위 참가자 중심 대화채널 확보 • 참가자 의견청취 및 현장조치 필요사항은 대화경찰관 및 경비 등 관련 상황부서 전파

※ 출처: 경찰청, 2018을 바탕으로 작성.

2) 정보보고서

(1) 의의 및 종류

정보보고서란 정보분석의 결과를 사용할 당사자에게 전달하기 위해 문서의 형태로 작성한 것을 의미한다. 정보보고서의 종류는 <표 5-64>와 같이 구분할 수 있다.

|표 5-64| 정보보고서의 종류

구 분	내 용
견문보고서	경찰관이 오관의 작용을 통해 근무 및 일상생활 중 지득한 제 견문을 신속·정확하게 수집·보고하는 보고서
정책보고서	정부의 정책 및 치안행정 시행과정에서 나타나는 제반 문제점과 개선책 또는 여론 등을 수집·분석한 보고서
정보판단서	타 견문과 자료를 종합·분석하여 작성한 보고서로서 지휘관으로 하여금 상황에 대한 조치를 요하는 보고서

※ 출처: 최응렬 등, 2017: 449-450.

(2) 정보보고서의 작성방법

정보 보고서의 작성절차는 크게 작성목적의 정립, 보고내용의 구상, 자료 정리, 보고서 작성의 순으로 이루어진다(정육상, 2015). 또한 정보보고서를 작성할 때에는 <표 5-65>의 작성원칙을 준수해야 한다.

|표 5-65| 정보보고서 작성원칙

구 분	내 용
간결성	• 구성이 산만하지 않고 간결·명료해야 함 • 불필요한 미사여구나 수식어 배제
적시성	• 사용자가 필요로 하는 시점에 제공되어야 함
정확성	• 내용이 정확해야 함 • 인용된 통계는 가장 최신의 것이어야 함
완전성	• 완전한 내용과 형식을 갖추어야 함 • 추가적 설명이나 자료가 필요하지 않도록 만들어져야 함

평이성	• 사용자가 쉽게 이해할 수 있도록 만들어야 함 • 지나치게 전문적 용어 대신 일상적으로 사용하는 어휘 사용이 바람직
효율성	• 능률성과 효과성이 담보되어야 함
능동적 표현	• 수동태 보다는 능동태로 보고서 작성

※ 출처: 정육상, 2015: 168－170을 바탕으로 작성.

또한 보고서 작성 시 용어의 사용에도 신중을 기해야 한다. <표 5－66>과 같이 앞으로 발생할 사항에 대해 용어별로 의미차이를 가지는 경우가 있어 상황에 맞는 표현을 사용하도록 노력해야 한다.

|표 5-66| 미래 상황에 대한 판단 용어

구 분	내 용
판단됨	어떤 징후가 나타나거나 상황이 전개될 것이 거의 확실시 되는 근거가 있는 경우
예상됨	정보 등을 분석한 결과 단기적으로 어떤 상황이 전개될 것이 비교적 확실한 경우
전망됨	과거의 움직임이나 현재동향, 미래의 계획 등으로 미루어 장기적으로 활동의 윤곽이 어떠하리라는 예측을 할 경우
추정됨	구체적인 근거는 없이 현재 나타난 동향의 원인·배경 등을 다소 막연히 추측할 경우
우려됨	구체적인 징후는 없으나 전혀 그 가능성을 배제하기 곤란하여 최소한의 대비가 필요한 경우

※ 출처: 정준선, 2020: 305.

3. 안보경찰 관련 주요 개념

1) 북한이탈주민에 대한 신변보호

(1) 의의

경찰은 북한이탈주민의 보호 및 정착 지원에 관한 법률에 근거하여, 각종 위해로부터 북한이탈주민의 신변보호 업무를 수행하고 있다. 거주지 관할 경찰서에서 자체적으로 신변보호담당관을 지정하여 운영하고 있으며, 북한이탈주민에 대한 신변보호, 범죄예방 및 범죄피해자 보호·지원 업무를 수행한다(통일부, 2020: 83). 또한 경찰서마다 북한이탈주민 안보교육, 북한이탈주민 건강지킴이(지역 내 의료기관과 북한이탈주민 진료협약 체결), 자매결연·자원봉사자 모임 등을 자체적으로 운영하며, 신변보호담당관은 신변보호 업무 이외에도 북한이탈주민의 애로사항을 파악하고 이를 관련기관에 통보하는 역할 역시 수행한다(통일부, 2017: 12).

(2) 대상자 관리 등 보호시스템[68]

북한이탈주민이 거주지로 전입하면 신변인수 확인절차를 거쳐 신변보호 등급에 따라서 관리를 받으며, 신변보호 등급은 신변보호 대상자가 북한에 있을 시 경력과 신변에 대한 위해도 등에 따라 <표 5-67>과 같이 가급~다급으로 구분해 보호가 이루어진다. 신변보호의 기간은 거주지 보호기간(5년)의 범위 내에서 정하도록 되어 있으나, 통일부장관이 보호대상자의 의사, 신변보호의 지속 필요성 등을 고려하여 협의회 심의를 거쳐 그 기간을 연장할 수 있다. 신변보호 종료자를 포함하여 '신변위해 정보, 거주지 이전, 개명, 사망, 행불, 이민, 해외출입국, 구속 또는 중요범죄, 기타 국가안보 및 신변보호 관련' 중요한 사항 등 특이사항에 대해서도 관리를 하여야 한다.

|표 5-67| 신변보호 대상자 등급별 신변보호 방법 및 기간

구 분	대 상	보호방법	기 간
가급	• 재북시 고위직 종사자, 북한으로부터 신변위해 당할 우려가 있는 자 • 보호대상자에 대한 활동 일정 등 사전에 파악, 예측적인 보호활동과 긴밀한 유대 및 협조관계 유지로 위해요소 사전 제거할 필요가 있는 자	• 신변보호담당관 1명 이상 배정, 직접·상시적 보호 • 귀가 이후 등 보호대상자의 안전이 확보된 경우에는 비상연락망 유지로 신변보호 가능	• 거주지보호기간 범위 내에서 신변위해도에 따라 정함 • 보호기간 경과 후 신변위해도에 따라 기간연장 가능
나급	• 재북시 중요한 직책 종사자로 신변위해 당할 잠재적 우려가 있는 자	• 신변보호담당관 1명 지정하여 직·간접적으로 신변보호	

68) 경찰의 신변보호업무와 관련된 내용은 경찰청 신변보호지침으로 규정하고 있으나, 이 사항은 비공개로 확인이 어려워 신변보호지침을 연구에서 제시한 기존의 선행연구들을 정리한 송은희 등(2018)을 바탕으로 작성.

	• 사회정착 생활 불안정으로 특별한 관찰·계도가 필요한 자		
다급	• 신변위해를 당할 우려가 희박한 자 • 초기 사회정착 차원에서 보호가 필요한 자	• 신변보호담당관 1명이 여러 명의 대상자 담당 • 수시 신변안전 유무 및 신상변동사항 확인 등 간접적 방법으로 신변보호	• 거주지보호기간 범위 내에서 정하되 특별한 사유가 없는 한 거주지 전입 6개월 경과시 보호종료
종료자 등	• 신변보호 종료자, 거주지 전입시 신변보호 대상에서 제외된 자	• 거주지 이전이나 사망, 구속, 개명 등 특이사항 유무만 확인	

※ 출처: 송은희 · 설진배 · 장명선, 2018: 75.

2) 방첩

(1) 의의 및 기본원칙

방첩의 사전적 의미는 간첩 활동을 막는 것을 의미하며, 즉 나라의 기밀이나 정보가 새어 나가지 않게 하고 적국의 간첩 · 파괴 행위로부터 나라를 보호하는 활동을 의미한다. 또한 법적 의미를 살펴보면, 국가안보와 국익에 반하는 외국 및 외국인 · 외국단체 · 초국가행위자 또는 이와 연계된 내국인(외국등)의 정보활동을 찾아내고 그 정보활동을 확인 · 견제 · 차단하기 위하여 하는 정보의 수집 · 작성 및 배포 등을 포함한 모든 대응활동을 말한다(방첩업무규정 제2조 제1호). 종합해보면 외국의 정보활동에 대응하고 이를 효과적으로 보호하기 위한 활동을 방첩이라 할 수 있다.

경찰청은 법상 이런 방첩에 관한 업무를 수행하는 방첩기관에 해당하며, 방첩활동이 성공적으로 이루어지기 위해서는 <표 5-68>과 같은 기본원칙이 준수되어야 한다.

|표 5-68| 방첩의 기본원칙

구 분	내 용
완전협조의 원칙	• 전담기관, 보조기관, 국민이 삼위일체가 되어 긴밀히 협조해야만 방첩목표를 달성할 수 있음
치밀과 보안의 원칙	• 치밀한 정보분석 판단과 완벽한 대응책 수립 등으로 치밀성과 보안성이 유지되어야 함

계속접촉의 원칙	• 간첩용의자 발견과 검거는 일망타진을 목적으로 부단한 접촉과 공작으로 간첩 행위를 원천 봉쇄해야 함

※ 출처: 최응렬 등, 2017: 460.

(2) 방첩의 대상

간첩은 특정 국가의 기밀을 수집하는 등의 활동을 하는 사람을 의미하며, 방첩활동의 대상이 된다. 이런 간첩은 활동방법에 따라서 고정간첩, 배회간첩, 공행간첩으로 구분하며, 임무에 따라서는 일반간첩, 증원간첩, 보급간첩, 무장간첩으로 구분한다. 간첩들은 주로 공작원을 포섭하여 간첩망의 형태를 갖추고 활동하는데, 간첩망의 특징을 살펴보면 <표 5-69>와 같다.

|표 5-69| 간첩망의 특징

구 분	내 용
단일형	• 단독으로 활동하는 형태 • 보안유지에 장점이 있으나, 활동범위가 적어 성과가 낮음
삼각형	• 3명 이내의 공작원을 포섭하여 지휘하는 형태로 공작원간 횡적연락은 차단 • 일망타진 가능성이 적은 장점이 있으나 공작원 검거 시 간첩의 정체는 쉽게 규명
써클형	• 합법적 신분을 이용한 간첩 조직형태 • 자유로이 활동할 수 있으나, 정체 탄로시 외교 문제 발생
피라미드형	• 간첩 아래 주공작원 2-3명, 주공작원 아래 행동공작원 2-3명을 두는 형태 • 활동범위가 넓어 성과를 높일 수 있으나, 일망타진 가능성 높음

※ 출처: 백남설 · 김윤영 · 조동운, 2020: 98-99를 바탕으로 재작성.

또한 손자병법의 용간편에서는 간첩을 이용하는 방법에 대해서 설명하고 있는데, 통치자는 다섯 가지 간첩[69]을 활용하는 방법을 적절히 활용해야 한다고 제시하고 있다.

---

69) 향간: 적국의 시민을 이용하는 것
내간: 적국의 관리를 매수해 이용하는 것
반간: 적국의 간첩을 역으로 이용하는 것
사간: 아군의 간첩에게 고의로 조작된 사실을 전달해 적에게 누설토록 하는 것
생간: 적국에 잠입한 아군의 간첩으로 하여금 정보를 전달받는 것.

4. 관련법령[70)]

1) 집회 및 시위에 관한 법률

(1) 제정취지

이 법률은 1962년 적법한 집회(集會) 및 시위(示威)를 최대한 보장하고 위법한 시위로부터 국민을 보호함으로써 집회 및 시위의 권리 보장과 공공의 안녕질서가 적절히 조화를 이루도록 하는 것을 목적으로 제정되었다.

(2) 주요용어

① 옥외집회

천장이 없거나 사방이 폐쇄되지 아니한 장소에서 여는 집회를 의미한다.

② 시위

여러 사람이 공동의 목적을 가지고 도로, 광장, 공원 등 일반인이 자유로이 통행할 수 있는 장소를 행진하거나 위력 또는 기세를 보여, 불특정한 여러 사람의 의견에 영향을 주거나 제압을 가하는 행위를 의미한다.

③ 주최자

자기 이름으로 자기 책임 아래 집회나 시위를 여는 사람이나 단체를 의미한다. 주최자는 주관자(主管者)를 따로 두어 집회 또는 시위의 실행을 맡아 관리하도록 위임할 수 있다. 이 경우 주관자는 그 위임의 범위 안에서 주최자로 본다.

④ 질서유지인

주최자가 자신을 보좌하여 집회 또는 시위의 질서를 유지하게 할 목적으로 임명한 자를 의미한다.

⑤ 질서유지선

관할 경찰서장이나 시·도경찰청장이 적법한 집회 및 시위를 보호하고 질서유지

---

70) 관련법령의 내용은 해당법률 및 시행령 등을 바탕으로 작성.

나 원활한 교통 소통을 위하여 집회 또는 시위의 장소나 행진 구간을 일정하게 구획하여 설정한 띠, 방책, 차선 등의 경계 표지를 의미한다.

(3) 주요내용

① 옥외집회 및 시위의 신고

옥외집회나 시위를 주최하려는 자는 <표 5-70>의 사항 모두를 적은 신고서를 옥외집회나 시위를 시작하기 720시간 전부터 48시간 전에 관할 경찰서장에게 제출하여야 한다. 다만, 옥외집회 또는 시위 장소가 두 곳 이상의 경찰서의 관할에 속하는 경우에는 관할 시 · 도경찰청장에게 제출하여야 하고, 두 곳 이상의 시 · 도경찰청 관할에 속하는 경우에는 주최지를 관할하는 시 · 도경찰청장에게 제출하여야 한다. 관할 경찰서장 또는 시 · 도경찰청장은 신고서를 접수하면 신고자에게 접수 일시를 적은 접수증을 즉시 내주어야 한다. 주최자는 신고한 옥외집회 또는 시위를 하지 않게 된 경우에는 신고서에 적힌 집회 일시 24시간 전에 그 철회사유 등을 적은 철회신고서를 관할경찰관서장에게 제출하여야 한다.

|표 5-70| 신고내용

- 목적
- 일시(필요한 시간 포함)
- 장소
- 주최자(단체인 경우 그 대표자 포함), 연락책임자, 질서유지인에 대한 다음 사항: 주소, 성명, 직업, 연락처
- 참가 예정인 단체와 인원
- 시위의 경우 그 방법(진로와 약도를 포함)

관할경찰관서장은 신고서의 기재 사항에 미비한 점을 발견하면 접수증을 교부한 때부터 12시간 이내에 주최자에게 24시간을 기한으로 그 기재 사항을 보완할 것을 통고할 수 있다. 보완 통고는 보완할 사항을 분명히 밝혀 서면으로 주최자 또는 연락책임자에게 송달하여야 한다. 관할경찰관서장은 집회 또는 시위의 시간과 장소가 중복되는 2개 이상의 신고가 있는 경우 그 목적으로 보아 서로 상반되거나 방해가 된다고 인정되면 각 옥외집회 또는 시위 간에 시간을 나누거나 장소를 분할하여 개최하도록 권유하는 등 각 옥외집회 또는 시위가 서로 방해되지 아니하고 평화적으로 개최 · 진행될 수 있도록 노력하여야 한다.

② 집회 및 시위의 금지 또는 제한 통고

신고서를 접수한 관할경찰관서장은 신고된 옥외집회 또는 시위가 <표 5－71>의 하나에 해당하는 때에는 신고서를 접수한 때부터 48시간 이내에 집회 또는 시위를 금지할 것을 주최자에게 통고할 수 있다. 다만, 집회 또는 시위가 집단적인 폭행, 협박, 손괴, 방화 등으로 공공의 안녕 질서에 직접적인 위험을 초래한 경우에는 남은 기간의 해당 집회 또는 시위에 대하여 신고서를 접수한 때부터 48시간이 지난 경우에도 금지 통고를 할 수 있다.

또한 신고장소가 다른 사람의 주거지역이나 이와 유사한 장소로서 집회나 시위로 재산 또는 시설에 심각한 피해가 발생하거나 사생활의 평온을 뚜렷하게 해칠 우려가 있는 경우, 신고장소가 「초·중등교육법」 제2조에 따른 학교의 주변 지역으로서 집회 또는 시위로 학습권을 뚜렷이 침해할 우려가 있는 경우, 신고장소가 「군사기지 및 군사시설 보호법」 제2조 제2호에 따른 군사시설의 주변 지역으로서 집회 또는 시위로 시설이나 군 작전의 수행에 심각한 피해가 발생할 우려가 있는 경우로서 그 거주자나 관리자가 시설이나 장소의 보호를 요청하는 경우에는 집회나 시위의 금지 또는 제한을 통고할 수 있다. 더불어 주요 도시의 주요 도로에서의 집회 또는 시위에 대하여 교통 소통을 위하여 필요하다고 인정하면 교통질서 유지를 위한 조건을 붙여 제한할 수 있다.

집회 또는 시위의 금지 또는 제한 통고는 그 이유를 분명하게 밝혀 서면으로 주최자 또는 연락책임자에게 송달하여야 한다.

|표 5-71| 금지통고 사유

• 헌법재판소의 결정에 따라 해산된 정당의 목적을 달성하기 위한 집회 또는 시위 • 집단적인 폭행, 협박, 손괴(損壞), 방화 등으로 공공의 안녕 질서에 직접적인 위협을 끼칠 것이 명백한 집회 또는 시위 • 다음의 하나에 해당하는 청사 또는 저택의 경계 지점으로부터 100미터 이내의 장소에서의 옥외집회나 시위 **1. 국회의사당** 단, 국회의 활동을 방해할 우려가 없는 경우나 대규모 집회 또는 시위로 확산될 우려가 없는 경우로서 국회의 기능이나 안녕을 침해할 우려가 없다고 인정되는 때는 제외 **2. 각급 법원, 헌법재판소** 단, 법관이나 재판관의 직무상 독립이나 구체적 사건의 재판에 영향을 미칠 우려가 없는 경우나 대규모 집회 또는 시위로 확산될 우려가 없는 경우로서 각급 법원, 헌법재판소의 기능이나 안녕을 침해할 우려가 없다고 인정되는 때는 제외

3. <u>대통령 관저(官邸), 국회의장 공관,</u> 대법원장 공관, 헌법재판소장 공관
(위 두 가지 사항은 헌법불합치 결정이 났으나 아직 개정이 이루어지지 않은 상황이다.)
4. 국무총리 공관
단, 국무총리를 대상으로 하지 아니하는 경우나 대규모 집회 또는 시위로 확산될 우려가 없는 경우로서 국무총리 공관의 기능이나 안녕을 침해할 우려가 없다고 인정되는 때는 제외
5. 국내 주재 외국의 외교기관이나 외교사절의 숙소
단, 해당 외교기관 또는 외교사절의 숙소를 대상으로 하지 아니하는 경우, 대규모 집회 또는 시위로 확산될 우려가 없는 경우나 외교기관의 업무가 없는 휴일에 개최하는 경우로서 외교기관 또는 외교사절 숙소의 기능이나 안녕을 침해할 우려가 없다고 인정되는 때는 제외

- 신고서에 미비 된 기재 사항을 보완하지 아니한 때
- 주요 도시의 주요 도로에서의 집회 또는 시위가 해당 도로와 주변 도로의 교통 소통에 장애를 발생시켜 심각한 교통 불편을 줄 우려가 있을 때
- 집회 또는 시위의 시간과 장소가 중복되는 2개 이상의 신고가 있는 경우 분할 개최 권유가 받아들여지지 않는다면 뒤에 접수된 옥외집회 또는 시위

③ 집회 및 시위의 금지 통고에 대한 이의 신청 등

집회 또는 시위의 주최자는 금지 통고를 받은 날부터 10일 이내에 해당 경찰관서의 바로 위의 상급경찰관서의 장에게 이의를 신청할 수 있다. 이의 신청을 받은 경찰관서의 장은 접수 일시를 적은 접수증을 이의 신청인에게 즉시 내주고 접수한 때부터 24시간 이내에 재결을 하여야 한다. 이 경우 접수한 때부터 24시간 이내에 재결서를 발송하지 아니하면 관할경찰관서장의 금지 통고는 소급하여 그 효력을 잃는다. 이의 신청인은 금지 통고가 위법하거나 부당한 것으로 재결되거나 그 효력을 잃게 된 경우 처음 신고한 대로 집회 또는 시위를 개최할 수 있다. 다만, 금지 통고 등으로 시기를 놓친 경우에는 일시를 새로 정하여 집회 또는 시위를 시작하기 24시간 전에 관할경찰관서장에게 신고함으로써 집회 또는 시위를 개최할 수 있다.

④ 확성기 등의 사용제한

집회 또는 시위의 주최자는 확성기, 북, 징, 꽹과리 등의 기계·기구("확성기 등")를 사용하여 타인에게 심각한 피해를 주는 소음으로서 <표 5-72>로 정하는 기준을 위반하는 소음을 발생시켜서는 안 된다. 소음 측정 장소는 피해자가 위치한 건물의 외벽에서 소음원 방향으로 1~3.5m 떨어진 지점으로 하되, 소음도가 높을 것으로 예상되는 지점의 지면 위 1.2~1.5m 높이에서 측정한다. 등가소음도는 10분간(소음 발생 시간이 10분 이내인 경우에는 그 발생 시간 동안을 말한다) 측정하고, 최고소음도는 확성기등의 대상소음에 대해 매 측정 시 발생된 소음도 중 가장 높은 소음

도를 측정하며, 동일한 집회·시위에서 측정된 최고소음도가 1시간 내에 3회 이상 최고소음도 기준을 초과한 경우 소음기준을 위반한 것으로 본다.[71)]

|표 5-72| 확성기 등의 소음기준

단위: dB(A)

<table>
<tr><th rowspan="2">구 분</th><th rowspan="2">대상지역</th><th colspan="3">시 간 대</th></tr>
<tr><th>주 간
(07:00~해지기 전)</th><th>야 간
(해진 후~24:00)</th><th>심 야
(00:00~07:00)</th></tr>
<tr><td rowspan="3">등가소음도
(Leq)</td><td>주거지역, 학교,
종합병원</td><td>60 이하</td><td>50 이하</td><td>45 이하</td></tr>
<tr><td>공공도서관</td><td>60 이하</td><td colspan="2">55 이하</td></tr>
<tr><td>그 밖의 지역</td><td>70 이하</td><td colspan="2">60 이하</td></tr>
<tr><td rowspan="3">최고소음도
(Lmax)</td><td>주거지역, 학교,
종합병원</td><td>80 이하</td><td>70 이하</td><td>65 이하</td></tr>
<tr><td>공공도서관</td><td>80 이하</td><td colspan="2">75 이하</td></tr>
<tr><td>그 밖의 지역</td><td colspan="3">90 이하</td></tr>
</table>

⑤ 집회 또는 시위의 해산

관할경찰관서장은 미신고 집회 등 일정한 사유에 해당하는 집회 또는 시위에 대하여는 상당한 시간 이내에 자진 해산할 것을 요청하고 이에 따르지 않으면 해산을 명할 수 있다. 모든 참가자는 해산 명령을 받았을 때에는 지체 없이 해산하여야 한다. 집회 또는 시위를 해산시키려는 때에는 관할 경찰관서장 또는 관할 경찰관서장으로부터 권한을 부여받은 경찰공무원은 다음 <표 5-73>의 순서에 따라야 한다.

|표 5-73| 집회 또는 시위의 해산 절차

1. 종결 선언의 요청

주최자에게 집회 또는 시위의 종결 선언을 요청하되, 주최자의 소재를 알 수 없는 경우에는 주관자·연락책임자 또는 질서유지인을 통하여 종결 선언을 요청할 수 있다.

71) 주거지역, 학교, 종합병원, 공공도서관의 경우는 등가소음도를 5분간 측정(5분 이내인 경우에는 그 발생 시간)하며, 최고소음도는 3회 이상이 아니라 2회 이상을 기준으로 한다.

2. 자진 해산의 요청

종결 선언 요청에 따르지 아니하거나 종결 선언에도 불구하고 집회 또는 시위의 참가자들이 집회 또는 시위를 계속하는 경우에는 직접 참가자들에 대하여 자진 해산할 것을 요청한다.

3. 해산명령 및 직접 해산

자진 해산 요청에 따르지 아니하는 경우에는 세 번 이상 자진 해산할 것을 명령하고, 참가자들이 해산명령에도 불구하고 해산하지 아니하면 직접 해산시킬 수 있다.

다만, 미신고 집회·시위 등의 경우와 주최자·주관자·연락책임자 및 질서유지인이 집회 또는 시위 장소에 없는 경우에는 종결 선언의 요청을 생략할 수 있다.

⑥ 집회·시위자문위원회

집회 및 시위의 자유와 공공의 안녕 질서가 조화를 이루도록 하기 위하여 각급 경찰관서에 다음 <표 5-74>의 사항에 관하여 각급 경찰관서장의 자문 등에 응하는 집회·시위자문위원회를 둘 수 있다. 위원회에는 위원장 1명을 두되, 위원장을 포함한 5명 이상 7명 이하의 위원으로 구성된다. 위원장 및 위원의 임기는 2년으로 한다.

|표 5-74| 자문내용

- 집회 또는 시위의 금지 또는 제한 통고
- 집회 및 시위의 금지 통고에 대한 이의 신청에 대한 재결
- 집회 또는 시위에 대한 사례 검토
- 집회 또는 시위 업무의 처리와 관련하여 필요한 사항

2) 국가보안법

(1) 제정취지

이 법률은 1948년 목적 없이 제정되었으나, 1980년 전부개정을 통해 국가의 안전을 위태롭게 하는 반국가활동을 규제함으로써 국가의 안전과 국민의 생존 및 자유를 확보함을 목적으로 설정하였다. 단, 이 법을 해석 적용함에 있어서는 목적달성을 위하여 필요한 최소한도에 그쳐야 하며, 이를 확대해석하거나 헌법상 보장된 국민의 기본적 인권을 부당하게 제한하는 일이 있어서는 아니 되도록 규정하고 있다.

(2) 주요용어

① 반국가단체

정부를 참칭하거나 국가를 변란할 것을 목적으로 하는 국내외의 결사 또는 집단으로서 지휘통솔체제를 갖춘 단체를 말한다.

(3) 주요내용

① 반국가단체의 구성등

반국가단체를 구성하거나 이에 가입한 자는 구별하여 처벌한다. 수괴의 임무에 종사한 자는 사형 또는 무기징역, 간부 기타 지도적 임무에 종사한 자는 사형·무기 또는 5년 이상의 징역, 그 이외의 자는 2년 이상의 유기징역에 처한다. 타인에게 반국가단체에 가입할 것을 권유한 자는 2년 이상의 유기징역에 처한다.

구성과 가입죄의 미수, 예비, 음모는 처벌하며, 가입권유죄의 경우 미수범만 처벌한다.

② 목적수행

반국가단체의 구성원 또는 그 지령을 받은 자가 그 목적수행을 위한 행위를 한 때에는 처벌하며, 미수, 예비, 음모 역시 처벌한다.

③ 자진지원 및 금품수수

반국가단체나 그 구성원 또는 그 지령을 받은 자를 지원할 목적으로 자진하여 목적수행에 규정된 행위를 한 자는 처벌하며, 미수, 예비, 음모 역시 처벌한다. 또한 국가의 존립·안전이나 자유민주적 기본질서를 위태롭게 한다는 정을 알면서 반국가단체의 구성원 또는 그 지령을 받은 자로부터 금품을 수수한 자는 처벌하며, 미수범은 처벌한다.

④ 잠입·탈출

국가의 존립·안전이나 자유민주적 기본질서를 위태롭게 한다는 정을 알면서 반국가단체의 지배하에 있는 지역으로부터 잠입하거나 그 지역으로 탈출한 자와 반국가단체나 그 구성원의 지령을 받거나 받기 위하여 또는 그 목적수행을 협의하거나 협의하기 위하여 잠입하거나 탈출한 자는 처벌한다. 잠입·탈출의 미수, 예비, 음모 역시 처벌한다.

⑤ 찬양·고무

국가의 존립·안전이나 자유민주적 기본질서를 위태롭게 한다는 정을 알면서 반국가단체나 그 구성원 또는 그 지령을 받은 자의 활동을 찬양·고무·선전 또는 이에 동조하거나 국가변란을 선전·선동한 자는 처벌한다. 위 행위를 목적으로 하는 단체를 구성하거나 이에 가입한 자, 단체의 구성원으로서 사회질서의 혼란을 조성할 우려가 있는 사항에 관하여 허위사실을 날조하거나 유포한 자에 대해서 처벌한다. 또한 앞선 행위들을 할 목적으로 문서·도화 기타의 표현물을 제작·수입·복사·소지·운반·반포·판매 또는 취득한 자 역시 처벌한다.

모든 죄의 미수범에 대해서는 처벌하고, 단체구성과 가입죄에 대해서는 예비와 음모도 처벌한다.

⑥ 회합·통신

국가의 존립·안전이나 자유민주적 기본질서를 위태롭게 한다는 정을 알면서 반국가단체의 구성원 또는 그 지령을 받은 자와 회합·통신 기타의 방법으로 연락을 한 자는 처벌하며, 미수범도 처벌한다.

⑦ 편의제공

앞선 ①~⑥의 죄를 범하거나 범하려는 자라는 정을 알면서 총포·탄약·화약 기타 무기를 제공한 자는 처벌하며, 미수, 예비, 음모 역시 처벌한다. 또한 ①~⑥의 죄를 범하거나 범하려는 자라는 정을 알면서 금품 기타 재산상의 이익을 제공하거나 잠복·회합·통신·연락을 위한 장소를 제공하거나 기타의 방법으로 편의를 제공한 자는 처벌하며, 미수범 역시 처벌한다.

⑧ 불고지

반국가단체의 구성등, 목적수행, 자진지원죄를 범한 자라는 정을 알면서 수사기관 또는 정보기관에 고지하지 아니한 자는 처벌한다. 단, 본범과 친족관계가 있는 때에는 그 형을 감경 또는 면제한다.

⑨ 특수직무유기

범죄수사 또는 정보의 직무에 종사하는 공무원이 이 법의 죄를 범한 자라는 정을 알면서 그 직무를 유기한 때에는 처벌한다. 단, 본범과 친족관계가 있는 때에는 그 형을 감경 또는 면제할 수 있다.

⑩ 무고, 날조

타인으로 하여금 형사처분을 받게 할 목적으로 국가보안법의 죄에 대하여 무고 또는 위증을 하거나 증거를 날조·인멸·은닉한 자는 처벌한다. 또한 범죄수사 또는 정보의 직무에 종사하는 공무원이나 이를 보조하는 자 또는 이를 지휘하는 자가 직권을 남용하여 무고 또는 위증을 하거나 증거를 날조·인멸·은닉한 자 역시 처벌한다.

⑪ 참고인의 구인·유치

검사 또는 사법경찰관으로부터 이 법에 정한 죄의 참고인으로 출석을 요구받은 자가 정당한 이유없이 2회 이상 출석요구에 불응한 때에는 관할법원판사의 구속영장을 발부받아 구인할 수 있다. 구속영장에 의하여 참고인을 구인하는 경우에 필요한 때에는 근접한 경찰서 기타 적당한 장소에 임시로 유치할 수 있다.

⑫ 구속기간의 연장

지방법원판사는 ①~⑦(⑤ 제외)의 죄로서 사법경찰관이 검사에게 신청하여 검사의 청구가 있는 경우에 수사를 계속함에 상당한 이유가 있다고 인정한 때에는 형사소송법 제202조의 구속기간(10일)의 연장을 1차에 한하여 허가할 수 있다. 지방법원판사는 동일한 죄로서 검사의 청구에 의하여 수사를 계속함에 상당한 이유가 있다고 인정한 때에는 형사소송법 제203조의 구속기간(10일)의 연장을 2차에 한하여 허가할 수 있다. 기간의 연장은 각 10일 이내로 한다.

3) 보안관찰법

(1) 제정취지

이 법률은 1975년 특정범죄를 범한 자에 대하여 재범의 위험성을 예방하고 건전한 사회복귀를 촉진하기 위하여 보안관찰처분을 함으로써 국가의 안전과 사회의 안녕을 유지함을 목적으로 사회안전법이라는 명칭으로 제정되었으나, 1989년 전부개정을 통해 보안관찰법으로 명칭이 변경되었다.

(2) 주요용어

① 보안관찰해당범죄

형법의 내란목적의 살인, 외환유치, 여적, 모병이적, 시설제공이적, 시설파괴이적, 물건제공이적, 간첩, 일반이적과 군형법의 반란, 반란 목적의 군용물 탈취, 반란 불보고(적을 이롭게 할 목적에 한함), 군대 및 군용시설 제공, 군용시설등 파괴, 간첩, 일반이적의 범죄, 국가보안법의 목적수행, 자진지원 · 금품수수(일부 제외), 잠입 · 탈출. 편의제공의 범죄가 해당한다.

② 보안관찰처분대상자

보안관찰해당범죄 또는 이와 경합된 범죄로 금고 이상의 형의 선고를 받고 그 형기 합계가 3년 이상인 자로서 형의 전부 또는 일부의 집행을 받은 사실이 있는 자를 의미한다.

(3) 주요내용

① 보안관찰처분

보안관찰처분대상자 중 보안관찰해당범죄를 다시 범할 위험성이 있다고 인정할 충분한 이유가 있어 재범의 방지를 위한 관찰이 필요한 자에 대하여는 보안관찰처분을 한다. 보안관찰처분을 받은 자는 법이 정하는 바에 따라 소정의 사항을 주거지 관할경찰서장에게 신고하고, 재범방지에 필요한 범위 안에서 그 지시에 따라 보안관찰을 받아야 한다.

보안관찰처분의 기간은 2년으로 하며, 법무부장관은 검사의 청구가 있는 때에는 보안관찰처분심의위원회의 의결을 거쳐 그 기간을 갱신할 수 있다.

보안관찰처분대상자는 그 형의 집행을 받고 있는 교도소등에서 출소 전에 대통령령으로 정하는 사항을 교도소등의 장을 경유하여 거주예정지 관할경찰서장에게 신고하고, 출소후 7일 이내에 그 거주예정지 관할경찰서장에게 출소사실을 신고하여야 한다. 보안관찰처분대상자는 교도소등에서 출소한 후 신고사항에 변동이 있을 때에는 변동이 있는 날부터 7일 이내에 그 변동된 사항을 관할경찰서장에게 신고하여야 한다.

② 보안관찰처분의 청구와 결정

보안관찰처분청구는 검사가 보안관찰처분청구서를 법무부장관에게 제출함으로써 이루어진다. 검사가 처분청구서를 제출할 때에는 청구의 원인이 되는 사실을 증명할 수 있는 자료와 의견서를 첨부하여야 한다. 검사는 보안관찰처분청구를 위하여 필요한 때에는 보안관찰처분대상자, 청구의 원인이 되는 사실과 보안관찰처분을 필요로 하는 자료를 조사할 수 있으며, 사법경찰관리와 특별사법경찰관리는 검사의 지휘를 받아 관련 조사를 할 수 있다.

보안관찰처분에 관한 결정은 위원회의 의결을 거쳐 법무부장관이 행하며, 위원회의 의결과 다른 결정을 할 수 없다. 다만, 보안관찰처분대상자에 대하여 위원회의 의결보다 유리한 결정을 하는 때에는 그러하지 아니하다.

③ 보안관찰처분심의위원회

보안관찰처분에 관한 사안을 심의·의결하기 위하여 법무부에 보안관찰처분심의위원회를 둔다. 위원회는 위원장 1인과 6인의 위원으로 구성하며, 위원장은 법무부차관이 되고, 위원은 학식과 덕망이 있는 자로 하되, 그 과반수는 변호사의 자격이 있는 자이어야 한다. 위원의 임기는 2년이며, 법무부장관의 제청으로 대통령이 임명 또는 위촉한다.

위원회는 보안관찰처분 또는 그 기각의 결정, 면제 또는 그 취소결정, 보안관찰처분의 취소 또는 기간의 갱신결정의 사안을 심의·의결하며, 회의는 위원장을 포함한 재적위원 과반수의 출석으로 개의하고 출석위원 과반수의 찬성으로 의결한다.

4) 북한이탈주민의 보호 및 정착지원에 관한 법률

(1) 제정취지

이 법률은 1997년 군사분계선 이북지역에서 벗어나 대한민국의 보호를 받으려는 군사분계선 이북지역의 주민이 정치, 경제, 사회, 문화 등 모든 생활 영역에서 신속히 적응·정착하는 데 필요한 보호 및 지원에 관한 사항을 규정함을 목적으로 제정되었다.

(2) 주요용어

① 북한이탈주민

군사분계선 이북지역(북한)에 주소, 직계가족, 배우자, 직장 등을 두고 있는 사람으로서 북한을 벗어난 후 외국 국적을 취득하지 않은 사람을 의미한다.

② 보호대상자

이 법에 따라 보호 및 지원을 받는 북한이탈주민을 의미한다.

③ 정착지원시설과 보호금품

정착지원시설이란 보호대상자의 보호 및 정착지원을 위하여 이 법에 따라 설치 · 운영하는 시설을 의미하며, 보호금품이란 보호대상자에게 지급하거나 빌려주는 금전 또는 물품을 의미한다.

(3) 주요내용

① 기본원칙

대한민국은 보호대상자를 인도주의에 입각하여 특별히 보호하며, 외국에 체류하고 있는 북한이탈주민의 보호 및 지원 등을 위하여 외교적 노력을 다하여야 한다. 통일부장관은 북한이탈주민에 대한 보호 및 지원 등을 위하여 북한이탈주민의 실태를 파악하고, 그 결과를 정책에 반영하여야 한다.

② 거주지 보호 및 거주지에서의 신변보호

통일부장관은 보호대상자가 정착지원시설로부터 그의 거주지로 전입한 후 정착하여 스스로 생활하는 데 장애가 되는 사항을 해결하거나 그 밖에 자립 · 정착에 필요한 보호를 할 수 있다. 통일부장관은 보호대상자가 거주지로 전입한 후 그의 신변안전을 위하여 국방부장관이나 경찰청장에게 협조를 요청할 수 있으며, 협조요청을 받은 국방부장관이나 경찰청장은 이에 협조한다. 신변보호에 필요한 사항은 통일부장관이 국방부장관, 국가정보원장 및 경찰청장과 협의하여 정하며, 해외여행에 따른 신변보호에 관한 사항은 외교부장관과 법무부장관의 의견을 들을 수 있다. 통일부장관은 협의회의 심의를 거쳐 5년의 범위에서 신변보호기간을 정하며, 이 경우 통일부장관은 보호대상자의 의사를 고려하여야 한다. 통일부장관은 보호대상자의 의사, 신변보호의 지속 필요성 등을 고려하여 협의회의 심의를 거쳐 신변보호기간을 연장할 수 있다. 다만, 통일부장관은 연장된 기간의 종료 전이라도 보호대상자가 요청하는 경우에는 협의회의 심의를 거쳐 신변보호를 종료할 수 있다.

제 6 절 외사경찰

1. 개념 및 주요임무

1) 개념

외사경찰은 외국인, 외국 기관과 단체 등 외사대상과 관련성이 있는 범죄를 예방하고 정보를 수집하며 단속하는 활동을 하는 경찰을 의미하며, 최근에는 다문화사회의 진입에 발맞추어 국내의 다문화 관련 치안활동을 수행하고 있다.

2) 주요임무

외사경찰의 주요임무는 크게 외사기획, 외사정보 및 외사보안, 국제협력 3가지로 나누어 볼 수 있으며, 각 경찰관서별 업무는 <표 5-75>와 같다. 국제공조와 국제협력과 관련된 업무는 상당 수가 경찰청 차원에서만 이루어지고 있다.

|표 5-75| 각 경찰관서별 외사경찰의 임무

구 분	경찰청	시·도경찰청	경찰서
외사기획	• 외사경찰업무 관련 기획·지도 및 조정 • 다문화 치안시책의 개발 및 관리	• 외사경찰 제도 및 운영에 관한 기획·발전방안 연구 • 다문화 치안시책의 개발 및 관리	• 통역요원 관리 및 통역 지원 • 다문화 치안활동
외사정보	• 외사정보 수집·분석 및 관리	• 중요 외사정보 상황 유지 및 전파	• 외사첩보 수집
국제협력	• 치안분야 국제협력 정책의 수립·총괄·조정 • 외국경찰기관과의 교류 및 협력 • 국제형사경찰기구 관련 업무		

※ 출처: 「경찰청과 그 소속기관 직제」 제9조 및 관련법령.

2. 외사경찰 관련 활동[72)]

1) 외국인 도움센터(Assistance Center for Foreigner) 운영

외국인 도움센터란 외국인의 범죄신고 및 민원창구로서 경찰서 방문에 거부감이나 어려움을 느낄 수 있는 외국인들이 접근성이 높은 다문화가족지원센터, NGO 단체 등에서 관련된 업무를 할 수 있도록 경찰청이 지정·운영하는 것을 의미한다. 센터는 경찰의 외사요원과 핫라인을 구축하여 범죄신고 처리와 각종 민원을 상담하고 관계기관에 통보하는 역할을 수행하고 있다. 유기적인 협조 구축 등 적극적인 노력을 통해 센터는 외국인의 범죄예방 및 실질적인 사회적 정착이 이루어질 수 있도록 기여하고 있다.

2) 외국인 범죄예방 교실 운영

외국인 범죄예방 교실은 국내에 체류 중인 외국인을 대상으로 하여 법질서에 대한 인식제고와 경각심 부여, 생활 속의 범죄예방 요령, 기초질서 등 국내법 이해 부족으로 인한 행위 방지를 통해 안정적인 다문화 사회 정착에 이바지함을 목적으로 시행하고 있다(정부24 홈페이지, 21. 1. 14 검색). 범죄예방 교실은 교육대상자의 유형에 따라 다문화가정 자녀에게는 '학교폭력 예방교육', 결혼이주여성에게는 '기초질서·안전·범죄피해 예방교육', 외국인 근로자에게는 '기초 법질서 교육'을 실시하는 등 맞춤형 교육을 실시하고 있다.

3) 다문화 가족 및 취약계층 대상 운전면허교실 운영

경찰청에서는 결혼이주여성, 유학생, 외국인 근로자를 대상으로 국내 생활의 편의성 도모 및 정착에 필수적 요소 중 하나인 운전면허 취득과 관련된 사항을 지원하기 위해 운전면허교실을 운영하고 있다. 운전면허 교실은 경찰서 단위로 운영되며 운전면허 취득과정, 도로교통법과 관련된 주요 내용, 교통사고 발생 시 주의할 사항 등에 대한 교육을 실시한다. 교실 운영은 교통안전이나 운전면허 취득 지원을 넘어 체류외국인들이 경찰과 접촉하면서 유대감을 형성할 수 있는 하나의 창구로 활용되고 있다.

---

72) 경찰청, 2020a: 188−190을 바탕으로 작성.

3. 인터폴(International Criminal Police Organization)

1) 의의 및 역사

인터폴은 국제범죄의 예방과 진압을 위해 각 회원국의 국내법이 허용하는 한도 내에서 국제범죄에 관한 정보를 교환하고 범죄자 체포 및 인도에 대하여 상호 협력하는 정부 간 국제기구로서 국제형사경찰기구(International Criminal Police Organization)의 약칭으로 인터폴(Interpol)이라는 용어를 사용한다(외교부 홈페이지, 21. 1. 11 검색).

|표 5-76| 인터폴의 발전과정

- 1914년: 제1회 국제형사경찰회의(International Criminal Police Congress) 개최
- 1923년: 국제형사경찰위원회(ICPC) 오스트리아 비엔나에 본부를 두고 설립됨
  비엔나 경찰수장인 요하네스 쇼버(Johannes Schober)에 의해 주도됨
  인터폴의 수배서를 국제공공안전저널(International Public Safety Journal)에 처음 게재
- 1927년: 암스테르담에서 개최된 4차 총회에서 국가중앙사무국 설치 결의안 채택
- 1930년: 범죄 기록, 화폐 위조 및 여권 위조를 처리하기 위해 전문 부서가 설립
- 1946년: 본부를 프랑스 파리로 이전, 'INTERPOL'이 약호로 선정
- 1947년: 경찰을 살해한 혐의로 러시아 남성에게 처음으로 적색수배서 발행
- 1956년: 현대화된 헌장을 채택함에 따라 ICPC는 국제형사경찰기구(ICPO)로 발족
  회원국들의 회비 징수로 재정적 자율성 확보
- 1958년: 회원국의 재정적 기여도 수정 및 재정규칙 채택
- 1989년: 사무총국을 프랑스 리옹으로 이전
- 1999년: 공식 언어로 아랍어 추가(기존 : 영어, 프랑스어, 스페인어)
- 2004년: UN에 특별 대표 사무소 개소
- 2007년: INTERPOL 글로벌 학습 센터 구축
- 2015년: 범죄 및 범죄자 식별, 혁신적인 교육 및 운영 지원을 위한 연구 개발 시설인 INTERPOL Global Complex for Innovation 개소

※ 출처: 인터폴 홈페이지, 25. 3. 2 검색.

인터폴은 1914년 24개 국이 모여 범죄해결을 위해 범인식별 기술과 범죄인 인도에 대해 협력하는 것으로 시작되었으며, 우리나라는 1964년 가입하였고, 2025년 현재 196개국이 가입되어 있다(인터폴 홈페이지, 25. 3. 2 검색). 주요 역사적인 발전과정은 <표 5-76>과 같다.

2) 조직[73)]

(1) 총회

총회(General Assembly)는 각 회원국의 대표로 구성된 인터폴의 최고의사결정기구로, 매년 약 4일간 개최되며, 총회에서는 조직 목적 달성을 위한 논의와 다음 해의 재정과 활동 프로그램들에 대한 결정을 한다. 또한 세계가 직면하고 있는 범죄 동향과 보안과 관련된 위협이 주요 의제로 논의된다.

총회는 결의안의 형태로 결정을 내리며, 각 회원국은 하나의 투표권을 가진다. 의사결정은 주제에 따라서 과반수 또는 2/3의 다수결로 결정되며, 이 결의안은 공개한다. 이런 총회는 각 국가의 고위 경찰공무원들(법집행기관의 공무원)이 참석하기에 국가 간 네트워크를 구축하고 경험을 공유할 수 있는 중요한 모임이다. 이 이외에도 총회에서는 집행위원회(Executive Committee)를 선출한다.

인터폴의 총재는 집행위원회의 수장이며, 총회에서 4년의 임기로 선출된다. 인터폴의 총재는 무급이며, <표 5-77>의 역할을 수행한다. 2018년 11월 우리나라 최초로 경기지방경찰청장 출신인 김종양 총재가 선출되어 역할을 수행하였다.[74)]

|표 5-77| 인터폴 총재의 역할

• 총회와 집행위원회의 회의 주재, 논의 진행 • 인터폴의 활동이 총회와 집행위원회의 결정에 부합하도록 보장 • 가능한 한 인터폴 사무총장과 직접적이고 지속적인 연락을 유지

(2) 집행위원회

집행위원회(Executive Committee)는 총회의 결정 사항에 따라 사무총국의 업무를 감독하는 역할을 수행한다. 집행위원회는 매년 3차례 모여 인터폴의 정책과 방향을 결정하며, 위원들은 각 국가들의 고위 관료로서 다년간의 경험과 지식을 바탕으로 조언을 제공한다. 집행위원회의 역할은 <표 5-78>과 같다.

73) 인터폴 홈페이지(25. 3. 2 검색)를 바탕으로 작성.
74) 기존 총재의 사임으로 잔여임기인 2년만을 수행예정이었으나, 코로나로 인해 2021년 11월까지 수행하는 것으로 결정되었다.

|표 5-78| 인터폴 집행위원회의 역할

• 총회 결정사항의 집행을 감독 • 총회 회의시 논의할 의제 준비 • 총회에 유용하다고 판단되는 프로젝트나 프로그램을 제출 • 사무총장의 행동 및 업무 감독

집행위원은 총회에서 선출되며, 총재 1명(임기 4년), 부총재 3명(임기 3년), 9명의 집행위원으로 구성된다. 총재와 부총재는 중임하거나 차기 집행위원이 될 수 없다.

(3) 사무총국

사무총국(General Secretariat)은 프랑스 리옹에 위치하고 있으며, 회원국들의 국제치안활동을 지원하기 위해 인터폴의 일상적 활동을 수행한다. 사무국은 연중무휴로 24시간 운영되고 있으며, 약 1,000명의 직원이 근무하고 있다.[75] 전 세계 6개의 지역에 지역사무소를 두고 지역 내 경찰이 함께 모여 일상적인 범죄이슈를 다루며 경험을 공유하고 있으며, 뉴욕의 국제연합과 브뤼셀의 유럽연합, 아디스아바바의 아프리카 연합에도 특별 대표사무소를 개설하여 초국가적 범죄를 예방하고 해결하는 데 있어 긴밀한 협력을 해 나가고 있다.

(4) 국가중앙사무국

모든 인터폴 회원국은 각 국가에 국가중앙사무국(National Central Bureau)을 운영하고 있으며, 이들은 I-24/7이라는 보안 글로벌 경찰 통신 네트워크를 통해 사무총국과 다른 국가들의 법 집행기관들과 연결되어 있다. 각 국가의 국가중앙사무국은 자국의 범죄 또는 범죄자를 수사하기 위해 다른 나라의 국가중앙사무국으로부터 필요한 정보를 찾고, 범죄 데이터와 정보를 공유하며 다른 나라들을 지원한다. 또한 국가중앙사무국은 국경을 초월한 수사, 작전, 체포에 협력한다.

국가중앙사무국은 국가마다 차이점은 있으나 일반적으로 고도로 훈련된 국가경찰들로 구성되며, 우리나라의 경우 경찰청 국제협력관의 국제공조담당관이 관련 업무를 수행하고 있다.

75) 이 중 1/4은 각 정부가 파견한 경찰공무원(법집행 공무원).

3) 수배통지[76)]

(1) 개념

인터폴의 수배통지(Notices) 제도는 회원국 경찰에게 중요한 범죄 관련 정보를 서로 공유하도록 하는 국제적인 협조 요청 또는 경보를 의미한다. 수배통지는 국가중앙사무국의 요청에 따라 인터폴 사무총국이 발행하며, 모든 회원국에게 제공된다. 대부분의 통지들은 경찰들에게만 공개되며 대중들에게는 공개되지 않으나, 대중에게 경고하거나 혹은 도움을 요청하기 위해 일부는 통지의 발췌본을 사이트[77)]에 게시하기도 한다.

(2) 유형

① 적색 수배서(Red Notice)

적색 수배서는 범죄인 인도나 이와 유사한 법적 조치를 위해 수배자의 위치확인 및 체포를 요청하는 수배서이다. 적색수배서에는 두 가지 유형의 정보가 포함되는데, 첫 번째는 이름, 생년월일, 국적, 성별, 신장, 사용언어 등 수배를 원하는 사람을 식별하기 위한 정보이고, 두 번째는 살인, 강도, 아동학대, 강간 등 범죄와 관련된 정보이다.

② 황색 수배서(Yellow Notice)

황색 수배서는 실종자에 대한 정보를 제공하기 위한 수배서이다. 이 정보는 유괴나 납치, 그리고 설명할 수 없는 실종 피해자를 위해 발행된다.

③ 청색 수배서(Blue Notice)

청색 수배서는 범죄와 관련된 사람의 신원, 위치 또는 활동에 관한 정보를 수집하기 위해 발행하는 수배서이다.

④ 흑색 수배서(Black Notice)

흑색 수배서는 미확인 사체에 대한 정보를 확인하기 위해 발행하는 수배서이다.

---

76) 인터폴 홈페이지(25. 3. 2 검색)를 바탕으로 작성.
77) 적색수배서가 게시된 사이트(https://www.interpol.int/en/How-we-work/Notices/View-Red-Notices).

⑤ 녹색 수배서(Green Notice)

공공안전에 잠재적인 위험을 줄 가능성이 있는 사람의 범죄활동과 관련된 경고를 하기 위한 수배서이다.

⑥ 오렌지색 수배서(Orange Notice)

공공안전에 심각하고 긴박한 위험이 되는 행사, 사람, 물건 또는 절차 등을 경고하기 위한 수배서이다.

⑦ 보라색 수배서(Purple Notice)

범죄자가 사용하는 범죄수법, 범행대상, 범행도구, 은닉방법들에 대한 정보를 요청하거나 제공하기 위한 수배서이다.

⑧ 인터폴-UN안보리 특별수배서

UN 안전보장이사회 제재 대상인 단체나 개인들에 대한 수배서이다.

⑨ 은색 수배서(Silver Notice)

범죄 자산을 식별하고 추적하기 위해 발행하는 수배서이다.

4. 관련법령[78)]

1) 출입국관리법

(1) 제정취지

이 법률은 1963년 대한민국에 입국하거나 대한민국에서 출국하는 모든 국민 및 외국인의 출입국관리를 통한 안전한 국경관리, 대한민국에 체류하는 외국인의 체류관리와 사회통합 등에 관한 사항을 규정함을 목적으로 제정되었다.

78) 관련법령의 내용은 해당법률 및 시행령 등을 바탕으로 작성.

(2) 주요용어

① 국민 및 외국인

국민은 대한민국의 국민을 말하며, 외국인은 대한민국의 국적을 가지지 아니한 사람을 의미한다.

② 난민

인종, 종교, 국적, 특정 사회집단의 구성원인 신분 또는 정치적 견해를 이유로 박해를 받을 수 있다고 인정할 충분한 근거가 있는 공포로 인하여 국적국의 보호를 받을 수 없거나 보호받기를 원하지 아니하는 외국인 또는 그러한 공포로 인하여 대한민국에 입국하기 전에 거주한 국가로 돌아갈 수 없거나 돌아가기를 원하지 아니하는 무국적자인 외국인을 의미한다.

(3) 주요내용

① 출국금지

법무부장관은 <표 5-79>의 하나에 해당하는 국민에 대하여 규정된 기간 이내의 기간을 정하여 출국을 금지할 수 있다. 중앙행정기관의 장 및 법무부장관이 정하는 관계 기관의 장은 소관 업무와 관련하여 출국금지 사유의 하나에 해당하는 사람이 있다고 인정할 때에는 법무부장관에게 출국금지를 요청할 수 있다. 출입국관리공무원은 출국심사를 할 때에 출국이 금지된 사람을 출국시켜서는 안 된다.

|표 5-79| 출국금지 사유 및 기간

구분(기간)	사 유
6개월	• 형사재판에 계속 중인 사람 • 징역형이나 금고형의 집행이 끝나지 아니한 사람 • 1천만원 이상의 벌금이나 2천만원 이상의 추징금을 내지 않은 사람 • 일정 금액 이상의 국세(5천만원), 관세(5천만원), 지방세(3천만원)를 정당한 사유 없이 그 납부기한까지 내지 아니한 사람 • 양육비 채무자 중 양육비이행심의위원회의 심의 · 의결을 거친 사람 • 그 밖에 위에 준하는 사람으로서 대한민국의 이익이나 공공의 안전 또는 경제질서를 해칠 우려가 있어 그 출국이 적당하지 아니하다고 법무부령으로 정하는 사람(위치추적 전자장치가 부착된 사람 등)

3개월	• 소재를 알 수 없어 기소중지 또는 수사중지(피의자 중지로 한정) 결정이 된 사람 또는 도주 등 특별한 사유가 있어 수사진행이 어려운 사람
1개월	• 범죄 수사를 위하여 출국이 적당하지 않다고 인정되는 경우
영장 유효기간	• 기소중지 또는 수사중지(피의자 중지로 한정) 결정이 된 경우로서 체포영장 또는 구속영장이 발부된 경우

법무부장관은 출국금지기간을 초과하여 계속 출국을 금지할 필요가 있다고 인정하는 경우에는 그 기간을 연장할 수 있다. 출국금지를 요청한 기관의 장은 출국금지기간을 초과하여 계속 출국을 금지할 필요가 있을 때에는 출국금지기간이 끝나기 3일 전까지 법무부장관에게 출국금지기간을 연장하여 줄 것을 요청하여야 한다.

출국이 금지되거나 출국금지기간이 연장된 사람은 출국금지결정이나 출국금지기간 연장의 통지를 받은 날 또는 그 사실을 안 날부터 10일 이내에 법무부장관에게 출국금지결정이나 출국금지기간 연장결정에 대한 이의를 신청할 수 있다. 법무부장관은 이의신청을 받으면 그 날부터 15일 이내에 이의신청의 타당성 여부를 결정하여야 한다. 다만, 부득이한 사유가 있으면 15일의 범위에서 한 차례만 그 기간을 연장할 수 있다.

또한 법무부장관은 출국금지 사유가 없어졌거나 출국을 금지할 필요가 없다고 인정할 때에는 즉시 출국금지를 해제하여야 한다. 출국금지를 요청한 기관의 장은 출국금지 사유가 없어졌을 때에는 즉시 법무부장관에게 출국금지의 해제를 요청하여야 한다.

② 긴급출국금지

수사기관은 범죄 피의자로서 사형 · 무기 또는 장기 3년 이상의 징역이나 금고에 해당하는 죄를 범하였다고 의심할 만한 상당한 이유가 있고, i) 피의자가 증거를 인멸할 염려가 있거나 ii) 피의자가 도망하거나 도망할 우려가 있는 경우 중 하나에 해당하며 긴급한 필요가 있는 때에는 출국심사를 하는 출입국관리공무원에게 출국금지를 요청할 수 있다. 요청을 받은 출입국관리공무원은 출국심사를 할 때에 출국금지가 요청된 사람을 출국시켜서는 안 된다. 수사기관은 긴급출국금지를 요청한 때로부터 6시간 이내에 법무부장관에게 긴급출국금지 승인을 요청하여야 한다. 이 경우 검사의 검토의견서 및 범죄사실의 요지, 긴급출국금지의 사유 등을 기재한 긴급출국금지보고서를 첨부하여야 한다. 법무부장관은 수사기관이 긴급출국금지 승인 요청을 하지 않은 때에는 출국금지를 해제하여야 한다. 수사기관이 긴급출국금지 승인을 요청한 때로부터 12시간 이내에 법무부장관으로부터 긴급출국금지 승인을 받지 못한 경우 역시 같다.

③ 출국정지 및 긴급출국정지

법무부장관은 <표 5-80>의 하나에 해당하는 외국인에 대하여 규정된 기간 이내의 기간을 정하여 출국을 정지할 수 있다. 외국인의 출국정지와 관련된 사항은 출국금지에 준용해서 적용한다. 긴급출국정지에 관한 사항 역시 긴급출국금지에 준용해서 적용한다.

|표 5-80| 출국정지 사유 및 기간

구분(기간)	사 유
3개월	• 형사재판에 계속 중인 외국인 • 징역형이나 금고형의 집행이 끝나지 아니한 외국인 • 1천만원 이상의 벌금이나 2천만원 이상의 추징금을 내지 않은 외국인 • 일정 금액 이상의 국세(5천만원), 관세(5천만원), 지방세(3천만원)를 정당한 사유 없이 그 납부기한까지 내지 아니한 외국인 • 양육비 채무자 중 양육비이행심의위원회의 심의 · 의결을 거친 외국인 • 그 밖에 위에 준하는 사람으로서 대한민국의 이익이나 공공의 안전 또는 경제질서를 해칠 우려가 있어 그 출국이 적당하지 아니하다고 법무부령으로 정하는 외국인(위치추적 전자장치가 부착된 외국인 등) • 도주 등 특별한 사유가 있어 수사진행이 어려운 외국인 • 소재를 알 수 없어 기소중지 또는 수사중지(피의자중지로 한정) 결정이 된 외국인 (단, 기소중지 결정된 사람의 소재가 발견된 경우에는 출국정지 예정기간을 발견된 날부터 10일 이내로 한다)
1개월	• 범죄 수사를 위하여 출국이 적당하지 아니하다고 인정되는 경우
영장 유효기간	• 기소중지 또는 수사중지(피의자중지로 한정) 결정이 된 경우로서 체포영장 또는 구속영장이 발부된 외국인

④ 외국인의 입국과 입국금지

외국인이 입국할 때에는 유효한 여권과 법무부장관이 발급한 사증을 가지고 있어야 한다. 단, <표 5-81>의 하나에 해당하는 외국인에 대해서는 입국을 금지할 수 있다.

|표 5-81| 입국금지 대상

• 감염병환자, 마약류중독자, 그 밖에 공중위생상 위해를 끼칠 염려가 있다고 인정되는 사람 • 「총포·도검·화약류 등의 안전관리에 관한 법률」에서 정하는 총포·도검·화약류 등을 위법하게 가지고 입국하려는 사람 • 대한민국의 이익이나 공공의 안전을 해치는 행동을 할 염려가 있다고 인정할 만한 상당한 이유가 있는 사람 • 경제질서 또는 사회질서를 해치거나 선량한 풍속을 해치는 행동을 할 염려가 있다고 인정할 만한 상당한 이유가 있는 사람 • 사리 분별력이 없고 국내에서 체류활동을 보조할 사람이 없는 정신장애인, 국내체류비용을 부담할 능력이 없는 사람, 그 밖에 구호가 필요한 사람 • 강제퇴거명령을 받고 출국한 후 5년이 지나지 아니한 사람 • 1910년 8월 29일부터 1945년 8월 15일까지 사이에 다음 어느 하나에 해당하는 정부의 지시를 받거나 그 정부와 연계하여 인종, 민족, 종교, 국적, 정치적 견해 등을 이유로 사람을 학살·학대하는 일에 관여한 사람 – 일본 정부, 일본 정부와 동맹관계에 있던 정부, 일본 정부의 우월한 힘이 미치던 정부 • 위에 준하는 사람으로서 법무부장관이 그 입국이 적당하지 아니하다고 인정하는 사람

2) 범죄인인도법

(1) 제정취지

이 법률은 1988년 범죄인 인도에 관하여 그 범위와 절차 등을 정함으로써 범죄 진압 과정에서의 국제적인 협력을 증진함을 목적으로 제정되었다.

(2) 주요용어

① 인도조약

대한민국과 외국 간에 체결된 범죄인의 인도에 관한 조약·협정 등의 합의를 의미한다.

② 청구국

범죄인의 인도를 청구한 국가를 의미한다.

③ 인도범죄

범죄인의 인도를 청구할 때 그 대상이 되는 범죄를 의미한다.

④ 범죄인

인도범죄에 관하여 청구국에서 수사나 재판을 받고 있는 사람 또는 유죄의 재판을 받은 사람을 의미한다.

⑤ 긴급인도구속

도망할 염려가 있는 경우 등 긴급하게 범죄인을 체포·구금하여야 할 필요가 있는 경우에 범죄인 인도청구가 뒤따를 것을 전제로 하여 범죄인을 체포·구금하는 것을 의미한다.

(3) 주요내용

① 인도조약과의 관계

범죄인 인도에 관하여 인도조약에 이 법과 다른 규정이 있는 경우에는 그 규정에 따른다.

② 전속관할

범죄인의 인도심사 및 그 청구와 관련된 사건은 서울고등법원과 서울고등검찰청의 전속관할로 한다.

③ 상호주의

인도조약이 체결되어 있지 않은 경우에도 범죄인의 인도를 청구하는 국가가 같은 종류 또는 유사한 인도범죄에 대한 대한민국의 범죄인 인도청구에 응한다는 보증을 하는 경우에는 이 법을 적용한다.

④ 인도범죄

대한민국과 청구국의 법률에 따라 인도범죄가 사형, 무기징역, 무기금고, 장기 1년 이상의 징역 또는 금고에 해당하는 경우에만 범죄인을 인도할 수 있다.

⑤ 인도심사 절차

외교부장관은 청구국으로부터 범죄인의 인도청구를 받았을 때에는 인도청구서와 관련 자료를 법무부장관에게 송부하여야 하며, 법무부장관은 이를 서울고등검찰청 검사장에게 송부하고 그 소속 검사로 하여금 서울고등법원(법원)에 범죄인의 인도

허가 여부에 관한 심사(이하 "인도심사")를 청구하도록 명하여야 한다.[79]

검사는 법무부장관의 인도심사청구명령이 있을 때에는 지체 없이 법원에 인도심사를 청구하여야 하며,[80] 범죄인이 인도구속영장에 의하여 구속되었을 때에는 구속된 날부터 3일 이내에 인도심사를 청구하여야 한다. 검사는 인도심사를 청구하였을 때에는 그 청구서의 부본을 범죄인에게 송부하여야 한다.

법원은 인도심사의 청구를 받았을 때에는 지체 없이 인도심사를 시작하여야 하며, 범죄인이 인도구속영장에 의하여 구속 중인 경우에는 구속된 날부터 2개월 이내에 인도심사에 관한 결정을 하여야 한다. 법원은 인도심사에 관한 결정을 하기 전에 범죄인과 그의 변호인에게 의견을 진술할 기회를 주어야 하며, 인도심사를 하면서 필요하다고 인정할 때에는 증인을 신문할 수 있고, 감정·통역 또는 번역을 명할 수 있다.

⑥ 인도거절 사유

인도거절 사유는 크게 절대적 거절사유와 임의적 거절사유로 구분되며, <표 5-82>와 같다. 원칙적으로 인도범죄가 정치적 성격을 지닌 범죄이거나 그와 관련된 범죄인 경우에는 범죄인을 인도하여서는 안 되지만, 예외적인 경우에는 인도할 수 있다.[81]

|표 5-82| **범죄인 인도거절 사유**

구 분	내 용
절대적 거절사유	• 대한민국 또는 청구국의 법률에 따라 인도범죄에 관한 공소시효 또는 형의 시효가 완성된 경우 • 인도범죄에 관하여 대한민국 법원에서 재판이 계속 중이거나 재판이 확정된 경우 • 범죄인이 인도범죄를 범하였다고 의심할 만한 상당한 이유가 없는 경우. 단, 인도범죄에 관하여 청구국에서 유죄의 재판이 있는 경우는 제외 • 범죄인이 인종, 종교, 국적, 성별, 정치적 신념 또는 특정 사회단체에 속한 것 등을 이유로 처벌되거나 그 밖의 불리한 처분을 받을 염려가 있다고 인정되는 경우

79) 단, 인도조약 또는 이 법에 따라 범죄인을 인도할 수 없거나 인도하지 아니하는 것이 타당하다고 인정되는 경우에는 그러하지 않는다. 이 경우에는 그 사실을 외교부장관에게 통지하여야 한다.
80) 단, 범죄인의 소재를 알 수 없는 경우에는 그러하지 않는다.
81) 1. 국가원수·정부수반 또는 그 가족의 생명·신체를 침해하거나 위협하는 범죄
2. 다자간 조약에 따라 대한민국이 범죄인에 대하여 재판권을 행사하거나 범죄인을 인도할 의무를 부담하고 있는 범죄
3. 여러 사람의 생명·신체를 침해·위협하거나 이에 대한 위험을 발생시키는 범죄

임의적 거절사유	• 범죄인이 대한민국 국민인 경우 • 인도범죄의 전부 또는 일부가 대한민국 영역에서 범한 것인 경우 • 범죄인의 인도범죄 외의 범죄에 관하여 대한민국 법원에 재판이 계속 중인 경우 또는 범죄인이 형을 선고받고 그 집행이 끝나지 아니하거나 면제되지 아니한 경우 • 범죄인이 인도범죄에 관하여 제3국(청구국이 아닌 외국)에서 재판을 받고 처벌되었거나 처벌받지 아니하기로 확정된 경우 • 인도범죄의 성격과 범죄인이 처한 환경 등에 비추어 범죄인을 인도하는 것이 비인도적이라고 인정되는 경우

⑦ 범죄인의 인도구속

검사는 법무부장관의 인도심사청구명령이 있을 때에는 인도구속영장에 의하여 범죄인을 구속하여야 하며,[82] 인도구속영장은 검사의 지휘에 따라 사법경찰관리가 집행한다. 검사는 인도구속영장에 의하여 구속된 범죄인을 인치받으면 인도구속영장에 기재된 사람과 동일인인지를 확인한 후 지체 없이 교도소, 구치소 또는 그 밖에 인도구속영장에 기재된 장소에 구금하여야 한다.

⑧ 인도장소와 인도기한

법무부장관의 인도명령에 따른 범죄인의 인도는 범죄인이 구속되어 있는 교도소, 구치소 또는 그 밖에 법무부장관이 지정하는 장소에서 하며, 인도기한은 인도명령을 한 날부터 30일로 한다.

⑨ 외국인에 대한 범죄인 인도청구

법무부장관은 대한민국 법률을 위반한 범죄인이 외국에 있는 경우 그 외국에 대하여 범죄인 인도 또는 긴급인도구속을 청구할 수 있으며, 검사 또는 고위공직자범죄수사처장은 외국에 대한 범죄인 인도청구 또는 긴급인도구속청구가 타당하다고 판단할 때에는 법무부장관에게 외국에 대한 범죄인 인도청구 또는 긴급인도구속청구를 건의 또는 요청할 수 있다. 법무부장관은 범죄인 인도청구 등을 결정한 경우에는 인도청구서 등과 관계 자료를 외교부장관에게 송부하여야 하며, 외교부장관은 법무부장관으로부터 인도청구서 등을 송부받았을 때에는 이를 해당 국가에 송부하여야 한다.

82) 단, 범죄인이 주거가 일정하고 도망할 염려가 없다고 인정되는 경우에는 그러하지 아니하다.

제 7 절

사이버경찰

1. 개념 및 주요임무

1) 개념

사이버경찰은 사이버공간에서 발생하는 범죄와 관련된 정보의 수집과 분석을 바탕으로 사이버범죄에 대한 예방과 수사업무를 수행하는 경찰을 의미한다.

2) 주요임무

사이버경찰의 주요임무는 크게 사이버수사기획, 사이버수사, 디지털포렌식 3가지로 나누어 볼 수 있으며, 각 경찰관서별 업무는 <표 5-83>과 같다. 경찰서에서는 주로 수사와 관련된 업무만 수행한다.

|표 5-83| 각 경찰관서별 사이버경찰의 임무

구 분	경찰청	시·도경찰청	경찰서
사이버 수사	• 사이버공간에서의 범죄 관련 정보의 수집 및 분석 • 사이버범죄 관련 외국 법집행기관, 국제기구 및 민간기업과의 공조 및 일반 협력 • 사이버성폭력, 신분위장수사 등 관련 기획·지휘	• 사이버범죄 단속 대책 수립·시행 • 사이버범죄 예방 정책 수립 및 이행관리 • 사이버범죄 수사제도 개선 및 대책 시행	• 중요 범죄수사 (인터넷 사기, 사이버 음란물 등)
사이버 테러대응	• 사이버테러에 대한 수사기획·지휘 • 사이버수사기법개발 및 사이버수사 관련 시스템 운영·사업	• 사이버테러 첩보수집	

디지털 포렌식	• 디지털포렌식 최신동향 수집·분석 연구·활용 • 디지털증거 획득 및 분석	• 디지털포렌식 기법 교육·지도 • 디지털 증거 분석 • 중요사건 현장 디지털 증거 수집·분석 지원	

※ 출처: 「경찰청과 그 소속기관 직제」 제19조 및 관련법령.

2. 사이버범죄[83)]

1) 정보통신망 침해범죄

정당한 접근권한 없이 또는 허용된 접근 권한을 넘어 컴퓨터 또는 정보통신망(컴퓨터 시스템)에 침입하거나 시스템·데이터 프로그램을 훼손·멸실·변경한 경우 및 정보통신망에 장애(성능저하, 사용불능)를 발생하게 한 경우가 해당된다.

(1) 해킹

컴퓨터 또는 네트워크와 같은 자원에 대한 접근제한(Access Control) 정책을 비정상적인 방법으로 우회하거나 무력화시킨 뒤 접근하는 행위를 의미한다. 세부적인 내용은 <표 5-84>와 같다.

|표 5-84| 해킹의 종류

구 분	내 용
계정도용	정당한 접근권한 없이 또는 허용된 접근권한을 넘어 타인의 계정(ID, Password)을 임의로 이용한 경우
단순침입	정당한 접근권한 없이 또는 허용된 접근권한을 넘어 컴퓨터 또는 정보통신망에 침입한 경우
자료유출	정당한 접근권한 없이 또는 허용된 접근권한을 넘어 컴퓨터 또는 정보통신망에 침입 후, 데이터를 유출·누설한 경우
자료훼손	정당한 접근권한 없이 또는 허용된 접근권한을 넘어 컴퓨터 또는 정보통신망에 침입 후, 타인의 정보를 훼손(삭제, 변경 등)한 경우(홈페이지 변조 포함)

83) 사이버범죄의 분류는 경찰청 사이버범죄 신고시스템 홈페이지(https://ecrm.police.go.kr/minwon/main)를 바탕으로 작성

(2) 서비스거부공격(DDoS등)

정보통신망에 대량의 신호·데이터를 보내거나 부정한 명령을 처리하도록 하여 정보통신망에 장애(사용불능, 성능저하)를 야기한 경우를 의미한다. 대표적인 사례로는 7·7 DDoS 공격이 있다.

(3) 악성프로그램

정당한 사유 없이 정보통신 시스템, 데이터 또는 프로그램 등을 훼손, 멸실, 변경, 위조하거나 그 운용을 방해할 수 있는 프로그램을 전달 또는 유포하는 경우를 의미한다.

(4) 기타 정보통신망 침해범죄

정보통신망 침해형 범죄 중에서 위 3가지 유형에 포함되지 않거나 신종 수법으로 정보통신망을 침해하는 범죄인 경우가 해당된다.

2) 정보통신망 이용범죄

정보통신망을 범죄의 본질적 구성요건에 해당하는 행위를 행하는 주요 수단으로 이용하는 경우가 해당된다.

(1) 사이버 사기

정보통신망을 통하여, 이용자들에게 물품이나 용역을 제공할 것처럼 기망하여 피해자로부터 금품을 편취(교부행위)한 경우가 해당된다. 세부적인 종류는 <표 5-85>와 같다.

|표 5-85| 사이버 사기의 종류

구 분	내 용
직거래 사기	정보통신망을 통하여 물품 거래 등에 관한 허위의 의사표시를 게시하여 발생한 대금을 편취하는 사기

쇼핑몰 사기	정보통신망을 통하여 허위의 인터넷 쇼핑몰 등을 개설하여 발생한 대금을 편취하는 사기
게임 사기	정보통신망을 통하여 게임 캐릭터 및 아이템 등 인터넷 게임과 관련하여 발생한 대금을 편취하는 사기
기타 사이버 사기	직거래, 쇼핑몰, 게임사기에 해당하지 않고, 정보통신망을 통한 기망행위를 통해 재산적 이익을 편취한 경우

(2) 사이버금융범죄

정보통신망을 이용하여 피해자의 계좌로부터 자금을 이체받거나, 소액결제가 되게 하는 범죄를 의미한다. 세부적인 종류는 <표 5-86>과 같다. 이 범죄들은 전기통신금융사기 피해방지 및 피해금 환급에 관한 특별법에 의거 지급정지가 가능하다.

|표 5-86| 사이버금융범죄의 종류

구 분	내 용
피싱 (Phishing)	개인정보(Private data)와 낚시(Fishing)의 합성어로, 금융기관을 가장한 이메일을 발송하여 이메일에 포함된 인터넷주소를 클릭하면 가짜 은행사이트로 접속이 유도되어 보안카드번호 전부 입력 요구 등의 방법으로 금융정보를 탈취한 후 피해자 계좌에서 범행계좌로 금전을 이체하는 방식으로 이루어지는 사이버금융범죄
파밍 (Pharming)	악성코드에 감염된 피해자 PC를 조작하여 금융정보를 탈취하는 경우로, 피해자 PC가 악성코드에 감염되면 정상 홈페이지에 접속하여도 피싱(가짜) 사이트로 유도되어 피해자 계좌에서 범행계좌로 금전을 이체하는 방식으로 이루어지는 사이버금융범죄
스미싱 (Smishing)	문자메시지(SMS)와 피싱(Phishing)의 합성어로, '무료쿠폰 제공' 등의 문자메시지 내 인터넷주소를 클릭하면 악성코드가 스마트폰에 설치되어 피해자가 모르는 사이에 소액결제 피해가 발생하거나 개인정보나 금융정보를 탈취하는 사이버금융범죄
메모리해킹	피해자 PC 메모리에 상주한 악성코드로 인하여 정상 은행사이트에서 보안카드번호 앞, 뒤 2자리만 입력해도 부당 인출하는 수법의 사이버금융범죄
몸캠피싱	음란화상채팅(몸캠) 후, 영상을 유포하겠다고 협박하여 금전을 갈취하는 수법의 사이버금융범죄 타인의 사진을 도용하여 여성으로 가장한 범죄자가 랜덤 채팅 어플 또는 모바일 메신저를 통해 접근한 후 준비해둔 여성의 동영상을 보여주며, 상대방에게 얼굴이 나

	오도록 음란행위를 유도하고 화상채팅에 필요한 어플이라거나, 상대방의 목소리가 들리지 않는다는 등의 핑계로 특정파일 설치를 요구함. 다양한 명칭으로 설치된 apk파일로 스마트폰의 주소록이 범죄자에게 유출되고 지인의 명단을 보이며, 상대방의 얼굴이 나오는 동영상을 유포한다며 금전을 요구
기타 전기통신금융 사기	위의 유형에 포함되지 않은 유형 혹은 피해자의 컴퓨터, 스마트폰, 정보통신망을 통하여 피해자의 계좌로부터 자금을 이체받거나, 소액결제가 발생한 경우(메신저 피싱 등)

(3) 개인·위치정보 침해

정보통신망을 통하여, 디지털 자료화되어 저장된 타인의 개인정보를 침해, 도용, 누설하는 범죄를 의미한다.

(4) 사이버 저작권 침해

정보통신망을 통하여, 디지털 자료화된 저작물 또는 컴퓨터프로그램저작물에 대한 권리를 침해한 경우가 해당된다.

(5) 사이버스팸메일

정보통신망을 통하여, 법률에서 금지하는 재화 또는 서비스에 대한 광고성 정보를 전송하는 경우 및 이와 관련 허용되지 않는 기술적 조치 등을 행한 경우가 해당된다.

3) 불법 컨텐츠 범죄

정보통신망을 통하여, 법률에서 금지하는 재화, 서비스 또는 정보를 배포, 판매, 임대, 전시하는 경우에 해당하는 범죄를 의미한다.

(1) 사이버성폭력

정보통신망을 통하여, 음란한 부호·문언·음향·화상 또는 영상을 배포·판매·

임대하거나 공공연하게 전시하는 범죄를 의미하며, 세부적인 종류는 <표 5-87>과 같다.

|표 5-87| 사이버성폭력의 종류

구 분	내 용
불법 성영상물	정보통신망을 통하여, 일반 보통인의 성욕을 자극하여 성적 흥분을 유발하고 정상적인 성적 수치심을 해하여 성적 도의 관념에 반하는 내용의 표현물을 배포, 판매, 임대, 전시하는 경우
아동성착취물	정보통신망을 통하여, 아동·청소년 또는 아동·청소년으로 명백하게 인식될 수 있는 사람이나 표현물이 등장하여 성교행위, 유사 성교행위, 일반인의 성적 수치심이나 혐오감을 일으키는 행위, 자위행위를 하거나 그 밖의 성적 행위를 하는 내용의 표현물을 배포, 판매, 임대, 전시하는 경우
불법촬영물 유포	카메라 등을 이용하여 성적 욕망 또는 수치심을 유발할 수 있는 사람의 신체를 촬영대상자의 의사에 반하여 촬영한 촬영물 또는 복제물을 영리목적 혹은 영리목적 없이 반포·판매·임대·제공 또는 공공연하게 전시·상영하거나 촬영 당시에는 촬영대상자의 의사에 반하지 아니한 경우에도 사후에 그 촬영물 또는 복제물을 촬영대상자의 의사에 반하여 반포 등을 하는 경우

(2) 사이버도박

정보통신망을 통하여, 도박사이트를 개설하거나 도박행위(또는 사행행위)를 한 경우의 범죄를 의미하며, 세부적인 종류는 <표 5-88>과 같다.

|표 5-88| 사이버도박의 종류

구 분	내 용
스포츠토토	정보통신망을 통하여, 체육진흥투표권이나 이와 비슷한 것을 발행하는 시스템을 이용하여 도박행위를 하거나, 도박을 하게 하는 경우
경마, 경륜, 경정	정보통신망을 통하여, 경마, 경륜, 경정 등의 경주를 이용하여 도박행위를 하거나, 도박을 하게 하는 경우
기타 인터넷 도박	정보통신망을 통하여, 위와 같은 방법 이외의 방법을 통해 영리의 목적으로 도박사이트를 개설하여 도박행위를 하거나, 도박을 하게 하는 경우

(3) 사이버 명예훼손 · 모욕

사이버 명예훼손은 정보통신망을 통하여, 다른 사람의 명예를 훼손하는 경우의 범죄를 의미하며, 사이버 모욕은 정보통신망을 통하여, 공연히 사람을 모욕하는 경우의 범죄를 의미한다.

4) 예방수칙

사이버범죄를 예방하기 위해서는 이메일 이용 시에는 출처가 불분명한 이메일이나 첨부파일은 열지 않고 삭제하고, 첨부파일을 열람하거나 저장 전에는 반드시 백신으로 검사하는 등의 절차를 거쳐야 한다. 또한 온라인으로 금융기관 거래 시에는 금융기관 사이트는 즐겨찾기를 이용하거나 주소를 정확하게 입력해서 이용하고, 공동인증서는 반드시 USB 등 이동식 저장장치에 보관하며, 금융기관에서 제공하는 보안프로그램은 반드시 설치해야 한다. 세부적인 범죄유형별 예방수칙은 <표 5-89>과 같다.

|표 5-89| 사이버범죄별 예방수칙

구 분	내 용
직거래 사기	• 거래 전 경찰청 '사이버캅' 앱을 통해 판매자 전화 · 계좌번호가 사기 피해 신고 이력이 있는지 확인 • 상대방의 실제 물품 소지 여부를 확인(조건에 맞게 사진 촬영 · 전송 요청) • 가급적 직접 만나 물건의 상태를 확인하고 대금 지급 • 소액의 수수료를 부담하더라도 가급적 안전결제서비스 이용 • 판매자가 가짜 안전결제사이트 링크를 보내주는 경우도 있으므로, 해당 사이트 URL이 정확한지(변조 여부) 꼭 확인할 것
쇼핑몰 사기	• '초특가', '한정상품' 등 지나치게 저렴하게 판매하는 상품에 주의 • 거래는 가급적 신용카드를 이용, 추가할인 등을 미끼로 현금거래를 유도하는 판매자와 거래 금지 • 대형 오픈마켓이라도 입점한 개별판매자의 신뢰성을 보장해 주지 않으므로, 판매자 이력 및 고객 평가 등 꼭 확인 • 해외직구 시 신뢰할 수 있는 사이트인지 사전 점검 (한국소비자원에서 운영하는 '국제거래 소비자 포털'에서 내 피해예방정보 코너에서 사기의심사이트를 공지, 해당 사이트 사기의심 신고 이력 확인)
게임 사기	• 아이템 등을 통상적 가격에 비해 지나치게 저렴하게 판매하는 경우 주의 • 거래전 상대방 전화 · 계좌번호를 사이버캅에서 조회하여 이전 피해 신고 내역 여부 확인

	• 아이템 거래 사이트를 이용할 때, 사이트 운영자가 공지한 '공식 거래방법', '거래시 주의사항' 또는 '피해 예방 수칙' 반드시 숙지
스미싱	• 스마트폰 운영 체제 최신 업데이트 • 문자메세지 내 포함된 인터넷 주소(URL) 클릭 지양 • 루팅, 탈옥 등 스마트폰 기본 운영 체제 변경 지양 • 스미싱 차단앱 설치
파밍	• 사이트 주소가 정상인지 확인하고, 보안카드번호 전부는 절대 입력 금지 • OTP(일회성 비밀번호생성기), 보안토큰(비밀번호 복사방지)등을 사용권장 • 윈도우, 백신프로그램 등을 최신상태로 유지 • 문자메세지 내 포함된 인터넷 주소(URL) 클릭 지양
스팸메일	• 불필요하게 사이트, 게시판에 이메일 주소, 전화번호 작성 지양 • 광고메일은 열어보거나 응답하지 않고 바로 삭제 • 이메일 프로그램 또는 서비스에서 제공하는 다양한 차단 기능을 활용 • 불필요한 광고메일 수신에 동의하지 않기
몸캠피싱	• 스마트폰의 '환경설정' 메뉴에서 '출처를 알 수 없는 앱' 설치를 차단 • 출처 불명의 실행파일(*.apk)을 스마트폰에 다운받은 후 이를 스마트폰에 설치 금지 • 랜덤채팅 이용 시 범죄의 표적이 될 수 있음을 유의
랜섬웨어	• 사진·동영상과 같은 개인 자료와 업무용 파일은 PC와 분리된 저장소에 정기적으로 백업 또는 클라우드 서버에 업로드 • 이메일에 첨부된 파일은 지인이 보냈거나 단순 문서 파일도 실행 자제 • 메신저·문자 링크 클릭 및 토렌트 등을 통한 파일 다운 주의 • 보안이 취약한 웹사이트 방문 주의
로맨스스캠	• SNS에서 무분별한 친구 추가 자제 • 해외 교포, 낯선 외국인과의 인터넷상에서 교제는 신중히 고려 • 인터넷상만으로 교제(연락)하는 경우, 부탁을 가장한 요구에 입금 금지 • 상대방이 선물 발송 빙자로 인한 배송 업체 사이트 URL에 접속 지양
사이버 스토킹	• 지인이라도 개인정보를 주는 것 자제, 꼭 필요한 사람에게는 필요 최소한 정도만 알려줄 것 • 모르는 사람의 쪽지 또는 대화신청은 가급적 답변하지 말기 • 온라인 상에서 자신의 사적정보(성별, 나이, 직업 등) 비공개 설정 • 상대방이 계속적으로 불안감을 조성하는 행동을 보인다면 거부의사를 분명하게 밝힐 것

3. 디지털 포렌식

1) 의의

디지털 포렌식이란 컴퓨터나 휴대폰 등 각종 디지털 기계와 저장매체에 남아 있는 각종 디지털 증거를 수집·분석하는 등 범죄사실을 규명하기 위한 절차와 방법을 의미한다. 디지털 포렌식은 해킹 등과 같은 침해사고를 조사하는 과정에서 시작되었으며, 1991년 미국 포트랜드에서 열린 국제컴퓨터전문가협회(IACIS)에서 처음으로 디지털 포렌식이라는 용어를 사용하였다(김용호, 2020: 5). 디지털 포렌식은 분석의 목적에 따라 <표 5－90>과 같이 크게 2가지로 분류한다.

|표 5-90| 디지털 포렌식의 종류

구 분	내 용
침해사고 대응 포렌식	해킹이나 악성코드 등에 의한 침해사고가 발생했을 때 시스템의 로그 기록, 백도어 침입 흔적, 루트킷 등을 조사하여 침입 경로와 피해 상황, 침입자의 신원 등을 파악하기 위한 포렌식
정보 추출 포렌식	범죄에 사용된 증거를 확보하기 위하여 디지털 저장 매체에 기록되어 있는 데이터를 검색하여 찾아내거나 삭제된 데이터를 찾아 복구하여 증거로 확보하는 것을 목적으로 하는 포렌식

※ 출처: 김용호, 2020: 5－6.

2) 디지털포렌식 원칙

디지털 포렌식을 통한 증거가 법정에서 효력을 발휘하기 위해서는 <표 5－91>과 같은 기본원칙이 준수되어야 한다.

|표 5-91| 디지털 포렌식 기본원칙

구 분	내 용
정당성의 원칙	압수된 증거는 법률에서 정하는 적법한 절차와 방식을 준수해야 함 ex) 위법수집증거배제 법칙, 독수독과이론
재현의 원칙	압수한 증거물에 대한 검증이 이루어져야 하며, 같은 조건과 상황에서는 항상 같은 결과가 나와야 함

절차 연속성의 원칙	증거물 획득→이송→분석→보관→법정 제출의 단계에서 담당자와 책임자를 명확히 하고 그 과정을 모두 문서화, 시각화하여 증빙해야 함
무결성의 원칙	수집된 증거가 위조·변조되지 않았음을 입증할 수 있어야 함
신속성의 원칙	디지털 데이터는 휘발성의 특징이 있으므로 모든 과정은 신속히 진행되어야 함

※ 출처: 김용호, 2020: 39－42; 이은영·서봉성, 2017: 284－285를 바탕으로 작성.

3) 디지털증거 압수·수색

디지털증거 압수수색 시에는 수색에 필요한 장비 및 도구[84]를 준비한 뒤, 현장을 방문해서는 현장 촬영 및 기록, 영장제시 및 현장통제, 피압수자 등 면담, 디지털기기 발견 등의 과정을 거치고 <표 5－92>와 같이 상황별로 체크리스트에 맞게 압수·수색을 진행한다. 이후에는 시·도경찰청 등에 분석을 의뢰한다(경찰청, 2017b).

|표 5-92| 압수수색 체크리스트

구 분	내 용
디지털기기 상태확인	• 디지털기기 동작여부 확인 • 디지털기기 로그인 가능여부 확인 • 디지털기기의 시간과 표준시의 오차 여부 확인 • 동작 중인 프로그램 확인하여 증거 빠짐없이 수집 • 디지털기기 주변의 물리적 증거 확인
선별압수	• 쓰기방지장치를 활용한 압수여부 검토 • 검토할 파일의 범위를 정한 뒤 해당파일 내용을 확인하여 관련성 있는 파일을 선별 • 사건관련 파일의 복제 방법을 선택 • 압수한 원본파일에 대한 해시값 생성 • 전자정보 확인서 작성, 피압수자에게 교부
복제본 생성 및 반출	• 원본 저장매체를 복제하는 방법을 선택 • 복제기 설치 후 원본·사본 저장매체를 방향에 주의하여 연결

84) 카메라 등 촬영장비, 현장용 증거수집 프로그램, 디지털증거 저장매체, 봉인봉투 및 스티커, 컴퓨터 분해 등을 위한 공구, 휴대용 프린터, 디스크 복제장비, 증거수집 및 분석용 컴퓨터, 쓰기 방지장치, 다양한 연결케이블 및 어댑터 등 압수현장의 상황에 맞게 탄력적으로 준비.

	• 복제기와 표준시 사이의 오차 확인 · 기록 • 복제 종료 후 복제기 로그를 확인하여 오류 여부 점검 • 참여권 고지 후 복제본 반출 확인서 작성, 피압수자에게 교부
원본 저장매체 반출	• 압수목적 달성을 위한 원본 반출범위 결정 • 봉인 봉투 또는 봉인 스티커 활용하여 봉인, 무결성 담보 • 참여권 고지 후 원본 반출 확인서 작성, 피압수자에게 교부
모바일 기기 압수	• 모바일기기 잠금을 해제할 수 있는 정보 확보 • 모바일기기 전원차단 및 비행기모드 설정으로 원격 삭제에 대비 • 모바일기기 원본을 봉인하여 무결성 확보 • 원본 반출 확인서 작성, 피압수자에게 교부
영상기기 압수	• 영상기기 시간과 표준시의 오차 등을 확인 • 시간경과에 따른 영상 덮어쓰기를 고려하여 신속하게 자료 수집 • 현장에서 영상추출 가능시 – 영상파일 복제 후 해당 파일에 해시값 생성 – 전자정보 확인서 작성, 피압수자에게 교부 • 현장에서 영상추출 불가능시 – 삭제영상 복구 등 필요시 저장매체 복제본, 원본 반출 절차 검토 – 반출 시 부속물 포함여부 검토 – 모델명, 기기 제조사 및 설치 업체 연락처 정보를 확보 – 참여권 고지 후 관련 확인서 작성, 피압수자에게 교부

※ 출처: 경찰청, 2017b.

4. 관련법령[85)]

1) 디지털 증거의 처리 등에 관한 규칙

(1) 제정취지

이 규칙은 2015년 디지털 증거를 수집 · 보존 · 운반 · 분석 · 현출 · 관리하는 과정에서 준수하여야 할 기본원칙 및 업무처리절차를 규정함으로써 실체적 진실을 발견하고 인권보호에 기여함을 목적으로 제정되었다.

85) 관련법령의 내용은 해당법률 및 시행령 등을 바탕으로 작성.

(2) 주요용어

① 전자정보

전기적 또는 자기적 방법으로 저장되거나 네트워크 및 유·무선 통신 등을 통해 전송되는 정보를 의미한다.

② 디지털포렌식

전자정보를 수집·보존·운반·분석·현출·관리하여 범죄사실 규명을 위한 증거로 활용할 수 있도록 하는 과학적인 절차와 기술을 말한다.

③ 디지털증거

범죄와 관련하여 증거로서의 가치가 있는 전자정보를 의미한다.

④ 정보저장매체등

전자정보가 저장된 컴퓨터용 디스크, 그 밖에 이와 비슷한 정보저장매체를 의미한다.

⑤ 정보저장매체등 원본과 복제본

정보저장매체등 원본이란 전자정보 압수·수색·검증을 목적으로 반출의 대상이 된 정보저장매체등을 의미하며, 복제본은 정보저장매체등에 저장된 전자정보 전부를 하드카피 또는 이미징 등의 기술적 방법으로 별도의 다른 정보저장매체에 저장한 것을 의미한다.

⑥ 디지털 증거분석 의뢰물

범죄사실을 규명하기 위해 디지털 증거분석관에게 분석의뢰된 전자정보, 정보저장매체 등 원본, 복제본을 의미한다.

(3) 주요내용

① 디지털 증거 처리의 원칙

디지털 증거는 수집 시부터 수사 종결 시까지 변경 또는 훼손되지 않아야 하며, 정보저장매체 등에 저장된 전자정보와 동일성이 유지되어야 한다. 또한 증거 처리의 각 단계에서 업무처리자 변동 등의 이력이 관리되어야 하며, 처리 시에는 디지털 증거 처리과정에서 이용한 장비의 기계적 정확성, 프로그램의 신뢰성, 처리자의 전문적인 기술능력과 정확성이 담보되어야 한다.

② 압수·수색·검증영장의 신청

경찰관은 압수 · 수색 · 검증영장을 신청하는 때에는 전자정보와 정보저장매체 등을 구분하여 판단하여야 하며, 전자정보에 대한 압수 · 수색 · 검증영장을 신청하는 경우에는 혐의사실과의 관련성을 고려하여 압수 · 수색 · 검증할 전자정보의 범위 등을 명확히 하여야 한다. 이 경우 영장 집행의 실효성 확보를 위하여 ⅰ) 압수 · 수색 · 검증 대상 전자정보가 원격지의 정보저장매체 등에 저장되어 있는 경우 등 특수한 압수 · 수색 · 검증방식의 필요성, ⅱ) 압수 · 수색 · 검증영장에 반영되어야 할 압수 · 수색 · 검증 장소 및 대상의 특수성을 고려해야 한다. 또한 경찰관은 정보저장매체 등이 그 안에 저장된 전자정보로 인하여 형법 제48조 제1항의 몰수사유에 해당하거나 정보저장매체 등이 범죄의 증명에 필요한 경우에는 별도로 정보저장매체 등의 압수 · 수색 · 검증영장을 신청할 수 있다.

③ 압수·수색·검증 시 참여보장

전자정보를 압수 · 수색 · 검증할 경우에는 피의자 또는 변호인, 소유자, 소지자, 보관자의 참여를 보장하여야 한다. 이 경우, 압수 · 수색 · 검증 장소가 형사소송법 제123조 제1항, 제2항에 정한 장소에 해당하는 경우에는 형사소송법 제123조에 정한 참여인의 참여를 함께 보장하여야 한다. 경찰관은 피의자 또는 변호인의 참여를 압수 · 수색 · 검증의 전 과정에서 보장하고, 미리 집행의 일시와 장소를 통지하여야 한다. 다만, 위 통지는 참여하지 않는다는 의사를 명시한 때 또는 참여가 불가능하거나 급속을 요하는 때에는 예외로 한다.

④ 전자정보 압수·수색·검증의 집행

경찰관은 압수 · 수색 · 검증 현장에서 전자정보를 압수하는 경우에는 범죄 혐의사실과 관련된 전자정보에 한하여 문서로 출력하거나 휴대한 정보저장매체에 해당 전자정보만을 복제하는 방식(선별압수)으로 하여야 한다. 이 경우 해시값 확인 등 디지털 증거의 동일성, 무결성을 담보할 수 있는 적절한 방법과 조치를 취하여야 한다. 압수가 완료된 경우 경찰관은 전자정보 확인서를 작성하여 피압수자 등의 확인·서명을 받아야 한다. 다만, 피압수자 등의 확인·서명을 받기 곤란한 경우에는 그 사유를 해당 확인서에 기재하고 기록에 편철한다.

반면, 특정사유[86)]로 선별압수 하는 방법이 불가능하거나 압수의 목적을 달성하기에 현저히 곤란한 경우에는 복제본을 획득하여 외부로 반출한 후 전자정보의 압수·수색·검증을 진행할 수 있다.

---

86) 1. 피압수자 등이 협조하지 않거나, 협조를 기대할 수 없는 경우
2. 혐의사실과 관련될 개연성이 있는 전자정보가 삭제·폐기된 정황이 발견되는 경우
3. 출력·복제에 의한 집행이 피압수자 등의 영업활동이나 사생활의 평온을 침해한다는 이유로 피압수자 등이 요청하는 경우
4. 그 밖에 위 각 호에 준하는 경우

참고문헌

경찰청. (2016), "경찰, 112신고 출동 체계 개선, '선택과 집중'으로 긴급 사건에 총력대응."

경찰청. (2016a), "'암행 순찰차' 이용 비노출 단속 도입 계획."

경찰청. (2016b), "경찰청 내부자료."

경찰청. (2017), "탄력순찰, 시범운영을 마치고 전국에 확대합니다."

경찰청. (2017a), "경찰청 국회 제출자료."

경찰청. (2017b), "경찰청 내부자료."

경찰청. (2018), 「2018년도 지역경찰 운영지침」.

경찰청. (2018a), "경찰청, '대화경찰관' 제도를 전국으로 확대시행"

경찰청. (2018b), "한국형 대화경찰관제 도입 운영계획."

경찰청. (2020), 「2019 경찰백서」.

경찰청. (2020a), 「2020 경찰백서」.

경찰청. (2020b), "경찰청 내부자료."

경찰청. (2020c), "경찰청 – 회복적 대화 전문기관 업무협약 체결."

경찰청. (2020d), 「회복적 경찰활동 운영가이드」.

경찰청. (2020f), "경찰청 내부자료."

경찰청. (2024), "기동순찰대의 이해(Q&A)"

경찰청. (2024a), "2024년 하반기 경찰공무원 경력경쟁채용시험 공고문."

경찰청 · 도로교통공단, (2018), 「교통안전수칙」.

국회 법제사법위원회. (2009), 「형사사법절차 전자화 촉진법안 검토보고서」.

김용호. (2020), 「디지털 포렌식 실무」, 박영사.

대검찰청. (2020), 「2019 마약류 범죄백서」.

대검찰청. (2024), 「2023 마약류 범죄백서」.

박혜림. (2020), 「형사사법공통시스템의 운영실태와 개선과제」, 국회입법조사처.

백남설 · 김윤영 · 조동운. (2020), 「2020 경찰보안론」, 경찰대학.

서울지방경찰청. (2016), "암행순찰차 이용 비노출 단속계획."

송은희 · 설진배 · 장명선. (2020), "북한이탈주민 신변보호 체계에 관한 연구", 「한국과 국제사회」 2(2): 63－88.
심명섭. (2017), "공동체적 셉테드 추진을 위한 정책방향", 「한국셉테드학회 2017 춘계 공동 학술세미나 자료집」.
심보영. (2020), "회복적 경찰활동 성과와 발전방안", 「범죄피해자 보호 및 지원제도 개선방안 세미나 자료집」.
이은영 · 서봉성. (2017), 「경찰수사론」. 박영사.
정육상. (2015), 「국가정보와 경찰정보 I 」, 백산출판사.
정준선. (2020), 「국가정보와 경찰활동」, 경찰대학.
중앙경찰학교. (2020), 「수사실무」.
최선우. (2017), 「경찰학」, 도서출판 그린.
치안정책연구소. (2016), 「2017 치안전망」.
통일부. (2017), 「2017 북한이탈주민 지역적응센터 운영매뉴얼」.
통일부. (2020), 「2020북한이탈주민 정착지원 실무편람」.
행정안전부. (2020), "2020년 안전속도 5030 시설개선사업 추진지침."
행정안전부. (2020a), "속도를 줄이면 사람이 보인다... 행안부, 안전속도 5030 본격 추진."
행정안전부. (2020b), "전국 도심부 안전속도 5030도입 빨라진다."

https://www.interpol.int/
https://ecrm.police.go.kr/minwon/main
https://cyberbureau.police.go.kr/prevention.
https://blog.naver.com/fhqh145/50178867118.
https://www.gov.kr/portal/service/serviceInfo/132000000001 (정부24).
https://www.smpa.go.kr/user/nd91023.do
https://www.imaeil.com/page/view/2024071514050974316(매일신문, 24. 7. 16)

찾아보기

[저자약력]

최응렬(chr134@dongguk.edu)

동국대학교 경찰사법대학 교수
법무부 자체평가위원회 위원
서울특별시 자치경찰위원회 위원
경찰청 중앙공적심사위원회 위원
해양경찰청 정책자문위원회 위원
전) 동국대학교 교무부총장
전) 국가경찰위원회 위원
동국대학교 경찰행정학과 및 동 대학원 졸업(법학 박사)

김은기(eunkee@pcu.ac.kr)

배재대학교 경찰법학부 부교수
한국해양경찰학회 부회장
한국해양경찰학회 총무위원장
전) 한국경찰학회 총무위원장
전) 국무조정실 정부업무평가위원(2024)
동국대학교 경찰행정학과 및 동 대학원 졸업(경찰학 박사)

박종승(goodprofessor@jj.ac.kr)

전주대학교 경찰학과 부교수
전북경찰청 인권위원·경찰수사심의위원
전주완산경찰서 집회시위자문위원·경미범죄심사위원
국제조직범죄학회 총무위원장
전) 국회사무처 5급 공무원
전) 한국경찰학회 연구위원장·총무위원장
동국대학교 경찰행정학과 및 동 대학원 졸업(경찰학 박사)

이병도(leebd84@sdu.ac.kr)

서울디지털대학교 경찰학과 조교수
한국경찰학회 감사
서울강북경찰서 선도심사위원회 전문위원
동국대학교 경찰행정학과 및 동 대학원 졸업(경찰학 박사)

심민규(shim@kornu.ac.kr)

나사렛대학교 경찰행정학과 조교수
한국경찰학회 편집위원
동국대학교 경찰행정학과 및 동 대학원 졸업(경찰학 박사)

제2판
경찰행정학

초판발행 2021년 7월 20일
제2판발행 2025년 8월 25일

지은이 최응렬 · 김은기 · 박종승 · 이병도 · 심민규
펴낸이 안종만 · 안상준

편 집 한두희
기획/마케팅 정성혁
표지디자인 BEN STORY
제 작 고철민 · 김원표

펴낸곳 (주) 박영사
서울특별시 금천구 가산디지털2로 53, 210호(가산동, 한라시그마밸리)
등록 1959. 3. 11. 제300-1959-1호(倫)
전 화 02)733-6771
f a x 02)736-4818
e-mail pys@pybook.co.kr
homepage www.pybook.co.kr
ISBN 979-11-303-2303-9 93350

정 가 30,000원